□ 骨架密实结构、悬浮结构与骨架空隙结构沥青混凝土面层芯样对比

骨架密实结构沥青混凝土面层芯样剖面

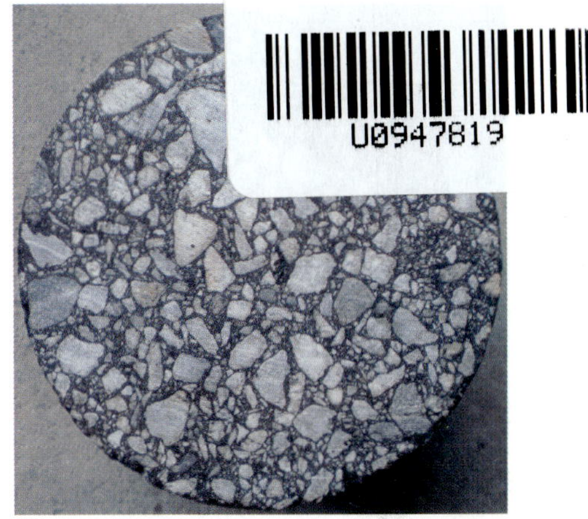

悬浮结构沥青混凝土面层芯样剖面

骨架密实结构沥青混凝土面层芯样剖面

悬浮结构沥青混凝土面层芯样剖面

骨架密实沥青混凝土面层剖面

骨架空隙沥青混凝土面层芯样

□ 悬浮结构与骨架密实结构水泥稳定碎石基层效果对比

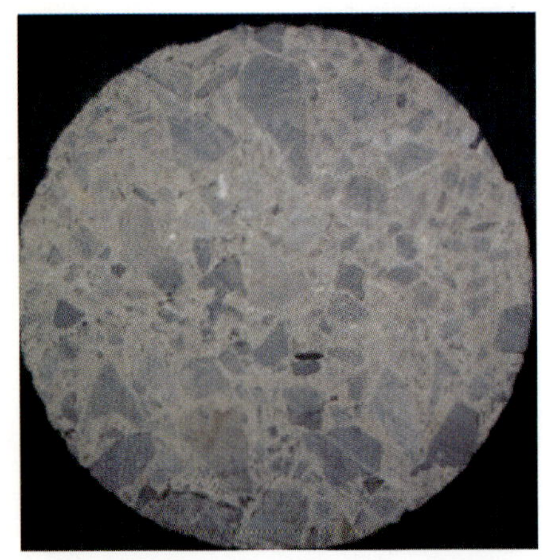

悬浮结构水泥稳定碎石基层芯样剖面

骨架密实结构水泥稳定碎石基层芯样剖面

悬浮结构水泥稳定碎石基层表面

骨架密实结构水泥稳定碎石基层表面

悬浮结构水泥稳定碎石基层芯样

骨架密实结构水泥稳定碎石基层芯样

□ 沥青混凝土面层分层施工与双层施工芯样对比

分层施工芯样照片

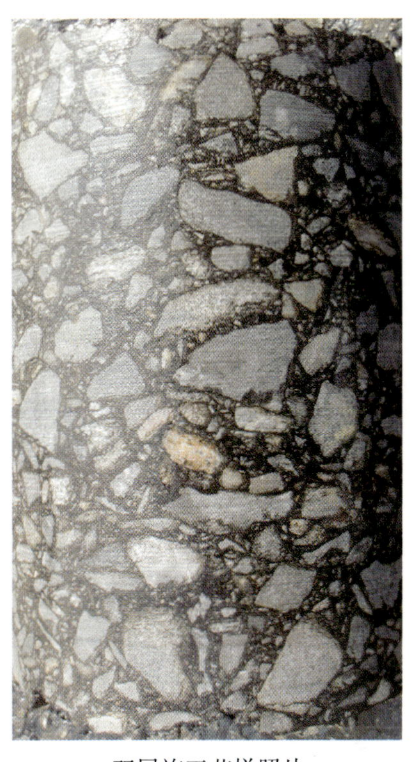
双层施工芯样照片

□ 水泥稳定碎石基层分层施工与全厚式施工芯样对比

分层施工芯样照片

全厚式施工芯样照片

□ 双机联铺摊铺与“中大”摊铺机单机全幅摊铺效果对比

DT1400摊铺机单机全幅摊铺效果

双机联铺摊铺效果

DT1400摊铺机单机全幅摊铺雨后效果

双机联铺雨后效果

□ 面层双层摊铺与基层全厚式摊铺

戴纳派克双层摊铺机作业现场

基层全厚式摊铺

骨架密实路面
理论及配套施工技术

张红春　陆上行　乐　斐　　编著

范跃武　李明元　李小重　　审

内 容 提 要

本书介绍了振动成型和GTM成型方式、骨架密实水泥稳定碎石基层和沥青混合料级配优化设计及施工中配合比的调整方法;用损伤力学和断裂力学理论分析、采用有限元计算和试验验证三条途径论证了骨架密实水泥稳定碎石基层和沥青面层的抗裂机理;提出了水泥稳定碎石基层开裂预估的经验方式和用裂纹扩展权(R_{min})来表征悬浮结构和骨架密实结构;提出了基于高温性能、抗裂性能和综合路用性能最佳的骨架密实沥青混合料GTM设计方法。

本书可供从事公路工程建设的技术人员使用,亦可供高校相关专业师生参考学习。

图书在版编目(CIP)数据

骨架密实路面理论及配套施工技术 / 张红春等编著 . —北京:人民交通出版社,2010.3

ISBN 978-7-114-08242-9

Ⅰ. 骨… Ⅱ. 张… Ⅲ. 路面基础 – 工程施工 Ⅳ. U416.204

中国版本图书馆CIP数据核字(2010)第034449号

书　　名: 骨架密实路面理论及配套施工技术
著 作 者: 张红春　陆上行　乐　斐
责任编辑: 赵瑞琴
出版发行: 人民交通出版社
地　　址: (100011)北京市朝阳区安定门外外馆斜街3号
网　　址: http://www.ccpress.com.cn
销售电话: (010)59757969,59757973
总 经 销: 人民交通出版社发行部
经　　销: 各地新华书店
印　　刷: 北京交通印务实业公司
开　　本: 787×1092　1/16
印　　张: 25.75
插　　页: 2
字　　数: 610千
版　　次: 2010年3月第1版
印　　次: 2010年3月第1次印刷
书　　号: ISBN 978-7-114-08242-9
印　　数: 0001~4000册
定　　价: 65.00元

骨架密实路面在河南
(代　序)

半刚性基层的裂缝和沥青混凝土路面的车辙作为世界性难题,长期困扰着众多公路技术人员。骨架密实结构路面的应用,使半刚性基层的裂缝和沥青混凝土路面的车辙得到有效遏制。从2004年至今,河南在建及已通车的高速公路大多采用了骨架密实结构路面、振动成型技术和GTM设计方法。大广线濮阳段高速公路在河南首次使用了该技术,取得历史性的突破,越冬后的基层最大裂缝间距516m,平均裂缝间距在300m以上。随后大广线周口段、信阳至南阳、泌阳至桐柏、岭南等高速公路先后使用了上述新技术,在抗裂、抗车辙方面均取得了理想效果。

从现在看,河南高速公路走骨架密实结构路面技术的路子是对的,但当初大广线濮阳段高速公路在河南省首次采用这项技术时,即走过了很艰难的路程。下面我介绍一下这项技术在河南应用的来龙去脉。

2004年底,天津市市政工程研究院的赵可副院长向河南省交通运输厅范跃武副厅长推荐了骨架密实结构路面、振动成型技术和GTM设计方法,详细介绍了当今半刚性基层沥青路面存在的问题,分析了产生裂缝和车辙的原因。范跃武副厅长感觉赵院长讲得很有道理,决定在大广线濮阳段高速公路尝试一下。

2005年3月底,由河南濮安高速公路有限责任公司工程、质检相关技术人员和项目总监、副总监等组成考察组,赴河北青银高速(国内第一次推广应用振动成型技术)考察振动成型技术使用情况及抗裂效果。据考察组报告,河北青银高速公路水泥稳定碎石基层平均裂缝间距68m,最大裂缝间距98m,当时在抗裂方面是出类拔萃的;而同期的河南在建高速公路水泥稳定碎石基层裂缝间距20m左右已经很不错了。于是经领导班子研究决定,在大广线濮阳段高速公路全线推广使用振动成型技术和骨架密实结构路面。

由于采用振动成型技术,水泥稳定碎石设计水泥剂量大幅度下降。配合比报告下发后,施工单位、监理单位均强烈反对,并且态度非常坚决,明确表示不执行、不做试验段。有的同志还说了很过分的话。其实施工单位、监理单位的出发点都是好的,都是为了工程质量,怕出质量事故。对于这种局面,项目公司是有足够心理准备的,项目公司没有采取硬压的办法,而是循循善诱,多次举行技术讲座,向大家反复讲解目前悬浮结构基层及重型击实成型存在的问题,以及振动成型技术和骨架密实结构路面的优点。慢慢地,施工单位、监理单位由对抗到接受并最终采用骨架密实结构和振动成型技术。

前面讲了这么多,作为本书序言的开场白,是对作者们辛勤工作的肯定,也是对河南省推广应用骨架密实结构路面、振动成型技术和GTM设计方法这三大新技术的肯定。

本书理论联系实际，是国内第一本系统介绍骨架密实结构路面、振动成型技术和GTM设计方法的专著，有三大特色：

第一是平实。这一点体现了作者们的工作作风和性格特点，全书没有华丽的辞藻，用浅显的语言，清晰地介绍了骨架密实结构路面、振动成型技术和GTM设计方法。

第二是真实。书中采用的大量的工程照片和统计数据，均来自工程实践，真实可靠，是工程应用的第一手材料，十分珍贵。

第三是翔实。本书内容丰富，对于振动成型技术、GTM设计方法、组合式碾压技术、骨架密实路面和基层、面层的大厚度施工的介绍可谓面面俱到，读者看后就可以运用。

创新——一个国家发展永恒的动力

创新——一个民族向上的不竭之源

创新——科技进步的生产力

创新——高速公路的生命

路漫漫其修远兮，吾将上下而求索！

希望作者继续进行骨架密实结构路面、振动成型技术和GTM设计方法的研究，不断丰富和完善半刚性基层沥青路面理论。

2010年2月5日

前　言

改革开放20年来，是中国公路历史上交通发展速度最快、规模最大、最具活力的时期。我国高速公路建设从1984年国务院正式批准京津塘高速公路建设开始，拉开了我国高速公路建设的序幕。1988年我国大陆第一条高速公路——沪嘉高速公路建成通车，填补了我国无高速公路的空白。从1996年开始，我国高速公路进入快速发展期，截至2009年底我国高速公路通车总里程达到6.5万公里，跃居世界第二位。不到20年时间，我国走完了发达国家百余年的高速公路发展历程。

20世纪60年代，石灰稳定土基层渣油路面在我国开始应用，并成为当时公路界三大重要科技成果之一。进入70年代以后，水泥、石灰、粉煤灰等无机结合料稳定粒料基层成为主流，形成了半刚性基层沥青路面技术的雏形。从80年代至今，经过"六五"、"七五"、"八五"科技攻关项目的研究，半刚性基层沥青路面结构成套技术逐渐形成，成为我国高速公路主要的路面结构形式。现在我国已建成的高速公路95%以上都是半刚性基层沥青路面，可以毫不夸张地讲，我国高速公路的发展史就是半刚性基层沥青路面的发展史。

我国高速公路的发展，共经历了三个发展阶段。

第一阶段：从1984～1996年，我国高速公路从零起步，经过十余年的发展达到了3400余公里。这些早期通车的高速公路大多是利用世行贷款，从设计到施工、项目管理及监理大多都有外籍人员参与。这一阶段修建的高速公路大多是国家重要主干道或位于经济发达地区，通车后交通量就很大，承担了繁重的交通运输任务。这部分高速公路大部分是成功的，总体上效果是满意的，表现出的主要问题是反射裂缝。

第二阶段：从1996～2001年，我国高速公路进入了快速发展期。短短的6年时间，高速公路通车总里程从3 422km增加到19 437km，平均每年增加2 700km。这一时期通过对第一阶段高速公路施工和运营的总结，我国出台了新的路面设计规范，确定了半刚性基层沥青路面技术在我国的主导地位。到21世纪初，我国发达地区的高速公路逐渐成网，欠发达地区但交通位置重要省份高速公路骨架也基本成型。同时这一时期也是我国的国民经济高速增长时期，综合国力得到了大大加强，交通量随之快速增长。这一时期的主要问题是施工中片面追求平整度造成压实度不足，许多高速公路出现了水损坏。

第三阶段，从2001年至今，我国高速公路超速发展。截至2009年底我国高速公路总里程达到6.5万公里，比2001年净增加4.09万公里，年均增加5 112km；近几年我国国民经济高速增长，每年GDP增长率均在10%左右，创造了世界经济发展的奇迹，随之带来的问题是交通运输超载严重。这个阶段的特点是为了减少水损坏而采用了不同类型的密实型混合料，同时大大提高了路面的整体强度，而出现的路面问题则主要是车辙。

在我国高速公路取得巨大成就的背后，应该清醒地看到与发达国家相比我们的高速公路尚处于较低的层次。

由于我国以前交通量较小、沥青价格相对昂贵，加之沥青中含蜡量高，高温稳定性能差，出于节省投资和避免车辙的考虑，一直采用“强基薄面”的路面结构设计思想。并且，这种设计思想一直指导着我国的路面结构设计，取得了很大的成绩。然而，近几年来随着道路等级和车速的不断提高、交通量的增长、轴载的加重，高速公路路面损坏现象出现了一些新的变化，主要表现为：通常在路面建成通车后一年左右即发生泛油、车辙、开裂、唧浆、坑槽等损坏，这类现象统称为高速公路路面早期损坏。

前几年由于受规范的限制和对规范理解上的偏差，盲目追求半刚性基层高强度、高模量，同时为追求取芯的过分完整和密实，拼命加大水泥剂量、增加细料含量，造成以悬浮结构、重型击实成型为主的水泥稳定碎石基层裂缝严重。沈金安同志认为半刚性基层的主要缺陷是反射裂缝严重、致密不透水、强度和模量会由于干湿和冻融循环在反复荷载的作用下因疲劳而逐渐衰减、具有更大的轴载敏感性、损坏后没有自愈能力。从沈金安同志对半刚性基层的缺陷描述可以看出，目前半刚性基层的突出问题是裂缝，其他的问题大都是由于裂缝衍生出来的。如“半刚性基层非常致密，水从各种途径进入路面并到达基层后，不能从基层迅速排走”，就是说如果没有裂缝水就不存在进入基层的问题了，“半刚性基层损坏后没有自愈能力”说明如果没有裂缝也不存在需要自愈的问题了。我们必须抓住问题的本质，在解决裂缝上下工夫，只要解决了裂缝问题半刚性基层仍具有强大的生命力，完全可以与柔性基层、全厚式沥青路面抗衡，仍将继续为我国的高速公路发展作出贡献。

从世界范围上看半刚性基层并没用“绝迹”，南非、前苏联、包括欧洲发达国家的中低交通路面一直在使用半刚性基层，并没有发生类似我国的高速公路早期破坏现象，所以把目前我国高速公路的早期破坏现象完全归咎于半刚性基层是不客观的。为解决半刚性基层的裂缝问题和沥青面层以车辙为主的早期损坏问题，我国的科研工作者对半刚性基层沥青路面进行了深入的研究，提出了能解决当前半刚性基层沥青路面突出问题（裂缝、车辙）的骨架密实结构理论及配套的振动成型、GTM 成型和施工技术，构成了本书的研究主题。

目　　录

上篇　骨架密实沥青混凝土面层

下篇　骨架密实水泥稳定碎石基层

上篇

骨架密实沥青混凝土面层

第1章 骨架密实沥青混凝土路面简介

骨架密实结构路面起源于德国的SMA。SMA是一种由沥青、纤维稳定剂、矿粉及少量的细集料组成的沥青玛蹄脂填充间断级配的粗集料骨架沥青混合料。它既有混合料空隙小，耐久性、水稳性、抗老化性能好之特点，又具备混合料嵌挤成型、抗车辙的优点，是一种构造深度大、表面功能强、高低温性能俱佳的理想面层结构，近几年在国内发展很快。

真正现代意义上的沥青玛蹄脂碎石混合料SMA是在德国诞生的。德国等欧洲国家的夏天最高气温较低，7、8月份的平均气温仅仅17～18℃，而低温和雨雪天气是他们在设计沥青混合料时需考虑的主要不利因素，所以，在德国形成了以浇筑式沥青混凝土（Guassasphalt）为主要类型的传统沥青混合料。20世纪60年代中期，德国为减轻大量的带钉轮胎（主要为了增加在雨雪天气条件下轮胎的抗滑能力）对路面表层的磨耗破损，尝试增加浇筑式沥青混合料中的碎石用量，以期高质量耐磨损的碎石能直接与带钉轮胎接触，减少和防止带钉轮胎对沥青与细集料胶浆的磨耗。增加碎石必然要减少细集料用量，而减少细集料用量又会降低混合料中的沥青用量，可是德国传统的浇筑式沥青混合料的沥青含量很大（约6%～10%），所以，细集料的减少极易造成运输和摊铺温度条件下沥青的流淌。为防止沥青的流淌，道路工程师们又在混合料中加入了纤维。后来的路用实践表明，工程师们的设想是合理的、成功的。增加高质量碎石用量确实大大延缓了带钉轮胎对表面层的磨耗，加入纤维能够防止沥青析漏。20世纪70年代初，欧洲经历了两个罕见的炎热夏季，后来人们惊奇地发现，许多沥青路面都出现了严重的车辙变形，而用SMA铺筑的路面几乎没有车辙变形。从此道路工程师们对SMA的抗磨耗、抗车辙、抗开裂、防水耐久等优良路用性能有了新的认识。此后，SMA路面在欧洲很多国家发展起来，并成为风靡欧洲的高等级沥青路面表面层的结构形式。

本文研究的骨架密实结构均是在SMA级配的基础上演化而来。

1.1 什么是骨架密实结构

沥青混合料中有较多数量的粗集料可形成空间骨架，同时又有相当的细集料可填充骨架间的空隙，这种混合料结构叫骨架密实结构。

该结构同时具有较高的内摩阻力和黏结力，有利于提高混合料的强度和高温稳定性。

骨架密实结构无论是面层或是基层，没有配套的成型方式就显得独木难支。打个比喻，如果说骨架密实结构是一幢大楼，混合料的成型方式就是这幢大楼的基础。没有混合料成型方式这个基础，骨架密实结构这幢大楼就是空中楼阁。成型方式只有最大限度模拟现场施工，用该成型方式得出的各种参数去控制现场施工才能更有效。马歇尔成型方式和重型击实成型方式均不能很好模拟现场施工，所以半刚性基层沥青路面才出现这样或那样的问题。

与骨架密实结构面层配套的成型方式是GTM法，这两项技术的主体是互为依存的，必须配套使用才能达到最佳效果。骨架密实结构面层混合料如果不用 GTM 法成型,使用旧的马歇尔方式得出的沥青用量仍然很大、密度标准依然较低,虽然较传统的悬浮结构混合料的性能有所改善(仅仅是改善),却无法解决路面早期破坏问题。另一方面,用 GTM 法去成型悬浮结构沥青混合料,也不能充分发挥 GTM 法去成型试件的优势。

1.2 如何判断混合料是否为骨架密实结构

依照美国 SMA 对骨架密实结构的定义,大家通常用粗集料骨架间隙率(VCA)来判断混合料是否为骨架密实结构。

VCA——粗集料骨架部分以外的体积占试件总体积的百分率。

判据

$$VCA_{mix} < VCA_{DRC} \tag{1-1}$$

VCA_{mix}——试件压实状态下测定的 VCA;

VCA_{DRC}——粗集料在捣实状态下测定的 VCA。

刘中林等在《高等级公路沥青混凝土路面新技术》中对于沥青混合料是否为骨架密实结构判断方法如下:

测定沥青混合料毛体积相对密度 ρ_{mb},VCA_{mix} 按下式计算:

$$VCA_{mix} = \left(1 - \frac{\rho_{mb}}{\rho_{ca}} \times P_{CA}\right) \times 100 \tag{1-2}$$

式中:P_{CA}——沥青混合料中粗集料的比例,即大于 4.75mm 的颗粒含量,%;

ρ_{ca}——粗集料合成毛体积密度。

由 $VCA_{mix} < VCA_{DRC}$ 可得 $\rho_{mb} > \rho/P_{CA}$

即 当 $\rho_{mb} > \rho/P_{CA}$ 时,粗集料形成骨架结构;

当 $\rho_{mb} < \rho/P_{CA}$ 时,粗集料没有形成骨架结构;

当 $\rho_{mb} = \rho/P_{CA}$ 时,粗集料结构处于临界状态,刚好没有被撑开。

1.3 骨架密实结构的评价方法

1)骨架接触度

指混合料中粗集料之间相互接触的密实程度,为压实成型的混合料粗集料毛体积相对密度与纯粗集料干捣的相对密度之比,反映混合料的骨架性和密实性,同时也表明了粗集料压实效率。

根据骨架接触度的定义,在进行沥青混合料设计时,可判断沥青混合料是紧排骨架密实结构、松排骨架密实结构还是悬浮结构。

对于 LSAM(大粒径沥青混合料)骨架接触度在 85% ~90% 之间时,是松排骨架密度结构;大于 90% 时是紧排骨架密度结构;小于 80% 时是悬浮结构。

骨架接触度越大说明骨架的密实性越好。

2)骨架稳定度

为压实成型的沥青混合料粗集料的体积密度与松堆密度之比。

骨架稳定度越大,说明骨架的稳定性越好,与动稳定度相关性好。可以用骨架稳定度推算出动稳定度。

与骨架接触度类似,用骨架稳定度同样可以判断沥青混合料是紧排骨架密实结构、松排骨架密实结构或悬浮密实结构。

对于 LSAM 骨架稳定度在 90% ~95% 时是松排骨架密实结构;大于 95% 时是紧排骨架密度结构;小于 90% 是悬浮密实结构。

1.4 对骨架密实结构理解存在的误区

1) 只有间断级配才能形成骨架密实结构

事实上,无论连续级配还是间断级配均可形成骨架密实结构。

对于面层混合料,间断级配比较容易形成骨架密实结构,而连续级配形成骨架结构相对困难一些,但并非不可以,只是控制起来复杂一点,对石料的级配要求高一些。图 1-1 即是连续级配形成的骨架密实结构。从图 1-1 可以看出,粗集料形成了很好的骨架,粗集料分布均匀,细集料填充的很充分,非常密实,虽不敢称是百分之百的骨架密实结构,称"准骨架密实结构"想必不过分吧。

2) 只有最大粒径的集料嵌挤才是骨架密实结构

由于骨架密实结构还没有被广泛应用,事实上许多人仅仅是在概念上知道了骨架密实结构,对于多少的粗集料比例能形成什么样的骨架,相信大多数人没有做过这方面的试验。这就形成了同一个芯样,不同的人看法大相径庭。笔者在河南大广线濮阳段高速公路路面施工技术研讨会上请专家们看芯样,有的专家说粗集料太多了,有的专家说粗集料太少了。这充分说明了大家对骨架密实结构并没有深刻的认识,甚至有的仅停留在想象上,想当然认为只有最大粒径的粗集料形成嵌挤才是骨架密实结构。诚然图 1-2 的确是非常漂亮的骨架密实结构,但实际施工中如何保证不离析,如何控制好现场空隙率呢?

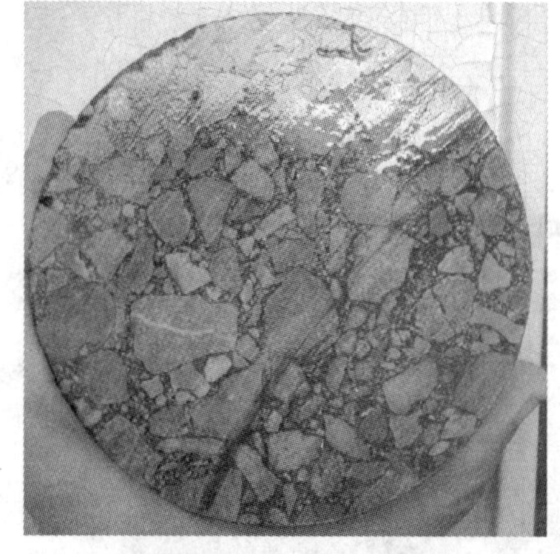

图 1-1 连续级配沥青混合料面层骨架密实结构

注:本芯样取自河南大广线濮阳段高速公路路面十标 K24 +200(右幅),施工单位为路桥集团二公局。

图 1-2 最大粒径粗集料嵌挤的骨架密实结构

图 1-3 也是骨架密实结构,只是增加了中间档次的集料,与图 1-2 相比施工效果却大相径庭,该级配压实起来就容易得多。

图1-4～图1-11是施工时面层的现场取芯照片。

图1-4为大广线濮阳段高速公路路面底面层芯样，AC20结构，从断面看，大料分布均匀，2.36mm以上的粗集料均形成了嵌挤，表面光滑、密实。

图1-5为图1-4的剖面图，整个剖面大料分布非常均匀，2.36mm以上粗集料形成了嵌挤骨架，细集料充满了骨架间隙，几乎看不出空隙来，GTM密度达到了99.8%，空隙率不到3%。

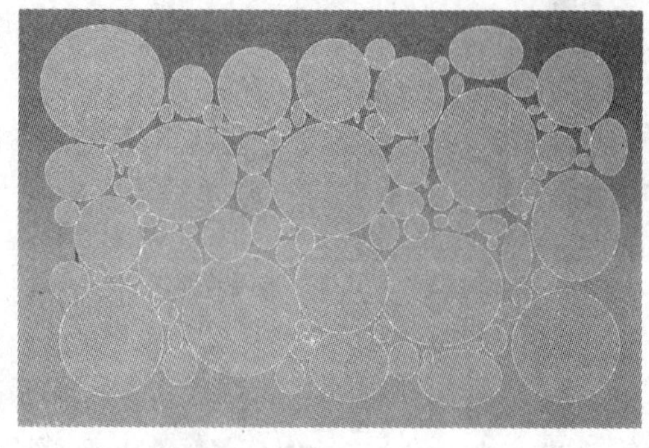

图1-3 均匀的骨架密实结构

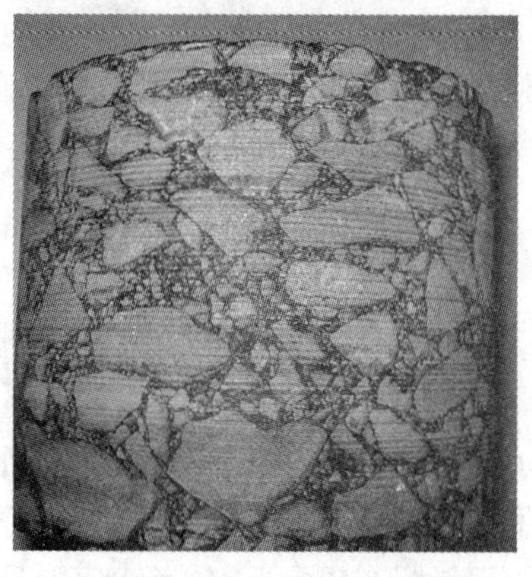

图1-4 骨架密实结构沥青混凝土面层芯样

图1-5 骨架密实结构沥青混凝土面层芯样剖面

所以，对于沥青面层混合料，只要2.36mm以上粗集料形成了嵌挤骨架，细集料充满了粗骨架间隙，就是骨架密实结构。

1.5 骨架密实结构与悬浮结构、骨架空隙结构对比分析

图1-6～图1-9为悬浮结构沥青混凝土面层芯与骨架密实结构沥青混凝土面层芯样及剖面对比照片，图1-7芯样几乎没有多少大料，2.36mm以上粗集料均呈悬浮状态，是典型的悬浮结构。

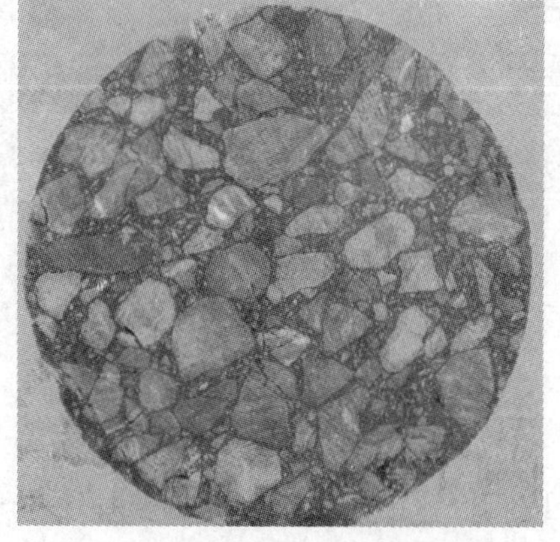

图1-6 骨架密实结构沥青混凝土面层芯样剖面

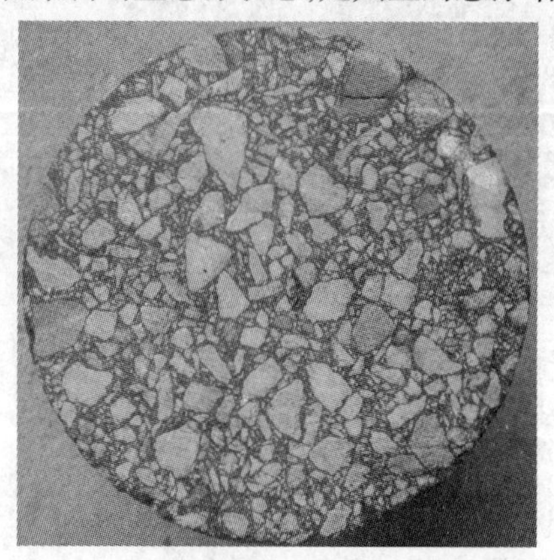

图1-7 悬浮结构沥青混凝土面层芯样剖面

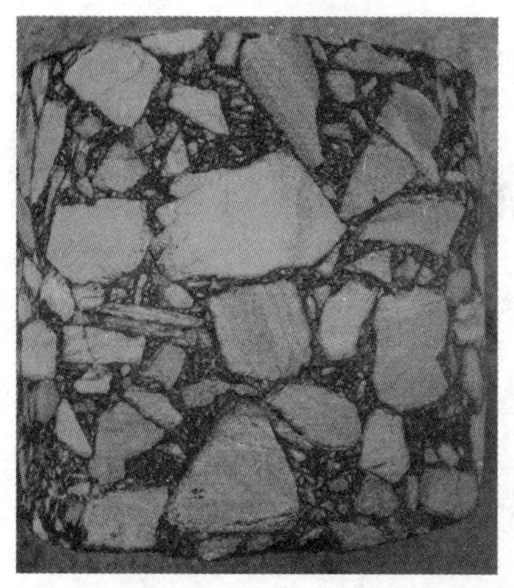

图 1-8　悬浮结构沥青混凝土面层芯样剖面

图 1-9　悬浮结构沥青混凝土面层芯样剖面

图 1-9 是图 1-8 的剖面图，同为悬浮结构，与图 1-7 不同的是图 1-8 和图 1-9 芯样中虽有大料，大料的含量也不低，但 2.36mm 以上粗集料没有形成嵌挤骨架。

图 1-10 的沥青混凝土面层芯样照片，尽管大料形成了嵌挤，但小料没有充分填充大料间隙，表面粗糙，空隙较大，称为骨架空隙结构。图 1-11 为图 1-10 的剖面图。

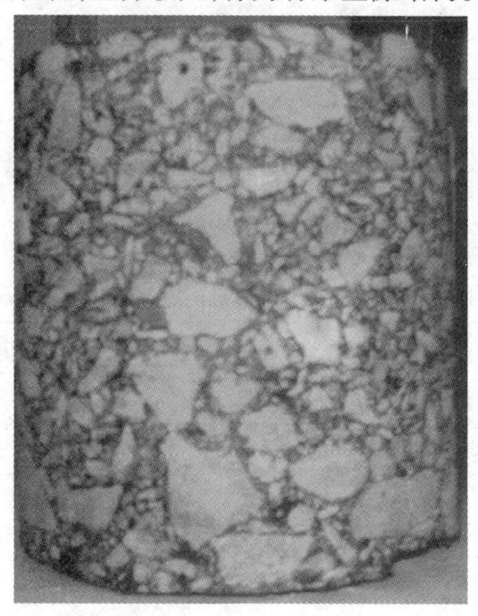

图 1-10　骨架空隙结构沥青混凝土面层芯样剖面

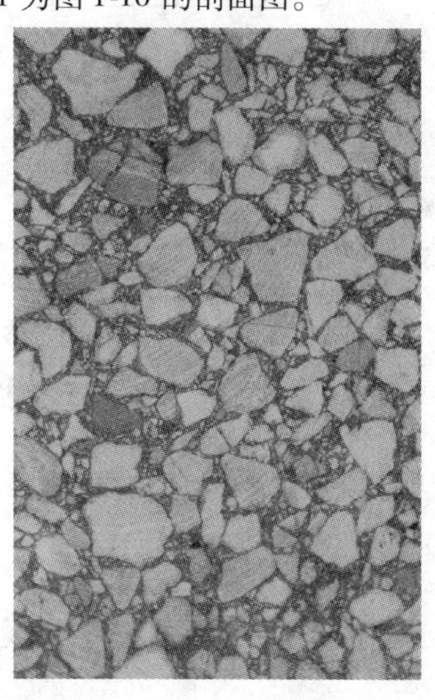

图 1-11　骨架密实结构沥青混凝土面层剖面

第2章　与骨架密实沥青混合料配套的成型方式

下面是2004年长沙理工大学与河南濮安高速公路有限责任公司联合完成的《渠化交通及沥青路面路况调查报告》中的资料片断：

(1)课题组对临长高速、郑许高速、安新高速、石安高速、京珠高速湖北段、京珠高速广东段六条高速公路各车道不同车型组成进行了调查，结果如图2-1。

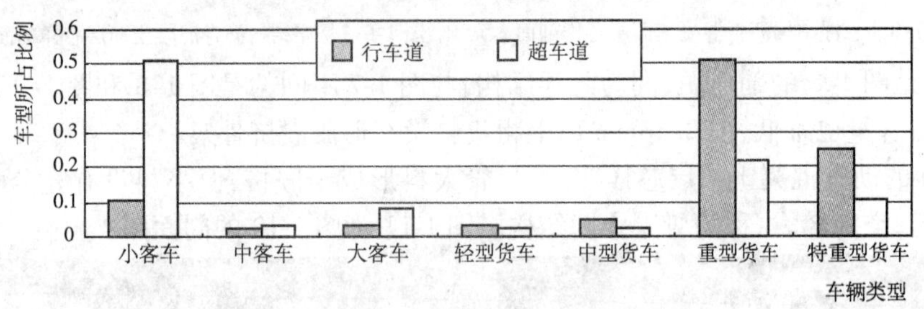

图2-1　六条高速公路不同车道车型组成汇总图

从图2-1可以看到渠化交通的影响，不同车道的车辆组成相差较大，重型车和特重型车占了很大的比例。

(2)表2-1、表2-2是高速公路沥青路面路况调查统计表。

临长高速沥青路面路况调查统计表(行车道)　　表2-1

桩号	裂缝(m^2)	松散(m^2)	变形(m^2)	其他(m^2)	桩号	裂缝(m^2)	松散(m^2)	变形(m^2)	其他(m^2)
K153+300	3	—	8	—	K154+300	0.34	—	2	4.2
K153+400	3.4	—	26	—	K154+400	1.15	—	31	0.7
K153+500	0.6	—	21	1	K154+500	2.5	0.3	32	0.7
K153+600	—	—	—	37.5	K154+600	0.34	—	—	30.3
K153+700	1	—	13	1.3	K154+700	0.4	—	—	38.2
K153+800	1.3	—	14	1	K154+800	—	—	—	37.8
K153+900	4	—	17	0.35	K154+900	0.75	—	—	37.5
K154+000	1.4	—	12	8.88	K155+000	0.9	—	—	37.5
K154+100	0.6	1	2	9.9	K155+100	0.2	—	—	37.5
K154+200	1.1	—	16	1.8	K155+200	—	—	—	37.8
小计	16.4	1	129	61.73	小计	6.58	0.3	52	262.2
总计	529.21								

许郑高速沥青路面路况调查统计表(行车道)　　表 2-2

桩号	裂缝(m^2)	松散(m^2)	变形(m^2)	其他(m^2)	桩号	裂缝(m^2)	松散(m^2)	变形(m^2)	其他(m^2)
K719 + 100	8.1	13.2	160	—	K720 + 100	18.48	19.5	84	35.63
K719 + 200	7.2	5.7	160	—	K720 + 200	15.06	49.3	160	—
K719 + 300	6.32	1.2	108	26.25	K720 + 300	22.44	13.3	128	15
K719 + 400	6.26	14.6	80	37.5	K720 + 400	17.34	10	82.14	37.5
K719 + 500	5.92	1.6	80	37.5	K720 + 500	16.86	35.6	112	23.44
K719 + 600	4.06	5.4	80	37.5	K720 + 600	15.48	56.4	160	—
K719 + 700	6.54	7.6	148	5.63	K720 + 700	19.8	16.7	160	—
K719 + 800	6.06	6.9	160	—	K720 + 800	18.96	4.8	160	—
K719 + 900	22.38	16.3	160	—	K720 + 900	15.49	15.9	153.6	3.6
K720 + 000	17.64	18	160	—	K721 + 000	26.88	29.6	160	—
小计	90.48	90.5		2575.74	小计	259.55	186.79	251.1	115.17
总计	3454.16								

从表 2-1 和表 2-2 可以看到,尽管在大修期内,高速公路路面裂缝、松散、变形及其他损害已相当严重,说明高速公路早期破坏现象在我国非常普遍。

由于我国以前交通量较小、沥青价格相对昂贵,加之沥青中含蜡量高,高温稳定性能差,出于节省投资和避免车辙的考虑,一直采用"强基薄面"的路面结构设计思想。并且,这种设计思想一直指导着我国的路面结构组合设计,并取得了很大的成绩。然而,近几年来随着道路等级和车速的不断提高、交通量的增长、轴载的加重,高速公路路面损坏现象出现了一些新的变化,主要表现为:通常在路面建成通车后一年左右即发生车辙、泛油、松散、水损坏,这类现象可以统称为高速公路早期路面损坏。

在我国已经建成的高速公路沥青路面中,众多省份的高速公路在通车后不久就发生了严重的车辙。影响沥青路面车辙形成的因素十分复杂,发生早期车辙损坏的沥青路面普遍存在的问题是沥青用量偏大,这是由马歇尔设计过程、成型方式、试验方法等的固有局限性所决定的。沥青混合料成型的最终结果是混合料的密度,相对同一种级配的沥青混合料而言,马歇尔方法成型的混合料密度低,混合料密度越低则其内部空隙率越大,在行车荷载的作用下再压密而产生压密性车辙。另外,在沥青混合料设计中成型方式若不能达到路面最终压实密度,为了减小空隙率,提高混合料耐久性,势必增加沥青用量,其明显的结果是再压密过程中使沥青路面产生泛油、塑性流动和车辙。

发生车辙的路段常常伴随有泛油现象,所以,车辙和泛油两者的成因大部分是相同的。相对于马歇尔设计方法的最佳沥青用量而言,沥青用量正常而发生泛油的情况,显然是因为沥青混合料设计方法本身存在缺陷造成的。所以,研究并采用能适应新情况的沥青混合料设计方法是解决早期损坏的根本途径。

造成松散的主要外因是水的冲刷作用加速了沥青膜的脱落。就混合料性能而言,空隙率过大和沥青—集料黏结力相对不足是重要原因;所以一旦有积水,在车辆的高速行车作用下很容易发生剥落破坏、造成松散,从而不断侵蚀沥青结构层次之间的接触面下面层。而要消除沥青路面水损坏的隐患,最重要的措施是减小沥青路面的空隙率。

综上所述,造成我国高速公路早期破坏的主要原因可归结为级配和成型方式两大问题。首先,悬浮结构路面抵抗高温的能力差,易发生车辙;第二,传统的马歇尔方法所设计的沥青混合料标准偏低,沥青用量高、空隙率大,易造成高速公路的泛油、松散、水损坏等。

近几年我国新修建的路面普遍采用骨架密实结构,沥青混合料采用 GTM 成型,有效缓解了车辙、泛油、松散、水损坏等病害的发生。

2.1 沥青混合料设计方法简介

为了得到性能优良的沥青路面,就必须重视沥青路面混合料组成设计。沥青混合料设计包括选择矿料种类、矿料级配、沥青类型等级、确定沥青用量和确定混合料密度以及达到期望的路用性能要求等,设计方法中最为重要的是试验方法、评价指标和标准。

传统的沥青混合料级配设计方法是马歇尔法,由于马歇尔法的缺陷,后来又诞生了大马歇尔法、维姆法、贝雷法、综合设计法、Superpave 法、GTM 法等。

1)马歇尔法

第二次世界大战期间,美国工程兵团为谋求机场施工快速化,由密西西比州道路局的布鲁斯·马歇尔(Bruce Marshall)提出了马歇尔稳定度试验方法,并通过试验研究提出了初期的马歇尔稳定度标准。如今马歇尔试验方法已经成为各国的沥青混合料设计的主要方法。

目前高等级公路的沥青混合料组成设计,国内外均以马歇尔试验为主,并通过车辙试验对抗车辙能力进行辅助性检验。马歇尔试验的优点是试验方法简单、费用较低且有一定的理论依据。但是大量的实践证明,传统马歇尔试验方法的整个指标体系,既不能确切反映沥青混合料的力学性能,也不能较好地对应沥青路面的技术性能。也就是说,以经验为基础并局限在一定温度范围的马歇尔试验方法,不能准确反映和控制沥青路面在较大温度范围内表现出的黏弹性力学性能。例如马歇尔试验的稳定度和流值与沥青路面的长期使用性能相关性不好,流值合格但高温车辙仍很严重,证明该法不能很好地反映沥青混合料的高温稳定性。

马歇尔方法对于如今的新形势、新情况已经不能适应,必须采用能模拟实际交通情况和现场施工情况的新型混合料设计方法,进行沥青面层材料配比设计,才能防止沥青路面的早期破坏。

2)贝雷法

传统的沥青混合料级配设计通常是依据已有的经验,通过试配—修正—试配的过程来确定矿料级配,使设计的矿质混合料形成适宜的空隙结构,包括矿料间隙率 VMA、剩余空隙率 VV、沥青填隙率 VFA 及粗集料空隙率 VCA 等。采用这种方法很难设计出理想的粗集料嵌挤,并且它又不能适用于各种沥青混合料。由伊利诺州交通部的罗伯特·贝雷(Robert Bailey)发明了一种系统的级配组成设计方法,其主体思想是以集料骨架作为混合料的承重主体,使设计的混合料能提供较高的抗车辙性能,同时通过调整粗细集料的比例,获得合适的VMA以保证混合料具有耐久性。

"贝雷法"级配设计方法被称为嵌挤密实结构沥青混合料级配的设计方法。它吸收了球体模型的优点,以干涉理论为设计的理论依据,数学基础是平面圆模型,以最大公称尺寸(D)的0.22倍所对应的相近尺寸筛孔孔径作为粗细集料的分界点。

贝雷法中提出了用于评价矿料性质的一系列参数,这些参数直接和VMA、空隙率和压实性能相关,有助于更好地理解集料级配与混合料中空隙体积的关系,也为评价合成级配提供了一套工具。

(1)基本概念

贝雷法主要是基于以下基本概念来阐明集料级配与沥青混合料体积特性之间的关系的。

①集料的嵌挤与填充

空隙率是混合料设计中的重要指标,不同的集料嵌挤与填充情况会形成不同的空隙,它主要依赖于压实方法与压实功的大小、集料颗粒形状、表面纹理、粒径分布及颗粒强度等。贝雷法中按集料的嵌挤与填充情况,将密级配沥青混合料分为粗级配和细级配两种类型。粗级配是指粗集料能形成骨架结构的密级配混合料;而细级配是指粗集料不足以形成骨架,主要依靠细集料来承担荷载等外在作用的密级配混合料。

②粗、细集料的定义

在贝雷法中,粗细集料的定义不同于传统的以4.75mm筛孔为界的划分方法,其对粗细集料的定义如下:

粗集料:置于单位体积中能产生空隙的大集料颗粒;

细集料:能填充由粗集料产生的空隙的集料颗粒。

从上面的定义可以看出,粗细集料的分界点是随公称最大粒径变化的。贝雷法中粗细集料的分界筛孔称为第一控制筛孔,可按照下式确定:

$$\text{PCS} = \text{NMPS} \times 0.22 \tag{2-1}$$

式中:PCS——第一控制筛孔尺寸(Primary Control Sieve);

NMPS——公称最大粒径(同Superpave中的定义)。

式(2-1)中的0.22因子是按照下列方法确定的:当集料颗粒全为圆形时,达到嵌挤状态的第一控制筛孔尺寸与公称最大粒径之比为0.155;当集料颗粒全为方形时,这个比值为0.289。由于集料颗粒不可能全为圆形和方形,因此取二者的均值0.22为比例因子。虽然0.22不能完全准确地反映所有沥青混合料的情况,但分析表明比例因子在0.18~0.28这个范围对级配影响不大。

③粗集料选取密度

为了得到期望的集料骨架结构,设计者应选取粗集料的适宜密度,从而确定粗集料的用量。确定粗集料选取密度时,必须考虑混合料是细级配还是粗级配。理论上,松装密度是粗集料形成骨架结构的下限;而干捣密度通常被看作是密级配沥青混合料中粗集料形成骨架嵌挤结构的上限,其值约为松装密度的110%以上,两者的关系如图2-2所示。

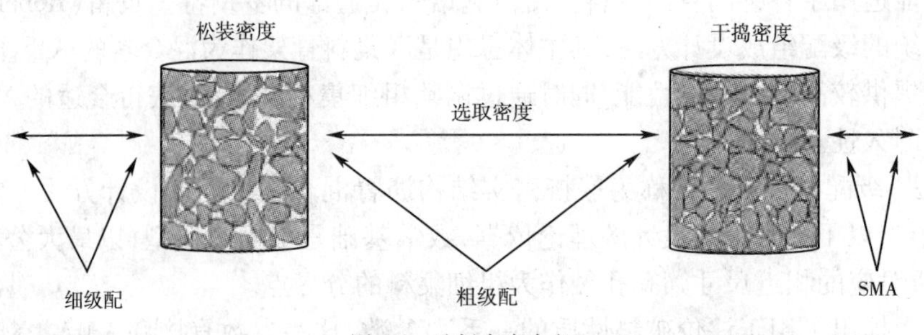

图 2-2 选择密度含义

粗集料选取密度按松装密度的百分率计。对粗级配混合料，粗集料选取密度一般取松装密度的 95% 至 105%，对易碎的软集料可接近 105%，但应避免大于 105%，以减小集料的破碎和现场压实的难度。对细级配混合料，选取密度应小于松装密度的 90%。应注意的一点是，对密级配混合料，建议粗集料选取密度不要采用松装密度的 90% ~95%，因为这个范围的混合料粗集料骨架结构不稳定，现场的变异性较大。

(2)矿质混合料级配的设计

矿质混合料级配的设计步骤如下：

第一步，确定粗集料的选取密度(kg/m^3)；

第二步，计算粗集料在选取密度下的空隙体积；

第三步，用细集料的干捣密度确定填充粗集料空隙所需的细集料(kg/m^3)；

第四步，利用粗、细集料各组分的密度，确定矿质混合料的总重(kg/m^3)，根据各级粗集料体积 + 各级细集料体积 = 单位体积，并确定各集料的合成质量百分比；

第五步，根据粗集料中所含的部分细集料以及细集料中所含的部分粗集料，分别修正粗、细集料的质量百分比；

第六步，若使用矿质填料或回收粉尘，则需调整细料部分的百分含量；

第七步，确定经修正后各集料最终的质量百分含量；

第八步，合成级配的分析。

矿料组成确定以后，需对集料的体积特性进一步分析。分析是先将合成级配分成三个部分：第一部分是合成级配的粗集料部分，即最大粒径与 PCS 之间的集料；合成集料的细集料又被分成粗、细两个部分，其分界点称为第二控制筛孔(SCS)，且 SCS = PCS × 0.22；细料的细部同样被再分一次，以第三控制筛(TCS)作为分界点，且 TCS = SCS × 0.22。合成集料的划分如图 2-3 所示。

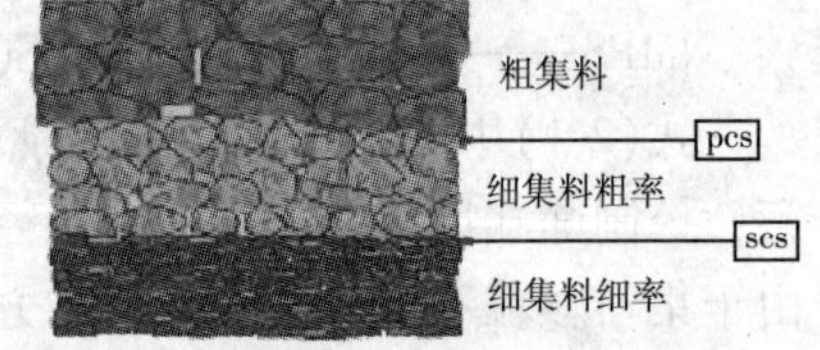

图 2-3 级配分析

对合成级配用 CA、FA_c 及 FA_f 三个参数进行分析。这些参数发生变化，将引起沥青混合料的体积特性、施工特性以及使用性能的变化。

①CA 比

即为粗集料比(Coarse Aggregate Ration)，这个参数用于评价矿料中粗集料的含量和分析空隙特征。计算公式如下：

$$\mathrm{CA}=\frac{P_{\mathrm{D/2}}-P_{\mathrm{PCS}}}{100-P_{\mathrm{D/2}}} \tag{2-2}$$

式中：$P_{\mathrm{D/2}}$——粒径为 $D/2$（D 为公称最大粒径）的通过率，%；

P_{PCS}——第一控制筛孔的通过率，%。

CA 比对沥青混合料的体积特性有重要影响，它反映了粗集料中大粒径颗粒与 D/2 ~ PCS 粒径颗粒之间的均衡关系，这种均衡关系将影响混合料的压实特性和路用性能。CA 比增大，混合料的空隙率和 VMA 将相应增大，因为粗集料中 D/2 ~ PCS 粒径颗粒增多，降低了集料的压密效果。另外，VMA 随 CA 比变化的大小也与集料的形状和表面纹理有关。

当 CA 比接近 1.0 时，会因粗集料中 D/2 ~ PCS 粒径颗粒含量过大而使混合料在施工中难于压实，且因粗集料颗粒之间容易产生移动而不易嵌挤成型。当 CA 比大于 1.0 时，D/2 ~ PCS 粒径颗粒将控制粗集料的骨架结构形成，而较大粒径的粗集料则悬浮于其中。

②$\mathrm{FA_c}$ 比

把细集料重新视为混合料，并将其分成粗、细两个部分，细集料中粗料部分形成的空隙由细料部分进行填充。$\mathrm{FA_c}$（Coarse Portion of Fine Aggregate）就是用来反映细集料中粗料部分与细料部分的嵌挤、填充情况，计算公式如下：

$$\mathrm{FA_c}=\frac{P_{\mathrm{SCS}}}{P_{\mathrm{PCS}}} \tag{2-3}$$

式中：P_{SCS}——第二控制筛孔的通过率，%。

$\mathrm{FA_c}$ 值增大，表明细集料中起填充作用的细料部分比例增大，从而使细集料形成更为紧密的结构。通常 $\mathrm{FA_c}$ 值应小于 0.50，如果大于 0.50 表明混合料中含有过量的天然砂，在 0.45 次方级配曲线图上将出现“驼峰”，这是应该避免的。如果 $\mathrm{FA_c}$ 比低于 0.35，则表明合成级配不均匀，在 0.45 次方级配图上呈凹状，这种级配可能存在压实问题。$\mathrm{FA_c}$ 值对混合料的 VMA 有很大影响，随其值的减小 VMA 将不断增大。

③$\mathrm{FA_f}$ 比

$\mathrm{FA_f}$（Fine Portion of Fine Aggregate）反映了合成集料中最细一级的嵌挤情况，计算公式如下：

$$\mathrm{FA_f}=\frac{P_{\mathrm{TCS}}}{P_{\mathrm{SCS}}} \tag{2-4}$$

式中：P_{TCS}——第三控制筛孔的通过率，%。

与 $\mathrm{FA_c}$ 比类似，其值影响混合料的体积特性。一般 VMA 值随其减小而增大。对于一般的密级配沥青混合料，$\mathrm{FA_f}$ 比也应小于 0.50。

以上三个比例参数都是通过与不同混合料公称最大粒径相联系的各个控制筛孔的通过百分含量计算而得的，它们对于评价和调整混合料的 VMA 及空隙率有很大价值。

贝雷法可用来对现有的密级配沥青混合料进行评价，可以提供一些有价值的关于选取密度及比例参数范围的经验，也有助于更好地了解混合料性能优劣的某些原因。

贝雷法通过确定不同的粗集料选取密度形成不同的集料骨架结构，进行集料级配设计；另外，还提出了运用三个比例参数 CA 比、$\mathrm{FA_c}$ 比及 $\mathrm{FA_f}$ 比分析合成级配的方法，使设计的混合料具有较好的抗车辙性能和耐久性。贝雷法设计混合料级配时，控制筛孔的选择非常重要，它对粗集料比影响大;选择密度是控制沥青混合料骨架形成的关键指标,粗细集料比对混合料的施工和体积特性有影响。

贝雷法设计沥青混合料在我国刚开始应用,其设计方法和参数还需要深入研究。在应用贝雷法设计新级配或验证已有级配时,都必须按照采用选取密度来检验粗骨架是否形成,同时用 CA 和 FA 比来控制混合料的施工特性和体积特性,只有这样才能设计出好的级配。不能单纯的用 CA 比来控制粗集料的骨架。

贝雷法中提出了用于评价矿料性质的一系列参数,这些参数直接和 VMA、空隙率和压实性能相关,有助于更好地理解集料级配与混合料中空隙体积的关系,也为评价合成级配提供了一套工具。贝雷法现已可应用于各种最大粒径的密级配沥青混合料及 SMA,而且适用于任何一种混合料设计方法,包括 Superpave、马歇尔设计法、维姆设计法等。

3) Superpave 法

美国 SHRP 计划中的沥青与沥青混合料项目历经多年研究提出了一套沥青混合料设计方法——Superpave 混合料设计体系(至今仍在改进中),它是 SHRP 计划研究成果中最重要的组成部分。Superpave 混合料设计包括 3 个水平的设计——水平Ⅰ、Ⅱ、Ⅲ,它们是在沥青混合料设计过程中相互联系的有先后之分的 3 大部分,分别适用于不同的交通量水平。

水平Ⅰ设计基本为混合料的体积设计,是以沥青胶结料性能、集料特性和混合料体积特性(空隙率、矿料间隙率等)为基础,进行沥青等级和用量选择、确定矿料级配,并进行初步水损害检验的混合料设计方法。水平Ⅱ、Ⅲ是关于沥青混合料的力学性能和路用性能的混合料设计,水平Ⅱ、Ⅲ是在进行了水平Ⅰ设计后才开始的,它们均以混合料体积设计结果为基础,进行混合料的力学性能和路用性能试验与预估。水平Ⅱ、Ⅲ均包括永久变形、疲劳、低温开裂等路用性能试验。

总体而论,Superpave 方法仍然是体积设计法,与其他方法的主要不同之处在于:

(1)考虑了交通量水平。

(2)以旋转压实方式成型试件,且压实功能不固定,因交通量水平、气温而变。

(3)以性能指标选取沥青胶结料。

(4)把空隙率作为试件乃至混合料设计的控制指标。

(5)对矿料级配提出了“控制点”和“禁区”的概念。

2.2 沥青混合料 GTM 设计方法

当前沥青路面设计方法以马歇尔法为主,由于马歇尔设计方法的缺陷,我国出现了严重的高速公路路面早期破坏。近期天津市市政工程研究院引进了 GTM 设计方法,并在国内多条高速公路成功应用,有效缓解了路面早期破坏这一现象。

GTM(Gyratory Testing Machine)旋转试验机(图 2-4)是美国工程兵团(U. S. Army Corps of Engineers)在 20 世纪 60 年代首先以推理的方法发明的路面材料试验机,后来美国空军为解决重型轰炸机跑道容易破损的问题,又专门组织人员对 GTM 进行了研究开发,形成了如今的路面材料 GTM 设计方法。随着公路的渠化交通、轴载及胎压的增大,车辆对路面的破坏越来越严重,美国 ASTM 规范采用 GTM 作为沥青混合料配合比设计及质量控制的标准,我国多条高速公路也比较成功地铺筑了试验路,天津市政工程研究院使用GTM设计方法对现有常用的AC25、AC20、AC16、AC13、AK16、AK13沥青混合料配合比进行了优化设计,并在国内几条高速公路成功推广使用。

GTM是柔性路面在荷载作用下的机械模拟,该试验机采用类似于施工中压路机作用的搓揉方法压实沥青混合料,并且模拟了现场压实设备与随后交通的作用,具有改变垂直压力的灵活性(图2-4)。

图2-4 GTM仪工作照片

GTM把混合料成型压实试验机、力学剪切试验机和车辆模拟机合并为一台试验机,一旦试件成型完毕,不用进行另外的强度试验即可得到混合料的设计个密度和沥青用量,所以GTM具有设计周期短、设计成本较低的特点。GTM采用了和应力有关的推理方法进行混合料的力学分析和设计,克服了马歇尔等经验方法的不足。GTM方法可较真实地模拟实际路面材料的受力状况以及预测材料到服务期限末的应力应变力学性质,从而避免了路面材料的早期破坏。GTM成型试件的原理与Superpave的旋转压实机(SGC)基本相同,可模拟路面碾压成型阶段,混合料所受到的碾压、揉搓作用,还可根据路面所承受的轮胎接地压强设定垂直压力,也可变化对试件的揉搓旋转角度。GTM除了能设计沥青混合料外,还可用于基层、土基的材料组成设计。

GTM是通过搓揉、旋转来压实制作试件,工程技术人员已经证实通过这种方法制作的试件的应力—应变特性对于实际柔性路面结构具有很好的代表性。

GTM一个重要的特性是能够直接反映出颗粒状塑性材料中可能出现的塑性过大的现象。这时材料会呈现过饱和状态,或许是因为过度压实,也或许是因为孔隙中填充了过多的介质——如土中的水或沥青混合料中的沥青。当沥青含量或含水量一定时,这种现象可以通过GTM滚轮压力的下降和旋转角度的增加显示出来,依据这一原理可以预测在设定的垂直应力下所设计的沥青混合料的最大允许沥青含量。同时GTM还可对路面的取样进行试验,以此来确定未来某时在已知轮胎与路面接触压力的交通量作用下,是否会造成由于混合料的不断密实而使塑性过大,是否会对路面造成破坏。

1)GTM的结构组成部件

如图2-5所示,试模夹具顶部有一突出圆盘,在圆盘上、下面各有一滚轮,上下滚轮之间的连线与水平面有一定角度,称为机器角(机器角可通过调整滚轮相对高低而改变)。与试模同一轴线的上下有垂直压力加载系统,施加与实际路面结构受力相等的最大压力。当上下滚轮旋转时,试件便随着试模夹具在设定垂直压力下被不断揉搓、剪切、压实,直到平衡状态(指每旋转100次试件的密度变化率为$0.016g/cm^3$)。在试件成型过程中,GTM能自动采集试件的应力、应变数据,并显示抗剪强度变化曲线。试件的应变是通过机器角的大小来表征的,抗剪强度S_G则是用滚轮压力推理换算而得的。

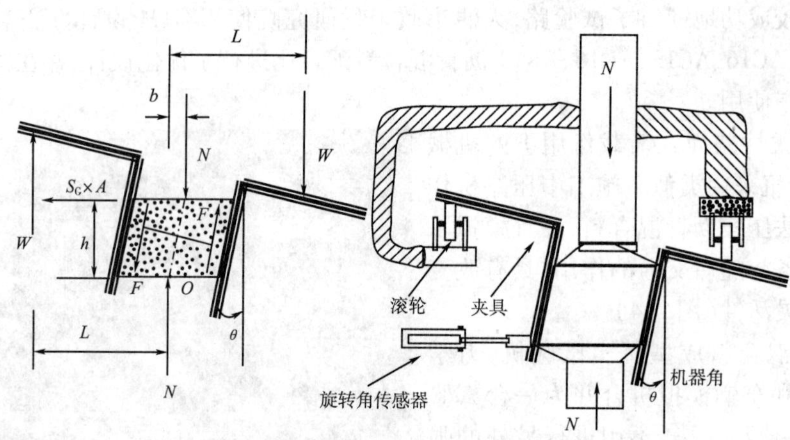

图 2-5 GTM 的结构组成图

2) GTM 的工作原理

GTM 成型试验的目的还在于模拟路面行车荷载作用下沥青混合料的最终压实状态即平衡状态,并测试分析试样在被压实到平衡状态过程中剪切强度 S_G 和最终塑性形变大小,以判断混合料组成是否合理。在混合料被压实到平衡状态过程中,若机器角上升,滚轮压力下降,说明混合料的抗剪强度在降低,变形在增加,呈现出了塑性状态,即表明沥青混合料的沥青用量已经过大。压实试件的最终塑性形变大小是用旋转稳定系数 GSI(Gyratory Stability Index)来表示的。GSI 是试验结束时的机器角与压实过程中的最小机器角的比值,是表征试件受剪应力作用的变形稳定程度参数。GSI 接近于 1.0 时所对应的沥青用量为混合料的最大沥青用量。

试验中需变化沥青用量分别进行 GTM 压实试验,然后绘制 GSI 与沥青用量的关系曲线,以确定混合料的最大沥青用量。另外 GTM 还可提供试件的最大密度——试件处于平衡状态时的密度,安全系数 GSF——抗剪强度与最大剪应力之比值,以及静态剪切模量,抗压模量等。

GTM 的旋转剪切应力 S_G 的公式推导如(图 2-5):

对 O 点的力矩方程为(忽略试样筒壁的摩擦力以及旋转偏心力矩 $N \times b$):

$$2W \times L = S_G \times A \times h \tag{2-5}$$

所以

$$S_G = 2W \times L/(A \times h)$$

式中:W——作用在滚轮上的荷载;

L——滚轮杠杆臂长;

A——试件横截面面积;

h——试件高度。

对于 GTM 的滚轮压应力 p,则有 $W = p \times a$,其中 a 为滚轮活塞的有效面积。当滚轮压应力 p 不断下降,降至路面结构即将发生剪切破坏时,此时的滚轮压应力 p' 称为临界滚轮压应力。而路面结构即将发生剪切破坏时,S_G = 水平最大剪切应力 τ_{max},根据均质弹性且各向同性理论,物体在圆形荷载作用下水平最大剪切应力 $\tau_{max} = P/\pi$,因此可得到临界滚轮压应力 p' 的表达式为:

$$S_G = \tau_{max} = P/\pi = (2 \times p' \times a \times L)/(A \times h) \tag{2-6}$$

$$p' = (P \times A \times h)/(2 \times \pi \times a \times L) \tag{2-7}$$

式中：P——试件垂直压力；

a——滚轮活塞的有效面积。

2.3 GTM 设计法的优点

GTM 试验机最大限度地模拟汽车在公路上行驶时轮胎与路面的相互作用，通过旋转压实，使模拟中沥青混合料密度达到汽车轮胎实际作用于路面时所产生的密实度。在进行沥青混合料配合比设计时，GTM 有以下几方面优越性：

（1）GTM 试验应用科学推理的方法，采用应力应变原理进行设计，试验时在一定的压力下对试件揉搓旋转成型，使其对试件的作用和汽车轮胎与路面的作用力十分相似，并且在旋转成型过程中减少骨料的破碎。

（2）GTM 拥有试模型号为 10.5cm × 15.2cm、15.2cm × 25.4cm、20.3cm × 30.5cm 三种，在进行沥青混凝土配合比设计时，可根据沥青混凝土的类型选择试模，尤其对于粒径大于 26.5mm 的粗粒式沥青混凝土更显出其优越性。

（3）GTM 与公路实际情况联系更紧密。利用 GTM 设计沥青混凝土时，充分考虑公路行车荷载的实际情况，根据每条公路的情况在设计沥青混凝土时选择不同的设计压强，因而设计的沥青混凝土更合理。

（4）GTM 设计的沥青混凝土考虑了车辙产生的因素。从理论分析讲，产生车辙的因素主要有两个，一是由于沥青路面在行车荷载的反复碾压下进一步压密而产生的；二是因沥青混合料在高温时的强度不足以抵抗车轮荷载的反复作用，轮下部分沥青混凝土产生剪切变形逐渐被挤压到两侧，使两侧的沥青混凝土面层鼓起，形成侧向流变而产生车辙。而 GTM 在设计时充分考虑了这些问题，采用的垂直压强是该公路汽车轮胎对路面的实际压强，并且试件在该压强下被压实到平衡状态，因此不会产生第一种变形。同时，GTM 设计的沥青混合料满足了行车荷载作用下需要的抗剪强度，因此也不会因抗剪强度不足而产生侧向推移。

（5）马歇尔法在设计沥青混合料时考虑孔隙率、饱和度等体积指标，GTM 法在设计沥青混凝土时没有将这些体积指标作为确定用油量的指标，但是从 GTM 法确定用油量的指标中可以看出，旋转稳定系数 GSI 与体积指标有一定的关系。当沥青混合料过度压实或者填充较多的沥青时，旋转稳定系数值变大，开始出现塑性变形。

（6）GTM 设计方法运用碾压揉搓成型的方法，在抗车辙性能方面是以往的马歇尔设计方法所无法比拟的。

GTM 是依据力学分析原理进行材料配比设计，较之经验式的体积分析方法将更为准确合理。GTM 实质上提供了一个不会产生车辙的柔性路面设计方法，而不是去规范车辙的允许深度。GTM 摈弃了不能反映实际路用性能的各种强度指标（如马歇尔稳定度、维姆稳定度、无侧限抗压强度等），而用推理方法直接测量计算混合料试件在压实过程中的力学指标，而且设计方法合理科学，还使设计周期大大缩短。

过去，GTM 设计方法并未特别关注路面结构的耐久性、抗老化能力、施工和易性和抗疲劳开裂能力等，GTM 方法对集料级配的设计筛选也没有提出专门的程序，而只是沿用了传统的级配规范与确定方法。本书对这些问题进行了深入的理论和试验研究，是对 GTM 设计的补充和完善。

第3章　骨架密实结构与悬浮结构沥青混合料高低温性能对比研究

沥青混合料采用GTM设计以后，油石比相对于马歇尔方法减少了0.5%～1%，那么采用GTM设计的沥青混合料低温性能到底如何呢？

作者和天津市政工程研究院，采用优化的AC13骨架密实级配，用GTM方法成型试件，对试件进行了低温弯曲极限破坏应变试验、开裂温度试验和疲劳特性试验。结果表明，采用GTM设计的沥青混合料同样具有优良的低温抗裂性能。基于此，提出了基于抗裂要求的骨架密实沥青混合料GTM设计方法。

马歇尔方法是目前我国普遍采用的沥青混合料设计方法，但由于其成型方式与现场碾压方式不匹配，以体积参数为设计标准，导致设计沥青用量较大，压实标准偏低，且以体积参数为控制指标难以协调各种矛盾。GTM设计以力学参数作为标准，其成型方式较之马歇尔击实法更为符合沥青面层的碾压工况。本章以GTM为设计手段，拟定不同级配，以路用性能为判据进行AC13型沥青混合料骨架密实结构与悬浮结构沥青混合料高低温性能对比研究。

3.1　级配基本参数确定

1）研究用原材料性质

选用加德士70号石油沥青，集料为石灰岩集料及矿粉，原材料各项技术指标满足《公路沥青路面施工技术规范》（JTG F40—2004）的技术要求。以集料有效密度为基础数据计算混合料体积参数，集料有效相对密度见表3-1。为保证试验的准确性，所用集料按粒径大小逐级筛分后回配进行试验。

集料有效相对密度　　表3-1

集料粒径（mm）	13.2	9.5	4.75	2.36	1.18	0.6	0.3	0.15	0.075	矿粉
有效相对密度	2.699	2.700	2.710	2.713	2.725	2.722	2.714	2.710	2.718	2.830

2）设计级配及特点

为解决规范提出的AC13级配范围过宽，难以具体指导工程实践的缺点，在规范规定的范围内拟定7种级配，以GTM为手段进行配合比设计，并进行了不同级配沥青混合料的高温抗车辙能力、抗水破坏能力、渗水能力、抗滑能力试验及低温性能试验。

研究拟定级配见图3-1。

研究所用级配固定0.075mm及13.2mm通过率为5%及95%，在《沥青路面施工技术规范》（JTG F40—2004）所给定的AC13混合料级配范围内按照2.36mm通过率不同，由粗到细拟定 6 种级配,分别记为级配 1 ~6。为研究级配走向对混合料性能影响,设计了级配 7,主要增加了 1.18 ~4.75mm 中间粒径的集料含量。

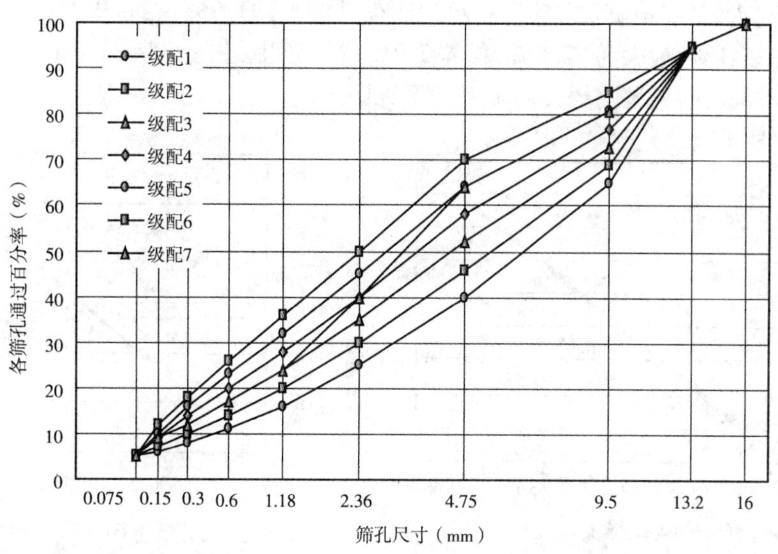

图 3-1　AC13 型沥青混合料设计级配

3) 粗、细集料及合成集料的松堆、插捣密度

以 2.36mm 为粗细集料分界筛孔,粗、细集料及合成集料松堆、插捣密度见表 3-2。

集料密度试验　　表 3-2

集料类型	项　目	级配 1	级配 2	级配 3	级配 4	级配 5	级配 6	级配 7
粗集料	松装密度(g/cm^3)	1.469	1.484	1.480	1.475	1.474	1.473	1.476
	松装空隙率(%)	45.7	45.2	45.3	45.5	45.6	45.6	45.5
	插捣密度(g/cm^3)	1.633	1.648	1.643	1.642	1.631	1.630	1.646
	插捣空隙率(%)	39.7	39.1	39.3	39.4	39.8	39.8	39.2
细集料	松装密度(g/cm^3)	1.426	1.460	1.473	1.456	1.477	1.481	1.469
	松装空隙率(%)	48.0	46.7	46.1	46.7	45.9	45.8	46.3
	插捣密度(g/cm^3)	1.593	1.604	1.629	1.620	1.631	1.643	1.621
	插捣空隙率(%)	41.9	41.4	40.5	40.7	40.3	39.8	40.7
合成集料	松装密度(g/cm^3)	1.690	1.690	1.732	1.752	1.764	1.756	1.719
	松装空隙率(%)	37.8	37.6	36.2	35.5	35.1	35.4	36.8
	插捣密度(g/cm^3)	1.847	1.868	1.910	1.939	1.932	1.936	1.860
	插捣空隙率(%)	32.0	31.2	29.7	28.6	28.9	28.8	31.6

由表3-2,不同级配的粗集料松装间隙率最小为45.2%,最大为45.7%,仅相差0.5%;插捣间隙率最小为39.1%,最大39.8%,仅相差0.7%。细集料松装间隙率最小为45.8%,最大为48.0%,相差2.2%;插捣间隙率最小为39.8%,最大为41.9%,相差2.1%。合成集料松装间隙率最小为35.1%,最大为37.8%,相差2.7%;插捣间隙率最小为28.6%,最大为32.0%,相差3.4%。不同集料松装与插捣间隙率关系见图3-2。

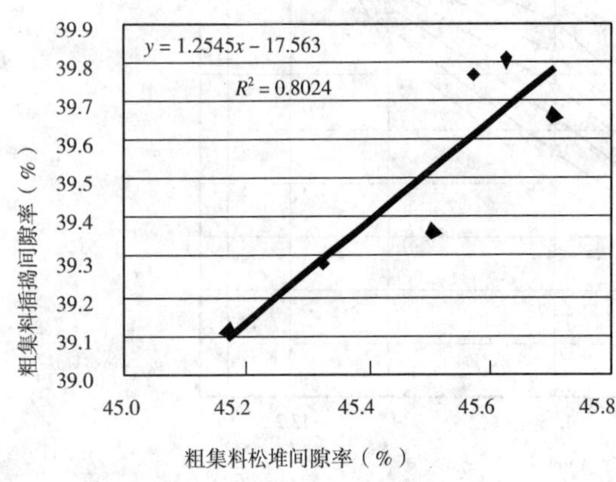

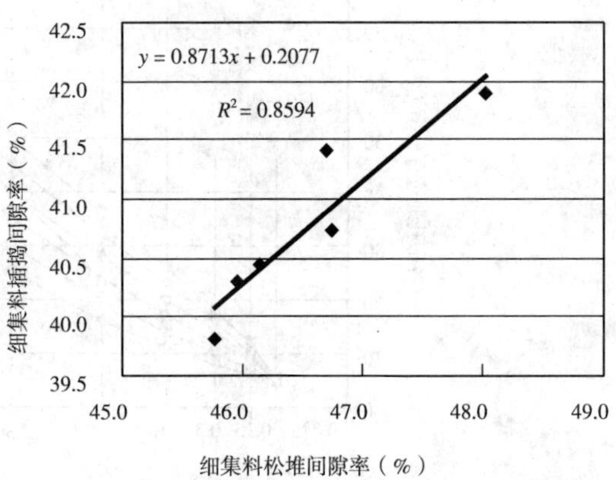

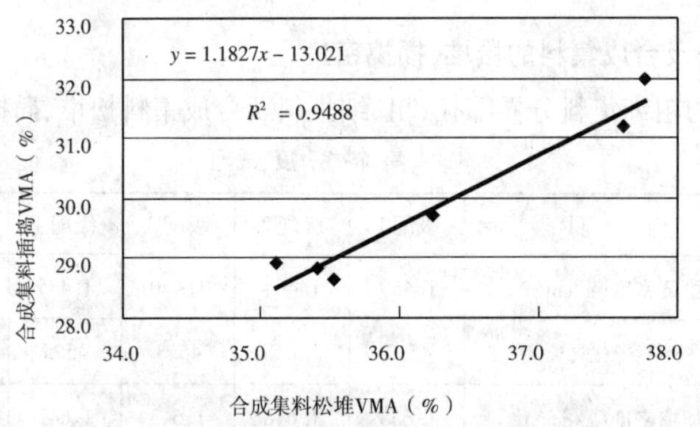

图3-2　不同级配集料松装与插捣间隙率关系图

由图3-2,粗细集料、合成集料的松堆间隙率及插捣间隙率均有显著的相关关系,说明在未加入沥青的情况下,不同作用方式下集料空间排列结构有显著的相关性。即在不加入沥青的情况下,用一种作用方式下的集料间隙率可以预测不同作用方式下的集料间隙率。

4)GTM旋转参数及最大油石比的确定

以GTM为成型方式,垂直压力0.7MPa、成型温度135~140℃、以平衡状态为最终状态。成型不同级配、油石比分别为3.8%、4.2%、4.6%、5.0%、5.4%的混合料试件。GTM力学参数GSI、GSF及其变化规律见图3-3。

根据图3-3中的GSI和GSF随油石比的变化趋势,综合GTM试验各参数,确定1~7号混合料的最大油石比为:4.7%、4.7%、4.5%、4.6%、4.7%、4.8%、4.7%。

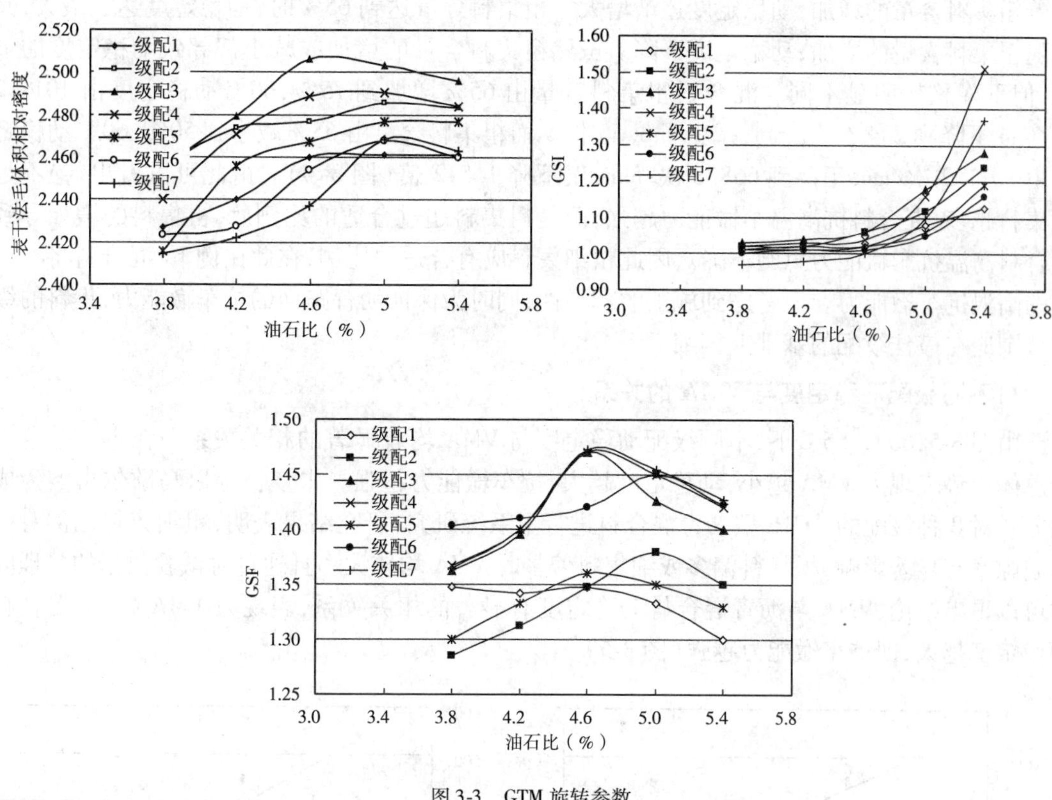

图 3-3 GTM 旋转参数

3.2 骨架密实结构与悬浮结构沥青混合料高温性能对比研究

最佳沥青用量下 7 种级配 60℃及 65℃时车辙试验结果如图 3-4 所示。

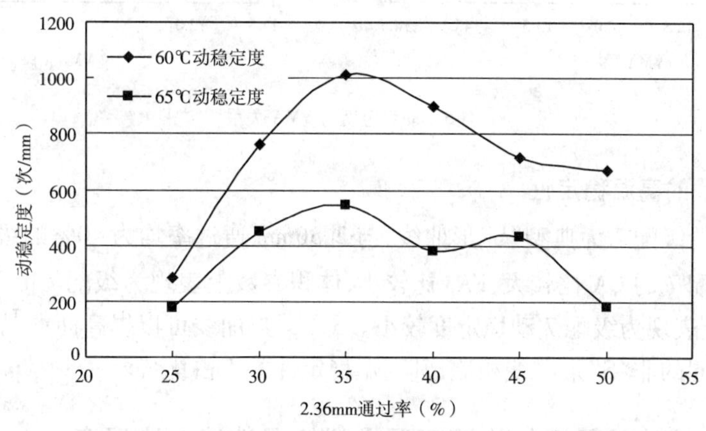

图 3-4 粗集料含量与动稳定度关系

1）不同级配下的动稳定度

最佳油石比下，不同级配 60℃、65℃动稳定度随粗集料含量变化有相同的变化规律。即随着粗集料含量的增加,动稳定度逐渐增大。粗集料含量达到65%时,动稳定度达到最大,其后随粗集料含量的增加,动稳定度下降。虽然粗集料含量的增加或减小都导致动稳定度的下降,但下降趋势明显不同。混合料粗集料含量由65%增加到75%,60℃动稳定度由1011.2次/mm下降到284.6次/mm,减少了3.55倍。而粗集料含量由65%减小到50%,60℃动稳定度由1011.2次/mm下降到668.8次/mm,仅下降1.512倍(图3-4)。由此可以看出,绝不是粗集料越多,混合料抗高温车辙能力越强,而是粗集料超过合适的比例后,粗集料的增加导致混合料高温抗车辙能力急剧下降。因此粗细集料应有合适的比例,在此比例下,混合料将有最好的高温抗车辙能力。但考虑到施工的和易性,同时为保证沥青路面的抗车辙能力,集料的级配范围应在最佳级配的基础上偏细。

2)不同级配动稳定度与VMA的关系

由图3-5,60℃、65℃下,不同级配动稳定度与VMA均有显著的相关关系。在本试验范围内总体趋势表现为VMA越小,动稳定度越大,抗车辙能力越强。朱梦良等以马歇尔击实为成型方式对8种级配的AC16型沥青混合料进行了系统研究,研究结果表明,粗细集料比例对矿料间隙率有显著影响,粗集料偏多或细集料偏多时VMA均较大。且通过对试验数据的整理同样可以得出结论,VMA与沥青混合料动稳定度有显著的相关关系,表现为VMA越小,混合料动稳定度越大,即抗车辙能力越强(图3-5)。

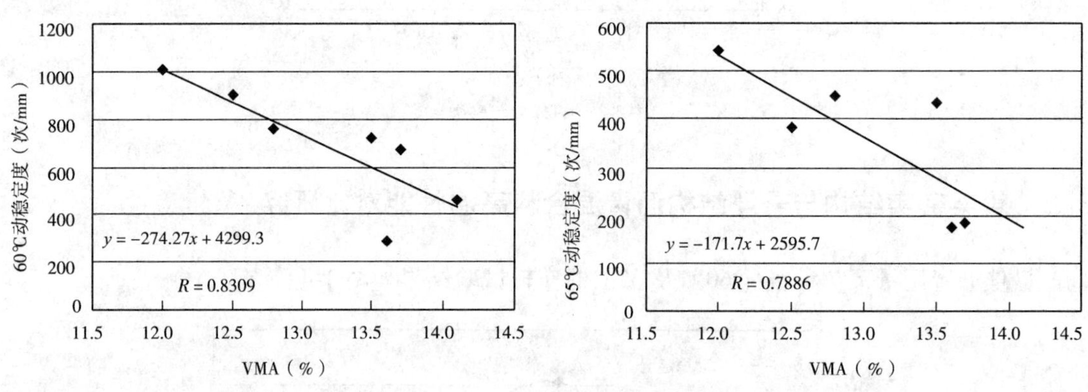

图3-5 动稳定度与VMA关系

3)"S"形曲线的高温稳定性

研究所拟订的级配7为典型"S"形曲线,与2.36mm通过率均为40%的级配4相比,曲线走向上表现为级配7的CA比较大,FA_c比较小;体积参数上表现为级配7的VMA较大,空隙率大;高温性能上表现为级配7动稳定度较小。即"S"形曲线可以提高沥青混合料VMA,但与粗细集料比例相同的非"S"形曲线相比,其高温稳定性并不占优势。

3.3 骨架密实结构与悬浮结构沥青混合料低温性能对比研究

1)级配对低温弯曲性能的影响

不同级配沥青混合料低温弯曲试验结果见表3-3、图3-6。

不同级配沥青混合料低温弯曲试验结果　　表 3-3

级配编号	弯拉强度(MPa)	最大弯拉应变(με)	劲度模量(MPa)	应变能(N·m)
1	12.2	2177.1	5603.8	265.6
2	14.2	2236.5	6349.2	317.6
3	12.97	2303.1	5631.5	298.7
4	10.88	1932.8	5629.1	210.3
5	8.66	1786.9	4846.4	154.7
6	6.86	1655.4	4144.0	113.6

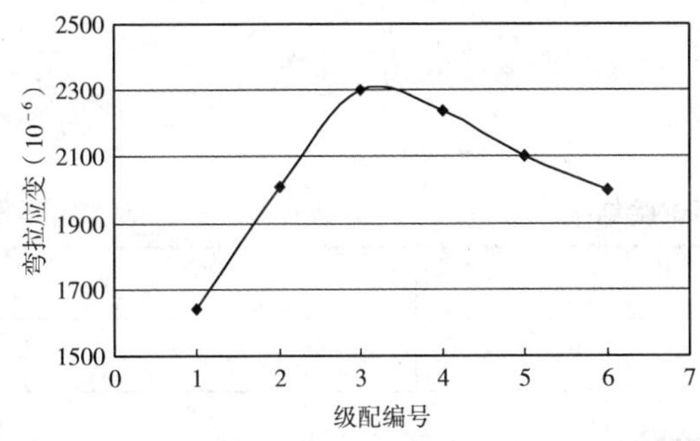

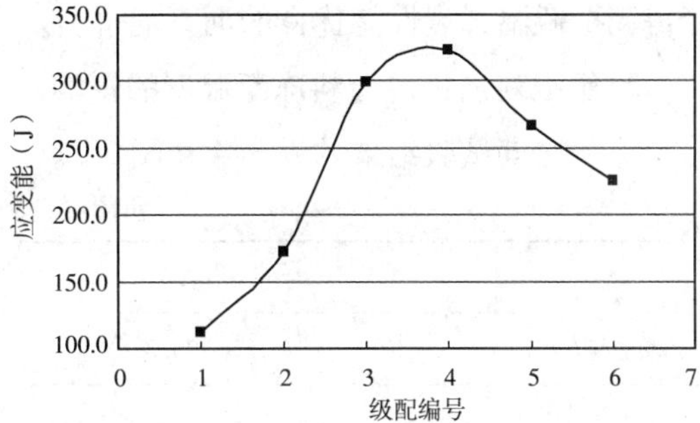

图 3-6　不同级配低温弯曲试验结果

混合料低温抗裂性能采用低温弯曲试验评价。试验条件为：试件断面尺寸为 30mm × 35mm；采用跨中集中荷载方式加载，跨径 200mm，加载速率为 50mm/min；试验温度 -10℃；试验设备为 MTS-810(TESTSTAR-II)。

试验结果表明，级配对沥青混合料抗裂能力有显著影响。

(1)如以低温弯拉应变作为评价标准，则由表 3-3 可知，混合料低温抗裂能力最佳级配为级配 3，即 4.75mm 通过率为 35% 的级配。以此为分界点，混合料中粗集料过多或过少，低温抗裂能力均呈现下降趋势。同时由图 3-6 可以看出，粗集料增加导致沥青混合料低温抗裂能力下降的速率大于细集料增加导致混合料低温抗裂能力下降的速度。由此，如以混合料低温抗裂能力为基本原则出发，沥青混合料最佳级配应控制为级配 3，同时考虑到施工变异性及粗细集料变化对沥青混合料低温抗裂能力影响规律，认为以级配 3 为最佳级配，施工过程中应控制级配中细集料含量略多，对低温抗裂能力的稳定性将有积极的作用。

(2)如以沥青混合料低温应变能作为判据，则由表 3-3 和图 3-6 可知，级配 4 为抗裂能力最佳的级配，即 4.75mm 通过率为 40% 的级配。同时以此级配为分界，粗集料增加或减少均导致低温应变能的减少，即粗集料增加或减少均导致沥青混合料抗裂能力的降低。同时还可以看出，混合料中粗集料增加导致抗裂能力降低的速率大于细集料增加导致混合料低温抗裂能力降低的速率。因此，如以沥青混合料低温应变能为判据，则沥青混合料抗裂能力最佳的级配为级配 4。

(3)综合考虑施工变异性等因素，要提高沥青混合料低温抗裂能力，最佳级配应选择级配

3 与级配 4 之间。

依据损伤学的理论,在行车荷载应力和温度应力作用下,路面材料中是否出现裂纹并扩展成裂缝取决于能量平衡。初始裂纹源于材料内部的原生裂隙,在沥青路面材料中原生裂隙普遍存在且多不胜数。裂纹扩展时将使应变能得到释放,并成为形成和异化新裂纹面的能量,如果释放的应变能超过形成新裂纹面所需的能量,裂纹将扩展直至被不可穿越的介质所阻隔。根据沥青路面低温开裂的基本机理,仅就沥青混合料自身力学性质而言,高强度、低劲度的混合料理应具有优良的抗裂性能。所以,如果依据能量的观点,引入开裂能指标评价混合料抗低温开裂能力更为合理。上述规律反映出了级配对沥青混合料低温抗裂性的影响,根据有关研究结论知,细集料越多的沥青混合料,其胶泥的劲度越大,显然不利于抗裂;但又由于沥青混合料、尤其是 GTM 方法设计的沥青混合料结构及密度,特别是骨架间隙中胶泥的密度对沥青混合料的强度和应变均有显著影响,因此细集料过多或过少、粗集料级配过“粗”或过“细”均不能得到抗低温开裂性能优良的沥青混合料。

2)级配对沥青混合料冻断温度的影响

冻断温度试验结果见表 3-4 及图 3-7。

沥青混合料冻断试验结果　　表 3-4

级配	1	2	3	4	5	6
冻断温度(℃)	-20.1	-23.8	-25.2	-26.5	-27.1	-26.8

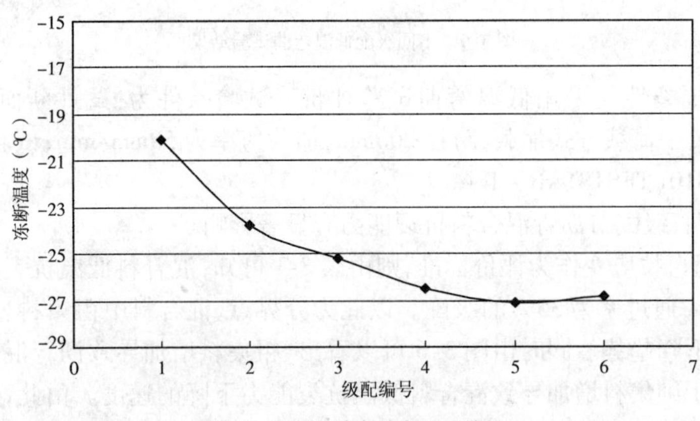

图 3-7　沥青混合料冻断试验结果

冻断试验条件为:试件断面尺寸为 40mm×40mm;试验温度初始温度为 20℃,试验温度下降速率为 1℃/min,试验设备为 MTS-810(TESTSTAR-Ⅱ)。

冻断温度的高低能较真实地反映沥青路面的抗裂能力。由试验结果可知,如以冻断温度为评价标准,细集料含量 45% 的级配 5 抗裂能力最强,但 4 号级配 5 号级配相差仅 0.6℃,这与低温弯拉试验及应变能指标的评价结果略有差异。冻断试验结果表明,沥青混合料抗裂能力的大小与粗集料含量有显著相关关系,即细集料含量适当的级配抗裂能力最佳。理论分析认为,原材料不变的情况下,沥青混合料抗裂能力主要取决于沥青混合料的黏结力及内摩阻力,因此黏结力及内摩阻力综合作用最强的沥青混合料能够达到最强的抗裂能力。由试验结果可知,与其他级配相比,4 号级配粗细集料组成合理,黏结力及内摩阻力能同时起作用;级配

5 细集料含量较大,因此比表面积较大,与沥青作用后胶泥有较强的黏结力。而再增加细集料含量,比如级配 6,虽然细集料含量增加,胶泥的黏结力增加,但由于粗集料含量减少,内摩阻力相应减小,致使沥青混合料抗裂能力减小。

3) 级配对沥青混合料抗低温疲劳能力的影响

试件规格为 40mm×40mm×160mm 小梁,采用四点弯曲方式加载,为应力式控制荷载波形为半正弦波,频率 $10H_Z$。试验温度 15℃ ±0. 1℃,试验设备为 MTS810。试验结果见表 3-5。

疲劳试验结果　　表 3-5

名称	应力比 σ_0/σ_{max}	荷载作用次数 N_f(次)	回归方程 $N_f = k\left(\frac{1}{\sigma_0/\sigma_{max}}\right)^n$
级配 2	0. 1	21245	$k = 99.9$
	0. 2	4100	$n = 2.28$
	0. 4	1180	$r = 0.9999$
级配 3	0. 1	38906	$k = 44.2$
	0. 2	4545	$n = 2.89$
	0. 4	1100	$r = 0.9991$
级配 4	0. 1	26875	$k = 19.3$
	0. 2	3434	$n = 3.15$
	0. 4	515	$r = 0.9995$
级配 5	0. 1	38998	$k = 68.9$
	0. 2	7100	$n = 2.78$
	0. 4	1300	$r = 0.9997$

由试验结果可知,在给定的试验条件下,级配 4 中 k 值最小抗疲劳能力最优。随着粗集料含量的增加或减少,混合料抗疲劳能力均有所下降,其中粗集料含量多的级配 2 抗疲劳能力最差。

3. 4　级配对沥青混合料性能的影响

1) 级配对沥青混合料体积参数的影响

(1) 对密度的影响

由图 3-3,相同油石比下,混合料密度由大到小分别为级配 3、4、2、5、1、6、7。密度的大小反映了这样一个规律,即粗细集料比例适当时沥青混合料能够达到较大密实程度,粗集料过多或过少都将导致混合料密度减小。

(2) 对 VMA 的影响

GTM 旋转试件 VMA 见图 3-8。

①相同油石比下,对于级配 1 ~ 6,随着 2. 36mm 通过率的变化,沥青混合料 VMA 均有最小值,表明粗细集料比例对 VMA 有显著影响,粗集料偏多或偏少均会导致 VMA 的增大。

②最佳沥青含量下 GTM 试件 VMA 与细集料含量关系如图 3-9 所示，分析表明，2.36mm 通过率为 36.5% 时，VMA 最小。

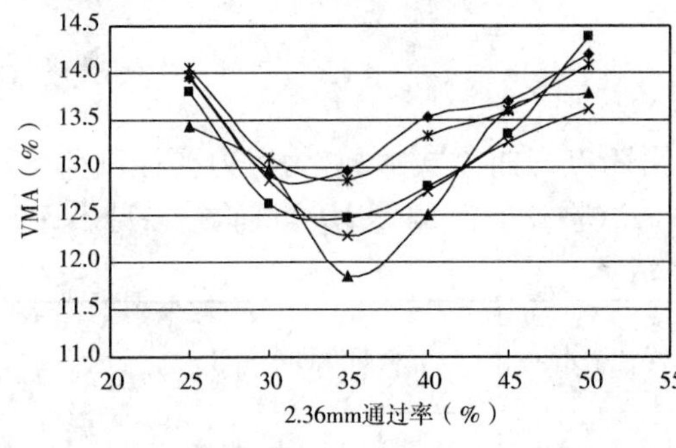

图 3-8　不同级配、不同油石比下试件 VMA

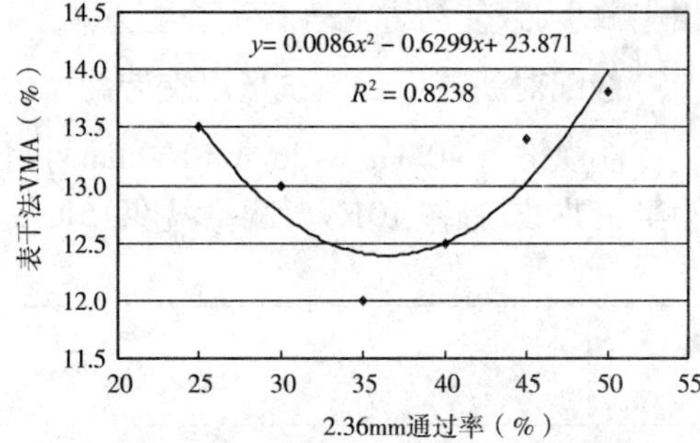

图 3-9　不同级配最佳沥青含量下试件 VMA

③合成集料 VMA 与沥青混合料旋转试件毛体积密度计算的 VMA 关系见图 3-10。试验结果表明，未加入沥青的合成集料松装、插捣的 VMA 与加入沥青的 GTM 旋转试件 VMA 无相关关系。虽然合成集料的 VMA 可以用比较合理的试验方法来测量并计算，但用合成集料的 VMA 显然无法准确预测沥青混合料的 VMA。这可能是由于不同级配组成的混合料在加入沥青并经 GTM 旋转压实后集料的空间排列方式与未加沥青的合成集料在松堆及插捣作用下集料的空间排列状态完全不同。因此，用未加沥青的集料进行试验并预测沥青混合料的 VMA 比较困难。

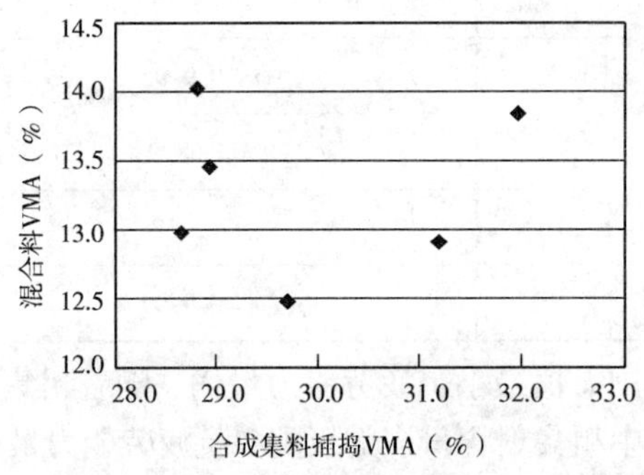

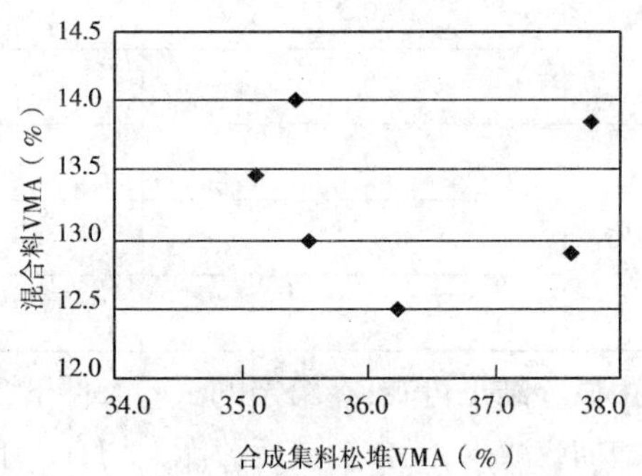

图 3-10　合成集料 VMA 与沥青混合料 GTM 旋转试件 VMA 关系

(3) 对空隙率的影响

不同级配 GTM 设计的最佳油石比下的混合料空隙率、间隙率及饱和度见表 3-6。

GTM 方法确定的最佳油石比下试件的体积参数　　表 3-6

级配编号	级配 1	级配 2	级配 3	级配 4	级配 5	级配 6	级配 7
最佳油石比(%)	4.7	4.7	4.5	4.6	4.7	4.8	4.7
VV(%)	2.9	2.3	1.9	2.0	2.8	3.0	3.6
VFA(%)	78.2	81.7	86.6	84.3	79.3	79.3	75.8
VMA(%)	13.6	12.8	12.0	12.5	13.5	13.7	14.1

由表 3-6,同种级配,油石比越大,沥青混合料空隙率越小。同一油石比,矿料级配偏粗或偏细时混合料空隙率较大。

由表 3-6,不同级配在最佳油石比下,与马歇尔方法设计标准相比,GTM 旋转试件空隙率及 VMA 偏小,饱和度偏大。如此之小的设计空隙率是否会产生路面泛油问题?根据 GTM 设计原理,试件压实状态为平衡状态,即在设计垂直压力下,GTM 设计密度保证路面不会再被二次压密,因此 GTM 设计的沥青混合料不会出现因为二次压密产生的泛油现象。其次与马歇尔设计方法不同,GTM 方法设计的沥青混合料在最佳油石比下抗剪切强度最大,而不是以固定的击实功、固定的空隙率下的填充沥青的数量作为最佳沥青用量。第三,如现场以 98% 为压实度控制标准,则 GTM 方法设计的沥青路面空隙率将小于 6%,这对于防止沥青路面水破坏至关重要。

2)级配对沥青混合料水稳性影响

对不同级配沥青混合料在最佳油石比下进行了水稳性试验,试验结果如图 3-9 所示。

由实验结果:

(1)粗集料含量与混合料劈裂强度

从粗集料含量占 75% 的级配 1 开始,沥青混合料劈裂强度随粗集料含量的减少而增大,粗集料含量达到 65%,劈裂强度达到最大。粗集料含量继续减少,劈裂强度则呈下降趋势,这主要是矿料间隙率、空隙率的大小和级配的优劣起作用。由图 3-11 同时还可以看出,与粗集料含量减小相比,粗集料含量超过 65% 后劈裂强度急剧减小。

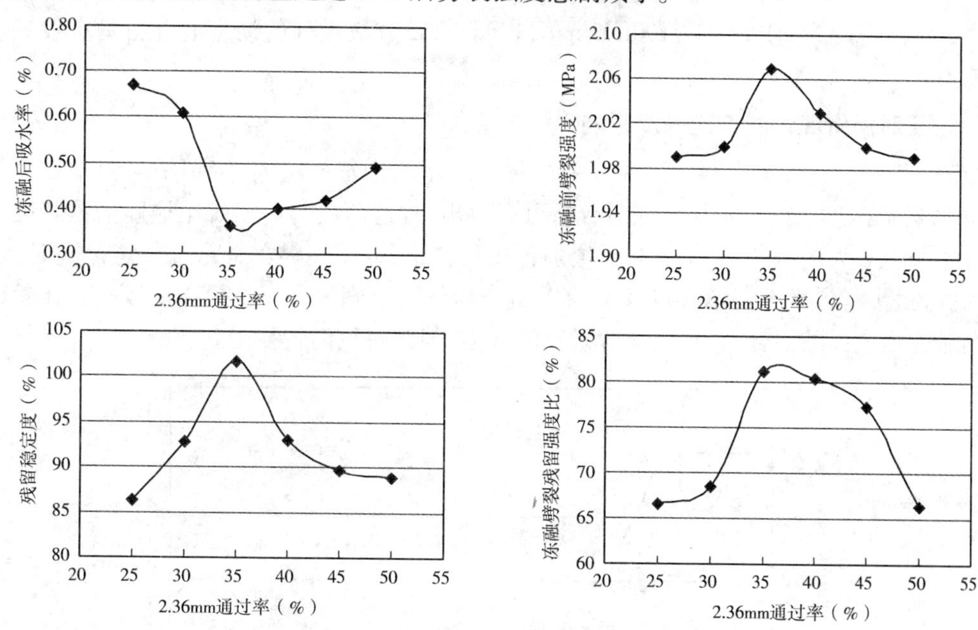

图 3-11 劈裂强度及水稳定性试验结果

(2)冻融后吸水率

冻融后吸水率指试件冻融循环前后重量之差与冻融前试件重量的比值。它间接反映了不同级配沥青混合料空隙分布特征及经冻融循环后空隙变化规律。由图 3-11,2. 36mm 通过率为 35% 的级配 3 经冻融后吸水率最小,2. 36mm 通过率大于或小于 35% 的混合料吸水率均呈增加趋势，但增加趋势有较大差别，粗集料增加，冻融后吸水率急剧增大。这主要是因为级配3空隙率最小，且空隙分布比较合理，因此其冻融后吸水率较小。而较粗的级配1、2粗集料含量过高，空隙率较大，且混合料空隙以开口空隙为主，属于骨架空隙结构，因此冻融循环过程中，水很容易进入混合料开口空隙并经冻涨作用将空隙撑开，其冻融后吸水率急剧增大。而对于细集料较多的级配5、6，由于细集料较多，属于悬浮密实结构，虽然空隙率较大，但空隙则以闭口空隙为主，冻融循环作用只能使少量的开口空隙饱水，而大量的闭口空隙对吸水率的增大不起作用，因此，细集料含量较多的级配冻融后吸水率增加较小。

(3)冻融劈裂残留强度

不同级配沥青混合料冻融劈裂残留强度比及残留稳定度有相同的变化趋势，主要表现为级配3水稳定性最佳，粗集料含量增加或减少，混合料水稳定性下降，同时粗集料含量高的级配水稳定性下降速率更大。

(4)粗细集料有最佳相对比例

由水稳定性试验结果，粗细集料有最佳相对比例值，此比例下的沥青混合料水稳定性最佳，而在此最佳级配的基础上增加粗集料含量将导致水稳定性的急剧下降。因此为保证沥青混合料的水稳定性并考虑施工的变异性，级配范围应考虑在最佳级配的基础上偏细。

3)级配对沥青混合料渗水系数的影响

级配3~6均不透水。试验表明，当粗集料含量大于65%后，渗水系数开始增大，粗集料含量大于70%后渗水系数急剧上升。但由试验结果，GTM设计的沥青混合料渗水系数绝对值并不大，级配1渗水系数最大仅100mL/min，表明GTM方法设计的沥青混合料具有较好的防渗水能力。

4)级配对沥青混合料构造深度影响

由图3-12知，沥青混合料构造深度随粗集料含量的增加而增大，特别是当粗集料含量大于30%后构造深度急剧增长。但同时分析可以看出，构造深度与高温抗车辙能力是相互矛盾的。要想获得较大的构造深度，势必要增加粗集料含量，但粗集料含量超过一定范围时(以本研究为例，粗集料含量不宜超过68%)，高温抗车辙能力急剧下降。要想获得较高且比较稳定的抗车辙能力较强的混合料，粗集料含量不能太多，但此时抗滑特征受到影响。

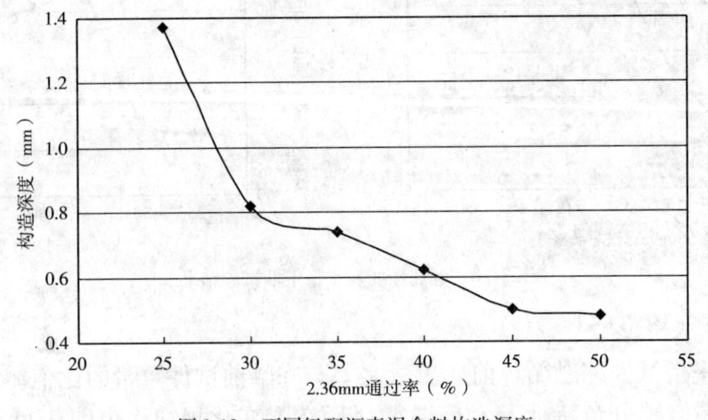

图3-12　不同级配沥青混合料构造深度

第4章 骨架密实沥青混合料级配优化设计方法

第一章已经讲过，骨架密实沥青混合料只有使用GTM成型才能充分发挥骨架密实结构混合料的优势。下面介绍GTM成型方式下的骨架密实沥青混合料级配优化设计方法。

4.1 沥青混合料GTM与马歇尔配合比设计方法对比研究

已有的成果或经验均是特定的设计方法、试验手段、评价指标以及施工技术的产物。而道路科学技术的进步恰恰依赖于方法和手段及施工技术的联合创新。方法和手段的创新往往意味着技术上质的飞跃，而施工技术的进步则是这种飞跃的保证。如今路面的压实设备的技术进步突飞猛进，意味着现有的路面压实机械完全可以铺筑出比以前更好的高质量的沥青路面。但如室内成型条件及设计方法不加变化，即对沥青混合料提出的要求（包括沥青混合料级配要求、沥青含量要求、压实标准要求）还沿用以前的过时技术标准，只能导致先进的筑路机械修筑出质量与以前相差无几的沥青路面，或者说室内试验标准已严重阻碍了科技的进步及生产的发展，并在现有的重交通荷载下很快导致沥青路面的早期破坏，包括由于压密产生的车辙、沥青用量过大造成的泛油及空隙率过大出现的水破坏等现象。因此在新的情况下（交通量增大、交通荷载增加、压实设备技术进步）研究适合于新情况（我国高速公路目前主要破坏现象是车辙及水破坏）的沥青混合料设计方法及由此方式衍生出来的合理的设计指标（包括密度要求、级配要求、沥青含量要求、材料选择要求等）是十分必要的。

早期的沥青混合料生产并没有设计方法，大多根据实践中得到的工程经验进行混合料的配制，这种方式生产的混合料是各国道路工程人员适应本国具体情况的长期经验的总结并形成的较优的方案。但这种方法需要长期实践，更新周期长，对条件的变化适应性差，不利于路面材料的广泛应用。直到对沥青混合料的组成从实践上升到理论研究，并开展了沥青混合料试验方法的探索，才使得沥青混合料的应用飞速发展。

其实沥青混合料的设计就是选择材料、确定级配、确定沥青用量、确定混合料成型密度，而这些又是相互影响相互制约的。材料的性质决定了集料的级配组成，即对某一种特定的材料和已确定的使用环境，其最优配比只有一个。可遗憾的是，往往在工程实践中对集料的级配组成重视不够，很少对级配进行细致研究，而是采用规范规定的级配范围中值进行配制。对于确定的矿质集料级配，不同的试验方法（压实方法、压实功能）、试验评价指标（体积参数，性能指标等）又决定了混合料的密度和沥青用量大小。因此，对沥青混合料的设计应该是对多方面的影响因素给予统筹兼顾后得到的条件最优配比。

合理的沥青混合料设计方法至少要考虑以下几个方面：

（1）沥青混合料的成型方式要最大限度的模拟路面实际成型过程。当配合比一定时，试件成型方式决定了混合料的结构，而结构又决定了试件的物理、力学性质，进而决定了优化配比的取舍。

(2)沥青混合料设计指标应与沥青路面的工作特性有一定的联系。鉴于沥青混合料材料性质的复杂性,用简单的静力学指标无法准确描述它的黏弹塑性;再由于沥青路面所受的外力作用和环境影响更为复杂,就目前的技术水平,尚无法建立材料性能指标与路面设计指标之间的准确关系。但是,以性能指标作为混合料设计的判据至少是一个进步。

(3)合理利用体积参数以减小配合比设计的工作量和盲目性。如果利用经验方法——体积参数分析方法作为沥青混合料配合比设计的辅助手段,那么,这类方法成立的前提条件是,用于计算以空隙率(V)为代表的诸体积参数的相关试验方法必须科学、合理,并且,体积参数与路用性能之间存在良好的相关关系。

(4)某种方法设计出的混合料应便于施工、易于压实。在施工过程中,材料离析在所难免,因此希望级配和沥青含量的波动不至于显著影响混合料的路用性能。另一方面,在正常情况下,采用现有的施工机具应能把混合料压实至规定的密度,即室内试验方法(成型方式、功能大小)应该与施工的压实效果匹配。

1)马歇尔设计方法

马歇尔试验方法是影响最为深远、应用最为广泛的沥青混合料配合比设计方法,曾经是世界各国通用的设计方法。马歇尔设计方法属于体积设计方法,它的最初发明是借用土工试验中通过击实方法寻找最大密度确定最佳含水率的思想来确定沥青混合料中的最佳沥青用量。马歇尔设计方法对混合料的密度、空隙率、矿料间隙率等指标有明确的要求。可是国内外研究均表明,这些指标与路用性能指标有较大的差距。首先,在试件成型方面,马歇尔方法击实次数与实际路面材料的碾压功能和交通量大小都没有内在联系,马歇尔击锤的冲击力与车辆接地压强存在巨大的差异,马歇尔试模对沥青混合料的约束条件也与路面材料的受力条件不同,马歇尔的冲击压实方法不利于集料的定向重排,造成混合料密度较低,用它控制路面施工会导致路面材料密度偏小,空隙率过高。沥青混合料密度低的直接后果是导致材料强度低、在行车荷载作用下易产生进一步的压实、追密,从而使路面容易产生车辙、泛油。其次,在进行马歇尔试验时,试件的受力方式、约束条件与路面结构材料实际受力特点相差较大,试验加载装置的钳口夹住了试件的大部分,但试件周围并未全部被约束,圆柱体试件的顶部和底部也未受限制,所以试验过程中试件内部应力状态分布极为复杂,加载方向也并未沿着试件的压实方向,所以试验指标与路用性能之间无一般的相关性,结果造成用马歇尔设计方法进行设计时有盲目性,即是在与路用性能基本脱节的情况下进行设计。因而世界各国都对最初的传统的马歇尔设计方法进行了不同程度的改进,增加了混合料路用性能,如高温稳定性、低温抗裂性、水稳定性等的检验。总之:

(1)马歇尔设计方法的试件成型方式与现场碾压方式不匹配,导致室内混合料试件密度偏低。

(2)而马歇尔方法又是体积设计方法,混合料试件必须满足VMA、VFA、VV的要求,加之沥青混合料密度偏低,因此又使得沥青用量偏高,在现代交通作用下很容易出现泛油、车辙等破坏现象。

(3)马歇尔方法提供的现场压实标准偏低,导致施工质量很容易达到要求,施工过程中承包商可以不用过多考虑对施工碾压过程的严密监控、精心管理,采用新的压实设备、压实技术没有积极性,因此马歇尔设计方法已不适应现代交通的要求。

2) GTM 设计方法

2001 年,以津晋高速公路为起点,根据天津市市政工程研究院对 GTM 的开发及研究成果,GTM 技术迅速在国内推广使用。成果分别应用于津晋高速、丹拉高速天津段、青银高速河北段、河南鹤濮高速公路、河南新郑高速公路、丹拉高速河北段、京沪高速天津段、威乌高速天津段、京津二通道、内蒙二塞、白集、集丰等高速公路共计 3000 多公里。检测结果表明,GTM 设计的沥青混合料路用性能大幅度提高。

GTM 从引进、研究开发到形成较为成熟的沥青混合料配合比设计方法历时近 10 年,而用 GTM 方法施做路面工程仅起始于 2001 年,在短时间内 GTM 配合比设计方法推广如此迅速,充分说明了 GTM 方法的优越性。但一方面由于应用时间较短,施工单位对 GTM 设计方法不甚熟悉,另一方面 GTM 设备昂贵,以目前施工单位的实力,现场用 GTM 进行工程质量控制还难以做到,致使 GTM 设计方法的广泛应用遇到较大阻力。考虑到马歇尔方法是目前普遍使用的配合比设计方法,因此对两种不同的设计方法进行系统对比研究并对设计的混合料各种体积参数及路用性能进行对比分析,以便深入了解 GTM 设计方法的优点及 GTM 设计的沥青混合料性能提高的内在原因并对马歇尔设计方法有客观的认识与评价。最终根据研究成果,形成在适当范围、通过合理方法调整马歇尔配合比设计结果的一般性原则,使得施工时在没有 GTM 的情况下可以根据本研究成果对马歇尔试验结果进行的有原则的、合理的调整,在满足工程要求的情况下,近似达到 GTM 的设计效果。课题研究成果的应用将对提高我国高速公路路面使用性能,防止高速公路早期破坏具有积极的作用。

3) 集料有效相对密度

体积法是当今沥青混合料配合比设计的普遍使用的方法。而体积法的准确应用则取决于各种体积参数的合理性、准确性。众所周知,体积参数是沥青混合料试件密度及混合料理论最大密度的导出值,假定不考虑试件密度对体积参数的影响,那么体积参数的准确性则取决于最大理论密度的准确性。而 JTG F40—2004 所推荐的真空法测定混合料最大理论密度试验的确实值得继续深入探讨。

真空法的初衷是借助负压使松散的沥青混合料空隙率为零,从而能够测定沥青混合料最大理论相对密度。但一般来说,分散的沥青混合料中有闭口空隙,闭口空隙愈多,测定的结果越不准确。试验规程规定试验时先抽真空(15min ± 2min),后强烈振荡负压容器。这种做法的初衷是采用负压迫使沥青混合料中的开口空隙充满水,后振荡使混合料继续充分分散,使得混合料达到最大的分散程度,实现空隙率为零的目标。但这种方法在理论上有弊端。首先,分散的混合料(规程规定细集料团快分散到 6.4mm 以下)不可能没有闭口空隙,只是我们无法测定罢了。如果负压加振荡下水进不去闭口空隙,那么从理论上真空法测得的密度是小的。其次,假想再增大负压,再强烈振荡,使水全部进入空隙之中,但此时必定又会产生沥青膜破裂现象,使水进入集料的开口空隙,从而影响测试结果的精度。因此从理论上说,只要松散的沥青混合料有闭口空隙,真空法测得的结果就不准确。此外,真空法试验精度还与平行试验时矿料配合比和沥青用量的变异性有关。因此真空法确定理论最大密度只是权宜之计。因此要得到沥青混合料的准确的最大理论相对密度,探索理论上合理、实践上方便、准确的试验方法是解决此问题的前提。

（1）集料有效相对密度试验方法

配合比设计中根据实测的沥青、集料的密度按照给定的计算方法可以很方便地计算出各体积参数。但计算法确定沥青混合料最大理论密度所需基础数据的取值应合理。由于集料对沥青的吸收，使得集料密度的取值变得极为复杂，计算最大理论相对密度时既不能全用集料表观相对密度，又不能全用集料的毛体积相对密度，而应该用更接近于真实状况的考虑沥青吸收的集料的有效密度。于是便出现了集料有效相对密度测量方法的研究及根据集料毛体积密度、表观相对密度及吸水率计算集料有效密度的研究。但有关文献提供的集料有效密度测定方法比较复杂，难以推广，需要改进。

有文献提出根据集料毛体积密度及表观密度的平均值计算混合料最大理论相对密度；根据 $\gamma_{se}=\gamma_{sb}+0.8(\gamma_{sa}-\gamma_{sb})$ 的计算公式，及根据 $\gamma_{se}=\gamma_{sb}+C(\gamma_{sa}-\gamma_{sb})$ 的计算公式，其中 C 值是集料合成吸水率的函数。2005 年正式颁布实施的《公路沥青路面施工技术规范》（JTG F40—2004）将此公式规定为计算改性沥青混合料集料有效密度的公式。但集料性质、沥青性质千差万别，任何一种计算方法都没有也不可能涵盖所有集料与沥青的组合，且这种组合远非几个公式便能解决问题。实际上，这些公式的计算结果之间也存在较大的差别，对于某种玄武岩，按照不同的公式计算的混合料空隙率见表 4-1。

不同集料密度取值对沥青混合料空隙率影响 表 4-1

γ_{se}所用公式	集料密度（g/cm³）	油石比	沥青密度（g/cm³）	理论密度（g/cm³）	试件密度（g/cm³）	空隙率（%）
γ_{sb}	2.696	4.8	1.037	2.511	2.433	3.1
γ_{sa}	2.877	4.8	1.037	2.660	2.433	8.5
$(\gamma_{sb}+\gamma_{sa})/2$	2.786	4.8	1.037	2.586	2.433	5.9
$\gamma_{sb}+0.8(\gamma_{sa}-\gamma_{sb})$	2.840	4.8	1.037	2.631	2.433	7.5
$\gamma_{sb}+C(\gamma_{sa}-\gamma_{sb})$	2.773	4.8	1.037	2.575	2.433	5.5

由表 4-1，不同公式所得到的混合料空隙率从最小为 3.1% 到最大为 8.5%，极差 $R=5.6\%$，$C_v=40.7\%$。这种差别充分说明仅靠公式便想解决复杂的沥青混合料最大理论密度问题是困难的。要用计算法解决此问题，最佳途径是找到可靠的试验方法实测集料的有效相对密度后计算沥青混合料最大理论相对密度。

（2）集料有效相对密度测定方法

①试验用具：钢勺、沥青混合料容器（碗、盆等均可）、水中重法全套仪器、烘箱。

②试验方法：

a. 将钢勺放入 1 号碗中，称量钢勺及 1 号碗的总质量（M_1）及水中重（M_2）。称量用来测定沥青密度的 2 号碗的质量（M_6）及水中质量（M_7）。

b. 将烘干至衡重的集料 300～800g 装入放钢勺的 1 号碗中，准确称量钢勺 +1 号碗 + 集料的总质量（M_3）。

c. 将装有钢勺及集料的 1 号碗放入 180℃（非改性沥青 160℃）的烘箱中加热 4h。

d. 将沥青加热至150～160℃（非改性沥青为130～140℃），取出装有钢勺及混合料的1号碗，将大量沥青加入碗中，同时将沥青倒入2号碗中，1号碗用钢勺搅拌3min，排出气泡，2号碗不用搅拌，放入温度140～145℃（非改性沥青为125～130℃）的烘箱中，每隔20min搅拌一次，共搅拌2次（即从第一次搅拌开始，20min、40min后各搅拌一次），每次3min，至60min观察，如表面无气泡，即可将1号碗、2号碗取出在室温下放置12～24h。

e. 称量装有钢勺、沥青及混合料的1号碗的总质量（M_4）及水中质量（M_5）。

f. 称量装有沥青的2号碗的总质量（M_8）及水中质量（M_9）。

g. 计算集料有效相对密度，公式如下：

$$\gamma_{集料}=\frac{M_3-M_1}{(M_4-M_5)-(M_1-M_2)-\left(\frac{M_4-M_3}{\gamma_{沥青}}\right)} \tag{4-1}$$

式中：$\gamma_{沥青}=\frac{M_8-M_6}{(M_8-M_9)-(M_6-M_7)}$

（3）沥青浸渍法试验方法说明

①把搅拌钢勺一直放在容器内，一起称重、加热，是为防止集料被带出，影响试验精度。特别对于细集料、矿粉等微细粉末，若取出搅拌钢勺，则集料的带出将不可避免。

②测出各级粒径集料的有效密度后，可合成计算出任意配比集料的有效密度和混合料的理论最大密度。

③为模拟现场集料对沥青的吸收，集料在加入沥青后1h完成试验，以便更好地与现场相吻合。

④由于温度对沥青密度的影响较大，而沥青浸渍法中沥青的体积占了混合料体积的大部分，因此沥青密度的准确测定是关键环节。为解决此问题，在试验时用水中重法测定沥青密度，由于沥青与混合料处于同一温度下，因此实际测定结果准确、可靠。此法避免了保温的麻烦，非常方便。

⑤排除气泡是此试验方法成功的另一关键环节。试验过程表明，试验完成后无论是改性沥青还是普通沥青，气泡均可排除干净，试验条件宽松，试验比较准确。

（4）集料有效密度测量结果及分析

多孔玄武岩与石灰岩有效密度测定结果见表4-2、表4-3。

多孔玄武岩有效密度测定结果（沥青为SBS改性沥青）　　表4-2

集料粒径（mm）	盆勺重（g）	盆勺水中重（g）	集料重（g）	盆勺油料重（g）	盆勺油料水中重（g）	有效相对密度	有效密度平均（g/cm³）	视密度（g/cm³）	毛体积密度（g/cm³）
10～15	92.1	71.4	321.8	635.8	280.9	2.710	2.725	2.869	2.718
	86.3	64.8	312.7	654.2	270.8	2.740			
5～10	85.4	64.8	278.0	613.8	244.9	2.643	2.639	2.866	2.637
	80.7	61.5	223.4	571.9	207.9	2.634			

续上表

集料粒径（mm）	盆勺重（g）	盆勺水中重（g）	集料重（g）	盆勺油料重（g）	盆勺油料水中重（g）	有效相对密度	有效密度平均（g/cm³）	视密度（g/cm³）	毛体积密度（g/cm³）
3～5	87.5	66.3	288.5	579.8	254.4	2.713	2.726	2.943	2.701
	96.1	74.1	287.2	602.5	262.8	2.738			
0～3	92.8	71.4	197.0	486.3	202.0	2.731	2.734	2.863	2.692
	104.2	81.0	291.6	584.3	271.5	2.736			
矿粉	119.5	90.5	321.1	654.6	228.3	2.731	2.734	2.810	—
	124.6	93.4	324.6	612.9	229	2.737			
合成	合成集料吸水率2.53%						2.711	2.878	2.683

石灰岩有效密度测定结果（沥青为70号普通沥青） 表4-3

集料粒径（mm）	盆勺重（g）	盆勺水中重（g）	集料重（g）	盆勺油料重（g）	盆勺油料水中重（g）	有效相对密度	有效密度平均（g/cm³）	视密度（g/cm³）	毛体积密度（g/cm³）
19～26.5	121.14	91.76	375.36	774.94	337.98	2.806	2.809	2.816	2.802
	120.98	90.78	408.98	880.57	360.19	2.813			
16～19	119.35	90.28	426.18	858.55	369.81	2.807	2.815	2.822	2.802
	124.19	95.26	379.19	789.08	344.91	2.824			
13.2～16	123.66	92.82	398.25	874.50	355.42	2.814	2.813	2.821	2.805
	116.33	88.01	415.71	804.88	360.39	2.811			
9.5～13.2	114.55	88.47	373.59	773.39	334.38	2.821	2.814	2.827	2.807
	114.47	87.63	375.19	793.15	334.18	2.807			
5～10	117.59	90.31	337.43	706.87	312.35	2.822	2.821	2.830	2.801
	117.93	89.42	349.53	721.28	319.22	2.820			
3～5	118.54	90.20	349.36	745.97	319.69	2.806	2.808	2.821	2.788
	117.41	88.59	362.84	789.02	327.38	2.809			
0～3	107.58	81.38	219.82	556.68	226.87	2.813	2.816	2.855	2.801
	113.65	88.12	200.79	501.90	220.77	2.818			
矿粉	119.63	89.56	152.46	484.80	191.80	2.836	2.836	2.847	—
	119.50	91.70	145.08	513.00	189.75	2.836			
合成	合成集料吸水率0.42%						2.816	2.835	2.802

由表 4-2 及表 4-3 看出：

①用改性沥青测定多孔玄武岩有效密度重复性（最大相差 0.03）大于用普通沥青测定石灰岩有效密度的重复性（0.017）。

②JTG F40—2004 对改性沥青混合料有效相对密度明确规定了计算方法（B.5.6）。对于表 4-2，按照现行规范进行计算，有效相对密度为 2.761，而实测并计算的合成集料有效相对密度仅为 2.711，如果按照此有效密度计算试件空隙率，空隙率将相差 2%。这充分说明，规范提出的公式的使用条件确实值得再研究。如果不管什么沥青也不管什么集料，进行配合比设计时仅根据吸水率套用公式，极有可能得出错误的结果。

（5）集料有效相对密度影响因素分析

为详细分析影响集料有效密度测量结果的因素，安排了用改性沥青（I－C 级）、普通 70 号沥青分别浸渍多孔玄武岩（吸水率 3.31%）和石灰岩（吸水率 0.49%）的测定有效相对密度的试验，测定结果见表 4-4、表 4-5。

由表 4-4、表 4-5 可见，无论何种沥青，玄武岩的吸收系数 C 均大于石灰岩的吸收系数 C，无论何种集料，普通沥青浸渍的集料的吸收系数 C 均大于改性沥青浸渍的集料的吸收系数，表明集料品种及沥青品种对吸收系数 C 有重大影响。即使同一种沥青，吸水率相差不大（表 4-3 吸水率 0.42%，表 4-5 吸水率 0.49%）的两种石灰岩，吸收系数 C 也有 0.42 与 0.66 的差别。

由表 4-4、表 4-5 还可以看出，对于改性沥青混合料，无论是玄武岩还是石灰岩，实际的吸收系数 C 与根据 JTG F40—2004 中的公式计算的 C 值相差较大，对于石灰岩改性沥青混合料，根据规范计算的 C 值为实际 C 值的 2.85 倍。因此对于集料的有效密度，必须实测，后进行理论最大密度计算，仅靠公式便想解决问题是很困难的。

玄武岩集料密度表 表 4-4

多孔玄武岩粒径（mm）	普通沥青有效密度（g/cm^3）	改性沥青有效密度（g/cm^3）	视密度（g/cm^3）	毛体积密度（g/cm^3）	料比例
9.5～16	2.656	2.584	2.733	2.457	48.1
4.75～9.5	2.730	2.726	2.902	2.641	14.2
0～4.75	2.754	2.731	2.760	2.572	33.6
矿粉	2.626	2.611	2.703	—	4.1
合成	2.697	2.653	2.760	2.529	100
实际吸收系数 C	0.73	0.530	合成吸水率 3.31%		
按照规范计算的吸收系数 C	—	0.324			

石灰岩集料密度表 表 4-5

石灰岩粒径（mm）	普通沥青有效密度（g/cm^3）	改性沥青有效密度（g/cm^3）	视密度（g/cm^3）	毛体积密度（g/cm^3）	料比例
10～30	2.723	2.717	2.741	2.719	40
10～20	2.721	2.718	2.722	2.701	20
5～10	2.718	2.718	2.727	2.693	6
3～5	2.723	2.717	2.72	2.678	8
砂	2.685	2.641	2.684	2.601	20
矿粉	2.626	2.611	2.703	2.703	6
合成	2.709	2.695	2.721	2.685	100
实际吸收系数 C	0.660	0.280	吸水率 0.49%		
按照规范计算的吸收系数 C	—	0.798			

(6)连续密级配沥青混合料合理体积参数计算方法

①沥青混合料试件密度采用表干法毛体积相对密度(γ_f)。

②用沥青浸渍法实测集料有效相对密度，后根据 T0705－2000 的方法计算合成集料的有效相对密度(γ_{se})。

③根据合成集料有效相对密度(γ_{se})及沥青密度(γ_b)计算混合料理论最大相对密度(γ_t)。

④根据试件表干毛体积相对密度(γ_f)及理论最大相对密度(γ_t)计算混合料空隙率、矿料间隙率、饱和度等。

$$VV = \left(1 - \frac{\gamma_f}{\gamma_t}\right) \times 100 \tag{4-2}$$

$$VMA = \left(1 - \frac{\gamma_f}{\gamma_t} \times P_s\right) \times 100 \tag{4-3}$$

(7)结论

①沥青浸渍法测定集料有效相对密度过程中考虑了集料对沥青的吸收，能够模拟现场沥青混合料的真实状态，理论上合理。

②沥青浸渍法测定集料有效相对密度方法简单，无需专门仪器，精度高，对试验条件要求宽松，实践上可行。

③用各级集料有效相对密度计算混合料最大理论相对密度更接近于真值，因此本研究推荐用集料有效相对密度计算沥青混合料最大理论相对密度，并据此计算混合料试件空隙率。

4)采用 GTM 方法的 AC25 型沥青混合料级配优化

产生沥青路面早期破坏原因很多，例如路面结构组合设计不当，沥青混合料设计方法及性能判定标准不完善，地基不均匀沉降，基层材料配比不满足要求，沥青面层材料施工质量差，交通量大，车辆行驶速度快等。本研究主要针对沥青混合料方面的原因进行研究，改进。

对于沥青混合料面层方面，产生早期损坏的原因主要有：沥青混合料的设计密度较低，空隙率较大，沥青用量偏大；沥青混合料设计级配未做级配优化，也没有级配优化的判据，使沥青混合料的级配设计失去了真正意义；沥青混合料和易性差，施工性能不良，离析现象普遍存在；沥青混合料层间结合松散。

沥青路面材料组成与结构形式甚至混合料设计方法在各国都有所不同，各有特色，其主要原因是各国的气候、材料（沥青和矿料）、工业化程度、机械设备配置等不同，使各国道路工程人员为适应本国具体情况，经长期实践总结，而开发形成的最优方案。所以我们不能照抄照搬别国的成功经验，而应根据本国本地区的实际情况，研究出适合自身特点的沥青混合料设计组成方法。GTM 法设计的沥青混合料密度较高，空隙率较小，因此针对我国高速公路车辙及水破坏现象严重的特点，用 GTM 设计沥青路面面层材料无疑是解决高速公路早期破坏的有效手段。

我国现行《公路沥青路面施工技术规范》（JTG F40—2004）给出了很宽的沥青混合料级配范围，对于特定工程，如果按照此级配范围进行材料级配设计，沥青路面质量将无法保证。因此，以 GTM 为成型方式，在较大范围内对级配进行研究，寻求 GTM 成型方式下的、以路用性能为判据的能够控制施工质量的较窄的级配范围，以指导工程实践。

（1）原材料性质

①沥青

试验用沥青为滨州 70 号沥青。检测结果见表 4-6，试验结果表明所用沥青满足 JTG F40—2004 的技术要求。

滨州 70 号沥青主要技术性质 表 4-6

检测项目		单位	试验结果	试验方法
针入度(25℃,100g,5s)		0.1mm	70	T0604—2000
针入度指数		—	-1.66	T0604—2000
动力黏度(600℃)		Pa·s	234.2	T0620—2000
延度(10℃,5cm/min)		cm	29	T0605—1993
延度(15℃,5cm/min)		cm	>100	T0605—1993
软化点（环球法）		℃	46.6	T0606—2000
闪点(COC)		℃	264	T0611—1993
含蜡量（蒸馏法）		%	1.8	T0615—2000
密度(15℃)		g/cm^3	1.019	T0603—1993
溶解度（三氯乙烯）		%	99.96	T0607—1993
TFOT后残留物	质量损失	%	-0.14	T0609—1993
	针入度比	%	62.9	T0604—2000
	延度(10℃)*	cm	1.0	T0605—1993

②粗集料

粗集料为河北龙尧产石灰岩粗集料，规格为 10 ~ 30mm、10 ~ 20mm、5 ~ 10mm、3 ~ 5mm。检测结果见表 4-7，结果表明粗集料各项技术性质均满足 JTG F40—2004 的技术要求。

粗集料技术性质 表 4-7

检测项目	单位	要求	粗集料试验结果				试验方法
			10 ~ 30mm	10 ~ 20mm	5 ~ 10mm	3 ~ 5mm	
集料压碎值	%	不大于 25	—	16.4	—	—	T0316—2000
洛杉矶磨耗损失	%	不大于 30	18.1	17.8		—	T0317—2000
表观密度	t/m³	—	2.714	2.717	2.722	2.728	T0304—2000
表观相对密度	—	不小于 2.50	2.720	2.723	2.729	2.734	
毛体积相对密度	—	实测值	2.698	2.693	2.684	2.690	
吸水率	%	不大于 2.0	0.3	0.4	0.6	0.6	
集料有效相对密度	—	—	2.709	2.704	2.710	2.712	—
对沥青的粘附性	级	不小于 4	—	5	—	—	T0616—1993
坚固性	%	不大于 12	3.1	3.7	4.1	4.9	T0314—2000
混合料针片状颗粒含量	%	不大于 18	4.4				T0312—2000
粒径大于 9.5mm 针片状颗粒含量	%	不大于 15	4.0	3.5	—	—	T0312—2000
粒径小于 9.5mm 针片状颗粒含量	%	不大于 20	—	—	5.7	—	T0312—2000
软石含量	%	不大于 5	0	—	—	—	T0320—2000
水洗法 < 0.075mm 颗粒含量	%	不大于 1	0.2	0.3	0.4	0.6	T0310—2000

③细集料

细集料为河北隆尧产机制砂及临城产天然砂，细集料的试验项目及试验结果见表 4-8。结果表明细集料各项技术性质均满足 JTG F40—2004 的技术要求。

细集料技术性质 表 4-8

检测项目	单位	试验结果		试验方法
		机制砂	天然砂	
表观密度	t/m³	2.723	2.696	T0329—2000
表观相对密度	—	2.728	2.701	

续上表

检测项目	单位	试验结果		试验方法
		机制砂	天然砂	
有效相对密度	—	2.719	2.675	—
坚固性(>0.3mm 部分)	%	8.6	6.4	T0340—1994
砂当量	%	81.9	88.9	T0334—1994

④矿粉

矿粉为隆尧产石灰岩矿粉,试验结果见表4-9。试验结果表明,矿粉的性质符合高速公路沥青面层矿粉的技术要求。

矿粉技术性质　　表4-9

检测项目	单位	标准要求	试验结果	试验方法
表观密度	t/m^3	不小于2.50	2.688	T0352—2000
表观相对密度	—	实测值	2.694	
有效相对密度	—	—	2.576	—
粒度范围<0.6mm <0.15mm <0.075mm	% % %	100 90~100 75~100	100 98.5 96.0	T0351—2000
亲水系数	—	小于1.0	0.8	T0353—2000
含水量	%	不大于1	0.5	T0103 烘干法

⑤集料有效相对密度趋势分析

理论上,大粒径集料由于闭口空隙多,且表面积小,开口孔隙少,因此与更小粒径的集料相比有效相对密度较小。图4-1表明,相同石料的各级粒径集料其有效相对密度与粒径有较好的相关关系,表现为粒径越小,集料有效相对密度越大,与理论符合,此结果进一步证明了沥青浸渍法有效相对密度试验方法的正确性。

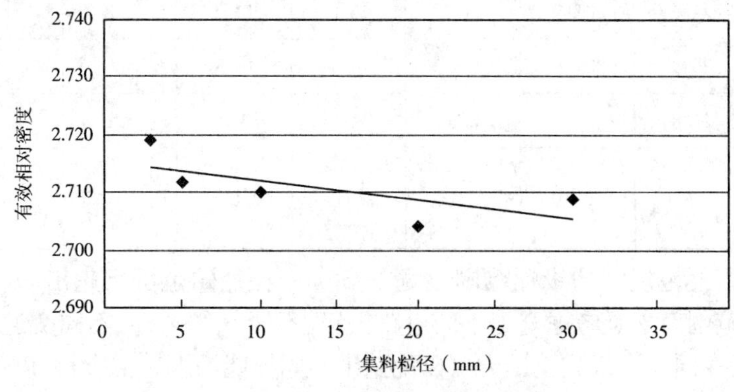

图4-1　集料粒径与有效相对密度关系

(2)级配优化研究

①级配设计及级配特征分析

为了在较宽的范围内找到路用性能较好的级配,本研究在 JTG F40—2004 提供的级配大范围内,根据原材料粒径分布特点进行配合,选择 AC25－1、AC25－2、AC25－3(细级配、中值级配、粗级配)进行比较研究,以期从现行规范的较宽级配范围中找出较优的级配走向和范围。级配设计及级配图见表 4-10 及图 4-2。

矿料筛分及级配配合计算结果　　表 4-10

筛孔孔径(mm)	矿料规格(mm)							各组级配矿料通过百分率(%)		
	10～30	10～20	5～10	3～5	机制砂	天然砂	矿粉			
	各规格种类矿料通过百分率(配合前)(%)							AC25－1	AC25－2	AC25－3
31.5	100.0	100.0	100.0	100.0	100.0	100.0	100.0	100	100	100
26.5	100	100.0	100.0	100.0	100.0	100.0	100.0	100	100	100
19	39.8	96.6	100.0	100.0	100.0	100.0	100.0	88.9	86.5	82.5
16	7.0	77.2	100.0	100.0	100.0	100.0	100.0	78.9	74.5	68.8
13.2	0.2	38.6	100.0	100.0	100.0	100.0	100.0	69.2	62.6	57.7
9.5	0.0	5.1	98.2	100.0	100.0	100.0	100.0	61.4	53.3	49.3
4.75	0.0	0.2	5.7	98.8	100.0	97.7	100.0	43.5	36.4	30.0
2.36	0.0	0.0	0.3	16.4	85.8	87.8	100.0	29.7	25.3	19.9
1.18	0.0	0.0	0.0	2.5	37.1	72.6	100.0	19.6	17.1	13.6
0.6	0.0	0.0	0.0	1.7	11.5	55.5	99.9	13.8	12.4	10.1
0.3	0.0	0.0	0.0	1.5	5.8	23.9	99.7	8.9	8.3	6.8
0.15	0.0	0.0	0.0	1.4	3.9	6.2	98.5	6.2	6.1	6.0
0.075	0.0	0.0	0.0	1.0	3.4	2.5	96.0	5.5	5.5	5.5
配合比(%)	17.3	22.2	17.6	11.7	13.2	13.2	4.8	AC25－1		
	20.9	26.9	16.5	9.1	10.8	10.8	5.0	AC25－2		
	27.7	23.8	19.4	8.6	8.3	7.0	5.2	AC25－3		
有效相对密度	2.709	2.704	2.710	2.712	2.719	2.675	2.576			

由图 4-2,现行规范规定的级配范围很宽,2.36mm 粒径的范围已超出 Superpave 控制点。规范规定的级配范围由于是考虑全国不同道路等级、不同气候条件、不同交通条件、不同层次等情况,其初衷是在同一个级配范围内可以配制出不同性能的沥青混合料,以便充分根据原材料特点及道路所处气候特点,在选择级配时使得设计单位及工程建设单位可以根据实际情况

进行级配调整。考虑到本地区高速公路破坏主要为车辙及水损坏,因此对 AC25 型沥青混合料级配优化时主要以提高沥青混合料高温抗车辙能力及抗水破坏能力为依据。

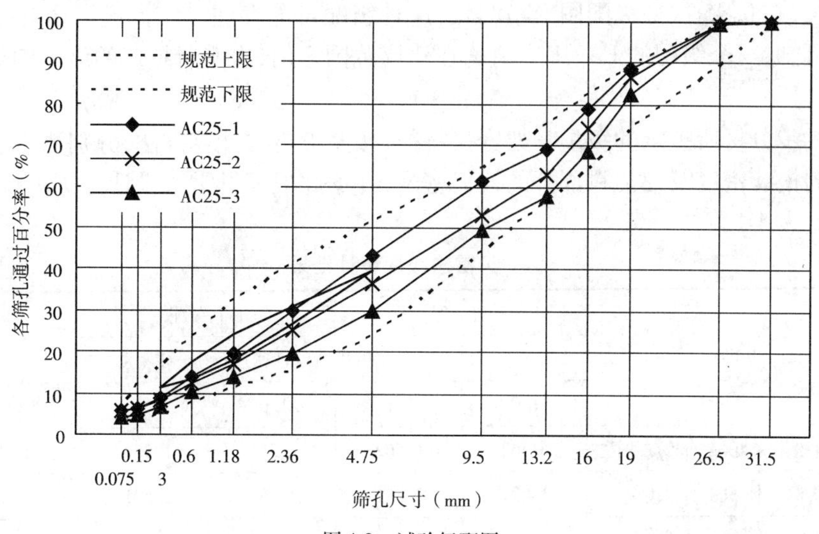

图 4-2 试验级配图

由表 4-10,对于 AC25 型沥青混合料,以 4.75mm 筛孔为粗细集料分界筛孔,所设计的三种级配中以 AC25-3 粗集料颗粒含量最高,达 70%,AC25-2 及 AC25-1 粗集料含量分别为 63.6% 及 56.5%。由图 3-1,AC25-1 细集料走向穿过 Superpave 禁区,AC25-2 及 AC25-3 细集料从禁区下通过。

对上述三个级配进行了贝雷法三参数计算,计算结果见表 4-11。

贝雷法三参数计算结果 表 4-11

级配类型	下列筛孔(mm)通过率(%)					贝雷法检验结果		
	13.2	9.5	4.75	1.18	0.3	CA 比	FA_c 比	FA_f 比
AC25-1	69.2	61.4	43.5	19.6	8.9	0.83	0.45	0.45
AC25-2	62.6	53.3	36.4	17.1	8.3	0.70	0.47	0.48
AC25-3	57.7	49.3	30.0	13.8	6.8	0.65	0.45	0.50
建议范围						0.5~0.8	0.35~0.5	

贝雷法三个参数主要是用于定量说明矿料级配中粗集料和细集料部分各自相对组成。根据这三个参数,可以评价分析沥青混合料的可压实特性及空隙特征。

对于 AC25-1、AC25-2 及 AC25-3,粗集料采用 CA 比来检验,除 AC25-1 的 CA 比建议范围略大外,AC25-2 及 AC25-3 均满足要求,并且三个级配 CA 比较建议范围下限 0.5 来说较大,这是因为拟定设计级配时有意识增加 4.75~13.2mm 颗粒含量,以便 CA 比适当提高,形成"S"形曲线,使得所设计的混合料级配具有嵌挤密实的特点。但若按照 CA 比进行沥青混合料级配骨架评定是错误的,即使 CA 比都在要求范围内,也仅说明粗集料部分颗粒未发生干涉作用,且施工和易性好,对于考察其是否形成骨架,必须考虑粗集料密度是否位于松装密度和插捣密度之内。对于FA_c、FA_f比值,它反映了细集料的减少速度,其目的是控制细集料走向在适当范围之内,FA_c值过大,级配属于“驼峰”级配,混合料强度小。如FA_c值过小,则表明合成级配不均匀,在0.45次方级配图上呈凹状,这种级配可能存在压实问题。由三个拟定级配的计算结果可知,三个级配的FA_c、FA_f值均在建议范围之内,表明所拟定的级配细集料走向比较合理。

为进一步分析所拟定的级配骨架嵌挤特征,按照贝雷法计算方法,分别测定了三个级配粗集料部分的松装密度及细集料部分的插捣密度,并据此根据贝雷法设计方法进行了级配计算,计算结果见表4-12。

贝雷法级配设计结果 表4-12

项目	细级配		中值级配		粗级配	
	粗集料设计密度(与松装密度比值)					
	1.0	1.1	1.0	1.1	1.0	1.1
粗集料松堆密度(g/cm^3)	1.562	1.562	1.551	1.551	1.548	1.548
合成粗集料毛体积相对密度	2.691	2.691	2.691	2.691	2.691	2.691
细集料插捣密度(g/cm^3)	1.728	1.728	1.730	1.730	1.741	1.741
粗集料设计密度(g/cm^3)	1.562	1.718	1.551	1.706	1.548	1.703
粗集料设计VCA	42.0	36.2	42.4	36.6	42.5	36.7
$1m^3$所需细集料(t)	0.725	0.625	0.733	0.633	0.739	0.639
粗集料比例(%)	68.3	73.3	67.9	72.9	67.7	72.7
4.75mm通过率(%)	31.7	26.7	32.1	27.1	32.3	27.3

由设计结果,对于特定的粗、细集料组成,三个级配形成骨架密实型结构的条件为4.75mm最大通过率分别为31.7%、32.1%、32.3%(按照贝雷法区取设计密度为100%),4.75mm筛孔最小通过率分别为26.7%、27.1%、27.3(按照贝雷法取设计密度110%)。对比级配设计表及贝雷法级配计算结果,仅有下限级配4.75mm通过率满足形成骨架密实结构的要求,其他两个级配均未形成骨架密实结构。即所拟定的3各级配中,即按照贝雷法的观点,下限级配为骨架密实结构。

②最大油石比的确定

各组级配沥青混合料最大油石比的确定采用GTM配合比设计方法。GTM工作参数为:

垂直压力:0.8MPa;

旋转角度:1.4°;

试件成型控制方式:极限平衡状态;

拌合温度:160℃;

成型温度:140~145℃。

对三种级配,均选择3.3%、3.6%、3.9%、4.2%、4.5%等5组油石比按上述条件成型试件。按T0705-2000(表干法)测定试件毛体积相对密度,根据沥青浸渍法实测集料的有效相对密度计算沥青混合料最大理论相对密度,并据此计算试件体积参数。GTM试件体积参数见表4-13,GTM试验结果见表4-14、图4-3所示。

AC25 型混合料 GTM 旋转试件体积参数及马歇尔稳定度试验结果 表 4-13

序号	油石比（%）	理论最大相对密度	表干法毛体积相对密度	VV(%)	VMA(%)	VFA(%)	稳定度（kN）	流值（0.1mm）
AC25 - 1								
1	3.3	2.563	2.434	5.0	12.7	60.5	13.79	30.75
2	3.6	2.551	2.453	3.9	12.3	68.5	14.06	31.38
3	3.9	2.540	2.464	3.0	12.1	75.4	15.05	32.13
4	4.2	2.529	2.476	2.1	12.0	82.3	14.29	33.13
5	4.5	2.518	2.485	1.3	11.9	88.7	14.01	33.37
AC25 - 2								
1	3.3	2.563	2.463	3.9	11.6	66.7	13.42	29.93
2	3.6	2.551	2.478	2.9	11.3	74.8	14.29	31.47
3	3.9	2.540	2.492	1.9	11.1	82.8	13.67	31.90
4	4.2	2.529	2.496	1.3	11.2	88.3	13.18	32.67
5	4.5	2.518	2.510	0.3	11.3	97.1	12.89	32.93
AC25 - 3								
1	3.3	2.564	2.438	4.9	12.6	61.0	12.03	30.58
2	3.6	2.553	2.445	4.2	12.6	66.6	12.63	30.68
3	3.9	2.541	2.458	3.3	12.4	73.5	11.88	31.23
4	4.2	2.531	2.470	2.4	12.2	80.3	12.69	31.90
5	4.5	2.520	2.472	1.9	12.4	84.6	11.56	32.25

AC25 型沥青混合料 GTM 旋转参数 表 4-14

序　　号	油石比(%)	毛体积相对密度	GSI	GSF
AC25 - 1				
1	3.3	2.434	1.03	1.29
2	3.6	2.453	1.04	1.31
3	3.9	2.464	1.05	1.33
4	4.2	2.476	1.06	1.36
5	4.5	2.485	1.17	1.27
AC25 - 2				
1	3.3	2.463	0.98	1.37
2	3.6	2.478	1.01	1.40
3	3.9	2.492	1.04	1.45
4	4.2	2.496	1.12	1.43
5	4.5	2.510	1.16	1.42

续上表

序　　号	油石比(%)	毛体积相对密度	GSI	GSF
AC25－3				
1	3.3	2.438	1.00	1.40
2	3.6	2.445	1.03	1.42
3	3.9	2.458	1.04	1.45
4	4.2	2.470	1.04	1.48
5	4.5	2.472	1.21	1.48

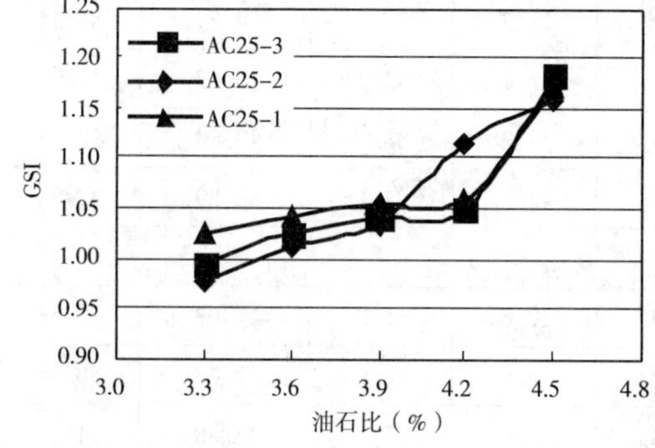

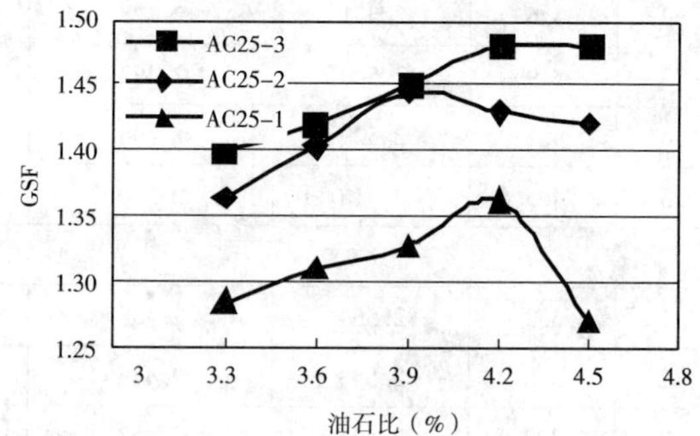

图 4-3　GTM 试验参数随油石比变化曲线

由 GTM 工作原理可知，当压实功能一定时，特定多相材料达到“过饱和状态”所对应的液相材料的含量是唯一的。所以无论混合料级配形式如何变化，用特定的判据确定最大沥青用量理论上是合理的。

图 4-3 给出了各级配油石比与 GTM 试验参数 GSI 与 GSF 的关系曲线，它表明了同一规律，对于判定沥青混合料这种粒状塑性材料是否会出现塑性过大现象的指标 GSI(旋转稳定系数)随油石比的增加而增加，但均有突变点。它的存在标志着油石比一旦大于此值，沥青混合料抗变形能力大幅度下降，故而以 GSI 的突变点作为沥青混合料最大油石比的判据是合理的。对于反映塑性变形的参数 GSI，AC25－1、AC25－2、AC25－3 油石比分别为 4.2%、3.9%、4.2%时出现突变，表明三个级配超过相应的油石比，塑性变形将急剧增大。对于反映沥青混合料抗剪切强度的参数 GSF(安全系数)，三个级配油石比分别为 4.2%、3.9%及 4.5%时 GSF 最大，表明沥青混合料在此油石比下抗剪切能力最强。而当油石比大于此数值时，GSF 减小。综合 GTM 试验各参数结果，AC25－1、AC25－2、AC25－3 的最大油石比分别确定为 4.2%、3.9%及 4.2%。

根据三个级配的组成特征，AC25－1 细集料含量较多，属于悬浮结构，此时粗集料不具有骨架特征，因此混合料 VMA 的大小主要取决于细集料组成。由表 4-13，相对于级配 AC25－2，其 VMA 较大，旋转压实过程中，需要较多的沥青才能使混合料达到过饱和状态，因此其最大油石比相对较大。对于 AC25－3，其粗集料最多，胶泥含量较少，假定胶泥全部填充于粗集料间隙中，则压实功主要由粗集料骨架来承担，胶泥将不可能被充分压实，其 VMA 最大。此时在一定范围内增加沥青用量也只是填充集料间隙，并且此时 GTM 试验参数对沥青用量的变化不敏感。仅当沥青用量达到某一临界值时，胶泥恰好完全填充于骨架间隙，此时胶泥与粗集料骨架一起承受压实功，才能够使沥青混合料达到过饱和状态进而从 GTM 旋转参数反映出抗剪强度的变化。因此具有这种结构的混合料能够容纳更多的沥青。对于 AC25－2，虽然由贝雷法计算结果认为属于悬浮结构，但由于细集料含量适中，能够使细集料填充于粗集料之中且对粗集料未表现出显著的撑持作用，致使沥青混合料中集料密度较大，即 VMA 较小，因此较少的沥青用量下沥青混合料即达到过饱和状态。因此在三个拟定级配中，AC25－2 最大油石比最小。

③GTM 成型的沥青混合料骨架特征

一般认为，对于沥青混合料，比较理想的级配组成是能够使混合料中的粗集料达到某种嵌挤状态，且使细集料填充于粗集料间隙之中。即使得粗集料嵌挤形成的骨架成为沥青混合料抵抗高温变形能力的承重主体，同时又使得细集料含量达到恰好填充设定状态粗集料的空隙，从而形成“骨架密实型”沥青混合料。

对于所拟定的三个级配，本研究采用“骨架接触度”及粗集料间隙率两个指标，对所拟定的级配骨架特征进行评价。

a. 骨架接触度 SSC（stone-stone contact）定义为；压实成型的沥青混合料粗集料密度与粗集料插捣密度的比值，用来表征压实成型沥青混合料中粗集料之间相互接触的紧密程度。骨架接触度是反映沥青混合料粗集料的骨架性和接触密实性的综合指标。利用骨架接触度的大小可以判断沥青混合料属于紧排骨架结构、松排骨架结构还是悬浮密实结构。研究表明，上述三种状态下骨架接触度范围为；

松排骨架结构：85% ≤SSC≤90%；

悬浮密实结构：SSC <85%；

紧排骨架结构：SSC >90%。

由表 4-15 计算结果，所拟定的三种级配由细到粗骨架接触度分别为 80.4%、91.2% 及 98.4%。根据骨架结构标准，AC25－1 为悬浮密实结构，AC25－2、AC25－3 均属于紧排骨架结构，且以 AC25－3 骨架结构最强。这是因为 AC25－1 细集料含量多达 43.5%，混合料中细集料强烈的撑持作用使粗集料不可能互相接触达到骨架嵌挤状态，只能是悬浮结构。对于 AC25－3，细集料含量最少，仅 30%，混合料中细集料对粗集料骨架的撑持作用最弱，但同样由于细集料含量较少，粗集料骨架间隙也未被细集料完全填充，试验中油石比很大（4.8%）时，混合料甚至已出现严重的析漏现象，但试件表面仍很粗糙（对于 AC25－1、AC25－2 当油石比适当时试件表面即被胶泥裹覆），表明粗集料骨架间隙并未被胶泥完全填充，因此 AC25－3 骨架接触度高达 98.4%，属于极强的紧排骨架结构，但此种结构的沥青混合料并不密实，所拟三个级配中，AC25－3 级配的混合料密度最小，VMA 最大便是证明。AC25－2 混合料粗细集料比例适中，粗集料既可形成一定程度的骨架，细集料又能适度填充粗集料间隙，因此按照骨架接触度标准虽为紧排骨架，但接近于松排骨架结构，即处于松排与紧排骨架结构之间，而此时混合料密度与其他两个级配相比最大，因此是一种密实结构。

沥青混合料骨架特征计算表 表 4-15

混合料类型	油石比（%）	混合料密度（g/cm^3）	粗集料含量（%）	混合料中粗集料密度（g/cm^3）	粗集料插捣密度（g/cm^3）	VCA_{DRC}	VCA_{mix}	骨架接触度（%）
AC25－1	4.2	2.476	56.5	1.343	1:670	38.3	50.4	80.4
AC25－2	3.9	2.492	63.6	1.525	1.673	38.2	43.7	91.2
AC25－3	4.3	2.470	70.0	1.658	1.685	37.8	38.7	98.4

b. 由表 4-15，对于三种拟订级配，VCA_{mix} 均大于 VCA_{DRC}，因此难以用 SMA 骨架评价标准 $VCA_{mix} \leqslant VCA_{DRC}$ 对连续密级配沥青混合料骨架结构进行评定。根据骨架的含义和填充理论及骨架与胶砂相对体积的大小关系可以推知，当细集料含量较少时，细集料的少许增加不会对骨架造成强烈的撑持作用，即 VCA_{mix} 增加速率较小，因为此时增加的细集料主要用于填充粗集料间隙；当细集料含量达到一定程度，骨架空隙已被填满，增加的细集料才大多用于撑开粗骨架，此时 VCA_{mix} 增加速率变大。所拟定的三个级配当细集料含量由最少的 30% 增加到 36.4% 时，VCA_{mix} 由 38.7% 增加到 43.7%，即细集料含量增加 1%，VCA_{mix} 增加 0.78%；而细集料含量由 AC25－2 的 36.4% 增加到 AC25－1 的 43.5% 时，VCA_{mix} 由 43.7% 增加到 50.4%，即细集料含量增加 1%，VCA_{mix} 增加 0.94%。也就是说，对于本章研究对象，当细集料含量超过 43.7% 时，混合料中的细集料便会对粗集料产生更为强烈的撑持作用，从而使 VCA_{mix} 急剧增加，从这个意义上理解，VCA 突变点对应的级配即 AC25－2 当属于骨架密实结构沥青混合料。

④GTM 成型的沥青混合料试件体积参数

三种拟定级配的 GTM 旋转试件体积参数（VMA、VV、VCA）随油石比变化规律如图 4-4 所示。

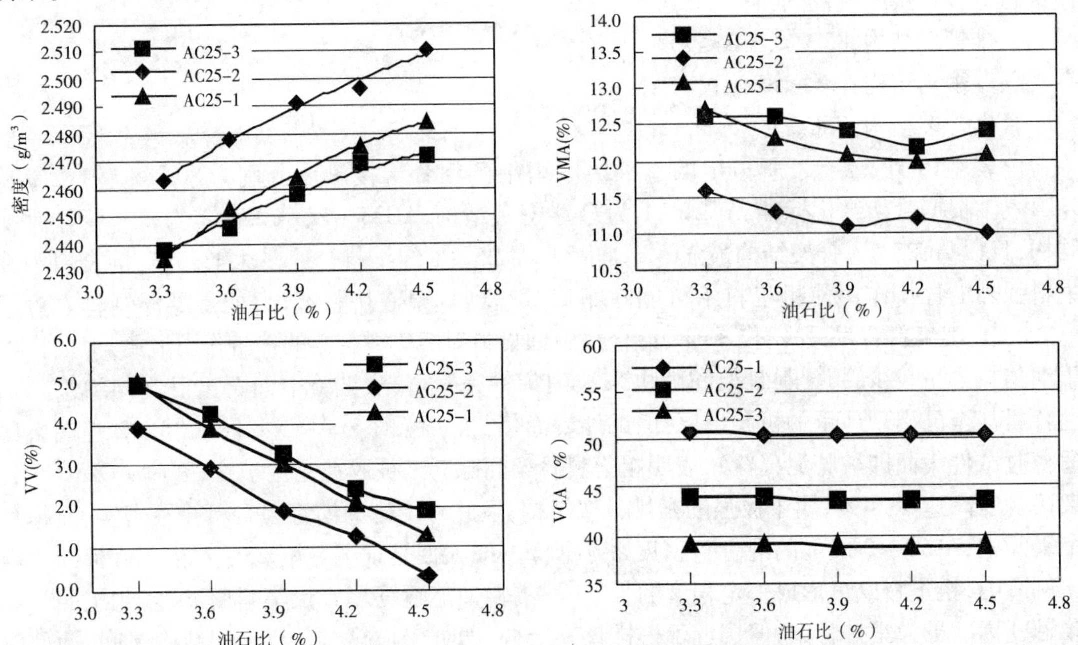

图 4-4 变化油石比的 GTM 试件体积参数

由图4-4,三种级配沥青混合料毛体积相对密度均随着油石比的增加而增加。细集料的增加对密度也有显著影响,表现为同一油石比下,细集料含量从30%增加到36.4%时,GTM试件密度增加,而细集料含量增加到43.5%时,GTM试件密度反而下降。这是因为细集料含量较少时,不能充分填充粗骨架间隙率,混合料属于骨架空隙结构,因此密度较小。只有当细集料含量增加到恰好填充粗集料骨架间隙并且不产生撑持作用时,混合料密度达到最大。再增加细集料含量,由于粗骨架此时已被撑开,VMA增大,因此沥青混合料密度反而下降。与混合料由于细集料撑持(细集料含量由36.4%增加到43.5%)引起的密度减小速率相比,填充作用(细集料含量由30%增加到36.4%)导致密度增加的速率更大。

GTM试件VMA随着油石比的增加表现为先减小,油石比达到一定值后有增大趋势,表明油石比较小时,混合料中的集料密度随着油石比的增加更加密实。当沥青用量达到一定值时,胶泥对集料开始产生撑持作用,因此混合料中集料密实度减小。但由图3-3,细集料含量变化对VMA影响程度影响比沥青含量变化的影响稍大。对于同一种级配,由于油石比变化引起的VMA变化的差值最大为0.8%,对于同一油石比下不同的级配,细集料含量变化导致的VMA变化最大差值为1.4%。

GTM试件VCA随油石比的变化很小,相比之下,细集料的增加却使之显著增加,其实质是由于细集料的增加对粗集料骨架有相对较强的撑持作用。

(3)GTM方法设计的沥青混合料路用性能

根据沥青路面所处的环境条件和服务功能,对沥青混合料提出以下路用技术性能要求。

①高温稳定性

沥青路面的强度与劲度随温度升高而显著下降。为了保证沥青路面在行车荷载的反复作用下不致产生诸如波浪、推移、车辙、泛油等病害,沥青路面应具有良好的高温稳定性,即在高温时混合料具有足够的抗变形能力。

②低温抗裂

低温时,沥青混合料呈现明显的弹性性质,具有相对高的劲度和相对小的延展性,为了减少或避免沥青路面出现低温开裂,要求沥青混合料应具有一定的适应收缩变形的能力。

③耐久性

对耐久性的要求具体表现为,具有一定的抗老化、抗疲劳和抗水损害能力,而这些性能均与原材料性质、混合料配合比及施工质量等因素有关。

以上要求往往是互相矛盾或互相制约的。例如,为了提高抗车辙能力,可采用相对较粗的级配,增大集料粒径,减少沥青用量,但这样的混合料低温劲度大,容易开裂,耐久性差。而为了提高低温抗裂性能,希望使用低温下延展性大的沥青,这时却往往难以兼顾其高温稳定性;为了提高表面粗糙度,可采用抗滑性能好的开级配或半开级配沥青混合料,由于空隙率较大,其耐久性又将受到影响。因此,沥青混合料类型选择和配合比设计实际上是在各种路用性能之间寻找平衡点或最优化设计,一般需根据当地的气候条件及交通情况作具体分析,针对矛盾的主要方面采用相应的技术措施。

①GTM方法设计的沥青混合料高温稳定性及影响因素

本章研究中,用车辙试验对GTM设计的沥青混合料的高温稳定性进行评价。普遍观点认为,沥青混合料优良的高温稳定性能源于粗集料骨架,为深入研究影响混合料高温性能的因素,本章就粗集料含量及骨架接触度对高温性能的影响进行研究。固定油石比的沥青混合料车辙试验结果见表4-16。

GTM设计的沥青混合料车辙试验结果 表4-16

级配	油石比(%)	粗集料含量(%)	骨架接触度(%)	VCA_{mix}(%)	60℃车辙试验			65℃车辙试验		
					45min车辙深度(mm)	60min车辙深度(mm)	动稳定度(次/mm)	45min车辙深度(mm)	60min车辙深度(mm)	动稳定度(次/mm)
AC25-1	4.2	56.5	80.4	50.4	2.03	2.27	2647	2.20	2.74	1200
AC25-2	4.2	63.6	91.2	43.7	1.45	1.67	2808	1.88	2.19	2043
AC25-2	3.9	63.6	91.2	43.6	1.25	2.46	3000	1.75	2.02	2333
AC25-3	4.2	70.0	98.4	38.7	2.78	3.21	1493	4.16	4.94	822

a. 粗集料含量的影响。图4-5表明,粗集料含量与车辙深度并非呈直线相关,而是呈曲线相关。如果以最小车辙深度为目标,对试验所用原材料而言,混合料具有的最佳粗集料用量(前提是油石比为最佳油石比,且按GTM密度成型试件)为63.6%左右。显然,认为粗集料用量越多,粗集料骨架作用越强的观点是错误的,事实上存在一个适度的粗集料含量。在图4-5中,粗集料骨架最为明显的AC25-3(粗集料含量高达70%)的车辙深度(60min辙深3.21mm)远大于粗骨架作用最弱的AC25-1的车辙深度(60min辙深2.27mm),这又似乎表明对于抗车辙变形而言,粗骨架的作用固然重要,但细集料和胶泥的作用更重要。

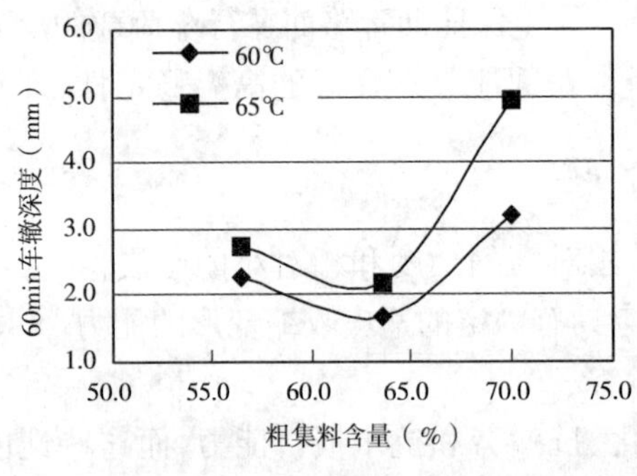

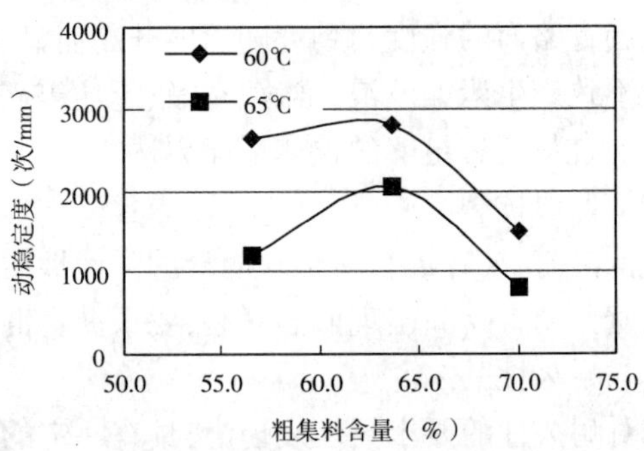

图4-5 粗集料含量与混合料高温稳定性关系(油石比4.2%)

图4-5表明,并不是粗集料越多,混合料的高温稳定性越好,适度的粗集料含量可使动稳定度值达到最大值,此规律与车辙深度有非常高的一致性。过多的粗集料(同时细集料必然很少)将使混合料的空隙率过大,而在细集料未撑持开粗集料骨架以前,可以认为粗骨架的结构性参数和力学指标没有太大变化,而最大的区别在于细集料部分所产生的强度。对于未被细集料撑持开的粗集料骨架,单位骨架体积所包含的细集料越多,混合料的单位截面上胶泥接触面积就越大,细集料产生的黏结力总和也就越大,故而可获得较高的结构强度。但细集料的用量也不是越多越好,细集料过多,混合料的抗变形能力也相对较低。细集料用量多的AC25-1的车辙深度就比AC25-2的大,动稳定度也比AC25-2的小。因为AC25-1的细集料含量过多(43.5%),粗集料不能形成骨架结构,所以在高温条件下混合料的抗变形能力大幅度下降,AC25-1和AC25-2的抗高温变形能力方面的差异证实了粗集料骨架在混合料

的强度构成中确实起到了一定作用。

试验结果还表明，形成了粗集料骨架的 AC25－3 的动稳定度在 60℃、65℃条件下均小于未形成骨架的 AC25－1 级配。由此可见，不能片面强调粗骨架的作用，而忽视了胶泥劲度和混合料密度对抗车辙能力的重大影响。粗集料骨架在增强沥青混合料的高温抗车辙能力方面确实有重要作用，但没有人们想象中的那么重要。据上分析可以得出结论：在粗集料形成了骨架而细集料又正好填满骨架空隙时，混合料的动稳定度当有极大值。

图 4-5 同时表明，温度变化对混合料高温抗车辙能力有显著影响，表现为温度升高，混合料动稳定度减小，车辙深度增大。对混合料高温性能变化规律的进一步分析又可以看出，试验温度升高，级配不同，高温性能的衰减规律不同。车辙试验温度由 60℃上升到 65℃，AC25－1、AC25－2、AC25－3 动稳定度分别减小 51%、27%及 45%。众所周知，沥青混合料温度敏感性可以通过温度变化对高温性能的影响规律来表征。如以温度升高时动稳定度减小速率来评价沥青混合料温度敏感性，则 AC25－1、AC25－3 级配的温度敏感性较差，AC25－2 级配最好。

由以上分析，对于沥青混合料，并不是粗集料越多，骨架结构越发达，混合料的温度敏感性越好。只有适度的粗集料含量才可使沥青混合料既有较强的骨架，同时使细集料产生较强的黏结力，从而使混合料具有较高的结构强度及较强的温度敏感性。

b. 骨架接触度对高温稳定性影响。骨架接触度是反映沥青混合料中粗集料骨架特性和接触密实性的综合指标。利用骨架接触度的大小可以判断沥青混合料属于紧排骨架结构、松排骨架结构还是悬浮密实结构。由前面计算结果，AC25－1（较细级配）为悬浮密实结构，AC25－2 为介于紧排及松排骨架之间，而 AC25－3（较粗级配）为很强的紧排骨架结构。

图 4-6 表明，骨架接触度与车辙深度呈曲线相关。如果以动稳定度为判据，对试验所用原材料而言，显然认为骨架接触度越大，沥青混合料高温抗车辙能力越强的观点是错误的，同时骨架接触度过低，沥青混合料为悬浮密实结构，其高温抗车辙能力也相对较差。对于所研究对象，AC25－1 骨架接触度较小（80.4%），为悬浮密实结构，60℃、65℃时动稳定度分别为 2647 次/mm、1200 次/mm。而对于 AC25－3，骨架接触度最大（98.4%），为紧排骨架结构，但 60℃、65℃时动稳定度仅为 1493 次/mm、822 次/mm。因此，对于连续密级配沥青混合料，存在一个适宜的骨架接触度范围（根据本研究结果介于松排骨架及紧排骨架之间），在此范围内，既能够使粗集料达到一定的接触程度，又有足够的细集料填充使得混合料达到密实，从而能够综合发挥混合料中粗集料嵌挤及细集料黏结作用使得混合料结构强度达到最大。另外，悬浮结构和过于紧排的骨架结构沥青混合料难以达到较高的高温抗车辙能力，并且 AC25－3 混合料动

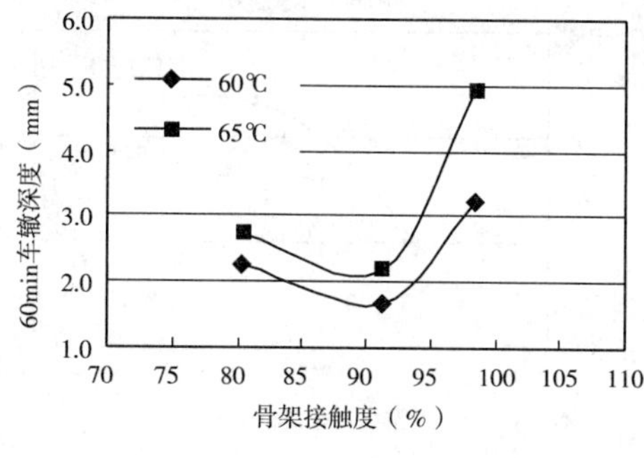

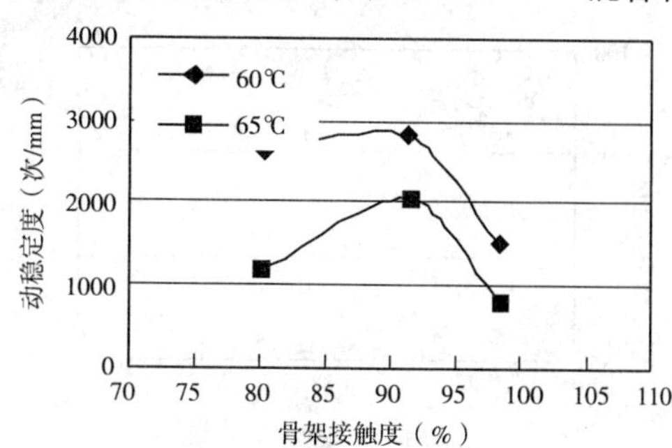

图 4-6　骨架接触度与混合料高温稳定性关系（油石比 4.2%）

稳定度远低于 AC25－1 混合料说明过于紧排的骨架结构的混合料其高温抗车辙能力甚至不如悬浮结构的沥青混合料。对于本次研究对象,AC25－2 混合料中粗集料具有介于松排与紧排骨架的特征,根据以上分析其综合强度最大,因此其高温抗车辙能力最强。

c. 沥青用量的影响。沥青用量对沥青混合料高温抗车辙能力影响见表 4-16。在试验范围内,油石比越大动稳定度越小。油石比增大,胶泥劲度显著降低,更为重要的是,当级配一定时,适宜的沥青用量的变化范围不可能很宽,超出这一范围,过多自由沥青的存在将使混合料的粘塑性质更为突出,导致高温抗变形能力大幅度下降。试验研究结论已经证明,试图单纯通过增加沥青用量来满足体积指标(VV、VMA 等)并企图使之具有优良的路用性能是行不通的。而提高沥青混合料高温稳定性的有效措施是提高胶泥劲度,如选择抗车辙因子高的沥青或在合理的范围内增大粉胶比;当优化配比确定之后,提高混合料密度、减小空隙率等技术措施才具有合理性,其作用才能显现出来。

②GTM 方法设计的沥青混合料抗水损坏性能

AC25 型沥青混合料的水稳性通过冻融劈裂试验评价,试验方法为 T0729－2000。GTM 旋转试件冻融劈裂试验结果见表 4-17、图 4-7 所示。

冻融劈裂试验结果(GTM 试件)　　表 4-17

级配	AC25－1	AC25－2	AC25－2	AC25－3
油石比(%)	4.2	3.9	4.2	4.2
VV(%)	2.1	1.9	1.3	2.4
劈裂强度(MPa,25℃)	1.25	1.31	1.19	1.14
冻融后劈裂强度(MPa,25℃)	1.17	1.24	1.15	1.02
残留强度比(%)	93.6	94.7	96.6	89.5

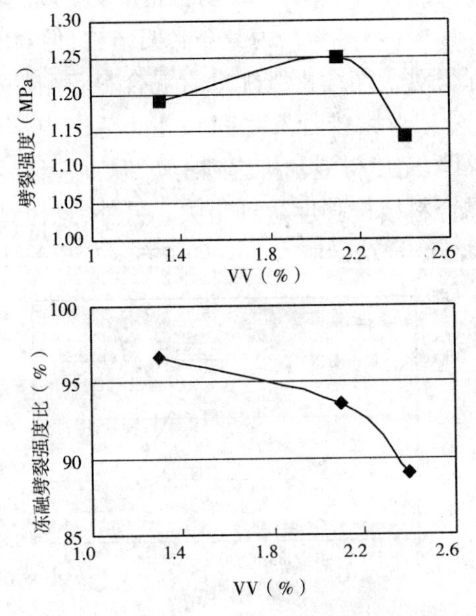

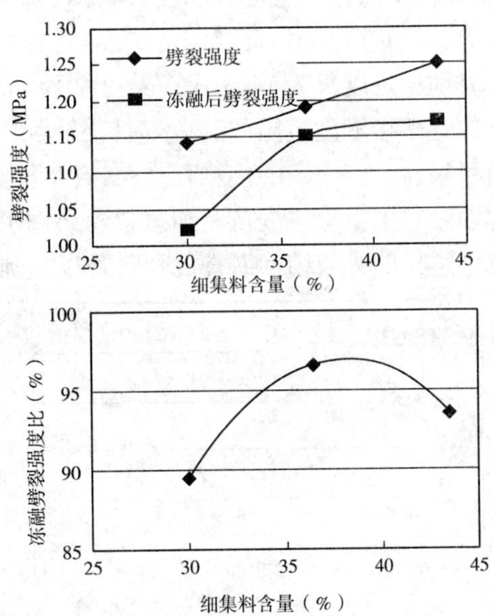

图 4-7　AC25 型沥青混合料 GTM 试件冻融劈裂试验结果(油石比 4.2%)

由表4-17,最佳油石比下,级配 AC25-2 冻融劈裂残留强度比最大,表明以 GTM 为成型方式,级配为 AC25-2 的沥青混合料抗水破坏能力最强。

对于沥青混合料劈裂强度,由图4-7,固定油石比下,沥青混合料细集料含量对劈裂强度有显著影响,表现为细集料含量越多,劈裂强度越大。空隙率与劈裂强度呈曲线相关,空隙率为2.1%时劈裂强度最大。

对于混合料冻融劈裂强度比,由图4-7,细集料含量有最佳值(对于本次研究对象为36.4%),此时混合料抗水破坏能力最强。细集料含量过多或过少,混合料水稳性均降低。混合料水稳性与试件空隙率有极好的相关性,表现为空隙率降低,混合料抗水破坏能力急剧增加。

冻融劈裂试验实际上是反映试件的抗冻损能力,而非抗水剥离能力。只要试件的空隙率小且孔隙不连通,混合料的 TSR 值就比较大。细集料含量、油石比、密度以及试件成型方式对 TSR 值的影响无不是通过空隙率反映出来的,而空隙率却是密度的导出值。所以,在配合比设计合理的前提下,提高或保证路面的压实度是提高路面耐久性的有效途径。那种认为沥青混合料就应该具有一定的空隙率(如4%)的观点显然缺乏理论依据和科学实验验证。

(4)以 GTM 为成型方式的优化级配范围

根据本研究结果,以 AC25 型沥青混合料高温抗车辙及抗水破坏能力为判据,AC25-2 为最优级配。考虑到实际矿料生产的波动,为确保沥青混合料现场施工的实现,必须对级配用一定的范围进行控制,并且级配范围不能过窄或过宽,过窄导致生产中难以实现,过宽又使得混合料质量难以保证。本研究推荐的 AC25 型沥青混合料建议级配范围如表4-18、图4-8所示。

AC25 型沥青混合料推荐级配控制范围 表4-18

筛孔尺寸(mm)	31.5	26.5	19	16	13.2	9.5	4.75	2.36
通过率范围(%)	100	95~100	80~90	70~80	60~70	48~58	32~42	22~30
筛孔尺寸(mm)	1.18	0.6	0.3	0.15	0.075			
通过率范围(%)	14~20	10~14	7~11	5~9	4~6			

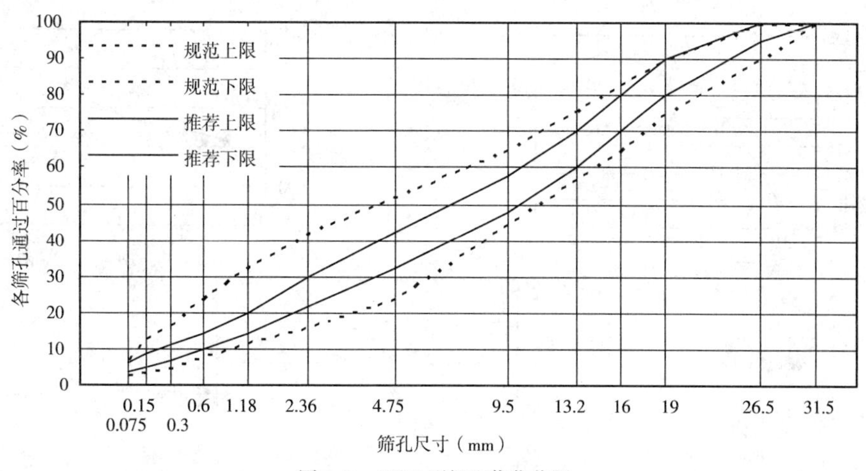

图4-8 AC25 型级配优化范围

5)马歇尔方法配合比设计

马歇尔方法是我国现行规范(JTG F40—2004)规定的沥青混合料配合比设计标准试验方

法,且马歇尔方法使用多年,为施工单位所熟悉。为研究马歇尔设计方法与 GTM 设计方法设计结果的联系及设计的混合料路用性能的差异,选用前面 AC25 - 2 GTM 优化的级配进行马歇尔配合比设计,级配见表 4-18 及图 4-8。

(1)最佳油石比的确定

马歇尔试验工作条件为:

拌和温度:160℃;

成型温度:140 ~ 145℃;

成型方式:双面击实 75 次。

选择 3.3%、3.6%、3.9%、4.2%、4.5%、4.8%等 6 组油石比按上述条件成型试件。按 T0705—2000(表干法)测定试件毛体积相对密度,根据沥青浸渍法实测集料的有效相对密度计算沥青混合料最大理论相对密度,并据此计算试件体积参数。马歇尔试验结果见图 4-9、表 4-19 所示。

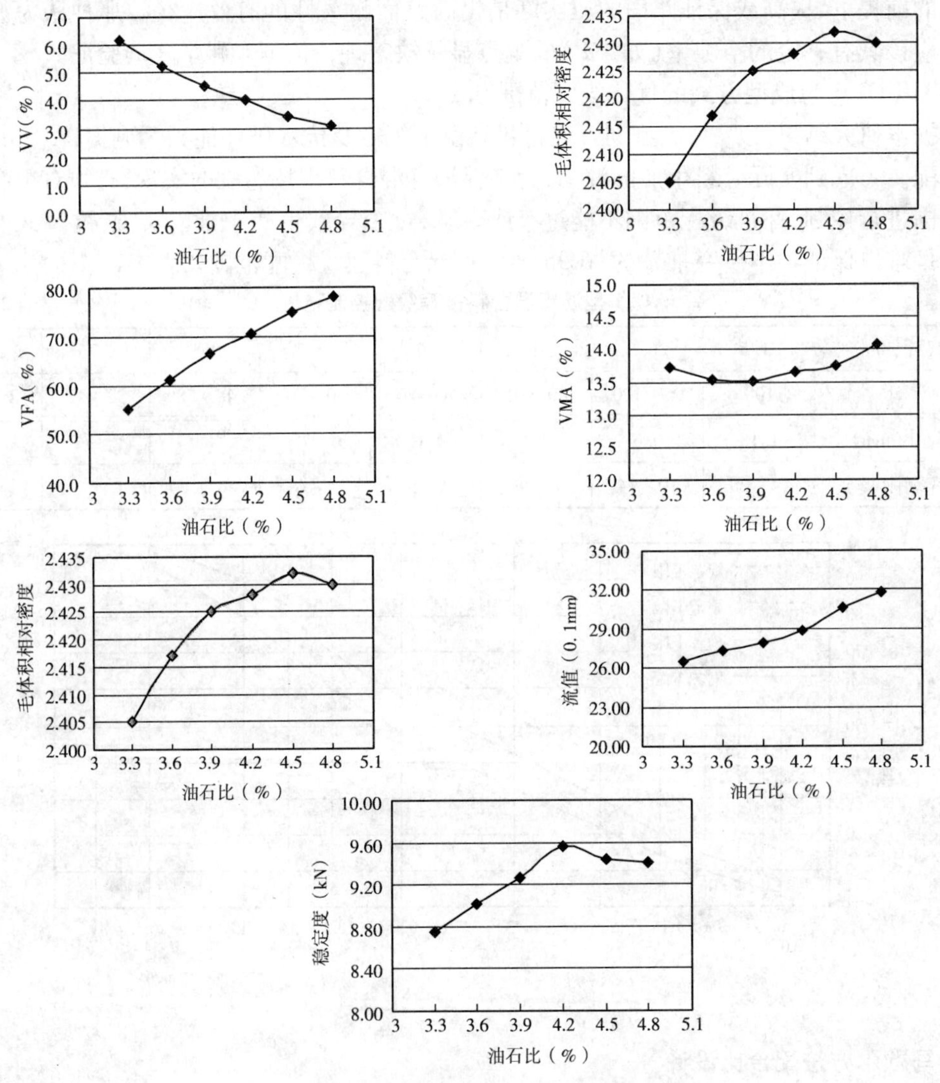

图 4-9 马歇尔配合比设计方法试验结果

马歇尔试验结果表 表 4-19

油石比（%）	理论密度（g/cm^3）	毛体积相对密度	VV（%）	VMA（%）	VFA（%）	稳定度（kN）	流值（0.1mm）
3.3	2.563	2.405	6.1	13.7	55.2	8.75	26.5
3.6	2.551	2.417	5.3	13.5	61.1	9.01	27.3
3.9	2.540	2.425	4.5	13.5	66.4	9.26	27.9
4.2	2.529	2.428	4.0	13.7	70.7	9.56	28.9
4.5	2.518	2.432	3.4	13.8	75.1	9.43	30.6
4.8	2.508	2.430	3.1	14.1	78.0	9.40	31.8
JTG F40—2004 技术要求			3～6	不小于 12	65～75	不小于 8	20～40

根据 JTG F40—2004 中 B6.2 的要求，根据试验曲线的走势确定：

①OAC_1 的确定

相应于密度最大值的油石比 $a_1 = 4.5\%$

相应于稳定度最大值的油石比 $a_2 = 4.2\%$

相应于目标空隙率的油石比 $a_3 = 4.2\%$

相应于饱和度范围中值的油石比 $a_4 = 4.2\%$

$$OAC_1 = (a_1 + a_2 + a_3 + a_4) = (4.5\% + 4.2\% + 4.2\% + 4.2\%) = 4.28\%$$

②OAC_2 的确定

$$OAC_{min} = 3.8\%$$

$$OAC_{max} = 4.5\%$$

$$OAC_2 = (OAC_{min} + OAC_{max}) = (3.8\% + 4.5\%) = 4.15\%$$

③OAC 的确定

$$OAC = (OAC_1 + OAC_2)/2 = 4.2\%$$

由试验及计算结果，确定最佳油石比为 4.2%。

(2)路用性能检验

按照马歇尔试验确定的最佳油石比进行了 60℃、65℃车辙试验、水稳性检验及渗水试验，试验结果见表 4-20～表 4-22。

AC25 沥青混合料车辙试验结果 表 4-20

试验温度（℃）	油石比（%）	45min 车辙深度（0.1mm）	60min 车辙深度（0.1mm）	动稳定度（次/mm）	变异系数
60	4.2	3.82	4.36	1167	12.3
65	4.2	5.65	6.69	606	19.8
技术要求	—	—	—	不小于 800	不小于 20

冻融劈裂试验结果(马歇尔试件) 表 4-21

油石比(%)	4.2	技术要求
VV(%)	4.0	—
劈裂强度(MPa,25℃)	0.92	—
冻融后劈裂强度(MPa,25℃)	0.75	—
残留强度比(%)	81.5	不小于 75

渗水试验结果 表 4-22

项目	油石比(%)	技术要求	实测值	试验方法
渗水系数(mL/min)	4.2	不大于 120	85.6	T0730—2000

性能试验结果表明,马歇尔方法设计的沥青混合料高温抗车辙能力、水稳定性及渗水系数均满足规范 JTG F40—2004 的要求,表明所设计的沥青混合料可以应用于实际工程。

6)GTM 与马歇尔设计方法及设计结果对比

(1)GTM 与马歇尔设计原则对比

马歇尔设计方法及 GTM 设计方法主要区别主要表现在以下方面。

①出现背景不同

早期沥青混合料并没有成熟的设计方法,大多按照实践经验进行配制,这些配制式混合料需长期实践,并且靠习惯经验形成的配合比设计成果对条件变化的适应性差,不利于路面材料的广泛应用。马歇尔设计方法的出现到最终形成比较成熟的配合比设计方法使得沥青混合料的发展及应用翻开了新的一页。但马歇尔方法是在交通荷载较轻、压路设备也相对较轻的情况下发明的,其成型方式能够模拟当时路面施工机械对混合料压实状况,设计的沥青混合料性能也能够满足当时的交通荷载状况。但随着现代交通的高速化、大型化、重载化,及现场施工设备的技术进步,马歇尔方法已不能适应情况的变化。马歇尔方法靠击实成型的混合料密度较低,不能模拟现代施工设备的现场碾压效果,而单纯增加击实次数来提高混合料密度已不现实,反而会砸碎粗集料破坏混合料级配组成。因此用马歇尔方法设计的沥青混合料即使满足了混合料所有指标,仍不能保证沥青混合料有较好的路用性能。

GTM 旋转试验机是美国工程兵团在 20 世纪 60 年代首先以推理的方法发明的路面材料试验机,后来美国空军为解决最大最重的轰炸机跑道容易破损的问题又专门组织人员对 GTM 进行开发研究,形成了最初的 GTM 设计方法。天津市市政工程研究院于 20 世纪 90 年代引进 GTM 并通过研究、改进,形成了主要以提高沥青混合料高温抗车辙能力、抗水破坏能力并兼顾低温及耐久性的 GTM 设计方法。

②成型方式不同

对于不同沥青混合料配合比设计方法,成型方式是最基础、最重要的环节。成型方式及成型时各种参数的设定从根本上影响了沥青混合料密度、设计指标及最佳沥青用量的选择。而能够准确模拟现场压实沥青混合料结构的成型方式才有意义，其后的性能验证才能有效预测及评价现场路面路用性能。

马歇尔设计方法以锤击为成型方式。锤击次数与实际路面材料的碾压功能和交通两大小没有内在联系。马歇尔锤击冲击力与车辆轮胎接地压强之间存在巨大差异，马歇尔的冲击压实法不利于集料定向重排，造成混合料密度较低（对沥青路面的调查检验表明，大多数路面在使用一段时期后，混合料的密度会大于原标准密度，即压实度超过100%），材料强度低，在行车作用下很容易出现塑性变形从而产生车辙、剥落等破坏现象。

GTM 通过搓揉、旋转来压实试件，并确定压实状态为最终平衡状态。工程技术人员已经证实通过这种方法制作的试件的应力—应变特性对于实际柔性路面结构具有很好的代表性。GTM 一个重要的特性是能够直接反映出颗粒状塑性材料中可能出现的塑性过大的现象。这时材料会呈现过饱和状态，或许是因为过度压实，也或许是因为孔隙中填充了过多的介质——如土中的水或沥青混合料中的沥青。当沥青含量或含水量一定时，这种现象可以通过 GTM 滚轮压力的下降和旋转角度的增加显示出来，依据这一原理可以预测在设定的垂直应力下所设计的沥青混合料的最大允许沥青含量。同时 GTM 还可对路面的取样进行试验，以此来确定未来某时在已知轮胎与路面接触压力的交通量作用下，是否会造成由于混合料的不断密实而使塑性过大，是否会对路面造成破坏。

③判据不同

马歇尔方法是体积设计法，即以混合料的各种体积指标作为判据确定最佳沥青用量，但国内外研究表明，这些指标与路用性能之间并不存在广泛的相关性。另外马歇尔稳定度试验中由于试件的受力方式、约束条件与路面结构材料实际受力特点相差较大（试验加载装置的钳口夹住了试件的大部分，但试件周围并没有全部被约束，圆柱体试件的两端也没有受限制，所以试验过程中试件内部的应力分布状态极为复杂，加载方向也并未沿着试件的压实方向），试验指标（马歇尔稳定度、流值）与路用性能指标之间一般无相关性。正是由于马歇尔设计方法以与路用性能不存在广泛意义的体积参数作为设计指标，设计的沥青混合料即使各项体积参数均满足设计指标，也不能保证路面不出现早期破坏。而且为防止某种破坏现象（比如车辙、泛油），在无法改变成型方式的情况下只能通过修改体积指标（比如对于夏炎热区，提高空隙率、降低饱和度标准）来解决，但带来的隐患却是沥青路面的空隙率有可能太大，致使路面容易产生水破坏及耐久性差。

GTM 方法设计思想明确，即以提高沥青混合料高温抗车辙能力为主。并且 GTM 能够模拟路面行车荷载作用下沥青混合料最终压实状态即平衡状态，并测试分析试样在被压实到平衡状态过程中剪切强度和最终塑性变形的大小。压实试件最终塑性变形的大小用旋转稳定系数 GSI 来表征。根据天津市市政工程研究院研究成果，GSI 突变点对应的沥青用量为沥青混合料最大沥青用量。即 GTM 设计方法是直接以沥青混合料力学参数作为判据确定最大沥青用量。

（2）GTM 方法与马歇尔方法设计的沥青混合料体积参数、试件密度、油石比对比

①体积参数对比

AC25 – 2 级配混合料不同油石比下 GTM 及马歇尔试件体积参数见表 4-23。

②试件密度对比

由表 4-23，不同油石比下，GTM 成型的沥青混合料试件毛体积相对密度均大于相应油石

GTM 试件与马歇尔试件体积参数表 表 4-23

油石比(%)	毛体积相对密度		VV(%)		VMA(%)		VFA(%)	
	GTM 试件	马歇尔试件	GTM 试件	马歇尔试件	GTM 试件	马歇尔试件	GTM 试件	马歇尔试件
3.3	2.463	2.405	3.9	6.1	11.6	13.7	66.7	55.2
3.6	2.478	2.417	2.9	5.3	11.3	13.5	74.8	61.1
3.9	2.492	2.425	1.9	4.5	11.1	13.5	82.8	66.4
4.2	2.496	2.428	1.3	4.0	11.2	13.7	88.3	70.7
4.5	2.510	2.432	0.3	3.4	11.3	13.8	97.1	75.1
马歇尔方法标准			3~6		不小于 12		65~75	

比下马歇尔试件毛体积相对密度,这是因为 GTM 成型时对材料的揉搓作用更有利于集料颗粒的移动、重排及定向作用。更为重要的是这种揉搓作用可最大限度地模拟压实设备对混合料的压实效果。11 个实际工程 GTM 旋转试件密度与马歇尔击实 75 次密度统计结果见表 4-24(工程所用集料不同,所用级配均处于本研究优化级配范围之内)。

实际工程 GTM 试件密度与马歇尔试件密度关系 表 4-24

工程序号	油石比(%)	GTM 试件密度(g/cm^3)	马歇尔试件密度(g/cm^3)	修正系数(GTM 密度/马歇尔密度)	GTM 试件空隙率(%)
1	4.0	2.557	2.482	1.030	3.0
2	4.0	2.483	2.435	1.020	2.8
3	3.8	2.492	2.454	1.015	2.1
4	3.8	2.498	2.463	1.014	1.8
5	3.8	2.479	2.408	1.029	2.3
6	3.7	2.495	2.419	1.030	2.5
7	3.8	2.475	2.455	1.008	1.9
8	3.7	2.496	2.448	1.020	2.2
9	3.8	2.503	2.414	1.037	2.6
10	3.7	2.482	2.404	1.030	2.1
11	3.8	2.509	2.453	1.023	2.0
平均				1.024	2.3

由表 4-24,不同工程 GTM 试件密度与马歇尔试件密度的比值即修正系数平均为 1.024。其中最大为 1.037,最小为 1.008,极差 1.029。修正系数处于 1.020~1.030 的工程占总数

的64%。

通行的沥青混合料配合比设计方法是体积法,其后的各种试验仅为性能验证。如果混合料的某些体积特征参数与路用性能存在良好的相关性,那么,用体积法或许能够设计出理想的配合比。普遍流行的一种观点认为,对于沥青混合料,空隙率十分重要,竟到了非得达到某一定值不可的程度,比如4%。众所周知,空隙率是混合料理论最大理论密度密度和试件密度的导出值,而密度必须由试验获得,且不论试验方法的合理性和试验误差的影响,仅就限定空隙率下限值的观点就值得质疑。当混合料配合比一定,空隙率仅是混合料体积密度的函数,因试件密度的大小由试件成型方式所决定,所以空隙率不是定值,它是某种特定的试验方法下的条件性指标。仅当试验条件与路面施工的碾压条件相对吻合,或者能最大限度地模拟和反映施工压实效果时,空隙率等体积特征参数才具有意义。以此为前提,建立或分析混合料技术性能与体积参数的相关关系也才有意义。

同一油石比下,由于GTM采用旋转、揉搓的成型方式,压实功大,试件可以获得较高的密实度,因此由表4-23,与马歇尔试件相比,相同油石比下,GTM试件空隙率、间隙率小,饱和度大。

现行规范JTG F40—2004采用马歇尔配合比设计方法,并要求“当采用其他方法设计沥青混合料时,应按本规范规定进行马歇尔试验及各项配合比设计检验”。由表4-23,GTM方法设计的沥青混合料最大油石比为3.9%时,其体积参数不满足规范要求,但其后的性能验证表明,GTM设计的沥青混合料高温抗车辙能力及水稳定性均优于马歇尔方法设计的沥青混合料。因此对体积参数应有正确的理解。

对于合理的沥青混合料配合比设计方法,首先应保证成型方式的合理性,即成型方式是否能够最大限度地模拟和反映施工压实效果,唯有如此,其后的试验才具有合理性。当原材料一定,成型方式一定,路用性能最优的沥青混合料配合比是客观存在的,在此特定条件下,得到的最优配合比具有特定的体积参数。而不能将一种成型方式下(比如马歇尔成型方式)的体积指标无条件地外延并要求其他成型方式下(比如GTM成型方式)的沥青混合料必须具有此体积参数。

③油石比对比

GTM方法与马歇尔设计方法设计结果及路用性能见表4-25。

不同方法设计的AC13型沥青混合料体积参数及路用性能 表4-25

试验项目	指　标	单位	试验结果		试验方法
设计方法	—	—	马歇尔方法	GTM方法	
最佳油石比	—	%	5.6	5.2	—
最佳油石比下的体积参数	试件毛体积密度	g/cm^3	2.392	2.457	T0705－2000
	空隙率VV	%	4.6	2.5	
	矿料间隙率VMA	%	16.8	14.2	
	饱和度VFA	%	72.9	82.5	

续上表

试验项目	指　标	单位	试验结果		试验方法
设计方法	—	—	马歇尔方法	GTM 方法	
高温抗车辙能力	60℃动稳定度	次/mm	3738	5700	T0719－1993
	65℃动稳定度	次/mm	2366	4680	
低温抗裂能力	弯曲试验破坏应变(με)	—	2319.7	2299.5	T0715－1993
	抗弯拉强度	MPa	8.51	11.24	
	弯曲劲度模量	MPa	3834	4888	
	应变能	kJ/m^2	103.9	142.2	
抗水破坏能力	马歇尔稳定度	kN	15.89	18.93	T0709－2000
	浸水后稳定度	kN	13.08	16.51	
	残留稳定度	%	82.3	87.2	
	冻融前强度	MPa	1.25	2.13	T0729－2000
	冻融后强度	MPa	0.98	1.91	
	冻融劈裂强度比	%	78.5	89.5	
	渗水系数	mL/min	24.0	0	T0730－2000

GTM 方法确定的沥青混合料最佳油石比为 5.2%，马歇尔方法设计的沥青混合料最佳油石比为 5.6%。如以 GTM 设计的油石比为基础，马歇尔方法确定的油石比增大了 7.7%。这主要是由于 GTM 采用旋转压实方式，以极限平衡状态作为旋转结束条件，使得集料在揉搓作用下更容易在三维空间移动，直到达到稳定状态，从而形成密度较大的、结构更为稳定的沥青混合料。GTM 设计方法又以避免沥青混合料达到过饱和状态导致抗剪切强度及抗变形能力下降为判据，由于压实方式有效、压实功较大，试件密度较大，因此在油石比较小的情况下混合料即达到过饱和状态。与 GTM 设计方法相比，马歇尔方法由于击实功较小，试件密度较小，因此 VMA 较大，根据体积法设计特点，体积参数要达到相应的指标，沥青用量必然较大。因此马歇尔方法确定的最佳油石比大于 GTM 方法确定的油石比。

沥青用量的大小取决于设计方法及评价标准。而设计方法及评价标准的合理与否则决定了设计的沥青用量是否"合适"。关于"合适"的沥青用量，设计者大多会自觉或不自觉地与马歇尔方法设计结果进行对比，即自觉或不自觉地将马歇尔方法确定的油石比作为标准来比较。首先，在目前技术条件下我们无法证明，对于特定的原材料，沥青用量到底多少为"合适"。其次，经验证明马歇尔方法设计的油石比明显偏大。第三，以沥青膜的大小作为沥青混合料最佳沥青用量的判据显然欠妥，这是因为目前我们无法证明矿料表面吸附的沥青膜的结构组成及其厚度，以及最佳沥青用量的确定如何考虑原材料复杂的表面性质。因此沥青用量是否合适，设计方法及判据是否科学合理应作为重要判据。

马歇尔方法固定击实功、以体积参数为指标确定的最佳沥青用量,已经证明无论从成型方式还是最佳油石比判据均有弊端,因此确定的油石比肯定不是"合适"的沥青用量。而 GTM 方法以旋转为成型方式,以力学参数作为标准确定最佳沥青用量,其方法科学、标准客观,与马歇尔方法相比其设计思想是很大的进步,从这方面分析,正确的理解应该是 GTM 方法设计的沥青用量"合适",而马歇尔方法确定的沥青用量偏大了。

(3)GTM 方法与马歇尔方法设计的沥青混合料路用性能对比

①高温抗车辙能力

由表 4-26,GTM 方法设计的沥青混合料高温抗车辙能力远优于马歇尔方法设计的沥青混合料。表现级配相同(AC25 -2)、油石比(4.2%)相同,GTM 方法及马歇尔方法设计的沥青混合料在试验温度为 60℃、65℃时动稳定度比值达 2.4 及 3.4 倍。在最佳油石比下其比值高达 2.6 及 3.8 倍。

不同方法设计的沥青混合料车辙试验结果 表 4-26

配合比设计方法	级配	混合料密度(g/cm^3)	油石比(%)	60℃车辙试验			65℃车辙试验		
				45min 车辙深度(mm)	60min 车辙深度(mm)	动稳定度(次/mm)	45min 车辙深度(mm)	60min 车辙深度(mm)	动稳定度(次/mm)
GTM 方法	AC25 -2	2.496	4.2	1.45	1.67	2808	1.88	2.19	2043
	AC25 -2	2.492	3.9	1.25	2.46	3000	1.75	2.02	2333
马歇尔方法	AC25 -2	2.428	4.2	3.82	4.36	1167	5.65	6.69	606

无论何种设计方法设计的沥青混合料,用车辙试验进行高温性能验证时,对试验结果的影响因素其实只有混合料密度(如成型温度相同,可通过不同轮碾次数得到),油石比及试验温度。由表 4-26,GTM 方法设计的沥青混合料:

a. 考虑温度对动稳定度的影响:油石比分别为 3.9% 及 4.2%,车辙试验温度由 60℃上升到 65℃时,动稳定度分别下降 27% 及 22%;

b. 考虑油石比对动稳定度的影响:试验温度分别为 60℃及 65℃,当油石比由 3.9% 提高到 4.2% 时,动稳定度仅下降 6.4% 及 12.4%;

c. 考虑密度对动稳定度的影响:试验温度分别为 60℃、65℃,车辙试件密度由 2.496(GTM 密度)下降到 2.428(马歇尔密度),动稳定度降低分别达 58% 及 70%。

根据以上分析结果得出结论,试验温度相同时,在试验范围内对沥青混合料高温稳定性影响最显著的因素为混合料密度,而混合料密度又决定于试验所用的成型方式。GTM 的特点正是通过合理的成型方式使得沥青混合料密度提高,进而得到高温性能极为优良的沥青混合料。

图 4-10 同样表明,沥青混合料密度对高温抗车辙能力有极为显著的影响。由密度—动稳定度曲线,试验范围内,随着密度的增加,可将密度对动稳定度的影响分为两个阶段。当密度较低时(由密度最低点到突变点),随着密度的提高,混合料抗车辙能力增加,但增加速率较小,一旦混合料密度达到并超过一定值(突变点),沥青混合料动稳定度急剧增加。由此可见,为提高沥青路面抗车辙能力,在合理的级配及油石比下,提高沥青路面抗车辙能力的主要措施当属提高混合料的压实度。

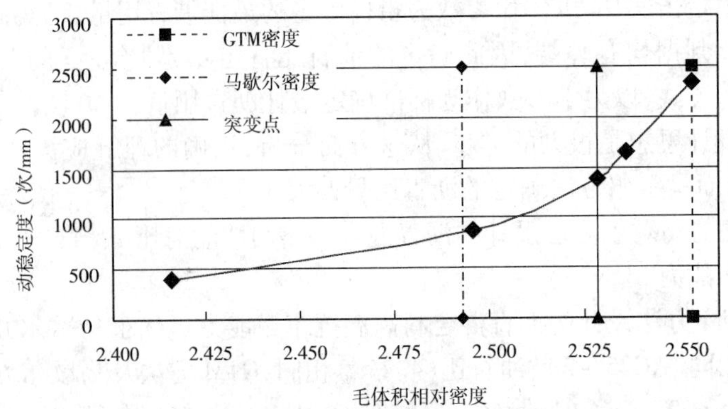

图 4-10　AC13 型沥青混合料不同密度下车辙试验结果

②抗水损害能力

用冻融劈裂试验评价沥青混合料抗水损害能力。表 4-27 试验结果表明，GTM 方法设计的沥青混合料抗水破坏能力显著优于马歇尔方法设计的沥青混合料。对数据的进一步分析表明，影响沥青混合料抗水破坏能力最显著的因素为空隙率的大小。

不同方法设计的沥青混合料冻融劈裂试验结果　　表 4-27

级　配	AC25－2		
配合比设计方法	GTM 方法		马歇尔方法
油石比(%)	3.9	4.2	4.2
VV(%)	1.9	1.3	4.0
劈裂强度(MPa,25℃)	1.31	1.19	0.92
冻融后劈裂强度(MPa,25℃)	1.24	1.15	0.75
残留强度比(%)	94.7	96.6	81.5

冻融劈裂试验实际上是反映了沥青混合料试件的抗冻能力。冻融劈裂残留强对比是冻融后试件劈裂强度与未冻融劈裂试件强度的比值。试件空隙率越小，水越难以进入混合料，从而对混合料强度的降低影响越小，因此较小的空隙率实际上间接提高了沥青与集料的相对黏附性，防止水进入沥青混合料内部从而降低混合料强度。对于本研究对象，原材料一定，沥青与集料的黏附性确定，因此影响混合料冻融劈裂残留强度比的因素以 VV 最为显著。而 GTM 方法设计的沥青混合料空隙率均较低，因此与马歇尔方法相比，GTM 法设计的沥青混合料具有更为优良的水稳定性。

众所周知，沥青混合料空隙率是密度的导出值。由以上分析结果，混合料空隙率越小，抗水破坏能力越强。归根结底其实是沥青混合料密度越大，抗水破坏能力越强。那种抛开成型方式及不同混合料配合比设计方法，笼统的要求空隙率范围的观点显然是行不通的。

渗水试验(表 4-28)表明 GTM 方法设计的沥青混合料不渗水。级配相同、空隙率分布差别不大的情况下，渗水系数主要受空隙率大小影响。因此 GTM 方法设计的混合料不渗水的根本原因是混合料密度的提高降低了混合料空隙率。

不同方法设计的沥青混合料渗水试验结果

表4-28

项　目	配合比设计方法	油石比(%)	空隙率(%)	实测值
渗水系数(mL/min)	GTM 方法	3.9	1.9	0
	马歇尔方法	4.2	4.0	55.6

③低温抗裂能力

以弯曲应变及应变能为标准评价沥青混合料低温抗裂能力。试验温度为 -10℃,试验设备为 MTS-810(TESTSTAR-Ⅱ)。表4-25GTM 方法与马歇尔方法设计的沥青混合料低温弯曲试验结果表明,GTM 设计的沥青混合料弯曲破坏应变稍低,为马歇尔方法设计的沥青混合料的99%,而弯拉强度则是马歇尔方法设计的混合料的1.32倍,如此以来,应变能则远大于马歇尔方法设计的混合料,为1.37倍。

根据沥青路面低温开裂的基本原理,仅就沥青混合料自身性质而言,高强度、低劲度的沥青混合料当具有优良的低温抗裂能力,可是如果仅仅以低温弯曲破坏应变作为标准评价混合料低温抗裂能力,则会得出相反的结论。由此可见,以破坏应变作为混合料低温抗裂能力的唯一判据,尚不足以全面反映沥青混合料低温性能。因此引入低温开裂能指标评价沥青混合料抗裂能力更为合理。以此为依据,则 GTM 设计的沥青混合料低温抗裂能力显著优于马歇尔方法设计的沥青混合料。

(4)对马歇尔试验结果调整的建议

GTM 与马歇尔配合比方法是完全不同的设计方法,GTM 方法以混合料力学性能为判据进行设计,而马歇尔方法则是以混合料体积参数为标准的设计方法,因此理论上两者无可比性。但两种方法设计的沥青混合料用于现场却都要通过相同的成型方式来完成(碾压),如不考虑级配的影响,两种设计方法的设计结果在工程中的区别实际上主要表现为密度标准和最佳油石比的不同。因此从应用的角度出发,根据理论分析、室内试验及实际工程数据,总结两种设计方法用于现场的最主要的控制指标即混合料密度标准与最佳油石比的关系,在充分理论依据的基础上,参照 GTM 设计结果,形成对马歇尔设计结果的调整原则的一般方法是有可行的。

首先,根据研究成果,与马歇尔设计方法相比,GTM 方法设计的沥青混合料具有更为优良的抗车辙与抗水破坏能力的主要原因在于:GTM 方法能够设计出密度远大于马歇尔方法的沥青混合料(对于 AC25-2,GTM 成型试件密度为马歇尔方法成型试件密度的1.024倍),而沥青用量则稍低于马歇尔方法设计结果(降低0.3%)。如此以来,密度的增加提高了混合料的抗剪切能力及降低了空隙率,油石比的适当降低提高了胶浆的劲度,两种因素的综合作用使得用 GTM 设计方法设计的沥青混合料高温抗车辙能力及抗水破坏能力优于马歇尔方法设计的沥青混合料。

其次,由表4-24,11个实际工程统计结果表明,GTM 方法设计的沥青混合料密度均大于击实法密度,且 GTM 试件密度与马歇尔试件密度的比值即修正系数平均为1.024。其中最大为1.037,最小为1.008,极差1.029。修正系数处于1.020~1.030的工程占总数的64%。

根据以上分析,实际应用时,提出对马歇尔方法进行调整的一般原则:

①将马歇尔方法确定的最佳油石比降低0.2%~0.4%。

②在此基础上以马歇尔试件密度的1.02~1.03倍作为现场压实度标准。

(5)关于GTM方法设计的沥青混合料耐久性

与马歇尔方法相比,GTM方法设计的沥青混合料油石比较小。根据设计原理分析可知,GTM方法设计的沥青用量是“合适”的沥青用量,马歇尔方法设计的沥青用量偏大。但由于马歇尔方法及标准已为人们自觉或不自觉地接受,因此沥青混合料耐久性便成为GTM方法受到质疑的重要方面之一。

沥青混合料耐久性包括抗疲劳破坏能力、沥青老化(光、氧老化、微生物老化、自然硬化等)引起的性能衰变等。GTM及马歇尔方法设计的沥青混合料疲劳试验结果见表4-29。试件为轮碾成型车辙试件切割而成,切割前车辙试件于60℃通风条件下老化120h。试件为40mm×40mm×250mm小梁,采用三分点加载,应力控制方式,荷载为半正弦波,频率10Hz,试验温度15℃,波形谷值荷载为峰值荷载的5%小梁试件以完全断裂为破坏标准。试验设备为MTS810。

疲劳试验结果　　表4-29

设计方法	抗弯拉强度 σ_{max}(MPa)	应力比 (σ_0/σ_{max})	荷载作用次数 N_f(次)	回归方程 $N_f=K(\sigma_0/\sigma_{max})^{-n}$
GTM	8.45	0.2	116804	$K=754$ $n=3.1957$ $R=0.9959$
		0.3	37740	
		0.4	17071	
		0.5	6481	
		0.6	3524	
马歇尔	7.15	0.2	—	$K=599$ $n=3.8177$ $R=0.9996$
		0.3	58820	
		0.4	20515	
		0.5	8148	
		0.6	4270	

由表4-29,GTM方法设计的沥青混合料抗弯拉强度σ_{max}大于马歇尔方法,这是由于GTM方法设计的沥青混合料密度大,粉胶比大,胶浆劲度大,因此其抗弯拉强度高。疲劳方程中n值越小,说明疲劳寿命随着应力水平的增加衰减速度越缓慢,即沥青混合料的抗疲劳能力越强。由表4-29,马歇尔方法设计的沥青混合料n值为GTM方法的1.19倍,由此可见,马歇尔方法设计的沥青混合料随应力水平的增加疲劳寿命衰减速率较快。

首先,疲劳试验表明,GTM方法设计的沥青混合料抗疲劳能力优于马歇尔方法设计的沥青混合料。其次,沥青老化引起的沥青性能衰变却与环境因素、荷载作用及沥青混合料性质密切相关。就材料方面,理论上说,密度大、空隙率小的沥青混合料抵抗光、空气、水等对沥青造成的性能衰变是有利的,从这方面分析,GTM设计的沥青混合料抗老化能力更强。

因此,沥青混合料耐久性的好坏主要影响因素并不是沥青用量的大小,不能够仅根据沥青用量的大小判断沥青混合料的抗疲劳能力。而应该从粉胶比、级配、密度等综合分析,得到抗老化能力最佳的沥青混合料。同时 GTM 方法设计的沥青混合料铺筑的路面最长服务年限已接近 8 年,并未出现耐久性不足的迹象。

当我们不自觉地将 GTM 设计结果与马歇尔设计结果相比较时,便会产生疑问:GTM 设计的油石比小,耐久性是否会受到影响?试件密度大,现场是否能达到理想的压实水平?空隙率如此之小(本次设计 2.5%,11 个工程统计平均为 2.3%),路面将来是否会出现车辙及泛油问题?而产生这些疑问的根源是将马歇尔方法作为正确的标准来评价 GTM 方法设计结果。但实践表明马歇尔方法本身存在难以解决的问题,因此将马歇尔方法设计结果作为标准评价 GTM 方法设计结果是不公平的,如强行要求 GTM 方法设计结果满足马歇尔方法的评价标准,只能导致 GTM 方法失去特色。客观的理解是,在设计理念及评价标准科学、合理的基础上,新的设计方法设计的混合料体积参数是多少就是多少,没有必要用设计理念不同的设计方法的标准去要求另一种方法。与马歇尔方法设计结果相比,GTM 方法设计的沥青混合料虽然不满足体积参数的标准要求,但其高温抗车辙能力、低温抗裂能力、抗水破坏能力均优于马歇尔方法设计的沥青混合料,表明以体积参数作为评价标准来确定最佳沥青用量的设计理念确实值得再思考。

4.2 骨架密实沥青混合料配合比 GTM 设计方法

1)骨架密实沥青混合料配合比 GTM 设计方法

在系统总结研究成果的基础上,提出骨架密实沥青混合料配合比 GTM 设计方法如下。

(1)确定 GTM 旋转参数。根据研究成果,GTM 旋转基准角选用 C,最终状态为平衡状态。设计时可根据预测交通荷载的大小选择垂直压力,一般选取垂直压力为 0.7MPa。

(2)原材料选择。原材料质量必须符合《公路沥青路面施工技术规范》(JTG F40—2004)的要求。

(3)实测集料有效相对密度。

(4)初拟设计级配及工程级配范围。根据原材料筛分结果进行级配配合,以优化级配范围中值作为初拟级配目标。

对初拟设计级配及工程级配进行骨架分析,确定初拟设计级配及工程级配为骨架密实结构。

(5)设计级配及工程级配范围的确定。根据最大公称粒径不同按照研究成果确定粗细集料控制筛孔,将合成级配分为粗集料部分及细集料部分(细集料不包括 0.075mm 以下部分),试验确定粗集料松装密度及细集料插捣密度。计算粗细集料的选择密度,根据实测集料毛体积相对密度、有效相对密度按照填充理论计算粗细集料比例,并作为最终设计结果。由于粗细集料比例与初拟级配可能有所不同,有可能导致级配控制参数改变,因此重新微调原材料比例,使最终设计级配各参数满足要求。最后根据建议偏差范围,以设计级配为中值确定工程设计级配范围。

对工程设计级配进行骨架分析,确定工程设计级配为骨架密实结构。

(6)试验温度。按照《公路沥青路面施工技术规范》(JTG F40—2004)的要求确定试验温度。

(7)旋转试验及最大油石比的确定。根据经验初选 3 ~ 5 组油石比,间隔 0.3% ~0.4%,

进行旋转试验，成型 GTM 旋转试件，并在旋转过程中采集沥青混合料力学参数，根据 GSI 变化规律，以 GSI 突变点对应的油石比作为设计最大油石比，同时应确保 GSF 大于 1。

(8)计算体积参数。根据测定 GTM 旋转试件毛体积相对密度及实测集料有效相对密度计算理论最大相对密度并据此计算空隙率、饱和度、矿料间隙率等体积参数。

(9)配合比设计检验。按规定项目进行配合比设计检验。如路用性能达不到要求，应认真分析原因，重新进行设计。

设计内容见表 4-30，设计步骤框图见图 4-11。

沥青混合料配合比 GTM 设计内容 表 4-30

序号	项　目			试验内容
1	原材料检测	沥青	道路石油沥青	包括针入度(25℃)、延度(10℃、15℃)、软化点、闪点、60℃动力黏度、密度(15℃)、溶解度、含蜡量(蒸馏法)；TFOT 后质量变化、残留针入度(25℃)、残留延度(10℃)等指标(如委托方要求，可进行 SHRP 分级试验)
			SBS 改性沥青	包括针入度(25℃)、延度(5℃)、软化点、闪点、135℃运动黏度、密度(15℃)、溶解度、弹性恢复；储存稳定性、TFOT 后质量变化、残留针入度(25℃)、残留延度(5℃)等指标(如委托方要求，可进行 SHRP 分级试验)
2		粗、细集料及矿粉		包括粗、细集料及矿粉的筛分、集料密度；粗集料压碎值、洛杉矶磨耗损失、黏附性、坚固性、细长扁平颗粒含量、软石含量、水洗法小于 0.075mm 含量、磨光值(表面层)等。细集料坚固性、砂当量、棱角性(流动时间法)、亚甲蓝值等。矿粉外观、含水量、亲水系数、加热安定性、塑性指数等
3	级配配比设计	级配优化设计		根据筛分结果及研究院研究成果合成级配
4		最佳油石比优化设计		按不同油石比成型 GTM 试件，根据 GTM 试验结果，参考沥青混合料体积参数，确定最佳油石比范围
5	性能检验	车辙试验		在最佳油石比下成型车辙试件，进行 60℃车辙试验
6		水稳定性检验		在最佳油石比下成型试件，残留稳定度、冻融劈裂试验
7		低温试验		最佳油石比下的低温弯曲试验
8		渗水试验		最佳油石比下成型车辙试件，渗水试验
9	马歇尔击实	马歇尔击实试验		最佳油石比下不同击实次数的马歇尔击实试验，确定马歇尔试件及 GTM 试件密度关系
10	报告	报告		根据试验结果进行数据分析，形成目标配合比设计报告
11	设计步骤	配合比设计步骤为：原材料检测合格(如不符合规范规定，则需论证是否重新选择原材料)后，进行级配配比设计，确定最佳沥青用量，在最佳沥青用量下进行性能检验，性能检验合格(如性能检验不合格，则重新调整级配配比进行试验)后撰写配合比设计报告		
12	设计周期	一般需 15d		

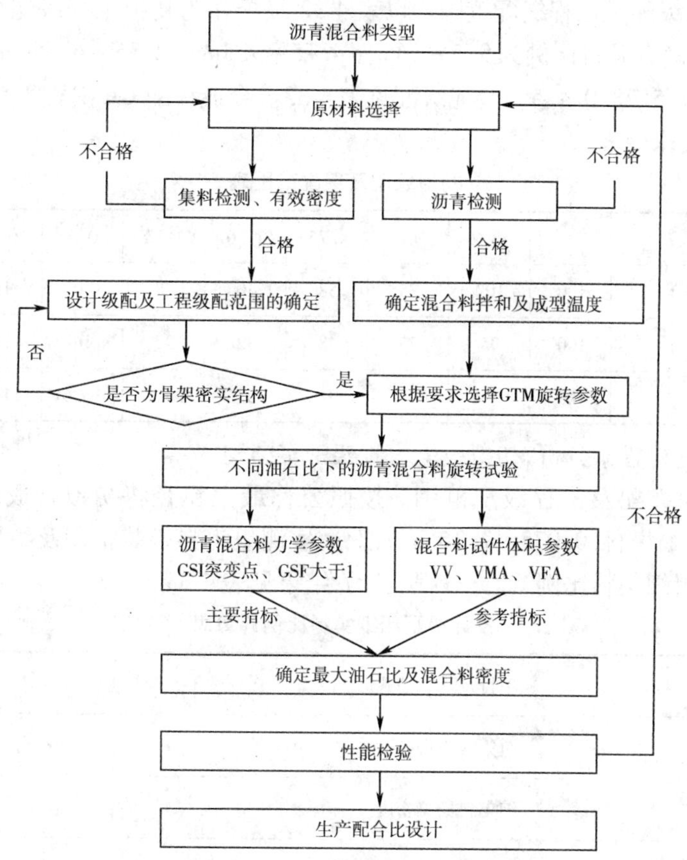

图4-11 GTM方法配合比设计步骤框图

2）设计实例

AC13型沥青混合料原材料为玄武岩、SBS改性沥青。

（1）确定GTM旋转参数。垂直压力0.7MPa、试验结束条件为极限平衡状态。

（2）原材料质量。符合《公路沥青路面施工技术规范》（JTG F40—2004）的要求。

（3）实测集料有效相对密度（表4-31）。

集料密度 表4-31

集料类型	表观相对密度	毛体积相对密度	实测有效相对密度
9.5~16mm	2.869	2.726	2.740
4.75~9.5mm	2.866	2.637	2.656
2.36~4.75mm	2.943	2.681	2.726
0~2.36mm	2.863	2.682	2.734
矿粉	2.847	—	2.802
沥青	—	—	1.037

(4)确定初拟级配及工程级配范围。以表4-32级配作为初拟工程级配范围,按照集料筛分结果进行配合,确定矿料比例为9.5~16mm:4.75~9.5mm:2.36~4.75mm:0~2.36mm:矿粉=31.0:19.0:17.5:28.0:4.5。合成级配见表4-33。合成级配CA、FA_c、FA_f值分别为0.37、0.47、0.49,满足要求。

初拟级配及级配范围表

表4-32

筛孔尺寸(mm)	16	13.2	9.5	4.75	2.36	1.18	0.6	0.3	0.15	0.075
初拟级配上限(%)	100	100	85	58	40	28	20	15	11	8
初拟级配下限(%)	100	95	75	48	32	22	16	11	7	5
初拟合成级配(%)	100	97.8	82.5	53.0	35.5	24.2	16.6	11.6	8.2	6.5

对初拟级配进行骨架分析,初拟级配为骨架密实结构。

(5)确定设计级配及工程级配范围。按照公称最大粒径将初拟合成级配分为粗集料(16~2.36mm)及细集料(0.075~2.36mm)部分,实测粗集料松装密度及细集料插捣密度,根据研究成果计算粗细集料比例,计算过程及计算结果见表4-33。

设计级配粗细集料比例计算表

表4-33

序号	项目及计算公式	单　位	中值级配
1	粗集料松堆密度	t/m^3	1.561
2	细集料插捣密度	t/m^3	1.610
3	粗集料选择密度系数	—	1.04
4	细集料选择密度系数	—	1.035
5	粗集料选择密度(1)×(3)	t/m^3	1.623
6	细集料选择密度(2)×(4)	t/m^3	1.666
7	合成粗集料毛体积密度	t/m^3	2.689
8	选择密度下的粗集料间隙率(1-(5)/(7))×100	%	39.6
9	1立方米单位体积粗集料质量	t	1.529
10	1立方米单位体积细集料质量(6)×(8)/100	t	0.660
11	1立方米单位体积粗细集料质量=(9)+(10)	t	2.189
12	1立方米单位体积矿粉质量	t	0.152
13	1立方米单位体积集料重总质量	t	2.341
14	2.36mm通过率	%	34.7

由表4-33计算结果,2.36mm通过率为34.7%,与初拟级配接近,因此不再调整,将初拟级配作为最终设计级配(表4-34)。

设计级配及工程级配范围表　表4-34

筛孔尺寸(mm)	16	13.2	9.5	4.75	2.36	1.18	0.6	0.3	0.15	0.075
工程级配上限(%)	100	100	87	58	39	27	20	14	10	8
工程级配下限(%)	100	95	77	48	31	21	14	9	6	5
设计合成级配(%)	100	97.8	82.5	53.0	35.5	24.2	16.6	11.6	8.2	6.5

对设计合成级配进行骨架分析,设计合成级配为骨架密实结构。

(6)试验温度。集料加热温度195℃,拌和温度180℃,试件成型温度165~170℃。

(7)旋转试验及最佳油石比的确定。按照GTM旋转参数及成型温度,选择4.8%、5.2%、5.6%、6.0%四组油石比进行试验,每组油石比成型试件6~8块。试验过程中采集GTM力学参数,根据力学参数GSI变化规律及GSF值的大小确定最大油石比。表干法确定GTM旋转试件毛体积相对密度,混合料理论最大密度根据集料有效相对密度计算得到,以此为基础计算试件体积参数VV、VMA、VFA等。试验统计结果见表4-35及图4-12。

AC13型改性沥青混合料GTM试验结果　表4-35

油石比(%)	表干法毛体积相对密度	GSI	GSF
4.8	2.431	1.01	1.39
5.2	2.457	1.02	1.41
5.6	2.461	1.09	1.40
6.0	2.458	1.12	1.40

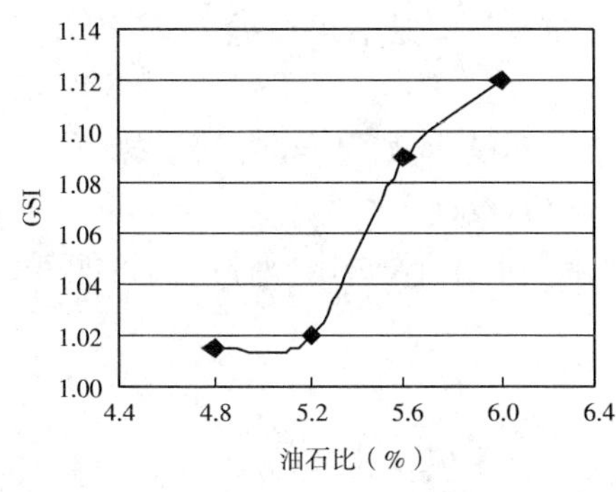

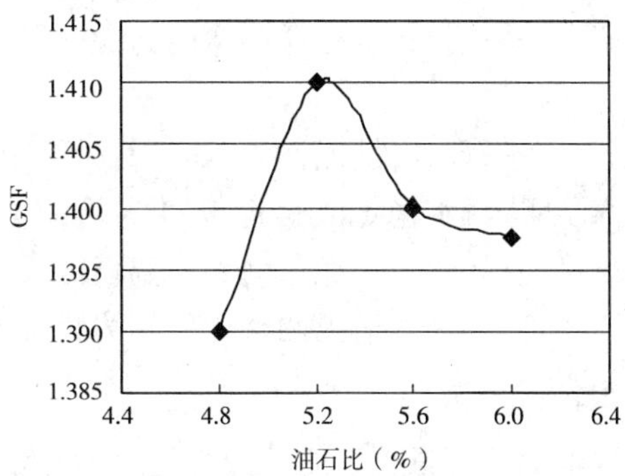

图4-12　GTM力学参数随油石比变化图

由图4-12,根据GTM设计原理,判定沥青混合料这种粒状塑性材料是否会出现塑性变形过大现象的指标GSI(稳定系数)随油石比的增加而增加,当油石比大于5.2%后,曲线呈急剧增加趋势,表明混合料中的沥青已过量,试件的塑性变形过大;从反映沥青混合料抗剪强度方面的参数GSF(安全系数)随油石比的变化情况来看,油石比等于5.2%时,GSF值最大,超过5.2%后,GSF随油石比的增加而减小。综合考虑GTM试验结果并参考体积参数的大小及其变化趋势,将最佳油石比确定为5.2%(表4-36)。

AC13 型改性沥青混合料 GTM 试件体积参数及马歇尔稳定度试验结果　　表 4-36

油石比（%）	理论最大相对密度	表干法毛体积相对密度	VV（%）	VMA（%）	VFA（%）	稳定度（kN）	流值（0.1mm）
4.8	2.534	2.431	4.0	14.8	72.6	18.58	35.9
5.2	2.520	2.457	2.5	14.2	82.5	18.93	39.0
5.6	2.506	2.461	1.8	14.4	87.5	19.44	39.8
6.0	2.493	2.458	1.4	14.8	90.6	20.70	42.5

（8）计算体积参数。GTM 之间体积参数见表 4-36。

（9）GTM 方法配合比设计结果及检验。级配为表 4-34 设计级配，最佳油石比 5.2%，最佳油石比下 GTM 旋转试件表干法毛体积相对密度为 2.457。

配合比检验略。

4.3　基于抗车辙及水破坏能力最佳的骨架密实沥青混合料级配设计

1）试验法

根据上节骨架密实沥青混合料级配 GTM 设计方法，提出基于抗车辙及水破坏能力最佳的骨架密实沥青混合料级配设计方法。

第一步：拟定 5 种级配，进行体积分析，确定是否为骨架密实结构，如不是，重新调整级配，直至 5 种级配均为级配良好的骨架密实结构。

第二步：用 GTM 成型试件，确定最佳油石比和密度标准。

第三步：进行马歇尔验证，如体积指标不符合要求重新设计，如符合进行下一步。

第四步：对混合料进行低温弯曲试验、低温疲劳试验和开裂温度试验，如不符合要求重新设计，如符合进行下一步。

第五步：进行高温性能检验，如不符合规范要求重新设计，如符合进行下一步。

第六步：进行水稳定性检验，如不符合规范要求重新设计。

在满足高温性能、水稳定性和低温性能设计要求的前提下，选出一种高温性能、水稳定性最佳的级配，对本级配适当调整优化作为目标配合比。

2）线性回归法

根据本书第三章拟定的 7 种级配（级配见图 3-1）的体积参数、高温性能、低温性能、抗水破坏能力等结果，用 SPSS 对 AC13 的参数 CA、FA_C 及 FA_f 与动稳定度的关系进行了回归分析，回归公式如下：

$$DS_{13} = -41223 + 11656CA - 11477CA^2 + 87679FA_c - 90120FA_c^2 + 69960FA_f - 67103FA_f^2 \tag{4-4}$$

由回归公式，对于 GTM 方法设计的沥青混合料，最大公称粒径 13.2mm 的混合料三参数与动稳定度 DS 之间均呈抛物线变化。即三参数均有最佳值使混合料动稳定度最大。对上式求偏导数得到的 DS 最大值各参数的值，见表 4-37。

基于抗车辙及抗水破坏能力的级配贝雷参数　　表4-37

项　目	2.36mm 通过率(%)	CA	FA_C	FA_F
抗车辙能力最佳级配	36.5	0.51	0.49	0.52
抗水破坏能力最佳级配	38.3	0.46	0.47	0.54
推荐级配特征范围	32.0～40.0	0.40～0.55	0.40～0.55	0.40～0.55

基于沥青混合料抗水破坏及抗车辙能力考虑,推荐的 AC13 级配范围见表 4-38,此范围内,混合料抗车辙及抗水破坏能力最佳,渗水系数为 0,构造深度为 0.6～0.8mm,满足规范要求。

基于抗车辙及抗水破坏能力优化的 AC13 级配范围　　表4-38

筛孔尺寸(mm)	16	13.2	9.5	4.75	2.36
通过率(%)	100	95～100	77～87	52～62	32～40
筛孔尺寸(mm)	1.18	0.6	0.3	0.15	0.075
通过率(%)	22～28	16～20	11～15	8～11	5～8

对表 4-38 的级配进行骨架分析,该级配为骨架密实结构。

4.4　基于低温性能最佳的骨架密实沥青混合料级配设计

详见本书上篇第 6 章。

4.5　基于路用性能最佳的骨架密实沥青混合料级配设计

根据本章第 2 节骨架密实沥青混合料级配 GTM 设计方法,提出基于路用性能最佳的骨架密实沥青混合料级配设计。

第一步:拟定 5 种级配,进行体积分析,确定是否为骨架密实结构,如不是,重新调整级配,直至 5 种级配均为级配良好的骨架密实结构。

第二步:用 GTM 成型试件,确定最佳油石比和密度标准。

第三步:进行马歇尔验证,如体积指标不符合要求重新设计,如符合进行下一步。

第四步:进行高温性能检验,如不符合规范要求重新设计,如符合进行下一步。

第五步:进行水稳定性检验,如不符合规范要求重新设计,如符合标准进行下一步。

第六步:对混合料进行低温弯曲试验、低温疲劳试验和开裂温度试验,如不符合规范要求重新设计。

在高温性能、水稳定性、低温性能均满足设计要求的前提下,选出一种三种性能均衡的级配,对本级配适当调整优化作为目标配合比。

根据本书第三章拟定的 7 种沥青混合料(级配见图 3-1)体积参数、高温试验结果、抗水破坏能力试验结果、低温应变、低温冻断温度、疲劳试验结果得出结论,AC13 型沥青混合料要获得好的综合路用性能,必须考虑级配对路用性能的影响。由以上试验结果可知,决不是粗集料越多,沥青混合料高温性能越好,就是最好的级配。沥青混合料高、低温及抗疲劳能力可在本研究结果下,提出综合考虑高温、低温、疲劳及抗水破坏能力的级配范围,如表4-39。

以路用性能为判据的优化级配范围 表4-39

筛孔尺寸(mm)	16	13.2	9.5	4.75	2.36	1.18	0.6	0.3	0.15	0.075
下限(%)	100	95	75	48	32	22	16	11	7	5
上限(%)	100	100	81	64	45	32	23	16	10	6

对表4-39以路用性能为判据的优化级配骨架性质进行分析,结果见表4-40。

级配范围骨架结构分析 表4-40

集料类型	项目	下限	上限
粗集料	松装密度(g/cm^3)	1.48	1.474
	松装空隙率(%)	45.3	45.6
	插捣密度(g/cm^3)	1.643	1.631
	VCA_{DRC}(%)	39.3	39.8
混合料	VCA_{mix}(%)	37.8	38.3

由表4-40可知,上限级配VCA_{mix}和下限级配VCA_{mix}均小于插捣VCA_{DRC},证明表4-39以路用性能为判据的优化级配为骨架密实结构。

第5章 骨架密实沥青混合料抗裂机理分析

第4章的低温试验表明,采用GTM设计的沥青混合料其低温性能同样优越。河北省交通科学研究所GTM课题组用GTM试件进行了低温弯曲试验,试验结果见表5-1。

GTM和马歇尔试件低温性能试验结果比较 表5-1

设计方法	级配类型	最佳沙石比(%)	抗弯拉强度(MPa)	弯拉应变(με)	变曲破坏劲度模量(MPa)
马歇尔	AC16I	4.9	8.6	3800	2244
GTM	AC16I	4.4	9.6	4600	2088

表5-1表明,采用GTM设计的沥青混合料,其低温性能较马歇尔方法有所提高。

下面用断裂力学和损伤力学,分析用GTM设计的骨架密实沥青混合料低温性能提高的机理。

5.1 骨架密实沥青路面疲劳寿命研究

1)疲劳寿命分析

根据J. lemaitre和Chaboche提出的沥青混凝土路面的损伤演化方程,得到在循环荷载作用下的疲劳开裂演化方程为:

$$\frac{\mathrm{d}D}{\mathrm{d}N}=a\,\overline{\sigma}^{p}(1-D)^{-\frac{p}{2}} \tag{5-1}$$

式中:D——材料的损伤度;

N——循环荷载作用次数;

a——初始裂纹长度;

p——材料参数;

$\overline{\sigma}$——应力强度。

方程显示:疲劳寿命N与裂纹的长度成反比,材料的损伤度与裂纹的长度成正比。

骨架密实结构混合料采用GTM成型后,由于密度提高,裂纹的初始长度小于悬浮结构混合料;第二,骨架密实结构混合料采用GTM设计后,由于密度提高,空隙率减小,与悬浮结构混合料相比骨架密实结构混合料内部的初始裂缝数量减小所以其疲劳寿命长,表现为抗裂性好。

2)裂纹数量与疲劳寿命

标准双向四车道高速公路半刚性基层沥青路面一个断面,假设面层厚度18cm,单幅宽度12.5m,初始裂纹宽度按0.1mm,长度按1mm计算,疲劳寿命、损伤度与裂纹数量的关系见表5-2。

不同裂纹数量的损伤度 表 5-2

裂纹数量(个)	1	10000	100000	1000000
D(%)	4.4444×10^{-6}	0.04444	0.4444	4.4444
疲劳寿命(次)	1168934	991715	756351	243681

由表 5-2 可以看出，随着裂纹数量的增加，损伤度增加，疲劳寿命减少，当初始裂纹的数量达到一万个时，寿命已减少 10.7%。据折算，标准双向四车道高速公路半刚性基层路面一个断面内，当压实度达到 98% 时，大约存在 45 万个宽 0.1mm、长 1mm 的初始裂纹。如果初始裂纹减少 10%，寿命能增加 36.2%。

采用 GTM 设计的骨架密实结构沥青混合料，由于密度提高，空隙率减小，与悬浮结构混合料相比骨架密实结构沥青混合料内部的初始裂缝数量将大幅度减少。

3）压实度与疲劳寿命

压实度与损伤度、裂纹数量、疲劳寿命的关系见表 5-3。

不同压实度的损伤度、裂纹数量、疲劳寿命 表 5-3

压实度(%)	99	98	97	96	90
损伤度(%)	1	2	3	4	10
裂纹数量(万个)	22.5	45	67.5	90	225
疲劳寿命(次)	648755	462975	390192	263173	119357

从表 5-3 可以看出，随着压实度的降低，损伤度和裂纹数量呈线性增加，疲劳寿命快速衰减。

骨架密实结构沥青混合料采用 GTM 成型后，压实度较悬浮结构混合料提高 1% ~2%，初始裂纹数量减少 22.5 ~45 万个，疲劳寿命增加 20 ~30 万次。据计算，压实每提高一个百分点，疲劳寿命可以提高约 33.7%。

4）裂纹长度与疲劳寿命

假设损伤度为 2%（相当于压实度达到 98% 的初始损伤），裂纹长度与疲劳寿命的关系见表 5-4。

裂纹长度与疲劳寿命 表 5-4

裂纹长度(mm)	1	2	3	4	5
疲劳寿命(次)	462975	181541	87953	33658	11497

从表 5-4 可以看出，随着裂纹长度的增加，裂纹的疲劳寿命呈几何级下降。骨架密实结构沥青混合料采用 GTM 成型后由于压实度提高，密度增加，骨料结合相对紧密，初始裂纹的长度较悬浮结构混合料相对减小，提高了疲劳寿命。

浙江大学的王金昌通过有限元计算证明了含裂缝路面，其疲劳寿命与裂缝的初始长度成反比，初始裂缝 9cm 的路面（总厚度 15cm）的疲劳寿命在 -10℃ 下仅为初始裂缝 4cm 的疲劳寿命的二十分之一。

所以骨架密实结构沥青混合料采用GTM成型后,疲劳寿命大幅度提高,大大增强了面层的抗裂能力。

5.2 骨架密实沥青路面裂纹扩展速率

1)裂纹扩展速率

根据Paris公式,裂纹扩展速率的表达式为:

$$\frac{\mathrm{d}a}{\mathrm{d}N}=C(\Delta K)^{n} \tag{5-2}$$

积分后为:

$$\int_{a_0}^{a}\frac{\mathrm{d}a}{C(\Delta K)^{n}}=\int_{N_0}^{N}\mathrm{d}N=N_{\mathrm{i}}-N_0 \tag{5-3}$$

式中:a——裂纹长度;

N——载荷循环次数(寿命);

a_0——初始裂纹长度;

N_0——a_0 对应的寿命;

a_{i}——裂纹扩展长度;

N_{i}——a_{i} 对应的寿命。

2)压实度与裂纹扩展速率

取 $C=0.5\times10^{-10}$,$n=3.2$,假设应力强度因子增加了0.1MPa. $\mathrm{m}^{-3/2}$,裂纹从1mm增加到2mm,悬浮结构混合料压实度为97%,骨架密实结构沥青混合料采用GTM成型后压实度提高到马歇尔压实度的99%。此时悬浮结构马歇尔成型条件下的疲劳寿命增量为273261,骨架密实结构GTM成型条件下的疲劳寿命增量为382199。求得悬浮结构马歇尔成型条件下的裂纹扩展速率为 3.6595×10^{-6}mm/次,骨架密实结构GTM成型条件下的裂纹扩展速率为 2.6164×10^{-6}mm/次。

显然,悬浮结构马歇尔成型条件下的裂纹扩展速率大于骨架密实结构GTM成型条件下的裂纹扩展速率,前者为后者的1.4倍。

5.3 骨架密实结构沥青路面与悬浮结构沥青路面收缩对比

沥青路面的开裂与混合料的收缩系数成正比,骨架密实结构沥青混合料采用GTM成型后,沥青含量较悬浮结构马歇尔成型条件下减小0.5%~1%。

1)试验研究

沈金安在《国外沥青路面设计方法总汇》中介绍了日本的菅原照雄及Ruth做的沥青混合料的体积收缩试验,在沥青含量7.5%时,−10℃时取沥青混合料的收缩系数为 3.3×10^{-5}。沥青密度1.03g/cm³,集料密度2.65g/cm³,沥青体积收缩系数为 4.5×10^{-4},集料体积收缩系数为 2.7×10^{-5},由此可计算出沥青含量6.0%时混合料的收缩系数为 3.01×10^{-5}。

也就是说,采用GTM成型的骨架密实结构沥青混合料,沥青用量减少0.5%~1%,混合

料的收缩系数减小 $0.15\times10^{-5}\sim0.29\times10^{-5}$。

2）试验结论

标准双向四车道高速公路半刚性基层沥青路面一个断面，假设面层厚度 18cm，单幅宽度 12.5m，采用 GTM 成型的骨架密实结构沥青混合料每公里的收缩量将由悬浮结构马歇尔成型条件下的 33mm 减少为 30.1mm，减小幅度为 8.8%。

5.4 骨架密实结构沥青混合料的断裂韧度与裂纹扩展阻力

1）裂纹扩展阻力

骨架密实结构的混合料粗骨料含量高相互形成嵌挤，抵抗应力和形变高，在平面应力情况下，$k_{\mathrm{IC}}=\sigma_{\mathrm{C}}\sqrt{\pi a}$（式中，$k_{\mathrm{IC}}$为断裂韧度；$a$ 为裂纹长度；σ_{C} 为极限应力），断裂韧度与临界应力成正比，所以骨架密实结构的断裂韧度高，裂纹扩展时扩展阻力大，表现为裂纹扩展缓慢，抗裂性好。这一点从裂纹扩展阻力可以明显看出。

裂纹扩展阻力公式：

$$R=\mu\frac{K_{\mathrm{IC}}^2}{E} \tag{5-4}$$

式中：R——裂纹扩展阻抗；

K_{IC}——断裂韧度；

E——弹性模量；

μ——材料的泊松比。

从式(5-4)可以看出，断裂韧度增大，裂纹扩展阻力增大，即 R 与 K_{IC}成正比。骨架密实结构沥青混合料采用 GTM 设计后 K_{IC}较悬浮结构马歇尔成型条件下增大，所以裂纹扩展的阻力增加，裂缝扩展就缓慢，抗裂性能提高。

2）试验研究

为了验证上面的理论分析，按照图 3-1 提供的 7 种级配进行直三点弯曲梁断裂韧度试验，试验仪器同前，试验方法同第三章。按照 GTM 设计的标准，1 ~ 7 号混合料的油石比分别为：4.7%、4.7%、4.5%、4.6%、4.7%、4.8%、4.7%，用车辙板成型 400mm×400mm×50mm 的试件，然后切割成规格为 40mm×40mm×160mm 小梁，高跨比为 3，预裂纹切口宽度 8mm，裂缝长度 20mm，加荷速度：50mm/min，试验温度 5℃，试验结果见表 5-5。

表 5-5

不同级配的断裂韧度

级配编号	1	2	3	4	5	6	7
K_{IC}（$\mathrm{MPa.m^{1/2}}$）	0.02029	0.02183	0.03127	0.03146	0.01781	0.01655	0.03025

图 3-1 提供的 7 种级配，1 号和 2 号级配是悬浮结构，3 号、4 号和 7 号级配是骨架密实结构，5 号和 6 号级配是骨架空隙结构。断裂韧度的试验结果与前面的理论分析是相符的，与高低温性能的试验结论基本吻合，骨架密实结构的 3 号、4 号和 7 号级配最高，悬浮结构次之，骨架空隙结构最低。

不同级配的裂纹扩展阻力见表5-6。

不同级配的裂纹扩展阻力 表5-6

级配编号	1	2	3	4	5	6	7
裂纹扩展阻力(N)	0.8234	0.9531	1.9556	1.9795	0.6344	0.5478	1.8301

从不同级配的裂纹扩展阻力数值得出与断裂韧度同样的结论,骨架密实结构的3号、4号和7号级配最高,悬浮结构次之,骨架空隙结构最低。

上面的结论充分说明了采用GTM设计的骨架密实结构沥青混合料具有优良的抗裂性能。

第6章 基于抗裂需要的骨架密实沥青混合料设计方法

我国的大部分地区冬天、夏天的温差都很大，所以需要高、低温性能均满足要求的混合料。由于沥青混合料的高、低温性能是一对矛盾，要获得高、低温性能俱佳的混合料是很困难的，GTM设计方法及骨架密实结构的出现有望使之成为现实，下面介绍其设计方法。

第一步：拟定5种级配，进行体积分析，确定是否为骨架密实结构，如不是，重新调整级配，直至5种级配均为级配良好的骨架密实结构。

第二步：用GTM成型试件，确定最佳油石比和密度标准。

第三步：进行马歇尔验证，如体积指标不符合要求重新设计，如符合进行下一步。

第四步：进行高温性能检验，如不符合规范要求重新设计，如符合进行下一步。

第五步：进行水稳定性检验，如不符合规范要求重新设计，如符合标准进行下一步。

第六步：对混合料进行低温弯曲试验、低温疲劳试验和开裂温度试验，在满足设计要求的前提下，选出一种低温性能最佳的级配，对该级配适当调整优化作为目标配合比。

设计流程图如图6-1所示。

对于本书上篇第3章拟定的7种级配（级配见图3-1），根据体积参数、高温性能、水破坏能力结果，综合考虑沥青混合料极限弯拉应变、低温应变能及低温冻断温度试验结果，并结合施工难易程度分析，如基于沥青混合料抗低温性能最佳考虑，则面层沥青混合料级配范围选取以级配3到级配4为最佳，见表6-1。

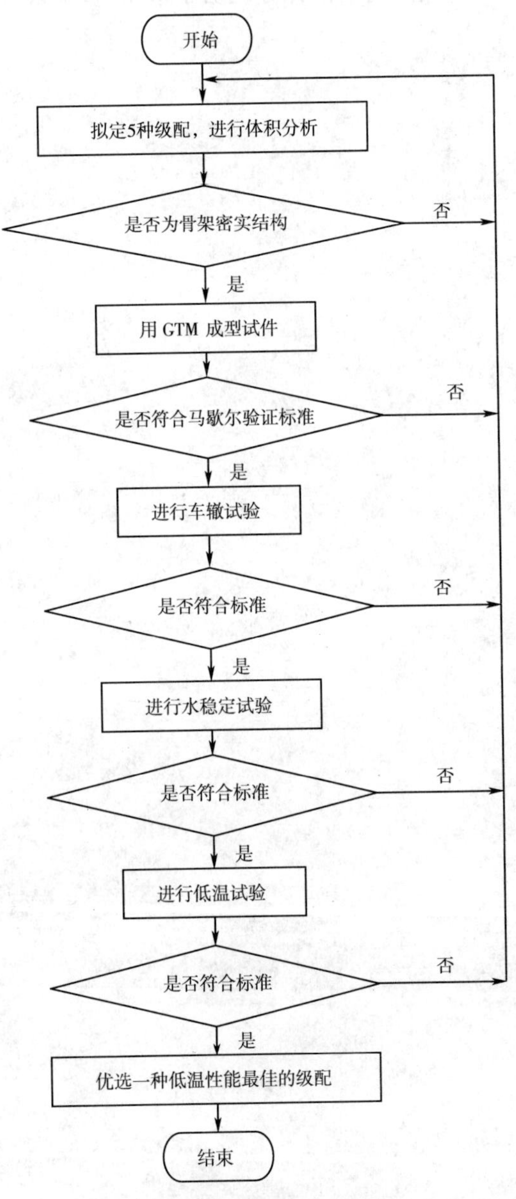

图6-1 基于抗裂要求的骨架密实沥青混合料GTM设计流程图

以低温抗裂能力为判据的级配范围

表 6-1

筛孔尺寸(mm)	16	13.2	9.5	4.75	2.36	1.18	0.6	0.3	0.15	0.075
下限(%)	100	95	73	52	35	24	17	12	9	5
上限(%)	100	95	81	64	45	32	23	16	10	6

对表 6-1 的级配进行骨架分析,级配为骨架密实结构。

第7章　骨架密实沥青混凝土路面的应用

由于采用GTM方法设计的骨架密实沥青混凝土路面具有优良的高、低温性能和抗疲劳能力，在国内外得到广泛应用。从2002年至今，国内大约有三千公里的高速公路采用了GTM方法设计的骨架密实沥青混凝土路面，分别是：

(1)2002年应用于天津津晋高速公路，全长30km。

(2)2003年应用于天津丹拉高速公路，全长60km。

(3)2003年应用于丹拉高速公路河北段，全长100km。

(4)2004年应用于青银高速公路河北段，全长180km。

(5)2004年应用于河南新郑高速公路，全长80km。

(6)2004年应用于河南鹤濮高速公路，全长60km。

(7)2005年应用于内蒙二连浩特至河口高速公路，全长250km。

(8)2005年应用于天津威乌高速公路，全长30km。

(9)2005年应用于京沪高速公路天津段，全长40km。

(10)2005年应用于京津高速公路，全长60km。

(11)2005年应用于天津滨海国际机场跑道设计。

(12)2006年应用于河南濮安高速公路，全长60km。

(13)2006年应用于河南信南高速公路，全长180km。

(14)沪蓉西高速公路。

(15)河南岭南高速公路。

(16)河南新蔡至驻马店高速公路。

(17)河南泌阳至桐柏高速公路。

(18)大庆至广州高速公路周口段。

……

上述高速公路已通车3~7年，均没有发生车辙病害，也没有发生高速公路早期破坏现象，说明骨架密实结构路面具有优良的路用性能。

7.1　河南新乡至郑州高速公路

新乡至郑州高速公路是河南省第一家采用GTM方法设计的骨架密实沥青混凝土路面，在新的施工技术规范尚未颁布实施之前已经完成。当时我国高速公路的早期破坏现象已经比较严重，主要以车辙病害为主。工程建设各方已经充分认识到，如果仍旧采用当时的技术标准修建沥青路面，必将重蹈覆辙。经充分论证决定采用骨架密实结构沥青混凝土路面，从而达到控制车辙的目的。

新乡至郑州高速公路2004年10月通车试运营，至今已使用5年。新乡至郑州高速公路位于京珠高速公路河南段交通量最繁重的路段，日均车流量4万多辆，且超载车占了很高的比例。通车5年来未发生车辙病害，仅有个别段落因疲劳出现了网裂，基本上没有其他病害。GTM方法设计的骨架密实沥青混凝土路面得到了实践检验。

1）工程概况

新乡至郑州高速公路为北京至珠海国道主干线主线新乡至郑州段（含黄河特大桥），全长81.839741km。沥青路面分为3个标段，由4家单位施工。沥青混合料采用GTM方法进行配合比设计。

沥青路面结构设计见表7-1。

沥青路面结构设计 表7-1

项目	主线		互通式立交及服务区匝道		黄河大桥桥面铺装
	八车道	六车道	圃田及刘江匝道	其他匝道	
设计路表弯沉值(1/100mm)	17.4	18.1	22.4	23.6	—
AC13改性沥青混合料	—	—	—	—	4cm
AK16改性沥青混合料	5cm	5cm	5cm	5cm	—
AC16改性沥青混合料	—	—	—	—	6cm
AC20改性沥青混合料	6cm	6cm	6cm	6cm	—
AC25沥青混合料	7cm	7cm	—	—	—
6:100水泥稳定碎石	38cm	36cm	18cm	18cm	—
8:3:89石灰水泥稳定土	18cm	18cm	35cm	32cm	—
路面总厚度	74.6cm	72.6cm	64.6cm	61cm	10cm

2）下面层（AC25）

（1）级配

下面层沥青混合料矿料用量比例见表7-2，设计级配见表7-3和图7-1。

AC25型沥青混合料矿料用量比例 表7-2

各规格(mm)矿料比例(%)						
15~25	10~20	3~10	石屑	矿粉	油石比(%)	最佳油石比(%)
22	36	9	28	5	3.9~4.4	4.2

设计级配及建议级配控制范围 表7-3

编号	下列筛孔(mm)通过百分率(%)												
	31.5	26.5	19	16	13.2	9.5	4.75	2.36	1.18	0.6	0.3	0.15	0.075
25-NO.1	100.0	100.0	86.3	74.6	64.4	50.2	37.3	28.3	16.9	10.9	7.5	6.4	5.3
建议级配控制上限	100	100	90	80	70	55	40	30	20	14	10	8	6
建议级配控制下限	100	95	80	70	60	45	30	22	14	10	7	5	4

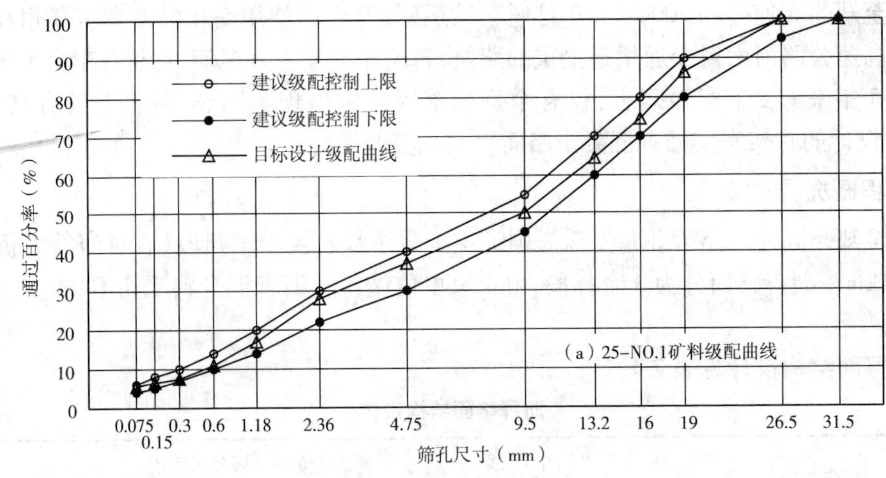

图 7-1　AC25 级配曲线

（2）级配及油石比检验

A 单位生产的 AC25 沥青混合料的级配及油石比检验结果见表 7-4。结果表明，不同时期检验的混合料矿料级配均满足推荐的级配控制范围要求，与生产设计级配相比，4.75mm 以上筛孔均可控制在 ±6% 以内，4.75mm 以下筛孔亦可控制在 ±5% 以内，0.075mm 筛孔则可控制在 ±1% 以内。对于油石比，与生产配合比设计最佳油石比相比较，均可控制在 ±0.2% 以内，可见生产混合料的级配和油石比控制较为稳定。

A 单位 1 号机 AC25 沥青混合料级配、油石比检验结果　　表 7-4

内　容	下列筛孔（mm）通过百分率（%）												油石比（%）
	26.5	19.0	16.0	13.2	9.5	4.75	2.36	1.18	0.6	0.3	0.15	0.075	
数据个数	30												
检测级配及油石比最大值	100.0	90.0	79.7	69.8	56.9	39.6	28.2	19.8	13.8	10.0	8.4	5.7	4.18
检测级配及油石比最小值	98.0	82.3	72.3	63.2	46.3	31.1	22.6	15.2	10.9	7.8	6.0	4.3	3.94
平均值	99.6	86.2	76.0	66.9	52.5	35.3	25.2	17.8	12.6	9.2	7.2	5.1	4.05
标准差（%）	0.67	2.41	2.24	1.75	2.15	2.41	1.71	1.15	0.84	0.66	0.57	0.38	0.06
变异系数（%）	0.67	2.80	2.95	2.62	4.09	6.82	6.81	6.46	6.61	7.14	7.95	7.49	1.51
生产设计级配及油石比	99.6	87.6	74.2	65.5	52.0	33.8	23.7	18.6	13.2	8.7	6.8	4.8	4.00
最大值 - 生产设计值	0.4	2.4	5.5	4.3	4.9	5.8	4.5	1.2	0.6	1.3	1.6	0.9	0.18
最小值 - 生产设计值	−1.6	−5.3	−1.9	−2.3	−5.7	−2.7	−1.1	−3.4	−2.3	−0.9	−0.8	−0.5	−0.06
建议级配控制上限	100	90	80	70	58	40	30	21	16	12	9	6	
建议级配控制下限	90	80	70	60	45	30	21	14	10	7	5	4	

(3)压实度和空隙率

计算压实度的基础值为:试验室当天马歇尔试件的平均密度作为标准密度。计算路面空隙率的基础值为:

①以生产配合比设计时由试验得到各热料仓的矿料密度、沥青密度和各种材料比例计算得到最大理论密度。

②路面芯样密度。AC25 底面层压实度检测结果见表 7-5。结果表明,各单位施工的底面层压实度均满足旧规范技术要求。与新规范技术标准相比,A 单位的左幅路有 16 个压实度值小于 97%,占左幅路的 11.5%;B 单位的双幅路有 6 个压实度值小于 97%,占全部测值的 1.9%。各单位施工路段的压实度代表值满足旧规范技术要求,除 A 单位左幅为 97.8% 外,其余路段均达到 98.0% 以上。这一结果充分证明,虽然用 GTM 优化设计的混合料的试件密度较大,但是,用现有的施工设备完全能够达到 98% 的压实度。

AC25 底面层压实度统计分析结果

表 7-5

单位	左、右幅	数据个数	压实度(%)			标准差(%)	变异系数(%)	压实度代表值(%)
			最大值	最小值	平均值			
A 单位	左幅	139	99.8	96.2	97.9	0.83	0.85	97.8
	右幅	142	100.0	97.1	98.3	0.74	0.76	98.2
B 单位	左幅	157	99.9	96.5	98.8	0.92	0.93	98.7
	右幅	159	100.0	96.9	99.1	0.77	0.78	99.0
C 单位	左幅	126	99.8	97.3	98.8	0.61	0.62	98.7
	右幅	187	99.9	97.2	98.8	0.63	0.63	98.7
D 单位	左幅	215	99.9	97.2	98.6	0.59	0.60	98.5
	右幅	211	99.8	97.1	98.3	0.58	0.59	98.2
原规范技术要求		—	≥96	96≥	≥96	—	—	≥95
2004 年规范技术要求		—	≥97	97≥	≥97	—	—	≥96

AC25 沥青混合料底面层的空隙率见表 7-6。结果表明,各单位施工的 AC25 底面层空隙率有大于 6.0% 的点(A 单位左幅大于 6.0% 的点有 37 处,占左幅的 26.6%,右幅大于 6.0% 的点有 8 处,占右幅的 5.6%;B 单位左幅大于 6.0% 的点仅有 2 处,占左幅的 1.3%,右幅大于 6.0% 的点没有;C 单位左幅大于 6.0% 的点没有,右幅大于 6.0% 的点有 3 处,占右幅的 1.6%,D 单位左幅大于 6.0% 的点没有,右幅大于 6.0% 的点有 28 处,占右幅的 13.3%),但其代表值均能小于 6.0%,有一半的路段小于 5.0%。较小的路面空隙率可以保证路面不发生水损坏,同时将再压密导致的塑性变形减小到了最低限度。

AC25 底面层空隙率统计分析结果　　表 7-6

单　位	左、右幅	数据个数	空隙率(%)			标准差(%)	变异系数(%)	空隙率代表值(%)
			最大值	最小值	平均值			
A 单位	左幅	139	7.1	3.6	5.5	0.84	15.36	5.6
	右幅	142	6.2	3.5	5.1	0.74	14.49	5.2
B 单位	左幅	157	6.2	2.6	4.1	0.89	21.9	4.2
	右幅	159	5.8	2.6	3.7	0.79	21.34	3.8
C 单位	左幅	126	6.0	3.5	4.5	0.59	12.91	4.6
	右幅	187	6.2	3.4	4.6	0.61	13.29	4.5
D 单位	左幅	215	6.0	3.5	5.1	0.66	12.95	5.2
	右幅	211	6.3	3.9	5.4	0.54	10.04	5.5

3)中面层(AC20)

(1)级配见表 7-7。

矿料级配设计结果　　表 7-7

编　号	下列筛孔(mm)通过百分率(%)											
	26.5	19	16	13.2	9.5	4.75	2.36	1.18	0.6	0.3	0.15	0.075
20 – No.1	100	95.0	88.3	79.0	65.8	46.4	32.1	18.6	11.8	7.9	6.6	5.5
建议级配控制上限	100	100	92	84	70	50	34	22	15	11	8	6
建议级配控制下限	100	95	82	74	60	40	26	16	10	7	5	4
20 – No.2	100	96.3	85.6	74.6	64.4	35.6	28.2	19.1	14.8	10.1	8.1	5.5
建议级配控制上限	100	100	92	80	66	44	30	21	16	12	9	6
建议级配控制下限	100	95	82	70	56	34	20	15	11	8	6	4
20 – No.3	100	93.4	82.4	70.9	61.0	35.1	26.9	19.2	15.2	11.2	7.8	4.7
建议级配控制上限	100	100	90	80	65	44	30	21	16	12	9	6
建议级配控制下限	100	95	80	70	55	34	22	15	11	8	6	4
20 – No.4	100	99.8	91.8	77.2	64.4	49.2	25.7	16.6	11.8	9.0	6.7	5.8
建议级配控制上限	100	100	95	85	70	50	33	22	15	11	8	6
建议级配控制下限	100	95	85	75	60	40	25	15	10	7	5	4

(2)级配及油石比检验

AC20 改性沥青混合料级配及油石比检验结果见表 7-8。级配满足推荐的级配控制范围要求。与生产设计级配相比,4.75mm 以上筛孔均可控制在 ±6% 以内,2.36mm 以下筛孔亦可控制在±4%以内,0.075mm筛孔则可控制在±1%以内。油石比可控制在±0.2%以内。1号机油石比变化在设计中值与下限之间。

A单位1号机AC20混合料级配检测结果 表7-8

内容	下列筛孔(mm)通过百分率(%)												油石比(%)
	26.5	19.0	16.0	13.2	9.5	4.75	2.36	1.18	0.6	0.3	0.15	0.075	
数据个数	21												
检测级配及油石比最大值	100.0	97.3	91.3	83.7	69.7	48.8	34.0	21.7	14.8	10.8	7.9	5.6	4.42
检测级配及油石比最小值	100.0	94.90	82.40	76.30	62.50	40.70	26.40	18.10	12.20	8.60	6.80	4.50	4.27
平均值	100.0	95.7	86.4	80.1	66.6	44.9	30.9	20.3	13.9	10.2	7.5	5.3	4.35
标准差(%)	0.00	0.71	2.59	2.47	1.89	2.09	2.03	1.13	0.75	0.59	0.27	0.31	0.05
变异系数(%)	0.00	0.74	3.00	3.09	2.84	4.65	6.56	5.55	5.39	5.80	3.64	5.83	1.10
生产设计级配及油石比	100.0	95.2	86.1	78.4	69.5	45.3	30.5	20.6	13.6	9.9	7.3	5.4	4.40
最大值—生产设计值	0.0	2.1	5.2	5.3	0.2	3.5	3.5	1.1	1.2	0.9	0.6	0.2	0.02
最小值—生产设计值	0.0	-0.3	-3.7	-2.1	-7.0	-4.6	-4.1	-2.5	-1.4	-1.3	-0.5	-0.9	-0.13
建议级配控制上限	100	100	92	84	70	50	34	23	16	12	9	6	
建议级配控制下限	100	90	80	70	55	34	22	15	10	7	5	4	

(3)压实度和空隙率

各单位施工的AC20中面层的压实度统计分析结果见表7-9。结果表明,AC20中面层压实度均满足旧规范技术要求。与新规范技术要求相比,A单位和C单位双幅单点压实度均大于或等于97.0%;B单位左幅压实度均大于或等于97.0%,但右幅有2处压实度小于97.0%,占本路段的1.3%;D单位右幅有16处压实度小于97.0%,占本路段的4.9%,左幅压实度均大于或等于97.0%。各单位施工路段的压实度代表值不仅满足旧规范技术要求,除A单位右幅和D单位左幅分别为97.8%外,其他路段均达到98.0%以上。这一结果证明,用GTM优化设计的改性沥青混合料同样具有良好的可压实性。

各单位AC20中面层压实度统计分析结果 表7-9

单位	左、右幅	数据个数	压实度(%)			标准差(%)	变异系数(%)	压实度代表值(%)
			最大值	最小值	平均值			
A单位	左幅	166	99.7	97.1	98.2	0.58	0.59	98.2
	右幅	169	99.8	97.0	97.9	0.52	0.53	97.8
B单位	左幅	158	100.1	97.0	98.6	0.83	0.84	98.5
	右幅	158	100.6	96.8	98.6	0.87	0.88	98.4

续上表

单位	左、右幅	数据个数	压实度(%)			标准差(%)	变异系数(%)	压实度代表值(%)
			最大值	最小值	平均值			
C 单位	左幅	121	99.9	97.0	98.5	0.71	0.72	98.4
	右幅	236	100.0	97.0	98.2	0.79	0.80	98.1
D 单位	左幅	325	99.6	96.7	97.8	0.61	0.62	97.8
	右幅	339	99.7	97.0	98.0	0.58	0.59	98.0
旧规范技术要求		—	≥96	96≥	≥96	—	—	≥95
新规范技术要求		—	≥97	97≥	≥97	—	—	≥96

各单位施工的 AC20 中面层的空隙率统计分析见表 7-10。虽然全路段中面层的空隙率均有大于 6.0% 的点(A 单位 39 处,占本路段的 11.6%;B 单位 5 处,占左幅的 1.6%;C 单位 83 处,占本路段 23.2%;D 单位 241 处,占本路段的 36.3%),但其代表值均能小于 6.0%,仅有 B 单位代表值小于 5.0%。

各单位 AC20 中面层空隙率统计分析结果 表 7-10

单位	左、右幅	数据个数	空隙率(%)			标准差(%)	变异系数(%)	空隙率代表值(%)
			最大值	最小值	平均值			
A 单位	左幅	166	6.7	3.6	5.2	0.58	11.06	5.3
	右幅	169	6.5	3.7	5.5	0.51	9.13	5.6
B 单位	左幅	158	6.1	2.9	4.6	0.80	17.19	4.7
	右幅	158	6.7	3.0	4.8	0.82	17.12	4.9
C 单位	左幅	121	6.6	3.6	5.1	0.78	15.46	5.2
	右幅	236	6.6	3.8	5.4	0.76	14.05	5.5
D 单位	左幅	325	6.7	4.0	5.6	0.56	10.09	5.6
	右幅	339	6.5	3.9	5.5	0.58	10.49	5.6

4)上面层(AK16)

(1)级配见表 7-11。

抗滑型级配设计结果 表 7-11

编号	下列筛孔(mm)通过百分率(%)										
	19	16	13.2	9.5	4.75	2.36	1.18	0.6	0.3	0.15	0.075
AK16 - No.1	100	97.3	84.5	63.5	38.2	25.4	17.9	13.3	9.9	7.7	5.9
AK16 - No.2	100	97.2	82.8	62.7	40.5	24.8	17.7	14.4	10.0	8.5	6.0
AK16 - No.3	100	95.4	81.6	66.7	38.6	25.5	17.8	13.9	9.1	7.4	6.1
建议级配控制上限	100	100	90	68	46	33	25	19	14	10	7
建议级配控制下限	100	90	78	58	36	23	17	12	8	5	3

(2)级配及油石比检验

AK16 的级配及油石比检测结果见表 7-12,级配波动在控制范围内。与生产设计级配相比,除 1.18mm 筛孔外,16mm 筛孔料偏粗,其他筛孔料偏细。但由于给定的级配控制范围较窄,且变异性较小,认为该单位级配控制较为稳定。油石比控制在 ±0.2% 以内,可见生产混合料的级配和油石比控制较为稳定。

A 单位 1 号机 AK16 级配检测结果 表 7-12

内容	下列筛孔(mm)通过百分率(%)											油石比(%)
	19.0	16.0	13.2	9.5	4.75	2.36	1.18	0.6	0.3	0.15	0.075	
数据个数	17											
检测级配及油石比最大值	100.0	98.2	89.6	67.5	45.8	30.8	22.4	17.1	13.0	9.5	6.5	5.07
检测级配及油石比最小值	100.0	92.7	82.0	59.5	38.7	25.8	19.0	13.1	9.3	6.4	4.3	4.86
平均值	100.0	95.9	85.2	63.5	41.6	28.0	20.4	14.8	11.5	8.5	5.7	4.96
标准差(%)	0.00	1.53	2.18	2.57	2.14	1.51	0.92	0.90	0.79	0.83	0.57	0.07
变异系数(%)	0.00	1.60	2.55	4.05	5.14	5.38	4.52	6.10	6.89	9.80	10.04	1.40
生产设计级配及油石比	100.0	98.6	83.5	60.9	39.7	27.5	20.7	13.4	8.9	6.5	5.0	5.00
最大值—生产设计值	0.0	-0.4	6.1	6.6	6.1	3.3	1.7	3.7	4.1	3.0	1.5	0.07
最小值—生产设计值	0.0	-5.9	-1.5	-1.4	-1.0	-1.7	-1.7	-0.3	0.4	-0.1	-0.7	-0.14
建议级配控制上限	100	100	90	68	46	33	25	19	14	10	7	
建议级配控制下限	100	90	78	58	36	23	17	12	8	5	3	

(3)压实度和空隙率

各单位施工的 AK16 抗滑表层的压实度统计分析结果见表 7-13。结果表明,表面层压实度均满足旧规范技术要求,也满足新规范的相应技术要求。各单位施工路段的压实度代表值均达到 98% 以上。

AK16 抗滑表层压实度统计分析 表 7-13

单位	左、右幅	数据个数	压实度(%)			标准差(%)	变异系数(%)	压实度代表值(%)
			最大值	最小值	平均值			
A 单位	左幅	249	99.9	97.0	98.1	0.52	0.53	98.0
	右幅	283	99.9	97.3	98.5	0.53	0.53	98.5
B 单位	左幅	300	101.4	96.4	98.7	0.81	0.82	98.6
	右幅	303	99.9	96.0	98.5	0.87	0.89	98.5
C 单位	左幅	224	100.0	97.0	98.8	0.56	0.56	98.8
	右幅	226	100.8	98.0	98.9	0.53	0.54	98.9
D 单位	左幅	344	99.9	98.0	98.7	0.42	0.43	98.7
	右幅	351	99.8	97.9	98.7	0.46	0.47	98.8
原规范技术要求		—	≥96	96≥	≥96	—	—	≥95

各单位施工的AK16表面层的空隙率统计分析见表7-14。结果表明,受旧规范技术标准的影响,路面空隙率介于4%~10%之间,空隙率代表值仅有D单位达到小于6%的希望值。可见,对于不同级配类型的沥青路面,仅以压实度指标控制压实效果是片面的。

AK16表面层空隙率统计分析 表7-14

单位	左、右幅	数据个数	空隙率(%)			标准差(%)	变异系数(%)	空隙率代表值(%)
			最大值	最小值	平均值			
A单位	左幅	249	8.9	5.3	7.1	0.60	8.38	7.2
	右幅	283	8.0	5.0	6.5	0.56	8.59	6.6
B单位	左幅	300	9.8	5.1	7.9	0.80	10.09	8.0
	右幅	298	9.9	6.0	8.0	0.78	9.82	8.1
C单位	左幅	136	7.5	4.9	6.6	0.54	8.23	6.5
	右幅	138	7.2	4.8	6.3	0.50	7.92	6.4
D单位	左幅	344	6.4	4.4	5.5	0.42	7.58	5.6
	右幅	351	6.7	4.3	5.6	0.49	8.77	5.5

(4)平整度

平整度(八轮平整度仪)统计分析见表7-15。B单位施工的路面平整度单值均小于1.2mm,代表值达到0.6~0.7mm。总体而论,提高压实度和强调压实度的重要性并不会影响到平整度。

B单位表面层平整度统计结果 表7-15

内容	左幅			右幅		
	超车道	一车道	二车道	超车道	一车道	二车道
数据个数(个)	206	207	208	205	206	202
$\sigma_{最大值}$(mm)	1.19	1.12	1.11	0.96	1.07	1.17
$\sigma_{最小值}$(mm)	0.41	0.47	0.40	0.47	0.43	0.43
$\sigma_{平均值}$(mm)	0.63	0.72	0.62	0.62	0.62	0.64
标准差S(%)	0.15	0.13	0.11	0.10	0.11	0.12
变异系数(%)	24.62	18.66	18.27	15.66	17.50	19.08
$\sigma_{代表值}$(mm)	0.65	0.73	0.63	0.64	0.64	0.66

(5)构造深度

构造深度统计分析见表7-16。检测方法为手工铺砂法。构造深度单点值均大于0.55mm,B单位的平均值大于0.9mm,具有更优良的抗滑性能。

B 单位表面层构造深度统计分析 表 7-16

内容	左幅			右幅		
距路中距离(m)	2.0	6.0	10.0	2.0	6.0	10.0
数据个数(个)	104	104	104	103	103	103
最大值(mm)	1.16	1.18	1.13	1.00	1.02	0.98
最小值(mm)	0.89	0.86	0.86	0.90	0.90	0.90
平均值(mm)	0.99	1.00	0.99	0.94	0.94	0.94
标准差(%)	0.07	0.07	0.07	0.02	0.02	0.02
变异系数(%)	6.75	6.88	6.65	1.98	2.13	2.00
代表值(mm)	0.98	0.99	0.98	0.94	0.94	0.94

7.2 河南濮阳至鹤壁高速公路

濮阳至鹤壁高速公路是河南省第二家采用 GTM 方法设计的骨架密实沥青混凝土路面，2004 年 11 月通车试运营，至今已使用 5 年。通车 5 年来未发生车辙病害，仅有个别段落出现了裂缝和坑槽，基本上没有其他病害。采用 GTM 方法设计的骨架密实沥青混凝土路得再次到了实践检验。

1)工程概况

濮阳至鹤壁高速公路起点为濮阳市，终点是鹤壁市，全长 63.928km，其中主线 58.424km，连接线 5.504km。路基宽度为 26m，路面为双向四车道，设计车速 120km/h。全线设有特大桥 2 座，大、中、小桥 28 座，互通式立交 5 座，分离式立交 19 处，通道 119 道，涵洞 57 座，服务区 1 处，匝道收费站 5 处以及相关配套的各种附属工程。濮鹤高速公路于 2004 年 11 月建成通车。

标准路面结构如图 7-2 所示，结构层总厚度 70cm。

上面层　4cm　AC13I
中面层　5cm　AC20I
下面层　7cm　AC25I
改性沥青防水层(沥青用量 2kg/m^2)
乳化改性沥青透层油(沥青用量 0.4kg/m^2)
基层　34cm　水泥稳定碎石
底基层　20cm　水泥稳定土或水泥石灰综合稳定土
土基　E_0 = 45MPa

图 7-2　标准路面结构示意图

2）级配

中、下面层级配同新乡至郑州高速公路，上面层级配见表7-17。

AC13型沥青混合料级配范围及设计级配表 表7-17

项目	筛孔（mm）	16	13.2	9.5	4.75	2.36	1.18	0.6	0.3	0.15	0.075
濮鹤	上限（%）	100	100	88	59	41	28	20	15	11	8
	下限（%）	100	95	78	49	31	20	13	9	6	4
	设计（%）	100	97.8	82.5	53.0	35.5	24.2	16.6	11.6	8.2	6.5

3）压实度

（1）下面层

No.10路段AC25底面层的钻芯试件厚度、压实度统计结果见表7-18。No.10路段厚度、压实度较为均匀，以击实密度为标准密度的压实度计算代表值为98.8%。不合格点有1个，为97.6%。以最大理论密度为标准密度的压实度计算代表值左、右幅分别为95.8%和95.5%；左、右幅路面空隙率平均值分别为4.0%和4.3%，施工质量较好。

No.10底面层钻芯试件厚度、压实度统计结果 表7-18

项目名称	厚度（cm）	实测毛体积相对密度	标准相对密度		压实度（%）		空隙率（%）	备注
			击实	理论最大	击实	理论最大		
平均值	7.6	2.459	2.485	2.562	99.0	96.0	4.0	右幅
最小值	6.9	2.427	2.482	2.546	97.6	94.8	2.6	
最大值	8.2	2.483	2.486	2.570	99.9	97.4	5.2	
数据个数（个）	35	35	—	—	35	35	35	
不合格点数（个）	—	—	—	—	1	—	—	
标准差（%）	0.33	0.01	0.002	0.008	0.56	0.70	0.70	
代表值	—	—	—	—	98.8	95.8		
平均值	7.4	2.459	2.486	2.570	98.9	95.7	4.3	左幅
最小值	6.8	2.44	2.484	2.565	98.1	94.8	3.3	
最大值	8.1	2.482	2.487	2.574	99.8	96.7	5.2	
数据个数（个）	38	38	—	—	38	38	38	
不合格点数（个）	—	—	—	—	—	—	—	
标准差（%）	0.40	0.01	0.001	0.003	0.58	0.59	0.59	
代表值	—	—	—	—	98.8	95.5	—	
技术要求	≥6.6	—	—	—	≥98	93~97	3~7	—

(2)中面层

No. 9 路段 AC20 中面层的钻芯试件厚度、压实度统计结果见表 7-19。

No. 9 中面层钻芯试件厚度、压实度统计结果 表 7-19

项 目 名 称	厚度(cm)	实测毛体积相对密度	标准相对密度		压实度(%)		空隙率(%)	备注
			击实	理论最大	击实	理论最大		
平均值	5.4	2.441	2.471	2.564	98.8	95.2	4.8	右幅
最小值	4.9	2.412	2.465	2.557	97.5	93.9	3.0	
最大值	6.5	2.495	2.473	2.579	101.1	97.0	6.1	
数据个数(个)	23	23	—	—	23	23	23	
不合格点数(个)	—	—	—	—	3	—	—	
标准差(%)	0.37	0.02	0.002	0.006	0.90	0.85	0.85	
代表值	—	—	—	—	98.5	94.9	—	
平均值	5.5	2.447	2.470	2.571	99.1	95.2	4.8	左幅
最小值	4.8	2.404	2.461	2.566	97.3	93.5	3.2	
最大值	7.3	2.490	2.475	2.574	100.8	96.8	6.5	
数据个数(个)	21	21	—	—	21	21	21	
不合格点数(个)	—	—	—	—	4	—	—	
标准差(%)	0.62	0.03	0.002	0.002	1.05	0.99	0.99	
代表值	—	—	—	—	98.7	94.8	—	
平均值	5.3	2.435	2.466	2.565	98.7	94.9	5.1	连接线
最小值	4.7	2.411	2.462	2.557	97.9	94.0	3.7	
最大值	6.0	2.467	2.474	2.574	99.9	96.3	6.0	
数据个数(个)	24	24	—	—	24	24	24	
不合格点数(个)	—	—	—	—	2	—	—	
标准差(%)	0.31	0.02	0.004	0.006	0.60	0.56	0.56	
代表值	—	—	—	—	98.5	94.7	—	
技术要求	—	—	—	—	≥98	93 ~ 97	3 ~ 7	—

No. 9 路段厚度、压实度较为均匀。主线:以击实密度为标准密度的压实度计算代表值分别为 98.5% 和 98.7%,不合格点有 7 个,最小一点为 97.3%;以最大理论密度为标准密度的压实度计算代表值左、右幅分别为 94.9% 和 94.8%;左、右幅路面空隙率平均值均为 4.8%。连接线:以击实密度为标准密度的压实度计算代表值为 98.5%,不合格点有 2 个,均为 97.9%;

以最大理论密度为标准密度的压实度计算代表值为94.7%；路面空隙率平均值为5.1%。主线和连接线均较好，说明施工过程中质量控制较好。

（3）上面层

No.12路段AC13改性沥青表面层的段钻芯试件厚度、压实度结果汇总见表7-20。No.12路段厚度、压实度较为均匀，以击实密度为标准密度的压实度计算代表值为98.7%，不合格点有2个，分别为97.6%和97.9%；以最大理论密度为标准密度的压实度计算代表值为93.9%；路面空隙率平均值为5.7%，均满足技术要求。

No.12 表面层钻芯试件厚度、压实度结果汇总表　　表7-20

桩　号	厚度(cm)	实测毛体积相对密度	标准相对密度		压实度(%)		空隙率(%)	备注
			击实	理论最大	击实	理论最大		
K45+200	4.9	2.384	2.386	2.495	99.9	95.6	4.4	右幅
K47+180	3.6	2.354	2.382	2.498	98.8	94.2	5.8	
K49+130	4.7	2.358	2.379	2.497	99.1	94.4	5.6	
K51+094	4.4	2.358	2.372	2.493	99.4	94.6	5.4	
K53+110	4.0	2.325	2.382	2.502	97.6	92.9	7.1	
K54+870	4.1	2.331	2.380	2.502	97.9	93.2	6.8	
K56+873	5.0	2.380	2.382	2.492	99.9	95.5	4.5	
K45+700	5.6	2.338	2.372	2.493	98.6	93.8	6.2	左幅
K47+690	4.6	2.370	2.370	2.493	100.0	95.1	4.9	
K49+680	5.0	2.345	2.370	2.493	98.9	94.1	5.9	
K51+680	4.3	2.346	2.372	2.495	98.9	94.0	6.0	
K53+620	5.2	2.343	2.369	2.492	98.9	94.0	6.0	
K55+750	3.3	2.355	2.367	2.490	99.5	94.6	5.4	
平均值	4.5	2.353	2.376	2.495	99.0	94.3	5.7	—
最小值	3.3	2.325	2.367	2.490	97.6	92.9	4.4	
最大值	5.6	2.384	2.386	2.502	100.0	95.6	7.1	
数据个数(个)	13	13	13	13	13	13	13	
不合格点数(个)	—	—	—	—	2	1	1	
标准差(%)	0.65	0.02	0.01	0.00	0.73	0.79	0.79	
代表值	—	—	—	—	98.7	93.9	—	
技术要求	—	—	—	—	≥98	93~97	3~7	—
JTG F80/1－2004	—	—	—	—	≥96	≥92	—	—

各标段表面层抽检结果表明,以击实密度为标准密度的压实度计算代表值,最小为97.0%,最大为98.7%,平均代表值为98.0%,如将施工工期安排在夏季,压实度标准定为98.0%是完全可以达到的。

4)平整度

表面层平整度检测结果见表7-21。检测结果表明,所检测路段表面层平整度满足设计要求。

表面层平整度检测结果 表7-21

施工标段	桩　　号	部　　位	路段长度(m)	IRI值
No. 9	K06+000~K10+800	北半幅(超车道)	4700	0.70
		北半幅(行车道)		0.75
	K01+100~K10+800	南半幅(超车道)	9700	0.70
		南半幅(行车道)		0.71
No. 10	K10+800~K29+800	北半幅(超车道)	19000	0.68
		北半幅(行车道)		0.62
		南半幅(超车道)		0.64
		南半幅(行车道)		0.67
No. 11	K29+800~K44+800	北半幅(超车道)	15000	0.81
		北半幅(行车道)		0.78
		南半幅(超车道)		0.79
		南半幅(行车道)		0.77
No. 12	K44+800~K57+300	北半幅(超车道)	12500	0.73
		北半幅(行车道)		0.76
		南半幅(超车道)		0.81
		南半幅(行车道)		0.83

5)抗滑性能

No. 12表面层抗滑性能及渗水检测结果见表7-22。检测结果表明,所检测路段表面层抗滑性能满足技术要求,渗水系数小于2mL/min,基本不透水,说明路面密实。

表面层抗滑性能及渗水检测结果 表7-22

施工标段	桩　　号	部位	摩擦系数(BPN)	构造深度(mm)	渗水系数(mL/min)
No. 12	K44+800~K57+300	左半幅	71.3	0.6	1.9
		右半幅	72.8	0.6	1.2
技术要求	—	—	≮45	≮0.55	≯50

7.3 大庆至广州高速公路濮阳段

1)工程概况

河南大广线濮阳段高速公路是国家规划的大庆至广州国家重点公路河南省境内最北的一段,也是河南省“五纵四横四通道”公路主骨架中一纵的重要部分,北起濮阳市南乐县的近德固,向南经清丰县、濮阳市区,止于濮阳县与滑县交界处的卢寨,与大广线安阳段高速公路相接,路线全长59.439km。2003年12月16日举行开工典礼,2006年11月25日建成通车。

2)项目特色

(1)将抗车辙放在首位

通过对河南省近期已通车高速公路早期破坏分析,车辙是最严重的,也是最致命的,本项目在抗车辙方面采取了如下措施。

①采用GTM方法设计沥青混合料。

②路面结构采用优化的抗车辙的骨架密实型结构。

③中面层使用改性沥青。

④压实度采用双控:即GTM密度的98%,最大理论密度的95%。

⑤采用组合式碾压新工艺。

⑥上面层施工时喷洒消石灰降低路表温度。

国外有文献报道,在路面上面层施工时喷洒消石灰能改变路面颜色,在夏季降低路面温度。大广线濮阳段高速公路进行了这方面的尝试,使用喷粉器(图7-3)在路面摊铺后碾压前喷洒消石灰(图7-4、图7-5),碾压后路面颜色由黑色变为酱紫色。

图7-3 喷粉器

图7-4 正在喷洒消石灰

图7-5 喷洒后碾压前效果

为了检测喷洒消石灰降低路表温度的效果，在路面内埋设了测温仪器（图7-6），经测试在夏天喷洒消石灰的路面内最高温度比未喷洒消石灰的路面低2～5℃（图7-7）。

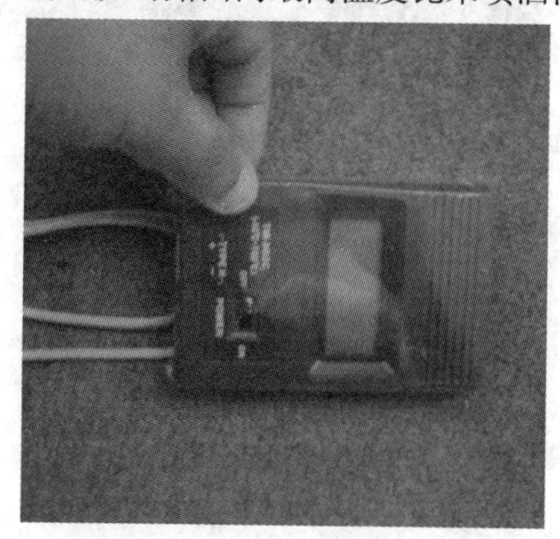

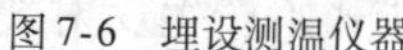

图7-6 埋设测温仪器

图7-7 测温仪读数

（2）将防水毁作为重中之重

对于高速公路而言，水破坏是万恶之源，早期破坏如松散、唧浆、坑槽、沉陷，沥青与集料脱附等均由之引起。我项目采用了如下措施防止水破坏。

①底面层由AC25结构改为AC20，上面层由AK16改为AC13，有效减少了底面层离析，施工的均匀性大大提高，路面密实性增加。

大广线濮阳段高速公路原路面结构为上面层AK16（4cm）、中面层AC20（6cm）、下面层AC25（8cm），考虑到AK16及AC25两种混合料在施工时离析严重、施工难度大、质量控制困难，经专家论证，上面层改为AC13结构，下面层改为与中面层相同的AC20结构。相应将上、中、下面层的厚度调整为4cm、7cm、7cm。

事实证明，路面结构的调整对路面性能和施工质量的提高效果显著。从抗车辙方面看，新结构并未显现出比原结构差，所以片面追求大粒径而忽视工程质量同样是走进误区；从抗水破坏看，新结构较原结构具有很大的优势。

②全线推广沥青混合料转运车，消除了摊铺前的级配离析和温度离析。

③底面层施工完后，全线做了一次地毯式的透水排查，针对不同程度的透水点采取了对应的措施：渗水系数在150mL/min以上的地方，挖除后重新摊铺；渗水系数在60～150mL/min之间的地方，洒乳化沥青处理。

公司一直将路面防止水破坏作为重中之重来抓，除安排专人外，上至总经理、总监，下至部门负责人和普通路面工程师，每人车上均随时备一个装满水的塑料水壶，在路上发现异常点浇水检查透水情况。

下雨后，项目公司要求施工单位和监理全体出动，以每平方米为单位，进行地毯式排查，找出透水严重部位进行处理（图7-8、图7-9）。

④在中央分隔带水泥混凝土护栏两侧压路机碾压的薄弱地方，透水较轻的部位喷洒乳化沥青处理，透水严重的部位采用专用防水密封胶处理。

⑤为了增强半刚性基层的层间和桥面的排水功能，摊铺沥青混凝土时下面层边部保留10cm不碾压。

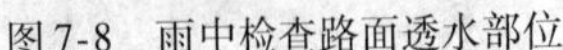
图7-8　雨中检查路面透水部位

图7-9　检查出的离析部位

(3)采用综合抗裂技术

某一结构层产生裂缝后,其上一结构层在该结构层顶端开始产生反射裂缝,同时裂缝也向下一结构层反射,即下一结构层在该结构层底部开始产生反射裂缝。

过去人们研究半刚性基层沥青路面抗裂,往往是把主要精力单独放在面层或基层上,将基层抗裂和面层抗裂割裂研究,而对影响半刚性基层开裂的路基、底基层等更缺乏研究,没有从整体出发研究半刚性基层沥青路面抗裂。所以我国许多高速公路,有的在面层上采取了有效的抗裂措施,却因为忽视了基层抗裂,造成沥青路面反射裂缝严重;有的在面层和基层上下了很大的工夫,基层和面层的原材料控制得很好,级配也很严格,沥青面层的上面层改性,有的甚至中、上面层均改性,但由于路基压实度不够,或者由于底基层没有采取抗裂措施,造成了路面的开裂;有的由于台背回填没有得到充分重视,造成了局部路面严重开裂。

尽管我国对半刚性基层沥青路面抗裂进行了不懈的努力,也取得了一定的成绩,但应用到工程实体上效果并不明显。有的过分偏重理论研究,与工程应用脱节;有的在试验室取得了抗裂效果,但由于技术复杂,工程实体无法推广应用。

大广线濮阳段高速公路是河南省降低路基高速的试点、示范单位,是国内第二条推广应用振动成型技术的高速公路,进行了半刚性基层沥青路面综合抗裂理念的探索。

①全线用瞬态瑞雷波对原地面承载力进行了检测,为地基处理提供了理论依据。

②为提高路基的整体稳定性,在填前碾压前对全线原地面进行了冲击碾压处理。

③填土施工和冲击碾压施工采用瞬态瑞雷法检测压实度,并用灌砂法对比校正,取得的压实度检测数据真实可靠。

④用 PVC 管剖面沉降仪进行高速公路路基沉降观测,有效指导了路面基层和面层施工。

⑤路基填土、底基层、基层、面层的碾压施工均推广应用了组合式碾压技术,提高了压实效果,碾压的均匀性大大提高。

⑥采用水泥稳定土路床处治,使得路基与路面底基层的模量和强度匹配合理。并进行了用土壤固化剂稳定的试验,证明用土壤固化剂稳定路床可以减少路床开裂。

⑦台背回填采用水泥稳定土加土工格室综合处理,填土高度大于 5m 的段落填土施工时每填 1m 增加一层土工格栅,以减小路基的不均匀沉降。

⑧软基采用粉喷桩和碎石桩处理,全线的通道底均采用粉喷桩处理。

⑨全面降低路基高度,全线平均填土高度仅为 2.43m。

⑩底基层采用水泥稳定碎石土结构，并铺筑了低水泥剂量骨架密实水泥稳定碎石结构底基层试验段。

试验段表明，低水泥剂量骨架密实水泥稳定碎石结构底基层成本低，抗裂效果好，是理想的底基层结构。

⑪基层和面层均匀采用了骨架密实结构级配，有效减少了基层和面层裂缝。

⑫基层采用振动法成型试件，水泥剂量降低、含水量减小、压实标准提高。

⑬中、上面层均匀采用 SBS 改性沥青。

⑭沥青面层采用 GTM 法成型试件。

⑮沥青混合料摊铺时使用了“中大牌”DT1600 型抗离析摊铺机，减少了摊铺离析，施工的均匀性提高。

⑯沥青混合料摊铺时推广使用了“三一牌”LH25 型沥青混合料转运车，减少了摊铺温度离析。

⑰封层采用热 SBS 改性沥青加同步碎石结构，黏层油采用 SBR 改性乳化沥青，加强了面层间的层间联结。

⑱施工时路基顶面与路床之间、路床与底基层之间、底基层与基层之间均洒布了水泥浆，加强了路基与处治层、处治层与粒料层间的层间联结。

⑲进行了沥青面层由三层摊铺减为二层摊铺的试验研究，研究表明路面施工减少分层可以提高路面的整体质量，对减少裂缝有利。

⑳引入了石料监理和沥青监理，确保了原材料质量，保证了原材料均匀和沥青质量，有效减少了裂缝。

㉑应用探地雷达技术在施工期间和通车后对各个结构层的裂缝进行追踪调查研究，取得了第一手资料。

(4)注重细节

濮安公司上自董事长、总经理，下至普通的专项工程师，都是从小事做起，注重施工的每一个细节，通过过程控制来提高工程质量。从工程开工到通车 3 年来，由于加强了预控和过程控制，项目很少有返工现象，促进了和谐社会的构建，减少了施工单位的浪费。

①公司的发文尤其是技术性文件，改变过去一发了事，无人落实的旧习惯，由文件的起草人亲自到施工单位给有关人员和现场监理宣贯(图 7-10)，现场答疑、现场讨论、现场解决问题。

图 7-10 宣贯现场

②伸缩缝施工时，由于施工工艺的原因在背墙处按伸缩缝设计宽度和位置切割时，常出现悬空现象(图 7-11)，是引起桥头跳车的一大诱因。为此，项目公司要求在伸缩缝施工时一律切割到位(图 7-12)。

③为了加强路面质量的控制，公司由工程处和质监处抽调人员成立路面质量监控小组，小组人员每天上午徒步检查各个标段前一天施工段落(图 7-13、图 7-14)，检查路面是否存在严

图 7-11　切割不到位悬空

图 7-12　切割到位减少桥头跳车

图 7-13　施工单位自查

图 7-14　项目公司徒步检查

重离析、透水、接缝处的平整度、漏压部位等质量缺陷，将发现问题汇总（图 7-15、图 7-16），并通知施工单位及时整改。大广线濮阳段高速公路单幅单层共计 360km，小组成员在烈日炎炎下，走完了 360km 的每一米，对路面质量的控制起到了良好的作用。

全线路面跳车情况调查

序号	桩号	位置	描述
1	K3+160	右幅	接缝处跳车
2	K6+400	右幅	接缝处跳车
3	K7+900	右幅	接缝处跳车
4	K10+900	右幅	接缝处跳车
5	K12+550	右幅	接缝处跳车
6	K15+600	右幅	接缝处跳车
7	K37+050	右幅	接缝处跳车
8	K45+400	右幅	接缝处跳车
9	K48+580	右幅	接缝处跳车
10	K50+460	右幅	接缝处跳车
11	K50+510	右幅	接缝处跳车
12	K51+610	右幅	接缝处跳车
13	K52+980	右幅	接缝处跳车
14	K54+410	右幅	接缝处跳车
15	K55+860	右幅	接缝处跳车
16	K56+360	右幅	接缝处跳车
17	K57+840	右幅	接缝处跳车
18	K58+940	右幅	接缝处跳车
19	K1+258	左幅	桥面处跳车
20	K3+695	左幅	路面处跳车
21	K13+960	左幅	路面处跳车
22	K14+350	左幅	接缝处跳车
23	K19+880	左幅	接缝处跳车
24	K1+258	左幅	接缝处跳车

图 7-15　跳车情况调查表

路面十一标情况调查表

序号	桩号	位置	路面病害描述	备注
1	K33+218	左幅	行车道油污染、表面损坏	疑标线施工时造成
2	K35+685	左幅	跳车	接头
3	K38+294	左幅	跳车	接头
4	K38+860	左幅	油污染	疑护栏施工时造成
5	K39+040	左幅	超车道油污染	疑伸缩缝施工时造成
6	K40+315	左幅	行车道油污染	疑伸缩缝施工时造成
7	K40+500	左幅	行车道、超车道油污染	疑伸缩缝施工时造成
8	K42+132	左幅	行车道油污染，表面损坏	
9	K42+145	左幅	行车道油污染，表面损坏	
10	K31+180	右幅	行车道油污染	
11	K33+178	右幅	行车道油污染，表面损坏	疑标线施工时造成
12	K33+188	右幅	油污染，表面损坏	
13	K33+630	右幅	油污染，表面损坏	
14	K34+226	右幅	行车道油污染、表面损坏	疑标线施工时造成
15	K34+270	右幅	行车道油污染、表面损坏	疑标线施工时造成
16	K35+650	右幅	表面损坏，有修补	疑标线施工时造成
17	K35+690	右幅	行车道油污染	疑标线施工时造成
18	K35+890	右幅	行车道油污染	疑标线施工时造成
19	K38+750	右幅	油污染	疑伸缩缝施工时造成
20	K38+820	右幅	油污染	疑伸缩缝施工时造成
21	K38+970	右幅	中分带有污染	疑护栏施工时造成
22	K39+005	右幅	超车道油污染	疑伸缩缝施工时造成
23	K39+045	右幅	行车道、超车道油污染	疑伸缩缝施工时造成
24	K40+320	右幅	行车道油污染	疑伸缩缝施工时造成
25	K40+520	右幅	行车道、超车道油污染	疑伸缩缝施工时造成
26	EK0+773		桥面上多处油污染	

图 7-16　路况调查表

④每个分项工程开工前，公司要求工程处收集相关的技术资料（图7-17），然后根据项目自身情况，整理出施工要点、监理工作要点、质量控制要点向施工单位和监理单位宣贯。

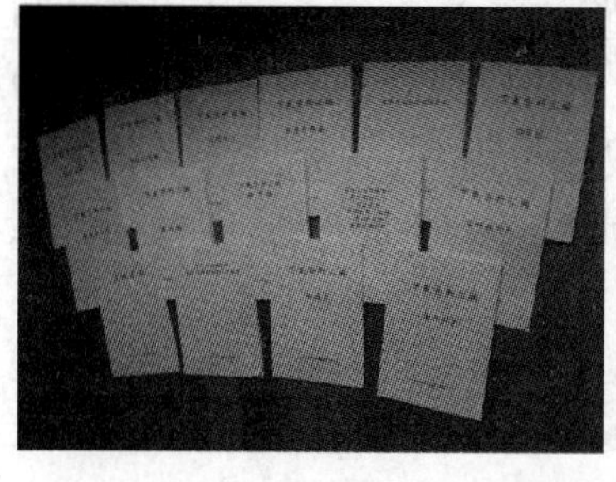

图7-17 收集相关的技术资料

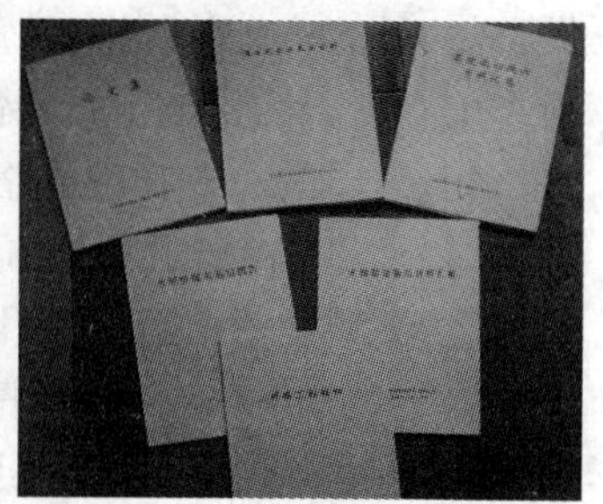

图7-18 工作总结

工程结束后，工程处收集的资料摞在一起有5m高，共写了180万字的工作总结（图7-18）。

⑤路面取芯检查压实度时，刚开始施工单位上报的结果都是百分之百。经调查发现监理和施工单位在选择取芯位置时都选择好的位置，于是公司决定取芯位置的选择由项目公司质量监控小组决定，全过程监督取芯和检测，保证掌握第一手资料，取得真实可靠的数据（图7-19）。

2006年9月13日全线取芯情况汇总

合同段	桩号	芯样全长（cm）	上面层厚度（cm）	压实度（%）
No.9	K5+370右3.5m	18	3.9	96.8
No.9	K5+800右7m	16.6	4	97.8
No.9	K6+260右10m	17.5	4.4	98.6
No.10	K17+800左9.1m	18.2	4.1	97.5
No.10	K16+720左2.5m	18.2	4.5	99.9
No.10	K16+204左5.5m	18	3.9	96.9
No.11	K32+650左3m	18.5	4.1	97
No.11	K31+820左7m	18.2	4	95.1
No.11	K31+080左10.5m	17.1	4	98.3
No.12	K50+640右2.5m	18.2	4.2	93.6
No.12	K50+700右9m	18.3	4.3	90.2
No.12	K50+870右6m	17.2	3.7	94.7

各标段沥青路面标准密度一览表

标 段	施工路段	层 次	马氏密度（g/cm^3）
No.9	K0+960~K15+660	上层	2.409
		中层	2.459
		下层	2.445
No.10	K15+600~K30+660	上层	2.414
		中层	2.448
		下层	2.433
No.11	K30+600~K45+600	上层	2.408
		中层	2.455
		下层	2.451
No.12	K45+600~K60+466	上层	2.383
		中层	2.421
		下层	2.450

图7-19 建立压实度台账

质量监控小组选择取芯位置的原则和方法是，质量排查时选择最差的点，质量评定时用自编的随机位置程序，由计算机随机选择位置，让施工单位心服口服。

下面讲几个小故事，体现濮安高速是如何从小事做起进行路面施工管理的。

故事 1

濮阳地区缺乏石料,离濮阳最近的石料生产加工点是屯子。由于屯子山体的资源基本开发殆尽,且加工设备陈旧,生产的石子含泥量大,不符合高速公路的要求,公司要求使用淇县和新乡的石料。因为屯子石料价格便宜,一些不法商贩使用屯子石料冒充淇县石料。2005 年 9 月下旬,公司的石料管理员路过二标料场,发现几辆车正在排队过磅卸料,检查后发现是屯子石料,要求立即停止过磅。拉料的驾驶员不听,继续往地磅上开车,公司的石料管理员就躺在地磅上,高喊:“有种就碾死我”。

这是一个令人心酸的故事,大家都知道石料供应者大都是当地有头有脸的人物,有的甚至是地痞、流氓、黑社会,卸了货能拉走吗?在那种情况下,我们一个普普通通的员工能有别的办法吗?

故事 2

2005 年 10 月上旬的一天,项目公司的路面工程师在四标水泥稳定碎石基层摊铺现场告诉项目经理配合比不准、含水量偏大,项目经理说:“那玩意不检测眼能瞅出来吗?”我们的路面工程师告诉他:“只要用心,哪怕是很小的质量问题也能发现。我能通过基层的表面现状就知道取芯结果,你信不信”。项目经理说:“不相信”。于是现场监理、四标的试验室主任、工程负责人等十几个人找到一段龄期超过了 7 天的基层,项目公司路面工程师指一个位置说:“在这个地方取芯,下面 3cm 是松散的”,指着另一个位置说:“在这个位置,取不出芯”。在场的人都很震惊,因为从表面看根本没有任何的质量缺陷,但取芯结果与项目公司路面工程师判断的完全一致。

故事 3

2006 年 9 月下旬的一天上午,项目公司路面质量监控小组在路面 11 标徒步巡查时,在濮阳互通区 A 匝道一个位置告诉 11 标的试验室主任说:“这个位置透水”。试验室主任说:“不可能,这个地方要透水挖出来我吃了”。现场监理也说:“这个地方不可能透水”。最后检测结果出来,试验室主任苦苦哀求:“别让我吃了”。

上面的几个故事,有的令人心酸,有的令人捧腹,正是有了这些敢于较真的人,铸就了大广线濮阳段高速公路的质量丰碑。

3) 面层配合比

大广线濮阳段高速公路中、下面层均为 AC20(中面层为改性沥青),上面层为 AC13。各结构层级配见表 7-23 和图 7-20、图 7-21。

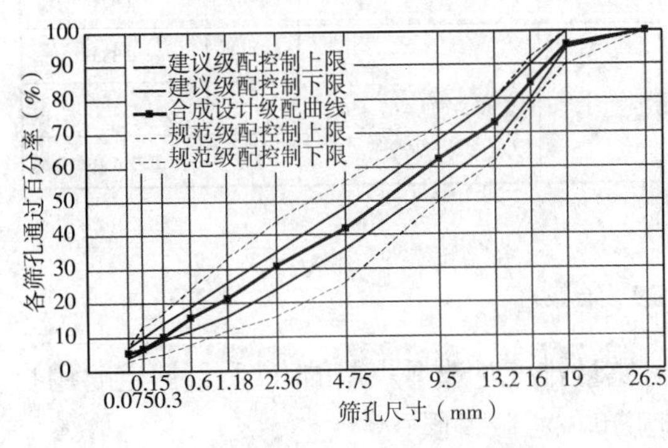

图 7-20　中、下面层级配图

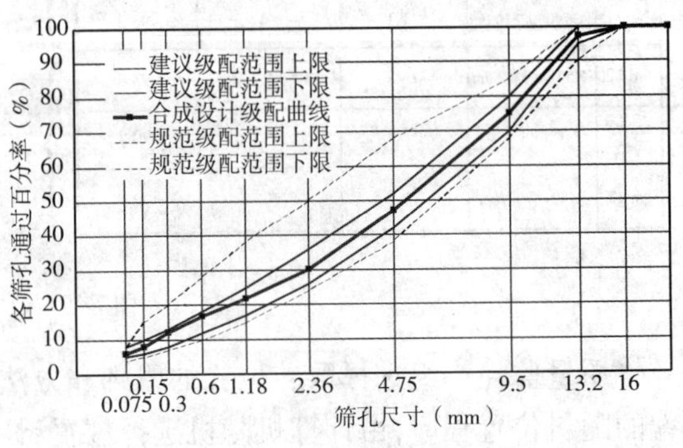

图 7-21　上面层级配图

各结构层级配 表7-23

级配类型	AC20	AC13	级配类型	AC20	AC13
筛孔(mm)	筛孔通过率(%)		筛孔(mm)	筛孔通过率(%)	
26.5	100	—	9.5	55~68	70~80
19.0	95~100	—	4.75	36~48	43~52
16.0	80~90	100	2.36	25~36	28~35
13.2	67~80	95~100	1.18	17~26	17~23
0.6	13~19	12~17	0.15	6~9	6~10
0.3	9~14	8~13	0.075	4~6	5~7

4)效果对比

图7-22大料形成了嵌挤,路面更加密实、均匀,空隙明显减少,基本达到了骨架密实结构。图7-23芯样略差,大料含量不低,中间档料偏少,2.36mm以上粗集料没有形成嵌挤。

图7-22 路面九标K12+350行车道

图7-23 路面××标K43+60行车道

图7-24和图7-25同为路面十标的芯样,图7-24芯样大料分布均匀,细集料充分填充了骨架空隙;而图7-25芯样细集料偏多,没有形成骨架密实结构。同一个施工单位如不加强施工管理,也会产生很大的质量反差;另一方面,路面施工级配容易发生变异,要加强对级配的控制。

图7-26和图7-27的级配均良好,只要加强管理完全可以做到级配均匀。

图 7-24　路面十标 K23 +350 行车道

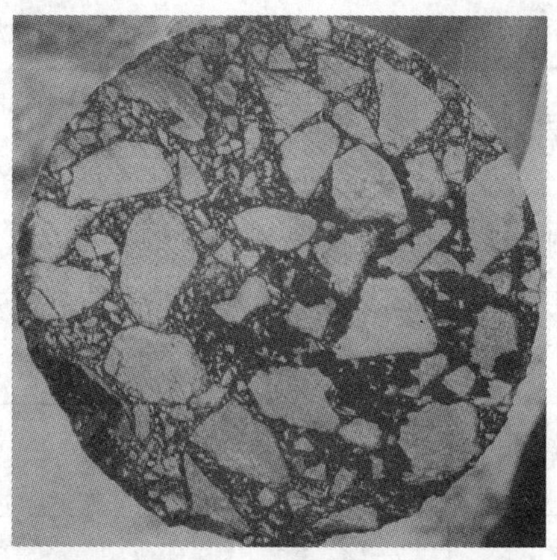

图 7-25　路面十标 K25 +505 超车道

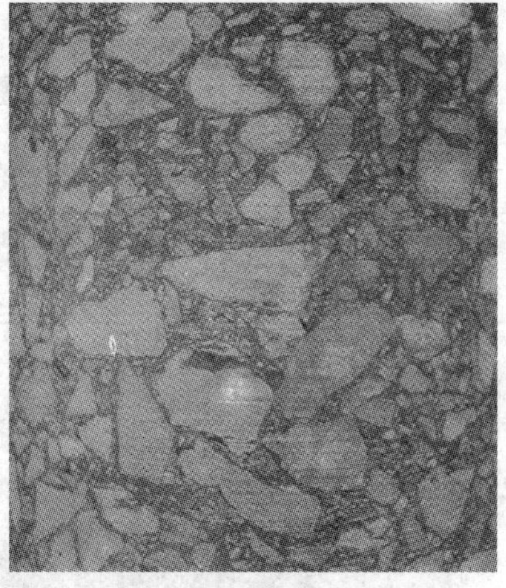

图 7-26　级配较好的芯样

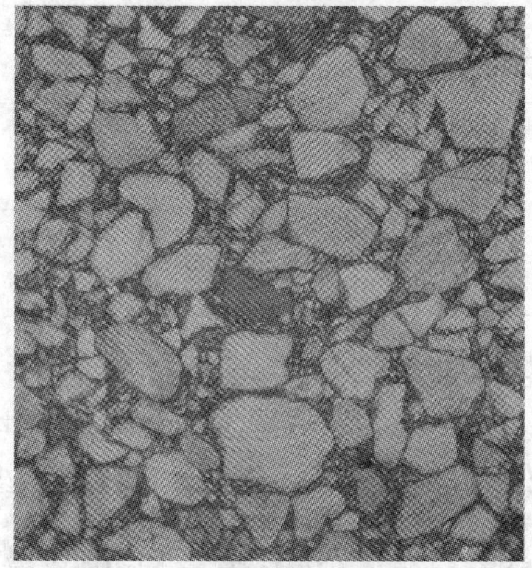

图 7-27　剖面图

5)管理体会及项目存在的问题

(1)施工队伍的选择是决定路面成败的关键,本项目的施工队伍水平存在不均匀现象。

(2)由于施工环境问题,个别标段摊铺时出现了每几十米甚至每车就停机一次的现象,造成了某些段落平整度较差。

(3)施工设备存在差异,造成施工质量不均匀。

7.4　河南岭南高速公路

1)工程概况

河南岭南高速公路是国家规划的二连浩特至广州高速公路河南境内的部分,主线起于南阳与平顶山交界处的分水岭,路线向南经南召县、镇平县、卧龙区、宛城区 4 个县区 15 个乡镇,全长 98.5km,主线长 74.3km,联络线长 24.2km。2005 年 9 月开工,2008 年 12 月建成通车。

2)项目特色

(1)全线推广使用中大 DT1600 摊铺机加沥青混合料转运车

通过在大广线濮阳段高速公路路面十二标试用中大 DT1600 摊铺机加沥青混合料转运车的摊铺模式，应用表明该摊铺方式平整度高，混合料布料均匀不离析，摊铺效果大大优于双机联铺方式，并且取得了一定的使用经验，决定在岭南高速公路推广该摊铺模式。

岭南高速公路在 2007 年全国高速公路建设质量大检查中，路面质量得分在国内名列前茅，在河南省质监站及主管单位河南高速公路发展有限责任公司的质量大检查中，路面质量均在前列。

2007 年河南省高速公路路面平整度普查中，岭南公司名列第四。

2009 年河南省高速公路路面平整度普查中，岭南公司名列第四。

岭南公司在路面方面取得的成绩是对中大 DT1600 摊铺机加沥青混合料转运车摊铺模式最大的肯定。当初在拟定该摊铺方式时遭到许多人的反对，因为规范推荐双机联机，采用与规范不一致的施工方式的确要冒风险。但是由于有成功经验在先，对 DT1600 摊铺机有一定的了解，所以就坚持下来。

在第一次做试验段时，路面三标是双机，路面二标、四标、五标是单机，由于底面层是 ATP－25结构，摊铺效果均不理想。相比之下单机效果优于双机，路面三标的试验段片状离析很多，带状离析明显，表面透水点很多。

岭南高速公路路面是四层结构，从下往上分别为 ATP25、AC25、AC20、AC13，进入 AC25 后，中大摊铺机的优势全面体现了出来。

(2)全线推广使用了组合式碾压技术

组合式碾压技术诞生于大广线濮阳段高速公路，在岭南高速推广使用。由于对组合式碾压技术作为一章专门介绍，这里不再重复。

(3)级配较大广线濮阳段高速公路略粗一些，密度标准进一步提高

大广线濮阳段高速公路路面施工碾压时，感觉到压实并不困难，基本上都能达到 GTM 密度标准的 98% 以上，于是岭南高速公路的级配适当调粗一些，使混合料的骨架性能更好，同时密度标准有所提高(约 0.5%)。

(4)细集料使用机制砂，采用专用制砂机全线统一生产

石料管理采用了与大广线濮阳段高速公路同样的模式，由业主派石料监理进驻石料厂。细集料使用机制砂，采用专用制砂机全线统一生产。各种石料规格见表 7-24。

建议规格集料种类及级配范围(%)　　表 7-24

筛孔(mm) \ 粒径(mm)	10～25	10～20	10～15	5～10	3～5	0～3
31.5	100					
26.5	90～100	100				
19	50～65	90～100				
16	30～45	55～70	100			
13.2	15～30	25～40	90～100	100		
9.5	0～10	0～15	0～15	90～100	100	

续上表

筛孔(mm) \ 粒径(mm)	10~25	10~20	10~15	5~10	3~5	0~3
4.75				0~15	90~100	100
2.36					0~15	80~90
1.18						52~62
0.6						32~42
0.3						16~26
0.15						6~14
0.075						0~6
10~25、10~20、5~10、3~5、0~3、矿粉可以配出AC25、ATB25混合料级配。						
10~20、5~10、3~5、0~3、矿粉可以配出AC20混合料级配						
10~15、5~10、3~5、0~3、矿粉可以配出AC13混合料级配						
以上级配范围为建议范围,如实际原材料能配出表中的建议级配,也可使用						

3)混合料级配

岭南高速公路各结构层级配见表7-25。

岭南高速公路各种混合料级配范围要求(%) 表7-25

筛孔(mm)	ATB25	AC25	AC20	AC13
31.5	100	100		
26.5	90~100	95~100	100	
19	60~80	80~90	95~100	
16	48~68	70~80	80~90	100
13.2	42~62	59~69	67~80	95~100
9.5	32~52	48~58	55~68	70~80
4.75	20~40	31~41	36~48	43~52
2.36	15~32	21~29	25~36	28~35
1.18	10~25	14~21	17~26	17~23
0.6	8~18	10~15	13~19	12~17
0.3	5~14	7~11	9~14	8~13
0.15	3~10	6~9	6~9	6~10
0.075	2~6	4~7	5~7	5~7

4）取芯效果

图7-28和图7-29均为路面五标的芯样，图7-28的级配比较理想，粗集料分布均匀，2.36mm以上粗集料形成了嵌挤，细集料充分填充了骨架空隙，形成了较好的骨架密实结构。而图7-29也形成了骨架密实结构，2.36mm以上粗集料形成了嵌挤，细集料充分填充了骨架空隙，但级配明显不如图7-28，主要因为2.36～4.75mm集料含量偏多，5～10mm集料含量偏少。

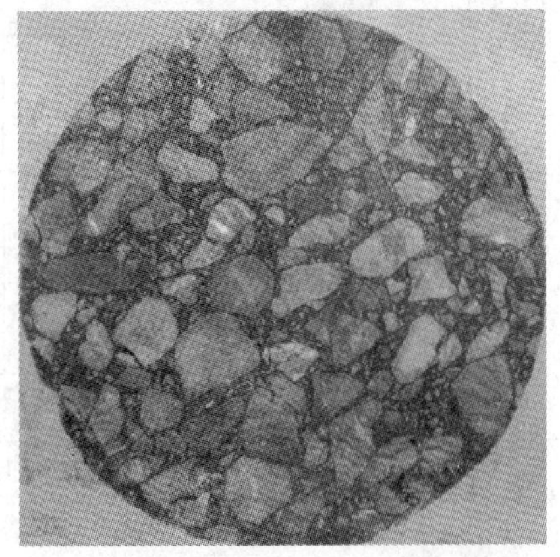

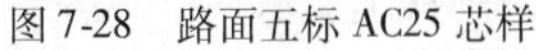

图7-28　路面五标AC25芯样

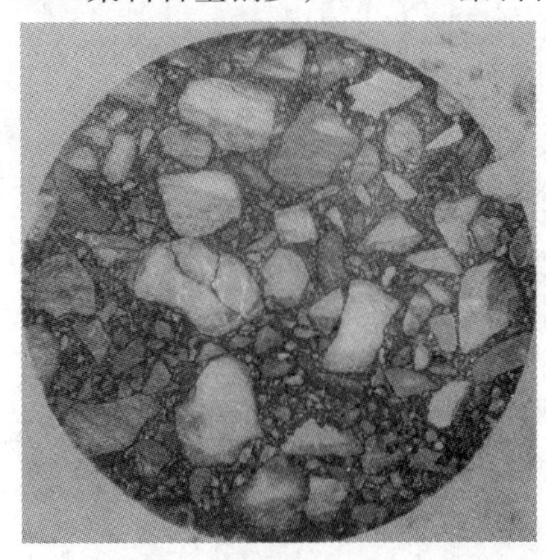

图7-29　路面五标AC25芯样

路面五标施工质量比较稳定，但是仍存在级配变异（图7-30、图7-31），所以在沥青路面施工要适时调整配合比。

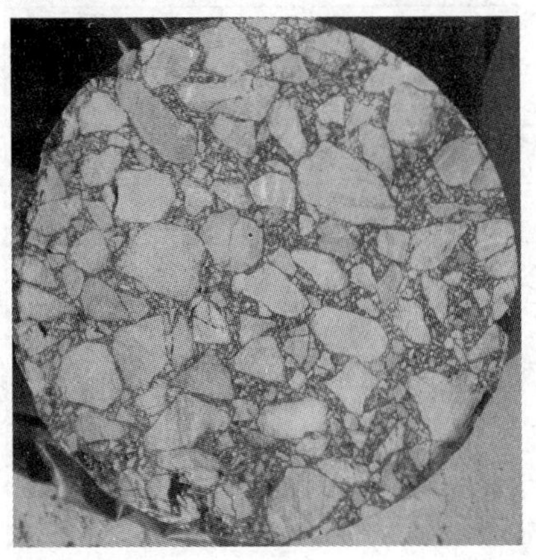

图7-30　级配良好的芯样

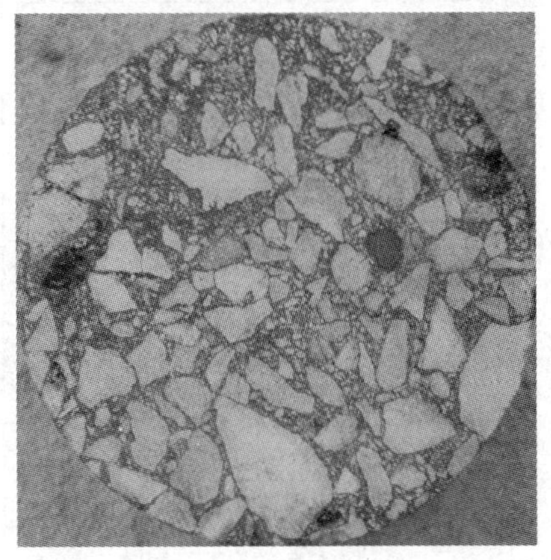

图7-31　级配变异的芯样

7.5　其他高速公路

（1）二赛一级公路AC13改性沥青混合料配合比见表7-26、图7-32。

AC13改性沥青混合料矿料配合比　　表7-26

材料种类	10～15mm	5～10mm	3～5mm	机制砂	天然砂	矿粉	生石灰	最佳油石比（%）	油石比范围（%）
比例（%）	37.0	13.9	15.9	18.5	10.0	3.4	1.3	4.9	4.7～5.0

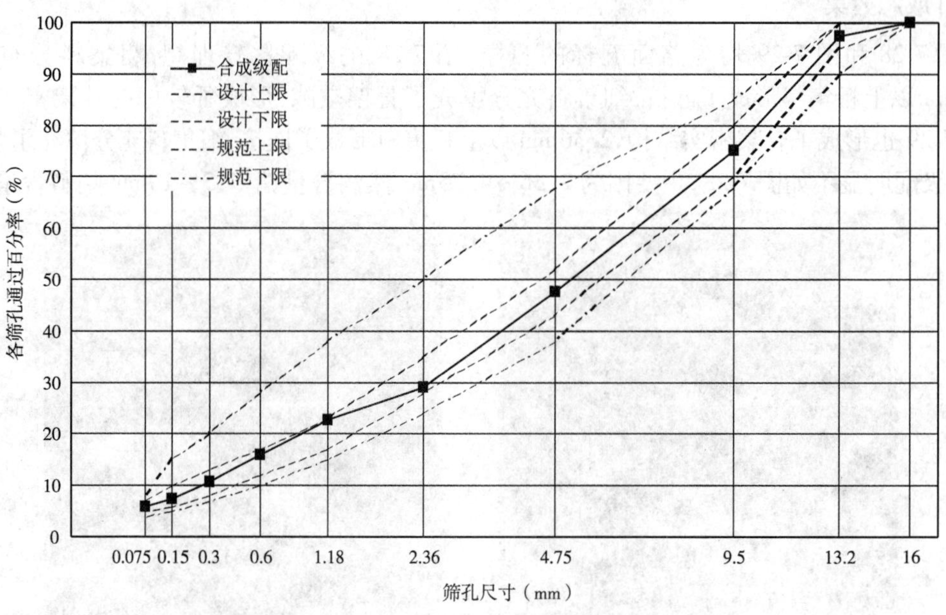

图 7-32　二赛一级公路 AC13 改性沥青混合料配合比

（2）白集高速 AC20 沥青混合料配合比见图 7-33、表 7-27。

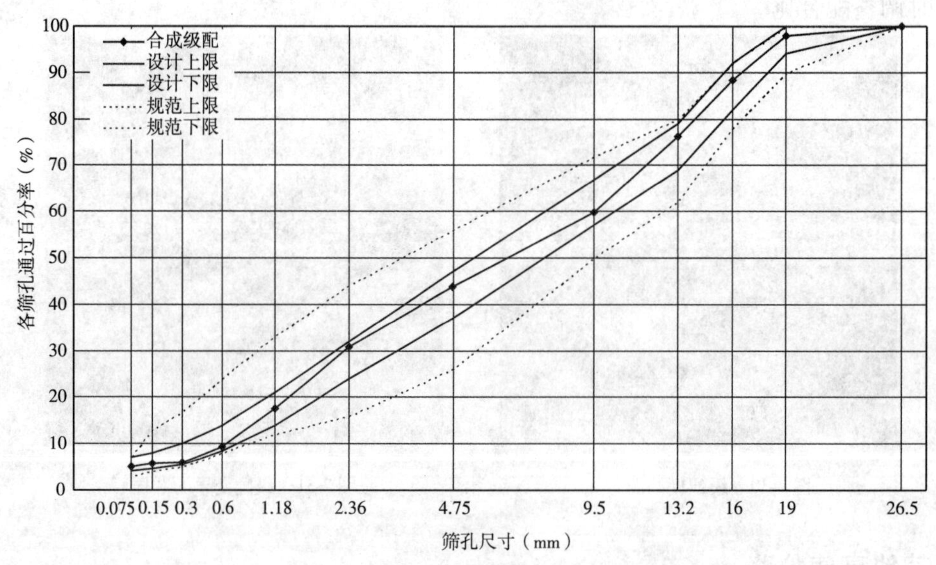

图 7-33　白集高速 AC20 沥青混合料配合比

AC20 沥青混合料矿料配合比　　表 7-27

材料种类	10 ~ 20mm	5 ~ 10mm	3 ~ 5mm	0 ~ 3mm	矿粉	生石灰	最佳油石比（%）	油石比范围（%）
比例（%）	44.4	14.8	5.3	29.5	4.7	1.3	4.2	4.1 ~ 4.4

(3)白集高速 AC25 沥青混合料配合比见图 7-34、表 7-28。

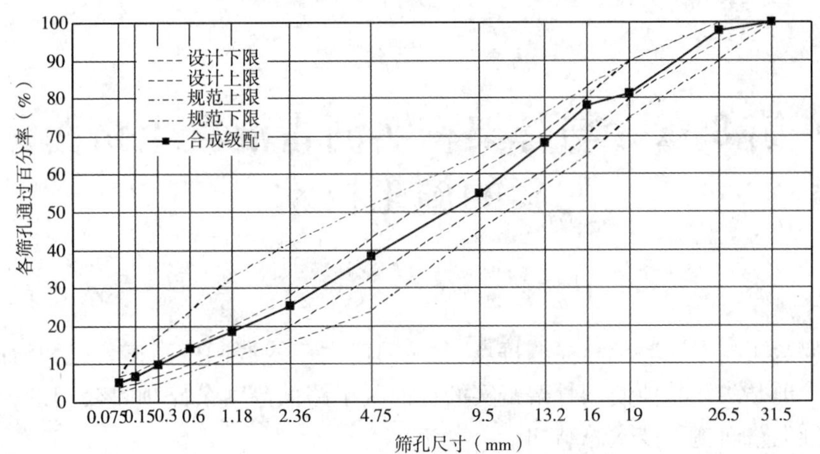

图 7-34 白集高速 AC25 沥青混合料配合比

AC25 沥青混合料矿料配合比 表 7-28

材料种类	20 ~ 30mm	10 ~ 20mm	5 ~ 10mm	3 ~ 5mm	机制砂	矿粉	生石灰	最佳油石比(%)	油石比范围(%)
比例(%)	22. 2	34. 3	8. 0	14. 6	15. 8	3. 8	1. 3	3. 9	3. 7 ~ 4. 0

(4)青银高速 AC20 沥青混合料配合比见图 7-35、表 7-29。

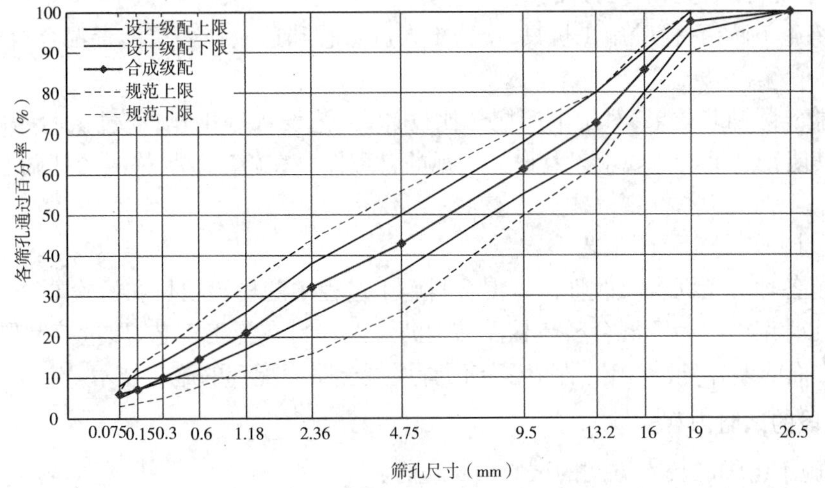

图 7-35 青银高速 AC20 沥青混合料配合比

青银高速路面中面层 AC20 矿料比例 表 7-29

矿料规格(mm)种类					
10 ~ 20	5 ~ 10	3 ~ 5	机制砂	天然砂	矿粉
矿料配合比例(%)					
40. 8	17. 1	8. 5	29. 2	0. 0	4. 5

第8章　与骨架密实沥青混凝土路面配套的施工技术

根据骨架密实沥青混凝土路面的特点,参照河南大广线濮阳段高速公路和河南岭南高速公路的施工管理办法和其他使用骨架密实沥青混凝土路面高速公路项目公司的经验,将骨架密实沥青混凝土路面施工技术总结如下。

8.1　试验段

在目标配合比设计和生产配合比设计完成并经过批准之后进行生产配合比验证,铺筑试验段。

1)试验段目的

试验段主要目的有以下几方面:

(1)锻炼施工队伍,检验施工机具,使施工人员熟悉和适应各面层沥青混合料施工条件和施工要求。

(2)检验实际铺装效果,对于生产配合比设计、工艺设计等工作,通过试验路的实施进行验证,检验其能否满足设计要求以及设计指标的合理性。在施工效果检测的基础上,评价实际铺装效果。

(3)完善摊铺工艺、碾压工艺。

(4)规范各种类型沥青及改性沥青混合料施工过程中的检验项目和检验方法。

(5)对比骨架密实沥青混合料与悬浮结构沥青混合料在施工工艺、质量控制要点、检测指标、外观等方面的差异,摸索出与骨架密实沥青混凝土路面配套的施工技术。

2)试验段的试验内容

试验段施工组织和技术方案的试验内容包含:

(1)原材料质量控制方案。

(2)混合料生产的组织和质量控制方案。

(3)运输方案。

(4)摊铺方案。

(5)碾压方案(不少于3种为宜,与组合式碾压工艺对比)。

(6)测量、检测方案。

(7)每阶段或环节所需的设备、仪器名称和数量。

(8)每阶段或环节的人员组织、分工,明确必须获得的数据和信息。

3)试验段的预期目标

试验段预期目标主要包含以下内容：

(1)原材料的主要性质确认。

(2)确定混合料拌和温度、拌和时间、拌和质量及矿料级配和油石比等是否符合《公路沥青路面施工技术规范》(JTG F40—2004)和目标配合比设计的相关要求。确认混合料生产阶段的诸技术参数是否需要调整。

(3)确定混合料拌和生产能力、运输能力、摊铺温度、摊铺速度、碾压长度、碾压速度、碾压遍数、各阶段碾压温度等工艺参数,使之协调。

(4)确定合理的摊铺碾压工艺及达到压实度、平整度要求的保证措施。

(5)确定松铺系数。

(6)试验段检测。

(7)总结骨架密实沥青混凝土路面施工的各工艺参数、设备参数、配合比、油石比等与悬浮结构沥青混凝土路面对比。

(8)编写试验段施工总结报告。

4)试验段检测内容及检测频率

试验段(不小于300m)修筑完成后,应对其质量进行综合评定。以碾压方案为检测单元,检测内容及检测频率如下：

(1)压实度检测:每方案不少于5点;混合料的标准密度按“密度等值”方式确定,即,在规定的温度下,由试验确定马歇尔击实次数(大于双面75击,目标配合比设计报告中给出)下的试件密度,用该密度作为与GTM密度等值的标准密度。

(2)平整度检测:双车道,整个试验路段。

(3)铺筑厚度:试验路每段不少于5点。

(4)混合料马歇尔实验:不少于2次。

(5)油石比及矿料级配检验:不少于2次。

(6)混合料60℃车辙试验:不少于1次。

表面层还应包括：

(1)构造深度:每段不少于5点。

(2)抗滑摆值:每段不少于5点。

(3)透水系数:每段不少于5点。

5)试验路总结

根据试验检测数据,必须给出与骨架密实沥青混凝土路面施工配套的：

(1)混合料生产的技术参数。

(2)确定摊铺、碾压工艺及参数。

(3)确定混合料松铺系数。

(4)提出骨架密实沥青混凝土路面施工防混合料离析的措施。

(5)验证组合式碾压的效果。

(6)提出提高平整度效果的措施。

(7)总结出与骨架密实沥青混凝土路面配套的施工技术。

(8)存在的问题及改进措施。

6)试验路浅谈

试验路是路面施工一个重要环节,是大面积施工前的一次演习,但是实际上施工单位大多为应付业主和监理而做试验路,大面积施工时凭过去的经验干,施工质量一直停留在过去的水平。常言道"经验主义害死人",如果按以往的经验进行骨架密实沥青混凝土路面施工,就达不到预期的效果,甚至会产生一些病害。

所以在骨架密实沥青混凝土路面大面积施工前要认真做试验路,一遍不行两遍,直到取得满意的效果。

8.2 要加强施工过程管理,建立健全工程技术和质量保证体系

针对骨架密实沥青混凝土路面的特点在下面的技术和质保环节下大力气。

(1)做试验段前要对施工单位和监理单位进行技术培训和技术交底,掌握施工中的关键环节和技术要点。

(2)施工中的每道工序、每个关键环节都要有责任人。施工单位和监理单位要画出施工现场人员和设备的平面布置图,明确每个操作工人的位置、职责,每个现场管理人员的位置、职责,现场监理的位置、职责。在做试验段时按平面图的布置认真操作演练,不要搞形式主义,要起到真正的效果。

(3)沥青路面施工无法逆回,一旦施工完成就盖棺定论,几乎没有补救的办法,所以加强沥青路面施工的过程控制是重中之重。要打破过去轻过程重检测的管理模式,只要过程控制好了,检测就是验证一下。

(4)质量和技术是不分家的,许多项目把质量和技术分得很明,其实没有技术何谈质量,没有质量怎么体现技术。在大广线濮阳段高速公路的施工管理中,我是工程技术处的处长,但是沥青路面的质量管理我一直参与其中。当时由于工期不太紧,要求进行精细化施工,一个标段每天只允许施工1km左右,全线共四个路面标,每天约铺路面4km,一般情况下我会在当天下午或第二天上午将4km走完。大广线濮阳段高速公路路面单幅单层360km,在路面施工的5个月中,我全部走完,并且有的地方走的不止一遍,发现质量缺陷及时处理。无法处理的认真总结经验教训,开现场会,让大家引以为戒。

由于过程控制的加强,大广线濮阳段高速公路在长达5个月的路面施工中,除十二标返工50m外(由于老百姓阻工,混合料温度太低摊铺后无法压实而返工),全线几乎没有返工现象发生。返工是最严厉的惩罚,会造成施工单位最大的经济损失,能起到杀一儆百的目的。但是不能为返工而返工。返工必须具备两个条件,一是达不到质量验收标准,二是面积较大。如果是小范围的质量缺陷,宜采用处理的方式,最好不要挖除,因为面积太小挖除后用人工铺料,效果还不如原来。

(5)大广线濮阳段高速公路路面施工中,根据路面的结构情况,中、下面层重点防离析、防透水,上面层重点抓级配,中、上面层防车辙。每当下雨天,组织全线路面施工单位找透水点,记下桩号,天晴后及时洒乳化沥青处理。

在路面施工中,从质检处借一个技术员每天随我一起步行检查路面施工质量,重点找离析和透水部位。人手一个矿泉水瓶,发现离析部位就浇水试一下看是否透水,如透水及时通知施工单位处理。有文献指出,用矿泉水瓶检查透水不科学,但是在施工现场也没有更科学的办法,用仪器检测现有条件达不到,费用也高。

(6)在攻读博士学位期间,我参先后与了大线濮阳段高速公路、二广高速公路南阳段、新蔡至驻马店高速公路三个项目的路面施工管理,被聘为工程技术处处长,我的做法是事必躬亲。取芯检查时我要亲自看着,沥青检测、石料筛分、压实度检测、细集料砂当量检测等我尽量看着做,所以基本上能掌握施工的全貌,对施工的各个环节心里有底,所以对质量也有把握,无论上级的质量检查或交竣工验收都比较坦然。

8.3 原材料质量控制

1)沥青

沥青是沥青路面施工中最重要的原材料之一,是业主最为关心的大事,也是容易出现质量事故的环节,不采取一定的措施很难把好质量关。

(1)沥青材料的储存

沥青在沥青库内的储存条件应能保证在储存期内沥青的性能品质保持不变。影响沥青储存品质的主要因素是温度,对于改性沥青来说,还有一个改性剂分层离析的问题。在沥青库储存的沥青,其沥青罐通常应分成两组分别控制其储存温度,一组保持较低储存温度但仍能满足泵送的要求,另一组是准备发放运输的沥青,应保持在运输状态下要求的温度,对于石油沥青通常控制在130℃左右。

在非施工季节需要在较长时间内储存的沥青,其储存温度通常应低于100℃。沥青在沥青库内也不宜储存过长时间,因为很难保证沥青的品质长期不变。

沥青罐车在运往工地的过程中应有保温措施,长距离的运输应装备加热升温系统。

沥青在拌和站内的储存,是为正在进行的施工准备的,所以通常应是短期的储存,其存放时间不应超过10天。

不同来源不同标号的沥青应分开存放,不得混杂。每车沥青均应进行质量检测,特别注意软化点不小于46℃,不合格沥青予以退货。对每次检测的沥青应保留样品,并注明来样日期、批次及试验结果等。

沥青在拌和站储存时应保证搅拌站连续工作的需要并为供应延迟和试验所需的时间留有余地。

液态沥青在拌和站的储存最好的方案是备有三组沥青罐,每组2~4罐。

①正在使用的,温度应保持在所要求的拌和温度,通常为160℃左右。

②正在升温的,为进入使用做准备。

③已经清空的,准备接受运来的沥青,或已经装满备用沥青,此时沥青的温度控制在较低的储存温度上,通常为120℃左右。

(2)国产沥青的管理及质量控制

国产沥青的质量管理相对容易,项目公司一般都指定国内大的沥青生产厂家的知名品牌。

新蔡至驻马店高速公路,为了防止沥青供应商从小厂进货,同时为便于质量管理,业主规定只能从两个厂家进货。业主与厂家协商好,出厂时每辆沥青罐车的出油口都由厂家加装铅封,然后将封号传真给业主,货到时业主派人核对每车沥青的封号。采用这个办法基本上杜绝了沥青以次充好。

第二个办法是对比检测,由业主、监理、施工单位联合取样,然后分装到一模一样的几十个容器中,由一个人编号,然后将编号锁到保险柜中。随机将样品送给监理、施工单位、第三方作对比检测,检测方不知道沥青厂家,沥青检测送到哪个检测单位,只有另一个人知道,但是他只知道编号,不知道哪个号码对应哪个厂家。最后将检测结果与编号对号,检验几方的检测结果是否一致。

采用上述办法基本上能把好国产沥青质量关。

所以对于国产沥青,只要措施好,多想办法,质量还是有保证的,没有必要盲目用进口沥青,进口沥青质量不一定都优于国产沥青。沥青的性质取决于原油来源、炼制工艺、储存条件三方面的原因,国产沥青很容易查到油源的来源、加工工艺和储备条件,而进口沥青很难搞清楚,所以不要盲目崇拜进口沥青。但是也不能说进口沥青就不好,正规渠道进口的国际名牌沥青质量仍是优于国产沥青的。

(3)进口沥青的管理及质量控制

进口沥青的质量管理一直困扰着广大高速公路建设管理者,因为沥青材料的特殊性,将几个厂家的沥青放在一起,对于绝大多数人来讲是分辨不出哪个厂家的,所以对于进口沥青的质量管理一直没有好的办法。

有人说到海关查报关报验记录,对于一个大的沥青供应商,有多个仓库,即使能查到报关报验记录,谁来监督运输环节也是问题。供应商给多条高速公路供货,谁又能保证哪批沥青进到哪个工地。沥青供应牵涉方方面面的事太多,环节太多。一个品牌的沥青有总经销商,有区域经销商,有分销商;有批发商,有零售商等,沥青从出厂到工地需要到多次运输、多次储备等,而高速公路业主的人员、技术力量、管理费用都有限。所以进口沥青的质量好坏考验的是沥青供货商的商业道德、职业道德、法律观念、人际关系等。

沥青供应是一个社会的缩影,只要社会制度不健全、法律制度不完善,进口沥青以次充好就无法根除,对此业主是无能为力的。业主对进口沥青质量的监控能做的就只有检测沥青指标了!

既然进口沥青质量不好控制,为什么大家仍采用进口沥青呢?以我之见有三个原因。

第一,从众。大家中、上面层都用进口沥青,谁不用出了质量问题领导负不起责任。

第二,进口沥青确有质量优势。以韩国SK沥青为例,就基质沥青检测指标而言,SK与国产的中海、东海等品牌不相上下,但是SK沥青与沥青改性剂的配伍性好,比较容易实现改性,所以大家喜欢用SK沥青。

第三,综合对比,国产沥青处于劣势。就品牌优势而言,国产沥青无法与世界名牌对抗;就价格而言,国产沥青与进口沥青的价差在缩小,国产沥青价格优势在逐渐减小;就质量而言,国产沥青质量不稳定,个别指标处于劣势。

所以目前进口沥青在高速公路使用上仅处于优势,国产沥青仅使用中、下面层,上面层很少用国产沥青。改性沥青的基质沥青基本上也是进口沥青主导。

对于进口沥青的管理,提出几点建议。

①政府参与。目前要保证进口沥青的质量,政府参与到与海关、外贸等部门的协调中是必须的,高速公路建设管理单位离不开政府的支持。

②集团采购。由各省交通厅牵头,全省高速公路使用的进口沥青,统一采用招标的方式集团采购,门槛设高一点,没有实力的经销商不准进入。

③建立沥青供应单位的信用评价。对沥青供应商进行信用评估,信用差的进入黑名单。

④提高沥青的质保金、延长沥青的缺陷责任期,加大奖励。为保证沥青质量,招标时明确将沥青的质保金提高到30%左右,延长缺陷责任期至3~5年左右。缺陷期内,如发生沥青质量问题,根据合同约定处罚;缺陷责任期满后,如没有发生沥青质量问题,除支付质保金外还另支付利息,外加质量奖,弥补沥青供应商的损失。

⑤加强检测,加强过程管理。加大检测频率,加强对比检测,用指标控制质量。

(4)改性沥青的管理及质量控制

沥青的质量控制是我国高速公路建设领域最落后的环节,据沈金安老师讲至少落后发达国家20年。近些年大家也都认识到了改性沥青质量控制的重要性,但苦于没有好的办法,无法进行有效的质量控制。

2003年交通部公路科学研究院对我国不同地区48条高速公路的早期破坏进行了调查,调查表明许多高速公路的早期破坏如:车辙、坑槽、表面松散、早期裂缝、水损等都与改性沥青的质量休戚相关。

目前公路部门常用的改性剂有SBS、SBR、PE、EVA等。从理论上讲改性是将高分子聚合物通过一定的机械方法掺进沥青中去,是一种物理改性,从结构稳定上讲因为高分子聚合物本身的物理特性与沥青有较大区别,分子量相差较大,因此改性沥青本身是一种非长期稳定的状态,这种状态受温度、机械搅动、加工精度等外界因素影响非常大。适宜的方法可以维持改性沥青的品质,反之会造成改性沥青离析、老化,失去其应有的路用性能。

一般讲,随着改性剂的加入沥青的指标会得以改善,不同的剂量对不同的指标改善程度是不同的,只有达到一定的剂量,才能提高基质沥青的整体性能。所以,从经济性和技术上讲,沥青改性时存在一个改性剂最佳剂量,不同的基质沥青,改性剂最佳剂量不同。当改性剂剂量低于最佳剂量时,并非所有改性指标都不合格,改性沥青加工厂可以通过加入廉价的改性剂,将改性指标"拼凑"合格,但改性效果大打折扣。

目前沥青改性剂的种类很多,不同的改性剂对基质沥青指标的改善是不同的,有的改性厂存在用廉价改性剂"拼凑"指标的现象,这样做试验指标合格,但对工程实体没什么意义,甚至还有反作用。尽管这样的事情很少发生,但一旦发生,无论是施工单位、监理或业主的责任,大家都欲哭无泪。

近些年我国高速公路飞速发展,沥青和改性剂价格一直上涨,下面的事情经常发生:业主或施工单位过分压价,造成沥青供应商不堪承受,不得不使用廉价基质沥青或改性剂;不法沥青供应商或改性沥青生产商为牟取暴利,使用廉价基质沥青或改性剂,这种情况国内和国外的沥青供应商或改性沥青生产商都发生过。因急于通车,但优质沥青或改性剂供应不上,不得不使用劣质的或不同品牌的沥青混用。一条路只要发生一次这样的事,以前所有的努力都将付之东流。

改性沥青从生产到使用牵涉到原材料(基质沥青、改性剂、稳定剂)、改性设备、生产、储存、运输、使用等多个环节,非常容易发生离析、老化、指标下降等问题。只要有一个环节出问题,就会造成改性失败。所以加强改性沥青的质量控制显得尤为迫切。

由于一般施工用户对改性沥青的特性上未能充分把握,在生产过程的各个环节的疏漏使改性沥青的工程性能受到严重削弱,造成资金损失,直接影响施工质量。因此改性沥青在生产的各个环节的质量控制是一个不容忽视的重要方面。

①基质沥青。每批次进场时按照 JTG F40—2004 规范要求取样检测,检测内容包括:

针入度　　(试验方法 T0604—2000)
针入度指数 PI　　(试验方法 T0604—2000)
软化点　　(试验方法 T0604—2000)
135℃运动黏度　　(试验方法 T0625—2000)
延度　　(试验方法 T0605—1993)
蜡含量　　(试验方法 T0604—2000)
闪点　　(试验方法 T0611—1993)
溶解度　　(试验方法 T0607—1993)
密度　　(试验方法 T0604—2000)

如果在生产场地还有存放有其他标号及产地的沥青时,拒绝混放。

②改性剂方面。进场时核对厂家、型号,进行溶解度参数实验,改性配伍性实验[针入度、针入度指数 PI、针入度指数回归系数 *R* 值、软化点、135℃运动黏度、延度、弹性恢复(试验方法 T0662—2000)、离析(试验方法 T0661—2000)、闪点、溶解度、旋转薄膜残留物实验(试验方法 T0610—1993)]。

③稳定剂方面。利用 DSC(差示扫描量热)、TGA(热重分析)检测稳定剂热稳定性。

④基质沥青和改性沥青其他检测方法。采用分子量分析试验(GPC)、热稳定性分析试验(DSC)、热重分析(TGA)、动态力学分析(DMA)试验。

⑤改性沥青生产设备的修正。一般情况下工厂化生产时的改性沥青指标会和设计要求的指标有差异,需要对生产设备进行修正以达到设计要求,通过对比实验确定正常生产参数。试验内容包括:针入度、针入度指数 PI、针入度指数回归系数 *R* 值、软化点、135℃运动黏度、延度、弹性恢复、离析、闪点、溶解度、旋转薄膜残留物实验。

⑥生产过程的质量控制

a. 掺量确定实验。选取不同掺量的 SBS 及稳定剂进行室内改性沥青的试件制作与试验,确定最终用于生产的改性配方,并依此得出指导生产的工艺。试验内容包括:针入度、针入度指数 PI、针入度指数回归系数 *R* 值、软化点、135℃运动黏度、延度、弹性恢复、离析、闪点、溶解度、旋转薄膜残留物实验(包括质量损失、针入度比、延度、动态剪切)、动态剪切试验(试验方法 AASHTO. TP5)、压力老化残留物(试验方法 AASHTO. TP5)、低温弯曲 60s(试验方法 AASHTO. TP1)、直接拉伸破坏应变(试验方法 AASHTO. TP3)。

b. 改性剂分散性试验。试验采用光学显微镜和荧光显微镜取改性沥青做切片试验,检查改性剂颗粒大小及分散程度。

生产时每班次至少抽检两次。检测内容包括:针入度、针入度指数 PI、软化点、135℃运动黏度、延度、蜡含量、闪点、溶解度、密度。

⑦试验设备。包括针入度仪、软化点仪、运动黏度仪、延度仪、蜡含量仪、闪点仪、溶解度、沥青密度仪、光学显微镜、荧光显微镜、旋转薄膜烘箱。

⑧检测频率。针入度、针入度指数PI、软化点、135℃运动黏度、延度、闪点、溶解度、密度、弹性恢复、离析、改性剂分散性试验、旋转薄膜残留物实验(包括质量损失、针入度比、延度)每生产班次检测一次,每次三个样品。

动态剪切试验、压力老化残留物、低温弯曲60s、直接拉伸破坏应变、DSC(差示扫描量热)、TGA(热重分析)、DMA、蜡含量、溶解度参数实验。原材料每次进场检测一次,每次三个样品。

(5)引入沥青监理

为了加强对沥青的质量控制,引入沥青监理非常有必要。沥青监理的职责为:

①沥青监理进驻施工单位现场、沥青生产厂家、沥青供应单位仓储地、改性沥青加工地,对沥青的生产、储存、运输、使用等多个环节实施全方位监控。

②监督沥青的来源、品牌、批次,保证施工单位使用业主指定的沥青。

③配合改性沥青生产厂家对基质沥青的各项指标进行检测。

④监督改性厂使用的各种改性剂及添加剂的质量及剂量。

⑤监督改性厂生产工艺的先进性和设备的完好。

⑥配合改性厂进行改性配合比的设计及修正。

⑦指导改性沥青的现场使用。

(6)沥青指标

现行沥青材料的指标尽管大多是经验指标,但各指标之间有相对的平衡,比如沥青的高、低温性能就是一对矛盾体,高温性能的提高往往意味着低温性能的下降。现行沥青的各项指标是国内外专家根据多年的实践经验得出的相对平衡的数据,所以在工程实践中不要片面提高某项指标。

为了提高抗车辙的能力,许多高速公路要求将软化点提高很多,以为这样路面就抗车辙了,其实不尽然。

第一,就综合能力而言,片面提高某项指标会造成综合指标的下降,对于整个路的性能得不偿失。尤其是改性沥青,单一提高某项指标(比如软化点、延度等)是很容易的,但带来的后果是沥青整体性能的降低,对路面寿命反而有害。所以对于沥青指标,满足规范要求或PC分级要求即可,没必要"提高"指标。

第二,在沥青质量满足要求下,沥青路面的早期破坏主要是级配、施工质量造成的,沥青问题占了很小的比重。比如车辙主要是级配和油石比决定的,单提高软化点解决不了车辙问题。沥青混合料抗水破坏、抗裂等能力与沥青关联度高,车辙、泛油、壅包、路面结构性破坏等与沥青关联度较低。

看问题采用辩证的观点,认为沥青好了就一好百好是不对的,但不重视沥青质量更不对。沥青好是优质路的前提,但不是唯一。但是,使用劣质的沥青一项就足够造成一条豆腐渣路,所以大家对沥青质量要加倍小心,花大力气抓沥青质量。

2)石料

石料的质量控制详见本书上篇第9章。

施工单位和监理每天要对所购集料至少进行一次筛分试验，进行配合比复测，并要求能够配出满足级配范围的级配曲线。

(1)关于机制砂和天然砂

机制砂是采用专门的加工设备，利用粗破过的洁净半成品料加工而成，具有一定的级配，各项指标均满足规范要求的细集料。

就目前的石料生产水平，很少有真正意义的机制砂，大多采用下脚料当机制砂。

(2)面层细集料是采用机制砂好呢？还是加入一部分天然砂好呢？

以笔者之见，如果能提供真正意义的(用专门设备加工的)机制砂，就没有必要添加天然砂；如果无法保证真正的“机制砂”，可以适当加入天然砂，就是因为：

①天然砂棱角性，小于45%；机制砂棱角性，大于42%，不是所有机制砂棱角性都比天然砂棱角性大。天然砂经过数万年的风化形成一个自然的级配，而石屑则是轧制碎石形成的残渣，级配不好，适当使用天然砂可使沥青混合料达到理想的级配。

②我国的石屑不是机制砂，与真正的机制砂差别是它含有大量的针片状颗粒，在拌和与碾压过程中很容易压碎，破坏了级配，使矿料间隙率降低，空隙率减小，沥青用量就显得多，反而会造成车辙。

③Superpave 混合料由于粗集料含量增加，使压实困难，适当使用天然砂，增加了混合料的和易性，降低了压实的困难程度，使压实较容易达到规定的密实度要求。

④最重要的理由是经济的理由，天然砂价格低于石屑。

大广线濮阳段高速公路全线细集料采用机制砂，不能使用天然砂。这是因为业主选择了一家大的石料生产厂，从上海购置了“山宝”牌制砂机专门生产机制砂，并且派石料监理进驻石料厂监督机制砂的生产，确保不是下脚料代替机制砂。

在岭南高速公路也采用了与大广线濮阳段高速公路同样的办法，用专门设备生产的机制砂。

3)矿粉

矿粉是沥青混合料中一种重要的原材料，决定着沥青胶浆的性质，易被大家忽视。

矿粉宜采用石灰岩。

矿粉在储存中最主要的问题是要防止受潮和结块。矿粉通常以袋装或散装的形式供应，并用斗式提升机或压缩空气系统输送至搅拌设备的粉料罐。粉料罐应装备有破拱装置，用压缩空气进行破拱是一种效果良好的方法。

每批矿粉进场时均应按国家规范对矿粉的规格、级配等特性进行取样分析，证明合格后方可进场堆放，并签发验收单。验收单应对矿粉的来源(石场)、原石的品种和特性、矿粉的规格和数量、进场日期、堆放地点以及特性试验的结果等进行登记。

矿粉质量检验的各项指标应符合沥青混合料用矿粉质量要求的技术标准。

(1)是否能利用回收粉尘

①我国规范规定干法除尘的粉尘可作为矿粉的一部分回收使用；湿法除尘的粉尘回收使用时应经干燥粉碎处理，且不得有杂质；回收粉尘的用量不得超过填料总量的25%；掺有回收粉尘的填料塑性指数不得大于4%。

②国外规范大多数国家允许使用回收矿粉，进行沥青混合料配合比设计时，应掺入相同数

量的回收矿粉进行配合比设计。只有德国规范上面层不允许掺加回收矿粉。

我个人观点是不能利用回收粉尘！坚决不能！

这是由于我国石料的加工水平落后，石料中含泥量较大，回收粉尘中大部分是土，回收使用影响沥青混合料的品质，影响混合料的路用性能。

如果细集料全采用机制砂（非下脚料），粗集料进行了水洗，可以按规范要求使用回收粉尘。

(2)矿粉中如何加入消石灰

为了增加石料的抗剥落能力，上面层中一般加入消石灰作为抗剥落剂（中、下面层也可以加入），加入量为矿粉总量的20%～25%。消石灰应选用Ⅲ级以上优质产品，在生产矿粉时按比例加入矿料中，经充分研磨与矿粉混合均匀。

4)其他

(1)抗剥落剂

抗剥落剂有化学产品、消石灰、水泥等。化学产品的抗剥落剂主要是氨类，由于目前对混合料的抗剥落能力检测方法比较简单，仅是水煮法，不太科学，不能准确反映石料的抗剥落能力。许多抗剥落剂从水煮法看确实提高了抗剥落能力，但是大多数氨类抗剥落剂溶于水，易挥发，长效性差，高温性能不稳定，经过拌和楼加热后就失去了功效，抗剥落能力不持久。另外，路面水损害取决于许多因素，包括不良路面排水，污染的集料，不恰当的混合料设计等等。混合料与沥青和水的关系是一个重要的性质，但不是唯一性质。有些混合料加了抗剥落剂，水稳定性并没有明显增加。

目前，消石灰是天然的抗剥落能力最佳加的添加剂，物美价廉，没必要花大价钱购买其他的抗剥落剂。消石灰在国外也广泛使用。

(2)纤维

纤维主要有木质素纤维、矿石纤维、聚合物纤维等，主要应用于SMA路面，起到吸附沥青、增强结合料黏结力和稳定混合料的作用。

那么普通沥青混合料中要不要加入纤维呢？

我个人认为没有必要。SMA加纤维是由SMA混合料的特殊性决定的。由于SMA混合料沥青含量高需要用纤维吸附、增黏和稳定。而普通混合料不同于SMA，加入纤维主要为了提高混合料的抗车辙能力。普通混合料一般采用骨架密实结构和GTM设计减少沥青路面车辙，加入纤维对沥青混合料的高温性能改善不明显。另高聚物纤维价格十分昂贵，一般要几万元一吨，大大增加了混合料成本，与起到的作用相比物有不值，不如省下这笔费用改花到别处。

(3)抗车辙剂

从本质上讲，抗车辙剂是一种增加沥青混合料高温性能的改性剂，主要成分是高聚物。从性能上看，加入抗车辙剂对混合料性能无害。但许多厂家夸大抗车辙剂的作用，起个玄乎的名字，吹嘘抗车辙剂的成分，以每吨数万元的价格卖出。如果沥青混合料为骨架密实结构，又使用了SBS改性沥青，就没有必要使用抗车辙剂；如果混合料为悬浮结构，可以考虑使用抗车辙剂提高混合料的高温性能。

(4)水泥

有的地方在沥青混合料中加入水泥代替一部分矿粉，主要目的是增加沥青与混合料的粘附能力和提高混合料的高温性能。有的文献说加入水泥能起到上面的作用,有的文献说加入水泥对沥青混合料的低温性能无利,原因是混合料脆性增加。由于笔者没进行这方面的尝试,也没有进行这方面的试验,这里不妄加评论,请读者经过试验,用数据说话,用指标验证,最后决定取舍。

8.4 配合比控制

1)混合料配合比的设计方法

混合料配合比的设计及调整有数解法和图解法两种常用方法,数解法有试算法和规划求解两种方法。由于试算法和图解法比较复杂,工程中建议使用规划求解法,因该法速度快、准确。

关于混合料配合比的设计,《道路建筑材料》(李立寒. 北京:人民交通出版社. 2003 年)中已作了详细介绍。

这里仅将规划求解法的原理和方法,结合河南大广线濮阳段高速公路和河南岭南高速公路的工程应用情况,作一简单介绍。

已知水泥稳定碎石混合料的设计级配范围和各档所需集料的筛分结果,可以用规划求解的方法精确确定和调整各档集料的用量比例,利用 Excel 软件,通过制作标准模板,便可轻松完成。该方法比图解法和手算法精确,运算速度快,一般情况下调整一个级配几分钟就可完成,并且调整起来很方便。过去用手算法和围解法计算一次混合料用量比例是很烦琐的,大多需要几十分钟,而调整好一个级配更需要一天或数天时间。随着计算机的普及应用,推广用电算法调整水泥稳定碎石混合料的配合比非常必要。然而由于电算法求解混合料的集料用量及调整混合料配合比是近几年的事,现在工地上能熟练应用该技术的不多,尽管教材中已经作了介绍,所以这里再介绍一下,以便于工程中运用和掌握。

(1)线性规划简述

线性规划,英文叫 Linear Programming(简称 LP),是数学规划的一个重要部分,而数学规划是运筹学的一个重要分支,所以有的资料直接将线性规划称为是运筹学的一个重要分支和组成部分。

①运筹学。运筹学属于现代应用数学的范畴,英文为 Operational Research,缩写为 OR,是近几十年才发现兴起的一门新兴学科。OR 的中文译名来自于成语"运筹帷幄",该成语源于汉帝刘邦的"夫运筹于帷幄之中,决胜于千里之外,吾不如子房",意为筹划、奇谋、策略。Operationd Research 一词最早出现在第二次世界大战期间英国对防空作战系统的军事研究文章中,为了进行英伦三岛的空防,以物理学家 Blackett 为首的科学研究小组对伦敦周围地区如何最有效地运用雷达布防进行了研究,以防备德国飞机的入侵问题。

运筹学诞生后,人们将研究运用、经营、管理方面的最优化问题纳入了运筹学的范围。而最优化问题最早是数学问题,是现代应用数学的分支,所以说运筹学与现代数学是密不可分的。运筹学可以看作是用数量分析的方法为决策者提供科学依据的一门学科,它把有关最优化问题归纳成数学模型,然后用数学方法进行数量分析和比较,从而求得系统最优运行的方案,供决策者参考。所以一般人们都将运筹学与最优化理论并述,因为他们研究的核心内容是一致的。

运筹学从诞生到发展仅仅50多年,但发展十分迅速,应用领域日趋广泛。目前,运筹学已应用到生产管理、交通运输、工程建设、军事作战、科学试验、体育比赛、财政经济和社会系统等各个领域,且应用领域仍在继续扩展。由于运筹学的运用,节省了投资,降低了能耗,节约了原材料,加速了新产品的开发和研制,缩短了工程的工期。运筹学在我国也得到广泛应用和推广,尽管还没有引起各级领导的重视,但作为新兴学科,我国许多高等院校都开设了《运筹学》课程,有的学校还专门开设了运筹学的专业。近几年,数学建模在我国方兴未艾,作为数学规划重要分支的线性规划必将引起大家的重视。

运筹学的内容很广泛,主要包括线性规划、非线性规划、整数规划、动态规划、多目标规划、参数规划、网络分析、存储论、排队论、决策论、对策论、模型论等。

②线性规划。线性规划是运筹学中产生较早、应用广泛的一个分支。研究线性规划问题最早的是苏联数学家康脱洛维奇,1939年他为了解决生产组织和管理中的一系列问题出版了《生产组织与计划的数学方法》一书,主要讨论了机床负荷分配、原材料的合理利用、下料、运输、库存等问题,也就是线性规划问题的雏形,并提出了"解乘数法"。由于受时代的限制,康脱洛维奇没有提出一个系统的求解方法和理论,在当时他提出的问题未能引起人们的足够重视。直到1947年,美国数学家 George B. Dantzig(丹捷格)提出了线性问题求解的一般解法——单纯形方法,并于1953年提出了修正单纯形法,使线性规划在理论上日趋成熟。

随着计算机技术的飞速发展,电算法求解线性规划问题的应用使线性规划问题求解变得轻而易举,促进了线性规划问题的发展和应用,使得线性规划求解问题得以丰富和完善。今天运用计算机可以轻松处理线性规划问题成千上万个约束条件和变量,线性规划广泛应用干工业、交通、农业、军事、体育、航天和商业等各个领域,已成为现代管理科学的重要基础和手段之一。

(2)线性规划研究的主要问题

线性规划问题诞生于人们在生产管理和经营活动中,是出于最优化的需要,线性规划主要解决两类问题。

第一类,如何合理地使用有限的人力、物力、财力等资源,以得到最大的经济效益,即目标函数是求最大值问题。

第二类,一项任务确定后,如何统筹安排,尽量做到用最少的人力、物力、财力等资源去完成这一任务,其目标函数是求最小值问题。

(3)线性规划问题的标准形式

线性规划问题数学模型的约束条件可以是线性方程,也可以是线性不等式;目标函数可以是求最大值或最小值。为了使用单纯形式法来求解线性规划问题,将一般的线性规划问题划成统一标准形式。

①紧缩形式

$$\min 或 \max = \sum_{i=1}^{n} C_i X_i \qquad s.t. \begin{cases} \sum_{x=1}^{n} a_{ij} x_j = b_i (i = 1、2 \cdots n) \\ X_j \geqslant 0 (j = 1、2 \cdots n) \end{cases} \tag{8-1}$$

②向量形式

$$\min 或 \max = CX \qquad s.t.\begin{cases}\sum_{j=1}^{1} P_j X_j = b \\ X \geqslant 0\end{cases} \tag{8-2}$$

③矩阵形式

$$\min 或 \max = CX \qquad s.t.\begin{cases}AX = b \\ X \geqslant 0\end{cases} \tag{8-3}$$

(4)线性规划问题的求解方法

对于线性规划问题的求解，主要方法有单纯形法、人工变量法、围解法等，这些方法都可以通过计算机用电算法求解。

2)施工中配合比的控制

为保证骨架密实结构的实现，必须保持级配稳定，措施如下：

(1)每天对所购集料至少进行一次筛分试验，进行配合，并要求能够配出满足级配范围的级配曲线。

取样时要在料堆上、中、下三个位置分别取样，然后混合四分，这样取样才有代表性。如果图省事在一个位置取样，筛分结果不准确，影响配合比的调整。

(2)各冷料仓皮带速度参照预定产量、流量与皮带速度关系及实验室提供的冷料比例进行设定。

(3)热料仓比例一经确定，不允许再随意调整，如确需调整，必须得到监理及业主同意。热料仓比例确定后贴封条，每三天复核一次，复核后由专人签字。

(4)沥青混合料生产过程中打印机必须逐盘打印，以便在线检查油石比及热料仓比例是否合理。

(5)每天混合料生产工作结束后，实验室必须对热料仓仓料进行筛分，并检查热料级配的变异性，如有较大变化，应及时上报并调整热料仓比例。筛分时应特别注意检查细料仓粉尘含量，确定拌和站抽风能力是否稳定。

(6)混合料油石比及级配检验所用混合料取样时，应在摊铺机后取未碾压过的样品，并注意不得将封层集料取出。各标段除每天进行抽提试验外，还应采用燃烧法进行油石比及级配检验一次。

过去混合料取样一般都在运输车上或拌和楼出料口取样，并没有代表性，经过摊铺环节后混合料级配将发生大的变异。在摊铺机后取样最有代表性，是最后的定型级配。方法是将取样托盘放在摊铺机前，做好托盘的位置标记，待摊铺机通过后混合料均匀摊铺到托盘里，将托盘取出对托盘里的混合料进行抽提和燃烧试验。取出托盘后在原位留下一个混合料空白区，用摊铺机斗里的混合料补上即可。

在摊铺机后取样除了可以进行常规的混合料抽提和燃烧试验外，重要的是还可以检查摊铺质量和摊铺效果，查看摊铺时是否产生上下离析。

(7)合格的热拌混合料生产控制要点主要为：尽量保证冷料级配变异性较小、冷料比例合理、冷料仓不混仓、冷料仓流量稳定合理、沥青及集料加热温度合理、仓料级配变异小、计量称准确、热料仓比例合理并能够保证基本不溢料、不等料、混合料能够连续稳定均匀生产、温度控制在155～165℃，混合料外观检查与技术人员施工经验有直接关系，建议在实验室制作标准试样并据此与生产的混合料外观进行对比。

(8)每天施工结束后要统计所有原材料的总用量,根据当天施工的路段长度计量所需材料的用量,与统计的原材料总用量对比,验证配合比。

(9)加强混合料的动态管理。成品料质量的动态管理是利用概率统计分析来控制热沥青混合料生产质量的一种管理方法。它通过对混合料生产过程的各种数据进行统计分析获得一系列代表这一生产过程的概率统计特征值,然后将这些统计分析结果随施工进度而变化的情况以图表的形式显示出来。通过这些概率统计特征值的变化可以帮助技术人员判断热沥青混合料的整个生产过程是否正常?如出现异常情况可帮助人们分析问题的原因及如何改正,还可以通过这些统计分析数据的变化趋势预测生产过程是否有偏离正常工艺过程的倾向,以便在成品料质量尚未超差之前就及时采取措施加以纠正。

成品料质量动态管理监测的参数可以是沥青、粉料的含量、某筛孔的通过率、成品料的温度、马歇尔试验的结果、搅拌设备生产过程总量控制的数据等等所有影响混合料生产质量的参数。

成品料质量控制的图表最常用的有个值控制图、平均值和标准差控制图、移位平均控制图、移位极差控制图、正态分布频率直方图。

(10)建议每一万吨混合料进行车辙检验及水稳性检验一次(估计每个标段3次)。动稳定度平均值不小于1000次/mm,残留稳定度不小于80%。

3)施工中配合比的调整

实际施工中使用标准级配模板调整配合比。

(1)标准级配模板简介

沥青混合料各档石料用量的确定,就是利用线性规划理论,在实际级配中值与设计级配中值之差的平方和为最小值的目标前提下,得出的各档料的用量比例。即为线性规划问题的第二类,目标函数为最小值问题。

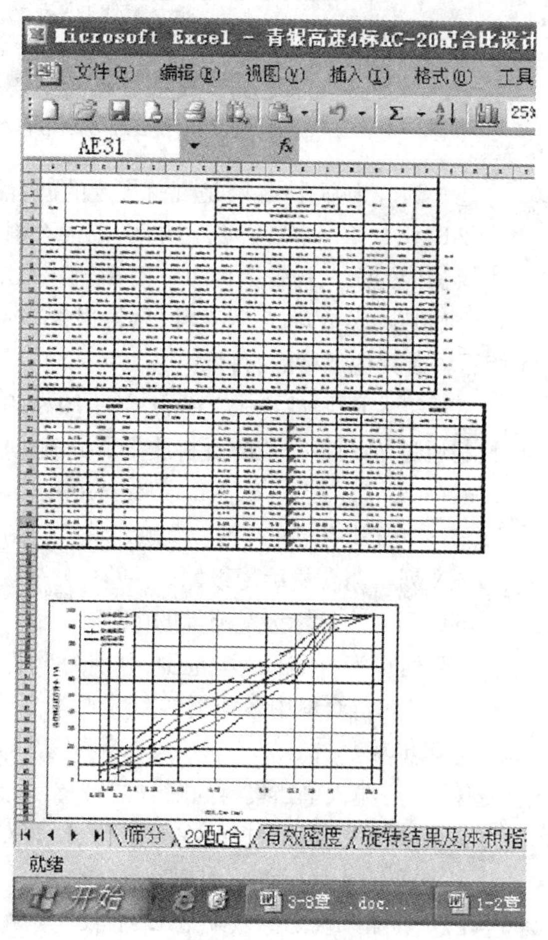

图8-1 沥青混合料标准级配模板

图8-1为沥青混合料标准级配模板,由两大部分组成,下部为级配图,上部为数据表。级配图与数表是联动的,规划求解后根据数表结果自动组成级配图。调整数据表中的数值,级配图会自动调整;同时调整级配曲线时据表中的数值也会自动更新。

级配图中有5条曲线,最上面的曲线为规范级配上限,上面的第二条曲线为目标级配上限,中间为合成级配曲线,下面的倒数第二条曲线为目标级配下限,最下面的曲线为规范级配下限。

图 8-2 为沥青混合料标准级配模板数据表,数据表中:

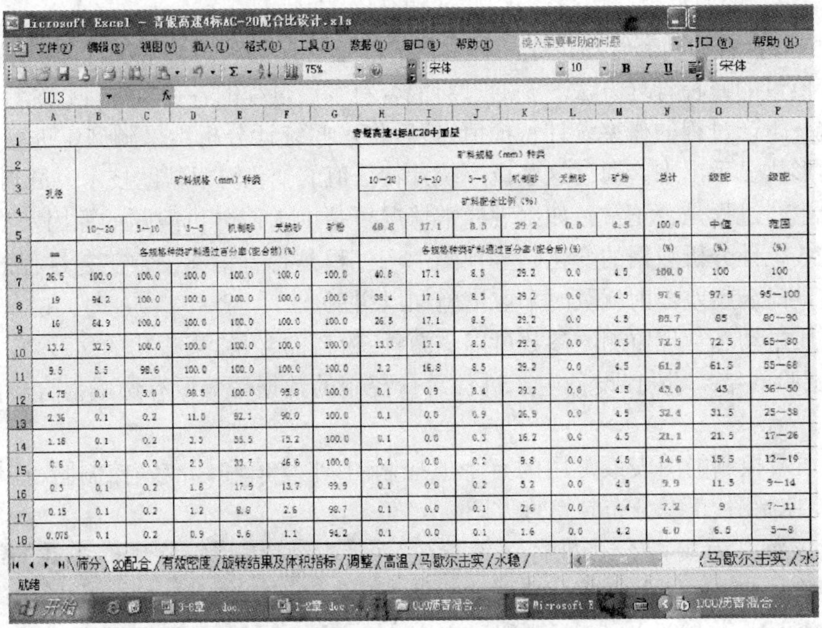

Microsoft Excel - 青银高速4标AC-20配合比设计.xls

	A	B	C	D	E	F	G	H	I	J	K	L	M	N	O	P
1	青银高速4标AC20中面层															
2–3	孔径	矿料规格(mm)种类						矿料规格(mm)种类 10~20	5~10	3~5	机制砂	天然砂	矿粉	总计	级配	级配
4								矿料配合比例(%)								
5		10~20	5~10	3~5	机制砂	天然砂	矿粉	40.8	17.1	8.5	29.2	0.0	4.5	100.0	中值	范围
6	mm	各规格种类矿料通过百分率(配合前)(%)						各规格种类矿料通过百分率(配合后)(%)						(%)	(%)	(%)
7	26.5	100.0	100.0	100.0	100.0	100.0	100.0	40.8	17.1	8.5	29.2	0.0	4.5	100.0	100	100
8	19	94.2	100.0	100.0	100.0	100.0	100.0	38.4	17.1	8.5	29.2	0.0	4.5	97.6	97.5	95~100
9	16	64.9	100.0	100.0	100.0	100.0	100.0	26.5	17.1	8.5	29.2	0.0	4.5	85.7	85	80~90
10	13.2	32.5	100.0	100.0	100.0	100.0	100.0	13.3	17.1	8.5	29.2	0.0	4.5	72.5	72.5	65~80
11	9.5	5.5	98.6	100.0	100.0	100.0	100.0	2.2	16.8	8.5	29.2	0.0	4.5	61.2	61.5	55~68
12	4.75	0.1	5.0	98.5	100.0	95.8	100.0	0.1	0.9	8.4	29.2	0.0	4.5	43.0	43	36~50
13	2.36	0.1	0.2	11.0	92.1	90.0	100.0	0.1	0.0	0.9	26.9	0.0	4.5	32.4	31.5	25~38
14	1.18	0.1	0.2	3.5	55.5	75.2	100.0	0.1	0.0	0.3	16.2	0.0	4.5	21.1	21.5	17~26
15	0.6	0.1	0.2	2.3	33.7	46.6	100.0	0.1	0.0	0.2	9.8	0.0	4.5	14.6	15.5	12~19
16	0.3	0.1	0.2	1.8	17.9	13.7	99.9	0.1	0.0	0.2	5.2	0.0	4.5	9.9	11.5	9~14
17	0.15	0.1	0.2	1.2	8.8	2.6	98.7	0.1	0.0	0.1	2.6	0.0	4.4	7.2	9	7~11
18	0.075	0.1	0.2	0.9	5.6	1.1	94.2	0.1	0.0	0.1	1.6	0.0	4.2	6.0	6.5	5~8

筛分 / 20配合 / 有效密度 / 旋转结果及体积指标 / 调整 / 高温 / 马歇尔击实 / 水稳

图 8-2　沥青混合料标准级配模板数据表

①A 列　为筛孔尺寸,是规范规定的沥青混合料标准方孔筛孔径。

②B、C、D、E、F、G 六列　为配合前混合料中各档不同规格石料通过 A 列筛孔的质量百分率,是已知数据,只需输入即可。图 8-2 中 AC20 的沥青混合料采用 10 ~ 20mm、5 ~ 10mm、3 ~ 5mm、机制砂、天然砂、矿粉 6 种材料,根据当地的石料加工情况和石料分级习惯,也可以采用 5 档石料或其他规格的石料。

③H、I、J、K、L、M 六列　为配合后 10 ~ 20mm、5 ~ 10mm、3 ~ 5mm、机制砂、天然砂、矿粉 6 种材料通过 A 列各筛孔的石料质量百分率。

其中 $H_4 + I_4 + J_4 + K_4 + L_4 + M_4 = 100$。

该 H、I、J、K、L、M 六列　为规划求解后的值。

④N 列　为合成后的级配。

⑤O 列　为目标级配范围的中值。

⑥P 列　为给出的级配范围,分别为上限和下限。

(2)求解混合料中各档集料用量比例

电算步骤

第一步:输入单档集料的筛分结果及目标级配范围中值。

如图 8-2,利用现有模板在 B、C、D、E、F、G 四列输入各规格集料的筛分通过率。

在 O 列输入目标级配中值。

在 P 列输入确定的级配上限、下限。

因为该模板是按照数解法的公式编辑好的计算程序,各行、列的计算公式已嵌入表中,不用输入者再重新建立。

第二步:设置规划求解参数。

要进行规划求解,必须建立目标控制多件和约束条件。

目标控制条件前面已提到即 $sum=\sum_{n=5}^{n}(X_{\mathrm{n}}-Y_{\mathrm{n}})2=\min$

①如图 8-3,在 Excel 工具栏中点击规划求解,出现图 8-4 所示的“规划求解参数对话框”。

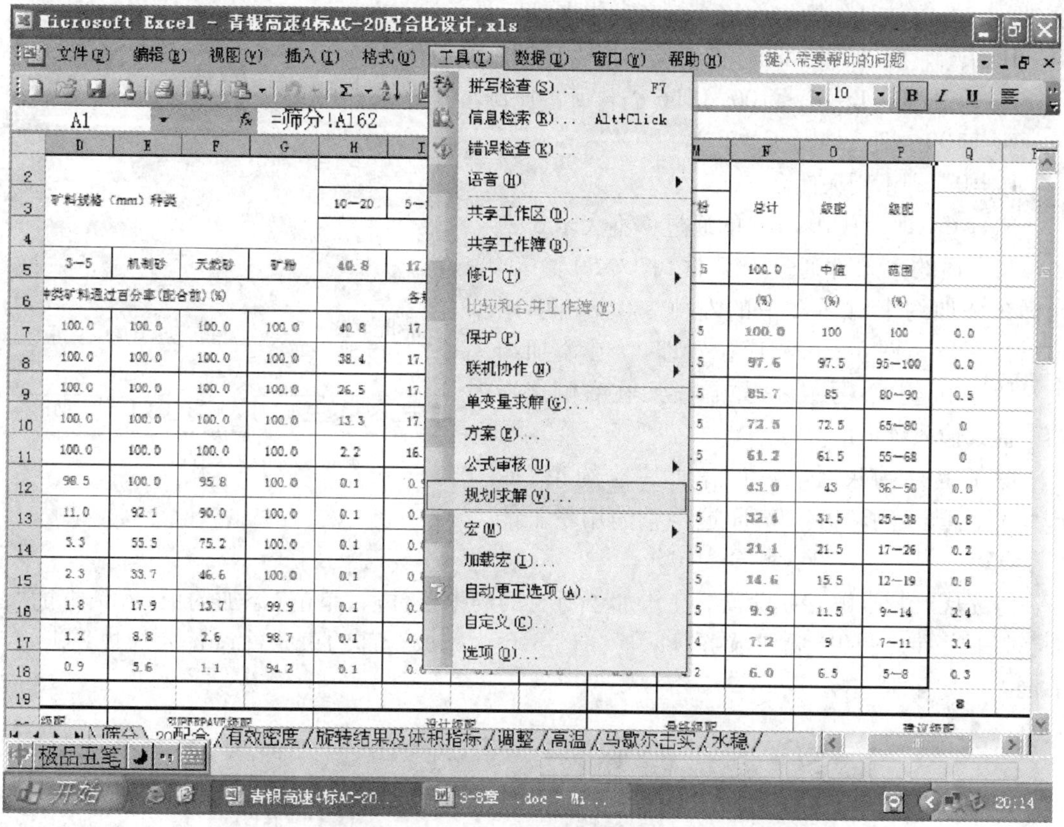

图 8-3 选择规范求解

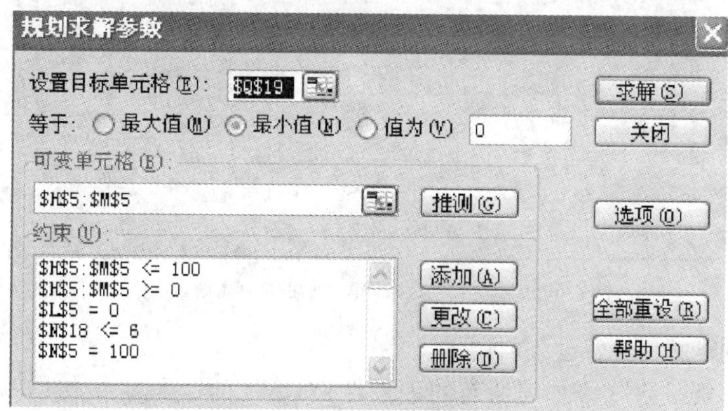

图 8-4 规划求解参数对话框

②设置目标单元格。在规划求解参数对话框中，将目标单元格设置为 Q_{19}（在图 8-2 点击方格框 Q_{19} 即可），选中最小值选择。即合成级配中值与目标级配中值差的平方和为最小值。

③设置可变单元格。按照图 8-2，可变单元格为 H_5、I_5、J_5、K_5、L_5、M_5；在图 8-2 中点击上面 6 个方格框即可。

④设置约束条件。单击图 8-4 中规划求解对话框中的“添加”按钮，弹出“添加约束”对话框（图 8-5），在该话框中依次输入各条约束条件。

H_5、I_5、J_5、K_5、L_5、$M_5 \geqslant 0$　即 6 档料所占比例不能为负。

H_5、I_5、J_5、K_5、L_5、$M_5 \leqslant 100$　即 6 档料所占比例小于或等于 100%。

$N_5 = 100$　即 6 档料所的和为 100%。

$L_5 = 0$　即不用天然砂。

$N_{18} \leqslant 6$　即筛孔 0.9mm 的通过率不大于 6%。

将上述约束条件通过对话框（图 8-5）输入。光标在添加约束对话框中的左侧“单元格引用位”，鼠标点击图 8-2 中相应位置即可，在添加约束对话框中选择 > 号或 < 号或 = 号，在右侧选择约束值或输入约束值。

图 8-5　“添加约束”对话框

除了上述约束外，还可增加其他约束，如 $H_5 \geqslant 35$，即规定了 10 ~ 20mm 这档料的用量不能小于 35%。

⑤完成规划求解参数设置。在添加了所有的约束条件后，单击“添加约束”对话框的“添加”键后，将重新弹出“规划求解对话框”，图 8-6 为完成全部约束条件设置后的规划求解对话框。

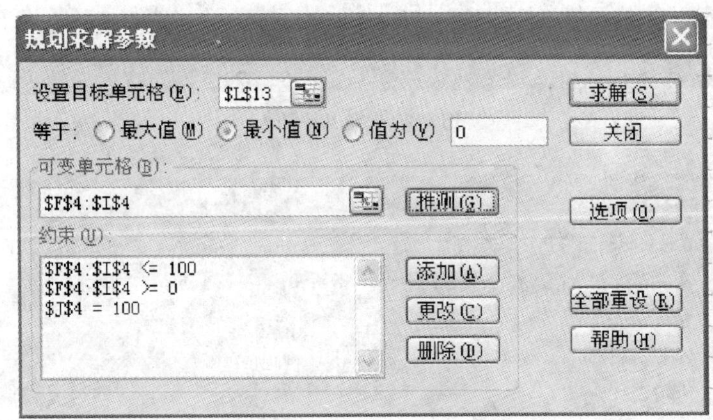

图 8-6　完成全部约束条件设置后的规划求解对话框

第三步：规划求解计算各种集料用量。

单击“规划求解参数”（添加完所有约束条件）对话框的“求解”按钮，开始进行规划求解运算，最后跳出图 8-7 所示的“规划求解结果”对话框。

如果求解结果为有解，选中“保存规划求解结果”，单击“确定”按钮，结束整个求解，在选中的可变单元格中将出现要计算的各集料用量(图8-8)。

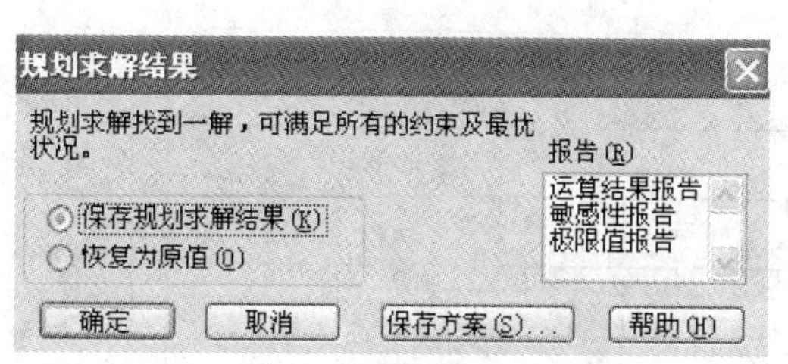

图8-7 “规划求解结果”对话框

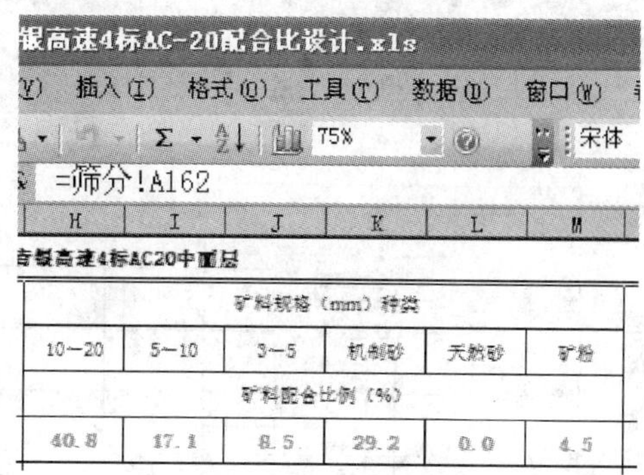

矿料规格(mm)种类					
10—20	5—10	3—5	机制砂	天然砂	矿粉
矿料配合比例(%)					
40.8	17.1	8.5	29.2	0.0	4.5

图8-8 计算的各集料用量

第四步：完成合成级配曲线。

本模板上部的数表和下部的合成级配曲线图是联动的，上面的数表规划求解结果生成后，自动完成合成级配曲线(图8-9)。

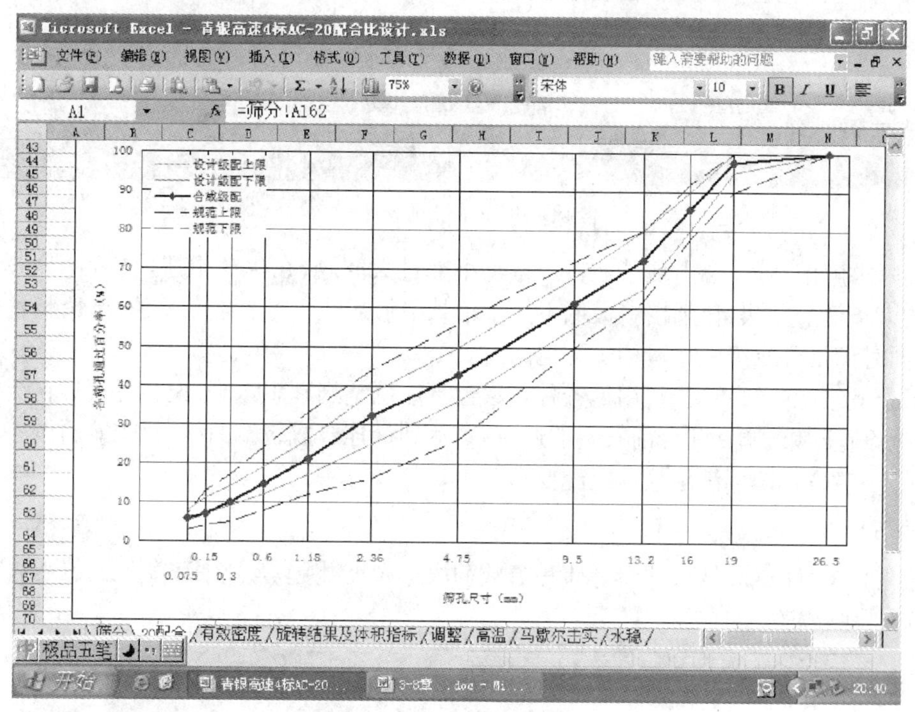

图8-9 合成级配曲线

(3)调整合成级配曲线和各档集料用量、检验各档石料级配。

如果生成的合成级配曲线不理想，如图8-10的级配曲线，9.5mm、13.2mm、16mm、19mm、26.5mm五个筛孔的通过率均在级配范围之下，主要原因是缺少5～10mm这档石料，级配存在缺陷，可通过调整各档集料用量的方法，使合成级配科学。

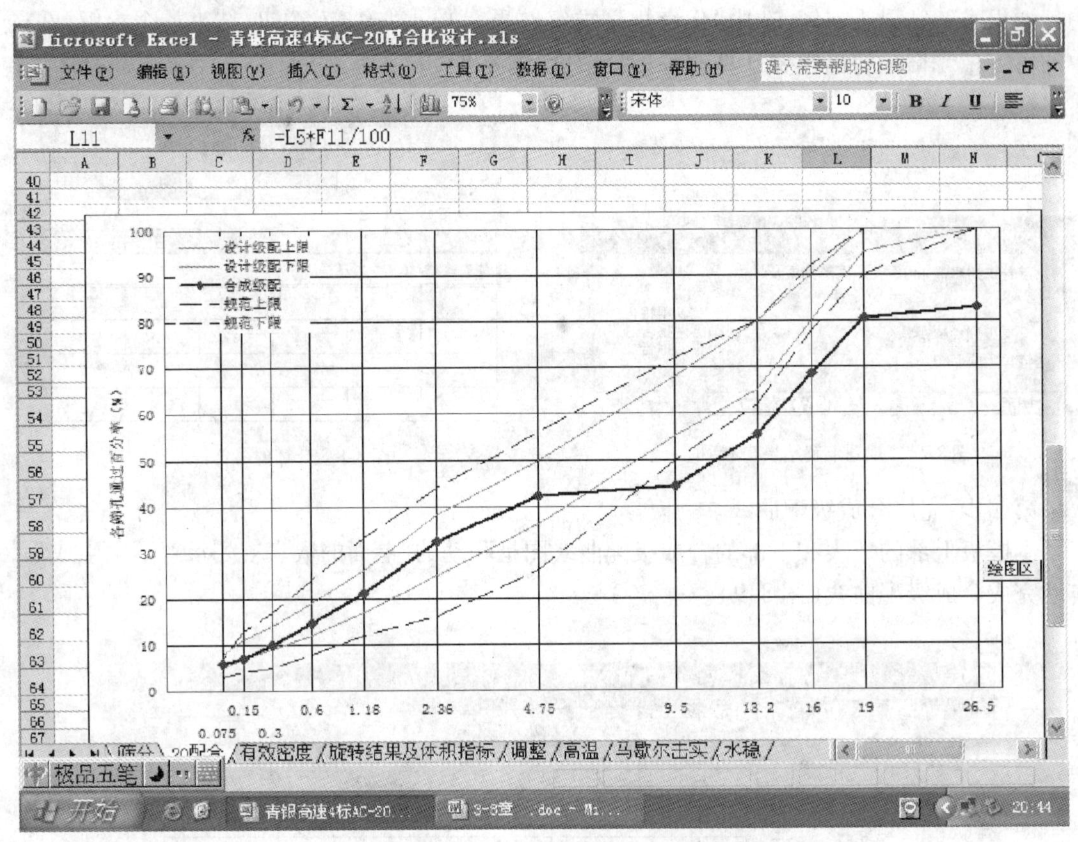

图 8-10 有缺陷的级配

在实际求解中,可能会出现某档料用量过小或过大问题,在生产中造成用料不平衡,可通过添加约束条件的办法,让某档料最低不能小于某一值或最大不超过某一值,来调整各档集料的用量,同时满足合成级配在目标级配范围内。

如果合成级配曲线不理想,用尽各种办法也不能调整到理想水平,说明各档集料级配有问题,可通过设置约束,调整配合前石料的通过率,达到最佳合成级配曲线后,按照新调整的单档石料级配生产石料,即可满足最佳级配要求。

4)油石比

综合考虑 GTM 试验结果并参考体积参数的大小及变化趋势,将 AC20 型沥青混合料最佳油石比确定为 4.0%。

8.5 施工设备

1)拌和设备

要求强制间歇式进口新型设备(图 8-11),4000 型,电子系统控制配合比(图 8-12),能打印出每盘混合料的数据,6 个料斗,储料仓容量 200t 以上。同时拌和站的面积不能少于 80 亩,硬化面积不少于 3 万平方米,采用水泥混凝土硬化,厚度不低于 10cm。各料场的分区要设置隔离墙,从沥青拌和站到路面之间的道路要硬化,以避免对路面的污染。

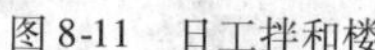
图 8-11 日工拌和楼

图 8-12 电子控制室

沥青路面施工时，拌和设备是主导设备，拌和楼的产量决定了整个路面的施工效率。拌和质量是第一关，拌和不出优质的混合料后面的优质路便无从谈起。

我负责的几条高速公路路面施工中，以进口拌和楼为主，个别标段使用了国产设备，但是尽管用国内名牌，从拌和质量，尤其是稳定性方面，国产的拌和楼确实不如进口拌和楼。从设备租金上，国产设备略低，1t 料也就省 1 元左右，但是国产设备故障率太高，施工经常停顿，施工缝多，平整度差，严重的还发生了油石比过大、过小、出废料，综合成本并不低，所以仍建议使用玛莲尼、日工等进口设备。

拌和设备的选择首先要考虑工期要求、路段长度、路面宽度，正常工期下一个 20km 的路面标，一台 4000 型的拌和楼足够（能满足日铺 1.5 ~ 2km 的要求），但是如果要缩短工期，标段又长或双向八车道，便要两台 3000 型或 4000 型的拌和楼。

选择拌和楼要注意尽量选用近 3 年左右的产品。现在已开发出混合料监控软件，旧的拌和楼兼容性差，与控制电脑对接困难，甚至不匹配。

2）摊铺设备

双机联铺和单机全幅摊铺均可，双机联铺要选择进口机械（如戴纳派克、ABG 系列原装进口设备），单机全幅摊铺建议使用陕西中大 DT1600 抗离析摊铺机加沥青混合料转运车。

我负责的三个项目，大广线濮阳段四个路面标，三个标段双机联铺加转运车，一个标段单机加转运车（图 8-13）；岭南高速公路六个路面标，四个标段单机加转运车，一个标段双机联铺（图 8-14）；新蔡至驻马店高速公路五个路面标，四个标段双机联铺，一个标段单机加转运车。

从使用效果看，单机（中大 DT1600）加运车优于双机联铺。

单机全幅摊铺时只有螺旋输送轴的中间在反向螺旋角度没调整好时有一个带状离析；而双机联铺时一般有三个离析带，两台摊铺机中间各一条，两台摊铺机并接处一条。尤其是并接处一条，根本无法消除。

图 8-15 为双机联铺的摊铺效果照片，可以清晰地看到三条离析带，且有片状离析，而图 8-16为中大摊铺机单机摊铺效果，表面料分布均匀，无离析带，无片状离析，摊铺效果对比一目了然。

图 8-13　单机全幅摊铺

图 8-14　双机联铺

图 8-15　双机联铺摊铺效果

图 8-16　单机全幅摊铺效果

图 8-17 为单机(中大摊铺机)摊铺的路面压实后雨中的照片,水膜分布均匀,无片状离析;而图 8-18 为双机联铺压实后雨中的照片,可以看出水膜分布不均匀,有清晰的带状离析和片状离析。

图 8-17　DT1400 摊铺机单机全幅摊铺雨后效果

图 8-18　双机联铺雨后效果

关于中大摊铺机的使用有一个小插曲。

2005 年年底,大广线濮阳段高速公路路面施工进入筹备阶段,定下的方案是双机联铺,路面十二标和中大业务员联合找到项目业主，要求使用单机摊铺。由于规范让使用双机，项目业主坚决不同意。中大厂家反复向项目业主讲述他们DT系列摊铺机的优点，项目业主仍不同意。最后征得上级单位的同意，并且中大厂与十二标签订了先做试验段，如果试验段失败承担所有损失的协议。中大厂的精神感动业主和监理，最后决定让十二标做单机试验段，其他标段做双机试验段。试验段做完后，出乎所有人的意外，中大单机摊铺、压实后的效果全面优于双机联铺（见图8-13～图8-22），取芯效果也优于双机联铺，单机摊铺上下无垂直离析，而双机上下离析明显（见图8-19～图8-22）。

图8-19　DT1400摊铺机单机宽幅摊铺无上下垂直离析

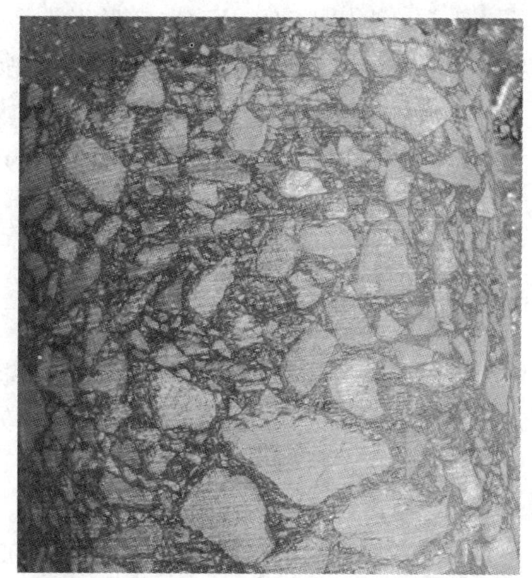

图8-20　双机并幅摊铺上下离析明显

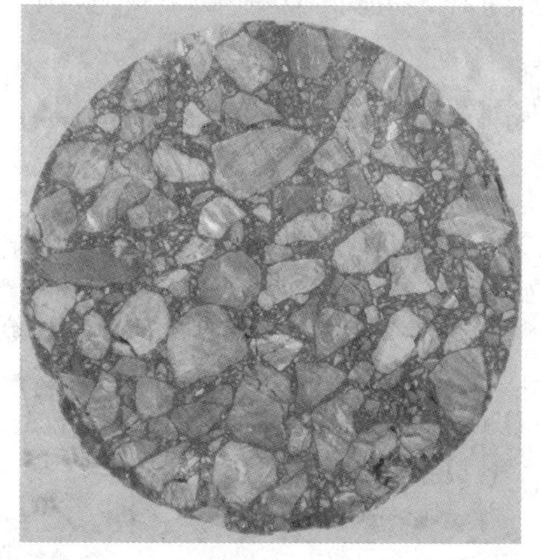

图8-21　DT1400摊铺机单机宽幅摊铺大料分布均匀

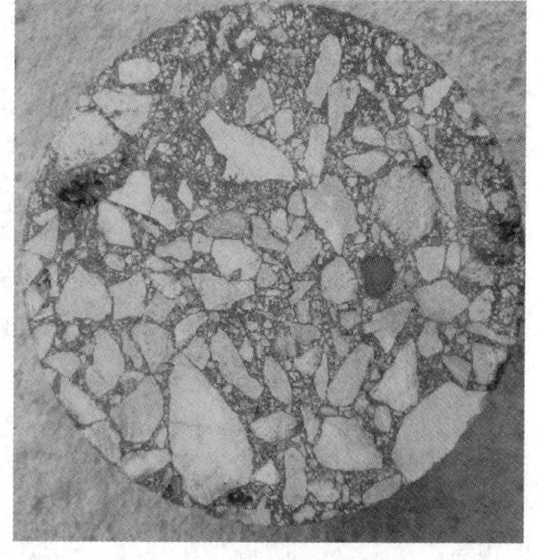

图8-22　双机并幅摊铺大料偏向一边

在岭南项目，全线建议推广使用中大DT系列摊铺机加转运车，取得良好的效果，在交通部检查和河南省检查中，路面质量均名列前茅，且平整度效果突出（后面有详述）。

下面介绍一下中大 DT1600 摊铺机。

(1)多功能

①沥青混合料单幅单机大宽度摊铺,最大摊铺宽度 16m 满足标准双向六车道高速公路单幅一次摊铺成型。

②水泥稳定碎石、稳定土等多种材料单幅单机大宽度大厚度摊铺,最大摊铺厚度 60cm,满足基层全度式一次摊铺成型。

(2)改善离析

①进口大扭矩液压马达直接驱动大直径螺旋,带载启动能力强,物料满埋螺旋输送,提高输料能力,降低螺旋工作转速,减少高速抛扬物料现象,输送物料及时均匀,改善横向离析。

②物料满埋螺旋输送,二次搅拌充分,改善料车装卸料、摊铺机收斗等前道工序造成的离析,大小物料均匀输送,改善片状、V 字形离析,有效防止了离析窝的出现。

③螺旋前方导料板高度可调,根据需要上下调节可有效防止大粒料沿导料板下沿滚落于地面,改善高度方向离析。

④加大螺旋料槽宽度,增大螺旋支撑点空间,畅通物料输送通道,改善横向离析和纵向带状离析。

⑤螺旋反向叶片数量可变、角度可调,提高塞料能力,改善中缝处离析。

⑥单幅单机大宽度摊铺,避免了并机梯形作业时泄料口物料滚落形成的竖向离析、并机接缝离析和温度离析。

(3)高平整度

①降低摊铺档最高行走速度,使机器在大宽度、大厚度摊铺时变量液压泵排量增大,容积效率提高,减少摊铺机因负荷变化引起的速度误差,保证行走的平稳性,提高摊铺平整度。

②提高螺旋链轮箱高度,避免在大摊铺厚度作业时链轮箱底部与摊铺面干涉,提高路面中缝处平整度。

③主熨平板的拼接方式为无缝结构,避免摊铺中缝拉毛现象。

④物料满埋螺旋,料槽中物料量变化误差小,摊铺密实均匀平整,保证碾压后的平整度。

⑤标准配置非接触式多组多探头自动调平智能控制系统。

⑥输料分料系统比例控制,供料均匀。

⑦振捣频率相对摊铺速度自动比例控制。在每个摊铺作业循环的启动加速过程中,振捣梁的振距与正常摊铺的振距保持一致,使摊铺路面密实度均匀,提高了平整度。

⑧熨平装置防爬升、防下沉、延时浮动摊铺装置。在每个摊铺作业循环的启动和停机过程中,熨平板的高度和工作角保持不变,提高了平整度和压实度的均匀程度。

⑨调频变幅双振捣装置。根据不同的摊铺材料和对摊铺层压实度的要求设定振频、振幅,从而达到理想的捣实效果。

⑩宽敞的料槽和全埋螺旋叶片连续输料,向熨平板前沿塞料充足,增强了熨平板对摊铺层的预压实效果,从而提高了压实度。

(4)整机匹配

①采用依维柯原装进口 269kW、共轨、电喷、电子调速发动机,可满足满埋螺旋大功率输料、大厚度、大宽度摊铺稳定土的动力需要,并可有效避免大吨位料车撞击、制动等的影响,使

摊铺机工作更平稳、更可靠并更省油。

②进口力士乐或萨澳液压行走系统并降额匹配,保证机器工作可靠,提高行驶稳定性。

③进口大扭矩 SAI 液压马达直接驱动螺旋,带载启动能力强,变速迅速,工作可靠,提高了抗离析能力和平整度。

④电磁阀、速度控制器、超声波料位器、非接触式自动调平控制器系统、集中润滑系统、主要轴承、皮带、密封件、电器元件均为进口配套,充分保证整机性能及可靠性。

⑤螺旋、刮板、熨平装置摩擦副采用进口集中强制压力润滑,工作可靠、保养方便。

⑥整机重心位置合理,转场运输中无须另加配重。

⑦发动机采用三点支撑(异于常用的四点支撑),维修方便,在不平地面行驶时车架变形不影响发动机工作状态。

⑧螺旋叶片采用耐磨合金材料,耐磨性、韧性增加,寿命长。

⑨熨平装置采用大调节量调节机构,充分满足稳定土摊铺时厚度变化量大的调节需要,有效解决一机多用的控制调节问题。

(5)国家专利辅助卸料系统

①液压伸缩推辊和倾翻灵活控制的辅助料斗与主料斗衔接配合(图 8-23),减小了料车后门形成的输料不畅,用最短的时间快速完成卸料工序,既防止了料车卸料抛撒,又提高了刮板输送效率,满足了大厚度一次作业对输料量的要求。同时由于辅料斗的前后收放,改善了卸料离析。

图 8-23 国家专利辅助卸料系统

②简易的液压伸缩熨平装置。

③轻巧的液压伸缩挡料板是对熨平装置功能的完善和扩充,操作简单,伸缩自如,适应挖方、填方路基、桥面等宽度变化的要求以及补救行驶方向偏差,大大减小操作员劳动强度,尤其是在隔离墩预先设置好、传统螺杆无法调节的情况下更显出了极大优越性。

3)压实机械

一般要求 7 台压实设备,3 台 30t 以上胶轮压路机;1 台 11t 双钢轮振动机;12t 以上双钢轮振动压路机 3 台(进口设备)。最低配置要求 5 台,在 7 台的基层上减少1 台胶轮压路机和1 台 11t 双钢轮振动机。

对于沥青路面压实机械,许工的 XP301 胶轮压路机即可(陕西中大集团已生产出 35t 胶轮压路机),为了提高压实效果可对胶轮配重,见图 8-24。对于双钢轮振动压路机,还是选用进口压路机为好。从几个项目看,戴纳派克(图 8-25)、宝马和英格索兰三个品牌的压实效果最好,激振力大,压实均匀,无波浪,故障率低,而国产压路机的通病是整机性能不稳定,易损件质量差,细节做得不够好。

图 8-24　胶轮压路机配重

图 8-25　戴纳派克双钢轮振动压路机

另外,压路机的喷水装置即喷水量一定要可调,压路机喷水目的是防止粘轮,如果不粘轮尽量少喷水或不喷水,有的压路机自动喷水,流量不能调整,造成路面温度下降,影响压实;另外将大量的水封到路面内不易排出,影响路面寿命。

4)沥青混合料中转车

单机全幅摊铺需配沥青混合料中转车(图 8-26),要求使用储存能力 25t 以上、具有二次搅拌功能。

关于沥青混合料转运车的使用,业内有两种观点,一种认为没必要甚至有害,另一种观点是用了好。我个人观点是双机联铺没有必要用转运车,单机配转运车的效果最佳。

目前最佳的摊铺模式是:中大 DT1600 摊铺机加转运车。

图 8-26　沥青混合料中转车

至于转运车是进口的好还是国产的好,大广线濮阳段高速公路一个标用的是进口机 ROADTEC,另外三个标用的是国产三一牌,从效果上看都可以,国产机价格便宜,服务质量跟得上,没必要非用进口机。岭南高速和新蔡至驻马店高速用的都是国产三一牌,效果很理想。

下面简单说明一下为什么要采用转运车。

(1)传统摊铺施工工艺存在严重不足

①运料卡车对摊铺机的撞击无法避免。

②摊铺机“连续作业”无法保证。

③对集料离析无法改善，甚至还会加大，无法保证沥青混合料的均匀性。

④沥青混合料的热量损失和温度差异大（温度离析）。

为了解决传统施工工艺的不足，在路面成套施工设备中增加了一种新设备——沥青混合料转运车，自卸车装载的沥青混合料通过转运车的再次搅拌后，输入到摊铺机中进行摊铺、压实。

(2)沥青混合料转运车的使用对沥青路面铺筑施工工艺带来了革命性的改进

①消除了运料卡车对摊铺机的碰撞，提高了摊铺路面的质量。

使用沥青混合料转运车后，运料车不再将料直接倒入摊铺机受料斗，而是先倒入转运车，运料卡车不会再对摊铺机产生撞击。转运车具有与摊铺机保持恒速、恒距离的功能，再加上其特有的悬臂输料系统，保证了转运车也不会与摊铺机发生接触。

②能有效保证摊铺机“连续”工作。

传统方式的摊铺机作业过程中，摊铺机的附着（顶推）重量是一个连续减料的过程，因此滑转率是一个变量，从而使得实际作业速度非恒定。通过转运车的使用，可使摊铺机料仓中的储料维持一个变化不大或基本不变的量，而且是平稳、均匀加料，从而使附着重量不变或变化微小，实现真正意义上的恒速摊铺，进一步提高摊铺作业的均匀性。

沥青混合料转运车一般都拥有25t以上的储料能力，能良好地避免因运料车速度不一致和故障等原因造成的停机待料现象，保证路面的连续摊铺。

③有效改善了沥青混合料在摊铺时存在的温度离析和材料离析。

运料卡车将已产生集料离析和温度离析的混合料倒入沥青混合料转运车，因转运车采用了变径变节距的螺旋搅拌技术，可以根据集料离析和温度离析材料在储料仓中的分布规律，从不同位置取相应量的料进行均匀的二次拌和，然后再将物料通过悬臂输料系统，平稳地输送至摊铺机受料斗内，有效改善和解决了摊铺时沥青混合料集料离析和温度离析严重的问题。

使用沥青混合料转运车后，可在原沥青摊铺机的受料斗上再放置一个经过改良的料斗，以解决原受料斗两侧易堆积过多粗粒料、冷粒料、且不易往后输送的问题。从根本上解决了摊铺机本身因频繁“收斗”而产生离析的难题。

④提高了施工速度，减少了运料车数量。

使用转运车后，不必由摊铺机提供自卸车和混合料的行进动力，可以减少摊铺机顶推负荷，保证摊铺机连续工作，还能提高摊铺机的作业速度，提高摊铺效率，从而改善了摊铺机的动力性、经济性、作业稳定性和作业效率。

转运车巨大的储料仓，可储存足够的混合料，不仅有效避免了停机待料现象的发生，还使运料车在卸料时不必再排长队，减少了运料卡车的数量。

⑤提高路面质量。

提高了作业质量和路面的使用性能，延长了路面的使用寿命，大大节约了路面的养护和长期维修费用。

(3)经济技术分析

每台25型的沥青混合料转运车国产车价格在300万上下，进口价在400万左右，如果租用每月约30万元，按标准双向四高速公路单幅12m算，每天可作业1500m，施工成本每平方米机械成本1.3元，燃油成本每平方米0.05元，合计增加施工成本1.35元/m^2。使用转运车后可减少一台摊铺机，实际增加成本仅是转运车与摊铺机租赁费的价差，增加成本并不大，无论是施工单位或是业主都能承受得起。

5）沥青洒布车

要求选用带微电脑控制的智能型洒布机（图 8-27），加热系统采用导热油进口全自动燃烧器，$8m^3$ 以上，洒布宽度 6m 左右。

图 8-27　智能沥青洒布车

沥青洒布车国产的"达钢"牌质量相当不错，洒布均匀，整机性能稳定，价格适中，完全不逊于进口设备，在许多方面甚至优于进口设备，在国内拥有量很大，占据了较大的市场份额。

6）运输车辆

按常规配置。

7）其他辅助设备

小型铣刨机 1 台，水磨石磨光机 1 台，小吨位压路机 1 台。

小型铣刨机主要用于铣刨基层超高部位，如接缝、桥头、施工缝等位置，为了保证面层的平整度首先要从基层抓起，重点解决关键部位。

水磨石磨光机主要用于磨去沥青面层平整度超标的部位，如施工缝、各种冷接缝、桥头等。磨缝虽然对行车舒适性效果不明显，但可以大幅度提高平整度检测数据。大广线濮阳段高速公路面层铺完后，个别段落平整度差，用磨光机处理后平整度指数提高很多（图 8-28、图 8-29）。

图 8-28　正在处理接缝

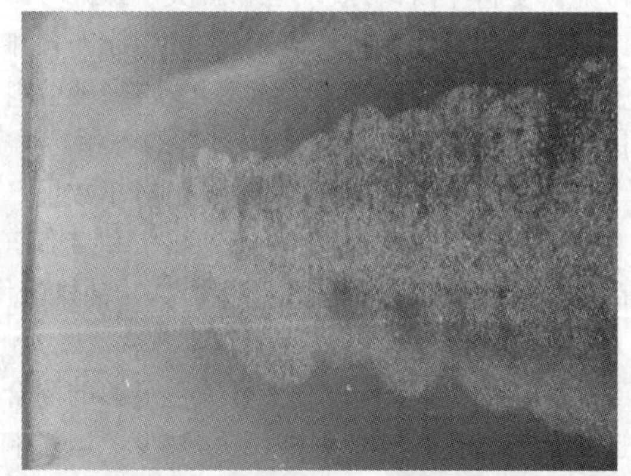

图 8-29　处理后的效果

8.6　拌和质量控制要点

施工中要做到油石比正确，误差控制在 −0.1% ~ +0.2% 的范围内。

保证冷料级配变异性较小、比例合理，冷料仓不混仓、流量稳定合理，沥青及集料加热温度合理、仓料级配变异小、计量称准确、热料仓比例合理并能够保证基本不溢料、不等料、混合料能够连续稳定均匀生产。沥青混合料拌和时间要充足，沥青加热温度为155～165℃，集料加热温度175～185℃，如果使用沥青混合料中转车有5～8℃的温度损失，混合料出厂温度取规范上限。

为有效控制拌和质量，天津市政工程研究院等开发出热拌沥青混合料监控软件，下面简要介绍一下。

1）热拌沥青混合料生产存在的问题

热拌沥青混合料质量稳定性（包括级配、油石比、温度等）是沥青路面具有良好路用性能的前提。我国高速公路建设及养护过程中，生产沥青混合料的拌和楼大都采用间歇式拌和设备，规范明确要求拌和设备必须配备打印机，并实时打印相关数据，这对沥青混合料质量控制起到了重要的作用。但到目前为止，除打印机外，国产及进口的拌和设备几乎都没有数据采集系统，更无实时在线数据处理分析及监测系统，这就使得沥青拌和楼拌和质量的实时监控十分困难，某些情况下甚至严重影响了沥青路面的路用性能。主要原因在于：

（1）现有沥青混合料检测手段不能满足实时监控的要求

目前工程主要根据实验室检测结果判断沥青混合料质量（主要是级配、油石比）是否符合要求。首先实验室样本量太少，规范规定每台拌和设备每天抽提筛分试验进行1～2次，对混合料质量进行检验，以如此小的检测频率来评定上千吨混合料的质量，代表性不强。其次由于试验方法本身，特别是取样代表性不强等原因，导致工程技术人员即使在发现问题的情况下，也难以根据实验室抽提筛分试验检测结果立刻做出判断并采取措施。导致在沥青混合料质量确实出现问题的情况下，不能采取断然措施，致使大量有质量问题的混合料摊铺到路面，最终影响到沥青路面的质量或造成较大的经济损失。

（2）拌和楼打印数据不能充分发挥作用

目前拌和楼打印的数据主要包括每盘料的各热料仓放料质量、沥青质量、温度及混合料总质量，平均45～60s打印一组数据。以100km高速公路计算，工程完成后拌和楼总计打印数据多达250万个。这些数据都是最原始的数据，非专业人员难以读懂，即使是专业人员，也需要将这些数据进行加工处理，从而判断混合料质量是否满足要求。没有相关软件及实时处理系统，在短时间内实时处理数据并判断混合料质量是否满足要求，即使最专业的技术人员也难以做到。目前实际情况是，拌和楼打印的数据基本上未进行任何处理，只作为应付检查用，工程完成后，由于工作量太大，对这些数据的统计工作基本上不可能完成。

（3）沥青混合料拌和工作与质量检测工作脱节

一般来说，拌和楼操作人员对拌和楼机械设备运行比较熟悉，但对沥青混合料质量控制则相对薄弱。拌和楼各称量设备标定完成后，操作人员根据实验室提供的各热料仓比例及沥青比例进行拌和，试验检测人员则对拌和的混合料采用抽提法或燃烧法进行事后（决不是过程控制）质量检测。而在大量配合比设计基础上提出的热料仓比例及沥青用量如何精确地在每一盘料实现，保证每一盘料的误差不超过能够容忍的范围，即实时控制监测，则成为拌和操作人员及试验检测人员共同忽视的问题。正是这种工作环节的脱节，导致了混合料质量控制在线检测困难增大。

（4）热料筛分不及时

生产配合比设计根据热料仓仓料筛分结果进行设计，然后间歇式拌和楼根据试验检测人员提供的热料比例生产成品热拌沥青混合料。由于冷料级配的变化必然引起热料仓热料级配的改变,因此理论上要求拌和楼在生产沥青混合料时,应根据变化的热料仓热料级配及时调整热料比例,否则难以满足质量要求。但由于目前热料筛分取样困难,筛分工作量大,导致在整个工程中热料仓级配检验工作量远远不足,甚至有的工程只根据试拌时确定的热料仓比例完成整个工程的混合料拌和工作,这肯定会导致沥青混合料级配难以满足要求。

由于以上主要原因,沥青混合料拌和质量难以实现在线实时监控,致使大量不合格产品应用于路面,造成路面质量不稳定。更进一步,即使工程完成后,也只能用极其有限的检测数据及分析结果来描述大量的混合料质量,造成沥青混合料质量评价系统失控,难以评价已建工程质量。

综上,本项目将在已有拌和楼质量控制系统的基础上,进一步开发沥青混合料质量实时控制监测系统,实时监测并评价每一盘沥青混合料的质量(包括温度、油石比、级配等),实时统计并评价整个工程已拌混合料的总体质量,并为拌和楼操作人员及试验检测人员提供在各种情况下的问题解决方案。同时,在施工过程中实时将所有质量检测及统计结果通过网络传送给项目管理者,为项目管理者第一时间发现问题并进行决策提供可靠、有效的数据。

项目的开发将在现有沥青混合料质量检测系统的基础上,实现由效率低的事后检测向实时控制监测的突破,对提高沥青沥青路面质量,提高管理效率,节约建设资金,保证监测数据的真实性及可靠性,提高路面质量评价客观性上产生深远的影响。

2)国内外发展概况

热拌沥青混合料质量实时控制监测系统涉及的知识领域较广。开发此系统要求熟悉包括计算机软件、计算机硬件、拌和设备软件、硬件、沥青混合料质量控制、沥青混合料配合比设计等方面的知识,属于交叉学科较多、开发难度较大的项目,因此目前国内外此领域的开发成果基本上仅限于实时打印每一盘沥青混合料相关拌和数据,而没有实时监测及评价分析系统,更没有解决问题的专家系统。长安大学近期开发了能够自动从拌和楼取出数据并人工进行数据处理的混合料质量评价系统,为进一步实现沥青混合料质量实时控制监测系统打下了坚实的基础。

3)发展趋势

目前我国仍处于大规模高速公路建设时期。可以预见,不久的将来,我国还将进入大规模的高速公路维修期,沥青混合料用量有增无减,沥青混合料质量必将越来越受到高度关注。为提高沥青混合料质量及稳定性,提高沥青路面质量,为国家节约建设及养护资金,沥青混合料质量实现在线实时监测控制必将是发展的大趋势。

我国《沥青路面施工技术规范》(JTG F40—2004)在2004年已明确规定要实现热拌沥青混合料实时监控。主要有以下要求:

(1)拌和过程中计算机通过传感器采集每拌和一盘混合料的各项数据,由计算机自动处理,进行沥青混合料质量的在线监测。

(2)计算机逐盘采集各项数据,按照各料仓的筛分曲线,逐锅计算出矿料级配,与工程设计级配范围及容许的施工波动范围进行比较,实时评定矿料级配是否符合要求。

(3)计算机逐盘采集沥青结合料的实际使用量及沥青混合料的生产量,计算油石比,并与设计值及容许波动范围相比较,评定是否符合要求。

由上可见,我国规范对沥青混合料实时监控十分关注,但由于监控系统软件未及时开发,因此规范要求难以实现。

在此情况下,开发热拌沥青混合料质量实时控制系统就显得十分必要和有意义了。

4)程序内容

程序研究开发内容主要有四大方面:拌和楼数据采集系统、热料仓热料自动筛分系统、数据处理系统及网络系统。

(1)拌和楼数据采集系统

用一台计算机模拟工控机,通过打印机并口做两计算机之间的通信,进行模拟实验,然后再用于工控机现场,把搅拌设备采集的数据传到计算机中。

打印口实际上是1个并行输出口,它与打印机是通过1个25芯连接器来连接的。微机为打印口分配了3个端口地址。最初的打印口只是设计用来连接打印机,数据只能输出,不能输入,这种打印口称为标准并行口(SPP)。但随着计算机技术的发展,外设大量增加,有时还会要求并行口连接其他外设,进行双向数据传输和高速数据传输。引进了PS/2设计后,打印口开始支持双向操作。这种双向操作不改变信号的定义,也不改变引脚功能或其他方面,并与标准并行口兼容。

并行通信是计算机通信技术中的一个重要分支,它具有通信速率高、软硬件实现比较容易等特点。本项目拟采用两台计算机用并口电缆直接连接,并行通信软件采用C语言进行编程,并行通信软件主要包括通信端口的自动检测、握手联络信号检测、并行数据发送接收和操作界面等几个基本程序模块,并把软件装到另一台存储专用的计算机上,从而提取打印数据。

(2)热料仓热料自动筛分系统

开发图像分析系统,根据热料仓热料图像自动生成热料级配曲线,计算热料级配。或研制开发自动机械筛分系统,大大缩短热料筛分时间,提高筛分频率,及时调整热料比例,在拌和过程中及时调整热料比例,保证沥青混合料级配的稳定性。

(3)数据处理系统

数据处理系统包括以下方面的内容:

①基于GTM的沥青混合料目标配合比设计计算系统。

根据天津市市政工程研究院的研究成果,开发基于GTM方法的沥青混合料配合比设计计算软件系统,输入集料有效相对密度、集料松装密度、插捣密度等,计算机软件自动计算配合比设计结果,供施工参考。

②基于目标配合比的生产配合比设计计算系统。

目前沥青混合料生产配合比设计的最大问题在于与目标配合比设计的脱节。实际上,生产配合比热料仓比例必须根据热料仓实际集料数量及比例论证地进行设计。而实际情况是生产配合比设计与目标配合比设计严重脱节,导致拌和楼经常出现严重的溢料等料现象,本软件系统将统筹考虑目标配合比集料比例、热料仓实际热料比例等,最终论证地确定生产配合比集料比例,确保最大程度上减少溢料等料现象的发生,提高生产效率,减少浪费现象。

③每盘沥青混合料级配的实时监控。

计算机实时处理从拌和楼采集的热料仓比例及热料仓筛分结果，并用级配图（而不是枯燥的数据）显示每盘沥青混合料级配情况并作出评价（图8-30）。

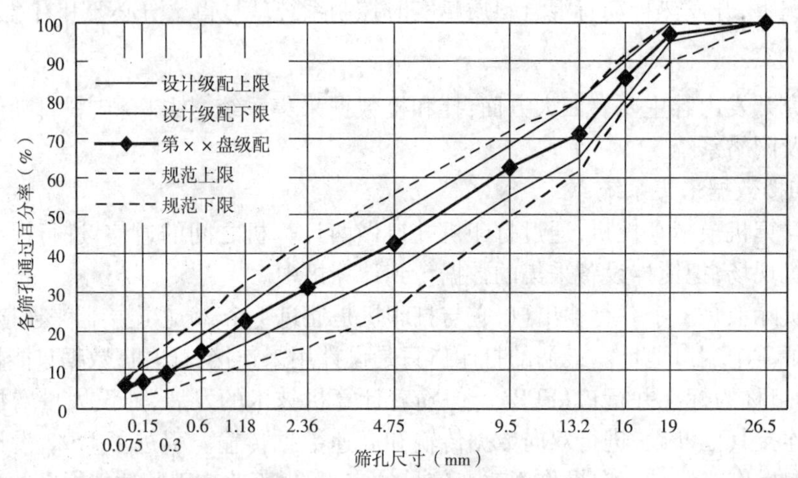

图8-30 每盘沥青混合料级配图

用图示的方式直观、简单，专业或非专业人员均可以根据级配图直观地分析级配是否符合要求，软件也将对每盘料级配做出评价。

④每盘沥青混合料油石比的实时监控。

根据集料用量及沥青用量，系统实时计算每盘沥青混合料实际油石比，并与规定油石比范围进行比较，对每盘油石比是否符合要求做出评价。

⑤沥青混合料级配实时统计分析。

每拌一盘沥青混合料，软件将以图表的形式直观显示包括此盘的所有沥青混合料级配分析统计结果，并对统计分析结果进行评价。

⑥沥青混合料油石比实时统计分析。

每拌一盘沥青混合料，软件将以图表的形式直观显示包括此盘所有的沥青混合料油石比分析统计结果，并对统计分析结果进行评价。

⑦专家系统。

首先，专家系统对生产的所有沥青混合料质量作出客观评价。

其次，当沥青混合料级配或油石比达不到设计要求，专家系统会提示拌和设备操作人员或试验检测人员处理解决方案。

(4)网络系统

通过网络实时将以上数据处理结果传送给项目管理人员，供项目管理者及时准确决策。

5)技术路线

本程序按照以下技术路线进行软件系统的开发：

(1)采用两台计算机用并口电缆直接连接，并行通信软件采用C语言进行编程，并行通信软件主要包括通信端口的自动检测、握手联络信号检测、并行数据发送接收和操作界面等几个基本程序模块,并把软件装到另一台存储专用的计算机上,提取打印数据。

(2)研制热料自动筛分系统。

(3)编制程序软件,可自动进行基于 GTM 的沥青混合料配合比设计计算,可进行基于目标配合比设计的生产配合比设计计算。

(4)编制程序软件,将提取的数据实时进行处理。在计算机屏幕上同时形成每盘沥青混合料级配图、已拌沥青混合料级配统计图、每盘沥青混合料油石比分析图、已拌沥青混合料油石比统计图。无论是专业还是非专业人员都可根据图形变化直接判断沥青混合料质量是否符合要求,大大简化了判断过程,提高了生产效率。

(5)编制专家系统程序软件,为专业或非专业人员提供解决问题的方案。

(6)实现数据实时网络传送,将数据实时传送给项目管理者进行及时、准确的决策。

6)创新点及技术关键

(1)提出基于 GTM 的沥青混合料配合比设计计算方法,并编制软件实现计算机计算。

(2)提出基于目标配合比设计结果的生产配合比设计计算方法,并编制软件,实现计算机计算。

(3)从拌和楼提取数据、热料仓热料级配自动分析系统。

(4)编制的系统软件能够实时处理数据及分析沥青混合料质量,专家系统能实时提出解决问题的方案。

(5)将数据实时传送给项目管理者进行及时、准确的决策。

热拌沥青混合料监控软件在国内几条高速公路已成功应用,效果比较满意,有效控制了混合料的级配变异,提高了路面质量。

8.7 混合料运输

驻地办要对每车沥青混合料的温度进行检测,并按规定要求填写出料温度记录。

(1)采用专用自卸汽车运输混合料,并设专人观测运至现场的混合料质量,检测温度,不合格的混合料不得铺筑。

(2)采用自卸汽车运输混合料时,车辆干净,车厢底板和侧板应清洁,光滑,并涂上油水混合物的隔离剂,且厢底不得有积液。

(3)用帆布麻袋棉被等物双层苫盖保护混合料,超温、离析、结团和雨淋的混合料废弃不用。

(4)混合料施工配备足够的自卸汽车,保证运量,以保障沥青及改性沥青混合料连续摊铺。开始摊铺时在施工现场等候的料车不少于 5 辆。

8.8 摊铺质量控制要点

平整度控制底面层用导梁(走钢丝)(图 8-31),中面层使用接触平衡梁(图 8-32)或非接触平衡梁,上面层使用非接触平衡梁(图 8-33)。

摊铺时要有专人测摊铺温度、控制松铺系数及摊铺宽度、横坡等(图 8-34)。

摊铺时要有专人消除双机联铺接缝处的离析带及料窝等。

图 8-31　底面层走钢丝

图 8-32　中面层使用接触平衡梁

图 8-33　上面层使用非接触平衡梁

图 8-34　专人测摊铺温度、控制松铺系数

1）基层的准备

在底面层摊铺作业前对基层进行彻底清扫。清扫过程专用的机械（图 8-35）和森林灭火器（图 8-36）相结合，要求清扫干净彻底。沥青路面施工时要有防治污染的措施，对已安装好的路缘石和水泥混凝土护栏要采用薄膜覆盖。

图 8-35　基层专用清扫机械

图 8-36　森林灭火器吹除浮灰

2）施工放样

施工放样包括平面控制和高程控制两项内容。平面控制是定出摊铺路面的边线位置。高程测定是确定下承层表面高程与原设计高程的差值，以便在挂线时将沥青摊铺层的高程纠正到设计高程或者以保证沥青混合料面层的厚度作为控制。

3）摊铺机的操作要领

（1）摊铺机作业速度要均匀一致，作业过程中速度不可任意调整。

（2）非操作人员不准上下摊铺机，不准在熨平板上放置如水桶、工具等物体。

（3）不准随意调节熨平板厚度调节手柄；厚度变化较大时，应查明原因，按坡度标准要求进行调节。

（4）纵向传感器距熨平板边沿的距离应当恒定，不能时近时远，特别在有横坡的路段，该距离变化，将引起铺层厚度的变化。

（5）时刻注意摊铺机的行走方向线，避免急调方向。

（6）注意工作仰角的变化，变化超出正常范围时，应查明原因，进行修正。

（7）指挥自卸车的停车（在摊铺前10～13cm）、起顶（应分2～3次完全起顶）卸料，防止撞击摊铺机或转运车。

（8）尽可能保持摊铺机料斗内的余料均匀，保证连续均匀供料。

（9）调节料位传感器，使螺旋输料器的转速尽可能均匀，保持熨平板前料位均匀一致。

沥青路面摊铺作业是项成熟的技术，如果采用中大DT系列摊铺机更省事。该机性能优良，厂家的售后服务及时，发现问题能快速处理。如果一个项目有多台厂家的设备，中大厂还可以现场派驻维修人员，24小时提供售后服务。如果不愿购买，也可采用租赁的形式，经营方式非常灵活；如果租赁操作人员全由厂家提供，确保摊铺的连续操作业。

8.9 沥青路面施工离析控制

骨架密实沥青混合料如果控制不好易产生离析，造成级配变异、达不到压实度要求等，可采用了如下方案控制离析。

（1）控制拌和楼出料口与自卸车车斗之间的高差。

（2）自卸车采用前、后、中三次上料。

（3）自卸车向摊铺机供料时要快速卸料，以防止大料滚落。

（4）减少摊铺机收斗次数，尽量不收斗。

（5）摊铺机螺旋布料器前挡板加橡胶垫，防止大料向前滚落造成上下离析。

（6）采用陕西中大DT系列抗离析摊铺机。

（7）保持级配稳定。

（8）使用沥青混合料转运车。

图8-37，在摊铺机螺旋布料器后挡板增加一厚度约1cm的橡皮胶垫，可有效控制摊铺时的上下离析。从图可以看出，摊铺时由于胶垫的保护，混合料均匀摊铺在表面。图8-38为未增加胶垫的摊铺作业照片，大料明显流落，形成上下离析。

图 8-37 在摊铺机螺旋布料器后挡板增加橡皮胶垫

图 8-38 大料滚落造成上下离析

沥青路面的离析主要有带状离析和片状离析，带状离析主要由摊铺机状况不好造成，采用中大 DT 系列摊铺机基本上能消除带状离析。片状离析主要由于摊铺机收料斗造成，使用转运车后不用再收斗了，片状离析将大大减少。

由于摊铺机性能的提高，现在沥青路面上面层如采用 AC13、中面层采用 AC20 基本能消除离析，下面层采用 AC25 或 ATP25、ATP30 会发生严重的离析，采用任何办法均不能完全消除，即使使用中大 DT 摊铺机，也不能解决离析问题，只能相对于其他摊铺机离析轻一些。

要彻底解决沥青底面层的离析问题必须从级配上入手，过去有种误区，总认为混合料粒径越大抗车辙效果越好。试验证明，骨架密实结构的 AC20 和 AC25 抗车辙能力没有多大区别。抗车辙能力由混合料的骨架性质决定，试验表明 AC30 的抗车辙能力反而下降。所以希望大家不要盲目追求大粒径混合料，混合料粒径太大离析无法避免，将来路面透水严重，无法压实等问题接连而来，路面性能反降低。

大广线濮阳段高速公路上面层为 AC13，中、下面层均为 AC20 结构，通车三年多，经过三个夏季的高温考验，基本上没有车辙发生。充分说明无须采用大料径混合料，只要级配合理，照样抗车辙能力很强。同时 AC20 施工和易性好、不离析、施工简单，更容易保证质量。

8.10 碾压控制要点

每个标段指定专人、驻地办两人控制碾压温度、压实速度、压实遍数及压路机洒水量（务必在不粘轮的前提下少洒水），并做好复压记录。压路机喷水是为了防止压路机钢轮与路面粘接，喷水装置的雾化应良好，喷水量应能调节，防止喷水过多流到路面上，降低路面温度影响路面碾压质量。

压实度采用双控，即 GTM 密度的 98%，最大理论密度的 95%。

建议碾压采用组合碾压工艺（详见本书上篇第 11 章）：一台 11t 压路机紧跟摊铺机初压，两台 13t 压路机与另两台胶轮压路机组合，相距 1 ~ 2m 同步前进、同步后退复压。复压不少于 8 遍，重叠轮迹不少于三分之一轮，压实速度每小时不大于 3km，一台 11t 压路机终压。

初压后要用 3m 直尺检查平整度，超标的地方及时处理；终压时也要用 3m 直尺检查平整度，超标的地方及时进行修复性碾压。

对于骨架密实沥青路面，碾压是重中之重。资料显示，我国高速公路路面施工普遍存在压实不足问题。在大广线濮阳段高速公路施工中,我和天津市政工程研究院的周卫峰博士发明了组合式碾压技术,在全线推广使用,后来又在岭南高速公路路面施工时推广使用。事实证明,组合式碾压非常适合骨架密实结构路面,充分发挥了胶轮压路机的柔搓作用。组合式碾压得到了国内专家的认可,在大广线濮阳段高速公路和岭南高速公路路面施工时,河南省有多个项目公司派人前去考察该碾压工艺,在多个项目推广使用。

为了便于大家了解这项技术,作为专门的一章在后详细介绍。

关于桥面碾压,采用一般碾压工艺,使用传统的双钢轮振动压路机和胶轮压路机就可以,对于特殊结构的桥梁,桥面沥青混凝土施工时可使用振荡压路机,以减少对的桥面的损伤。

20 世纪 80 年代,H. Thurner 博士提出了振荡压实的新概念。与传统的振动压路机利用垂直振动的原理不同,振荡压实是利用土力学中交变剪应力的原理,使土壤等被压基础材料的颗粒重新排列而变得更加密实。H. Thurner 提出的振动压实是利用两根互成 180°的偏心轴来产生按正弦曲线变化的交变扭矩,施加于滚轮上使滚轮产生一个绕轴心的振荡运动。日本的 Sakai 公司采用的是一对锥齿轮传动,同样可产生沿滚轮切线方向作用的正弦交变扭矩,使滚轮对地面产生一种振荡运动。由交变扭矩产生的对被压材料的搓揉作用能有效防止表面裂缝的产生。

振荡压实能减少机架和临近结构物的振动,这不仅节省了压实能量,而且改善了驾驶员的工作条件和环境条件,延长了机器的使用寿命,降低使用成本,显示出了很大的优越性。

8.11 取芯

在取芯时应注意两点:

(1)防止污染

为防止取芯时冷却污水横流污染路面,在取芯机的四周要用海绵或抹布围住(图 8-39),水过多时用抹布将圈住的水蘸出,拧到水盆里或水桶里。

图 8-39 取芯时四周围住防止污染路面

(2)尽量少取

芯样应尽量少取,取芯的目的主要是看级配,看骨架形成的好坏。取芯的第二个目的是检测基层厚度,检测厚度可采用无损的雷达检测。现在雷达测厚非常成熟,精确度很高,误差也就 1mm 左右,建议采用雷达测厚代替取芯测厚;压实度检测尽量采用无损检测,少取芯,减少对路面的破坏。

8.12 检测验收

1)质量检测

(1)原材料的质量检查:包括沥青、粗集料、细集料、填料。

(2)混合料的质量检查:包括油石比、矿料级配、稳定度、流值、空隙率、残留稳定度;混合料出厂温度、运到现场温度、摊铺温度、初压温度、碾压终了温度;混合料拌和均匀性。

(3)面层质量检查:包括厚度、平整度、宽度、高程、横坡度、压实度、横向偏位;摊铺的均匀性。

以上检测项目的频率参照规范要求执行。

2)验收

交、竣工验收检测按规范要求进行。

8.13 沥青混凝土路面快速施工技术

近几年我国的高速公路建设周期在逐渐缩短,为体现与时俱进,这里介绍几种在不降低施工质量的前提下的快速施工技术。

1)增加拌和能力及碾压能力

目前沥青混凝土路面施工时,摊铺机的行走速度只有每分钟2~3m左右。实际上摊铺机的行驶速度可以达到4~5m左右,摊铺机的效率远远没有发挥出来,主要原因是拌和及碾压跟不上。为了提高沥青混凝土路面施工速度,可以采用"中大牌"摊铺机单机摊铺,将摊铺速度提高到每分钟4.5m左右,相应的拌和设备需要2套3000L或4000L的拌和机。

压路机配置为:

30t胶轮压路机4台,13t进口双钢轮振动压路机4台,1台30t胶轮压路机与1台13t进口双钢轮振动压路机组合在一起进行初压和复压。初压,前进时振动压路机不开振,后退时振动压路机可弱振。

11t双钢轮振动机2台,用于终压。

2)采用两套设备进行沥青路面施工

如果有两个作业面,为了提高施工速度,可以采用两套拌和设备、两套摊铺设备和两套碾压设备施工,施工速度可以翻倍。

3)采用双层摊铺的施工技术

(1)双层摊铺的必要性

研究沥青混凝土路面双层(大厚度)施工,不但是为了快速施工,更是基于设计和施工两方面存在的问题。

①沥青混凝土路面设计与施工的不配套。

我国沥青混凝土路面设计以弯沉为设计指标,应用多层弹性理论用计算方法确定路面厚度,并对层底拉应力验算。这一路面设计理论体系与世界发达国家的经验法路面设计方法相比是很先进的,但是这里有一个前提假设是"层间接触条件为完全连续体系"。在这一假设下,用计算法得到的结论路面是安全的,能达到设计寿命,然而我国的高速公路早期破坏层出不穷。

而实际施工是路面按三层施工,尽管采取了封层、黏层等措施,路面层间连接仍是薄弱环节,不可能是完全的连续体系。路面施工往往在通车前,各分项工程交叉施工无法避免,层间污染非常严重,分层施工后层间连接不能形成嵌锁,造成了路面层间滑动。

由于设计与施工的不配套,尽管理论设计出的路面是完善的,但施工达不到理想的设计要求，施工成的路面与理论设计存在差距，发生早期破坏就不足为怪了。

②沥青混凝土路面分层施工存在的问题。

前面讲过，沥青混凝土路面分层施工的突出问题是层间黏结不能相互嵌锁，造成层间不连续，路面开裂后水进入层间，行车时的动水压力和静水压力使沥青与石料剥离，出现路面松散、坑槽。

分层施工的第二个问题是由于摊铺层太薄，温度散热快，摊铺时容易出现温度离析，碾压达不到规定的压实度。大家知道，沥青混凝土路面摊铺时一旦出现温度离析，无论使用胶轮压路机或是钢轮压路机，甚至将石子压碎，仍然空隙率很大。

所以高速公路路面不分层施工或尽量减少分层施工层数是摆在我们面前的现实课题。

减少摊铺层数可有效克服上述问题。但是减少摊铺层数，必然增大摊铺厚度，由于受机械水平的限制，《公路沥青路面施工技术规范》（JTG F40—2004）规定"沥青混凝土路面的压实层最大厚度不宜大于100mm"。近几年，路面施工机械发展很快，路面压实机械吨位已提高到15～18t，同时压路机的整体性能也有提高，将沥青混凝土路面压实层厚度提高到12～15cm是可行的。

（2）高速公路沥青混凝土路面双层摊铺技术

以路面厚度18cm为例，上、中、下面层的厚度假设为5cm、6cm、7cm，采用大厚度摊铺技术时，有两种方案：

第一种方案，中、下面层13cm一次摊铺成型，上面层单独一次，这样三层摊铺就变为两层，减少一次分层。该方案又有两种选择，一是中、下面层采用同一种混合料，用普通摊铺机一次摊铺，二是用双层摊铺机一次摊铺中、下面层两种不同的混合料。

第二种方案，中、上面层11cm一次摊铺成型，下面层单独一次。中、上面层采用不同的混合料，用双层摊铺机一次摊铺。

当前许多高速公路路面设计为四层结构，使用上述技术可以变四次摊铺为两次。

（3）双层摊铺机

双层摊铺机（图8-40）是戴纳派克公司的新产品，该摊铺机实际是两台摊铺机合二为一，可同时摊铺两种不同的混合料，由沥青混凝土转运车供料。使用该机械可同时摊铺中、下面层混合料，也可同时摊铺中、上面层混合料，无须改变原路面设计方案。

目前国内仅河北省有1台戴纳派克双层摊铺机，在石黄高速养护施工时使用了该机（图8-41～图8-44），售价约1800万人民币。

图8-40 戴纳派克双层摊铺机

图8-41 戴纳派克双层摊铺机作业现场

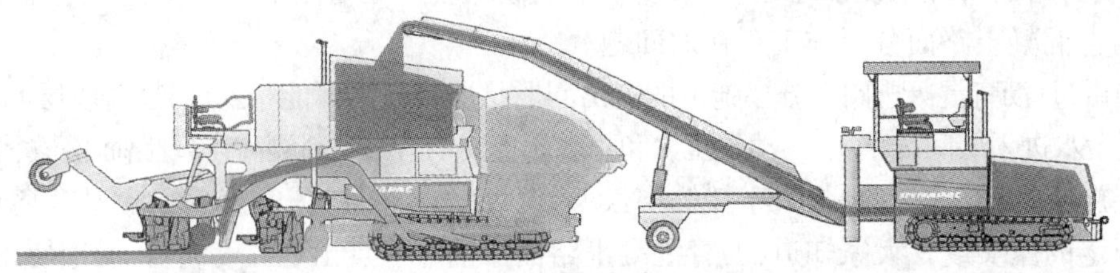

图 8-42　戴纳派克双层摊铺机工作原理

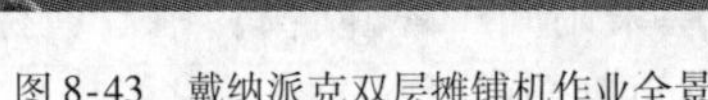

图 8-43　戴纳派克双层摊铺机作业全景

图 8-44　戴纳派克双层摊铺装置局部

我在大广线濮阳段高速公路路面第十二合同段做了 2km 的底、中面层合二为一的大厚度沥青混凝土施工试验段(K57 +876 ~ K69 +902,西侧),施工单位为中铁十五局二公司。路面设计总厚度为 18cm,将中、下面层两层合二为一,施工厚度为 14cm,混合料为 AC20,使用陕西中大 DT1600 型多功能摊铺机一次摊铺成型。压实机械为,DD130 两台,DD110 一台,徐工 30t 胶轮两台,共计碾压 10 遍,压实度达到 GTM 设计密度标准的 98% 以上(图8-45)。

图 8-45 可以看到,面层厚度 14cm 的大厚度摊铺,没有上、下离析,集料分布均匀且形成了骨架,芯样密实基本上看不到空隙。而图 8-46 的双层施工芯样,明显存在接缝,接缝处有空隙。

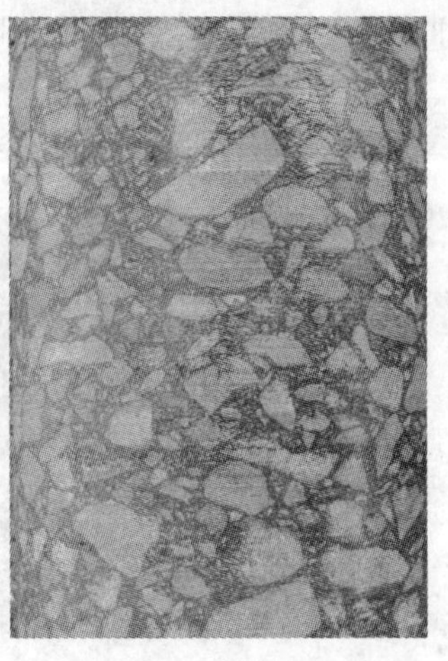

图 8-45　单层施工

图 8-46　双层施工

8.14 平整度控制

随着高速公路逐渐成网,人们出行时高速公路成了首选,大家对高速公路的要求也在提高,尤其是对行车舒适性的要求很高,这就需要提高高速公路的路面平整度。对于提高平整度我国有深刻的教训,20世纪90年代末,我国高速公路路面施工中片面追求平整度造成压实度不足,许多高速公路出现了水损坏。那么是否提高平整度就意味着要牺牲压实度呢?其实不是这样,事实证明满足GTM设计密度标准的98%以上的压实度下仍可获得较高的平整度,措施如下。

(1)在基层和面层施工中,在初压后要用5m直尺进行平整度检测,凹的地方要及时补料,凸的地方要及时铲去。终压前、后要分别再用5m直尺进行平整度检测;不合格的点位要及时处理。

(2)路面施工后的第二天,施工单位和监理人员要联合用八轮仪对前一天的施工段进行平整度检测,并建立平整度台账。对不合格的点位或段落要及时处理。

(3)在每一层施工前,各施工单位要用平整度检测车对上一结构层的平整度进行排查(单幅测每个车道中心线一道),不合格的点或段落要进行处理。

平整度的提高是路面基层和面层施工逐层均提高实现的,单单重视上面层的平整度是不科学的。所以抓平整度要从底基层做起,在基层施工前首先要排查底基层的平整度,超标部位和段落及时处理。同样,在底面层施工前要排查基层的平整度。

(4)施工中尽量减少施工缝,尽可能将施工缝放在桥梁伸缩缝处。严格检查施工缝、桥梁伸缩缝处等关键部位的平整度,必要时铣刨或磨光处理。

施工缝是影响平整度的重要因素,其实在路面施工中,很少出现大段落的点位或段落平整度超标,平整度不合格的点位大多集中在施工缝,所以无论面层或基层施工缝,对每道缝都要铣刨或磨光处理。

(5)严格控制摊铺速度和碾压温度,摊铺速度控制在1.8~2.5m/min,路面施工终压温度不低于100℃。

沥青路面施工中,碾压温度对平整度影响很大,美国有文献指出,沥青混合料在93~115℃处于敏感区,难以压实,易造成混合料推移,严重影响平整度,所以沥青混合料复压要在120℃以上完成。如果终压温度也在120℃以上更好。大广线濮阳段高速公路和岭南高速公路均采用在高温下碾压的模式。出料温度取规范的上限,压路机紧跟摊铺机快速碾压,终压结束后温度在120~130℃左右,保持了很高的平整度,压实效果又很好。

(6)底面层与桥头搭板结合位置及桥面铺装层施工缝位置是造成平整度降低的主要原因,须铣刨或磨光,经监理进行专项验收合格后方可进行中面层施工。代表处设计该专项验收表格,并严格执行。

高速公路路面施工中很少有整段落平整度每个点全部不合格的段落,平整度的下降往往是个别点引起的,平整度检测车在检测平整度时是以100m为评定段,评定结果以每公里为单位,某一个点不合格就会造成某一个100m评定段不合格,而几个100m评定段不合格就会造成某一个每公里的评定单位不合格。所以控制平整度要控制重点部位和段落,如施工缝、基层裂缝位置、底面层与桥头搭板结合位置及桥面铺装层施工缝位置等,只要解决了重点部位和段,整条路的平整度就有保证了。

(7)基层裂缝及桥头搭板位置要用土工布覆盖热SBS改性沥青处理。处理方法是,在做封层前和底面层施工后，在基层裂缝位置和底面层与桥面搭板接缝的位置用森林灭火器将缝吹干净，然后洒布宽度2m的热SBS改性沥青(裂缝两侧各1m)，洒布量为1～1.5kg/m^2，最后在沥青高温时铺上土工布并用木锤夯平。

(8)中面层全部施工完毕方可施工上面层，上面层宜连续施工，每个连续施工段落不小于3～5km。

(9)平整度最佳的摊铺方式为"中大"DT系列摊铺机单机摊铺加沥青混合料转运车。

"中大"DT系列摊铺机本身具有优良的性能，在抗离析方面优势明显，混合料摊铺均匀，平整度本来就高，沥青混合料转运车的使用更减少了自卸车对摊铺机的撞击，摊铺机能连续作业，施工的均匀性提高，进而提高了平整度。

(10)每个路面施工单位要配备一台小型铣刨和一台水磨石磨光机，随时处理不合的点位。

(11)采用组合式碾压工艺。

事实证明，组合式碾压下的平整度很高，下面有关章节将详述。

(12)大、中、小桥的桥面面层采用与主线相同的结构。

除特大桥外，大、中、小桥的桥面面层宜采用与主线相同的结构，这样可以使沥青路面施工顺畅，减少施工缝，避免了桥头搭板位置的人工摊铺，可大大提高路面平整度。

8.15 透层、封层、黏层、桥面防水层

透层、封层、黏层、桥面防水层施工都使用沥青洒布车，下面逐一介绍。

1)透层

对于半刚性基层来讲，透层油不能起到大的作用，由于半刚性基层太致密，透层油很难透下去。基层施工完冬季可洒布透层油起到封水的作用，阻止水从表面进入基层内，并起到一定的防冻作用。如果基层施工完紧跟着面层施工，透层油的意义并不大。

关于透层油的施工详见本书下篇第6章。

2)封层

《公路沥青路面施工技术规范》(JTG F40—2004)将封层规定为"各种封层适用于加铺薄层罩面、磨耗层、水泥混凝土路面上的应力缓冲层、各种防水和密水层、预防性养护罩面层"，很显然只要符合上述功能的薄层结构均叫封层。

《公路沥青路面施工技术规范》(JTG F40—2004)又将封层分为上封层和下封层。顾名思义，上封层就是具有上述功能的薄层用于道路最上面；下封层就是处于面层的下方(或面层内部)或基层上方。

封层可选用乳化沥青稀浆封层、微表处、改性沥青集料封层、薄层磨耗层等，也可使用涂洒类密封剂、软化再生剂等涂刷罩面。

高速公路的封层用于两个部位，一是用在中、上面层之间，主要起封水、缓解裂缝的作用；第二是用于基层上方，主要起封水(防止水进入基层)，缓解裂缝同时兼作应力吸收层的作用。

高速公路用于中、上面层之间的封层使用的很少，就是在中、上面层之间洒一层厚沥青。我个人观点是不可取。第一，上面层一般为AC16或AC13，除个别离析点外是不透水的，设置

封层毫无意义。第二,水主要从裂缝进入面层或基层中,面层开裂无论从上往下开裂或从下往上开裂,这层封层只在裂缝发育时起作用,裂缝扩大后封层也将裂开,是封不住水的。况且半刚性基层一般为反射裂缝,大多比较宽,该封层对封水作用不大。第三,中、上面层之间的封层沥青会在车辆行驶作用下慢慢上浮造成泛油和推移。第四,洒布完封层上面层施工时,等于在中、上面层之间夹个滑动层,易造成上面层碾压时推移,影响上面层的压实度和平整度。

高速公路用于面层之下、基层之上的封层目前有三种结构,一是稀浆封层,二是改性沥青集料封层,三是厚式两油两石封层。常用的是前两种,至于哪种效果好,我个人认为改性沥青集料封层优于稀浆封层。大广线濮阳段高速公路、岭南高速公路均采用改性沥青集料封层,效果很好,取芯时能把基层带出一部分(图8-47),可见黏结力之强。新蔡至驻马店高速公路最初用稀浆封层,效果不好后改为改性沥青集料封层。

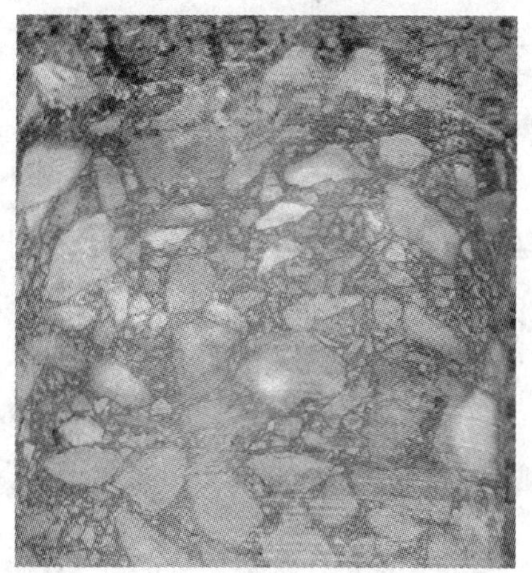
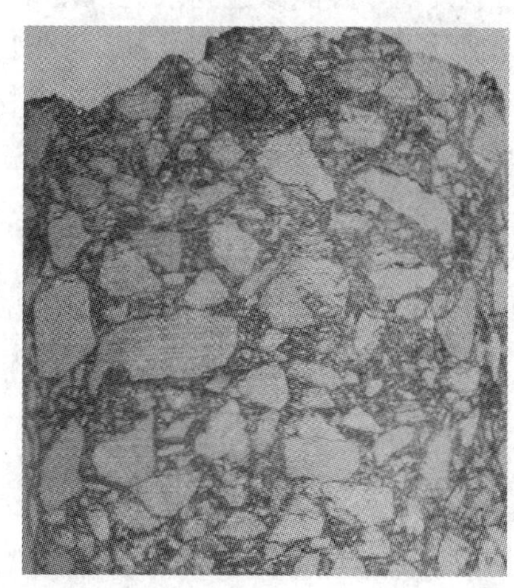

图8-47 芯样底部有基层带出

改性沥青集料封层就是在基层上用沥青洒布车洒布热SBS改性沥青,改性沥青用量为$1 \sim 1.5 L/m^2$。然后或同步用石料撒布机撒布碎石,碎石可用10~20mm、10~15mm、5~10mm三种粗集料均可。因为我国石料大多含泥量很大,撒布前要经拌和楼加热除尘处理或水洗处理,热撒效果最好。碎石撒布量为覆盖率40%~60%为宜(宁少勿多,坚决不能多撒,多撒会造成与基层黏结不牢),约$4kg/m^2$。如果封层施工与透层施工间隔时间较短,透层油膜如较厚,封层用量要适当减少(取低值),否则会造成面层施工推移和泛油。

厚式两油两石封层的施工方法与改性沥青集料封层相似,先用沥青洒布车洒一层改性沥青,每约$2kg/m^2$,然后洒布一层级配碎石,厚度约1cm,用胶轮压路机碾压或用钢轮压路机静压,再洒一层改性沥青、一层级配碎石,材料用量同第一遍,碾压成型即可。该封层目前在国内刚刚采用,成本较高,使用效果有待进一步观察。

3)黏层

为了保证沥青面层之间的整体联结,根据《公路沥青路面施工技术规范》(JTG F40—2004)规定,高速公路所有半刚性基层与下面层之间、下面层与中面层之间、中面层与上面层之间接均喷洒黏层油。

黏层油一般选用PC-3或PA-3型快裂或中裂SBR改性乳化沥青,洒布量为乳液0.3~

0.6L/m^3(折合为纯沥青约0.2~0.4kg/m^2)。

黏层油也可以选用热SBS改性沥青,洒布量为0.2~0.3kg/m^2。

从使用效果看,热SBS改性沥青优于SBR改性乳化沥青,热SBS改性沥青洒布后就可施工,而SBR改性乳化沥青有一个破乳期,使用起来不方便。

4)桥面防水层

桥面防水层的主要作用是沥青面层与桥面铺装层的黏结,防水作用是次要的。一般桥面面层为两层的沥青混凝土结构(大多为AC13+AC20),桥面铺装层是不透水的,所以防水就失去了意义。现在许多桥面防水层材料生产厂家,片面夸大防水作用,甚至引入许多建筑材料的防水剂作为桥面防水层,应用后达不到效果。笔者在大广线濮阳段路面施工管理时,一个桥面防水队伍自吹发明一种能渗透到水泥混凝土中1cm的桥面防水剂,无色透明。试验一座桥,桥面面层完成后取芯,铺装层与面层根本无连接,一拿芯就掉了,等于在桥面面层与桥面铺装层之间刷了一层隔离层,效果适得其反,反而降低桥面寿命。

现在使用的桥面防水层本质上仍是沥青类,在沥青中加入不同的改性剂,主要作用是黏结。

笔者建议桥面防水层与封层采用同样的结构,即改性沥青集料封层为最佳,不用做专门的防水层,施工方便,不用像过去那样做封层时在桥面要关闭设备。新蔡至驻马店高速公路桥面防水层就使用改性沥青集料封层结构,效果优于普通的桥面防水层。

第9章 与骨架密实沥青混凝土路面施工配套的石料质量控制措施

目前高速公路施工中石料是最难控制的材料,不被大家重视,即使引起了重视,往往办法不多,措施不得力,下面重点谈一下石料质量控制问题。

9.1 石料行业的背景

石料一般要靠汽车运输,由于近几年国家加大了对超限的治理力度,其运输成本占石料价格很大的比重,石料价格非常昂贵,如果买到次品报废难度很大,加之路面施工往往在通车前夕,赶工现象严重,非常容易忽视石料质量。石料的优劣对高速公路路面质量起关键性的作用,现代高速公路的早期破坏现象与石料质量息息相关,许多新型路面结构的推广速度之所以迟缓,很大程度上是由于石料质量不过关。

对于石料质量问题,大多数项目公司重视不够。有的公司比较重视,但苦于没有好的办法,仅仅派石料监理进驻石料厂家,无法从根本上解决石料质量问题。

目前石料质量主要有如下方面的问题:

(1)石料脏(含泥量大)

这是我国石料产品的通病,严重影响了路面的质量,造成基层强度下降,石料与沥青的黏结力下降,好的沥青无法发挥其品质,引起高速公路路面的松散、透水、坑槽、裂缝等早期破坏,达不到其设计寿命。

(2)粉尘多

粉尘多造成基层裂缝增加,除影响路面基层品质外,还对石料品质要求较高的路面如SMA等造成施工困难。由于SMA限制回收粉尘的用量,大量的废旧粉尘不仅造成矿粉用量的增加使投资增大外,还引起矿粉用量不准,影响沥青玛蹄脂碎石混合料质量,造成SMA路面泛油等。

(3)针片状、扁平状颗粒含量高

由于针片状颗料在压路机碾压时易被压碎,造成施工时混合料级配变异,影响路面质量和寿命。

(4)级配变异大

目前我国公路部门的石料多半取自社会料场,质量和规格参差不齐、筛孔不统一、生产规模小、缺乏专业生产厂家、与建筑石料混合生产、用颚式破碎机生产面层石料等问题十分突出,同一厂家不同批次的产品变异很大,不同厂家生产出来的同一规格石料相差悬殊,导致实际级配与配合比设计有很大的差距,引起混合料离析和油石比不准,施工质量难以控制,是造成高速公路早期破坏的重要原因。

9.2 石料行业存在的问题

从目前看,我国路面的施工机械装备和路面施工工艺水平并不比国外差多少,关键是石料问题严重,国内许多专家学者多次呼吁此事,但没有引起足够的重视。石料行业存在下列问题:

(1)过分强调石料的资源特性,对石料的加工特性认识不够

石料的性质分为两大类,即资源特性和加工特性。

①资源特性又叫天然特性,如密度、压碎值、磨光值等,它是由石料产地所决定的。属于“资源特性”的指标往往受到产地和成本的制约,可选择和变更的余地不大。但是一些工程对石料的资源特性要求很严,不惜跨省到千里之外远运,但对石料的规格、含泥量、针片状颗粒含量等加工特性不重视。

②加工特性如石料的级配组成、针片状含量、破碎面比例、棱角性、含泥量、砂当量、亚甲蓝值、细粉含量等,反映石料的加工水平。

(2)错误思想误导严重

目前工程中有两种错误思想,严重制约了路面质量的提高。

一种是过分迷信玄武岩,认为表面层非玄武岩不用,用玄武岩就万事大吉,忽视了玄武岩的加工特性和质量要求,认为反正我用玄武岩了,路面质量不好就没责任了。

另一种是认为使用了改性沥青和SMA结构或Superpave路面就能施工出好路面,不管石料多脏,也不管针片状含量多大,结果花了钱又达不到应有的效果。

(3)欲推广SMA、Superpave等新型路面,提高路面石料质量是前提

SMA是一种由沥青、纤维稳定剂、矿粉及少量的细集料组成的沥青玛蹄脂填充间断级配的粗集料骨架间隙而组成的沥青混合料,既有混合料空隙小,耐久性、水稳性、抗老化性能好之特点,又具备混合料嵌挤成型、抗车辙的优点,是一种构造深度大、表面功能强、高低温性能俱佳的理想面层结构,近几年在国内发展很快。但是高性能的SMA结构对粗集料的要求很高,《公路沥青玛蹄脂碎石路面技术指南》规定要采用质地坚硬、表面粗糙、形状接近立方体、有良好的嵌挤能力的破碎集料,不得使用颚式破碎机加工,对压碎值、坚固性、棱角性、针片状颗粒含量、软石含量、磨光值、破碎面等要求较高;SMA结构对细集料和填料的要求同样很高,既要求砂粒棱角性和表面构造,又要求回收粉尘用量不得大于矿粉含量的25%。

Superpave™为美国联邦公路总署的一个注册商标,是Superior Performing Asphalt Pavement的缩写,确切地称为“沥青混合料路面性能规范”或“休泊尔沛福”,国内一般叫“超级路面”、“高性能沥青路面”或“优质路面”。1987年美国国家研究理事会开始了一个耗资1.5亿美元的SHRP计划,历时5年。其研究成果共21项,由沥青胶结料规范、混合料设计分析体系、计算机软件系统三部分组成,统称Superpave。Superpave从根本上放弃了带有经验性的传统的针入度、软化点、延度等沥青技术指标,代之以反映沥青的流动性、永久变形、疲劳裂缝、温度裂缝等路用性能的流变力学指标,采用以路用性能为基础的沥青分级方法,对预防高速公路常见的高温车辙、低温开裂、疲劳破坏效果显著,我国许多省份做了大量的推广应用工作。Superpave对集料的坚固性、角砾性、细长扁平颗粒含量、黏土含量等指标要

求严格。

另外 SMA 和 Superpave 还有一个共同的特点，就是对混合料的级配要求严，级配范围较传统的沥青混合料窄，这就要求石料的变异性小。尤其 Superpave 还有控制点、控制区和限制砂用量的级配控制。

根据目前国内石料的生产水平，很难达到 SMA 和 Superpave 的使用要求，往往在生产时要对石料二次筛分和水洗，造成了极大的浪费，同时影响工程进度和质量，限制了 SMA 和 Superpave的使用和推广。

(4)重视不够，办法不多

当前对高速公路石料的质量控制存在下面 3 种错误倾向：

第一，对石料的重要性认识不足，对质量控制不力，造成路面早期破坏。

第二，认识到了石料的重要性，但没有好的控制方法，尽管出台了许多文字性的措施，但落实不了。

第三，认识到了石料的重要性，采取了一系列的措施、方法和手段，前期确实起到了好的效果，但是到了中后期，由于工期紧张、工期提前、超限治理、运输困难、石料涨价、石料供应紧张等一系列原因，往往放松对石料的质量要求，这种"前紧后松"的现象非常普遍。

(5)手段单一，效果不佳

高速公路的业主单位大多采用固定使用石料厂家，派石料监理进驻企业的办法控制产品的质量，有的效果很好，有的效果并不令人满意。其中有石料厂的原因、有承包商过分压价的原因、也有社会环境的因素，主要原因还是手段太单一，应采用各种途径来解决石料的质量问题。

9.3 解决问题措施

1)管理措施

既然目前我国石料的质量无法满足路面的质量要求，但路总要修的，如何提高路面石料质量呢？笔者下在提出几点建议供大家参考。

(1)自己加工生产石料

由于石料生产设备相对简单，不属于高精端产品，价格不高，一般一套日产6000m^3 石料的设备仅 300 万元左右，一条 100km 的双向四车道高速公路面层约需石料 80 万立方米，1 ~ 2 套设备即可满足生产，所以自己加工生产石料是可行的。国内几条高速公路都是自己购买设备生产石料，效果令人满意。

自办石料加工对于厂址的选择有两种方案：

一是将厂址选择在料源地，即依山建厂，集中生产，成品运输到各个标段。优点是节约成本，石料品质稳定，缺点是距离项目公司较远，不便于管理。

另一种方案是厂址选在高速公路附近，即在使用地生产石料，外购块石或粗破料石。与在料源地生产相反，该方案成本较高，石料品质不稳定，但便于管理。可由业主或监理组织购买生产率 400 ~ 600t/h 的大型成套设备集中生产，也可由各标段购买 50 ~ 100t/h 的小型成套设备分散生产，前者的优点是便于控制质量和管理，缺点是成品要二次运输到各标段；分散生产的优点是不用二次倒运,但由于牵涉的单位多,质量不易控制。

自办石料加工厂能有效解决目前忽视石料加工特性的问题,由于采用专业设备生产,能有效保证产品质量。

(2)租赁加工场地和设备生产石料

为了减少自办石料加工厂的前期准备环节,项目业主可考虑租赁现有的石料厂的场地和设备,既达到节约投资、见效快的目的,又避免了自办石料厂工程结束后设备闲置,不失为一个提高石料质量的好办法。

租赁加工可灵活掌握,既可以只租赁场地,也可以只租赁设备,总之要根据实际情况,不能死搬硬套别人的现有经验。

(3)联合生产加工石料

为了提高石料的质量,项目公司可以与石料生产厂家联合生产石料,也可以与邻近的业主单位联合办厂生产石料,相邻的几个施工单位也可以联合生产石料。

下面着重谈一下与石料厂联合问题。

为了达到提高石料质量的目的,业主或承包商对石料厂投资,进行设备改造、工艺改造或扩大生产,要派人参与到供应、生产、销售的各个环节。不能仅投资不管理,那样起不到作用。首先要明确投资的目的不是为了赢利,而是为了提高需要的产品质量(当然石料厂是要考虑赢利的)。

(4)委托加工

对于石料质量有特殊要求或级配范围较窄的混合料,石料可采用委托加工的方法。委托加工与业主或监理确定准入厂家不同,后者的关系比较松散,合同约束性小,而委托加工是以法律形式约定的合作关系,购买方对石料产品的资源特性、加工特性、交货日期、运输方式、违约赔偿等都有详尽的要求并写入合同,往往要先交一部分定金。

(5)加强对准入厂家的管理

当前高速公路石料供应一般采用准入制,即业主、监理、承包商三方代表联合考察附近的石料厂家,然后筛选出几个产量高、质量稳定、信誉较好的厂家作为准入厂家,由承包商与准入厂家签订供货合同。

以目前国内石料行业的生产水平,仅仅一个形式上的准入制无法从根本上解决石料质量问题,但是由于受人才、资金、宏观政策等各种限制,不一定每条高速公路都具备自主生产、租赁生产或联合生产石料的条件,那么准入制不失为一个好办法。但是必须加强对石料厂的宏观管理,一定要派石料监理进驻厂家。

由于每个石料厂都是一个独立的经营实体,让进驻厂家的石料监理干涉石料厂家的生产和管理不现实,只能通过监督保证不合格产品不出厂,所以提高石料监理的道德素质、业务素质、敬业精神非常重要。

(6)加强对施工单位的进料管理

采用石料准入制的项目公司,还要加强对施工单位的进料管理。

首先,要监督承包商不能为了省钱从准入厂家以外的生产单位购买次品石料,一旦发现一定要严惩。

第二,对于不及时备料,期望拖到后期放松管理再进料的单位,要采取强制措施督促其及时备料。

第三，按批次、按比例检查承包商所进石料，对不合格产品要坚决清除出场。

(7)面层、基层用石料全部招标

不仅面向石料生产厂家招标，而且也应该向销售代理公司招标。通过招标，不仅节约投资，还能保证质量。

(8)要增加石料水洗设备

石料脏、含泥量大，是石料质量差的第一元凶，唯一的解决办法就是水洗。但目前石料加工设备并没有水洗功能，所以石料加工设备要增加水洗配件。

上述提高路面石料质量的方法只是在目前石料加工生产水平低下的特定历史环境下的权宜之计，要使用优质的石料建成优质的路面，提高石料加工行业的整体生产管理水平才是治本之策。

2)宏观措施

上面介绍的方法是在我国石料整体水平落后的现实下的无奈之举，治标并不治本，那么如何才能治本呢？下面谈一下我的思路和设想。

(1)充分发挥政府的职能作用

由于石料生产行业技术含量低、管理粗放、设备不精密、产量规模小、质量受料源影响大、缺乏龙头企业等一系列原因，目前我国的石料生产水平处于较低的层次。许多专家认为，我国集料生产的水平与先进国家的水平起码有20年的差距，是公路建设最落后的一个领域。

目前国家对石料厂的监管仅仅是行政上的管理，缺乏认证管理、技术管理、生产标准管理、资质管理等，更无行业产品的技术标准，产品的质量标准仅仅由使用单位提出，石料厂处于非常被动的局面，所以笔者认为加强石料厂家的归口管理非常重要。

首先可由每个地方的公路质监部门临时管理，各级公路质监部门要对辖区内的石料企业登记造册，国家或省公路质监站要制定出石料行业的企业标准和产品标准，然后对企业和产品进行认证，并发布公告。

第二步根据企业认证和产品认证情况，建立生产许可制度，淘汰生产规模小、产品次、污染严重的小厂，保护和引导生产规模大、产品质量高、信誉好的企业做强做大，形成行业龙头。

(2)成立石料企业协会是当务之急

在政府行政作用日益弱化的今天，成立石料行业协会显得尤为迫切。行业协会可以起到引导企业技术改造、引进国外先进经验、招商引资等作用，通过企业协会，呼吁加强企业自律和行业企业间的联系、制定产品质量标准、发布行业信息等，造就一批高素质的企业家脱颖而出。

(3)石料监理和承包商管理人员要持证上岗

为了提高整个石料行业的整体水平，石料生产单位的技术人员、石料监理和承包商管理人员要持证上岗，通过全国统一考核才能获得上岗证。

(4)石料行业亟需龙头企业的带动作用

由于石料生产行业的整体水平较低，亟需龙头企业的出现来带动整个行业的发展，如肉食行业的双汇、速冻食品行业的三全、思念等，均是由点起步发展到面，然后全面开花。现在正是高速公路跳跃式发展的阶段，如果不诞生几个石料行业的大鳄，实在令人不可思议。石料行业也属于规模化产业，现在有实力的企业应抓住机遇，通过一系列的CI战略，创品牌、出精品、上规模、上档次，迅速成为业内老大并非天方夜谭。因为目前整个石料行业处于自由竞争的初级阶段，由于需求市场很大，具备了优胜劣汰的竞争条件，正待一个领袖级的人物出现。

随着竞争的加剧，石料品牌时代即将来临，有实力的企业要尽快对自己的产品注册，以使自己在未来的竞争中居于有利位置。

(5)传统的石料销售模式亟待打破

现在国内大多数石料厂家的销售处于自产自销的初级销售阶段，厂家要花大力气去推销，在市场经济下非常需要引入先进的代理销售、买进销售权、总经销、分经销等先进的销售模式，建立销售网络，寻找代理商，拍卖经营权。

在目前石料生产行业生产力水平普遍较低的情况下，生产与销售分离是企业发展的捷径。石料厂大多存在销售人员缺乏的困难，一个厂也就那么一两个销售人员，不妨把销售放出去，让代理商为石料厂打市场，让专业的销售精英为石料厂开拓市场，能节约石料厂极大的物力、人力和财力。石料厂可以把有限的精力投入到内部管理、技术创新、狠抓产品质量上，全面提高产品的市场竞争力，只有这样企业才能做大。

(6)尝试应用新的路面石料

路面石料应遵循就地取材的原则，当前许多人过分迷信玄武岩，认为上面层非玄武岩不能使用，当地没有就不惜代价远距离运输，而对附近的辉绿岩、安山岩、闪长岩等质量很好的石料视而不见。今后除应尝试将辉绿岩、安山岩、闪长岩等碱性石料应用到面层外，还应尝试花岗岩、砂岩等酸性石料在面层的应用。由于酸性石料与沥青的粘附性差，国内鲜有使用到面层者。但是国外通过掺加消石灰、抗剥离剂等措施，面层使用酸性石料也很普遍，今后我们应加强这方面的研究。

笔者花了大量的篇幅介绍石料的生产、经营和管理，目的是尽快提高国内石料行业的整体生产加工水平，改善我国石料生产落后的面貌。如果我国石料的生产加工水平达到或接近国外先进国家水平，那么高速公路业主就不用花大力，浪费人力、物力和财力去自主加工、租赁生产或联合生产石料了。但在目前的现实情况下，上面的设想和方法仍仅存在于书面上，面对现实仍要采用有效的措施控制石料质量。

9.4 与骨架密实沥青混凝土路面施工配套的石料质量控制措施

1)石料厂家经优选后对口供应固定标段

为防止施工单位从社会上进料，所有的材料款一律由合同单位委托业主向石料厂家直接付款，业主财务人员要监督各施工单位的建设资金使用情况，加强资金使用的动态管理。

2)派驻石料监理

每个石料场，业主派一名石料监理、施工单位派一名专职的石料管理员进驻，每天的产量、规格、质量、出料等实行日报，以加强动态管理。

(1)对原石质量进行检测

高速公路的石料材料要从源头抓起,这是大家的普遍认识。一般人都认为源头就是石料生产厂家,其实厂家源头之上还有源头,那就是原石。因为成品石料是由原石加工而成的,只有优秀的原石才能加工出优等的石料。这几年我国的高速公路发展很快,由于石料地域性较强,通俗地讲述就是石料"腿短",长距离运输得不偿失。另外建一个石料厂投资不大,外行人认为石料加工技术要求不高,所以哪里修高速,那里只要有山便一哄而上建石料厂。专业人士都知道,高速公路对石料的品质要求是很高的,不是什么石料都能使用到面层。即使品质满足了高速公路面层要求,如果开采原石时山皮土太多,生产的石料很难满足要求,请看下面两张照片(图9-1、图9-2)。

图9-1 品质较差的原石

图9-2 品质较好的原石

图9-1是笔者在一个石料厂拍摄的,整座山大多是风化石,坚石含量很小,山皮土占了很大的比重。这样的石料厂根本不能入围。也许有人说用于底基层总可以吧?从理论上讲用于底基层没问题,但是现在施工单位不好管理,一旦放开,可能有的施工单位会一股脑连基层料也进齐。等到发现后为时已晚,因为石料一旦进入施工单位料厂,清理出去是很难的。第一,说情的接二连三;第二,稍不留心,施工单位就会偷偷用了,等发现后已铺到路上了,再让铲掉更是难上加难。所以控制好原石是关键之关键。

图9-2是一张揭去上皮土的原石照片。从图可以看出,原石整体性好,基本不含土,原石也没有风化,用于加工石料是很好的选择。

(2)看石料加工设备是否满足要求

石料监理驻厂后第一步是看原石质量前面已讲述,第二步是看石料加工设备。现在生产石料加工机械设备的厂家很多,真正质量靠得住的就几个品牌,所以石料入围厂家的设备状况也是必须考察的内容。

石料破碎机械主要有颚式破碎机、锤式破碎机、圆锥式破碎机、辊式破碎机、反击式破碎机、轮碾机、立式冲击破碎机、笼式破碎机、巴马克石子破碎机等。由于石料破碎机械不是本书研究的重点,这里仅作简要介绍。

图9-3为颚式破碎机的结构图,其工作原理是借助于活动颚板周期性地靠近或离开固定颚板的摆动运动,使进入破碎腔的石料受到挤压、劈裂、弯曲和冲击作用而破碎。破碎后的石料靠自重或颚板摆动时的向下推力从排料口排出。

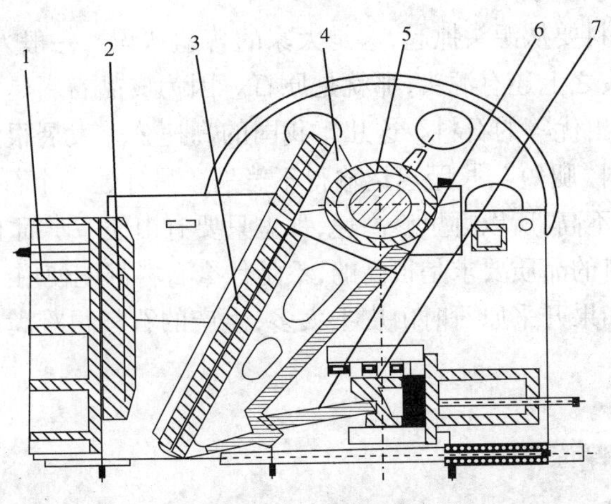

图 9-3 颚式破碎机

1 - 机架;2 - 固定颚;3 - 活动颚板;4 - 动颚;5 - 偏心轴;6 - 推力板;7 - 调节座

图 9-4 为锤式破碎机的工作原理图,锤头安装锤架上,锤架安装在主轴上,在机壳的下部装有篦条,篦条的作用是卸出破碎的石料。石料进入破碎腔中后,受到高速旋转的锤头的冲击而破碎。同时石料在锤头的作用下向机壳冲走而二次破碎,较小的粒料作为成品通过篦条排出;较大的石料在篦条上再次经受锤头的冲出而破碎,直到破碎成小料排出。

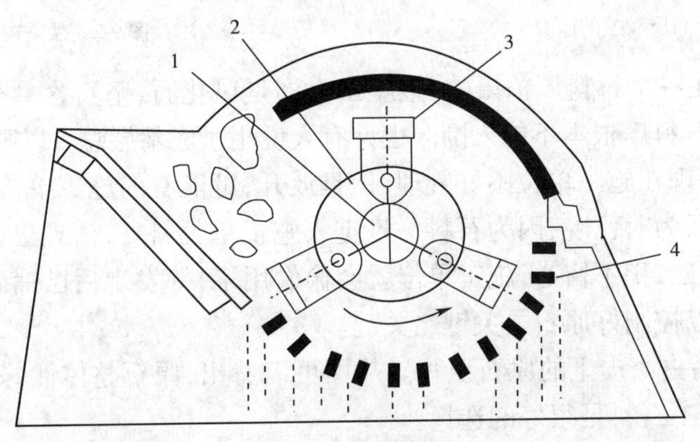

图 9-4 锤式破碎机

1 - 主轴;2 - 锤架;3 - 锤头;4 - 篦条

图 9-5 为反击式破碎机的工作原理图,转子带动板锤高速旋转,进入腔体的石料在锤击区受到板锤的冲击,并被高速抛向反击板,再次受到冲击后又从反击板反弹到板锤,继续重复上述过程。石料受到板锤的打击、反击板的冲击、石料间的相互冲撞而破碎,当石料小于反击板与板锤的间隙时,就被作为成品排出。

图 9-6 为圆锥式破碎机的工作原理图,活动锥的心轴悬挂在横梁上,并且偏心地安装在固定锥体内。偏心轴旋转时活动锥沿着固定锥的内表面作偏心运动,处于活动锥和固定锥之间的石料受到活动锥的挤压、摩擦、冲击等综合作用而破碎。较小粒径的石料由于重力的作用从锥底排料口排出,较大的继续受到活动锥的作用直至全部破碎。

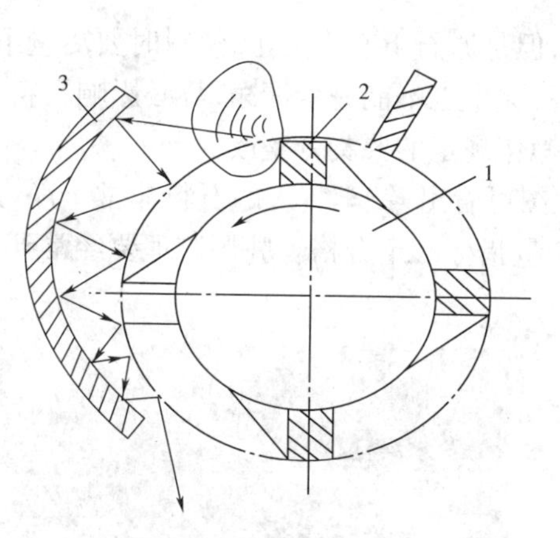

图 9-5 反击式破碎机

1 - 转子;2 - 板锤;3 - 反击板

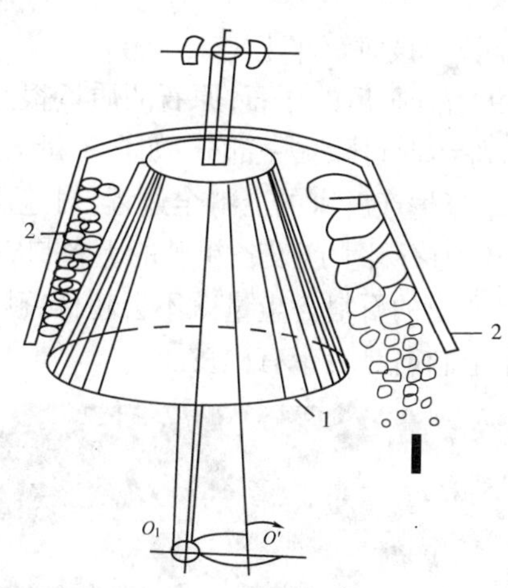

图 9-6 圆锥式破碎机

1 - 活动锥;2 - 固定锥

从上面介绍的四种常用石料加工方式可以看出,颚破由于精度差一般为粗破,锤破由于针片状石料含量高只能用于路面基层,高速公路的路面面层石料大多采用反击破和锥破加工。

目前高速公路石料成套生产机械一般采用两级破碎,粗破一般采用颚破,破碎成直径小于10cm 的料石,然后精破,精破大都采用反击破机。现在高速公路使用的石灰炭和玄武岩均采用颚破加反击破的两级破碎模式,《公路沥青路面施工技术规范》(JTG F40—2004)没有对石料加工机械种类进行规定,但《公路沥青玛蹄脂碎石路面技术指南》(SHC F40 - 01—2002)中规定“用于 SMA 的粗集料在细破作业时不得采用颚式破碎机加工”。

图 9-7 为一石料成套加工设备,开采后的原石从上料口进入颚破仓,再经皮带传输进入反击破仓进行细破、精破,细破后的石料经皮带传输进入振动仓,根据需要调整筛网规格得到需要的不同规格品种的石料。石料监理要检查生产厂家的机械性能、产量、运行状况等。

图 9-8,开采后的原石经上料口进入颚破仓,在进入颚破仓前有一除尘筛分装置,石料经振动后上面的尘土、山皮土和小块石落到废料皮带上经皮带运送到废料场。有的石料生产厂家为了提高生产效率将该除尘装置拆除,原石直接进入颚破仓,造成生产出的石料含泥量高,尤其是石屑几乎都是土,砂当量很低,无法保证基层要求。

图 9-7 石料成套加工设备

图 9-8 一级除尘装置

(3)监督粗破时铲车上料

图9-9为开采后的原石,原石的质量很好,但是原石下有山皮土,铲料时要尽量不带土,如含土很少,除尘时可除去一部分;如含土量太高,除尘也不能完全清净,势必影响石料质量。石料监理要监督生产厂家的上料全过程,对违反操作规定的要责令整改。

图9-10为石料生产设备粗破的上料口,从图可看出,铲车装入的石料非常干净,几乎不含山皮土,生产出的石料含尘量就不会超标,砂含量指标一定合格。驻厂监理要经常到上料口检查,看铲车上料时是否带有山皮土。

图9-9　开采后的原石

图9-10　粗破上料口

(4)检验二次破碎后的成品料质量

图9-11中的石料非常均匀,含泥量很少;图9-12中石屑质量就很差,从颜色看明显发黄,说明含山皮土的比例很大,不能满足砂含量指标要求。

图9-11　洁净的成品石料

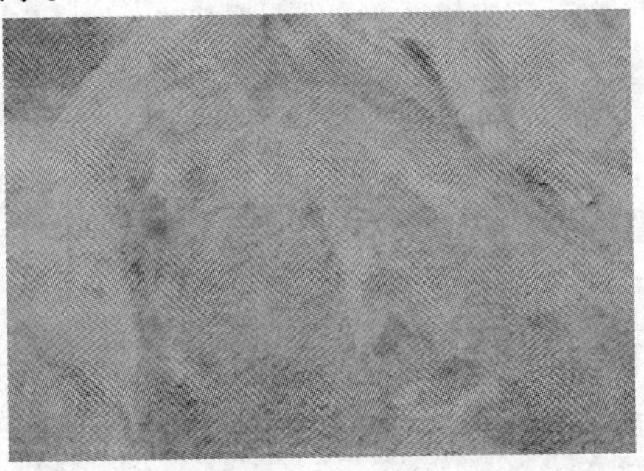

图9-12　含泥量很大的石料

(5)每天要对成品料进行筛分,选取满足级配要求的石料

石料的品质固然重要,但石料的级配更不能忽视。由于骨架密实结构基层水泥稳定碎石混合料对石料的级配要求很高,这就要求施工单位和监理重视石料级配。由于过去的悬浮结构基层水泥稳定碎石混合料对石料的级配要求较低,大家往往认为基层石料级配不重要。驻厂的石料监理要经常检查石料厂的石料级配,确保石料级配变异小,至少每天要进行一次级配检查。

取样要有代表性,严格按试验规程规定的步骤取样,可以在输送皮带上取样,也可以在料堆上取样。在输送皮带上取样时,要持续一定的时间,否则没有代表性;在料堆上取样时要在上、中、下部位分别取样混合，按图9-13的要求用四分法进行缩减。

图9-13　四分法缩分样品

(6)监督出料装车，办理有关手续

监督装车是驻厂石料监理的最后一项工作（图9-14），以前花了很大的力气监督料厂生产出优质石料，一不小心被别人拉走，工作前功尽弃。所以监督合格的石料装到自己的车上更是马虎不得，办理出厂手续时驻厂监理要签字。

图9-14　监督装车

3)加大对进场石料的管理

(1)加大对进场石料的抽检力度，加强进场石料的管理，不同品种、不同批次的石料不得混放。

(2)保持集料规格、特性的一致性是集料质量管理最主要的目标；集料规格不一致会影混合料级配的波动、导致水泥剂量的波动和偏离其最佳值，造成搅拌设备生产的不稳定（溢料和待料），从而严重影响成品料的生产质量。

(3)每批材料进场时均应按国家规范对集料的规格、级配、含泥量、针片状含量等特性进行取样分析，证明合格后方可进场堆放，并签发验收单；验收单应对集料的来源（石场）、原石的品种和特性、集料的规格和数量、进场日期、堆放地点以及特性试验的结果等进行登记。

(4)集料质量检验的各项指标应符合混合料基层用粗集料质量技术要求。

(5)应按正确的方法堆放集料，修筑料堆。

(6)应定期检查料堆的级配特性，监测其有无变化。

(7)应经常（通常每天二次）检查集料的含水量，以便及时调整搅拌设备的生产率。

特别提示：

(1)如图9-15细集料要建防雨棚存放。

(2)如图9-16料场不同品种的石料要分开存放，中间要加隔墙。

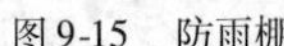

图 9-15　防雨棚

图 9-16　不同品种的石料要分开存放，中间要加隔墙

(3)集料应堆放在坚硬、清洁的场地。

(4)堆放场地应有良好的排水结构，以保证雨水不至滞留在堆放场地。

本书下篇要讲到，骨架密实结构基层水泥稳定碎石混合料含水量控制很重要，含水量太小难以碾压、表面石料离析，含水量太大碾压结束后轮迹无法消除，平整度差，更严重的是由于骨架密实结构水泥稳定碎石基层混合料中细集料含量小，含水量太大碾压时水泥浆提到上面造成底部松散，严重者取不出芯。

细集料的含水量对水泥稳定碎石混合料的含水量影响很大，也是水泥稳定碎石基层的混合料含水量难以控制的最主要因素。一般骨架密实结构水泥稳定碎石基层混合料的最佳含水量在 4% ~5% 左右，有时下雨后拌料时单细集料的含水量已足够甚至超过整个混合料的最佳含水量了。所以细集料要搭建防雨棚是非常必要的，最低要求细集料也要用防雨布覆盖，这样才能保证雨后能立即进行基层摊铺施工。

图 9-15 为细集料大棚，大棚面积要足够。许多施工单位为了应付业主的要求，搭一个小棚了事，这样不能起到作用，搭棚也没有了意义。

水泥稳定碎石混合料由多档不同规格的集料混合而成，为了保证混合料级配要求，堆料时不同规格的集料间要用隔墙分隔开(图 9-16)。否则不同规格的集料提前混在一起，生产出的混合料级配将发生偏差，直接影响基层施工的均匀性，对基础的整体质量有害。

4)定专项的石料卸料、堆料、上料的工艺

制定专项的石料卸料、堆料、上料的工艺，指导和监督装载机操作手按正确的方法取料和装料。

石料的生产、管理、质量控制是目前高速公路施工管理的一个薄弱环节，而石料的堆放、上料、卸料等更是薄弱环节之薄弱环节。大多人都认为，不就是一堆石子吗，怎么捣腾不行？其实这里面有很大的学问，上料、卸料、堆料时遵照一定的工艺，离析就不严重，级配就稳定、变异小，否则配合比天天就要变。如果监理或上级检查时要求严格，配合比很可能就不合格。因为我国不同规格的石料是混合的，不是单粒径的，如 10 ~20mm 石料里面有 10 ~15mm 的石料，也有 15 ~20mm 的石料，并且同一规格的石料也有一个级配范围，所以同一种料里面又有粗料、细料之分，如果卸料不合理会造成大料滚落下面，小料在上面，等到装料时会造成一斗料全是大料，另一斗料全是小料。

(1)卸料、堆料

图9-17是正确和不正确的堆料方式，上图是正确的堆料方式，石料要分层堆放，粗、细料不离析；下图是不正确的堆料方式，卸料时不分层，大料滑落在下面，造成卸料离析。

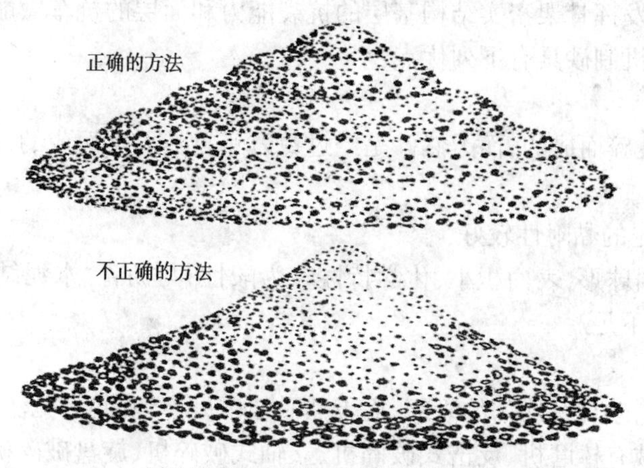

图9-17 正确的和不正确的堆放方式

图9-18是用货车和铲车堆料的操作示意图。用货车卸料时要分次卸料，不要在一个位置将料卸完，同时把集料卸成每堆不大于一货车料的料堆，否则会造成大料落到下部，且要防止大料沿斜坡滑落。

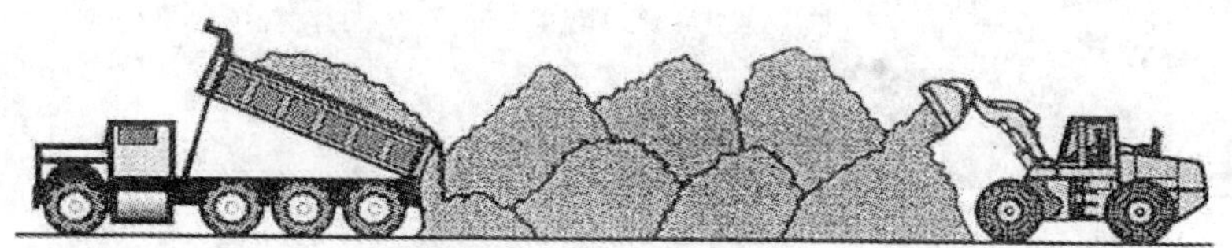
图9-18 用货车紧密地成堆卸料

(2)上料

为减少装载机向冷料仓输送集料中出现的离析，应注意：

①装载机应在料堆的全部高度和各个方向上进行采掘，以免由于料堆坍落而引起离析。

②装载机取样时应垂直面向料堆材料流动的方向。

③装载机取料时应使用大臂使铲斗向上滚卷，而不要将铲斗插入很深而使铲斗穿入料堆向上翻转，以免对料堆产生很大的扰动。

④装载机手应避免从料堆最底部取样，此处大都粗料较多，且含水量较大。

⑤当发现粗细料离析时装载机手应将粗细料就地翻动重新混合后再装料，不应一斗粗料一斗细料地向冷料仓供料。

⑥装载机手在向冷料仓装料时应仔细对准料仓防止发生混仓。

⑦装载机手应及时向冷料仓加料，使其经常保持相对的满仓状态，不应等冷料仓内集料下降很多时才加料。

9.5 机制砂的生产和管理

机制砂为使用专用的制砂机、用粗破过的洁净粗集料生产的具有一定级配的细集料，而非石料生产中的下脚料。

高速公路路面基层使用的 0 ~ 5mm 细集料和面层使用的 0 ~ 3mm、3 ~ 5mm 细集料均宜使用机制砂，才能充分发挥骨架密实结构基层的抗裂能力和面层的抗车辙能力。

与天然砂相比，机制砂具有下列优点：

(1)棱角性好

机制砂是经过破碎而成的，而天然砂是经过数万年自然风化而成的，机制砂的棱角性远大于天然砂。

(2)与沥青、水泥的黏附性较好

天然砂大多呈圆球形，表面积小，化学特性多为酸性，与沥青、水泥结合时粘附性差，抗剪能力、抗水破坏能力不足。

(3)级配均匀

经过加工的机制砂具有均匀的级配，而天然砂级配因产地而异，无法人工控制。

常用的制砂机械有棒磨机、反击式破碎机、立轴式破碎机、旋盘破碎机等，这里不再详述。

机制砂要搭建大棚保护，以免受雨淋结块，含水量过大，影响混合料质量。

第10章　与骨架密实沥青混凝土路面施工配套的抗离析技术

骨架密实沥青混凝土面层和路面基层摊铺第一难题是离析，无论是双机联铺或是单机摊铺，离析均没有彻底解决，所以研究摊铺首先从研究离析入手。

10.1　摊铺离析简述

混合料离析是造成路面和路面基层早期损害的质量隐患。混合料离析发生于基层材料时，由于局部材料级配改变，加之碾压不实，空隙率高，使基层结构的整体物理力学性能降低且不均匀，在重载荷作用下变形不均且局部变形增大，路面将因这一变形而形成裂纹和破坏。同时，大空隙率易发生路基的水损坏而局部下陷。沥青路面材料离析分集料离析和温度离析。集料离析造成局部级配改变，粗粒料多而中小粒料少时，碾压不实，结合不紧密，空隙率高，重载荷冲击时，大粒料错位，形成路面坑槽；此外，空隙率大，动水压力击穿面层，可直接导致泛浆，使基层顶面脱空；中小粒料多大粒料少时，会因为缺乏大骨料的支撑强度，容易形成车辙。

造成集料离析的原因很多，如堆料、上料、原材料、级配、拌和、装卸、运输、摊铺、碾压等。本文主要讨论摊铺的离析与改善措施。

目前，在高等级公路中，对基层和面层混合料的摊铺均采用摊铺机施工，基层的稳定土摊铺机和面层的沥青摊铺机并无原理上的本质差别，只是前者由于摊铺厚度较大，功率配置和生产率较高而已。分析目前的摊铺机原理，对物料的输送和分布由刮板输送和螺旋分料器两个环节组成。刮板是一种平移式分层输料装置，对物料不会产生重新的搅拌混合作用，因而对前几道工序产生的物料物理和温度离析不能改善。为此，近几年来兴起在摊铺机前加置沥青混合料转运车的工艺尝试，通过其保温、加热、搅拌等作用使温度和物理离析得到有效改善。当然，沥青混合料转运车另有连续喂料不间断摊铺及防止运料车撞击摊铺机等作用，可以提高生产率和提高摊铺平整度等指标。对摊铺机自身而言，改善离析和提高摊铺平整度的作用，主要通过螺旋分料器的结构设计以及运动学参数来实现。

级配混合料中（包括基层和面层）中的内摩擦力作用以及物料与输料螺旋之间的外摩擦力作用影响着螺旋的输料和二次搅拌（拌和机为一次搅拌）的效果，合理的摊铺机螺旋分料器应具有良好搅拌物料，使前期工序产生的物料离析得到有效改善，同时满足摊铺宽度上不同部位所需物料量，使平整度得到保证的综合功能。这就是螺旋分料器设计的最终要求，也是摊铺机提高性能的合理途径。

目前，多数摊铺机的实际情况是，物料的内、外摩擦力作用造成大粒料容易被送往螺旋的两外侧，摊铺宽度增大则离析加重。主要原因在于，螺旋工作参数设定存在缺陷，强调物料输料高度位于螺旋中心上方叶片直径三分之二处为宜，由于螺旋料位较低，需要较高的工作转速

(高达 100r/min 左右,甚至更高)才能满足输料量要求,在高速抛撒、快速推移运动中,不同粒径物料再次离析。这种思想的实质是沿用了传统的螺旋设计理论,即螺旋的主要功能是均匀输料和布料,而未能赋予螺旋二次搅拌以改善前期工序产生的物理和温度离析的功能,在对高等级公路路面质量要求提高、以适应现代重载大流量运输要求的今天,摊铺机螺旋这后一功能甚至更加重要。

中大 DT1600 超级摊铺机(功率 220kW,最大摊幅 16m,最大摊铺厚度 600mm)的设计理念就是,通过具有二次搅拌以改善离析与均匀输料和布料综合功能的抗离析、大生产率螺旋装置设计,辅以整机与螺旋驱动大功率配置,兼备基层稳定土与面层沥青摊铺多用途,实现单机大宽幅、大厚度、抗离析一次成型摊铺作业,改善离析、改善双机并幅摊铺与基层上下分层摊铺的工艺(除离析外,基层分层摊铺另与压实能力有关),为现代大型摊铺机的技术发展探索一条新路径。

混合料离析按外观形式分为条状离析和块状离析,有横向离析、纵向离析、竖向离析、片状离析、有规则离析和不规则离析等。产生离析的原因很多,不规则离析,往往是施工工艺造成的,而规则离析,大多是由于摊铺机的性能所决定的。

地产材料差异性,材料生产工艺的不稳定性,外购材料质地的批次变化,场地堆料方式的影响等,均会引起粒料的离析现象。其中施工工艺不合理,如停机待料、梯形摊铺速度差异、搭接宽度不合理、过快收斗等均将产生严重的离析。不规则离析通过改进和严格施工工艺可以得到控制和改善,而规则离析则为摊铺机的性能缺陷所致,必须从设备上着手解决。

从近几年路面施工的过程看,摊铺离析目前在路面施工中是最难控制的,拌和楼和摊铺机质量的好坏为路面离析的主要原因。为此,国内外均试图从摊铺机的改进和更新入手,目前国外的改进机型主要有 Super2100 - C(Vogle),Ingersoll - rand ABG 525,国内也有同类产品,如陕西中大公司研制了 DT1600 型大功率摊铺机,这些改性型设备为解决路面摊铺离析和提高平整度提供了可能。

1)横向离析

横向离析产生的主要原因来自于螺旋布料机构高速旋转时产生的抛扬(图 10-1),这种离心力的作用造成大粒径物料容易被送往两边,摊铺越宽离析越严重,摊铺越宽两边的物料粒径越大。

图 10-2 现有摊铺机在宽幅摊铺时集料最多只能埋螺旋叶片三分之二,工作时一般是半埋螺旋,只有螺旋高速旋转才能满足大量输料的需求,螺旋高速旋转产生集料抛扬从而发生离析。

图 10-1 横向离析

图 10-2 螺旋高速旋转产生集料抛扬发生离析

横向接缝离析是由于摊铺机起步时、收尾时操作不当或未进入正常造成的。

2)竖向离析

竖向离析的原因是螺旋料槽上部大粒料沿开口处向下滚落(图10-3),这一现象发生在螺旋前挡板离地间隙调节偏大且料槽中缺料的工况下,以及螺旋外端料槽前方的卸料口处,由于大粒料沿着螺旋前挡板的间隙和卸料口处向下滚落,结果造成大粒料滚落于摊铺下层。

图10-3 竖向离析

过去大家对竖向离析重视不够,其实竖向离析的危害比横向离析和纵向离析更重。发生竖向离析时大料在下小料在上,使基层底部空隙过大,水从裂缝中进入造成基层破坏。

3)纵向离析

见图10-4和图10-5,并机摊铺接缝处的竖向离析带贯穿于中缝始终,由于大粒径粒料在两摊铺机的卸料口连接处自上而下滚落所致。下层粗粒料,上层细粒料,是典型的纵向—竖向离析。

图10-4 并机接缝处

图10-5 纵向离析带

纵向接缝离析是由于接缝处混合料或多或少,就会在接缝处产生离析现象。2台摊铺机的摊铺厚度不同也会引起离析。如果2台摊铺机摊铺的厚度不一致,则接缝处厚度小的一侧不容易压实。由于纵向接缝处位于行车道处,轮载作用的次数多,因此应高度重视。

规范要求两机前后梯形作业,搭接不低于300mm。而这300mm的搭接带,两机重复摊铺、振捣、塞料(因熨平板有仰角,前部间隙5mm左右,振捣行程3mm左右),将搭接带塞实过度,与两边的密实均匀度相差很大。搭接带承受了压路机的大部分重力,而搭接带两侧的离析带又受力不足,密实度低。这一压实不足的离析接缝带位于主车道上,成为早期坑洞、车辙的主要原因,是严重的质量隐患。

图 10-4 ~ 图 10-6 由于二次摊铺使接缝搭接带增厚，造成接缝处路机压实轮悬空碾压受力不够，纵向离析带碾压时空隙率高。

图 10-6　接缝搭接带增厚

4) 片状离析

面层和基层施工时片状离析十分普遍（图 10-7、图 10-8），是由于半埋螺旋叶片或输料槽缺料状况下，运输装卸、收斗等前道工序形成的离析集料得不到二次搅拌所致。

图 10-7　片状离析

图 10-8　片状离析局部

5) 带状离析

一种较普遍的现象，通常出现在摊铺机中央或两侧的地方。上、中、下面层均有这种情况出现。产生这种情况的主要原因是摊铺设备或摊铺机操作的问题，如熨平板安装不当，螺旋输送器转速不够，摊铺机卡料等。这些现象可以通过设备的更新与维护、操作手的培训来消除。

6) 摊铺机收斗离析

由摊铺机收斗引起的离析，这是因为运料车在卸料时混凝土中的大料滚落到摊铺机料斗的两端，摊铺机再将中间的细料摊铺完后再收斗，将料斗两端的大料摊铺到面层和基层，形成规则的、间隔一致的离析。离析处摊铺机中央区域细料多，比较密实；摊铺机两侧粗料集中，细集料空隙率较大，表面纹理很深。熨平板较宽时这种现象较明显。

7) 随机离析

在施工中也会发生因设备故障、摊铺机停机、混凝土拌和站生产的混合料波动过大等，都可能造成随机离析。

10.2　解决离析的措施

1) 原材料控制

(1)控制料源

首先要控制原材料的料源，要保证料源：来自固定的供货商；经过反击式破碎加工的；同目标配合比取样料源一致。料源的确定主要是考察其加工方式和产量，确定料源之后再取样作配合比试验。

(2)原材料堆放

原材料进场后的堆放满足：必须在硬化的、具有良好排水系统的地坪上；不同规格的集料应用隔墙或料槽分隔开，以免混杂；细集料应采取覆盖措施，潮湿的细料将影响拌和机产量和混合料质量。堆放场地，尤其砂的堆放场应设有雨篷或遮雨的篷布；

原材料的堆放如图10-9所示。

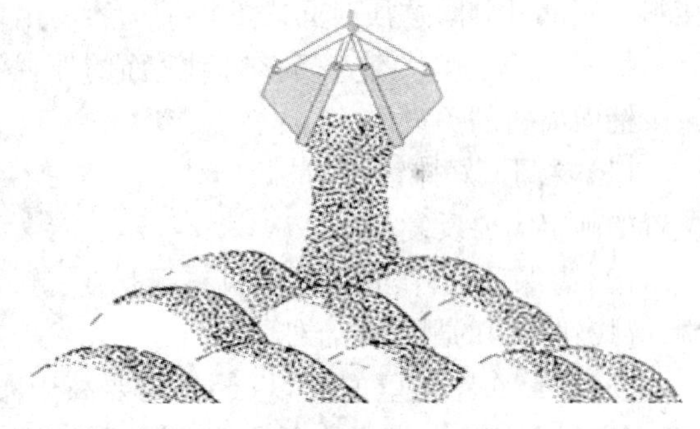

图10-9 用抓斗堆成的料堆

(3)装料、上料

原材料的取用应制订科学的工艺程序，尤其是粗集料的取用应保证粗细均匀。生产过程中不允许装载机贴地装料、上料。

2)混合料拌和过程控制

严格控制沥青混合料的矿料级配。一般情况下，在混合料拌和生产过程中，必须使集料在规定的级配范围内。这一过程应在生产配合比设计阶段反复验证得到最终确定后，在生产过程中不得随意变动。在级配曲线中对混合料均匀性影响较大的是大料含量。

3)避免沥青混合料在装料和运输过程中产生离析

从成品料仓向运料车卸料或从运料车向工地卸料时，不允许运料车一边移动一边卸料，而应成堆卸料，否则将引起严重离析，也不允许运料车驾驶员为达到额定容量而在料堆上加盖小量的混合料。

从成品仓卸料时，卸料门应迅速开大，不允许让混合料慢慢流出，以免造成离析；运输车料斗离料仓出口间距不要太大。

在向运料车卸料时，不允许向车槽的中央卸料(图10-10)，应向车槽前部卸料再向尾部卸料，然后再在中央卸料(图10-11)。

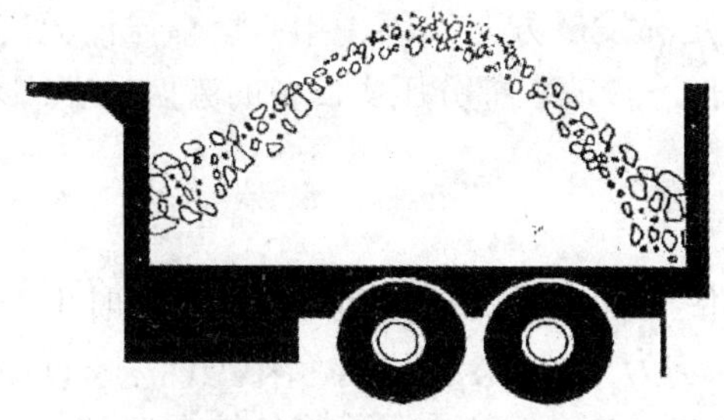

图10-10 不正确的卸料

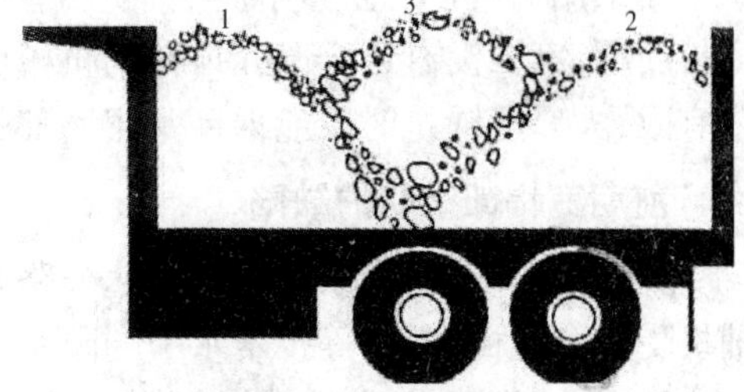

图10-11 正确的卸料

4)现场摊铺工艺的优化组合

摊铺速度的确定：连续、稳定的摊铺速度是保证基层平整均匀的关键，同时也是减少离析现象的一个有效措施。摊铺速度要结合拌和机生产能力、运输能力、运输距离和碾压能力进行综合考虑。摊铺速度经过生产配合比验证阶段验证后确定，一般情况下2.5m/min较为适宜。

由于拢料过程中，原先聚集在料斗两翼的粗料相对集中后，下车料刚开始卸料时粗料流向接料斗底部，因此，这段时间内的摊铺面容易出现块状离析。

摊铺机的工作状态直接影响到铺面的外观效果，因此，将摊铺机调整至最佳状态是避免和减少铺面离析的关键。

(1)要调试好摊铺机的料位，对于最大粒径较大的混合料，摊铺机料位应适当提高，这一位置的确定需要反复比较。

(2)为保证送料均衡，摊铺机料门开度、链板送料器的速度和螺旋布料器的转速一定要协调，寻找到其中的最佳结合处。

(3)螺旋布料器里的料量，最起码要高于布料器的中心位置，一般要达到螺旋布料器的2/3高度。也有的专家提出更高的高度要求，即布料器在正常工作时，以“若隐若现”为宜，这个要根据现场铺面效果，结合实际予以确定。

(4)螺旋布料器里的料面高度应在同一平面上，与铺面横坡保持一致，使熨平板的挡料板前混合料均匀分布，尽可能地避免离析现象的产生。

摊铺机熨平板的振幅、振频调整影响到铺面初始压实和铺层的粗、细料分布情况，熨平板的激振强度大会将细料振到铺层下部，表面则显得粗料较多；反之，则铺层表面细料较多。因为熨平板由多块拼合而成，每块熨平板由于夯锤新旧程度和磨损情况不同，整个铺面容易呈现出条带状离析，因此，现场要结合原材料本身材质和铺面完成后的外观情况予以综合性考虑而确定。

5)改进摊铺机

上述方法都不能彻底解决摊铺机离析问题，要彻底根除离析问题必须在摊铺环节解决，这就需要对摊铺机加以改进。

欲对摊铺机抗离析性能进行改进，必须先了解目前的摊铺工艺现状与问题。

10.3 摊铺工艺现状与问题

1)摊铺施工现状

目前高速公路沥青面层和路面基层施工基本上都是采用双机联铺，这是基于摊铺机的普遍水平而采用的(同时也说明了摊铺机械存在的不足和发展方向)，第一担心全幅摊铺无法解决离析问题，第二没有可全厚式摊铺的机械可供选择。目前大部分压实设备的激振力小，影响深度有限，大厚度铺筑时不能保证基层底部的压实度。

2)前期宽幅摊铺机的缺陷

欧美、日本等发达国家在建设高速公路时并未使用宽幅摊铺机，其原因在于，当时生产的摊铺机受综合机械、控制等技术水平的限制，基本上均为小型(小于3.6m)，中型(4~6m)和大型(7~9m)机型不具备全幅摊铺的能力，而改进型的宽幅摊铺机，也只是将传统大型(7~9m)摊铺机螺旋和熨平板接长为12m，整机参数不变，因此也不具备完成全幅摊铺的能力。另一方面，由于发达国家的高速公路建设已基本结束，对摊铺机的研究主要是为满足别国的要求，没有机会自己实践对比双机联铺和全幅摊铺的优劣。

目前市场上供应的进口摊铺机大多是为适应我国旧规范要求全幅摊铺而生产的，仅仅是加长了螺旋输料器和熨平板，在其他方面并未能做过多的优化，这样的改进型宽幅摊铺机并不能满足我国的实际需求。

改进型的宽幅摊铺机在摊铺时，由于功率不足，只能将螺旋位置提高，物料半埋螺旋以节省能耗(螺旋消耗整机功率50%以上)。半埋螺旋引起的输料能力下降只有靠提高螺旋转速来补偿，其结果是因高速旋转而降低螺旋的二次搅拌作用，特别是工作时急加、减速抛扬物料产生上下层离析和宽度方向上离析，深为人们所忌讳；同样，由于功率的原因，加大宽度，振捣功率不足，只能用小振幅工作而影响预压实度。

3)双机并幅摊铺的缺陷

新沥青路面施工技术规范关于并幅摊铺接缝无离析带，而宽幅摊铺有多条纵向离析带的说法有待商榷，实际情况并非如此。从摊铺机的结构分析看，如果说宽幅摊铺由于螺旋设计参数不妥导致两外侧产生大粒料“窝”尚属分析准确的话，那么在两螺旋正中接合部以及各螺旋中间部位形成数条纵向离析带则与是否宽幅摊铺毫无关系，这几条离析带产生于螺旋链箱处和左右螺旋各自的支撑处，依靠安装反向螺旋叶片可以消除，否则双机摊铺比单机摊铺会多出一倍的纵向离析带。

并机摊铺存在的主要问题是：两机接缝处存在着高度方向上的物料离析问题，当摊铺含有大粒料的稳定材料或沥青下面层时尤为严重。产生这一现象的主要原因是摊铺机存在原理上的固有缺陷。螺旋外端的螺旋槽与前挡料板处有一卸荷(料)口，该卸料口释放因物料布满螺旋槽外端时产生的工作阻力，物料在卸料口处存在着自由滚落现象，大粒料因自重等因素落于摊铺层下方，形成两机接缝处的纵向离析带和高度方向上的离析(图10-12)。这一现象会随着机器螺旋参数的优化设计而有所改善，但不能根除。而这一离析带往往处于道路中部的行车道上，是产生道路早期损害的要因之一。

图10-12　两机接缝处物料在卸料口处存在着自由滚落现象

10.4　摊铺机控制离析原理研究

近年来，我国的沥青路面及路面基层结构设计和施工控制技术水平有了一定的进步，从上面分析可知，研究的领域过多局限于结构和材料范畴，对机械改进和施工工艺的研究重视不够，尤其是仍停留于依靠经验和引进设备的阶段。根据多年来对施工过程和建设路段路况变化的观测，当前路面在使用过程中频频出现质量问题，与施工工艺及其控制技术是否科学合理有密切关系，归根到底是施工机械和施工工序的优化问题，其中摊铺机械的性能是关键问题。

陕西中大集团公司针对大型摊铺机(7～9m)升级为超大型摊铺机(12m)宽幅摊铺带来的离析问题，在摊铺机性能方面进行了改进。

(1)增大整机动力,匹配全幅摊铺作业需要的最佳功率。

(2)解决全幅摊铺中间部位填料相对于临近部位空虚问题,减少中缝位置早期破坏或纵向离析现象。

(3)使物料均匀整体传输,保证面层的均匀摊铺,压实均匀,强度均匀。

(4)使物料封闭性传输,横向传输过程不散落,保证竖向均匀,防止竖向离析和端部离析。

(5)简便易行的离析控制指标检测技术。

1)常规摊铺机的缺陷

目前的摊铺机原理,对物料的输送和分布是通过刮板输送和螺旋分料器两个环节完成。刮板是一种平移式分层输料装置,对物料不会产生重新的搅拌混合作用,因而对前几道工序产生的物料物理和温度离析不能改善。对摊铺机自身而言,改善离析和提高摊铺平整度的作用,主要通过螺旋分料器的结构设计以及运动学参数来实现。

级配混合料中(包括基层和面层)的内摩擦力作用以及物料与输料螺旋之间的外摩擦力作用影响着螺旋的输料和二次搅拌(拌和机为一次搅拌)的效果,合理的摊铺机螺旋分料器应具有良好搅拌物料的功能,使前期工序产生的物料离析得到有效改善,同时满足摊铺宽度上不同部位所需物料量,使平整度得到保证的综合功能。

目前,多数小功率摊铺机的实际情况是,物料的内、外摩擦力作用造成大粒料容易被送往螺旋的两外侧,摊铺宽度增大则离析加重。主要原因在于,其螺旋工作参数设定存在缺陷,强调物料输料高度位于螺旋中心上方叶片直径三分之二处为宜,由于螺旋料位较低,需要较高的工作转速(高达100r/min左右,甚至更高)才能满足输料量要求,在调整抛撒、快速推移运动中,不同粒径物料再次离析。这种思想的实质是沿用了传统的螺旋设计理论,即螺旋的主要功能是均匀输料和布料,而未能赋予螺旋二次搅拌以改善前期工序产生的物理和温度离析的功能。

2)摊铺机离析控制机理

大功率摊铺机(功率160kW以上,最大摊幅16m,最大摊铺厚度600mm)的设计理论就是通过二次搅拌以改善离析与均匀输料和布料综合功能的抗离析、大生产率螺旋装置设计,辅以整机与螺旋驱动大功率配置,实现单机大宽幅、大厚度、抗离析一次成型摊铺作业,改善离析,改善双机并幅摊铺接缝离析。其主要特点为:增大螺旋输料能力,降低螺旋驱动转速,增加螺旋二次搅拌功能,减小螺旋启动的冲击和加速度使之平稳缓慢启动。通过这些措施使螺旋真正实现搅拌和均匀输料复合功能,并避免频繁间断启动造成物料推扬离析。

(1)改进螺旋设计

增大螺旋输料能力,降低螺旋驱动转速,增加螺旋二次搅拌功能,减小螺旋启动的冲击和加速度使之平稳缓慢启动。

①物料满埋螺旋。这是增大输料能力,降低螺旋转速,增加二次搅拌作用,避免横向离析的关键,也是一种新理念。提高刮板和螺旋料位传感器料位控制点,是实现这一理念的外部形式,其内在实质是:需加大螺旋的驱动转矩,并改变驱动方案。改变流行摊铺机采用高速轴向柱塞马达加减速机的传动方案,直接采用低速径向柱塞大扭矩马达驱动,并且将流行摊铺机700mL/r左右的马达等效排量增加到1300mL/r,转矩和功率增加了一倍。

改进设计后，物料满埋螺旋降低转速到 80 ~ 90r/min 以下，有效防止大颗粒物料随输送距离增大而运动加剧的横向离析，同时由于螺旋埋于物料底部而增加二次搅拌效果，改善前期工序产生的温度与物理离析。

低速大扭矩马达除可满足物料满埋螺旋需要更大驱动转矩的要求外，还由于这种马达具有启动效率高，带载启动能力强，启动平稳的优点，可以避免高速马达加减速机由于启动效率低，在频繁间断工况下产生的冲击现象，减小了物料的冲击推扬离析。物料满埋螺旋，增大输料量并增加螺旋驱动能力还为大厚度一次成型摊铺基础材料提供了可能性。

②变径螺旋设计。摊铺机的螺旋分料器是一种半开放式的结构，与通常的封闭式螺旋输料器将物料全部输送情况不同的是，它在分输料过程中一边卸料一边输料，最终将物料均匀地布送于熨平板的整个幅宽上。因此，不同位置的螺旋应有不同的输料能力，这要求螺旋分料器应有适应这一性能要求的不同升角或直径。变升角设计有制造困难、互换性差、且搅拌不均的缺陷，采用变径螺旋设计，螺旋自内向外直径逐渐减小，整体断面包络线呈梯形，考虑到制造的方便，可以近似为几种间断直径的结构。这样在分料工作中，可以达到全部螺旋满埋物料工作且搅拌强度一致的效果，除了有效防止横向离析外，还可保证不同宽度位置上摊铺物料的密实度一致，平整度一致。

(2)增加整机功率匹配

摊铺机在摊铺作业中，主要的功率消耗于螺旋驱动。特别当物料满埋螺旋，大宽度摊铺基础材料时，物料摩擦阻力矩增加，驱动螺旋会消耗整机功率 50% ~ 60%，加之刮板、熨平板由于增加宽度相应增加功率消耗。发动机功率要裕量配置，避免发动机因各种超载产生掉速现象，这种超载频繁地发生于螺旋启动、刮板卡滞、料车倒撞等工况，是摊铺机的特有工况。

发动机掉速会影响摊铺机的正常工作秩序，是产生离析、影响平整度的不良因素，也是摊铺机的流行通病。电喷柴油机符合严格的污染排放和噪声标准，也具有良好的动力性能和控制特性，易于实现整机自动化。

将摊铺机的发动机功率设计为 220kW，为目前市场上大型摊铺机中功率最大的，该机型性能指标见表 10-1。

中大 DT1400 大功率摊铺机的性能 表 10-1

功率	摊铺宽度	最大厚度	最大摊铺速度	螺旋输料系统	接料斗	熨平板加热方式	整机重量
220kW	max 16m	50cm	13.7m/min(行走 0 ~ 60m/min)	低速大扭矩马达无级调速，物料满埋螺旋工作，可反向转动，大叶片 ϕ480mm	18t	丙烷气加热	35t

(3)离析控制

①防治竖向离析。竖向离析指摊铺横向断面上，下部大料料多而上部大粒料少的上下离析现象。竖向离析的原因是螺旋料槽上部大粒料沿开口处向下滚落，这一现象发生在螺旋前挡板离地间隙调节偏大且料槽中缺料的工况下，以及螺旋外端料槽前方的卸料口处，由于大粒料沿着螺旋前挡板的间隙和卸料口处向下滚落，结果造成大粒料沉落于摊铺下层。大功率摊铺机采用物料满埋螺旋设计，避免了料槽因缺料在螺旋与前挡板之间产生的粒料滚落斜坡；在

前挡板下方加装了上下高度可调的前导板，根据摊铺厚度和材料不同适当调节离地间隙，同时前导板下部采用弹性橡胶板结构，可以将离地间隙调为最小且利用弹性板的外张效果减小螺旋的输料阻力；对螺旋外端处的卸料口，同样采用弹性橡胶板的悬臂式结构，既防止大粒料向下滚落，又起到防止螺旋卡死而卸荷的作用，也避免了因螺旋卸料不畅顶起熨平板影响平整度的现象。

②防止纵向离析。纵向离析指摊铺层上出现的沿行车方向的条形离析带，主要产生于左右螺旋的中缝处、各自螺旋的过渡支撑处和双机并幅摊铺的接缝处。采用单机大宽幅摊铺，不存在双机并机产生的300～600mm的接缝。

由于螺旋驱动链轮箱的空间干涉，使左右螺旋在中缝处断开一定距离，这一断裂处的物料得不到螺旋强制挤压和搅拌，而仅依靠物料的自然流动来充填，摊铺后密实度很低且级配不匀，形成一明显的条形离析带。

在该断开处的左右螺旋上各加装一组角度可调的反向螺旋叶片，根据摊铺厚度和材料的变化来调节叶片数量和角度，使中缝处物料充填密实且均匀。

螺旋支撑处的离析带，主要由于支撑处螺旋输料不畅，破坏了物料沿螺旋在宽度方向上输送的均匀连续性，影响了该处的密实度和级配所致。

加大了螺旋料槽前后方向的宽度，减小了支撑处的结构尺寸，并使支撑结构呈圆弧过渡面，在支撑处的螺旋上加装了圆周角100°以上的过渡叶片，有效解决了物料在支撑处的阻滞状况。

加大料槽前后尺寸，增加了料槽中物料的搅拌体积和空间，也是提高二次搅拌作用，改善温度和横向离析的措施。物料满埋螺旋工作也相对减少了支撑处的阻滞影响。

③防止片状离析。半埋螺旋叶片或输料槽缺料状况下，运输装卸、收斗等前道工序形成的离析集料得不到二次搅拌所致。

增大摊铺机料斗，减少收斗造成大粒径物料集中产生的局部片状离析。

10.5 DT系列摊铺机改进方法和效果

路面摊铺机是一种典型的路面施工机械，其整机的综合性能指标表现在作业质量、生产率和燃料经济性几个方面，其中作业质量为优先指标。作业质量包括摊铺平整度（碾压后平整度）和混合料均匀性（不离析）。为了解决前些年使用传统的中等功率（指160kW以下）摊铺机大宽幅摊铺沥青路面和稳定基层所引起的混合料离析，公路施工规范规定了双机并幅摊铺的工艺要求；又由于摊铺机功率不足以及碾压设备能力限制，规定了稳定基层分层摊铺的工艺要求。近年来的施工实践证明，这一工艺规范在解决老问题的同时产生了一些新问题，如双机并幅中缝离析，生产率和平整度降低，分层摊铺路基板块整体结构性差等等。

纵观国内外近年来摊铺机的技术发展趋势，可以看到正朝着改善传统机器结构，提高功率配置和自动控制程度这一方向发展，其目的在于全面提高摊铺机的综合性能指标。

DT系列摊铺机正是根据生产实践需要，关注国内外新一代大功率摊铺机的技术发展方向，自主开发的一款机器，通过几年来挑剔的使用考查，证明了其性能的优良，质量的可靠，加之研制了32t级用于大厚度基层压实的自行式振动压路机同步配套，使抗离析单机宽幅大厚度摊铺基层与面层的工艺真正得以实现。

1) DT 系列摊铺机主要防止离析的措施

(1)防治横向离析

DT1400 改变流行摊铺机采用高速轴向柱塞马达加减速机的传动方案,直接采用低速径向柱塞大扭矩马达驱动,并且将流行摊铺机 700mL/r 左右的马达等效排量增加到 1300mL/r,转矩和功率增加了一倍。物料满埋螺旋降低转速到 80 ~ 90r/min 以下,有效防止大颗粒物料随输送距离增大而运动加剧的横向离析,同时由于螺旋埋于物料底部而增加二次搅拌效果,用于面层时可改善前期工序产生的温度与物理离析。

①满埋螺旋低速输料。

加大螺旋直径,由 360mm 增大到 480mm。

加宽输料槽宽度,其他机型 510mm 增大到 670mm。

加高输料槽高度,其他机型 350 ~ 420mm 增大到 650mm。

加大输料量,降低螺旋转数,满埋螺旋低速输料。加大螺旋直径(有大到小梯阶排例)、加大输料槽宽度(67cm)、加大输料槽高度(增加输料厚度)、满埋螺旋大量输料,降低了螺旋布料转速,避免螺旋高速旋转抛扬造成的横向离析。满埋螺旋输料,实现了集料的二次搅拌,有效地改善了前道工序(装卸、收斗等)形成的集料离析。用于面层时同时可减少温度离析。

②改高速马达加减速机方案为用低速大扭矩径向柱塞液压马达。

高速:图 10-13 为现有摊铺机,由于功率低,最多只能埋螺旋叶片三分之二,工作时一般是半埋螺旋,只有螺旋高速旋转才能满足大量输料的需求。而螺旋高速旋转时产生的抛扬,这种离心力的作用造成大粒径物料容易被送往螺旋两边,产生严重横向离析。

低速:图 10-14 为 DT 摊铺机,降低了螺旋布料转速,避免螺旋高速旋转抛扬造成的横向离析。满埋螺旋输料,实现了集料的二次搅拌,有效地改善了前道工序(装卸、收斗等)形成的集料离析。用于面层时同时可减少温度离析。

图 10-13 其他摊铺机,高速马达 + 减速机,排量:649.6mL/r 和 820mL/r

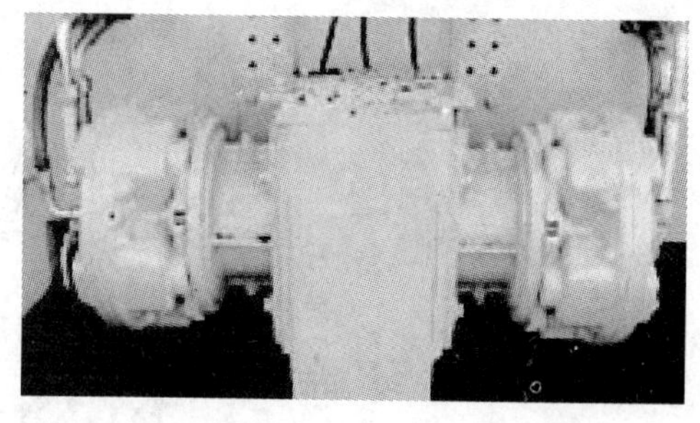

图 10-14 DT1400 型摊铺机,低速大扭矩液压马达,排量 1300mL/r

图 10-15 低速大扭矩液压马达除可满足物料满埋螺旋需要更大驱动转矩的要求外,还由于这种马达具有启动效率高,带载启动能力强,启动平稳的优点,可以避免高速马达加减速机由于启动效率低,在频繁间断工况下产生的冲击现象,减小了物料的冲击推扬离析。

图 10-15 低速大扭矩液压马达有如下优点:

a. 大启动扭矩;

b. 低速稳定;

c. 耐高压；
d. 耐高温；
e. 抗油液污染；
f. 抗热卡死；
g. 可无油真空运转；
h. 低噪声；
i. 高使用寿命；
j. 宽广的转速范围(图 10-16)。

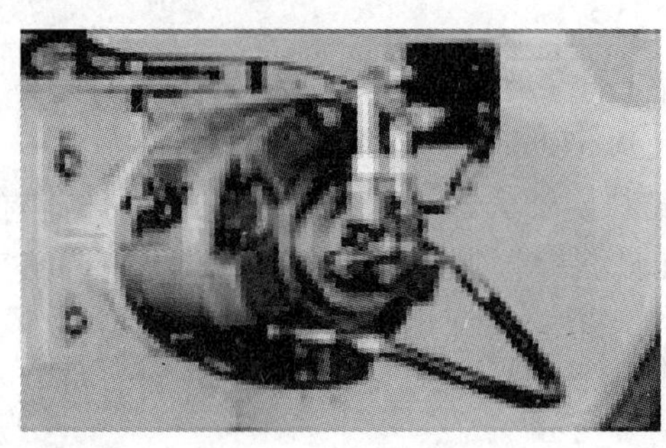
图 10-15　低速液压马达

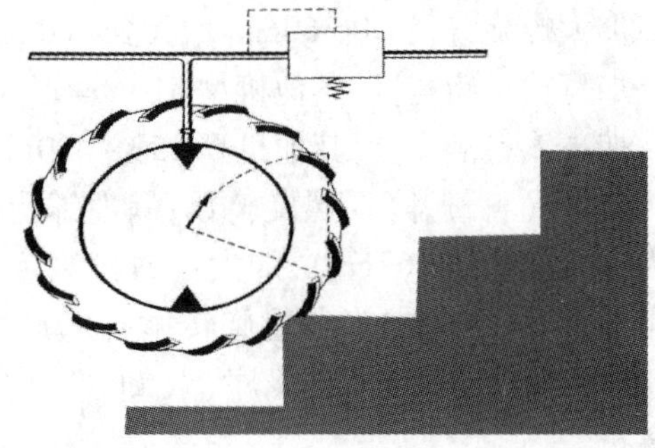
图 10-16　模拟图

低速大扭矩液压马达结构优化设计特点(图 10-17)：
a. 柱塞与曲轴间的静压支承轴承和滚动轴承结合的双轴承支承；
b. 先进的密封环设计——形密封环和机械密封环组合；
c. 紧箍柱塞滑靴的夹持环及球面柱塞支承环；
d. 双耳轴支承的摆动缸体；
e. 多功能端面配油气器。

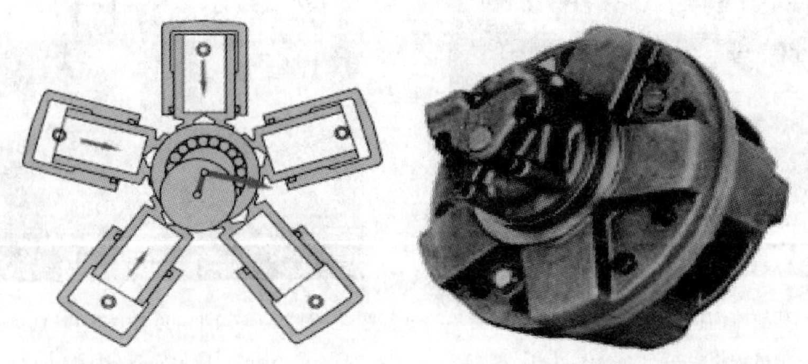
图 10-17　结构优化设计

③物料满埋螺旋工作。

物料满埋螺旋工作(图 10-18)，这是增大输料能力、降低螺旋转速、增加二次搅拌作用、避免横向离析的关键，也是一种新理念。提高刮板和螺旋料位传感器料位控制点(图 10-19)，是实现这一理念的外部形式，其内在实质是：需加大螺旋的驱动转矩，并改变驱动方案。

图 10-18 物料满埋螺旋工作

图 10-19 提高刮板和螺旋料位传感器料位控制点

④增加整机功率匹配。

摊铺机在摊铺作业中，主要的功率消耗于螺旋驱动，特别当物料满埋螺旋，大宽度摊铺基础材料时，物料摩擦阻力矩增加，驱动螺旋会消耗整机功率 50% ~60%，加之刮板、熨平板增加宽度相应增加能耗，因此，DT1400 配置了原装进口依维柯共轨电喷供油。电子调速 220kW 发动机(图 10-20)，功率裕量配置，避免发动机因各种超载产生掉速现象。这种超载频繁地发生于螺旋启动、刮板发卡、料车倒撞等工况，是摊铺机的特有工况。发动机掉速会影响摊铺机的正常工作秩序，是产生离析、影响平整度的不良因素，也是摊铺机的流行通病。电喷柴油机符合严格的污染排放和噪声标准，也具有良好的动力性能和控制特性，易于实现整机自动化。

(2)防治竖向离析

DT1400 型摊铺机采用物料满埋螺旋设计，避免了料槽因缺料在螺旋与前挡板之间产生的粒料滚落斜坡；在前挡板下方加装了上下高度可调的前导板，根据摊铺厚度和材料不同适当调节离地间隙，同时前导板下部采用弹性橡胶板结构(图 10-21)，可以将离地间隙调为最小且利用弹性板的外张效果减小螺旋的输料阻力。

图 10-20 依维柯 220kW 共轨电喷供油、电子调速发动机

图 10-21 前导板下部采用弹性橡胶板

对螺旋外端处的卸料口，采用弹性橡胶板的悬臂式结构(图 10-22)，既可防止大粒料向下滚落，又起到防止螺旋卡死而卸荷的作用，也避免了因螺旋卸料不畅顶起熨平板影响平整度的现象(图 10-23)。

图 10-22　螺旋外端处的卸料口采用弹性橡胶板

图 10-23　摊铺效果

(3)防治纵向离析

单机摊铺的纵向离析主要产生于左右螺旋的中缝处，DT1400 在链轮箱左右(中缝处)根据需要在该处各加装一组角度可调的反向螺旋叶片(图 10-24)，根据摊铺厚度和材料的变化来调节反向叶片数量和角度，使大小粒料能均匀向螺旋链轮箱下方填充，保持摊铺层中缝处混合料均匀、充足、密实，以避免纵向带状离析。

图 10-24　反向螺旋叶片

螺旋支撑处的离析带，主要由于支撑处螺旋输料不畅，破坏了物料沿螺旋在宽度方向上输送的均匀连续性，影响了该处的密实度和级配所致。减小螺旋支撑(螺旋吊挂)横截面尺寸(图 10-25)、加装过渡叶片(图 10-26)，加宽料槽(图 10-27)，以减少集料在螺旋输送过程中形成的阻滞、堆尖及填塞不实的现象。

图 10-25　减小螺旋支撑横截面尺寸

加大了螺旋料槽前后方向的宽度，减小了支撑处的结构尺寸，并使支撑结构呈圆弧过渡面，在支撑处的螺旋上加装了圆周角 100°以上的过渡叶片，有效解决了物料在支撑处的阻滞状况。

图 10-26 加装过渡叶片

图 10-27 加大螺旋料槽

加大料槽前后尺寸，增加了料槽中物料的搅拌体积和空间，也是提高二次搅拌作用、改善温度和横向离析的措施。物料满埋螺旋工作也相对减小了支撑处的阻滞影响。

(4)防治片状离析

图 10-28 增大摊铺机料斗，减少收斗造成的大粒径物料集中产生的局部片状离析。

物料满埋螺旋，增加二次搅拌效果，加之大宽幅布料，使前期供给不匀的物料在大宽幅摊铺面上得以均布，避免片状离析(图 10-29)。

图 10-28 增大摊铺机料斗

图 10-29 均布布料

(5)提高摊铺过程的平稳性和平整度

摊铺机是一种以作业质量为优先指标的作业机械，其作业质量指标分为摊铺均匀性(物料不离析)、密实度(保证碾压后的平整度)、平整度，而要实现这一质量指标，要求摊铺过程机器工况稳定。

①摊铺运行平稳。大型摊铺机整机惯量大，工况稳定，对料车撞击等干扰抵抗力强，摊铺运行平稳(图 10-30)。

②刮板料位比例控制，减少了由于通断控制频繁开关推拥形成的物料滚落离析，还能提高摊铺的平稳性，改善平整度(图 10-31)。

③标准配置非接触式自动调平装置。非接触式自动调平装置(图 10-32)俗称非接触式平衡梁，DT1400 摊铺机采用进口原装非接触式平衡梁，可大大提高基层的平整度，同时有利于保证基层的厚度。

图 10-30 摊铺运行平稳

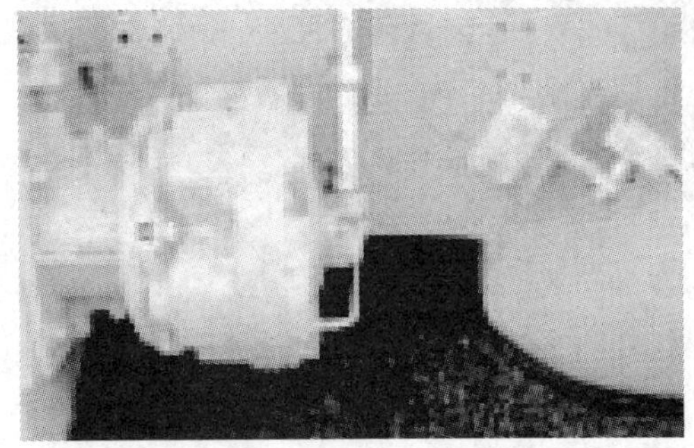

图 10-31 刮板料位比例控制

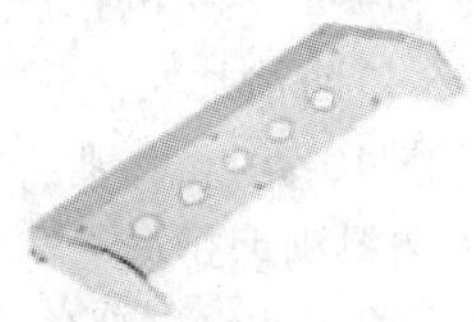

图 10-32 非接触式平衡梁

④进口非接触式料位控制系统如图 10-33 所示。

图 10-33 进口非接触式料位控制系统

⑤高压实度熨平装置。振捣梁的频率、冲程和振动频率可根据摊铺材料合理选择，实现双夯振捣加振动，能够获得高的压实度（图 10-34）。

图 10-34 双夯振捣加振动

2）DT 系列摊铺机的应用

DT 系列摊铺机出现后在国内多条高速公路施工中应用，效果显著。尤其在抗离析方面显现出卓越的性能，受到施工单位和业主单位的一致好评。详见本书上篇第 8 章和本书下篇第 17 章。

第 11 章 与骨架密实沥青混凝土路面施工配套的碾压技术

2006 年 4 月,笔者和天津市政工程研究院的周卫峰博士一起在河南大广线濮阳段高速公路从事路面施工管理,周卫峰是天津市政工程研究院派驻河南大广线濮阳段高速公路的技术服务人员。4 月底河南大广线濮阳段高速公路路面十二标做底面层(AC20)试验段,施工中监理向我反映压实遍数难以控制,并且存在漏压问题。于是我和周博士认真观察了十二标试验段的碾压过程,确实与监理反映的一致,6 台压路机在 50 ~ 60m 的作业段内来回穿梭。按当初拟定的碾压方案,初压 1 遍、复压 8 遍、终压 1 ~ 2 遍。实际施工中很难控制,一个专人控制碾压遍数,指挥 6 台压路机,很难指挥好。试验段取芯结果,高的达到 GTM 密实标准的 102% ,低的到达了 GTM 密实标准的 94% ,说明碾压并不均匀。

施工因素对沥青路面裂缝的影响以前是大家容易忽略的一个环节,路面碾压时普遍采用振动压路机,沥青混合料内容易产生微裂缝,如果碾压工艺不当,这个微裂缝不及时消除,在温度应力、荷载应力的双重作用下,会扩展为宏裂缝。另外,为了抵御车辙的破坏,面层普遍采用骨架密实级配,粗集料增多,使压实困难和易发生离析,均会造成施工的不均匀,使应力集中增加,易产生裂缝。目前在我国高速公路沥青路面施工中,片面追求平整度造成压实不足是一个比较突出的问题。

11.1 组合式碾压技术的起源及应用

作者和周博士对现代高速公路路面施工的碾压工艺进行了认真的研究,发现当前的碾压工艺存在很多弊端(后有详述),如不解决碾压工艺问题,施工质量很难控制。突出的问题是目前施工单位的管理水平普遍不高,碾压遍数几乎没人管,多是凭着感觉碾压;另外碾压时间过长,终压时温度过低,也是突出的难题。

那么如何解决上述问题呢? 通过认真的分析,我们决定采用组合式碾压技术,即胶轮和钢轮组合在一起,胶轮和钢轮同步前进、同步后退,可有效解决碾压时间过长、压实遍数难以控制的问题。于是在路面十二标又做了一个试验段,碾压时采用钢轮与胶轮组合的碾压新工艺,取芯检测结果:最高的压实度为 99. 3% (GTM 标准),最低的为 98. 8% (GTM 标准),说明碾压非常均匀。

于是经报请公司领导批准,河南大广线濮阳段高速公路路面施工全线推广使用组合式碾压技术。为了让胶轮压路机手和钢轮压路机手熟练配合,在正式施工前要求各施工单位在路基上进行胶轮、钢轮组合的模拟训练。刚开始时,压路机手总怕胶轮和钢轮相撞,离得远远的,随着配合熟练,胶轮和钢轮可以相距 1m 左右,有的半米,同步前进、同步后退,进退自如。等到配合熟练后,再上路作业。

河南大广线濮阳段高速公路路面施工采用组合式碾压技术,路面压实度交工验收时评定全部合格,表 11-1、表 11-2 是部分标段交工验收时河南省质监站检测结果。

表 11-1

沥青混凝土路面密度试验记录(表干法)

(编号:　　　)

建设项目:　大庆至广州高速公路濮阳段　　　合同号:NO. 10

施工单位	路桥二公局	施工路段	K15 +660 ~ K30 +600	路面标准密度(g/cm^3)	
试验编号		取样地点	表面层　路面取芯	取样名称	沥青混合料

路面桩号	序号	试件在空气中重(g)	试件在水中重(g)	试件表干质量(g)	层次	路面密度 ρ_a 或 ρ_f (g/cm^3)		压实度(%)	最大理论密度(g/cm^3)	压实度(%)	GTM 密度(g/cm^3)	压实度(%)	备注
		m_a	m_ω	m_f		测试值	标准密度						
AK0 +235	A	631.0	366.5	632.8	匝道	2.370	2.411	98.3	2.508	94.5	2.449	96.8	
K17 +000 右幅	1	745.0	435.1	745.6	上面层	2.399	2.416	99.3	2.531	94.8	2.471	97.1	
K18 +300 右幅	2	707.3	408.3	708.5	上面层	2.356	2.418	97.4	2.535	92.9	2.471	95.3	
K19 +600 右幅	3	763.7	440.4	765.3	上面层	2.351	2.418	97.2	2.535	92.7	2.471	95.1	
K20 +960 右幅	4	643.1	374.9	644.2	上面层	2.388	2.41	99.1	2.531	94.4	2.471	96.6	
K22 +200 右幅	5	697.6	402.1	699.1	上面层	2.349	2.41	97.5	2.531	92.8	2.471	95.1	
K23 +250 右幅	6	599.5	353.0	600.8	上面层	2.419	2.406	100.5	2.531	95.6	2.471	97.9	
K24 +820 右幅	7	610.9	357.7	612.7	上面层	2.396	2.406	99.6	2.531	94.7	2.471	97.0	
K26 +100 右幅	8	658.9	386.4	659.8	上面层	2.410	2.405	100.2	2.531	95.2	2.471	97.5	
K27 +400 右幅	9	722.5	420.8	723.7	上面层	2.385	2.411	98.9	2.531	94.2	2.471	96.5	
K28 +640 右幅	10	715.4	422.1	716.3	上面层	2.432	2.413	100.8	2.535	95.9	2.471	98.4	
K30 +000 右幅	11	722.0	421.4	723.6	上面层	2.389	2.414	99.0	2.535	94.2	2.471	96.7	

续上表

路面桩号	序号	试件在空气中重（g）	试件在水中重（g）	试件表干质量（g）	层次	路面密度 ρ_a 或 ρ_f（g/cm³）		压实度（%）	最大理论密度（g/cm³）	压实度（%）	GTM 密度（g/cm³）	压实度（%）	备注
		m_a	m_ω	m_f		测试值	标准密度						
K29 +300 左幅	12	700.3	411.2	701.0	上面层	2.416	2.416	100.0	2.531	95.5	2.471	97.8	
K28 +000 左幅	13	641.9	375.2	643.1	上面层	2.396	2.421	99.0	2.531	94.7	2.471	97.0	
K26 +000 左幅	14	736.6	438.8	738.3	上面层	2.459	2.413	101.9	2.531	97.2	2.471	99.5	
K25 +400 左幅	15	747.2	437.0	748.4	上面层	2.399	2.413	99.4	2.531	94.8	2.471	97.1	
K24 +100 左幅	16	771.7	457.5	772.4	上面层	2.451	2.412	101.6	2.535	96.7	2.471	99.2	
K22 +800 左幅	17	660.2	387.3	661.7	上面层	2.406	2.416	99.6	2.531	95.1	2.471	97.4	
K21 +500 左幅	18	754.8	438.9	755.8	上面层	2.382	2.412	98.8	2.531	94.1	2.471	96.4	
K20 +200 左幅	19	710.7	420.3	711.1	上面层	2.444	2.420	101.0	2.531	96.6	2.471	98.9	
K18 +800 左幅	20	717.3	421.5	717.9	上面层	2.420	2.417	100.1	2.531	95.6	2.471	97.9	
K17 +500 左幅	21	713.1	413.1	714.4	上面层	2.367	2.411	98.2	2.531	93.5	2.471	95.8	
K16 +180 左幅	22	690.5	402.2	691.4	上面层	2.388	2.411	99.0	2.531	94.4	2.471	96.6	
K19 +600 右幅	3	1486.5	891.5	1486.8	下面层	2.497	2.449	102.0	2.551	97.9	2.485	100.5	
K29 +300 左幅	12	1052.2	618.8	1056.0	中面层	2.407	2.446	98.4	2.566	93.8	2.496	96.4	
K24 +100 左幅	16	1254.8	754.1	1255.2	下面层	2.504	2.45	102.2	2.550	98.2	2.485	100.8	
备注	$\rho_a = m_a \times \rho_\omega / m_a - m_\omega$ $\gamma_f = m_a / [m_p - m_c - (m_p - m_a)/\gamma_p]$ $\rho_f = \gamma_f \times \rho_\omega$ ρ_ω—常温下水的密度取 1g/cm³												

试验：　　　　计算：　　　　复核：　　　　试验日期：

表 11-2

沥青混凝土路面密度试验记录(表干法)

建设项目：　大庆至广州高速公路濮阳段　　　　合同号:NO. 11

施工单位	中国交通建设集团	施工路段	K30 + 600 ~ K45 + 600	路面标准密度(g/cm³)	
试验编号		取样地点	表面层　路面取芯	取样名称	沥青混合料

路面桩号	序号	试件在空气中重(g)	试件在水中重(g)	试件表干质量(g)	层次	路面密度 ρ_a 或 ρ_f (g/cm³)		压实度(%)	最大理论密度(g/cm³)	压实度(%)	GTM 密度(g/cm³)	压实度(%)	备注
		m_a	m_ω	m_f		测试值	标准密度						
K31 + 990 右幅	1	802. 3	470. 6	803. 5	上面层	2. 410	2. 406	100. 2	2. 526	95. 4	2. 449	98. 4	
K33 + 300 右幅	2	841. 8	493. 2	842. 3	上面层	2. 411	2. 41	100. 0	2. 528	95. 4	2. 449	98. 4	
K34 + 600 右幅	3	742. 4	432. 9	744. 0	上面层	2. 386	2. 41	99. 0	2. 528	94. 4	2. 449	97. 4	
K36 + 000 右幅	4	592. 0	342. 5	593. 3	上面层	2. 360	2. 403	98. 2	2. 525	93. 5	2. 449	96. 4	
K37 + 200 右幅	5	609. 3	351. 8	612. 8	上面层	2. 334	2. 403	97. 1	2. 525	92. 4	2. 449	95. 3	试验段加纤维
K38 + 500 右幅	6	600. 1	347. 4	601. 6	上面层	2. 361	2. 406	98. 1	2. 524	93. 5	2. 449	96. 4	
K39 + 800 右幅	7	654. 0	381. 7	655. 1	上面层	2. 392	2. 409	99. 3	2. 529	94. 6	2. 449	97. 7	
K41 + 200 右幅	8	585. 4	342. 9	587. 0	上面层	2. 398	2. 404	99. 8	2. 525	95. 0	2. 449	97. 9	
K42 + 800 右幅	9	678. 6	390. 4	680. 1	上面层	2. 342	2. 41	97. 2	2. 520	92. 9	2. 449	95. 6	
K43 + 700 右幅	10	687. 2	395. 8	689. 8	上面层	2. 337	2. 407	97. 1	2. 523	92. 6	2. 449	95. 4	
K45 + 000 右幅	11	787. 3	451. 6	788. 6	上面层	2. 336	2. 407	97. 1	2. 523	92. 6	2. 449	95. 4	
K44 + 000 左幅	12	848. 5	492. 8	849. 1	上面层	2. 381	2. 403	99. 1	2. 527	94. 2	2. 449	97. 2	
K42 + 800 左幅	13	591. 1	339. 1	593. 6	上面层	2. 323	2. 41	96. 4	2. 524	92. 0	2. 449	95. 1	

续上表

路面桩号	序号	试件在空气中重(g)	试件在水中重(g)	试件表干质量(g)	层次	路面密度 ρ_a 或 ρ_f (g/cm^3)		压实度(%)	最大理论密度(g/cm^3)	压实度(%)	GTM 密度(g/cm^3)	压实度(%)	备注
		m_a	m_ω	m_f		测试值	标准密度						
K41+400 左幅	14	837.0	482.2	837.5	上面层	2.356	2.409	97.8	2.525	93.3	2.449	96.2	
K40+100 左幅	15	637.2	371.5	637.9	上面层	2.392	2.409	99.3	2.525	94.7	2.449	97.7	
K38+600 左幅	16	668.5	386.1	671.1	上面层	2.346	2.408	97.4	2.520	93.1	2.449	95.8	
K37+500 左幅	17	704.3	403.8	707.3	上面层	2.321	2.418	96.0	2.525	91.9	2.449	94.8	
K36+200 左幅	18	684.2	404.2	684.9	上面层	2.437	2.418	100.8	2.529	96.4	2.449	99.5	
K34+900 左幅	19	766.8	442.2	768.6	上面层	2.349	2.411	97.4	2.528	92.9	2.449	95.9	上面层试验段
K33+600 左幅	20	682.0	394.9	682.4	上面层	2.372	2.414	98.3	2.530	93.8	2.449	96.9	
K32+300 左幅	21	613.2	351.5	616.0	上面层	2.318	2.405	96.4	2.525	91.8	2.449	94.7	
BK0+300CEAM	B	828.3	472.4	832.9	上面层	2.298	2.381	96.5	2.491	92.3	2.409	95.4	
K33+300 右幅	2	1213.4	724.4	1214.4	中面层	2.476	2.452	101.0	2.561	96.7	2.502	99.0	
K34+600 右幅	3	1167.8	694.6	1169.1	中面层	2.461	2.452	100.4	2.562	96.1	2.502	98.4	
K42+800 右幅	9	997.4	596.5	999.6	中面层	2.474	2.452	100.9	2.562	96.6	2.502	98.9	
K34+900 左幅	19	1035.0	617.3	1039.2	中面层	2.453	2.452	100.0	2.562	95.7	2.502	98.0	
K41+200 右幅	8	1176.7	701.1	1179.4	中面层	2.460	2.452	100.3	2.560	96.1	2.502	98.3	
备注	$\rho_a = m_a \times \rho_\omega / m_a - m_\omega$ $\gamma_f = m_a / [m_p - m_c - (m_p - m_a)/\gamma_p]$ $\rho_f = \gamma_f \times \rho_\omega$ ρ_ω—常温下水的密度取 $1g/cm^3$												

试验： 计算： 复核： 试验日期：

路面十标施工单位为路桥集团二公局,交工验收时共取芯 26 个,压实度汇总见表 11-1。用马歇尔密实标准评定,最低 97.2%,最高 101.9%,达到 96% 为合格,合格率 100%;用最大理论密实标准评定,最低 92.7%,最高 98.2%,达到 92% 为合格,合格率 100%;用 GTM 密实标准评定,最低 95.1%,最高 100.8%,中、下面层达到 96% 合格,上面层达到 95% 合格,26 个芯样,有 4 个压实度在 95% ~96% 之间,且均为上面层,其余 22 个均在 96% 以上,总合格率 100%。

路面十一标施工单位为中国交通建设集团,交工验收时共取 27 个芯样,压实度汇总见表 11-2。用马歇尔标准评定,最低 96%,最高 100.9%,达到 96% 为合格,合格率 100%;用最大理论密实标准评定,最低 91.8%,最高 96.7%,达到 92% 为合格,有两个点不合格,合格率 92.6%;用 GTM 标准评定,最低 94.7%,最高 99.5%,中、下面层达到 96% 为合格,上面层达到 95% 为合格,其中有两个点不合格,合格率 92.6%。

从河南大广线濮阳段高速公路路面交工验收结果可以看出,整体压实水平达到了很高的水平,尤其是路面十标,三种方法评定合格率均为 100%,路面十一标用马歇尔方法评定,合格率也为 100%,说明路面施工组合式碾压技术是可靠的、可行的。

尝到了组合式碾压技术的甜头,在河南岭南高速公路路面基层(水稳稳定碎石)、底基层(水泥稳定砂砾)施工中,笔者进行了组合式碾压的尝试,取得了满意的效果,从平整度、压实度、碾压效率等各方面较旧的碾压方式均有所提高,与面层相同,碾压遍数清晰,控制起来十分方便。

在河南大广线濮阳段高速公路路面施工中,国内许多路面专家到项目考察时,如长安大学原副校长戴经梁教授、现副校长沙爱民教授、河南省交通厅原副厅长刘章土等,对组合式碾压技术均给予了肯定和高度评价。与大广线濮阳段高速公路路面同期施工的其他河南省高速公路建设项目在对本项目考察后,也采用了组合式碾压技术,反映效果很好。

为了便于大家全面系统了解路面和路面基层组合式碾压技术,下面作一详细介绍。

11.2 沥青路面面层和路面基层施工存在的问题

1)面层施工存在的问题

(1)压实不足

目前在我国高速公路沥青路面施工中,压实不足是一个比较突出的问题,除了上述我国现行规范对压实度的要求规定存在缺陷的原因以外,另一个重要原因是追求平整度和担心表面构造深度达不到要求,从而造成压实不足。有些工程不按照规范要求的方法测定压实度(即标准密度取值不合适),或随意调整标准密度,片面追求平整度,放松对压实度的控制;有些工程担心影响平整度和构造深度而不用轮胎压路机,仅用振动压路机和光轮压路机。这些工程的共同点是通车以后路面平整度迅速衰减,面层碾压变形明显。因此,应该明确,平整度固然重要,但压实度更为重要,因为平整度是路面的外观质量指标,而压实度则是路面的内在质量指标,必须在确保压实度的前提下提高平整度。事实证明,在保证压实度很高时,平整度同样很好。

(2)压实度的控制标准过低和不准确

我国旧的《公路沥青路面施工技术规范》(JIJ 032—94)中,规定以当天的拌和厂取样试验的马歇尔试件密度作为标准密度，通常以4～6个马歇尔试件密度的平均值作为该批混合料摊铺路段压实度计算的标准密度使用。但这个标准是存在缺陷的，由于马歇尔密度可受人为因素影响而改变，最简单的方法是稍降低一点拌和温度和压实温度就可得出较低的马歇尔密度，以这样的密度作为标准密度，即使在施工压实时达到了96%的压实度，实际路面的密度仍偏低，空隙率偏大。

《公路沥青路面施工技术规范》(JTG F40—2004)规定路面压实度可以采用实验室标准密实的97%、最大理论密度的93%、试验段密实度的99%，特别提出实验室密实是指与配合比设计相同方法成型的试件密度。这样的规定较94版规范确实进步许多、科学许多，但仍存在问题。

①新规范承认了压实标准较高的GTM沥青混合料设计方法和Supevpave方法，但实验室密度并没有明确是哪种方法，在备注中说明是与配合比设计成型试件相同的方法。存在下述问题：

如果实验室采用马歇尔方法成型试件，压实度按马歇尔标准密度控制是有问题的，事实证明马歇尔密度是偏低的。

如果目标配合比、生产配合比采用GTM或旋转压实机(Supevpave)成型试件，实际施工中工地实验室大多没有上述两种试验仪，无法满足规范规定的沥青混合料试验频率，工地实验室只能做马歇尔试验。显然二者不配套，且由于工程中石料变异很大，GTM或Supevpave试验不能太频繁，造成GTM、Supevpave密度标准不准确。

②最大理论密度由测量计算得到，误差很大(不详述)。

③试验段密度不可靠，无法判定试验效果是否达到了最佳。

所以新规范规定的压实度标准仍无法准确控制现场压实度。

2)面层施工传统碾压工艺存在的问题

现代高速公路沥青路面施工一般采用小吨位钢轮压路机静压初压，复压时先用大吨位钢轮碾压，然后再用胶轮碾压，最后用钢轮收面终压的施工工艺。传统的碾压工艺存在下列问题。

(1)碾压时间过长，不能保证在高温下完成复压

众所周知，沥青混凝土只有在高温下碾压才能保证压实质量，低于某一温度后，无论采取增加压路机吨位或者增加压实遍数，均不能达到压实要求，后果是表面石子振碎、表面油膜破坏、压实度不足。所以路面施工保证在高温下碾压是前提，但是传统的压实工艺是钢轮压路机与胶轮压路机单独碾压，造成复压时间过长，温度下降过大，尤其是低温下施工，温度下降更快，无法保证施工质量，是高速公路路面早期破坏的一大诱因。

大家可以算一下，如果按50m左右一个碾压段，采用4～5台压路机，碾压速度在2.5～4km/h之间，完成一个完整的初压、复压、终压过程需要一个多小时，甚至两个多小时。这么长的碾压时间，沥青混合料温度损失很严重，尤其是气温低下，地表温度低，而采用分层摊铺后每一摊铺层都很薄，摊铺到地面后与地面接触地方的沥青混合料温度立即就会下降几十度，所以如何缩短碾压时间是当务之急。

缩短碾压时间、提高压实效率可以从设备和碾压工艺两方面入手，如何在设备上挖潜(如增大吨位、改进压实机理、提高整机性能等)不在本文的讨论范畴。近几年路面施工机械得到

了迅速发展，拌和机、摊铺机、压路机的性能均大幅度提高，但为什么仍存在碾压与摊铺、拌和不匹配呢？为什么会出现表面石子破碎、油膜破坏、压实度不足呢？笔者认为主要是压实工艺存在问题。

(2)碾压遍数不易控制，漏压严重

传统的碾压工艺下，碾压遍数的控制是一个难题，由于是多台压路机联合完成压实作业，压路机手之间的配合是关键。现在路面施工大多是路面施工单位租用设备，这是人所共知的秘密，一个标段的压路机由多家租赁单位提供非常普遍，这些来自多家单位的压路机手素质参差不齐，设备租用一般是月价，这些压路机手都想少干一点，一方面想多歇一会，一方面想减少机械磨损，这是造成漏压的主观原因。

另外从客观上讲，传统的碾压工艺遍数控制起来确实困难，那么多压路机，管理人员就那么几个人，监理人员的素质也不太高。笔者曾经亲自做过数压实遍数的工作，5、6台压路机在600m^2左右的作业面来回穿梭，让人眼花缭乱，往往是盯住了这台，忽略了那台，数好了左半幅的遍数，忘记了右半幅的遍数，所以笔者痛下决心要彻底改革碾压工艺。

(3)平整度控制困难

实践证明，先用胶轮压路机揉搓再用钢轮振压对提高压实度有好处，但由于在高温下先上胶轮轮迹太重，对提高平整度不利，施工单位一般将胶轮放在复压的后期，这同样带来平整度问题。尽管将胶轮放在后期，仍存在较深的轮迹，复压后期温度已经很低，终压消除轮迹十分困难，造成平整度太低。

目前由于使用沥青混合料转运车，解决了温度离析和摊铺不能连续作业问题，避免了摊铺机撞击自卸车产生的平整度下降，可以说平整度问题在摊铺工序上基本解决，目前平整度过低主要是由于碾压造成。

(4)施工质量无法保证

由于传统碾压方式存在低温碾压、漏压、温度离析严重、平整度低等问题，带来的一系列后果是路面质量低劣、局部压实度不足、温度离析造成了路面透水，而致密的半刚性基层无法将透入的水排出，在汽车的动水压力下造成沥青与集料剥落，产生坑槽和表面松散；同时由于压实度不足又造成了压密性车辙和平整度、构造深度下降，高速公路路面早期破坏不足为怪。

3)路面基层施工存在的问题

路面基层与路面面层一样，存在着压实不足和压实标准偏低和不准确的问题。

(1)压实不足、压实标准偏低

前面已经讲过，过去水泥稳定碎石混合料使用重型击实成型试件，压实标准偏低，压路机振两遍压实度就超百，而上级检查和交竣工验收不允许压实度超百，有的地方标准规定压实度超百属合格但要扣分。不管怎样这些规定都是不合实际的，即使施工单位知道压实不到位，但由于担心超百也不敢压，造成了压实不足。

(2)压实标准不准确

由于重型击实标准偏低，近几年诞生了振动成型技术，有效解决了压实标准偏低的问题，新的《公路沥青路面设计规范》(JTJ D50—2006)已将振动成型合法化，并给出了振动频率、静压力、激振力等振动参数。但是新的试验规程还没有出来，振动成型试验仪还没有普及，目前最多一条路一台，无法满足规定的水泥稳定碎石混合料的检测频率。由于基层石料变异很大，而振动成型试验频率跟不上,控制压实度的密度标准不准确。

4)路面基层施工传统碾压工艺存在的问题

(1)压路机的碾压能力不能充分发挥,与摊铺机、拌和机的能力不匹配

在水泥稳定碎石基层施工现场,经常发现摊铺机拉开压路机很远,没有像沥青面层那样摊铺后即时碾压,主要有如下原因:

①由于水稳稳定碎石混合料从拌和到初凝间隔时间较长,一般有4h左右,使大家形成一种错误认识,认为水泥稳定碎石基层碾压时间很充分,不用着急。

②由于采用重型击实控制压实度的密度标准太低,施工中压实度很容易达到;施工单位的基层施工压路机数量少、配量低,也是原因之一。

上述两个原因确实存在,但是有的地方压路配备的数量不少、配置也不低,仍出现压实跟不上摊铺的问题。近几年公路施工机械得到了迅速发展,拌和机、摊铺机、压路机的性能均大幅度提高,但为什么仍存在碾压与摊铺、拌和不匹配呢?这主要是碾压工艺不合理,没有充分发挥压路机的作业效率。

(2)碾压工艺不合理,碾压遍数不易控制,漏压严重

与沥青面层施工一样,传统的水泥稳定碎石基层施工也有存在碾压遍数不易控制的问题,原因也一样,均是由于多台压路机配合无序,缺乏组合等造成的,这里不多讲。

(3)施工质量无法保证

由于传统碾压方式存在漏压、碾压滞后等问题,带来的一系列后果是路面基层质量低劣、局部压实度不足、施工均匀性差、裂缝增多,造成了高速公路早期破坏。所以改革基层碾压工艺迫在眉睫。

11.3 沥青路面组合式碾压简介

1)压路机配置

以标准双向四车道、六车道为例介绍。

(1)标准配置

30t或30t以上胶轮压路机2台,组合式碾压用。

11t双钢轮振动压路机两台,初压和终压用,进口、国产设备均可。

13t进口双钢轮振动压路机两台,组合式碾压用,与胶轮组合。

(2)最低配置

胶轮二台,要求30t或30t以上,组合式碾压用。

13t以上进口双钢轮振动压路机两台,组合式碾压用,与胶轮组合。

11t双钢轮振动压路机一台,主要是收面用。

(3)建议配置

在最低配置的基础上,增加一台13t以上进口双钢轮振动压路机和一台30t胶轮压路机。这两台压路机主要是备用(如主压路机加油、加水)和碾压能力要求提高时应急,如赶工期,提前通车等;另外局部需补压时,也使用这两台压路机。因为路面施工时不可见因素很多,有时摊铺机会出现故障,而拌和楼没有及时停止,造成料车积压过多,摊铺机修好后要加大行进速

度，才能消化完积压的料车，如果沥青混合料停留时间过长不摊铺会造成混合料报废；有时会由于百姓干扰、施工车辆阻塞等原因造成运输车辆积压等等，会出现对压实能力要求陡然增加的时候，这时备用压路机就派上用场了。施工时局部离析、横向接缝处、纵向接缝处、路面的两侧、与结构物的连接处等这些部位是碾压的薄弱环节，需要增加压实遍数，均需要用备用压路机完成。

大家可以算一笔账，一般情况下路面施工也就三、四个月的工期，一台胶轮压路机一个月租金3万左右，一台进口钢轮压路机一个月租金6万左右，备用压路机总费用约30多万元，报废3车料就够了。在实际施工中哪个标段报废的沥青混合料也不止3车，所以在施工时备用一台进口钢轮压路机和一台胶轮压路机是很有必要的。

2)碾压模式

(1)分段碾压

以50~60m为一个碾压作业段，6台压路机联合作业，一台11t双钢轮振动压路机在前面初压，前进时静压，后退时就开振。两组压路机复压，每一组压路机各管半幅，每组压路机采用一台13t进口双钢轮振动压路机和一台30t胶轮压路机组合，两台压路机相距2m左右，统一的速度，同步前进、同步后退(图11-1)，压实4遍(相当于8遍，钢轮、胶轮各4遍)，最后用11t双钢轮振动压路机终压。

图11-1　4台压路机分两组复压，同步前进，同步后退

现场只需一个人控制压实遍数，由于4台复压的压路机速度接近，只要数好1台压路机的碾压遍数便可控制住整个压实遍数。实际操作中采用只控制复压4遍的方案，初压和终压以达到效果为宜，不强调遍数也不计遍数。

实践证明该方案压实遍数清晰，现场控制十分方便，大大降低了现场施工管理难度。

(2)模糊碾压

现场施工中不划分碾压段落，5台压路机联合作业，一台11t双钢轮压路机终压，两组4台压路机初压和复压，每组压路机由一台13t进口双钢轮振动压路机和1台胶轮压路机组合起来，相距2m左右，同步前进、同步后退。每组压路机各负责碾压半幅，初压直接开振，碾压5遍(相当于10遍，胶轮、钢轮各5遍)。

4台压路机随摊铺机前进，每一个压实遍数完成后约整体前进5m，倒退时回到起点位置，沿摊铺机前进方向每5m压实遍数递减一遍，即第一段完成5遍时，第二段4遍，第三段3遍，第四段2遍，第五段1遍。第一段完成5遍后，第二段再压一遍即完成碾压作业，依次前行，相当于每碾压一遍完成5m左右的压实段。

模糊碾压(图11-2)其实就是小段落碾压，约5m一个压实段，与分段碾压相比，该方案节省一台初压压路机，压实时间更短、效率更高，非常适合于低温施工，能在短时间内完成压实作业，保证复压在高温下完成；在常温下施工时，由于碾压时间缩短，拌和楼出料温度可降低5~10℃，可节约拌和成本，降低施工费用，提高利润率。

图 11-2 模糊碾压

模糊碾压需要压路机手素质高、施工单位管理能力强,一般情况下不推荐使用。

3)碾压工艺

沥青路面施工组合式碾压同样分初压、复压和终压。

(1)初压

钢轮在前、胶轮在后,前进时钢轮静压,后退进根据实际情况一般可开弱振。

(2)复压

要求复压不少于4组次。

第一遍:13t进口双钢轮振动压路机弱振(高频低幅)1遍,胶轮压路机1遍;

第二遍:13t进口双钢轮振动压路机弱振(高频低幅)1遍,胶轮压路机1遍;

第三遍:13t进口双钢轮振动压路机强振(高幅低频)1遍,胶轮压路机1遍;

第四遍:13t进口双钢轮振动压路机强振(高幅低频)1遍,胶轮压路机1遍。

(3)终压

以满足收面要求为准。

振动压路机共碾压4遍次,一般采用先高频低幅(弱振)两遍,后高幅低频(强振)两遍的模式;也可以采用弱振一次、强振一次和弱振一次、强振一次的模式;也可以采用弱振一次、强振三次,具体由试验确定。

4)标准双向八车道高速公路沥青路面施工

标准双向八车道沥青路面施工时,压路机的配置要适当增加,建议为30t胶轮压路机2~3台,13t进口双钢轮振动压路机4台,11t双钢轮振动压路机2台。

碾压时,1台30t胶轮压路机与2台13t进口双钢轮振动压路机组合共两组复压,11t双钢轮振动压路终压。每组复压的组合压路面各负责半幅路面,3台压路机同步前进,同步后退。

(1)初压

钢轮在前、胶轮在后,前进时钢轮静压,后退进根据实际情况一般可开弱振。

(2)复压

要求复压不少于4组次。

第一遍:两台13t进口双钢轮振动压路机均弱振(高频低幅)各1遍,胶轮压路机1遍;

第二遍:两台13t进口双钢轮振动压路机均强振(高幅低频)各1遍,胶轮压路机1遍;

第三遍:两台13t进口双钢轮振动压路机一台强振(高幅低频)、一台弱振(高频低幅)各1遍,胶轮压路机1遍。

(3)终压

以满足收面要求为准。

每一遍碾压时,两台13t进口双钢轮振动压路机有弱弱、弱强、强强3种振动模式可供选择,由试验确定,上面介绍的仅是一种方式,不一定是最科学的。

5)SMA路面的组合式碾压

对于SMA混合料传统观点认为是不能用胶轮压路机的,由于SMA混合料沥青用量大,使用胶轮压路机会造成沥青玛蹄脂上浮。但是现在我国新的SMA混合料设计理念发生了改变,沥青用量已由过去的7%降到了现在的不足6%,完全能够应用组合式碾压技术,并且碾压效果大大优于传统的SMA碾压工艺。

水泥稳定碎石基层施工的组合式碾压详见本书下篇第6章。

11.4 沥青路面施工组合式碾压技术研究

1)组合式碾压机理分析

先利用胶轮的揉搓作用使混合料中的集料重新分布,降低了摩擦阻力,混合料处于易压实状态。然后实行振压,振动使被压实材料间的摩阻力由初始的静摩擦状态逐渐转变为动摩擦状态,充分利用振动压路机的正弦交变压力将混合料压实。

(1)单机作业碾压模型

胶轮压路机碾压模型见图11-3~图11-5。

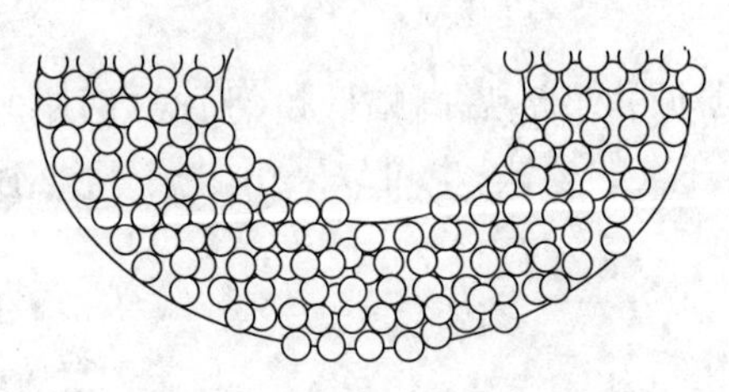

图11-3 胶轮压路机碾压模型

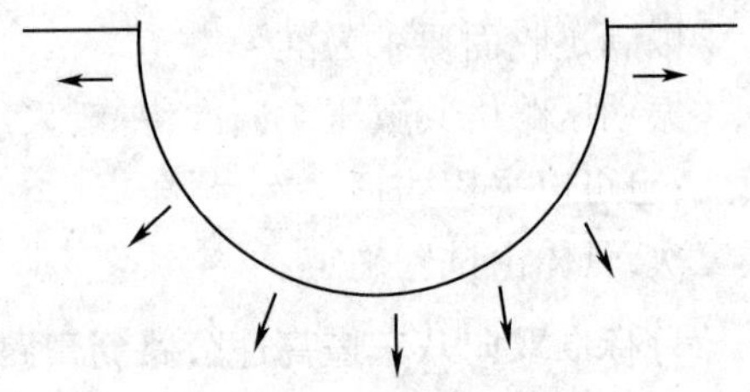

图11-4 胶轮压路机产生的应力分布

胶轮压路机的碾压模型见图11-3,胶轮产生的力沿半椭圆分布(图11-4),混合料的运动轨迹见图11-5。

将混合料的运动轨迹简化为一个长短轴半径为a、b的半椭圆,则质点的运动方程为:

$$y = -b\sin\theta \tag{11-1}$$

系统所做的功为:

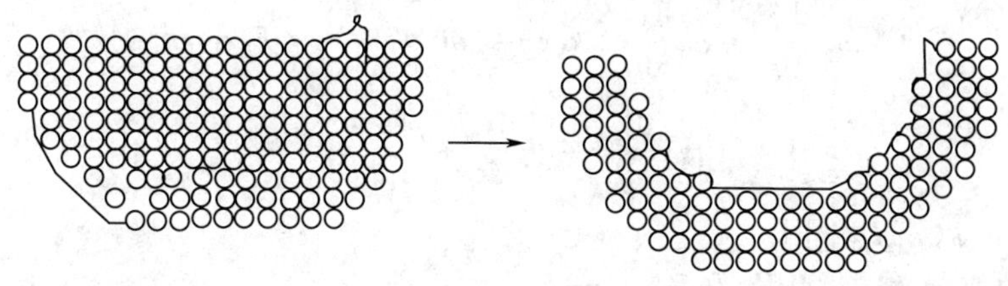

图 11-5 沥青混合料运动轨迹

$$w = \int_0^b Qb\sin\theta \tag{11-2}$$

式中：Q——胶轮压路机的总重力；

θ——研究质点与圆心连线和 y 轴的夹角。

(2)振动压路机动力学模型

①二自由度动力学模型。

1977 年，美国学者 E. T. seling 和 T. S. yoo 在完全弹性理论的基础上建立了"振动压路机—被压材料"系统两个自由度的动力学模型(图 11-6)，运动方程如下：

$$m_2 \frac{d^2x_2}{dt^2} + (c_1 + c_2)\frac{dx_2}{dt} + (k_1 + k_2)x_2 - c_1 \frac{dx_1}{dt_1} - k_1x_1 = F_0\sin\omega t \tag{11-3}$$

$$m_1 \frac{d^2x_1}{dx_1^2} + c_1 \frac{dx_1}{dt} + k_1x_1 - c_1 \frac{dx_2}{dt} - k_1x_2 = 0 \tag{11-4}$$

式(图)中：m_2——振动轮质量；

m_1——振动轮框架质量；

k_1——减振器刚度；

c_1——振动器阻尼；

k_2——被压实材料刚度；

c_2——被压实材料阻尼；

F_0——偏心轴旋转产生的离心力；

F_s——振动轮对被压实材料的作用力。

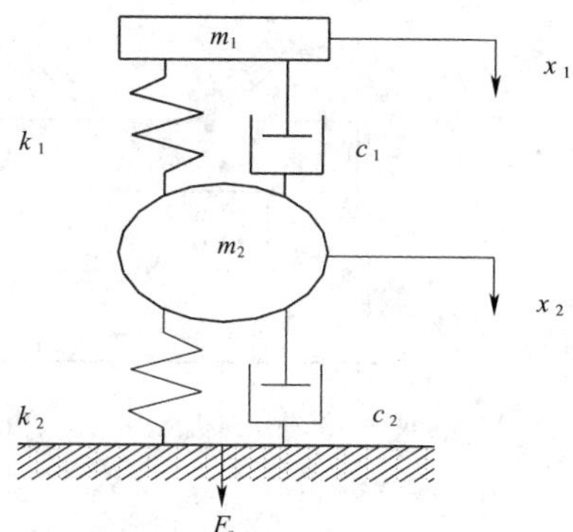

图 11-6 振动压路机动力学模型

②离耦的二自由度动力学模型。

20 世纪 70 年代末，法国学者 J. M. Machet 根据振动压路机的实际工况，将振动压路机的压实过程分为振动轮与工作面接触和振动轮跳离工作面两种工况，其动力学模型如图 11-7。

振动轮与工作面接触时的动力学方程为：

$$m_2 \frac{d^2x_2}{dt^2} + c_1 \frac{dx_2}{dt} + k_1x_2 + F_p - (m_2 + m_p)g = F_0\sin\omega t \tag{11-5}$$

$$m_p \frac{d^2x_p}{dt^2} + c_2 \frac{dx_p}{dt} + k_2 \frac{dx_p}{dt} = F_p \tag{11-6}$$

$$x_p = x_2 \tag{11-7}$$

振动轮跳离工作面时的动力学方程为：

$$m_2\frac{d^2x_2}{dt^2}+c_1\frac{dx_2}{dt}+k_1x_2-(m_1+m_2)g=F_0\sin\omega t \tag{11-8}$$

$$m_p\frac{d^2x_p}{dt^2}+c_2\frac{dx_p}{dt}+k_2x_p=0 \tag{11-9}$$

式中：m_2、m_1、k_1、c_1、k_2、c_2、F_0 同上；

m_p——随振动的工作物体的质量，kg；

x_p——随振动的工作物体质心的位移，m；

F_p——振动轮对工作面的振动力，N。

③三自由度二级减振的非线性动力学模型。

前两种模型都是两自由度模型，且把压路机—土壤看作线性系统，它们的局限性是没有考虑驾驶室的振动情况。另外将压路机—土壤简化为线性系统无法真实反映实际的非线性系统。参考文献[72]提出了一种二级减振结构的压路机—土壤的非线性模型，如图11-8。

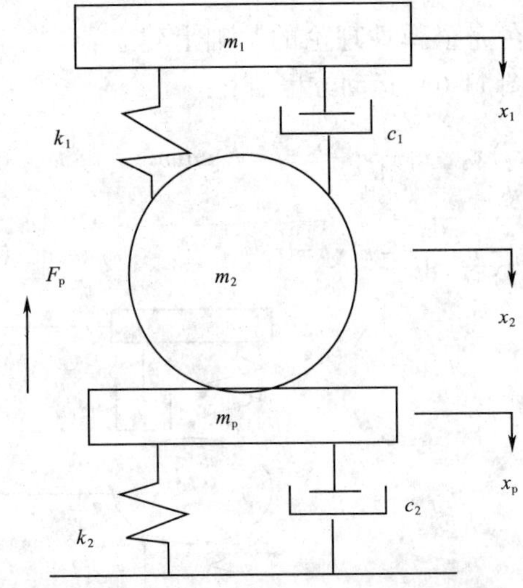

图11-7　振动压路机离耦的二自由度动力学模型

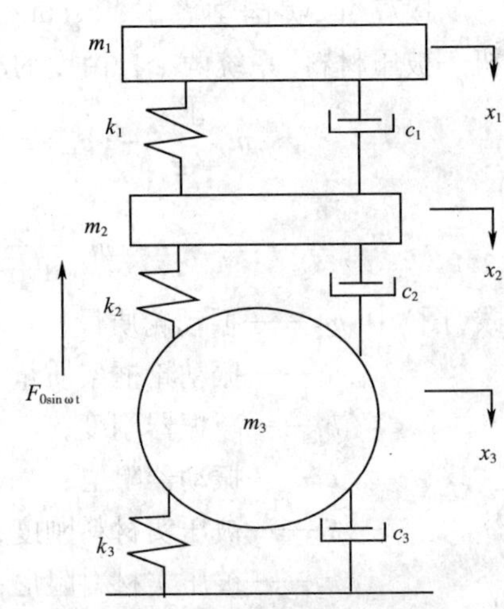

图11-8　振动压路机三自由度二级减振的非线性动力学模型

系统的运动微分方程为：

$$m_1\frac{d^2x_1}{dt^2}+k_1(x_1-x_2)+c_1\left(\frac{dx_1}{dt}-\frac{dx_2}{dt}\right)=0 \tag{11-10}$$

$$m_2\frac{d^2x_2}{dt^2}-k_1(x_1-x_2)-c_1\left(\frac{dx_1}{dt}-\frac{dx_2}{dt}\right)+k_2(x_2-x_3)+c_2\left(\frac{dx_2}{dt}-\frac{dx_3}{dt}\right)=0 \tag{11-11}$$

$$m_3\frac{d^2x_3}{dt^2}-k_2(x_2-x_3)-c_2\left(\frac{dx_2}{dt}-\frac{dx_3}{dt}\right)+k_3x_3+\alpha x_3+c_3\frac{dx_3}{dt}=F_0\sin\omega t \tag{11-12}$$

式中：m_1、m_2、m_3——分别为驾驶室、机架和振动轮的质量；

k_1、k_2、k_3——分别为一级减振器的弹簧刚度、二级减振器的弹簧刚度和土壤的线性刚度；

c_1、c_2、c_3——分别为一级减振器的阻尼系数、二级减振器的阻尼系数和土壤的阻尼系数；

α——土壤的非线性系数；

$F_0\sin\omega t$——作用在振动轮上的惯性激振力；

ω——激振器的轮速。

图11-8中：$f(x_3)$、$g(x_3)$为压实土壤的弹塑性变形对轮子的弹性力和阻尼力。

上述微分方程可转化为如下矩阵：

$$[M]\{\ddot{x}\}+[C]\{\dot{x}\}+[K]\{x\}=\{P\} \tag{1-13}$$

$$[M]=\begin{bmatrix} m_1 & 0 & 0 & 0 \\ 0 & m_2 & 0 & 0 \\ 0 & 0 & m_3 & 0 \\ 0 & 0 & 0 & J \end{bmatrix} \quad [C]=\begin{bmatrix} c_1+c_2 & 0 & -c_3 & c_3 \\ 0 & c_2+c_3 & -c_3 & -c_3 \\ -c_3 & -c_3 & 2c_3 & 0 \\ c_3 & -c_3 & 0 & 0 \end{bmatrix}$$

$$[K]=\begin{bmatrix} k_1+k_3 & 0 & -k_3 & k_3 \\ 0 & k_2+k_3 & -k_3 & -k_3 \\ -k_3 & -k_3 & 2k_3 & 0 \\ k_3 & -k_3 & 0 & \alpha \end{bmatrix} \quad [X]=\begin{bmatrix} x_1 \\ x_2 \\ x_3 \\ 0 \end{bmatrix} [P]=\begin{bmatrix} F_0\sin\omega t \\ F_0\sin\omega t \\ 0 \\ 0 \end{bmatrix}$$

(3)组合式碾压模型

①标准双向四车道高速公路路面施工组合式碾压模型。

标准双向四车道高速公路路面施工组合式碾压时，相当于一台胶轮压路机与一台振动钢轮压路机的叠加作用，其碾压模型如图11-9。

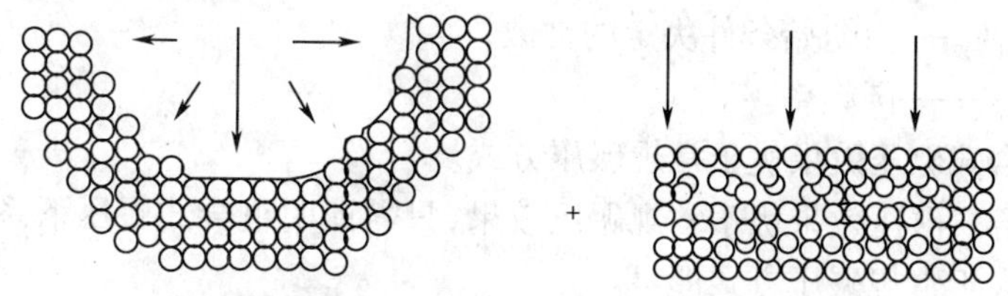

图11-9 胶轮与钢轮压路机组合碾压模型

②标准双向八车道高速公路路面施工组合式碾压模型。

标准双向八车道高速公路路面施工组合式碾压时，相当于一台胶轮压路机与两台振动钢轮压路机的叠加作用，其碾压模型如图11-10。

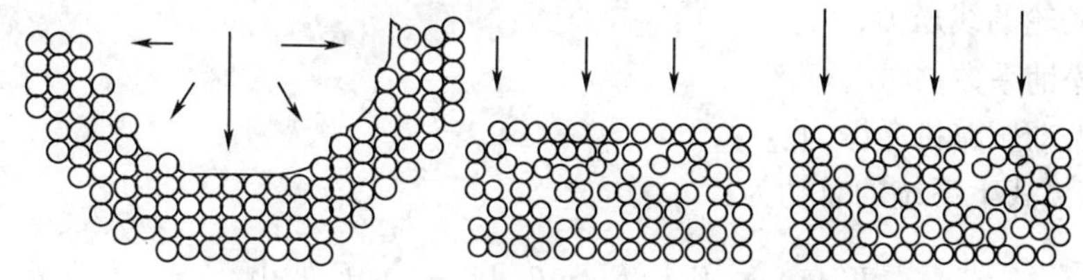

图11-10 胶轮与两个不同频率的钢轮压路机组合碾压模型

(4)组合式碾压机理分析

①标准双向四车道高速公路路面施工组合式碾压模型。

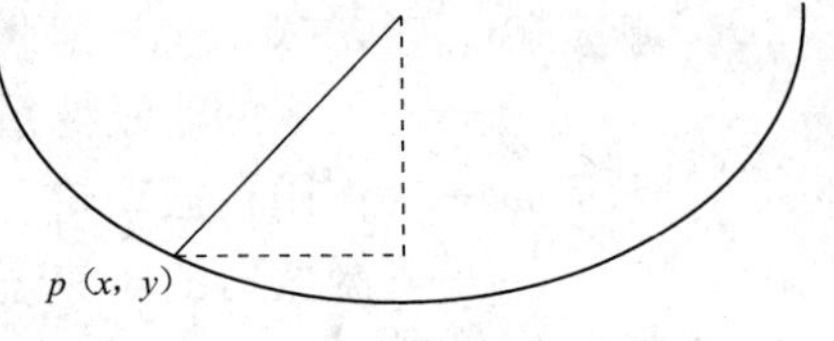

图 11-11　运动轨迹图

如图 11-11，取任意点 $p(x,y)$ 为研究对象，一台胶轮与一台钢轮组合时，当胶轮碾压时，研究的质点 P 的运动轨迹为从 x 轴到 P_1 点，运动距离为 $b_1\sin\theta_1$；胶轮通过后，钢轮振动碾压时，质点 P_1 又上移，移动距离为 $(b_1\sin\theta_1-\Delta Y_1)$，$\Delta Y_1$ 为碾压第一遍完成后碾压路面整体下降的位移；碾压第二遍时，胶轮通过后，质点 P_2 从 $(b_1\sin\theta_1-\Delta Y_1)$ 运动到 $b_2\sin\theta_2$，钢轮通过后，P_2 又上移，移动距离为 $(b_2\sin\theta_2-\Delta Y_2)$，$\Delta Y_2$ 为碾压第二遍完成后碾压路面整体下降的位移……，到第 i 遍通过时 $y_{pi}=0,\Delta Y_i=0$。

质点 P 的运动轨迹相当于两个阻尼振动的叠加，第一个阻尼振动的振幅从 $b_1\sin\theta_1\rightarrow b_2\sin\theta_2\rightarrow b_3\sin\theta_3\rightarrow\cdots\rightarrow b_i\sin\theta_i=0$；第二个阻尼振动的振幅从 ΔY_1 衰减到 0。

研究质点 P 的运动微分方程为：

$$\begin{cases}\dfrac{d^2y_1}{dt^2}+2\beta_1\dfrac{dy_1}{dt^2}+w_0^2y_1=0\\[2ex]\dfrac{d^2y_2}{dt^2}+2\beta_2\dfrac{dy_2}{dt^2}+w_0^2y_2=0\end{cases}\tag{11-14}$$

式中：β_1、β_2——阻尼因数；

w_0——阻力不存在时系统的固有频率。

解得：

$$\begin{cases}y_1=A_1e^{-\beta_1t}\cos(w_1't+\delta_1')\\y_2=A_2e^{-\beta_2t}\cos(w_2't+\delta_2')\end{cases}\tag{11-15}$$

所以，

$$y=A_1e^{-\beta_1t}\cos(w_1't+\delta_1')-A_2e^{-\beta_2t}\cos(w_2't+\delta_2')\tag{11-16}$$

式中：A_1、A_2、δ_1'、δ_2'——由初始条件决定的常数；

w_1'、w_2'——圆频率。

下面证明组合式碾压效果优于常规碾压方式。

为了证明组合式碾压效果优于常规碾压效果，只需证明组合式碾压下系统的总功或混合料吸收的总能量大于常规碾压方式即可。

组合式碾压下系统的总功为：

$$W_z=2\sum_{i=1}^{n}\int_0^{b_{zi}\sin\theta_{zi}}A_1e^{-\beta_1t}\cos(w_1't+\delta_1')F_1dy_1+\int_0^{\alpha}A_2e^{-\beta_2t}\cos(w_2't+\delta_2')F_2dy_2\tag{11-17}$$

式中：F_1——胶轮的线压力；

α——松铺系数；

F_2——振动压路机激振力。

常规碾压模式下系统的总功为：

$$W_c=\sum_{i=1}^{n}F_1\int_0^{b_{ci}}b_{ci}\sin\theta_{ci}dy_i+\sum_{j=1}^{n}F_2h_{cj}dy_j\tag{11-18}$$

式中：h_{cj}——钢轮每碾压一遍压实的轮迹深度；

i、j——胶轮和钢轮的碾压遍数。

大广线濮阳段高速公路路面九～十二标做了组合式碾压和常规碾压的对比试验研究，其中 No. 9 采用两台许工 XP301 胶轮压路机，经配重后胶轮总重达到 32t，线压力达到4800N/cm。两台双钢轮振动压路机为戴纳派克 CC522，自重 12. 5t，激振力 70 ~ 138kN。混合料为 AC20，设计厚度 70mm，松铺系数为 1. 23，摊铺厚度为 86mm。

传统的碾压工艺为钢轮碾压 4 遍，然后胶轮碾压 4 遍，经检测每遍碾压后的轮迹深度为 $h_{c_1}=9\text{mm}$，$h_{c_2}=6\text{mm}$，$h_{c_3}=4\text{mm}$，$h_{c_4}=2\text{mm}$，$h_{c_5}=1\text{mm}$，$h_{c_6}=0.5\text{mm}$，$h_{c_7}=0.3\text{mm}$，$h_{c_8}=0.1\text{mm}$。

组合式碾压工艺为胶轮与钢轮交错进行各 4 遍，经检测每遍碾压后的轮迹深度为 $h_{z_1}=31\text{mm}$，$h_{z_2}=11\text{mm}$，$h_{z_3}=16\text{mm}$，$h_{z_4}=7\text{mm}$，$h_{z_5}=5\text{mm}$，$h_{z_6}=1\text{mm}$，$h_{z_7}=0.5\text{mm}$，$h_{z_8}=0.1\text{mm}$。

则组合式碾压下系统的总功与常规碾压模式下系统的总功的比值为：

$$\frac{W_Z}{W_c}=\frac{2\sum_{i=1}^{n}\int_0^{b_{zi}\sin\theta_{zi}}A_1e^{-\beta_1 t}\cos(w_1{}'t+\delta_1{}')F_1\mathrm{d}y_1+\int_0^{\alpha}A_2e^{-\beta_2 t}\cos(w_2{}'t+\delta_2{}')F_2\mathrm{d}y}{\sum_{i=1}^{n}F_1\int_0^{b_{ci}}b_{ci}\sin\theta_{ci}\mathrm{d}y_i+\sum_{j=1}^{n}F_2h_{cj}\mathrm{d}y_j} \tag{11-19}$$

根据沥青混合料的特性和胶轮压路机、振动压路机的工作参数，A_1、A_2、$\delta_1{}'$、$\delta_2{}'$、$w_1{}'$、$w_2{}'$分别取值为：0. 92、0. 83、38、33、0. 21、0. 29；F_1 为4800N/cm；F_2 强振时为145kN，弱振时为81kN；$\alpha=1.23$；$i=4$；$j=4$；h_{zi}、h_{ci}、h_{zj}为轮迹深度由现场测量得到。θ_{ci}、θ_{zi}由胶轮宽度和 h_{zi}、h_{ci}、h_{zj}计算求得。

将上述数据代入式(11-19)得到：

$$\text{No. 9}\ \frac{W_Z}{W_c}=1.21$$

其他 3 个标段的试验结果为：

$$\text{No. 10},\frac{W_Z}{W_c}=1.23;\text{No. 11},\frac{W_Z}{W_c}=1.24;\text{No. 12},\frac{W_Z}{W_c}=1.19$$

试验结果表明，采用组合式碾压后，系统的总功比常规的碾压方式多出 19% ~24%，所以组合式碾压的碾压效果优于常规碾压方式的碾压效果是显而易见的。

②标准双向八车道高速公路路面施工组合式碾压模型。

根据质量的运动轨迹，参照两组合模型，采用相同的分析方法，图 11-10 三组合的碾压模式相当于三个阻尼振动的叠加，第一个阻尼振动的振幅从 $b_1\sin\theta_1\rightarrow b_2\sin\theta_2\rightarrow b_3\sin\theta_3\rightarrow\cdots\rightarrow b_i\sin\theta_i=0$；第二个阻尼振动的振幅从 $\Delta Y_{11}\rightarrow\Delta Y_{12}\rightarrow\Delta Y_{13}\rightarrow\cdots\rightarrow\Delta Y_{1i}=0$；第三个阻尼振动的振幅从 $\Delta Y_{21}\rightarrow\Delta Y_{22}\rightarrow\Delta Y_{23}\rightarrow\cdots\rightarrow\Delta Y_{2i}=0$。

同理：

$$y=A_1e^{-\beta_1 t}\cos(w_1{}'t+\delta_1{}')-A_2e^{-\beta_2 t}\cos(w_2{}'t+\delta_2{}')-A_3e^{-\beta_3 t}\cos(w_3{}'t+\delta_3{}') \tag{11-20}$$

组合式碾压下系统的总功为：

$$\left[W_z=2\sum_{i=1}^{n}\int_0^{b_{zi}\sin\theta_{zi}}A_1e^{-\beta_1 t}\cos(w_1{}'t+\delta_1{}')F_1\mathrm{d}y_1+\int_0^{\alpha}A_2e^{-\beta_2 t}\cos(w_2{}'t+\delta_2{}')F_2\mathrm{d}y_2+\int_0^{\alpha}A_3e^{-\beta_{32}t}\cos(w_3{}'t+\delta_3{}')F_3\mathrm{d}y_3\right] \tag{11-21}$$

式中：A_1、A_2、A_3、$\delta_1{}'$、$\delta_2{}'$、$\delta_3{}'$——由初始条件决定的常数；

$w_1{}'$、$w_2{}'$、$w_3{}'$——圆频率；

F_1——胶轮的线压力；

α——松铺系数；

F_2、F_3——振动压路机激振力。

则组合式碾压下系统的总功与常规碾压模式下系统的总功的比值为：

$$\frac{W_Z}{W_c}=\frac{2\sum_{i=1}^{n}\int_0^{b_{zi}\sin\theta_{zi}}A_1e^{-\beta_1 t}\cos(w_1't+\delta_1')F_1\mathrm{d}y_1+\int_0^{\alpha}A_2e^{-\beta_2 t}\cos(w_2't+\delta_2')F_2\mathrm{d}y_2+\int_0^{\alpha}A_3e^{-\beta_{32}t}\cos(w_3't+\delta_3')F_3\mathrm{d}y_3}{\sum_{i=1}^{n}F_1\int_0^{b_{ci}}b_{ci}\sin\theta_{ci}\mathrm{d}y_i+\sum_{j=1}^{n}F_2h_{cj}\mathrm{d}y_j} \tag{11-22}$$

式(11-22)中各参数的取值参照式(11-19)，将参数的取值和试验数据代入式(11-22)可得到：

No. 9，$\frac{W_Z}{W_c}=1.13$；No. 10，$\frac{W_Z}{W_c}=1.15$；No. 11，$\frac{W_Z}{W_c}=1.14$；No. 12，$\frac{W_Z}{W_c}=1.17$。

采用组合式碾压后，系统的总功比常规的碾压方式多出13% ~17%。

11.5 组合式碾压与常规碾压效果对比分析

大广线濮阳段高速公路路面九~十二标做了组合式碾压和常规碾压的对比试验研究，下面根据试验数据进行组合式碾压与常规碾压效果对比分析。

1）轨迹深度

图11-12~图11-15是No. 9~No. 12用一台胶轮和一台钢轮两台压路机进行组合式碾压试验时，现场测得的轮迹深度与常规碾压方式下的轮迹深度对比图。

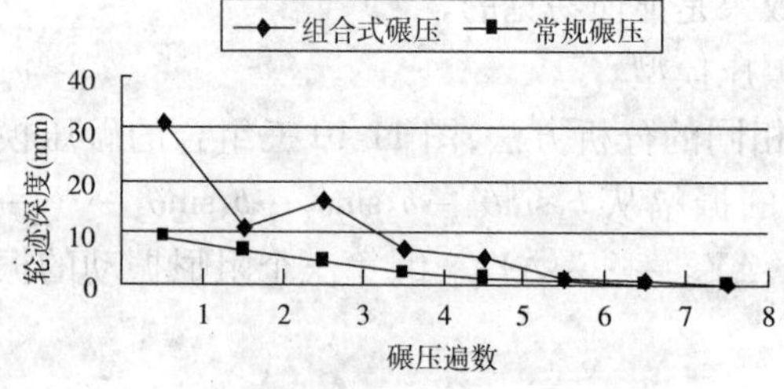

图11-12 No. 9不同碾压方式下轮迹深度对比图

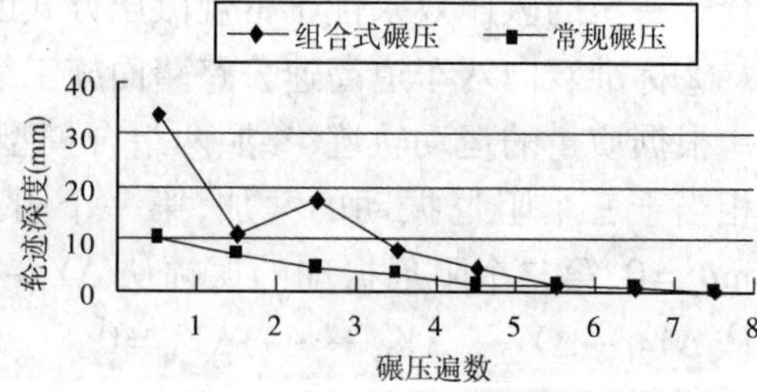

图11-13 No. 10不同碾压方式下轮迹深度对比图

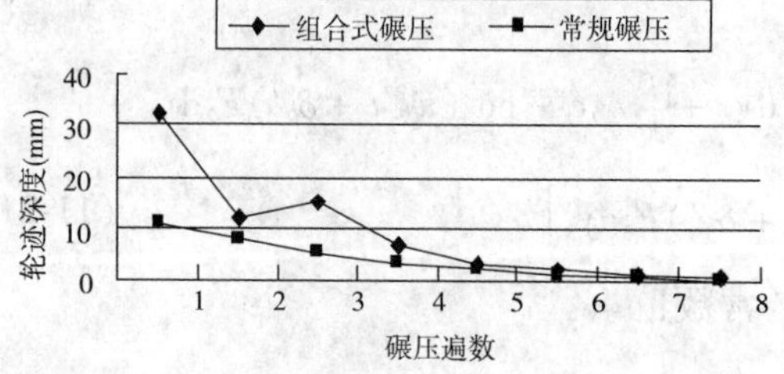

图11-14 No. 11不同碾压方式下轮迹深度对比图

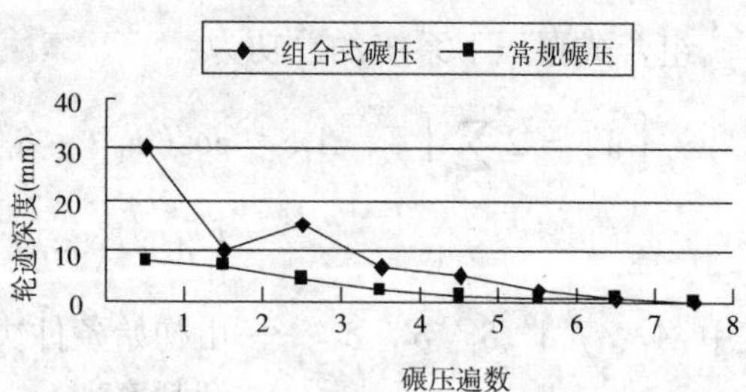

图11-15 No. 12不同碾压方式下轮迹深度对比图

从图 11-12 ~ 图 11-15 可以看出，组合式第一遍碾压时，胶轮的轮迹可达到 30 ~ 34mm，而常规碾压方式下等第五遍上胶轮时，轮迹深度仅能达到 3 ~ 5mm。由于胶轮的线压力为 4800N/cm，而钢轮的仅有 300N/cm，组合式碾压下，充分发挥了胶轮的柔搓作用。另一方面，经胶轮柔搓后，混合料重新分布，有利于钢轮进一步的振动压实。组合式第一遍碾压时经胶轮柔搓后，钢轮的轮迹可达到 10 ~ 12mm，而常规碾压方式下钢轮第一遍的轮迹仅达到 7 ~ 10mm。

所以组合式碾压下能充分发挥压路机的效率，对提高整体压实作用是显而易见的。

2）碾压时间

图 11-16 是 No.9 ~ No.12 不同碾压方式下，完成复压所用时间的对比图，碾压段统一为 50m，均为碾压 8 遍。

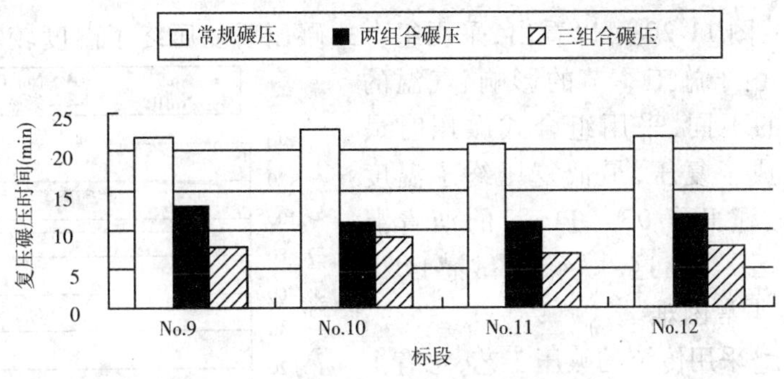

图 11-16 不同碾压方式下复压时间对比图

从图 11-16 可以看出，采用组合式碾压大大缩短了复压时间。在两组合模式下，复压效率提高一倍，总碾压效率可提高 40%；采用三组合模式，复压时间仅为常规碾压的三分之一，总碾压效率可提高 60%。

碾压时间的缩短可以保证沥青混合料在高温下碾压，减少温度离析，提高碾压效率，节约碾压成本。

3）复压终了温度

图 11-17 ~ 图 11-20 是 No.9 ~ No.12 不同碾压方式下，复压后的终了温度。

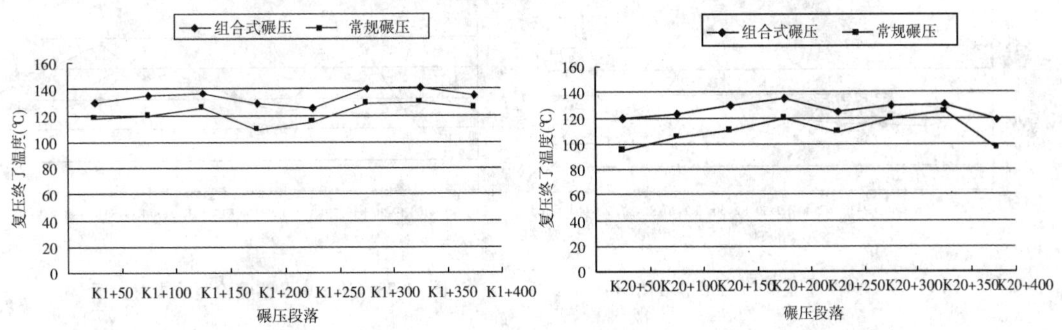

图 11-17 No.9 不同碾压方式下复压终了温度

图 11-18 No.10 不同碾压方式下复压终了温度

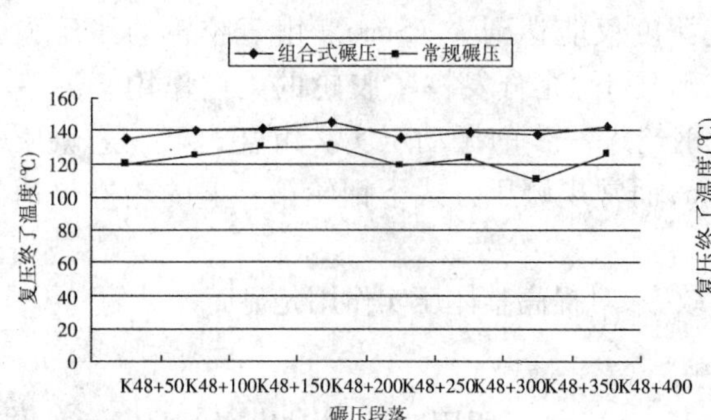

图 11-19　No. 11 不同碾压方式下复压终了温度

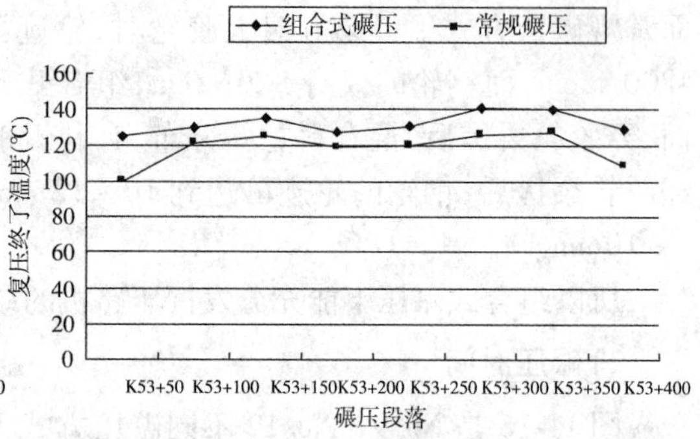

图 11-20　No. 12 不同碾压方式下复压终了温度

从图 11-17 ~ 图 11-20 可以看出,采用组合式碾压后复压终了温度较常规碾压方式可提高10 ~ 15℃。由于施工季节的影响、气温的影响、出料温度的不同,采用组合式碾压时最高在 145℃就完成了复压,最低复压终了温度也达到了 120℃,避开了 93 ~ 115℃的沥青混合料"碾压敏感区"。在这一"碾压敏感区",沥青混合料压实非常困难。

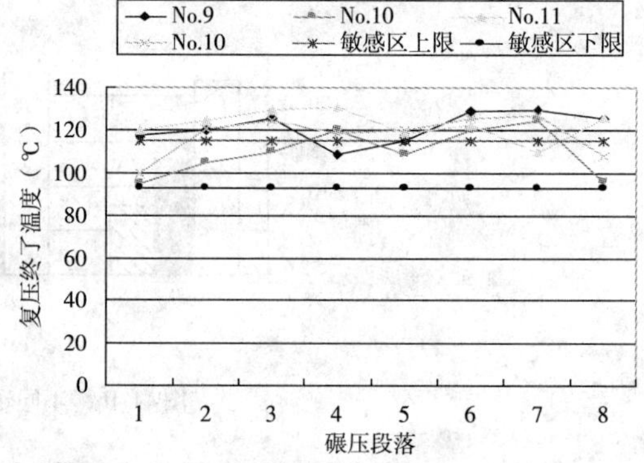

图 11-21　常规碾压模式不同标段碾压终了温度在"敏感区"的分布图

图 11-21 显示,采用传统的碾压工艺,总有个别段落在碾压时进入到"碾压敏感区"。由于天气的原因路面十标的试验段采用常规方式碾压时,大部分的碾压段都进入到"碾压敏感区",造成大面积推移,碾压裂缝无法消除。

4) 平整度

图 11-22、图 11-23 是 No. 9、No. 10 不同碾压方式下,平整度检测结果对比图。图 11-24、图 11-25 是 No. 11、No. 12 不同碾压方式下,平整度合格率对比图。

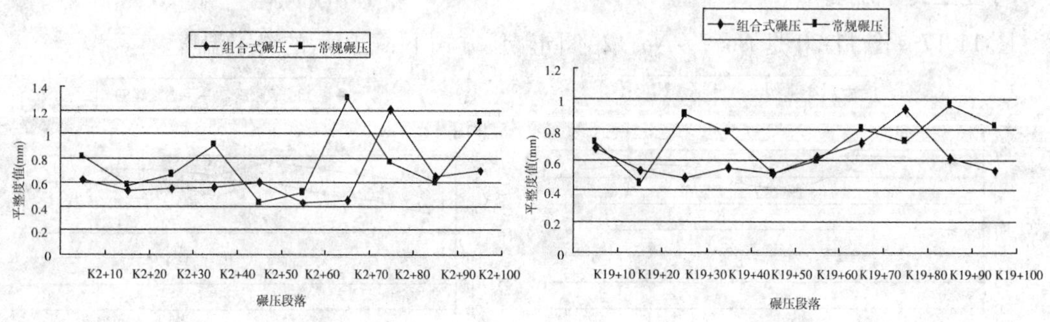

图 11-22　No. 9 平整度检测结果对比图　　　图 11-23　No. 10 平整度检测结果对比图

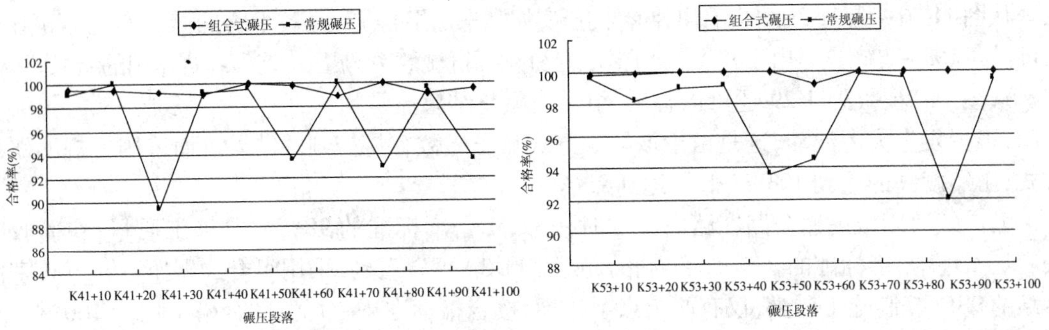

图 11-24　No. 11 平整度合格率对比图

图 11-25　No. 12 平整度合格率对比图

从图 11-22 ~ 图 11-25 可以看出，无论是平整度直接检测结果或是合格率，组合式碾压均优于常规碾压方式，并且平整度比较均匀，波动小。九标采用组合式碾压有一个段位不合格，是由于拌和楼临时故障产生了冷接缝。

常规碾压方式一般采用钢轮和胶轮分开碾压，碾压后期胶轮轮迹太重，不利于平整度的提高。组合式碾压能及时消除轮迹，平整度大大提高。

大广线濮阳段高速公路采用组合式碾压工艺，同时压实标准按 GTM 密度标准控制，相当于马歇尔密度标准的 100% ~ 101%，交工验收时平整度仍很好，上面层全线平整度的代表值为 0.64mm。

5) 压实度

图 11-26 ~ 图 11-29 是 No. 9 ~ No. 12 不同碾压方式下压实度检测结果对比图。碾压遍数均为 8 遍。

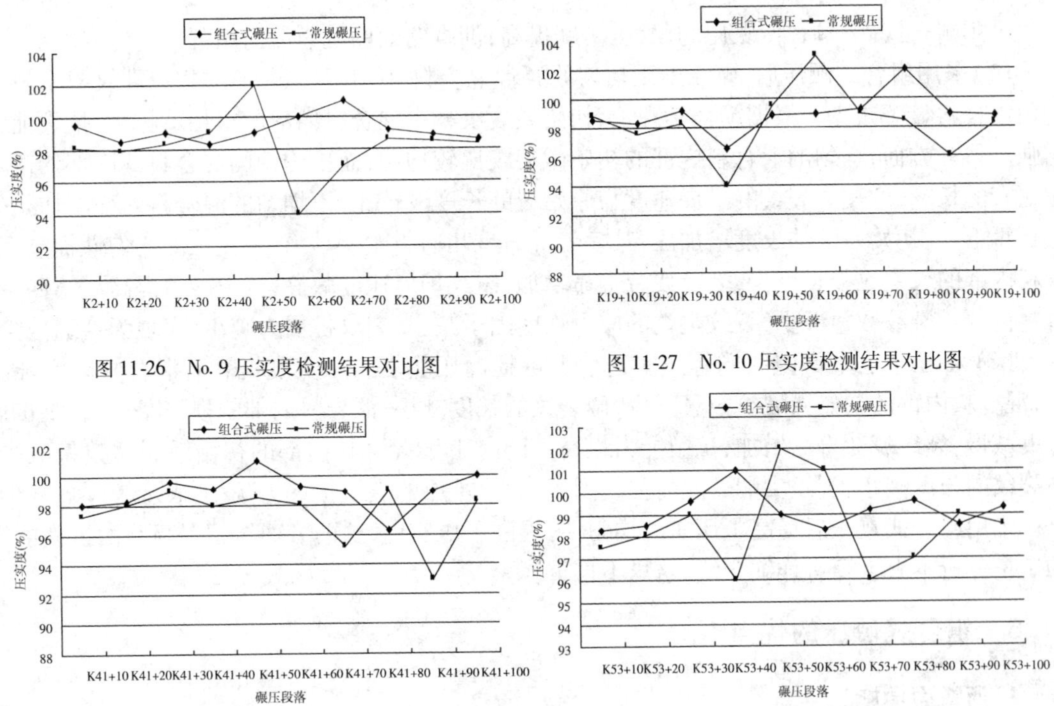

图 11-26　No. 9 压实度检测结果对比图

图 11-27　No. 10 压实度检测结果对比图

图 11-28　No. 11 压实度检测结果对比图

图 11-29　No. 12 压实度检测结果对比图

从图 11-26 ~ 图 11-29 可以看出，同样的压实遍数采用组合式碾压技术后，压实度较常规碾压模式可提高 1% ~2%，这是由于在高温下碾压、充分发挥机械效率、碾压均匀等综合作用的结果。

从图 11-26 ~ 图 11-29 还可以看出，组合式碾压结果非常均匀，压实度大多在 98% ~100% 之间，很少发生大的波动，这是由于该碾压方式碾压遍数容易控制的结果。而采用常规的碾压方式，压实度高的达到 103%，低的达到 92%。

大广线濮阳段高速公路在路面施工时按 GTM 密度标准的 98% 控制施工质量，在验收时按满足 GTM 密度标准的 96% 作为合格。从图 11-30 可以看到，采用组合式碾压，按 GTM 密度标准的 98% 控制施工质量，仅有两个点不达标，按合格标准 4 个标段的合格率均为 100%。从图 11-31 可以看到，在常规碾压模式下，按满足 GTM 密度标准的 96% 作为合格，4 个标段均有不合格点位，有的是由于温度离析造成，有的是由于漏压造成。

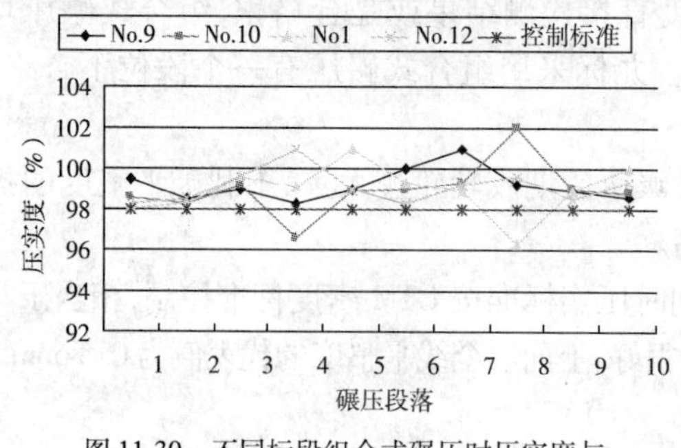

图 11-30　不同标段组合式碾压时压实度与控制标准对比图

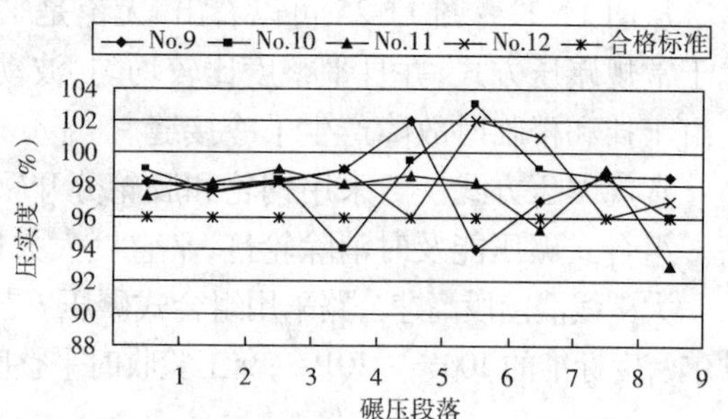

图 11-31　不同标段常规碾压时压实度与合格标准对比图

6）抗裂能力

采用组合式碾压后，使碾压均匀，压实度提高，沥青路面的抗裂能力增强：

（1）采用组合式碾压后，碾压施工均匀的沥青混合料，施工后其内部的微观裂纹数量较不均匀混合料显著减少。根据损伤学理论，初始微裂纹越少混合料内部的损伤就越小，抗裂能力增强。另一方面，均匀的混合料内部的初始微裂纹比较均匀，而不均匀的混合料其内部的微观裂纹有的长、有的短。裂纹的扩展速度与原始裂的长度成正比，不均匀的混合料内部的初始裂纹长短不一，初始裂纹的长度增加后，其疲劳寿命呈几何级减少。第三，施工的均匀性提高，混合料内部的长裂纹数量减少，裂纹疲劳寿命增加，裂纹扩展速度减慢，抗裂能力提高。第四，混合料内部长裂纹数量减少，裂纹尖端的应力强度因子减小，裂纹扩展力减小，表现为裂缝减少。

（2）采用组合式碾压后，同等压实遍数下可提高压实度。压实度提高后混合料的空隙减小，混合料内部的初始微裂纹数量减少，微裂纹的长度减小，混合料内部的损伤减小，裂纹扩展速度减慢，裂纹疲劳寿命增加，抗裂能力提高。同时由于混合料内部的初始微裂纹数量减少，微裂纹的长度减小，裂纹尖端的应力强度因子减小，基层的裂纹扩展力减小，表现为裂缝减少。

采用组合式碾压后提高了压实的均匀性、提高了压实度，这两方面对于提高路面抗裂能力的定量分析本书下篇有详细介绍，这里不再重复。

11.6　组合式碾压的优点

1）沥青面层施工

（1）提高了碾压效率

在同等速度下，组合式碾压复压效率提高一倍，传统工艺初压、复压、终压按 1 + 8 + 1（共计 10 遍）计算，组合式碾压为 1 + 4 + 1，总体碾压效率提高了 40%。

从图 11-16 可以看出，采用组合式碾压后，碾压效率提高 40% ~ 60%。

（2）可以在高温下完成压实

从图 11-16 ~ 图 11-20 可以看出，组合式碾压工艺缩短了碾压时间，可以在高温下完成压实，避开了 93 ~ 115℃的沥青混合料“碾压敏感区”，减少了温度离析和低温碾压，有利于压实质量的提高，杜绝了表面石料破碎和油膜受破坏。

（3）碾压遍数清晰

组合式碾压遍数非常清晰，易于控制碾压质量，避免了过碾压和漏压，使路面质量更均匀，压实度有保证。

（4）提高了平整度

过去一般采用钢轮和胶轮分开碾压，胶轮轮迹太重，不利于平整度的提高。组合式碾压能及时消除轮迹，平整度可大大提高。

大广线濮阳段高速公路采用组合式碾压工艺，同时压实标准按 GTM 密度标准控制，相当于马歇尔密度标准的 100% ~ 101%，交工验收时平整度仍很好。

图 11-32 为河南省交通厅 2006 年通车项目平整度通报，河南大广线濮阳段高速公路的路面平整度最终结果为 99%。

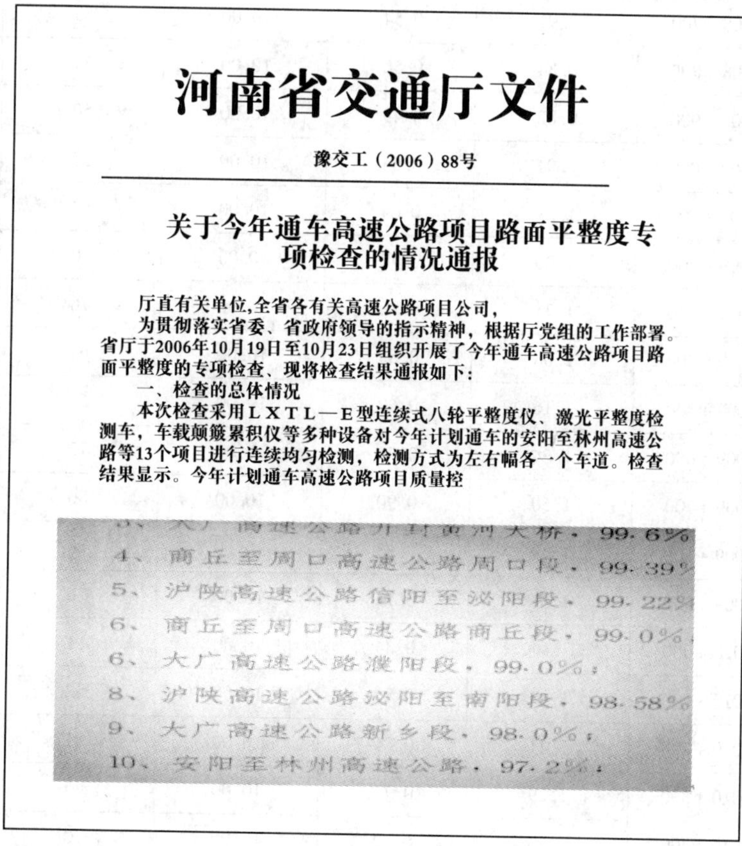

河南省交通厅文件

豫交工（2006）88号

关于今年通车高速公路项目路面平整度专项检查的情况通报

厅直有关单位,全省各有关高速公路项目公司，

为贯彻落实省委、省政府领导的指示精神，根据厅党组的工作部署。省厅于2006年10月19日至10月23日组织开展了今年通车高速公路项目路面平整度的专项检查、现将检查结果通报如下：

一、检查的总体情况

本次检查采用ＬＸＴＬ—Ｅ型连续式八轮平整度仪、激光平整度检测车，车载颠簸累积仪等多种设备对今年计划通车的安阳至林州高速公路等13个项目进行连续均匀检测，检测方式为左右幅各一个车道。检查结果显示。今年计划通车高速公路项目质量控

大广高速公路开封黄河大桥，99.6%

4、商丘至周口高速公路周口段，99.39%

5、沪陕高速公路信阳至泌阳段，99.22%

6、商丘至周口高速公路商丘段，99.0%，

6、大广高速公路濮阳段，99.0%；

8、沪陕高速公路泌阳至南阳段，98.58%

9、大广高速公路新乡段，98.0%；

10、安阳至林州高速公路，97.2%；

图 11-32　河南省交通厅平整度通报

说明:河南大广线濮阳段高速公路路面施工共分4个标段(九、十、十一、十二),前3个标段的平整度非常高,最后一个标段施工时因、地方环境问题,摊铺时停顿太多,有的地方一、二百米一道施工缝,有的地方几十米一道施工缝,影响了项目的平整度整体评定。下面是部分交工验收的报告:

九、十、十一、十二分别随机选取了3km的连续评定段(见表11-3~表11-6),九、十、十一等3个标段全部合格,十二标有3个点不合格。

表11-3

平整度仪数据记录(100m)

测试单位:开封市天平路桥工程检测有限公司　　测试线路:河南大广线濮阳段高速公路No.9标

测试日期:2006年10月21日　输出段长:100m　桩号处理:顺桩号(右幅)　测试速度:50km/h

桩　　号	国际平整度指数(m/km)	标准差(mm)	行驶质量指数	颠簸累计值(cm/km)	测试速度(km/h)
K0008+100~K0008+200	0.93	0.56	10.00	56	54
K0008+200~K0008+300	0.64	0.38	10.00	41	54
K0008+300~K0008+400	0.84	0.50	10.00	51	54
K0008+400~K0008+500	0.74	0.44	10.00	46	52
K0008+500~K0008+600	0.76	0.45	10.00	47	53
K0008+600~K0008+700	0.91	0.54	10.00	55	54
K0008+700~K0008+800	0.84	0.50	10.00	51	53
K0008+800~K0008+900	0.82	0.49	10.00	50	53
K0008+900~K0009+000	0.91	0.54	10.00	55	53
K0009+000~K0009+100	1.07	0.64	10.00	63	52
K0009+100~K0009+200	1.20	0.72	10.00	70	52
K0009+200~K0009+300	1.31	0.78	10.00	76	52
K0009+300~K0009+400	1.08	0.65	10.00	64	53
K0009+400~K0009+500	1.16	0.69	10.00	68	54
K0009+500~K0009+600	1.24	0.74	10.00	72	53
K0009+600~K0009+700	1.50	0.90	10.00	86	51
K0009+700~K0009+800	1.39	0.83	10.00	80	50
K0009+800~K0009+900	1.31	0.78	10.00	76	51
K0009+900~K0010+000	1.41	0.84	10.00	81	52
K0010+000~K0010+100	1.43	0.85	10.00	82	52
K0010+100~K0010+200	1.41	0.84	10.00	81	52
K0010+200~K0010+300	1.29	0.77	10.00	75	51
K0010+300~K0010+400	1.20	0.72	10.00	70	52

续上表

桩　　号	国际平整度指数（m/km）	标准差（mm）	行驶质量指数	颠簸累计值（cm/km）	测试速度（km/h）
K0010 +400 ~ K0010 +500	1. 22	0. 73	10. 00	71	53
K0010 +500 ~ K0010 +600	1. 18	0. 70	10. 00	69	53
K0010 +600 ~ K0010 +700	1. 01	0. 60	10. 00	60	53
K0010 +700 ~ K0010 +800	0. 95	0. 57	10. 00	57	53
K0010 +800 ~ K0010 +900	1. 07	0. 64	10. 00	63	52
K0010 +900 ~ K0011 +000	1. 14	0. 68	10. 00	67	52
K0011 +000 ~ K0011 +100	0. 89	0. 53	10. 00	54	52
K0011 +100 ~ K0011 +200	0. 85	0. 51	10. 00	52	52

平整度仪数据记录(100m)　　表 11-4

测试单位:开封市天平路桥工程检测有限公司　　测试线路:河南大广线濮阳段高速公路 No. 10

标测试日期:2006 年 10 月 21 日　输出段长:100m　桩号处理:顺桩号(右幅)　测试速度:50km/h

桩　　号	国际平整度指数（m/km）	标准差（mm）	行驶质量指数	颠簸累计值（cm/km）	测试速度（km/h）
K0027 +600 ~ K0027 +500	1. 05	0. 62	10. 00	62	54
K0027 +500 ~ K0027 +400	1. 05	0. 62	10. 00	62	52
K0027 +400 ~ K0027 +300	1. 03	0. 61	10. 00	61	52
K0027 +300 ~ K0027 +200	0. 99	0. 59	10. 00	59	52
K0027 +200 ~ K0027 +100	0. 91	0. 54	10. 00	55	53
K0027 +100 ~ K0027 +000	1. 07	0. 64	10. 00	63	53
K0027 +000 ~ K0026 +900	1. 07	0. 64	10. 00	63	53
K0026 +900 ~ K0026 +800	1. 01	0. 60	10. 00	60	53
K0026 +800 ~ K0026 +700	1. 03	0. 61	10. 00	61	53
K0026 +700 ~ K0026 +600	0. 97	0. 58	10. 00	58	53
K0026 +600 ~ K0026 +500	0. 95	0. 57	10. 00	57	53
K0026 +500 ~ K0026 +400	1. 03	0. 61	10. 00	61	54
K0026 +400 ~ K0026 +300	0. 93	0. 56	10. 00	56	54

续上表

桩　　号	国际平整度指数(m/km)	标准差(mm)	行驶质量指数	颠簸累计值(cm/km)	测试速度(km/h)
K0026 + 300 ~ K0026 + 200	1.01	0.60	10.00	60	55
K0026 + 200 ~ K0026 + 100	0.93	0.56	10.00	56	54
K0026 + 100 ~ K0026 + 000	1.07	0.64	10.00	63	53
K0026 + 000 ~ K0025 + 900	1.01	0.60	10.00	60	53
K0025 + 900 ~ K0025 + 800	0.84	0.50	10.00	51	53
K0025 + 800 ~ K0025 + 700	0.97	0.58	10.00	58	54
K0025 + 700 ~ K0025 + 600	0.87	0.52	10.00	53	55
K0025 + 600 ~ K0025 + 500	0.87	0.52	10.00	53	55
K0025 + 500 ~ K0025 + 400	0.87	0.52	10.00	53	54
K0025 + 400 ~ K0025 + 300	0.85	0.51	10.00	52	55
K0025 + 300 ~ K0025 + 200	0.84	0.50	10.00	51	54
K0025 + 200 ~ K0025 + 100	0.99	0.59	10.00	59	54
K0025 + 100 ~ K0025 + 000	0.91	0.54	10.00	55	53
K0025 + 000 ~ K0024 + 900	0.78	0.46	10.00	48	53
K0024 + 900 ~ K0024 + 800	0.78	0.46	10.00	48	54
K0024 + 800 ~ K0024 + 700	0.85	0.51	10.00	52	55
K0024 + 700 ~ K0024 + 600	0.87	0.52	10.00	53	54

平整度仪数据记录(100m)　　　　表 11-5

测试单位:开封市天平路桥工程检测有限公司　　测试线路:河南大广线濮阳段高速公路 No. 11

标测试日期:2006 年 10 月 21 日　输出段长:100m　桩号处理:顺桩号(右幅)　测试速度:50km/h

桩　　号	国际平整度指数(m/km)	标准差(mm)	行驶质量指数	颠簸累计值(cm/km)	测试速度(km/h)
K0030 + 600 ~ K0030 + 700	0.93	0.56	10.00	56	47
K0030 + 700 ~ K0030 + 800	0.89	0.53	10.00	54	48
K0030 + 800 ~ K0030 + 900	1.07	0.64	10.00	63	48
K0030 + 900 ~ K0031 + 000	0.89	0.53	10.00	54	48

续上表

桩　　号	国际平整度指数(m/km)	标准差(mm)	行驶质量指数	颠簸累计值(cm/km)	测试速度(km/h)
K0031 +000 ~ K0031 +100	0.99	0.59	10.00	59	49
K0031 +100 ~ K0031 +200	1.03	0.61	10.00	61	49
K0031 +200 ~ K0031 +300	1.08	0.65	10.00	64	49
K0031 +300 ~ K0031 +400	0.93	0.56	10.00	56	49
K0031 +400 ~ K0031 +500	1.18	0.70	10.00	69	48
K0031 +500 ~ K0031 +600	1.35	0.81	10.00	78	48
K0031 +600 ~ K0031 +700	1.20	0.72	10.00	70	49
K0031 +700 ~ K0031 +800	1.29	0.77	10.00	75	49
K0031 +800 ~ K0031 +900	1.41	0.84	10.00	81	49
K0031 +900 ~ K0032 +000	1.31	0.78	10.00	76	49
K0032 +000 ~ K0032 +100	1.43	0.85	10.00	82	49
K0032 +100 ~ K0032 +200	1.29	0.77	10.00	75	50
K0032 +200 ~ K0032 +300	1.54	0.92	10.00	88	51
K0032 +300 ~ K0032 +400	1.43	0.85	10.00	82	52
K0032 +400 ~ K0032 +500	1.43	0.85	10.00	82	53
K0032 +500 ~ K0032 +600	1.29	0.77	10.00	75	52
K0032 +600 ~ K0032 +700	1.28	0.76	10.00	74	52
K0032 +700 ~ K0032 +800	1.35	0.81	10.00	78	51
K0032 +800 ~ K0032 +900	1.28	0.76	10.00	74	51
K0032 +900 ~ K0033 +000	1.22	0.73	10.00	71	50
K0033 +000 ~ K0033 +100	1.07	0.64	10.00	63	50
K0033 +100 ~ K0033 +200	1.22	0.73	10.00	71	50
K0033 +200 ~ K0033 +300	0.95	0.57	10.00	57	50
K0033 +300 ~ K0033 +400	0.95	0.57	10.00	57	50
K0033 +400 ~ K0033 +500	0.97	0.58	10.00	58	50
K0033 +500 ~ K0033 +600	1.16	0.69	10.00	68	50

平整度仪数据记录(100m) 表 11-6

测试单位:开封市天平路桥工程检测有限公司　测试线路:河南大广线濮阳段高速公路 No. 12 标

测试日期:2006 年 10 月 21 日　输出段长:100m　桩号处理:顺桩号(右幅)　测试速度:50km/h

桩　号	国际平整度指数(m/km)	标准差(mm)	行驶质量指数	颠簸累计值(cm/km)	测试速度(km/h)
K0052 + 500 ~ K0052 + 400	1.26	0.75	10.00	73	54
K0052 + 400 ~ K0052 + 300	1.24	0.74	10.00	72	55
K0052 + 300 ~ K0052 + 200	1.52	0.91	10.00	87	52
K0052 + 200 ~ K0052 + 100	1.26	0.75	10.00	73	51
K0052 + 100 ~ K0052 + 000	1.22	0.73	10.00	71	51
K0052 + 000 ~ K0051 + 900	1.56	0.93	10.00	89	52
K0051 + 900 ~ K0051 + 800	1.07	0.64	10.00	63	53
K0051 + 800 ~ K0051 + 700	0.87	0.52	10.00	53	53
K0051 + 700 ~ K0051 + 600	0.91	0.54	10.00	55	54
K0051 + 600 ~ K0051 + 500	1.39	0.83	10.00	80	55
K0051 + 500 ~ K0051 + 400	1.03	0.61	10.00	61	54
K0051 + 400 ~ K0051 + 300	1.26	0.75	10.00	73	53
K0051 + 300 ~ K0051 + 200	1.18	0.70	10.00	69	53
K0051 + 200 ~ K0051 + 100	1.26	0.75	10.00	73	53
K0051 + 100 ~ K0051 + 000	1.39	0.83	10.00	80	52
K0051 + 000 ~ K0050 + 900	2.13	1.27	9.90	119	52
K0050 + 900 ~ K0050 + 800	1.43	0.85	10.00	82	52
K0050 + 800 ~ K0050 + 700	2.17	1.30	9.87	121	51
K0050 + 700 ~ K0050 + 600	1.64	0.98	10.00	93	50
K0050 + 600 ~ K0050 + 500	1.96	1.17	10.00	110	50
K0050 + 500 ~ K0050 + 400	1.89	1.13	10.00	106	50
K0050 + 400 ~ K0050 + 300	2.17	1.30	9.87	121	50
K0050 + 300 ~ K0050 + 200	1.75	1.05	10.00	99	50
K0050 + 200 ~ K0050 + 100	1.62	0.97	10.00	92	50
K0050 + 100 ~ K0050 + 000	1.49	0.89	10.00	85	49
K0050 + 000 ~ K0049 + 900	1.81	1.08	10.00	102	50
K0049 + 900 ~ K0049 + 800	1.52	0.91	10.00	87	52
K0049 + 800 ~ K0049 + 700	1.39	0.83	10.00	80	53
K0049 + 700 ~ K0049 + 600	1.73	1.03	10.00	98	52
K0049 + 600 ~ K0049 + 500	1.75	1.05	10.00	99	52

岭南高速在沥青路面施工中也推广应用了组合式碾压技术。

2007 年河南省高速公路平整度检测中，岭南高速位列第四名，大广线濮阳段高速公路第三名。

2009 年河南省高速公路平整度检测中，岭南高速位列第四名，大广线濮阳段高速公路第五名。

(5)减少路面早期破坏

路面压实质量的提高，对减少高速公路路面早期破坏非常有利。高速公路路面早期破坏与压实度不足、温度离析有很大关系，这两方面的改善提高了路面的整体质量水平。

(6)节约施工成本

组合式碾压缩短了碾压时间，拌和楼出料温度可降低 5℃左右，降低了拌和成本，使施工成本下降。组合式碾压提高了压实效率，加快了路面施工进度，路面总工期缩短，设备使用率提高，施工利润增加。

据测算，采用组合式碾压技术每平方米路面可降低施工成本 0.3 ~ 0.5 元，每 15km 长度的段落可节约施工成本 50 ~ 80 万元。

(7)同等压实遍数下可提高压实度

由于胶轮和钢轮揉搓与振动结合，沥青混合料受力均匀，胶轮的揉搓使石料重新分布，降低了摩擦阻力，提高了压实效果。

2)路面基层施工

与传统分散式碾压相比，组合式碾压有如下优点。

(1)提高了碾压效率

在同等速度下，组合式碾压效率提高一倍。

(2)碾压遍数清晰

组合式碾压遍数非常清晰，易于控制碾压质量，避免了过碾压和漏压，使基层质量更均匀，压实度有保证。

(3)减少路面早期破坏

压实质量的提高，对减少高速公路早期破坏非常有利。高速公路早期破坏与基层压实度不足有很大关系，这方面的改善提高了整体质量水平。

(4)节约施工成本

组合式碾压缩短了碾压时间，拌和楼效率提高，降低了拌和成本，使施工成本下降。组合式碾压提高了压实效率，加快了施工进度，总工期缩短，设备使用率提高，施工利润增加。

11.7 组合式碾压施工注意事项

(1)组合式碾压施工时，胶轮和钢轮相距很近，压路机手要熟练配合，最好在施工前练习一下。

(2)方案推行时监理和施工单位领导都非常配合，但部分压路机手强烈反对，原因之一是他们习惯了旧的模式，不想再下工夫学习新模式；之二是新工艺压路机手没空子可钻了，也不能偷懒了。所以新方案遇到阻力要强制执行，决不能手软，否则压路机手舒服了，施工质量就下降。

(3)笔者在推行组合式碾压方案时,沥青面层施工复压要求8遍,路面基层施工要求振压6遍,具体碾压遍数要根据石料情况、混合料级配、压实度要求等经试验确定。

(4)实践证明,级配良好的沥青混合料,可直接开振初压,也可以用胶轮初压;但有时发现初压时开振,混合料推移严重,这时要用静压。

(5)组合式碾压胶轮和钢轮哪一个在前哪一个在后都无所谓,关键是要把能控制住压实速度的压路机手放在前,将急性子压路机手放在后面。

(6)沥青面层施工,胶轮与钢轮组合时,钢轮何时采用"高频低幅",何时采用"低频高幅",要经试验确定,笔者暂没有进行这方面的理论研究。采用揉搓与振动共同作用后,与传统的钢轮、胶轮单独碾压相比,压实机理可能有很大的差别,传统的调整振幅、频率的经验可能不一定有效,施工单位应加强这方面的试验总结。

(7)组合式碾压时,压实遍数清晰了,但同时要注意碾压速度,要在规定的速度内进行碾压,不要忽视了对碾压速度的控制。碾压速度与碾压遍数同样重要,过高的碾压速度碾压效果会大打折扣。

11.8 组合式碾压的其他应用

上面介绍了组合式碾压在沥青路面面层和水泥稳定碎石基层的应用,除此之外,还可将组合式碾压技术的应用范围进一步扩展。

1)填方路基碾压

在路基填土施工时,可以参照上面介绍的方法,对压实机械合理组合,以提高压实效率,节约碾压成本。

2)桥面沥青混凝土铺装

桥面沥青混凝土铺装时,由于担心压路机破坏桥面系,有的项目要求碾压时,振动压路机不开振,造成桥面铺装压实度不足。为了保证桥面铺装压实合格同时又不破坏桥面系,可以采用胶轮压路机与振荡压路机组合,发挥胶轮压路机吨位大和振荡压路机不产生垂直力的优势。

振荡压路机只产生水平方向的压实功,垂直方向仅有自重,碾压时不伤桥面。

下篇

骨架密实水泥稳定碎石基层

第12章 骨架密实水泥稳定碎石基层浅淡

12.1 水泥稳定碎石基层混合料的类型

新的《公路沥青路面设计规范》(JTG D50－2006)将半刚性基层按其混合料结构状态分为四类,即:

(1)悬浮密实结构。

(2)均匀密实结构。

(3)骨架空隙结构。

(4)骨架密实结构。

四种结构的适用条件为,高速公路、一级公路的基层或上基层宜选用骨架密实结构;二级及二级以下公路的基层和各级公路的底基层可采用悬浮密实结构;均匀密实型混合料适用于高速公路、一级公路的底基层,二级或二级以下公路的基层。骨架空隙型混合料具有较高的空隙率,适用于需要考虑路面内部排水要求的基层。

均匀密实型混合料主要是指无机结合料稳定细粒料,如土灰土、水泥土、二灰土等,不在本书研究范围。下面主要谈一下悬浮密实、骨架密实和骨架空隙三种结构类型。

现行沥青路面设计规范提出的各类无机结合料稳定粒料类基层材料,其级配是按最大密实原理设计的连续级配。参考SMA级配设计原理通过试验测定各关键筛孔粗集料的间隙体积及细集料部分(含水泥及水)的毛体积,通过两者之间的关系比较确定结构类型。以筛孔尺寸4.75mm为粗细集料的分界尺寸,若粗集料间隙体积大于细集料部分毛体积则为空隙结构;若粗集料间隙体积小于细集料部分毛体积则为悬浮结构;若粗集料间隙体积接近细集料部分毛体积则为骨架密实结构。

新规范推荐水泥稳定碎石混合料的级配范围如表12-1。

不同结构水泥稳定碎石混合料级配范围　　表12-1

基层类型	通过下列方筛孔(mm)的质量百分率(%)						
	31.5	19.0	9.50	4.75	2.36	0.6	0.075
悬浮密实型	100	90～100	60～80	29～49	15～32	6～20	0～5
骨架密实型	100	68～86	38～58	22～32	16～28	8～15	0～3

不同结构类型的半刚性基层材料表现出不同的路用性能,这些性能包括强度特性、抗裂特性、抗冲刷特性及寒冷气候下的抗冻特性。大量的实验与工程实践表明:按现规范推荐的集料级配配制的半刚性基层材料强度可以满足相关的技术要求,且施工过程中具有良好的和易性,

不易发生离析。但由于《公路路面基层施工技术规范》(JTJ 034—2000)水泥稳定碎石混合料级配中细集料的含量太高,半刚性基层材料在使用过程中容易出现开裂及抗冲刷能力不足的缺陷。鉴于这种情况,越来越多的研究人员及工程技术人员开始关注骨架密实型混合料。由于骨架密实型混合料结构中粗集料的含量增加,粗集料颗粒之间能形成有效的嵌挤以提高混合料的强度,压实后的细集料填充后又能使混合料的空隙率降低、密实度提高,从而改善半刚性基层材料的抗冲刷能力。但是,对于骨架密实结构的半刚性基层材料在施工过程中离析的危险性也随之增大,因此对施工过程中的拌和、运输、摊铺及碾压工艺要求也会相应有所提高。

12.2 骨架密实水泥稳定碎石基层

水泥稳定碎石混合料中有较多数量的粗集料可形成空间骨架,同时又有相当的细集料可填充骨架间的空隙,这种混合料结构叫骨架密实结构。

骨架密实水泥稳定碎石基层的突出优点是抗收缩性能较好,同时又具有很好的抗疲劳性。

骨架密实结构作为基层的概念提出是近几年的事,是基于抵抗基层裂缝的需要。众所周知,前几年水泥稳定碎石基层采用悬浮结构,水泥剂量高,强度只规定了下限没有规定上限,造成7d强度普遍在7MPa以上,悬浮结构这么高的强度产生裂缝就不足为怪了。基层裂缝反射到面层上,造成了半刚性基层的早期破坏,这也是许多专家、学者质疑半刚性基层的主要原因,是半刚性基层目前存在的最大问题。

由于国人对半刚性基层怀有深厚的感情,一直没有放弃半刚性基层抗裂技术的研究。长安大学(原西安公路学院、西安公路交通大学)提出了骨架密实结构基层的理论,同时改进了水泥稳定碎石混合料的成型方式,将重型击实改进为振动成型。这两项技术的成功运用,使半刚性基层沥青路面重新具有与全厚式沥青路面抗衡的实力。

与骨架密实结构基层配套的成型方式是振动成型法,这两对技术的主体是互为依存的,必须配套使用才能达到最佳效果。骨架密实基层结构如果不用振动成型方式,使用旧的重型击实方式得出的最大干密度控制现场施工解决不了压实度超百问题,虽然抗裂效果会有所改善(仅仅是改善),却无法降低水泥剂量。如果非降低水泥剂量,压实度控制标准的不配套会出现取芯困难。另一方面用振动成型法去控制悬浮结构基层,水泥剂量会降低,抗裂效果也仅仅是略有改善。

关于振动成型技术,本书第13章有详述。

12.3 如何判断和评价骨架密实结构

本书上篇第1章讲述的判断和评价骨架密实结构的方法是针对沥青混合料而言的,对于水泥稳定碎石混合料,复杂的方法是 $VCA_{mix} < VCA_{DRC}$。最直接最简单的方法是取芯用目测判断,只要4.75mm以上的粗集料能相互接触相抵形成嵌挤骨架即为骨架密实结构。

笔者认为,在调整基层混合料时,不必过分追求“骨架”,首先应是在能满足施工的前提下,骨架形成的尽量好。水泥稳定碎石基层施工时,骨架结构的混合料比悬浮结构的混合料难压实。现在施工单位的管理能力不高,而压路机大多是租赁来的,压路机操作手也是随压路机而来,这些人很难管理和调整。骨架密实结构不能充分压实就会成为骨架空隙结构,所以设计骨架密实水泥稳定碎石基层混合料的前提是能保证充分压实。

现在长安大学沙爱民教授等正在研究开发一种快速判别基层骨架结构类型的软件，方法是通过对基层芯样拍照，采集照片信息后通过计算对4.75mm以上粗集料含量自动分析，判别混合料的骨架性。

对于基层水泥稳定碎石混合料，无论是间断级配或连续级配，均能容易地形成骨架密实结构，这在笔者管理河南大广线濮阳段高速公路和河南二广线南阳段高速公路基层施工中已得到证实。两条路均是采用连续级配，取芯效果均很好（图12-1、图12-2），抗裂效果走在了国内的最前列。

图12-1　连续级配骨架密实水泥稳定碎石基层剖面图

注：本芯样取自河南大广线濮阳段高速公路土建五标K46+450（左幅），施工单位为埋设通信管道，将施工好的基层切割开挖。

图12-2　连续级配骨架密实水泥稳定碎石基层取芯剖面图

注：该芯样取自河南岭南高速公路路面五标K73+960距中3.0m（右幅），施工单位为贵州路桥。

图12-3单从表面上看，大骨料含量并不多，但仔细观察会发现4.75mm以上的粗集料均形成了骨架，上、下两层黏结的非常好，几乎看不出接缝，整个断面非常密实、光滑，说明压实效果非常好。这张照片是笔者2006年6月份在河南省质检站上半年大检查时，于大广线濮阳段段高速公路土建五标现场取芯拍摄的，试件强度达到了11.6MPa，芯样前后数百米没有裂缝，说明骨架密实结构在水泥剂量比悬浮结构降低2%左右时仍有很高的强度，但裂缝大幅度减少。

图 12-3 骨架密实水泥稳定碎石基层芯样

图 12-4 为较为理想的水泥稳定碎石骨架密实结构，4.75mm 以上粗集料形成了骨架嵌挤，细集料充满了粗骨架间隙。

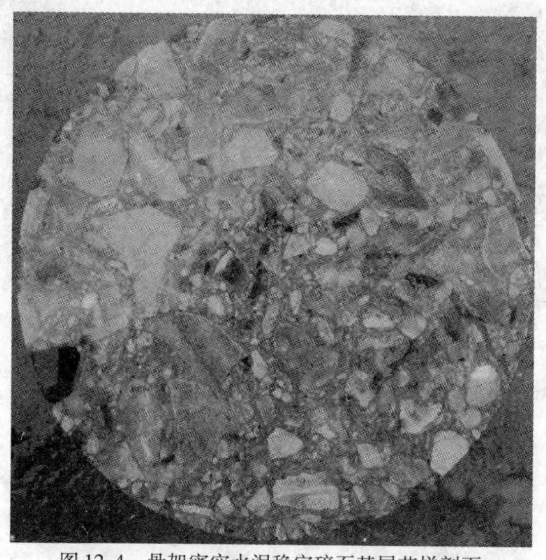

图 12-4 骨架密实水泥稳定碎石基层芯样剖面

12.4 水泥稳定碎石基层骨架密实结构与悬浮结构对比分析

图 12-5 悬浮结构基层表面光滑，不利于与面层的黏结。图 12-6 骨架密实结构基层表面粗糙，大料裸露，有利于与面层的黏结。

图 12-5 悬浮结构基层表面

图 12-6 骨架密实结构基层表面

从图 12-7～图 12-12 悬浮结构水泥稳定碎石基层与骨架密实结构水泥稳定碎石基层芯样及剖面对比照片可以看出，与骨架密实结构水泥稳定碎石基层相反，悬浮结构水泥稳定碎石基层大于 4.75mm 以上粗集料悬浮于水泥浆中，没有形成嵌挤骨架。

图 12-7　骨架密实结构水泥稳定碎石基层芯样剖面

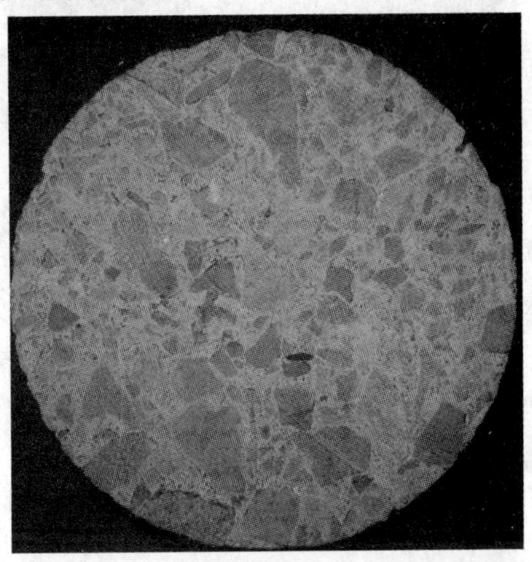

图 12-8　悬浮结构水泥稳定碎石基层芯样剖面

图 12-9　骨架密实结构水泥稳定碎石基层芯样(一)

图 12-10　悬浮结构水泥稳定碎石基层芯样(一)

图 12-11　悬浮结构水泥稳定碎石基层芯样(二)

图 12-12　骨架密实结构水泥稳定碎石基层芯样(二)

第13章 与骨架密实水泥稳定碎石混合料配套的成型方式

水泥稳定碎石基层施工时需要合适的最大干密度来控制压实度，混合料生产时要有最佳含水量来控制拌和质量，在进行水泥稳定碎石基层施工前要模拟施工现场成型试件来确定最大干密度、最佳含水量及振动成型试件测定无侧限抗压强度。

13.1 水泥稳定碎石混合料成型方式略谈

1）水泥稳定碎石混合料成型方式的演变过程

众所周知，试件成型方式只有最大限度拟和施工条件，即室内试验确定水泥稳定碎石最大干密度、最佳含水量的重型击实试验方法和测定混合料无侧限抗压强度的试件成型方式只有与现场碾压方式匹配才能得到室内外一致的最大干密度、最佳含水量和无侧限抗压强度，才能有效控制现场质量。

无机稳定结合料最初采用普通轻型击实方式，由于测得的最大干密度太小，与工程实体差别较大，1994年《公路工程无机结合料稳定材料试验规程》要求采用重型击实试验，使得混合料的最大干密度有所提高。但是由于振动压路机的普及使用，室内重型击实成型与室外振动压实不匹配的问题日益凸现出用室内最大干密度控制现场压实度太小、最佳含水量不准确的矛盾。为了解决这一矛盾，有的单位采用了《公路土工试验规程》（JTJ 051－93）中粗粒土和巨粒土最大干密度试验规定的振动台法和表面振动压实仪法，效果并不明显，上述矛盾未得到缓解，室内外两者不匹配的问题反而更加加剧。这是因为随着基层施工压路机吨位逐渐增大和激振力的大幅度提高，室内成型方式与室外碾压不匹配的矛盾日益不可调和。

2）水泥稳定碎石混合料成型方式对工程实体的影响

在水泥稳定碎石基层施工中，由于室内重型击实成型与室外振动压实不匹配，如前所述造成了两个严重后果：

第一是压实度超百。

第二是水泥稳定碎石基层裂缝严重。

13.2 问题分析及解决对策

1）压实度超百原因分析

那么是什么原因引起压实度超百呢？

主要原因是：室内试验确定水泥稳定碎石混合料最大干密度、最佳含水量的重型击实试验方法及测定混合料无侧限抗压强度的试件成型方式与现场碾压方式不匹配。

众所周知,室内试验要准确、有效预测与控制现场施工质量,应满足两个最基本的条件:首先,要求试件成型方式能够最大限度地模拟基层施工条件,使室内成果与基层实际应用效果有可比性;其次,要求各种性能评价指标切实反映基层在其服务环境下的服务质量。缺少此条件,室内控制与预测便无从谈起。

目前,高等级公路半刚性基层施工普遍采用振动压路机,但室内仍采用与现场施工条件并不匹配的试验方法:用重型击实法确定最大干密度及最佳含水量,用静压法成型试件测定抗压强度及抗裂能力。二者的不匹配,造成了施工的最大干密度大于试验室确定的最大干密度,分子大于分母,压实度超百就不奇怪了。由此衍生出一系列问题:重型击实法确定的最佳含水量及最大干密度作为现场振动压实的控制指标显然不合适;混合料分别在静压与振动作用下其力学特性不同,那么用何种成型方式制作的试件强度控制现场质量更有效;用静压法进行室内研究所优化的配合比(包括级配、水泥含量等)在振动压实条件下路用性能不可能最优。

2)水泥稳定碎石基层裂缝原因分析

悬浮结构水泥稳定碎石基层水泥剂量、细集料含量和含水量是引起裂缝的三大原因。细集料含量可以通过调整级配调整,含水量施工中也可以控制,唯有水泥剂量是决定强度主要因素,也是目前造成水泥稳定碎石裂缝的主因。

既然大家都知道水泥含量过大是引起裂缝的第一元凶,那么水泥剂量过大是如何造成的呢?

其一,施工单位担心压实度超百,减少压实遍数,后果是压实度不足,因为压实度与强度成正比,造成强度不满足设计要求,为增加强度便加大水泥剂量。

其二,室内静压成型方式与室外振动施工不匹配。室外振动施工后强度已满足要求,而室内因采用静压法成型,相同水泥剂量下室内试件强度可能不合格,由于调整级配对强度增加不明显,于是就通过加大水泥剂量解决。

3)造成水泥稳定碎石裂缝的其他因素

(1)规范对混合料路用性能要求相对简单

除原材料性质外,对混合料只要求7d龄期的饱水无侧限抗压强度达到要求即可,而强度指标只规定了下限,没有规定上限,且对混合料抗裂能力无评价指标,这就使得设计或施工时只注重提高强度,甚至有可能导致强度过大,至于由此造成的许多负面影响却很少引起重视。因此出现了现今的半刚性基层刚度过大、收缩变形过大、抗冲刷性能差等无人过问,即使有人过问也奈何不得,因为水泥稳定碎石基层裂缝没有评价标准。

(2)规范规定的混合料级配范围太宽

《公路路面基层施工技术规范》(JTJ 034—2000)规定的混合料级配范围太宽,不同级配的混合料其抗裂能力却有很大差异,因此不同级配的水泥稳定碎石混合料各种力学指标即使全部满足规范要求,也很难说这些混合料具有良好的抗裂能力。

4)解决问题的措施

路面设计规范将振动成型方式正式列入,是解决上述问题的最佳的方法。

(1)解决了压实度超百。

(2)解决了室内试验外与室外施工不匹配问题,使室内试验控制室外施工成为现实。

(3)水泥剂量降低、含水量下降、压实度提高,解决了裂缝问题。

13.3 静压成型试验

重型击实试验:在规定的试筒内,对水泥稳定碎石混合料进行击实,绘制出混合料的含水量—干密度关系曲线,从而确定混合料的最佳含水量和最大干密度。

无侧限抗压强度试验:按照重型击实试验确定的最大干密度、最佳含水量及压实度要求,预定干密度用静力压实法制备试件,进行抗压试验。

详细的试验方法请参阅《公路工程无机结合料稳定材料试验规程》。

13.4 振动成型试验

振动压路机自20世纪30年代问世以来,得到了迅速的推广和应用,在20世纪60年代占领了世界压实机械市场,成为压实机械领域的主导产品。振动压实之所以得到如此长足的发展,是由于静力压路机与振动压路机相比压实能力有很大的局限性,压实厚度受到限制,而且光面静力压路机在压实作业中容易产生虚压现象。而振动压路机压实效果好,影响深度大,生产效率高,且适用对象广。

我国公路、建筑部门室内常用的确定材料最佳含水量及最大干密度的方法是击实法,相应测定材料的技术指标的试件成型方式是静力压实方式。击实方法在室内通过施加冲击荷载对被压材料进行压实,与现场夯实过程一致,与现场静力压路机的作用过程虽不尽相同,但就通过对材料产生剪应力使之压实这一效果来说是相似的。但与振动压实通过高频振动作用使材料产生液化来压密的过程是完全不同的。静力压实成型试件的方法和静力压路机滚压的机理是相同的,但是和振动压路机的振动压实机理则不同。

室内试验作为现场施工质量控制的基础,应当力求使室内试验真正模拟现场的施工压实工艺。击实试验用来确定现场材料密实度的标准值,在国内外已有成功的经验,具有较为广泛的应用基础和适用性,但若用此方法研究目前在路基路面施工压实过程中广泛应用的振动压实工艺效果显然很牵强,而且振动压实机理与静力压实机理不同,形成的被压材料内部结构也有所差别。虽然静力压实试件的试验方法简单、易于操作且应用广泛,但室内测定的材料的技术指标和现场振动压实下所实现的材料的技术指标是有所不同的。由此衍生出一系列问题:重型击实法确定的最佳含水量及最大干密度作为控制施工质量的技术指标已不合适;以静压法或振动法成型的试件其物理力学性质不同,用振动成型方式制作的试件强度控制现场质量更有效;用静压法进行室内研究所优化的配合比(包括级配、水泥剂量等)在振动压实条件下路用性能不是最优,因此有必要使用新的室内压实试验方法。

为模拟振动压实对材料的作用,采用自上而下振动的振动成型压实机。研究使用该成型机进行振动压实试验,确定材料的最佳含水量、最大干密度及振动成型试件测定无侧限抗压强度。

1)振动成型仪结构

振动成型仪其实相当于一个微缩的振动压路机(图13-1、图13-2)。研究所用的振动成型仪由两个在垂直平面上对称布置的振动器施加振动力。振动器用两个定位轴承把偏心块支撑在振动轴的轴承上,通过偏心块的高速旋转对被压材料施加呈正弦规律变化的激振力。为了使激振力有级可调,把激振器的偏心块设计成由固定偏心块和活动偏心块组成,通过花键齿调节活动偏心块和固定偏心块的相对夹角实现激振力的可调。花键齿分为 4 隔,实现激振力在同一频率下的四级可调。两个振动器的偏心块转速相等但方向相反,当振动轴带动偏心块高速旋转时,两个偏心块产生的离心力的水平分量相互抵消,垂直分量相互叠加,从而形成垂直方向的正弦激振力,使振动系统在理论上产生垂直振动,减少横向力的剪切作用,保证压实设备的稳定性。

图 13-1　第一代振动成型仪

图 13-2　第二代振动成型仪

振动成型仪基本按照振动压路机的结构模型设计,其压实系统在结构上分为上下两部分,下车系统提供激振力和部分静面压力,上车系统提供另外一部分静面压力,振动成型压实仪的上下车重量按照下车:整车 =0.6 设计。用减振器把上下车系统联结起来。减振器采用振动压实平板夯所用的减振器,使上车系统模拟振动压路机的机架对振动轮的束缚作用,同时通过上车的束缚作用使下车有规律地振动。由于振幅的影响因素主要是下车系统,而压实的静重是通过上下车的共同重力实现,这种设计还可以减小静面压力和振幅的相关性,实现静面压力和振幅的单因素可调。通过添加配重块的方法实现上下车重量的调整。

采用变频器实现振动频率的无级可调,根据市场上振动压路机常用的频率和材料固有的频率范围,选择频率范围 0 ~ 50Hz。为减少振动对电机和变频系统的破坏作用及控制压实系统的重量,使系统能够模拟较小静面压力下的振动压实状况,在设计时将电机和变频系统移出,采用软轴和万向节传动;使用手动葫芦调节压实系统行程。

由于高频振动对设备损伤较大,为保证结构稳定性,设计的较小的 13kPa 的静面压力不容易实现。为此设备配有两套加载系统,一套按照振动压路机的数学模型设计,具有两个振动器,可以实现较大的静面压力和激振力。另一套只配有一个激振器,按照无人驾驶的振动压路机设计,没有上车系统约束,可以实现较小的静面压力和激振力。根据试验目的,该设备配备了用于压密和成型的两套压头,以及用于上下车系统和单系统的各自的压头。

图 13-1 为第一代振动成型仪。图 13-2 为第二代振动成型仪,是经过改进的,从原理上第二代振动成型仪与第一代没有大的区别,只是更小巧。

2）振动成型仪的数学模型

振动成型仪作为室内试验设备，不可能在机械组成上完全模拟振动压路机，但必须使其压实效果能与现场压路机的现场压实效果等效。为了使振动成型压实机能模拟施工现场振动压实效果，振动成型仪的“振动成型压实机—被压材料”的动态响应必须和“振动压路机—被压材料”的动态响应模型基本相同。

压实过程是压路机和被压材料发生复杂的相互动态作用的过程，因而对压路机的特性研究不能脱离被压实材料，应将振动压路机和被压材料作为一个闭环系统来考虑。对振动压路机的具体数学模型，1977 年，美国学者 E. T. seling 和 T. Syoo 进行了较系统的研究，在完全弹性理论的基础上建立了“振动压路机—被压材料”系统两个自由度的动力学模型（图 13-3）。

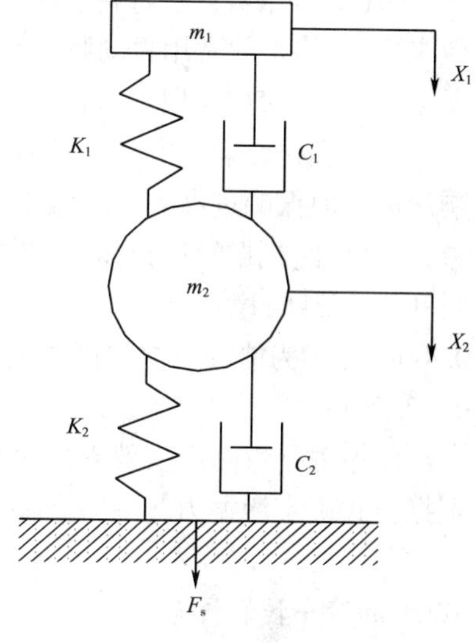

图 13-3　振动压实力学模型

3）振动成型仪参数的确定

要使振动压实达到较好的压实效果，主要取决于两个因素：第一，被压实材料内颗粒的运动状态。振动使被压实材料间的摩阻力由初始的静摩擦状态逐渐转变为动摩擦状态，使材料很容易被压实。第二，振动压实对被压材料产生的压力和剪应力形式。由静重力产生的静压力和压力波形成的动压力对被压材料产生的压实效果显著不同。

影响压实效果的主要因素有：振动参数、结构参数、材料因素、碾压工艺、碾压层厚度、碾压遍数、地基和下承层强度等。这些因素只有振动参数与振动压实成型机直接相关。振动参数主要有：振动频率、振幅和振动质量。结构参数是指压实成型机的机械结构。要实现室内振动方式对施工机械的模拟就必须要使振动成型仪的机械结构和振动压路机的机械结构相似，同时要实现对振动参数可调，使得仪器可以模拟不同型号的压路机的压实效果。

（1）静压力范围

现有的大多数可用于路面、路基压实的大中型振动压路机的静线压力为 300N/cm 左右。用于路基压实的大中型压路机的轮径已趋于一致，一般在 1500mm 左右，滚轮接地面积可用 $b=2R\sin\beta$ 计算，由此可计算出接地宽度 b 为 23. 04cm。振动压路机产生的接地压力为 140kPa 左右。

在土工试验规程中通过应用表面振实仪法测粗粒土的最大干密度试验所用的静面压力为 13. 8kPa，代表性的振动压路机产生的接地静面压力为 140kPa，为摸索出与现有振动压路机的压实效果相应的室内试验所用的静面压力，振动成型仪的静面压力实现在 14 ~ 400kPa 范围可变。

（2）振动频率、振幅、激振力范围

根据振动压实理论，每一种材料都有不同的自振频率，激振频率与自振频率一致时可达到最好的压实效果。振动压路机设计频率一般比被压材料的自振频率的变化范围大一些。目前市场上用于压实的大中型振动压路机的振动频率的范围是：压实路基 25 ~ 30Hz，压实底基层 25 ~ 40Hz，对压实粒状材料和结合料的稳定基层为 33 ~ 55Hz。而且从常用的振动压路机的参数来看，压路机的常用振动频率为 30Hz、35Hz、40Hz 等，最大为 48Hz。因此研究用振动成型仪振动频率实现 50Hz 以内可调。

振幅直接影响压实深度，同样的振动质量及振动频率时，提高振幅可以增加压实效果的影响深度。但振幅过高会对减振带来困难。根据长期试验及施工经验，结合施工要求及压实对象，振动压路机振幅选择如下：压实路基：1.4 ~ 2.0mm，压实次基层：0.8 ~ 2.0mm，对压实粒状料和结合料的稳定基层取振幅为 0.4 ~ 0.8mm。振动压路机常用振幅有 1.7mm、0.8mm、0.4mm 等。为能够模拟常用振动压路机的振幅，振动成型压实机的振幅设计的可变范围为 0 ~ 2.5mm。

激振力是影响压实效果的主要参数之一。根据确定的静面压力和振幅范围及频率范围可根据公式确定激振力范围。激振力公式如下：

$$F = m\omega^2 A \tag{13-1}$$

式中：m——下车系统质量；

ω——角频率；

A——振幅。

(3) 振动压实时间范围

振动压实过程中，被压材料颗粒由静止的初压状态变化为运动状态要有一个过程，过渡过程持续的时间与被压材料颗粒的黏聚力和吸附力有关，也与振动压路机的振动轮的线荷载有关，线荷载越大所需时间越短。如果振动压实时间过长必然会导致混合料内部分层，因此振动压实存在一最佳压实时间。

振动压实时，材料相邻颗粒的质量差别越大，它们之间的黏结力越弱，则其相对位移将越大。当用振动法压实无机结合料稳定粒料时，在颇大程度上将出现混合料的触变性质。在振动开始时，混合料稀释，其性质近似于液体或半干状材料，振动终了时，各颗粒间的黏结力被恢复。这样，具有较大质量的颗粒在振动时得到较大的惯性力，首先脱离相邻的粒料向下运动。如果含有不同大小颗粒的材料进行长时间的振动，则有可能出现分层现象，因此振动时间应确定在材料具有最大密度和大颗粒之间的空隙由小颗粒填满时结束。

研究所用振动压实成型机械振动时间范围确定为 0 ~ 15min。

4) 水泥稳定碎石混合料振动压实参数的确定

根据长安大学沙爱民教授《道路材料振动压实特性研究》的研究成果，确定水泥稳定碎石混合料振动成型参数为：振动频率 30Hz，偏心块夹角 30°，激振力 7612N，静面压力 140kPa，振幅 1.4mm，振动总时间 2min。

新路面设计规范条文说明中推荐的振动参数为：静压力 1900N，激振力 6800 ~ 6900N，频率为 28 ~ 30Hz。

13.5 静压成型与振动成型的对比研究

详见作者的《平原区高速公路新技术应用与管理实践》第二章。

第14章 骨架密实水泥稳定碎石混合料级配优化设计

资料显示，相同水泥剂量下，级配良好的混合料其强度比级配不良的混合料要高得多。据此通过调整级配提高混合料强度应有较大的潜力。工程实践表明，规范确定级配范围相对较宽，强度满足要求但级配不同的水泥稳定碎石混合料其抗裂能力有很大差别。如果集料级配靠近规范级配上限，明显表现为集料偏细，混合料收缩量大。为此，研究采用接近规范中值及规范下限两种级配，并变化水泥用量进行混合料强度及干缩特性研究。级配形式见表14-1、图14-1，级配A为悬浮结构，级配B为准骨架密实结构。

水泥稳定碎石混合料级配表

表14-1

筛孔尺寸(mm)	31.5	19	9.5	4.75	2.36	0.6	0.075
级配A	100	85.9	62.2	40.7	32.2	18.1	6
级配B	100	68.2	44.5	26.8	20	9.2	0
规范上限	100	90	68	50	38	22	7
规范下限	100	67	45	29	18	8	0
规范中值	100	78.5	56.5	39.5	28	15	3.5

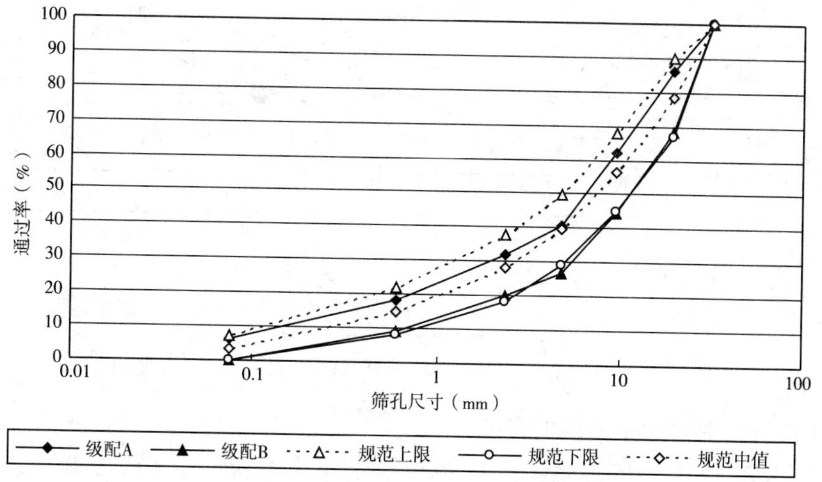

图14-1 水泥稳定碎石混合料级配图

14.1 不同成型方式下级配对水泥稳定碎石混合料性能的影响

1)静压法

研究安排了从2:100～7:100的水泥剂量下级配A、B的无侧限抗压强度试验，以检验在不同胶结料含量下级配对水泥稳定碎石混合料最佳含水量、最大干密度、无侧限抗压强度及变异系数的影响，试验结果见表14-2。

级配A、B强度试验结果　表14-2

水泥剂量		2:100	3:100	4:100	5:100	6:100	7:100
级配A	最佳含水量(%)	4.8	5.0	5.1	5.1	5.2	5.2
	最大干密度(g/cm^3)	2.370	2.374	2.376	2.380	2.382	2.383
	7天强度(MPa)	1.32	2.07	2.91	4.3	4.79	5.37
	变异系数(%)	12.7	6.27	8.21	7.78	8.05	10.97
级配B	最佳含水量(%)	—	5.0	—	5.0	5.1	5.2
	最大干密度(g/cm^3)	—	2.394	—	2.399	2.400	2.400
	7天强度(MPa)	—	2.42	—	3.98	4.59	5.62
	变异系数(%)	—	7.81	—	7.71	11.66	7.07

(1)静压法级配对最佳含水量的影响

由表14-2及图14-2可知，相同水泥含量下，总体上级配A的最佳含水量大于级配B的最佳含水量。这是因为级配A 0.075mm通过率为6%，而级配B 0.075mm通过率为0，而级配A在击实过程中需要更多的水浸润集料。因此级配A的最佳含水量大于级配B的最佳含水量。

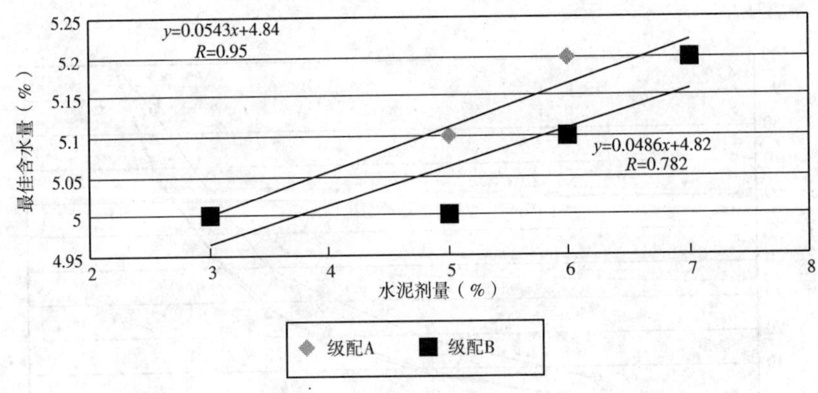

图14-2　水泥剂量及级配对水泥稳定碎石混合料最佳含水量的影响

(2)静压法级配对最大干密度的影响

由表14-2及图14-3，不同水泥含量下，级配A的最大干密度小于级配B。A较B空隙率平均增加0.8%。此现象可通过研究级配集料的空隙率关系来解释，见表14-3。

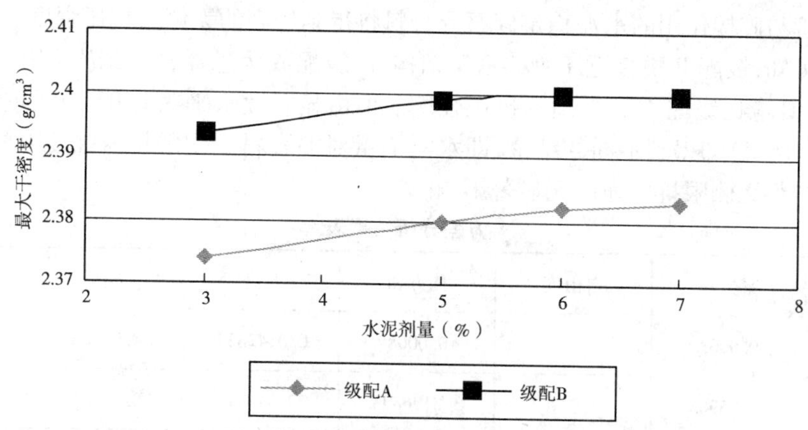

图 14-3　水泥剂量及级配对水泥稳定碎石混合料最大干密度的影响

水泥稳定碎石混合料集料体积指标表

表 14-3

项　　目		全级配集料空隙率（%）	全级配粗集料空隙率（%）	粗集料空隙率（%）
级配 A	松堆	34.6	59.9	43.9
	插捣	27.1	55.3	37.6
	振动	25.1	54.1	35.5
	试件	20.5	51.3	—
级配 B	松堆	35.8	51.7	44.1
	插捣	28.1	45.9	37.3
	振动	24.3	43.1	33.3
	试件	19.7	39.6	—

由表 14-3，级配 A 的空隙率在松堆及插捣状态下分别比级配 B 的空隙率小 1.2% 及 1.0%，但在振动状态下，级配 A 空隙率反而比级配 B 空隙率大 0.8%，说明级配 B 在振动状态下集料颗粒排列更为紧密，级配 A、B 在等体积、振动状态下级配 B 有更大的密度。击实试验时，水泥稳定碎石混合料受到击实锤的强烈冲击作用，而此种作用更类似于振动对集料的作用。因此级配 B 在相同水泥含量下具有比级配 A 更大的干密度。

另外，由表 14-3 还可看出，振动作用下，级配 A 的粗集料间隙率与全级配粗集料间隙率达差值为 18.6%，比值为 1.5，而级配 B 的粗集料间隙率与全级配粗集料间隙率达差值为 9.8%，比值为 1.3。从级配集料的粗集料间隙率与粗集料间隙率的关系考虑，级配 B 更接近于骨架密实结构。

（3）静压法级配对水泥稳定碎石混合料强度影响

由表 14-2，级配 B 的强度大于级配 A 的强度，说明骨架密实结构的强度高于悬浮型结构。

级配对水泥稳定碎石混合料强度影响分析：

水泥稳定碎石混合料强度由水泥胶结料的胶接作用与集料的嵌挤作用所组成，能较好地综合发挥嵌挤与胶接作用的水泥稳定碎石混合料将得到较高的无侧限抗压强度。由级配A、B的体积指标可知,级配B更接近于骨架密实结构,而级配A为悬浮密实结构,因此在相同水泥含量下,级配B应比级配A有更高的抗压强度。但由显著性水平为0.05的无重复试验方差分析结果(表14-4)却得到不同的结论,即水泥剂量对混合料无侧限抗压强度有极显著影响,而级配对混合料无侧限抗压强度无显著影响。

方差分析结果表 表14-4

差异源	平方和	自由度	均方和	*F*值	*p*值	临界值
级配	0.0008	1	0.0008	0.0147329	0.91106	10.12796
水泥剂量	11.45905	3	3.8196833	70.344076	0.00281	9.276619
误差	0.1629	3	0.0543			
总计	11.62275	7				

混合料静压成型时由于集料只能上下运动,不能重新排列,因此即使采用在体积分析基础之上的骨架密实结构,试件成型后未必能达到期望的效果,而此时水泥的黏结力起着决定性的作用。因此静压成型未能充分发挥集料的嵌挤作用,从而使混合料结构分析失去意义。

由于以上原因,实际施工时如只考虑混合料强度特征,那么只需重视水泥剂量足够,此时室内静压成型试件强度一般都可以达到要求,而级配则可以在很大的范围内调整,但由此造成的负面影响(混合料抗裂能力差)一般很少考虑。

因此采用与施工现场振动碾压工艺相吻合的室内试件成型方式优选强度符合要求、抗裂能力最佳的水泥稳定碎石混合料配合比,并以此控制现场施工质量当有积极意义。

(4)静压法级配对水泥稳定碎石混合料干缩特性的影响

水泥稳定碎石混合料干燥收缩是指由于其内部含水量的变化而引起整体宏观体积收缩的现象,因此含水量是影响水泥稳定碎石混合料干燥收缩最重要的因素。它影响着材料的干缩程度和干缩规律。

表征混合料干缩抗干缩能力的指标有混合料干缩应变及干缩系数。如果干缩应变过大,则在水分散发的过程中混合料将产生过大的干缩,在沥青面层、底基层及基层板体本身的联合约束下基层本身将不能自由收缩,从而形成混合料内部拉应力,此拉应力一旦超过混合料所能承受的拉应力,便产生微裂缝。在车辆荷载的作用下,微裂缝扩展,反射到沥青面层并形成反射裂缝。所以在混合料设计中,应选择干缩应变及干缩系数小的混合料配合比。

研究采用6:100、7:100的水泥剂量及A、B级配组合为4种混合料,用静压法制作梁式试件,分别用螺旋测微计法及千分表法测其干缩应变,以比较其抗干缩能力。

①螺旋测微计法测级配对水泥稳定碎石混合料干缩特性的影响。

试件分别在其最佳含水量及最大干密度下制作,养生7d后取出,于室温下放置12h,使表面水蒸发。后测其重量,测试件长度。置于室温下使其自然风干,在预定的时间用螺旋测微计测量试件长度,计算干缩应变、干缩系数,试验结果见表14-5、图14-4、图14-5。

螺旋测微计法测量水泥稳定碎石混合料干缩特性结果表 表14-5

6% A				7% A			
失水率	收缩量	干缩应变	干缩系数	失水率	收缩量	干缩应变	干缩系数
(%)	mm	10^{-6}	10^{-6}	(%)	mm	10^{-6}	10^{-6}
0.93	-0.00575	-16	-16	1.00	0.0085	23	23
1.67	0.00425	-4	-2	1.44	0.01025	51	36
2.29	0.02575	66	29	2.15	0.0095	76	37
2.58	0.02525	134	52	2.43	0.02425	142	60
2.87	0.024	199	69	2.67	0.03225	229	89
3.15	0.03625	297	95	2.90	0.0185	279	98
3.23	0.0225	357	111	3.01	0.01925	331	112
3.47	0.033	447	129	3.18	0.03625	429	138
6% B				7% B			
失水率	收缩量	干缩应变	干缩系数	失水率	收缩量	干缩应变	干缩系数
(%)	mm	10^{-6}	10^{-6}	(%)	mm	10^{-6}	10^{-6}
1.42	0.00325	9	6	1.32	-0.00125	-3	-3
1.88	0.00275	16	9	1.71	-0.00025	-4	-2
2.22	0.01975	70	32	2.14	0.01275	30	14
2.40	0.013	105	44	2.31	0.014	68	29
2.60	0.013	140	54	2.49	0.02625	139	56
2.78	0.02425	205	74	2.68	0.011	169	63
2.82	0.02	259	92	2.76	0.00875	193	70
3.00	0.0165	304	101	2.88	0.03475	286	99

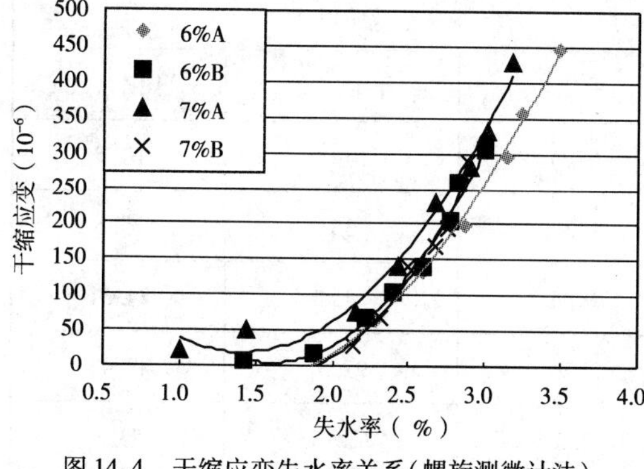

图14-4 干缩应变失水率关系（螺旋测微计法）

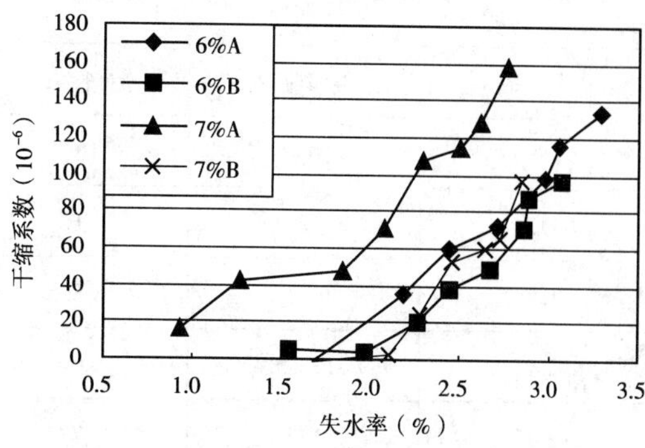

图14-5 干缩系数失水率关系（螺旋测微计法）

随着水分的散失，水泥稳定碎石混合料干缩应变逐渐增大。级配相同，水泥掺量7%的A、B级配混合料干缩系数平均分别为6%掺量的1.8及1.4倍；水泥剂量相同，7%、6%水泥掺量的A级配混合料干缩系数平均为B级配混合料的2.1倍及1.6倍。此结果表明，水泥剂量增加，混合料干缩系数及干缩应变增大，级配B混合料干缩应变及干缩系数小于级配A混合料。四种混合料尤以6%水泥掺量的B级配混合料干缩应变、干缩系数最小。

由以上分析，水泥剂量增加，水泥稳定碎石混合料干缩应变及干缩系数增大，级配B混合料干缩应变、干缩系数小于级配A混合料。

②千分表法测级配对水泥稳定碎石混合料干缩特性的影响。

研究中尝试采用千分表来测量水泥稳定碎石混合料试件干缩能力，具体试验方法如下：

按最佳含水量及最大干密度采用静压法制作梁式试件，养生7d后取出于室温下风干12h，以排除对干缩并不产生作用的表面水。之后，取失水前后千分表的读数差及试件的质量差计算干缩应变及失水量，直到测试时间累计达到600h以上。试验结果见表14-6、图14-6、图14-7。

千分表法测量水泥稳定碎石混合料干缩特性结果表 表14-6

6% A			6% B		
失水率	干缩应变	干缩系数	失水率	干缩应变	干缩系数
(%)	10^{-6}	10^{-6}	(%)	10^{-6}	10^{-6}
1.57	17.5	11.1	1.27	0	0.0
2.22	60	27	1.71	7.5	4.4
2.77	155	56	2.08	37.5	18.0
2.85	185	64.8	2.38	52.5	22.1
3.16	237.5	75	2.64	105	39.8
3.53	352.5	100	3.06	172.5	56.4
3.8	545	143	3.25	256.3	78.9
4.07	762.5	187.1	3.68	445.3	121.0
7% A			7% B		
失水率	干缩应变	干缩系数	失水率	干缩应变	干缩系数
(%)	10^{-6}	10^{-6}	(%)	10^{-6}	10^{-6}
1.24	20	16	1.37	35	25.5
1.76	67.5	38.5	1.85	45	24.31
2.22	132.5	60	2.24	97.5	43.43
2.28	175	77	2.3	122.5	53.3

续上表

7% A			7% B		
失水率	干缩应变	干缩系数	失水率	干缩应变	干缩系数
2.56	242.5	95	2.53	165	65.16
2.88	320	111	2.83	212.5	75
3.12	442.5	142	3.02	297.5	98
3.41	682.5	165.2	3.29	372.5	113.2

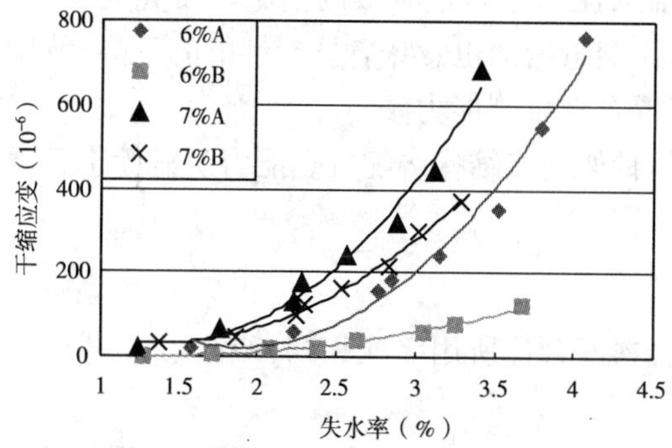

图 14-6　干缩应变失水率关系（千分表法）

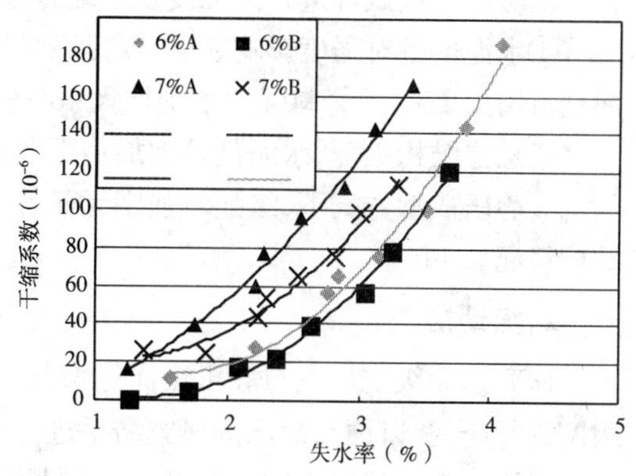

图 14-7　干缩系数失水率关系（千分表法）

与用螺旋测微计法得到的结论相同，即水泥剂量增加将使混合料干缩应变及干缩系数增加，而级配 B 混合料干缩应变及干缩系数小于级配 A 混合料。试验结果同时表明，较低水泥掺量及 B 级配组成的混合料干缩应变及干缩系数最小。

③用干缩抗裂系数指标评价水泥稳定碎石混合料抗干缩能力。

对 6% 水泥剂量的 A、B 级配的水泥稳定碎石混合料干缩抗裂系数进行了计算，由于劈裂模量测定困难，计算时用混合料抗弯拉强度、抗弯拉模量进行计算，计算结果如表 14-7。

水泥稳定碎石混合料干缩抗裂系数表（水泥剂量 6%）　　表 14-7

混合料		干缩应变（10^{-6}）	极限抗弯拉强度（MPa）	抗弯拉模量（MPa）	极限弯拉应变（10^{-6}）	干缩应力系数	干缩应变系数	干缩抗裂系数
螺旋测微计法	A	130	0.83	6820	441	1.01	3.68	3.73
	B	120	0.94	5940	526	1.22	4.05	4.93
千分表法	A	110	0.83	6820	441	1.11	4.01	4.43
	B	77	0.94	5940	526	2.06	6.83	14.04

由表 14-7 知：

①根据螺旋测微计法测定的干缩应变计算结果，相同水泥剂量下，级配 B 混合料干缩抗裂系数为级配 A 混合料的 1.32 倍，证明相同水泥剂量下，级配 B 混合料抗干缩能力优于级配 A 混合料。

②与螺旋测微计法测定的干缩应变计算结果相同，同一水泥剂量下，级配 B 混合料干缩抗裂系数为级配 A 混合料的 3.2 倍，即级配 B 混合料抗干缩能力优于级配 A 混合料。

③由于试验方法不同，因此测定的水泥稳定碎石混合料干缩应变不同，从而混合料干缩抗裂系数也有差异，但由计算结果可以看出，由两种测量方法所得的评价结果相同，即级配 A 混合料的抗干缩能力比级配 B 混合料差。而千分表法在试验方法上更为简单（包括试件制备、测量方法等）。

由对静压法试件进行的强度及干缩特性的研究成果得出结论：

①水泥剂量对强度影响显著，要提高强度，增加水泥剂量是最有效的措施。研究表明，水泥剂量增加 1%，混合料强度平均增大 40%。但水泥剂量增加也意味着抗裂性能的下降，特别是对于悬浮结构级配，水泥剂量增加将更严重削减混合料抗裂能力。

②静压成型方式下，级配对强度无显著影响，但骨架密实结构级配抗裂能力明显优于悬浮结构级配。

2）振动法

研究选用级配形式与静压法优化水泥碎石混合料配合比所用级配相同，即选用 A、B 两种级配进行研究，以便与静压法研究结果进行对比。

采用振动法确定不同级配及水泥剂量的水泥稳定碎石混合料的最佳含水量及最大干密度，后振动成型试件测 7d 无侧限抗压强度。试验结果见表 14-8。

振动成型水泥稳定碎石混合料强度试验结果 表 14-8

	水泥剂量（%）	3	4	5	6
级配A	最佳含水量（%）	5.6	5.7	5.7	5.8
	最大干密度（g/cm³）	2.438	2.438	2.439	2.441
	7d 强度（MPa）	4.9	6.07	7.08	8.88
	变异系数（%）	8.58	7.93	3.42	5.27
级配B	最佳含水量（%）	5.4	5.4	5.5	5.5
	最大干密度（g/cm³）	2.471	2.472	2.472	2.480
	7d 强度（MPa）	6.51	7.73	9.04	10.08
	变异系数（%）	6.83	6.62	5.56	5.56

（1）振动条件下级配对水泥稳定碎石混合料最佳含水量的影响

振动条件下水泥剂量、级配对水泥稳定碎石混合料最佳含水量的影响见图 14-8。

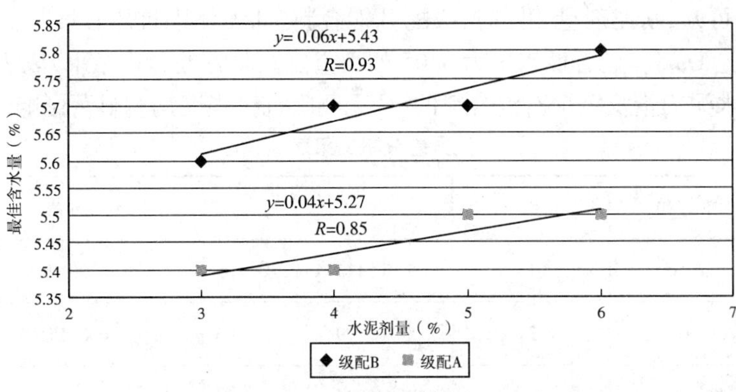

图 14-8 级配、水泥剂量与最佳含水量关系

由实验结果，振动条件下，水泥剂量相同时级配 A 最佳含水量大于级配 B 的最佳含水量。前者为后者的 1.065 倍。

(2)振动条件下，级配对水泥稳定碎石混合料最大干密度的影响

振动条件下水泥剂量、级配对水泥稳定碎石混合料最大干密度影响见图 14-9。

由图 14-9，水泥剂量相同的条件下，级配 B 最大干密度平均为级配 A 最大干密度的 1.014 倍。亦即粗集料含量多的级配其振动条件下干密度大于粗集料相对较小的干密度。

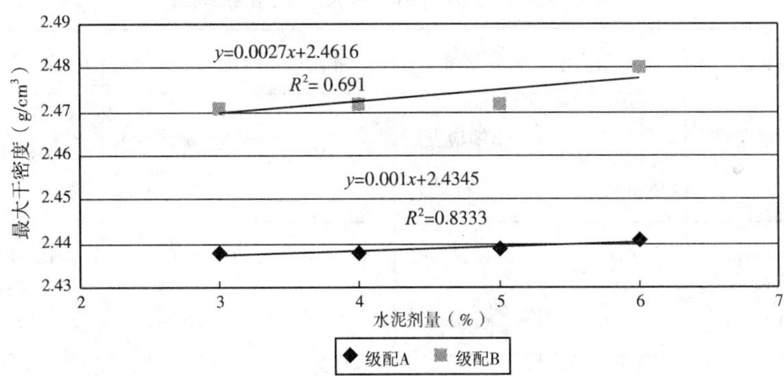

图 14-9 级配、水泥剂量与最大干密度关系

(3)振动条件下，级配对水泥稳定碎石混合料 7d 无侧限抗压强度的影响

水泥剂量、级配对水泥稳定碎石混合料 7d 无侧限抗压强度的影响见图 14-10。

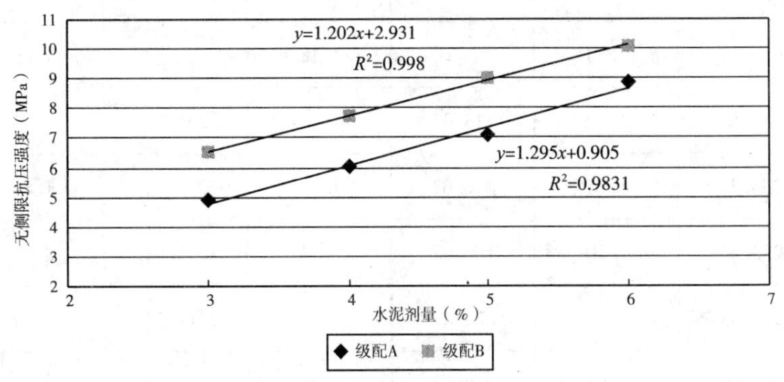

图 14-10 级配、水泥剂量与混合料无侧限抗压强度关系

由图 14-10 可知，水泥剂量相同时，级配 B 混合料 7d 无侧限抗压强度均大于级配 A 混合料，其比值平均为 1.25。显著性水平为 0.05 的无重复试验方差分析结果（表 14-9）表明，对于振动成型试件，水泥剂量及级配对混合料的 7d 无侧限抗压强度均有显著影响。

方差分析结果表　　　　表 14-9

差异源	平方和	自由度	均方和	F	p 值	临界值
级配	5.168	1	5.168113	105.8	0.0019594	10.128
水泥剂量	15.621	3	5.207179	106.6	0.0015166	9.27662
误差	0.146	3	0.048846			
总计	20.936	7				

（4）振动条件下级配对水泥稳定碎石混合料干缩特性的影响

振动成型 15cm × 15cm 抗压强度试件（水泥掺量 5%），用千分表法测试件干缩应变，同时成型级配及水泥剂量相同的静压法强度试件进行比较，试验结果见表 14-10、图 14-11、表 14-11、图 14-12。

水泥稳定碎石混合料干缩应变试验结果表　　　　表 14-10

振动成型级配 A 试件		振动成型级配 B 试件		静压成型级配 A 试件		静压成型级配 B 试件	
失水率（%）	干缩应变（10^{-6}）	失水率（%）	干缩应变（10^{-6}）	失水率（%）	干缩应变（10^{-6}）	失水率（%）	干缩应变（10^{-6}）
0.00	0.00	0.00	0.00	0.00	0.00	0.00	0.00
0.46	13.33	0.40	6.67	0.32	20.00	0.36	20.00
0.79	33.33	0.68	20.00	0.55	66.67	0.68	53.33
1.09	60.00	0.91	40.00	0.79	106.67	0.92	86.67
1.28	86.67	1.14	60.00	0.98	133.33	1.18	113.33
1.43	126.67	1.33	86.67	1.18	166.67	1.39	160.00
1.59	186.67	1.50	113.33	1.37	233.33	1.65	266.67
1.71	233.33	1.61	146.67	1.53	253.33	1.88	360.00
1.80	273.33	1.70	186.67	1.74	333.33	2.07	493.33
1.87	313.33	1.78	226.67	1.85	413.33	2.20	626.67
1.90	360.00	1.84	260.00	1.93	506.67	2.33	693.33

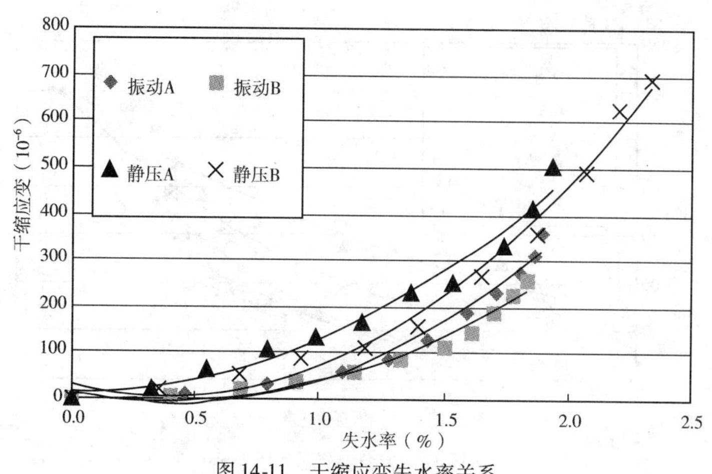

图 14-11 干缩应变失水率关系

水泥稳定碎石混合料干缩系数实验结果表

表 14-11

振动 A		振动 B		静压 A		静压 B	
失水率(%)	干缩系数(10^{-6})	失水率(%)	干缩系数(10^{-6})	失水率(%)	干缩系数(10^{-6})	失水率(%)	干缩系数(10^{-6})
0.00	—	0.00	—	0.00	—	0.00	—
0.46	28.83	0.40	16.58	0.32	62.07	0.36	56.13
0.79	42.39	0.68	29.39	0.55	121.71	0.68	78.40
1.09	54.81	0.91	43.84	0.79	135.12	0.92	93.87
1.28	67.73	1.14	52.43	0.98	135.67	1.18	95.85
1.43	88.34	1.33	65.16	1.18	141.71	1.39	114.87
1.59	117.55	1.50	75.55	1.37	170.39	1.65	161.41
1.71	136.34	1.61	91.19	1.53	165.52	1.88	191.61
1.80	151.52	1.70	109.73	1.74	191.57	2.07	237.96
1.87	167.96	1.78	127.45	1.85	223.09	2.20	284.49
1.90	189.83	1.84	141.27	1.93	262.07	2.33	297.27

试验结果表明，无论级配如何，相同失水率下的振动成型试件干缩应变及干缩系数均小于静压成型试件的干缩应变及干缩系数。成型方式相同的条件下，级配 B 的干缩应变及干缩系数均小于级配 A 的干缩应变及干缩系数(振动成型下，级配 A 混合料干缩应变及干缩系数最大，分别为级配 B 混合料的 1.2 倍及 1.25 倍)。

结论：

①振动击实及振动法成型试件条件下，级配对水泥稳定碎石混合料路用性能有显著影响。对于本文提出的两种级配悬浮结构 A、准骨架密实结构 B，级配 A 4.75mm 通过率为 40.7%，0.075mm 通过率为 6%，级配 B 4.75mm 通过率为 26.8%，0.075mm 通过率为 0%。研究结果表明，相同水泥剂量下，悬浮结构级配混合料最佳含水量稍大于级配骨架密实结构，而级配 B 混合料最大干密度大于悬浮结构级配。方差分析结果表明，悬浮结构级配、骨架密实结构无侧

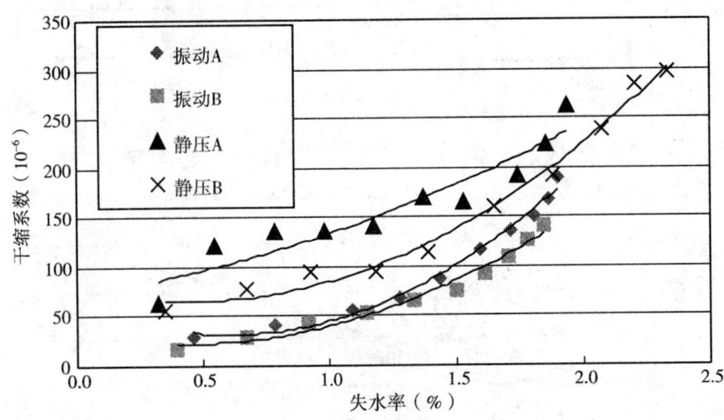

图 14-12　干缩系数失水率关系

限抗压强度有显著差异，表现在相同水泥剂量下骨架密实结构级配 B 混合料抗压强度大于悬浮结构级配 A 混合料。干缩应变及干缩系数以振动成型的骨架密实结构级配混合料为最小。

②振动击实及振动法成型试件条件下，水泥剂量对水泥稳定碎石混合料路用性能有显著影响。表现为水泥剂量增加，混合料无侧限抗压强度显著增长，但试件干缩应变及干缩系数增加。

综上所述，从强度、抗裂性能、疲劳特性等各方面讲，骨架密实结构均优于悬浮结构。

14.2　级配的选择

1) ××××大学推荐级配(静压成型法)

2004 年，河南大广线濮阳段高速公路与××××大学联合进行了骨架密实基层级配的研究，在当时骨架密实基层结构的概念刚刚提出，可参考的资料很少，规范里也没有，基层的骨架密实级配主要是从 SMA 的级配演化而来。从现在看，研究成果很稚嫩，优化出的级配结果与新规范推荐的级配范围相差很大，但在当时，能迈出这一步已很不容易了，下面介绍之。

(1) 比选级配的拟定

主要借鉴基层现行规范的级配范围，并参照美国 Suppave 级配设计思想与嵌挤级配理论，提出 5 组级配进行室内试验，比较各种级配在路用性能方面的差异。其中，1 号级配为规范中值，其他 4 种级配为优化级配选择方案，比选级配见表 14-12，级配曲线图见图14-13、图14-14。

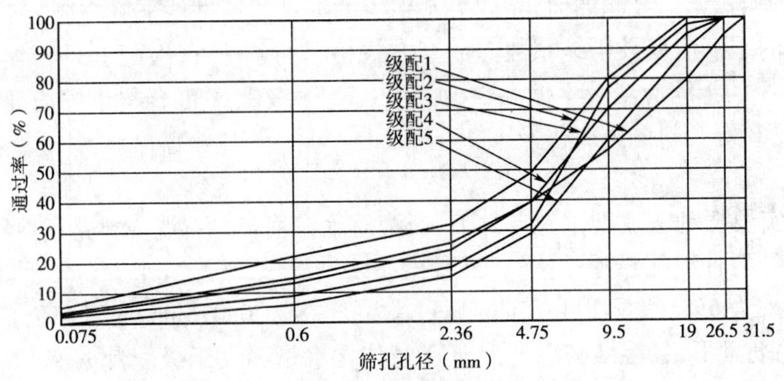

图 14-13　上基层级配曲线

水泥稳定碎石基层级配(%)　　表 14-12

上基层级配	筛孔尺寸(mm)							
	31.5	26.5	19	9.5	4.75	2.36	0.6	0.075
1 号级配	100	95	80.5	57	39	26	15	3.5
2 号级配	100	100	100	80	49	32	22	5
4 号级配	100	100	98	77	32	18	9	2
3 号级配	100	100	95	70	39	23.5	13	2.5
5 号级配	100	100	90	60	29	15	6	0
下基层级配	筛孔尺寸(mm)							
	31.5	26.5	19	9.5	4.75	2.36	0.6	0.075
1 号级配	100	95	80.5	57	39	26	15	3.5
2 号级配	100	100	89	66	45	35	22	5
4 号级配	100	98	86	63	29	20	11	2
3 号级配	100	95	80.5	55	35.5	26	15	2.5
5 号级配	100	90	72	44	26	17	8	0

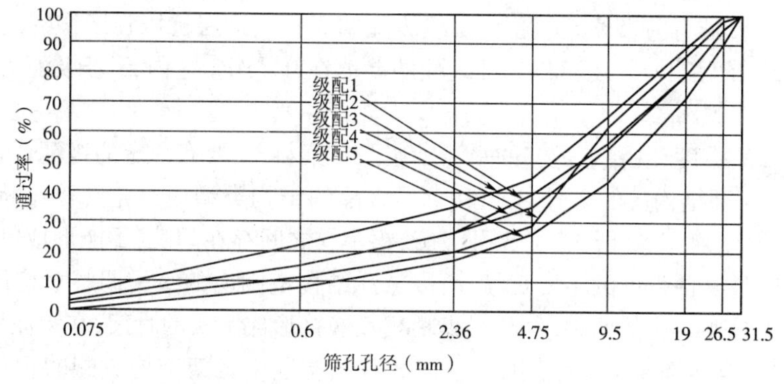

图 14-14　下基层级配曲线

(2)最佳含水量与最大干密度的确定

为便于对各级配曲线水泥稳定级配碎石路用性能进行有效的比较,水泥用量先定为5%,按照《公路工程无机结合料稳定材料试验规程》的击实试验要求进行击实试验,得到水泥含量5%条件下各级配曲线的最佳含水量与最大干密度值见表14-13。

(3)无侧限抗压强度试验

按照试验规程静压成型试件，在标准养护条件下进行无侧限抗压强度试验，试验结果见表14-13。

最大干密度及无侧限抗压强度试验结果 表14-13

层位	级配	水泥用量（%）	最佳含水量（%）	最大干密度（g/cm³）	抗压强度（MPa）	偏差系数	代表值（MPa）
上基层	1号级配	5	5.60	2.303	3.5	9.18	4.7
	2号级配	5	5.98	2.279	2.8	9.61	4.8
	4号级配	5	6.03	2.283	4.5	5.20	4.4
	3号级配	5	6.29	2.270	3.2	7.43	4.6
	5号级配	5	6.09	2.272	4.0	7.87	4.6
下基层	1号级配	5	5.35	2.303	3.5	9.18	3.5
	2号级配	5	5.08	2.270	3.0	14.53	3.9
	4号级配	5	5.76	2.319	4.0	6.99	3.4
	3号级配	5	5.41	2.299	3.2	17.21	4.2
	5号级配	5	5.36	2.347	3.6	9.19	3.5

（4）试验结果分析

①不同级配对比分析。从7d浸水无侧限抗压强度试验结果可以看出：

a.在相同的水泥用量（5%）情况下，5组级配的3种结构层抗压强度作横向比较，其值相差不是很大。2号级配、4号级配和1号级配的差值在0.2MPa之内，3号级配≤0.5MPa，5号级配较大，相差1.0MPa。

要获得较高的强度，既要有足够的水泥砂浆黏结集料，又要有一定的级配合理的粗集料形成坚实的骨架。3种结构层的2号、4号和1号级配的结构类型应该是悬浮结构，而3号和5号级配是骨架结构，对于悬浮结构的3种级配，粗集料之间存在间隙，不能形成骨架结构，水泥胶浆产生的强度是试件强度的主要贡献，所以悬浮结构范围内的级配调整对抗压强度的影响不明显。而对于骨架结构的两种级配，粗集料相互嵌挤形成坚实的骨架，在水泥用量相同的情况下，其抗压强度自然高于悬浮结构的级配。3种结构层中骨架结构级配的相差值较悬浮结构级配大，说明骨架结构级配形成结构中的微结构对强度敏感。

3号级配的粗集料集中于4.75～9.5mm和9.5～19mm两档，混合料拌和均匀，成型试件的微结构一致性较建议下限好（建议下限离析较严重），故3号级配的差值（0.5MPa）明显小于5号级配，仅是5号级配的一半。

b.在相同的水泥用量（5%）情况下，3种结构层的5组级配抗压强度作纵向比较，均有：2号级配<4号级配≑1号级配<5号级配<3号级配。

以4.75mm作为粗集料的控制点，如果不考虑3号级配，则4条级配曲线4.75mm的通过率均是:2 号级配 >4 号级配 ≐1 号级配 >5 号级配,所以粗集料含量的大小对强度有一定的影响,级配的粗集料含量多,其抗压强度一般比粗集料含量少的大一些。

平均抗压强度,3 号级配 >5 号级配。5 号级配虽然集料偏粗,能形成坚强的骨架,但水泥砂浆非常少,不能有效的黏结粗集料,而 3 号级配的细集料较 5 号级配多,粗集料之间的黏结强于 5 号级配。

本研究与新《公路沥青路面设计规范》(JTG D50—2006)中条文说明的研究成果基本一致,为了便于读者对照,现摘录如下:

参照《公路路面基层施工技术规范》中推荐的级配,分别拟定了悬浮密实型、骨架密实型和骨架空隙型三种水泥稳定碎石。根据压实后粗集料形成空隙的体积和混合料中压实后细料部分(包括水泥、细集料和水)的体积关系,按照"体积法"确定,各结构类型的集料级配见表 14-14。试验中对于每种类型分别采用 3 种水泥剂量,其中悬浮密实型和骨架密实型分别为 4%、5%、6%。骨架空隙型分别为 6%、8%、10%。下文以 XM 表示悬浮密实型结构,GM 表示骨架密实型结构,GK 表示骨架空隙型结构。

不同类型水泥稳定碎石的集料级配(%) 表 14-14

筛孔孔径(mm)	31.5	26.5	19.0	16.0	13.2	9.5	4.75	2.36	1.18	0.6	0.3	0.15	0.075
XM	100	96.8	93.5	84.7	75.9	67.0	39.0	26.0	20.5	15.0	11.2	7.3	3.5
GM	100	90.4	73.6	65.2	58.0	46.0	26.8	25.8	18.0	9.1	4.4	1.6	0.5
GK	100	86.3	62.8	52.5	41.1	26.3	11.2	5.0	3.0	2.0	1.0	0.0	0.0

分别采用振动法和重型击实法确定不同结构类型、不同结合料剂量的水泥稳定碎石材料压实标准。对试件进行的 7d、28d、90d 无侧限抗压强度,28d、90d 劈裂强度和 28d、90d 抗折强度室内试验表明:

a. 在水泥用量、养生条件相同时,骨架密实型(GM)水泥稳定碎石的抗压强度、抗压回弹略大于悬浮密实型(XM),而骨架空隙型(GK)的最小;

b. 劈裂强度、抗折强度和抗折回弹模量的规律为悬浮密实型(XM)水泥稳定碎石最大,骨架密实型(GM)次之,骨架空隙型(GK)最小;

c. 在 +55 ~ −15℃范围内,骨架密实型(GM)水泥稳定碎石的平均温缩系数、平均干缩系数小于悬浮密实型(XM)水泥稳定碎石,骨架空隙型(GK)水泥稳定碎石的两种收缩系数最小;

d. 当强度相当时,抗冲刷能力的排序为骨架空隙型(GK)好于骨架密实型(GM),悬浮密实型(XM)最差。

读者如果有兴趣,可以拿 ×××× 大学的研究成果、规范条文说明的结论与前面天津市政工程研究院的成果对比一下,虽然有差别,但大的方向基本是一致的,那就是骨架密实结构的性能是最优的,所以新规范将骨架密实结构推荐为高速公路或一级公路的基层结构。

②最优级配的确定

从上面比较及分析可以知道,3 号级配在水泥用量 5% 时其抗压强度高于其他级配,建议施工采用此级配。3 号级配的控制点分别是 0.075mm、4.75mm、9.5mm 和最大公称粒径筛孔,在施工中进行级配控制时，控制点处其级配的波动范围在 ±3% 范围内。

3 号级配在水泥用量较少的情况下，同样存在细集料偏少的问题，粗集料之间不能有效的粘结，这种现象在击实试验中已发现。可适当增加细集料含量或添加少量粉煤灰。

根据与规范级配比较分析，推荐 2 号级配为优化级配的上限，5 号级配为优化级配的下限。

2）天津市政工程研究院推荐级配（振动成型法）

天津市市政工程研究院按照强度满足要求、抗裂能力最佳的原则（图 14-15），参照规范推荐级配的范围（表 14-15）、SMA 混合料级配范围、Superpave 混合料级配范围等，通过静压法、振动法成型试件结果对比，结合路用性能，得出骨架密实水泥稳定碎石混合料优化级配范围（表 14-16 和图 14-16）。

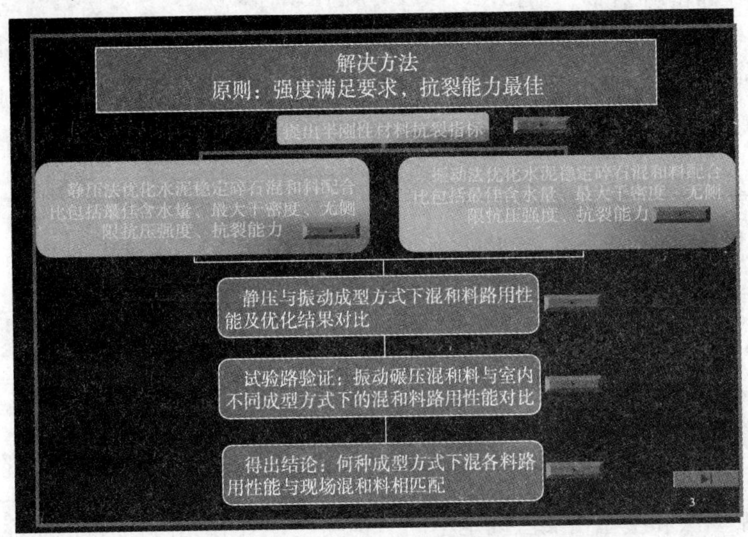

图 14-15　振动成型试验流程

公路水泥稳定碎石混合料建议级配范围　　表 14-15

筛孔尺寸（mm）	规范级配范围（通过率%）		建议级配范围（通过率%）	
	上限	下限	上限	下限
31.5	100	100	100	100
26.5	100	90	100	90
19	89	72	85	75
9.5	67	47	59	47
4.75	49	29	40	29
2.36	35	17	27	17
0.6	22	8	16	8
0.075	7	0	4	0

水泥稳定碎石混合料优化级配范围(%) 表 14-16

筛孔尺寸(mm)	31.5	26.5	19	9.5	4.75	2.36	0.6	0.075
上限	100	100	89	57	39	27	15	3.5
下限	100	90	76	47	29	17	8	0

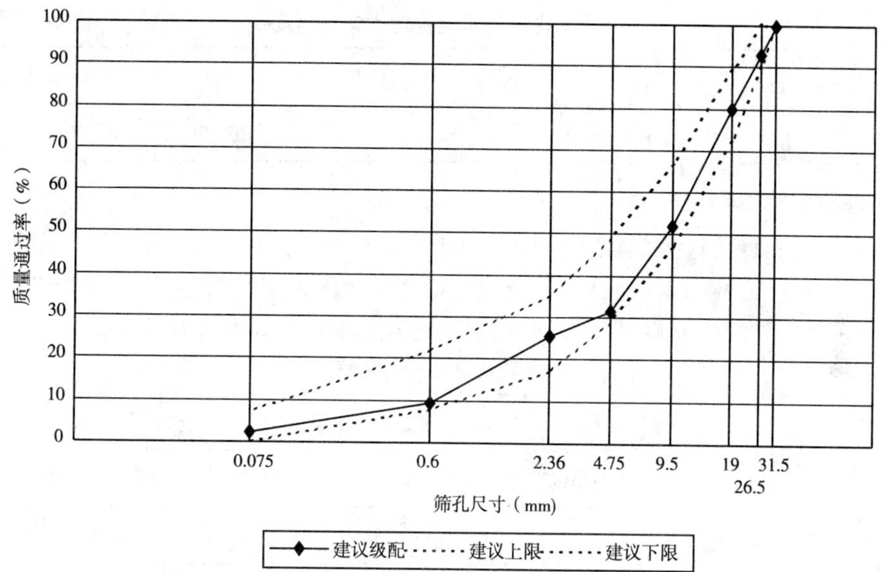

图 14-16 水泥稳定碎石混合料优化级配

(1)骨架密实水泥稳定碎石混合料级配范围见表 14-15。

(2)水泥稳定碎石混合料体积参数分析

骨架密实结构水泥稳定碎石材料中粗集料占很大比例(60%以上),由于粗颗粒之间互相互嵌挤形成骨架,其表现出与普通悬浮密实结构不同的力学性质和路用性能。根据相关研究成果,针对工程所用各档集料的级配组成,提出了本级配范围,并对其上、下限级配进行了体积参数分析,结果见表 14-17。

水泥稳定碎石混合料体积参数分析 表 14-17

级　　配	振动成型试件粗集料间隙率 VCA_{mix}(%)	粗集料间隙率(%)	
		松堆	插捣
上限	40.7	43.9	37.6
下限	36.5	44.1	37.3

试验结果表明:上限级配振动成型试件 VCA_{mix} 处于松堆及插捣 VCA_{DRC} 之间,下限级配 VCA_{mix} 小于插捣 VCA_{DRC},说明上、下限级配均为骨架密实型级配。

(3)级配特点

与路面基层施工技术规范级配范围相比,提出的级配范围具有如下特点:

①4.75mm 通过率降低,粗集料含量增加,使得在级配范围内能形成骨架密实结构混

合料。

②19～4.75mm集料所占比例较大,粗集料自身组成合理,可避免现场摊铺及碾压时产生离析。

③0.6mm以下粉料含量相对较低,可大幅度提高半刚性材料的抗裂能力。

3)《公路沥青路面设计规范》(JTG D50—2006)推荐级配范围(表14-18)

骨架密实型水泥稳定类集料级配 表14-18

筛孔尺寸(mm)	31.5	19.0	9.5	4.75	2.36	0.6	0.075
级配范围(%)	100	68～86	38～58	22～32	16～28	8～15	0～3

4)几种级配范围对比分析

笔者列出了5种比选级配(表14-19),由于受历史条件的限制,××××大学提出的骨架密实级配仅是骨架密实结构的皱形,与新规范推荐的级配差别很大,主要表现为中间档料太拥挤,可能担心施工时产生离析,但在当时能提出这样的级配已是难能可贵了。

5种比选级配对比表 表14-19

级配类型	通过下列方筛孔(mm)的质量百分率(%)						
	31.5	19.0	9.5	4.75	2.36	0.6	0.075
规范推荐级配	100	68～86	38～58	22～32	16～28	8～15	0～3
天津市政工程研究院优化级配	100	76～89	47～57	29～39	17～27	8～15	0～3.5
××××大学研究级配	100	90～100	60～80	29～49	15～32	6～22	0～5
大广线濮阳段高速公路级配	100	72～89	47～67	29～49	17～35	8～22	0～7
岭南高速公路级配	100	75～85	47～59	29～40	17～27	8～16	0～5

从上面5种级配可以看出,2.36mm以下的级配范围5种级配都差不多,差别在大于4.75mm档集料的含量上。新规范提出的级配各档料分布均匀合理,骨架形成的很好;河南岭南高速公路按新规范级配的要求成型了试件,从外观看给人的感觉是“粗”,由于担心施工单位接受不了这么粗的级配,担心压实困难,所以实际使用时采用了保守的方法,在河南大广线濮阳段高速公路级配的基础上适当调粗一点作为河南岭南高速公路的级配,与天津市政工程研究院提出的优化级配非常接近。

河南大广线濮阳段高速公路级配是根据天津市政工程研究院提出的优化级配经调整后而得到的,在当时的情况下感觉到天津院给的级配太粗,由于缺乏骨架密实结构混合料的施工经验,担心离析和压实困难,所以施工中在混合料中减少了20mm以上的大料用量,适当增加了中间档集料的含量。

天津院提出的优化级配与新规范的级配基本一致,只是天津院的级配略细,但差别不大。

从效果看,河南大广线濮阳段高速公路与河南岭南高速公路均达到了理想效果,取芯强度均匀,表面粗糙,裂缝大幅度减少。河南大广线濮阳段高速公路越冬的基层裂缝最大间距超过了500m,河南岭南高速公路更上一层楼,越冬基层裂缝最大间距达到了3km。

可以肯定,如果按照新规范提供的级配施工,效果会更明显。现在可以宣布随着骨架密实基层结构和振动成型技术的诞生,半刚性基层的早期裂缝(铺油面前或使用以前)基本得到有效控制,现在断言根除半刚性基层裂缝为时过早,但今后半刚性基层沥青路面的反射裂缝将大幅度减少却是不争的事实(因为基层的裂缝少了,面层的反射裂缝自然减少)。

14.3 配合比设计

振动成型水泥稳定碎石混合料配合比设计工作主要内容及周期见表14-20。

水泥稳定碎石混合料配合比设计内容

表14-20

序号	项目		试验内容
1	原材料检测	集料	水洗法筛分、压碎值
2		水泥	初凝、终凝时间、3d抗压强度、3d抗折强度
3	级配配比设计	级配合成	根据筛分结果合成级配
4		最佳含水量、最大干密度的确定	选择3~5个水泥剂量进行振动试验,确定不同水泥剂量下的最大干密度、最佳含水量。为进行对比,同时用重型击实法选择1~2个水泥剂量进行试验
5		成型试件	振动法成型不同水泥剂量下的试件,为进行对比,选择1~2个水泥剂量成型静压法试件
6		7d无侧限抗压强度	标准条件下养生后进行无侧限抗压强度试验
7		水泥剂量的确定	根据振动成型试件无侧限抗压强度及设计标准确定水泥剂量,静压试件强度只作参考
8	报告	报告	根据试验结果进行数据分析,形成目标配合比设计报告
9	设计步骤	配合比设计步骤为:原材料检测合格(如不符合规范规定,则需论证是否重新选择原材料)后,进行级配配比设计,确定水泥剂量	
10	设计周期	从接收原材料之日至完成正式报告,一般需12d	
11	设计依据	1.《公路工程无机结合料稳定材料试验规程》(JTJ057—94) 2.《公路路面基层施工技术规范》(JTJ034—2000) 3.《公路工程集料试验规程》(JTG E42—2005) 4.《水泥胶砂强度检验方法》(GB/T17671-1999)	

14.4 施工中级配的调整

工程实体不是理论研究,实际施工中级配是不断变化的。从理论上讲,生产配合比要与目标配合比愈接近为最佳,但工程实体中往往二者相差很大,主要有如下原因造成:

(1)在做目标配合比设计时,一般施工单位都没有大规模进料,做目标配合比的样品大多是从生产厂家取样或从施工单位进的少量料中取样,往往大规模进料时与前期的样品差别很大,这是由于我国石料加工水平普遍较低决定的,是一个普遍问题。

(2)一般业主都要求施工单位从一个生产厂家进料,不要中途随意更换,但由于各种各样的原因,一个施工单位很难保证从一个料厂进料,当两个厂家的料相混合时级配变异在所难免了,这也是工程中无法回避的事实。

(3)施工接近尾声时,正是管理最松懈的时候,这时候路面、房建、交通机电工程、标志、标线等交叉施工,业主和监理都无暇管得过细,施工单位或材料代理商会从社会料场多头进料。另外工程后期,施工单位往往会将底基层、基层、底面层施工未用完的料用于中、上面层。

(4)这几年高速公路发展很快,许多地方多条高速公路同时施工、同时通车,后期石料供应会紧张,有的平原区或贫石料地区这种现象更严重,为了通车,为了赶工期,放松对石料的管理是无可奈何的事情。工程后期施工单位到路上见石料车就抢,根本顾上级配和质量是否合格,我想这种事许多路上都出现过。

(5)施工环境不好的地方,石料被地方势力控制,施工单位受制于这些人,业主、监理也不敢管,造成石料质量失控。这是社会环境造成的,也不是某一两个人能解决的问题。

1)配合比调整原则

由于上述原因,施工中配合比要经常调整,建议在摊铺机后取样,因为在拌和楼出料口取样没有代表性。经过运输和摊铺后的混合料,与出料口的混合料的级配会有很大的变化。在摊铺机后取样的办法是,先在摊铺机前放一托盘,做好位置标记,摊铺机经过时混合料就摊铺在托盘里,然后取出托盘及混合料,在空出的位置用摊铺机前的料补上。

对取出的混合料样进行筛分,确定级配情况,适时调整。

除根据混合料检测调整配合比外,还要根据施工单位的管理能力和压实机械配置调整配合比。

近几年我国高速公路发展很快,施工单位任务饱满,施工技术人员严重缺乏,施工管理人员也不够,同时大部分的机械尤其是压实机械多由社会租赁而来,这更增加了施工单位的管理难度。另外,大部分施工单位都没有从事过骨架密实结构基层的施工,对于压实遍数、碾压速度、压实机械的组合、振幅频率的选择等都缺乏经验,往往按照过去悬浮结构的经验施工。如果混合料太粗会造成压实度不足,会出现空隙率过大、底部松散或上部密实下部空隙率超标等问题,严重者会取不出芯等。所以配合比的调整要量力而行,对于管理水平高、压实机械配置较高的施工单位,可选择接近新规范推荐的配合比;对于管理水平低、压实机械配置不高的施工单位,可选择比新规范推荐的配合比“细”一点的配合比,或施工技术成熟的准骨架密实结构配合比,这样会降低施工难度,易保证质量,基层的性能又不致下降很多。

另外,施工季节对骨架密实结构基层的影响也很大,应避免低温或高温施工,冬季施工温度最好不低于5℃,夏季施工温度不宜过高,否则强度增长不均匀会增加裂缝。所以低温施工时为了保证取芯完整,配合比不宜太粗,水泥剂量可增加0.2%左右。这样做基层强度会提高,裂缝也会增加,但是为了检查、验收合格,必须这样做,因为检查、验收取芯是一票否决制。研究表明,水泥稳定碎石在温度较低时(−10℃左右)强度便停止增长,但待温度上升后强度就会继续增加,所以理论上讲冬季增加水泥剂量是没有必要的。但是从取芯检查、验收的角度讲是必须增加。对于低剂量骨架密实水泥稳定碎石基层在冬季施工时建议取芯时间由 7d 改为 10d 或 14d；高温施工时，由于强度增长快，在同等水泥剂量下，如果施工能力跟得上，级配可适当粗一点，可调整为新规范推荐的级配范围或接近新规范推荐的级配范围。

总之，尽管骨架密实结构基层的级配比悬浮结构基层的级配要窄很多，但是级配调整的余地仍是有的，在没有完全掌握骨架密实结构基层的施工技术时，级配的调整宁可保守一点，也不要太冒进，不要为片面追求完美的骨架而忽视施工能力。从目前看，只要达到一般的骨架密实结构或准骨架密实结构，基层路用性能均大幅度改善，抗裂能力、抗冲刷能力等提高很多。

2）配合比调整方法

混合料配合比的设计详见《道路建筑材料》（李立寒等著．北京：人民交通出版社，2003 年）。

规划求解法进行混合料配合比设计原理，详见本书上篇第 8 章，水泥稳定碎石基层配合比调整方法详见本书下篇第 16 章。

第15章 骨架密实水泥稳定碎石混合料水泥剂量的选择

由于振动技术的使用，骨架密实水泥稳定碎石基层的水泥剂量较以前重型击实成型的悬浮结构水泥稳定碎石基层的水泥剂量有大幅度降低。

15.1 水泥剂量对水泥稳定碎石混合料性能的影响

研究选用的级配见表15-1，即选用A、B两种级配进行研究。

水泥稳定碎石混合料级配表 表15-1

筛孔尺寸(mm)	31.5	19	9.5	4.75	2.36	0.6	0.075
级配A(%)	100	85.9	62.2	40.7	32.2	18.1	6
级配B(%)	100	68.2	44.5	26.8	20	9.2	0

1)静压法

研究安排了从2:100~7:100的水泥剂量下级配A、B的无侧限抗压强度试验，以检验在不同胶结料含量下级配对水泥稳定碎石混合料最佳含水量、最大干密度、无侧限抗压强度及变异系数的影响，试验结果见表15-2。

级配A、B强度试验结果 表15-2

水泥剂量(%)		2	3	4	5	6	7
级配A	最佳含水量(%)	4.8	5.0	5.1	5.1	5.2	5.2
	最大干密度(g/cm^3)	2.370	2.374	2.376	2.380	2.382	2.383
	7d强度(MPa)	1.32	2.07	2.91	4.3	4.79	5.37
	变异系数(%)	12.7	6.27	8.21	7.78	8.05	10.97
级配B	最佳含水量(%)	—	5.0	—	5.0	5.1	5.2
	最大干密度(g/cm^3)	—	2.394	—	2.399	2.400	2.400
	7d强度(MPa)	—	2.42	—	3.98	4.59	5.62
	变异系数(%)	—	7.81	—	7.71	11.66	7.07

(1)静压法水泥剂量对最佳含水量的影响

由表15-2及图15-1试验结果可知：对于级配A，水泥剂量由2%增加到7%时，最佳含水量由4.8%增加到5.2%；对于级配B，水泥剂量由3%增加到7%时，最佳含水量由5.0%增加到5.2%。因为击实试验时水在混合料中并未参与水化反应，所以水在击实试验过程中仅仅起到浸润填隙作用，而细集料越多，碎石混合料比表面积越大，所需的水亦越多，因此随着水泥含量的增加，水泥稳定碎石混合料最佳含水量增大。

(2)静压法水泥剂量对最大干密度的影响

由表15-2及图15-2试验结果可知，随着水泥剂量的增加，对于级配A，最大干密度由水泥剂量2%时的2.370g/cm³增加到水泥剂量为7%时的2.383g/cm³，水泥含量增加1%，最大干密度增加0.11%。对于级配B，最大干密度由水泥剂量3%时的2.394g/cm³增加到水泥剂量为7%时的2.400g/cm³，水泥含量增加1%，最大干密度增加0.10%。

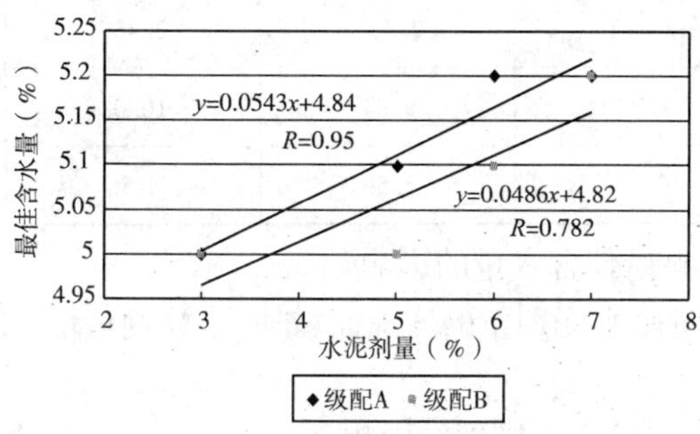

图15-1 水泥剂量及级配对水泥稳定碎石混合料最佳含水量的影响

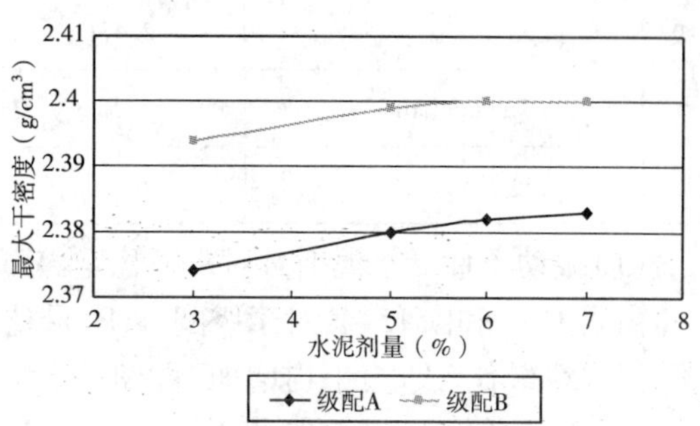

图15-2 水泥剂量及级配对水泥稳定碎石混合料最大干密度的影响

(3)静压法水泥剂量对水泥稳定碎石混合料强度的影响

对于水泥稳定碎石混合料的无侧限抗压强度，水泥剂量是最重要的影响因素。因为水泥在加入水后迅速发生水化反应，生成的C-S-H、C-A-H很快与集料胶结，形成具有一定强度的整体，故水泥稳定碎石混合料具有较高的早期强度。由表15-2、图15-3看出，水泥剂量越大，混合料早期强度越高。对于级配A、B，水泥用量每增加1%，混合料无侧限抗压强度增加平均约为40%。

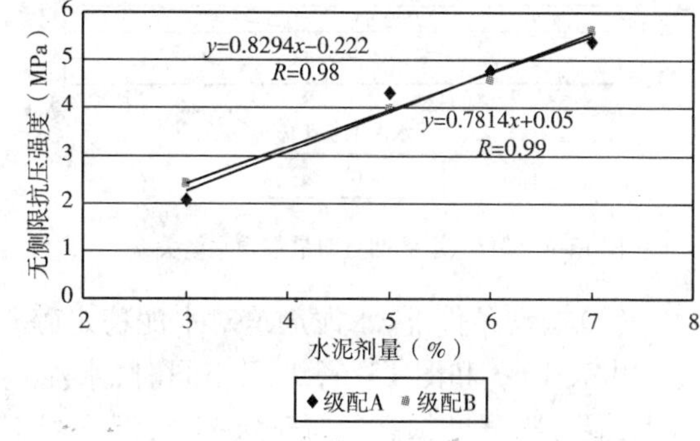

图15-3 水泥剂量与水泥稳定碎石混合料抗压强度关系

静压法水泥剂量对骨架密实水泥稳定碎石混合料强度的影响详见本书下篇第19章19.4。

(4)静压法水泥剂量对水泥稳定碎石混合料干缩特性的影响分析

水泥剂量增加混合料干缩增大，意味着抗裂性能的下降。

2)振动法

采用振动法确定不同级配及水泥剂量的水泥稳定碎石混合料的最佳含水量及最大干密度。振动成型试件测7d无侧限抗压强度，试验结果见表15-3。

振动成型水泥稳定碎石混合料强度试验结果 表 15-3

	水泥剂量(%)	3	4	5	6
级配A	最佳含水量(%)	5.6	5.7	5.7	5.8
	最大干密度(g/cm^3)	2.438	2.438	2.439	2.441
	7d 强度(MPa)	4.9	6.07	7.08	8.88
	变异系数(%)	8.58	7.93	3.42	5.27
级配B	最佳含水量(%)	5.4	5.4	5.5	5.5
	最大干密度(g/cm^3)	2.471	2.472	2.472	2.480
	7d 强度(MPa)	6.51	7.73	9.04	10.08
	变异系数(%)	6.83	6.62	5.56	5.56

(1)振动条件下水泥剂量对水泥稳定碎石混合料最佳含水量的影响

由表 15-3 和图 15-4,对于级配 A、B,最佳含水量随水泥剂量的增加而增加,水泥剂量增加 1%,混合料最佳含水量平均增加 1.2%。

(2)振动条件下,水泥剂量对水泥稳定碎石混合料最大干密度的影响

由表 15-3 和图 15-5,级配相同条件下水泥剂量增加,混合料最大干密度增大,水泥剂量增加 1%,混合料最大干密度平均增大 0.12%。

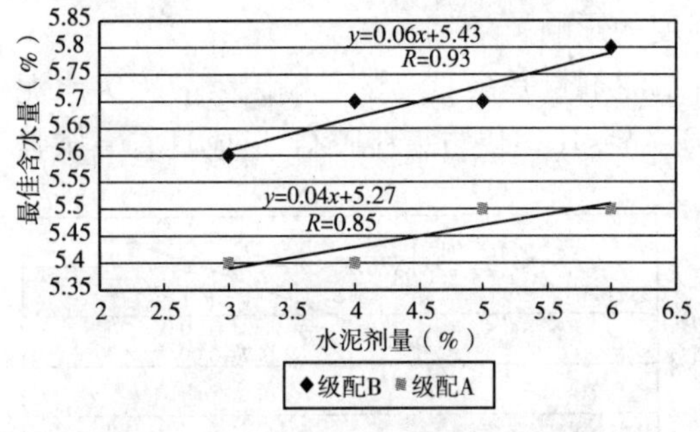

图 15-4 级配、水泥剂量与最佳含水量关系

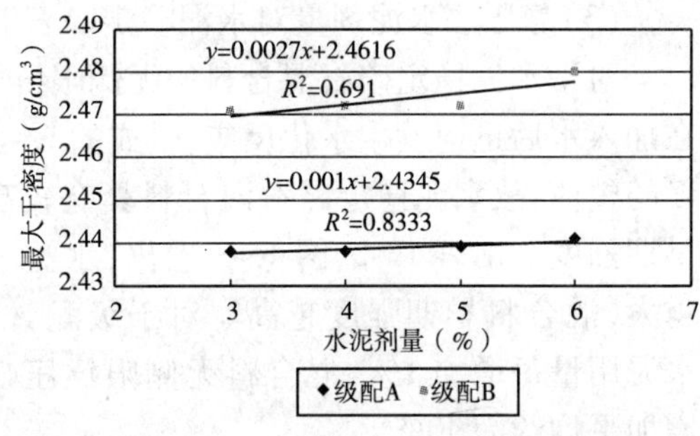

图 15-5 级配、水泥剂量与最大干密度关系

(3)振动条件下,水泥剂量对水泥稳定碎石混合料 7d 无侧限抗压强度的影响

由表 15-3 和图 15-6,级配相同时,水泥剂量越大,混合料强度越高。对于级配 A,混合料强度由水泥剂量为 3% 时的 4.9MPa 增加到水泥剂量为 6% 时的 8.88MPa,即水泥剂量增加 1%,混合料强度平均提高 12%。对于级配 B,混合料强度由水泥剂量 3% 时的 6.51MPa 增加到水泥剂量为 6% 时的 10.08MPa,水泥剂量增加 1%,混合料强度平均提高 18.2%。

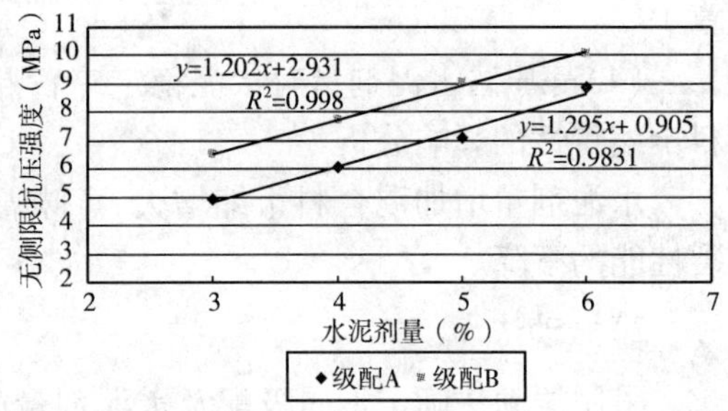

图 15-6 级配、水泥剂量与混合料无侧限抗压强度关系

振动条件下水泥剂量对骨架密实水泥稳定碎石混合料强度的影响详见本书下篇第19章。

(4)振动条件下,水泥剂量对水泥稳定碎石混合料干缩性能的影响

研究表明,振动条件下随着水泥剂量的增加,干缩应变也相应增大,但与静压法相比,水泥剂量显著减少。

结论:无论静压法或振动法成型,随着水泥剂量的增加,最佳含水量、最大干密度、强度均显著增加,干缩应变也相应增大。骨架密实水泥稳定碎石混合料可以达到强度及抗裂能力同时增加的最优效果,没有必要通过增加水泥用量,牺牲一部分抗裂能力为代价换取强度的合格。用振动法优化的骨架密实水泥稳定碎石混合料达到了抗裂能力最佳、水泥剂量少、强度合格及工程造价降低的最佳效果。

15.2 水泥剂量的选择

采用振动成型,经优化设计后,对于骨架密实型基层,不同的设计强度水泥剂量如表15-4。

骨架密实结构基层不同设计强度下的水泥剂量 表15-4

设计强度(MPa)	3	4	5
设计水泥剂量(%)	3.0	3.5	4.0
施工水泥剂量(%)	3.5	3.8~4.0	4.2~4.5

河南大广线濮阳段高速公路在河南省首次使用了振动成型技术,在全国是第二条不折不扣执行天津市市政工程研究院设计思路的高速公路(第一条是河北青银高速),下基层设计强度是3MPa,上基层设计强度是4MPa。配合比由天津市市政工程研究院设计,采用振动法成型试件。根据设计报告,下基层的设计水泥剂量是3%,上基层的设计水泥剂量是3.5%。按正常情况,施工水泥剂量比设计水泥计量增加0.5%,也就是施工时下基层采用3.5%的水泥剂量,上基层采用4%的水泥剂量。配合比报告下发后,遭到施工单位和监理的一致反对,没有一个施工单位敢做第一个试验段。当时(2004)的水泥稳定碎石基层,施工时水泥剂量一般都是6%左右,最低也在5.5%以上,最高用到7%也不在少数,现在让水泥剂量一下子降低到4%左右,难怪没有人接受。

为什么过去的水泥稳定碎石基层的水泥剂量居高不下呢?前面已经讲述,第一是压实标准太低,施工单位担心压实度超百,造成压实不够,而压实度与强度成正比,结果是强度不够,为了满足强度要求便增加水泥剂量。第二由于室内采用静压法成型试件,受成型方式限制,室内、外强度不一致,在满足室外强度要求时,室内强度往往达不到设计要求,于是增加水泥剂量便成了唯一选择。

总之,水泥稳定碎石基层施工时6%的水泥剂量在人们心里已根深蒂固,项目公司要求施工单位按天津院设计的3%、3.5%的水泥剂量再增加0.5%施工,施工单位不接受是可以理解的。那么如何才能让大家接受呢?办法无非是重奖,或失败了责任不让施工单位承担,损失由业主负担等办法。项目公司大多采用业主承担的办法。河南大广线濮阳段高速公路主要采用讲座的方法,先后3次举办了振动成型技术讲座,讲解为什么当前的水泥剂量这么高,说明振动成型是如何降低水泥剂量的。

首先五标同意做试验段,前提条件是失败了经济损失由业主承担。按设计报告,下基层施

工时水泥剂量应是3.5%，为了保险，实际施工时采用了4.5%的水泥剂量。7d取芯效果很好，大骨料嵌挤，强度达到了7MPa。有了这次试验结果，本以为事情很顺利，没想到又节外生枝。二标同意做第二个试验段，但试验结果却是7d后取不出芯，芯样松散，基本没有黏结力。经分析后发现，二标进的0～5mm细料含泥量严重偏高，砂当量只有20%，该档料2.36mm以上的料基本上没有，是典型的下脚料，根本不是机制砂。找出原因后，开了一个现场会，让大家坚定信心，不是技术不行，是石料出了问题。随后几个标段先后都做了水泥剂量3.5%～4.5%的试验段，均获得成功。最后振动成型技术和低水泥剂量水泥稳定碎石基层还是逐步被河南大广线濮阳段高速公路的施工方和监理方接受，取得了明显的效果。一标越冬基层裂缝平均间距超过300m，七标春季施工，两个月后长达数km没有裂缝。

笔者在河南岭南高速公路推广振动成型技术时，没有遇到大的阻力，尽管施工单位和监理大多没有使用过该技术，但经过讲座以后到做试验段，各方面都很配合，低水泥剂量施工进展顺利。

这里说明一点，无论是河南大广线濮阳段高速公路或河南岭南高速公路，真正施工时大多数施工单位水泥剂量并没有降低到设计水泥剂量+0.5%的水平，只有极少数的施工单位达到了这个水平，但是与过去常规高水泥剂量相比，这两个项目施工水泥剂量已降低很多，平均施工水泥剂量约为4.5%。

那么为什么不强迫施工单位将水泥剂量降到接近设计值呢？有两个原因：

(1)我国的石料生产水平低，而骨架密实结构对石料要求较严，尤其是0～5mm这种机制砂石料含泥量普遍超标，大多数石料厂家都是称下脚料为机制砂，如果完全按照机制砂的标准要求施工单位进料，施工成本上增加太高，担心施工无法接受，另外真正的机制砂难以买到。所以在实际大规模施工时并没有强制要求将水泥剂量降到设计值，认为增加点水泥从工程角度更保险一点。

(2)笔者通过大量的工程实例对比发现，骨架密实结构基层与传统的悬浮结构差别很大，水泥剂量对裂缝影响不明显，只要级配合理即便水泥剂量用到5.5%左右，裂缝增加不明显。这个结论以后还要详述，这里不多讲。所以在以后的工程管理中，对于水泥剂量灵活处理，不过分强调降低水泥剂量，重点抓级配、原材料和压实度等关键环节。

笔者根据这几年的经验提出骨架密实基层施工时对水泥剂量的控制办法。

(1)如果0～5mm石料砂当量在60%～65%以上，只要压实度达到振动成型密度标准的98%，夏季施工时水泥剂量按设计水泥剂量+0.2%控制，春秋天施工时按设计水泥剂量+0.5%控制，冬季施工时按设计水泥剂量+0.7%控制，能保证强度合格，取芯完整。

(2)如果0～5mm石料砂当量在50%～40%，压实度达到振动成型密度标准98%的前提下，春秋、夏季施工水泥剂量宜按设计剂量+1%控制，冬季施工水泥剂量要比设计剂量增加1.2%～1.5%左右。

(3)如果0～5mm石料砂当量小于40%，建议最好弃之不用。如果非要用，恐怕水泥剂量要恢复到6%～7%左右，从经济上考虑不合算，因为从石料上省的钱抵不过增加水泥剂量的费用。

(4)如果单位施工管理水平差，压路机落后，达不到振动成型试件密度标准的96%，水泥剂量按重型击实确定的水泥剂量控制是明智的。因为达不到振动成型试件密度标准的要求，等于没有使用振动成型技术。

第16章 骨架密实水泥稳定碎石基层技术应用

在长安大学和天津市市政工程研究院的大力推广下，截至2009年11月已有40多个项目约3000km高速公路采用了振动成型骨架密实水泥稳定碎石基层技术，分别是：

（1）青岛至银川高速公路河北段180km。

（2）大广线濮阳段高速公路60km。

（3）大广线周口段高速公路140km。

（4）白音察干至集宁高速公路、二连浩特至赛罕撒拉高速公路、集宁至丰镇高速公路，共计250km。

（5）信阳至南阳高速公路180km。

（6）泌阳至桐柏高速公路36km。

（7）岭南高速公路98km。

（8）郑州至石人山高速公路120km。

……

从几个高速公路项目应用振动成型骨架密实水泥稳定碎石基层技术来看，在抗裂方面均取得了满意的效果，贯通式裂缝很少，大多为细小裂纹，且扩展速度很慢，平均裂缝间距均在60m以上。青银高速河北段裂缝平均间距68m，最大裂缝间距90m。

河南大广线濮阳段高速公路很规范地贯彻了天津市市政工程研究院的设计精神，严把原材料质量关，加强施工管理和过程控制，取得了不俗的成绩。该段高速公路全线共分7个土建标段进行基层施工，单从裂缝情况看，一标、七标最好，一标越冬后最大裂缝间距516m，七标大部分在次年春季施工，直到面层施工前约两个月基本没有裂缝；二、四、六标次之，裂缝平均间距300m左右；相对来讲，三标、五标裂缝较多，冬季施工段落裂缝平均间距50m左右，但与传统的基层相比，裂缝间距加大很多。

河南岭南高速公路由于建设时间的原因，是振动成型技术在河南基本普及时采用的。河南岭南高速公路在河南大广线濮阳段高速公路经验的前提下进行了深入的研究，工程管理模式基本上沿用了河南大广线濮阳段高速公路模式，技术服务仍由在河南大广线濮阳段高速公路做技术服务的周卫峰博士担任。河南岭南高速公路大部分段落是在春季施工，这是基层施工的最佳季节，直到面层施工前约3个月基本没有裂缝；全线约7km基层在冬季施工，经越冬后仅两道裂缝，最大裂缝间距达到3km。

16.1 河北青银高速

河北青银高速公路在国内首次全线推广了振动成型技术，这在当时是非常超前的。由于前面多次提到的原因，高水泥剂量在人们心中根深蒂固，振动成型方式规范里没有，如何让试验数据“合法化”,施工中振动试验频率怎么控制(重型击实试验频率高,而振动成型仪全线就一台),如何将振动成型的数据应用到压实度控制中等等,作为第一个吃螃蟹人,河北青银项目部要面对这些问题。该项目基层施工总结如下:

根据天津市市政工程研究院主持完成的“半刚性基层抗裂技术研究”科研项目成果,2003年津蓟高速公路、丹拉高速公路天津段技术人员采用振动成型方式进行了水泥稳定碎石配合比设计,共铺筑试验段500m,取得了良好的效果。同年采用振动成型方式于丹拉高速公路天津段铺筑了5000m水泥稳定碎石基层,施工及检测结果表明,在不增加投资及设备的情况下,采用振动法优化的水泥稳定碎石混合料不离析、易压实,基层整体强度提高,水泥剂量降低,抗裂能力显著提高。

为提高青银高速公路基层质量,青岛—银川公路冀鲁界至石家庄段高速公路的上、下基层混合料均采用振动法成型。

1)工程概况

青岛—银川公路冀鲁界至石家庄段高速公路是交通部规划的“五纵七横”国道主干线的组成部分,也是我国东部沿海与内陆地区联系的重要运输通道。项目的建设对于加快国道主干线系统,完善河北省主骨架的建设,缓解石家庄过境交通压力,增进大西北与内地东南沿海省份的社会交流和物资交流,促进河北省的经济发展具有十分重要的意义。青岛—银川公路冀鲁界至石家庄段高速公路全长183.551km。根据目前的交通量预测结果,考虑到本项目在路网中的地位及作用,计划采用高速公路标准建设,计算行车速度120km/h,标准路面结构层总厚度71cm。其中下基层采用二灰碎石,设计厚度18cm,设计强度0.8MPa,上基层采用水泥稳定碎石混合料,设计厚度19cm,设计强度4.5MPa。基层自2004年6月份开始,至2004年10月份基本结束。各标段划分见表16-1。

青银高速公路各标段桩号及长度 表16-1

标段	起止桩号	标段长度(m)
二标	K1+500~K15+000	13500
三标	K15+000~K32+300	17300
四标	K32+300~K48+200	15900
五标	K48+200~K63+000	15000
六标	K63+000~K82+250	19250
八标	K87+200~K102+500	15300
九标	K102+500~K119+500	17000
十标	K119+500~K138+280	18780

2)原材料

青岛—银川公路冀鲁界至石家庄段高速公路里程较长,各标段所用原材料产地不同,性质也有一定的差异,但均满足《公路路面基层施工技术规范》(JTJ 034—2000)的相应要求。原材料性质见表16-2~表16-4。

水泥指标 表16-2

抗压强度(MPa)		抗折强度(MPa)		凝结时间	
3d	28d	3d	28d	初凝	终凝
17.9~28.8	37.6~41.6	3.0~5.0	6.2~9.4	4h~5h26min	6h5min~8h20min

粉煤灰指标 表16-3

比表面积(cm^2/g)	烧失量(%)	二氧化硅含量(%)	三氧化二铝含量(%)	三氧化二铁含量(%)	氧化钙含量(%)	氧化镁含量(%)
3126~3942	7.08~17.15	42.3~52.38	22.4~33.75	2.82~10.6	2.59~3.5	0.69~1.13

石灰指标 表16-4

有效氧化钙镁含量(%)	石灰等级
55.5~65.2	Ⅱ或Ⅲ级

青岛—银川公路冀鲁界至石家庄段高速公路基层碎石使用的规格为10~30mm,5~10mm和0~5mm 3种。碎石的最大粒径均小于31.5mm,压碎值均小于30%。

3)混合料组成

(1)级配范围的确定

根据《半刚性基层抗裂技术研究》研究成果,提出级配范围见表16-5。

青—银高速公路基层半刚性材料级配范围 表16-5

筛孔尺寸(mm)		31.5	26.5	19	9.5	4.75	2.36	1.18	0.6	0.075
水泥碎石(%)	上限	100	100	89	57	39	27	—	15	3.5
	下限	100	90	76	47	29	17	—	8	0
二灰碎石(%)	上限	100	—	98	60	40	28	18	12	4
	下限	100	—	85	50	30	18	10	6	0

表16-5提出的"骨架密实"型水泥碎石及二灰碎石混合料级配与规范级配相比:

①4.75mm通过率降低,粗集料含量增加,使得在级配范围内混合料中的粗集料能形成较好的骨架结构。

②19mm通过率适当增加,使得19~4.75mm含量较高,粗集料自身组成合理,避免现场摊铺及碾压时产生离析现象。

③0.6mm以下粉尘含量相对较低,提高了半刚性材料的抗裂能力。

④对水泥稳定碎石混合料进行了体积参数分析,结果如表16-6。

水泥稳定碎石混合料体积参数分析 表16-6

级配	振动成型试件粗集料间隙率(%)	粗集料间隙率(%)	
		松堆	插捣
上限	40.7	43.9	37.6
下限	36.5	44.1	37.3

由表 16-6，上限级配振动成型试件 VCA_{mix} 处于松堆及插捣 VCA 之间，下限级配 VCA_{mix} 小于插捣 VCA，表明上、下限级配均为骨架密实型级配。

（2）各标段级配

根据施工单位所用各种规格料的具体颗粒组成进行配合，并使混合料级配控制在上限、下限之间。各标段水泥稳定碎石及二灰碎石混合料级配见图 16-1、图 16-2。

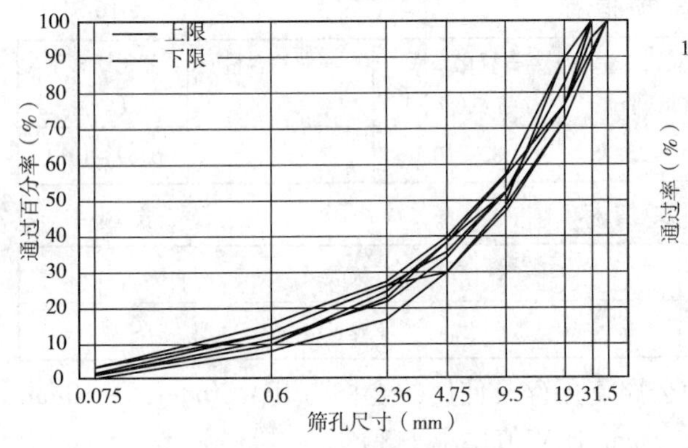

图 16-1　水泥稳定碎石级配曲线

二标
三标
五标
六标
九标
十标
十一标
设计上限
设计下限
通过率（%）
筛孔尺寸（mm）

图 16-2　二灰稳定碎石集料级配曲线

由图 16-1、图 16-2，青银高速公路水泥稳定碎石混合料各标段 4.75mm 通过率平均 34%，变异系数 7.3%，二灰碎石混合料 4.75mm 通过率平均 33.4%，变异系数 6.18%，与规范级配范围相比，二灰碎石及水泥稳定碎石混合料级配中粗集料组成合理且含量较多，能够保证水泥稳定碎石混合料及二灰碎石混合料骨架结构发达。

青银高速公路水泥稳定碎石混合料各标段 0.075mm 通过率平均 2.3%，变异系数 45.5%，二灰碎石混合料 0.075mm 通过率平均 2.6%，变异系数 40.7%，与规范级配范围相比，二灰碎石及水泥稳定碎石混合料级配中粉料含量减少，提高了混合料抗裂能力。

（3）混合料最大干密度和最佳含水量

水泥及二灰稳定碎石混合料振动击实和重型击实确定的最大干密度及最佳含水量见表 16-7、表 16-8。从试验结果可以看出：相同水泥剂量下，水泥及二灰稳定碎石振动击实确定的最佳含水量与重型击实试验确定的最佳含水量相近，仅相差 0.2% 左右；而振动击实与重型击实试验确定的最大干密度有很大差别。与重型击实相比，水泥稳定碎石混合料振动法确定的最大干密度提高 1.017 ~ 1.03 倍，平均 1.024 倍。二灰碎石混合料最大干密度提高 1.017 ~ 1.028 倍，平均 1.021 倍。

水泥稳定碎石击实结果　　表 16-7

试验方式		重型击实试验		振动击实试验		
水泥:级配碎石		3.5:100	4.0:100	3.5:100	4:100	4.5:100
二标	最佳含水量（%）	—	4.8	4.6	4.8	5
	最大干密度（g/cm^3）	—	2.375	2.430	2.435	2.438
三标	最佳含水量（%）	—	4.9	4.8	5.0	5.1
	最大干密度（g/cm^3）	—	2.352	2.405	2.41	2.412

续上表

试验方式		重型击实试验		振动击实试验		
水泥:级配碎石		3.5:100	4.0:100	3.5:100	4:100	4.5:100
四标	最佳含水量(%)	4.8	5.0	4.7	4.8	5.0
	最大干密度(g/cm³)	2.337	2.348	2.408	2.418	2.42
五标	最佳含水量(%)	—	4.8	4.6	4.7	4.9
	最大干密度(g/cm³)	—	2.358	2.420	2.430	2.433
六标	最佳含水量(%)	4.8	5.0	4.6	4.8	5.0
	最大干密度(g/cm³)	2.348	2.358	2.400	2.405	2.411
八标	最佳含水量(%)	4.65	4.9	4.9	5.2	5.4
	最大干密度(g/cm³)	2.380	2.395	2.438	2.44	2.443
九标	最佳含水量(%)	—	4.9	4.8	5.0	5.2
	最大干密度(g/cm³)	—	2.385	2.425	2.432	2.435
十一标	最佳含水量(%)	—	4.9	4.7	4.8	5
	最大干密度(g/cm³)	—	2.385	2.440	2.445	2.450

二灰稳定碎石击实试验结果 表16-8

标段		二标	三标	四标	五标	六标	九标	十标	十一标
石灰:粉煤灰:碎石		7:13:80	7:13:80	7:13:80	7:13:80	7:13:80	7:13:80	5:15:80	6:14:80
重型击实试验	最佳含水量(%)	8.3	7.2	7.4	8.1	8.1	7.6	9.2	9.2
	最大干密度(g/cm³)	2.068	2.075	2.128	2.08	2.07	2.085	1.998	2.018
振动击实试验	最佳含水量(%)	8.4	7.2	7.6	8.3	8.3	7.5	9.5	9.5
	最大干密度(g/cm³)	2.104	2.12	2.158	2.14	2.12	2.13	2.04	2.062

(4)混合料抗压强度

水泥稳定碎石及二灰稳定碎石振动成型、静压成型试件无侧限抗压强度试验结果见表16-9、表16-10。

水泥稳定碎石7d抗压强度 表16-9

成型方式		静压成型		振动成型		
水泥:级配碎石		3.5:100	4.0:100	3.5:100	4:100	4.5:100
二标	平均抗压强度(MPa)	—	5.07	9.18	9.72	10.33
	$R_{0.95}$(MPa)	—	4.36	8.46	9.17	9.61

续上表

成型方式		静压成型		振动成型		
水泥:级配碎石		3.5:100	4.0:100	3.5:100	4:100	4.5:100
三标	平均抗压强度(MPa)	—	4.80	7.42	8.31	9.16
	$R_{0.95}$(MPa)	—	4.16	6.42	7.03	7.91
四标	平均抗压强度(MPa)	4.90	5.22	7.63	8.64	9.38
	$R_{0.95}$(MPa)	4.24	4.45	6.75	7.70	8.37
五标	平均抗压强度(MPa)	—	5.66	7.40	8.61	9.26
	$R_{0.95}$(MPa)	—	4.75	6.51	7.39	8.16
六标	平均抗压强度(MPa)	4.50	4.99	7.63	8.34	8.74
	$R_{0.95}$(MPa)	3.96	4.54	6.75	7.32	8.13
八标	平均抗压强度(MPa)	4.57	4.79	8.23	9.01	9.30
	$R_{0.95}$(MPa)	3.53	4.12	7.29	7.99	8.34
九标	平均抗压强度(MPa)	—	4.72	7.28	8.02	8.79
	$R_{0.95}$(MPa)	—	4.17	6.49	7.12	7.86
十一标	平均抗压强度(MPa)	—	4.82	7.60	8.42	9.10
	$R_{0.95}$(MPa)	—	4.18	6.76	7.90	8.32

二灰稳定碎石 7d 抗压强度 表 16-10

标段		二标	三标	四标	五标	六标	九标	十标	十一标
石灰:粉煤灰:碎石		7:13:80	7:13:80	7:13:80	7:13:80	7:13:80	7:13:80	5:15:80	6:14:80
静压成型	平均抗压强度(MPa)	1.32	1.46	1.28	1.42	1.35	1.42	2.00	2.42
	$R_{0.95}$(MPa)	1.09	1.22	1.11	1.22	1.11	1.23	1.72	2.1
振动成型	平均抗压强度(MPa)	1.42	1.81	1.48	1.65	1.43	1.65	3.19	3.21
	$R_{0.95}$(MPa)	1.2	1.56	1.27	1.46	1.22	1.46	2.63	2.84

由试验结果,水泥稳定级配碎石振动成型试件平均无侧限抗压强度其相应静压试件的平均无侧限抗压强度大1.5~1.9倍,平均1.7倍。在按照一定的设计标准强度进行水泥稳定碎石混合料配合比设计时,振动试验方法要比传统重型击实方法节省水泥0.5%~1%;二灰稳定级配碎石振动成型试件的平均无侧限抗压强度较其相应静压试件的平均无侧限抗压强度大1.08~1.6倍,平均1.2倍。

4)施工工艺

(1)水泥(或二灰)稳定碎石现场混合料级配

对现场取料进行了筛分检验，检验结果如表16-11和表16-12。从检验结果来看，各标段现场级配均在设计建议级配范围内。

水泥稳定碎石现场级配（%） 表16-11

筛孔尺寸(mm)		31.5	26.5	19	9.5	4.75	2.36	0.6	0.075
五标	建议上限	100.0	100.0	83.3	59.0	41.0	28.5	18.5	7.0
	现场级配	100.0	97.4	77.6	55.9	36.4	22.3	11.6	1.0
	建议下限	100.0	90.0	72.0	47.0	29.0	17.0	8.0	0.0
八标	建议上限	100.0	99.5	83.3	59.0	41.0	28.5	18.5	7.0
	现场级配	100.0	94.2	79.8	55.4	37.2	27.2	13.8	4.4
	建议下限	100.0	90.0	72.0	47.0	29.0	17.0	8.0	0.0

二灰稳定碎石现场级配（%） 表16-12

筛孔尺寸(mm)		31.5	19	9.5	4.75	2.36	1.18	0.6	0.075
二标	建议上限	100.0	92.3	63.5	42.0	30.0	21.3	16.5	7.0
	现场级配	100.0	89.0	61.0	38.2	25.4	18.4	13.0	4.1
	建议下限	100.0	78.0	52.0	30.0	18.0	10.0	6.0	0.0
四标	建议上限	100.0	92.3	63.5	42.0	30.0	22.0	16.5	7.0
	现场级配	100.0	85.2	61.8	35.8	26.8	20.9	12.2	1.8
	建议下限	100.0	81.0	52.0	29.0	18.0	10.0	6.0	0.0
五标	建议上限	100.0	92.3	63.5	42.0	30.0	21.3	16.5	7.0
	现场级配	100.0	85.0	56.4	36.0	23.2	13.9	8.3	2.4
	建议下限	100.0	81.0	52.0	30.0	18.0	10.0	6.0	0.0
六标	建议上限	100.0	93.3	63.5	42.0.	30.0	21.3	16.5	7.0
	现场级配	100.0	85.6	61.2	38.4	27.2	18.2	9.7	3.0
	建议下限	100.0	81.0	52.0	30.0	18.0	10.0	6.0	0.0

（2）碾压设备

各标段的碾压设备见表16-13～表16-18。

五标碾压设备（水泥稳定碎石） 表16-13

设备名称	14t振动压路机	BW219DH－3振动压路机	3Y18/21t静碾压路机	DYNAPAC双钢轮压路机	ABG511摊铺机
数量(台)	1	1	1	1	2

八标碾压设备(水泥稳定碎石) 表 16-14

设备名称	英格索兰振动压路机 SD176D50t	30t 静碾压路机	18 ~ 21t 三光轮压路机	ABG511 摊铺机
数量(台)	2	2	1	2

二标碾压设备(二灰稳定碎石) 表 16-15

设备名称	YZ18 振动压路机	YZ20 振动压路机	YL20 胶轮压路机	ABG423 摊铺机
数量(台)	2	1	1	2

四标碾压设备(二灰稳定碎石) 表 16-16

设备名称	徐工 220 压路机	YL26 胶轮压路机	YZ18/21t 静碾压路机	RP755 摊铺机
数量(台)	1	1	2	2

五标碾压设备(二灰稳定碎石) 表 16-17

设备名称	14t 振动压路机	BW219DH - 3 振动压路机	3Y18/21t 光轮压路机	DYNAPAC 双钢轮压路机	ABG511 摊铺机
数量(台)	2	1	1	1	2

六标碾压设备(二灰稳定碎石) 表 16-18

设备名称	BM219 振动压路机	YL20 胶轮压路机	3Y18/21t 光轮压路机	ABG411 摊铺机
数量(台)	1	1	2	2

(3)碾压工艺

五标(水泥稳定碎石):胶轮压路机排压 1 遍 + 双钢轮压路机排压 1 遍 + 宝马振动压路机高振幅振碾 1 遍 + 双钢轮压路机高振幅振动碾压 1 遍 + 宝马振动压路机低振幅振动碾压 1 遍 + 双钢轮压路机低振幅振动碾压 1 遍 + 光轮压路机静碾 2 遍。

八标(水泥稳定碎石):30t 胶轮压路机稳压 1 遍 + 英格索兰 SD176D50t 振动压路机碾压 4 遍 + 18 ~ 21t 三光轮压路机碾压 1 遍,共碾压 6 遍。

二标(二灰稳定碎石):YZ18 灭振稳压 1 遍 + YZ18 强振 1 遍 + YZ20 强振 1 遍 + YZ18 弱振 1 遍 + YL20 轮胎压路机碾压 2 遍,共碾压 6 遍。

四标(二灰稳定碎石):胶轮压路机碾压 1 遍 + 徐工 220 振动压路机弱振 4 遍 + 三轮静碾碾压 1 遍 + 胶轮压路机碾压 1 遍,共碾压 7 遍。

五标(二灰稳定碎石):14t 振动压路机灭振排压 1 遍 + 宝马振动压路机低振幅振动 1 遍 + 宝马振动压路机高振幅振动 1 遍 + 14t 振动压路机高振幅振动 1 遍 + 14t 振动压路机低振幅振动 1 遍 + 18/21t 光轮压路机静压 2 遍,共碾压 7 遍。

六标(二灰稳定碎石):胶轮压路机稳压 1 遍 + 宝马振动压路机稳压 1 遍 + 宝马振动压路

机振压 2 遍 +18/21t 光轮压路机静压 2 遍，共碾压 6 遍。

5）检测结果

（1）压实度检测

现场压实度的控制标准为振动击实试验确定的最大干密度。在半刚性基层混合料碾压施工过程中，通过灌砂法测定了不同碾压遍数后混合料的压实度，检测结果见图 16-3、图 16-4。

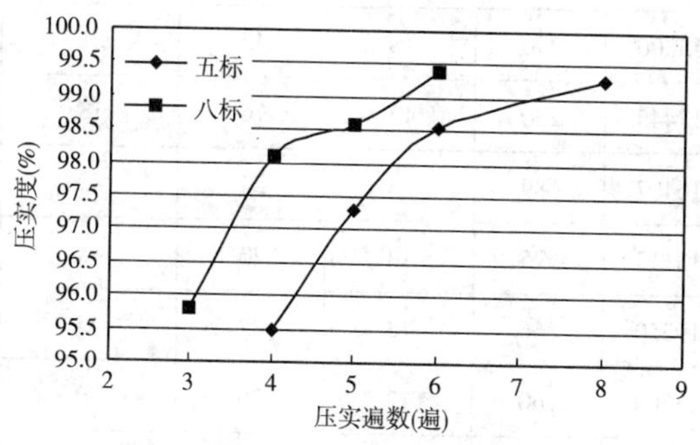

图 16-3 水泥稳定碎石压实度与碾压遍数关系曲线

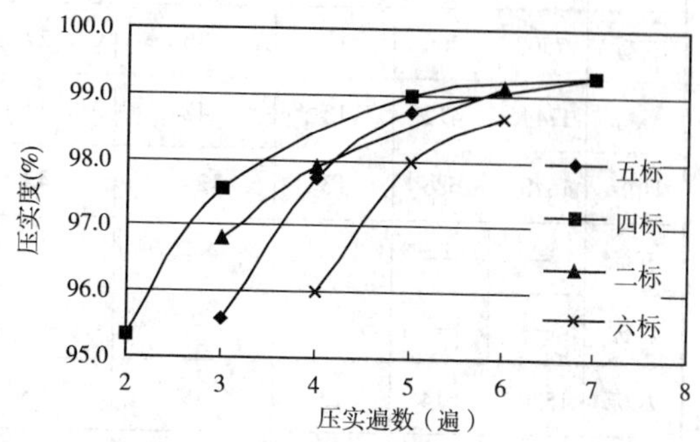

图 16-4 二灰稳定碎石压实度与碾压遍数关系曲线

由图 16-3、图 16-4 知：

①虽然各个施工单位的施工设备不尽相同，现场具体施工工艺也有较大差异，但碾压 6 遍后，混合料压实度均能达到 99% 以上，这说明现有的碾压设备能够满足振动击实方法设计的半刚性基层混合料的压实要求。

②振动击实方法设计的半刚性基层混合料的碾压包括初压、复压和终压，碾压共计 6 ~ 7 遍：初压可使用胶轮压路机或振动压路机先振碾压 1 遍；复压要使用振动压路机挂振碾压 4 遍；终压可使用胶轮压路机或光轮压路机静压 1 ~ 2 遍。

（2）基层表观及芯样强度

各标段现场摊铺、碾压过程中均未出现明显的离析现象，碾压后的基层表面粗糙、均匀。

八标试验段芯样强度为 7.2MPa，室内静压试件抗压强度 4.25MPa，室内振动成型试件抗压强度为 7.65MPa。表明振动成型方式与现场振动碾压效果更为吻合。同时表明青银高速公路水泥剂量还可以减小，以降低芯样强度，使得混合料达到强度要求、抗裂能力最佳的效果。

（3）基层裂缝统计分析

青银高速公路基层于 2004 年 10 月份完工，11 月份基层表面撒铺透层油进行保护。经过一个冬天（石家庄地区当年最低温度为 -12℃）后于 2005 年 4 月份完成全线基层裂缝调查，调查结果见表 16-19。

由表 16-19：二标、三标、九标裂缝数量较少，平均裂缝间距分别为 41m/条、59m/条及 87m/条。而五标、六标、八标裂缝数量较多，平均 20m/条。主要原因是裂缝较多的 3 个标段未完全采用振动法配合比设计进行施工，而裂缝较少的 3 个标段则严格按照振动法配合比设计施工。

青银高速公路基层裂缝统计结果　表 16-19

项目	标段总长度（m）	裂缝数量（条）	裂缝平均长度（m）	整个区间裂缝平均间距（m/条）	每千平方米裂缝长度（$m/1000m^2$）	标段总长度（m）	裂缝数量（条）	裂缝平均长度（m）	整个区间裂缝平均间距（m/条）	每千平方米裂缝长度（$m/1000m^2$）
标段	左幅					右幅				
二标	7500	206	13	36	27	13500	290	13	47	21
三标	17445	412	13	42	24	17445	230	13	76	13
四标	16407	686	13	24	42	16407	689	13	24	42
五标	—	—	—	—	—	13115	575	13	23	44
六标	—	—	—	—	—	19250	866	13	22	45
八标	15300	814	13	19	53	15300	760	13	20	50
九标	17000	189	13	90	11	17000	199	13	85	12
十标	18790	674	13	28	36	18790	806	13	23	43
总计	92442	2981	13	31	32	130807	4415	13	30	34

（4）强度对基层抗裂能力影响

静压成型及振动成型水泥稳定碎石混合料无侧限抗压强度与裂缝平均间距关系见图16-5。

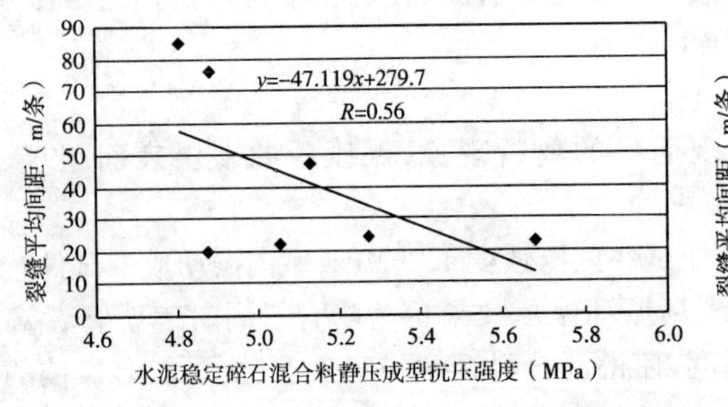

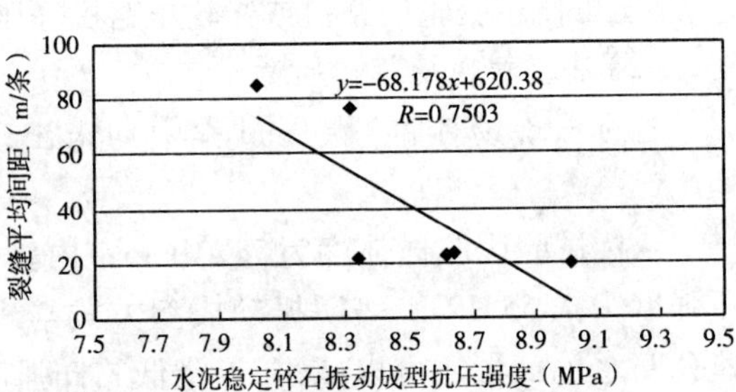

图 16-5　水泥稳定碎石混合料无侧限抗压强度与裂缝间距关系

由图16-5，各标段水泥稳定碎石混合料无侧限抗压强度与裂缝间距有较显著的相关关系，表现为抗压强度越高，裂缝间距越小，即相同长度段裂缝数量越多。说明为减少半刚性基层的裂缝，水泥剂量不能过大，混合料强度不宜过高。另一方面，与静压成型试件强度相比，振动成型试件强度与裂缝间距有更显著的相关关系，这充分证明以振动为成型方式设计的混合料各种参数控制工程质量更为合理。

6）结论

青银高速公路半刚性基层施工检测结果表明：

(1)振动成型水泥稳定碎石混合料试件强度与芯样强度吻合。

(2)振动成型试件强度与裂缝间距相关关系显著,表现为试件强度越高,裂缝越多。

(3)各标段虽然碾压机械、碾压方式有所不同,但碾压 5 ~ 6 遍后均能够达到规定的压实度。

(4)各标段水泥碎石及二灰碎石混合料摊铺、碾压后表面无明显离析。

(5)严格按振动法配合比设计结果进行施工的标段裂缝明显减少。

青银高速公路基层施工及检测结果表明,振动法设计的半刚性基层材料配合比合理、设计方法可行,设计的混合料强度高、水泥剂量低、抗裂能力强。

16.2 河南大广线濮阳段高速公路

1)项目简介

河南大广线濮阳段高速公路是国家规划的大庆至广州国家重点公路河南省境内最北的一段,也是河南省"五纵四横四通道"公路主骨架中一纵的重要部分,北起濮阳市南乐县的近德固,向南经清丰县、濮阳市区,止于濮阳县与滑县交界处的卢寨,与大广线安阳段高速公路相接,路线全长 59.439km(因豫冀两省接点正在商谈中,约 14km 作为二期工程和河北省同步实施)。该工程按高速公路标准设计,在 28m 宽路基上经增加紧急停车带布设双向六车道,沿线大桥 2 座,中桥 13 座,小桥 4 座,涵洞、通道 109 道,上跨天桥 28 座,互通式立交 4 处,分离式立交 17 处,全线共占用土地 5807.7765 亩,概算投资 174517 万元。2003 年 12 月 16 日举行开工典礼,2006 年 11 月 25 日建成通车。

2)决策过程

河南大广线濮阳段高速公路是河南首次、国内第二次全线推广使用振动成型技术的高速公路,由时任天津市政工程研究院副院长的赵可(现任江苏公路科学研究院总工)推荐。

受公司领导指派,河南大广线濮阳段高速公路有关人员到河南省数条在建及已通车高速公路考察,对基层结构、施工情况、配合比、水泥剂量、强度、裂缝等进行了详细的统计,发现基层施工存在压实度超百、裂缝较多、强度过高、千篇一律为悬浮结构等问题,经对赵院长推荐的骨架密实结构基层和振动成型两项技术分析,发现这两项国内最新技术基本上解决了目前水泥稳定碎石基层施工和使用存在的问题。最后将考察结果向项目公司领导作了详细的汇报。

2005 年 3 月下旬,由河南大广线濮阳段高速公路项目公司总经理带队,主要技术人员、总监代表、工程部长等参加,赴河北青银高速公路考察已施工结束的水泥稳定碎石基层裂缝情况、振动成型技术应用成果。河南大广线濮阳段高速公路考察团,参观了河北青银项目并详细介绍了应用振动成型技术取得的成果。考察中发现,与其他项目不同,河北青银高速公路路面基层的表面粗糙,有利于与面层的联结,而同期修建的河南高速公路基层多为悬浮结构,表面光滑如镜,与沥青面层联结困难。更可贵的是,以前考察的项目水泥稳定碎石基层大多十几米一道裂缝,有的甚至 3 ~ 5m 一道裂缝,而河北青银项目几十米才一道裂缝,有的地方近百米没有裂缝,于是河南大广线濮阳段高速公路下决心采用振动成型技术和骨架密实结构。

关于振动成型技术推广之难这里不再详述,一个新技术的推广确实不容易,来自方方面面的压力,尤其是失败的风险,不是某一个人能承担的。值得庆幸的是,河南大广线濮阳段高速公路将这项技术成功地应用到工程中,用的彻底、结果圆满,在河南省高速公路发展有限公司及河南省质监站多次检查中均获得好评,也得到了各级领导的认可,现在河南省新建项目基本上都采用了该技术。

3)管理措施

河南大广线濮阳段高速公路使用振动成型和骨架密实结构基层时采取的措施和管理特色如下:

(1)严把原材料关

①水泥。河南大广线濮阳段高速公路共有4个路面标段,7个土建标段,基层施工由土建标完成,标段最短5.6km,最长11km,工作量不是很大。

通过考察,优选当地质优价廉的4个旋窑水泥厂作为入围厂家,每个施工单位原则上只能选择一个水泥品牌,如必须更换需重新做配合比设计。按规定频率严格控制水泥质量,核对水泥台账和厂家出库单是否吻合。

②石料。由于骨架密实型级配对石料质量要求较高,河南大广线濮阳段高速公路一开始就高度重视石料的管理,项目公司设专职石料管理员,同时向每个石料厂派驻一名石料监理监督石料的生产,每个施工单位派一名石料员驻石料厂监督出料和货源。通过驻厂代表的监督,石料质量得以控制,级配有了保证,本书上篇第9章"与骨架密实沥青混凝土路面施工配套的石料质量控制措施"里面详述。

我国石料质量落后是一个不争的事实,笔者认为解决该问题最好的办法是业主自己建石料厂,或施工单位联合出资建厂。河南大广线濮阳段高速公路最初打算在单独设立的预制标段的场内(河南大广线濮阳段高速公路在河南省内首家设置了独立的预制标段)建一个石料厂,由于预制构件没有及时运走(如运走不能使用要增加二次倒运费)没能实现。在目前我国石料加工水平普遍处于较低水平的条件下,高速公路自己加工石料将逐渐被大家接受。笔者在《平原区高速公路新技术应用与管理实践》一书"提高高速公路石料质量的途径"一章中有详述。

(2)完善了配合比

由于振动成型仪还没有普及,当时规范也没有这种方法。为了满足生产需要,天津市市政工程研究院将一台振动成型仪送到施工现场,供免费使用,有效地指导了生产,使振动成型试验频率不至于过低。

全线共选定4个水泥品牌、4个石料生产厂家,共计做了8组目标配合比报告,供7个施工单位选择。部分标段做的配合比及监理复核的配合比与目标配合比对比见表16-20。

由于水泥更换、石料级配变异等因素,生产中用于控制压实度的最大干密度处于变化中,因为仪器在现场,做试验很方便,对提高施工质量十分有利。

(3)加强施工过程控制

由于公路施工具有不可逆性,一旦完成,要么合格,要么不合格,所以加强基层施工过程控制是关键。如果放松中间环节,等"死后验尸",对工程无益。

为了让施工单位和监理单位充分掌握骨架密实基层和振动成型技术,河南N高速公路先

各合同段水泥稳定碎石下基层配合比、强度试验结果

表 16-20

合同段	试验单位	水泥剂量（%）	碎石配合比（%）				最大干密度（g/cm^3）	最佳含水量（%）	强度（MPa）	标准差（S）	偏差系数（C_v）	概率值（R_0）	备注
			10～30mm	10～20mm	5～10mm	0～5mm							
No. 1	天津市政研究院	4.0	24.8	24.2	12.4	38.6	2.45	4.3	11.1		5.4	11.0	表面振动
	项目部试验室	4.0	18.0	31.0	15.0	36.0	2.33	5.1	5.4	0.243	4.5	5.0	静压成型
	驻地办试验室	4.0	18.0	31.0	15.0	36.0	2.33	5.0	5.2	0.303	5.8	4.7	静压成型
	总监办中心试验室	4.0	18.0	31.0	15.0	36.0	2.33	5.3	5.3	0.528	9.9	4.5	静压成型
No. 2	天津市政研究院	4.0	23.1	21.7	28.0	27.1	2.45	4.6	10.0		4.8	9.9	表面振动
	项目部试验室	4.0	20.0	24.0	20.0	36.0	2.33	5.4	3.5	0.224	6.4	3.1	静压成型
	驻地办试验室	4.0	20.0	24.0	20.0	36.0	2.31	5.2	3.8	0.247	6.5	3.4	静压成型
	总监办中心试验室	4.0	20.0	24.0	20.0	36.0	2.35	4.9	3.7	0.363	9.8	3.1	静压成型
No. 5	天津市政研究院	4.0	33.2	15.9	19.3	31.6	2.46	4.6	10.4		11.5	10.2	表面振动
	项目部试验室	4.0	24.0	27.0	16.0	33.0	2.34	4.6	5.1	0.349	6.8	4.5	静压成型
	驻地办试验室	4.0	24.0	27.0	16.0	33.0	2.34	4.6	5.1	0.349	6.8	4.5	静压成型
	总监办中心试验室	4.0	24.0	27.0	16.0	33.0	2.38	4.5	6.7	1.150	17.3	4.8	静压成型
No. 7	天津市政研究院	4.0	25.1	21.6	26.3	26.9	2.44	4.7	10.8		6.8	10.6	表面振动
	项目部试验室	4.0	19.0	22.0	24.0	35.0	2.38	4.7	5.5	0.328	6.0	5.0	静压成型
	驻地办试验室	4.0	19.0	22.0	24.0	35.0	2.37	4.7	5.5	0.375	6.8	4.9	静压成型
	总监办中心试验室	4.0	19.0	22.0	24.0	35.0	2.37	4.2	4.6	0.200	4.3	4.3	静压成型

后3次举办技术讲座；对于施工中存在的具体问题，项目公司多次召开施工技术研讨会和质量分析会。

为加强对基层的质量控制，项目公司和总监办先后多次下文：

①《振动成型半刚性抗裂水泥稳定碎石基层施工工艺及质量控制》

②《关于下发路面基层施工、监理工作要点的通知》

③《关于基层备料及基层配合比试验的通知》

④《关于基层、底基层施工作业的管理规定》

⑤《关于切实加强关键部位控制的通知》

⑥《关于增强成品保护意识，确保施工成果完好的通知》

⑦《关于下发基层、底基层施工强制性要求的通知》

⑧《关于下发基层冬季施工注意事项的通知》

通过上述一系列措施，河南大广线濮阳段高速公路的基层施工到达了较高水平，在抗裂方面效果显著。

(4)注重统计数据分析和机理分析

作者通过对静压、振动成型试件强度对比、现场取芯强度、裂缝产生发展状况、施工季节影响等分析和研究，运用数理统计分析和线性回归方法，在国内第一次提出了骨架密实型基层强度形成及发展规律、骨架密实结构基层的开裂规律、振动成型骨架密实结构基层的抗裂机理等(后有详述)。由于上面的研究结论是基于数理统计的结果，这些研究成果不一定都合理、正确，作者将在以后的工作中继续验证和完善，也欢迎各位专家、同仁提出宝贵意见。

(5)裂缝调查

为便于进行统计分析，面层施工前，业主要求路基施工单位和路面施工单位在基层越冬前后各做一次裂缝调查，并用数码照相机拍照汇集成册存档，做好裂缝长度、宽度、位置桩号记录。

一标：全长6.4km，大部分段落在冬季施工，全线仅17道裂缝，平均裂缝间距376m，最大间距516m。

七标：全长9.8km，绝大部公段落在春季和夏初施工，全线仅有5道细小未贯通的裂缝，其中一段连续4km没用裂缝。

五标、三标：冬季施工段落裂缝平均间距50m左右，最小间距13m(仅两道)，最大裂缝间距96m；春季施工段落裂缝间距150m左右。

二标、四标、六标：约70%的段落在春季施工，裂缝平均间距300m左右。

上面的裂缝统计是半刚性基层路面基层的前期裂缝，实际使用中仍会继续产生，主要是疲劳裂缝。这方面的研究正在跟踪进行，目前尚无定论。

表16-21、表16-22是河南大广线濮阳段高速公路路面单位裂缝统计申报表。表16-23是2004年年底通车的河南某高速公路的裂缝调查表，采用的是悬浮结构的水泥稳定碎石基层，平均裂缝间距接近40m，在当时已是非常不错了。但与河南大广线濮阳段高速公路的平均间距300m相比差距很明显。对比说明，振动成型骨架密实水泥稳定基层的抗裂性能是非常优良的。

路面单位裂缝统计申报表

表 16-21

承包商申报表(通用)

(编号:PXNO. 11 - 005)

A - JL - 26. 1

<table>
<tr><td>致(总监理工程师)×××先生:
事　　由:面层施工前将基层裂缝全部排查,并在封层施工前用宽 1.5m 的自黏式土工格栅粘贴处理。
申报内容:基层裂缝排查结果

附　　件:基层裂缝排查表
承包商:　　　日期:　　年　　月　　日</td></tr>
<tr><td>驻地监理工程师意见:

驻地监理工程师:　　　日期:　　年　　月　　日</td></tr>
<tr><td>总监办合同部(或工程部、试验室主任)意见:

□合同部长/□工程部长/□试验室主任:　　　日期:　　年　　月　　日</td></tr>
<tr><td>总监工程师(或代表)意见:

□总监理工程师/□总监代表:　　　日期:　　年　　月　　日</td></tr>
<tr><td>设计代表意见:

设计代表:　　　日期:　　年　　月　　日</td></tr>
<tr><td>业主意见:

业主代表:　　　日期:　　年　　月　　日</td></tr>
<tr><td></td></tr>
</table>

建设项目:濮信高速濮阳段　　　承包单位:中国交通建设集团有限公司

基层裂缝排查表 表16-22

施工单位:中国交通建设集团濮信高速濮阳段No. 11标 标段:濮信高速濮阳段No. 11标

监理单位:湖南金路工程咨询监理有限公司

裂缝桩号	位置	宽度(mm)	长度(m)	宽1.5m自黏式土工格栅(m^2)	排查日期
K42+000.00	左	接头	13.217	20	2006.5.27
K41+514.00	左	接头	13.217	20	2006.5.27
K41+478.00	左	5	13.217	20	2006.5.28
K41+455.00	左	3	9	14	2006.5.28
K41+435.00	左	4	8	12	2006.5.28
K41+430.00	左	2.5	8	12	2006.5.28
K41+410.00	左	3	13.217	20	2006.5.28
K41+401.00	左	3	16.717	25	2006.5.28
K41+360.00	左	2.5	5	8	2006.5.28
K41+343.00	左	2	13.217	20	2006.5.28
K41+332.00	左	3	13.217	20	2006.5.28
K41+320.00	左	2	6	9	2006.5.28
K41+300.00	左	3	13.217	20	2006.5.28
K41+280.00	左	5	13.217	20	2006.5.28
K41+265.00	左	3	13.217	20	2006.5.28
K41+230.00	左	3	13.217	20	2006.5.28

No. X 裂缝间距及宽度统计结果 表16-23

南侧						北侧					
序号	第一桩号	第二桩号	间距(m)	缝宽(mm)	备注	序号	第一桩号	第二桩号	间距(m)	缝宽(mm)	备注
2	1375	1392	17	3		2	1385	1410	25	5	
3	1392	1409	17	4		3	1410	1439	29	5	
4	1409	1427	18	4		4	1439	1465	26	5	
5	1427	1441.5	14.5	4		5	1465	1489	24	3	
6	1441.5	1470	28.5	4		6	1489	1560	71	3	1560通道
7	1470	1495	25	4		7	1560	1574	14	3	

续上表

南侧						北侧					
序号	第一桩号	第二桩号	间距（m）	缝宽（mm）	备注	序号	第一桩号	第二桩号	间距（m）	缝宽（mm）	备注
8	1495	1510	15	4		8	1574	1615	41	3	
9	1510	1560	50	6	1560 通道	9	1615	1626	11	3	
10	1560	1622	62	3		10	1626	1642	16	3	
11	1622	1651.5	29.5	3		11	1642	1669	27	3	
12	1651.5	1669	17.5	3		12	1669	1682	13	3	
13	1669	1694	25	3		13	1682	1720	38	3	
14	1694	1720	26	3		14	1720	1760	40	3	
15	1720	1740	20	3		15	1760	1790	30	3	1790 通道
16	1740	1752	12	3		16	1790	1836	46	3	
17	1752	1790	38	3	1790 通道	17	1836	1868	32	3	
18	1790	1836	46	3		18	1868	1907	39	3	
19	1836	1860	24	3		19	1907	1954	47	3	
20	1860	1915	55	5		20	1954	1980	26	3	
21	1915	1940	25	3		21	1980	2030	50	3	
22	1980	2019	39	3		22	2030	2067	37	3	
23	2019	2067	48	3		23	2067	2113	46	3	
24	2067	2082	15	3		24	2113	2148	35	3	
25	2082	2148	66	3		25	2148	2205	57	3	2205 通道
28	2286	2312.5	26.5	3		28	2344	2361	17	3	
30	2510	2552	42	3	2552 通道	30	2426	2471	45	3	
31	2552	2593	41	3		31	2471	2515	44	3	
32	2593	2639	46	3		32	2515	2535	20	3	
33	2639	2668	29	3		33	2535	2552	17	3	2552 通道
34	2668	2696	28	3		34	2552	2595	43	3	
35	2696	2712.5	16.5	3		35	2595	2633	38	3	
36	2712.5	2744	31.5	3		36	2633	2665	32	3	

续上表

南侧						北侧					
序号	第一桩号	第二桩号	间距（m）	缝宽（mm）	备注	序号	第一桩号	第二桩号	间距（m）	缝宽（mm）	备注
37	2744	2786	42	3		37	2665	2691	26	3	
38	2786	2794	8	3		38	2691	2712.5	21.5	3	
40	2852.5	2884	31.5	3		40	2792	2855	63	3	
41	2884	2900.5	16.5	3	2960.5 桥梁	41	2855	2873	18	3	
43	3172.5	3221.5	49	3	3221.5 通道	43	2885	2910.5	25.5	3	2960.5 桥梁
44	平均值		32.047	3.302		44	2960.5	2978	17.5	3	
45	均方差		1102.7	0.454		45	3168	3191.5	23.5	3	3221.5 通道
46	离散系数		78.978	20.4		46	3221.5	3230	8.5	3	3390 通道
						47	3390	3405.5	15.5	3	3545.5 通道
						48	3545.5	3569	23.5	3	
						49	平均值		37.438	3.167	
						50	均方差		1520.3	0.312	
						51	离散系数		82.193	17.64	

图 16-6、图 16-7 是河南大广线濮阳段高速公路路面九标和路面十标进行裂缝统计的照片。图 16-6 是洒过透层油的，图 16-7 是未洒透层油的，从照片可以看出两条裂缝均不宽，说明裂缝扩展缓慢。

图 16-6　九标裂缝统计照片

图 16-7　十标裂缝统计照片

图 16-8 路缘石上标注“F”的位置代表该处有裂缝，在今后的若干年内，将通过观察反射裂缝和取芯的方法，继续深入研究骨架密实结构基层裂缝的发展情况。

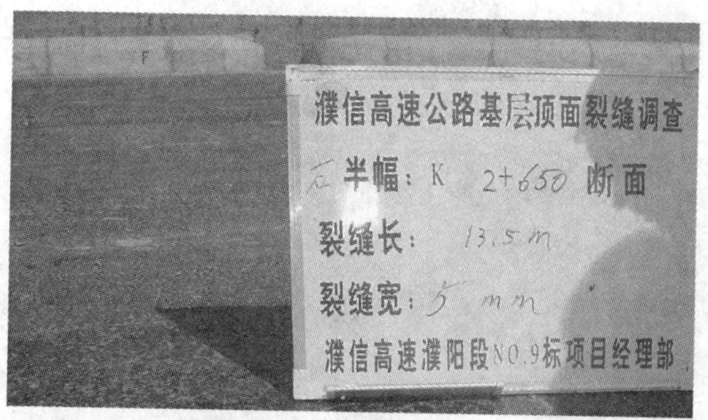

图 16-8 标注裂缝位置"F"照片

(6)裂缝追踪研究

为了进一步研究骨架密实结构水泥稳定碎石基层使用后的开裂规律，河南大广线濮阳段高速公路和河南岭南高速公路采用探地雷达对已产生的裂缝定期检测研究其发展及扩展规律(图 16-9)，对于未产生裂缝的段落观察是否产生新的开裂。

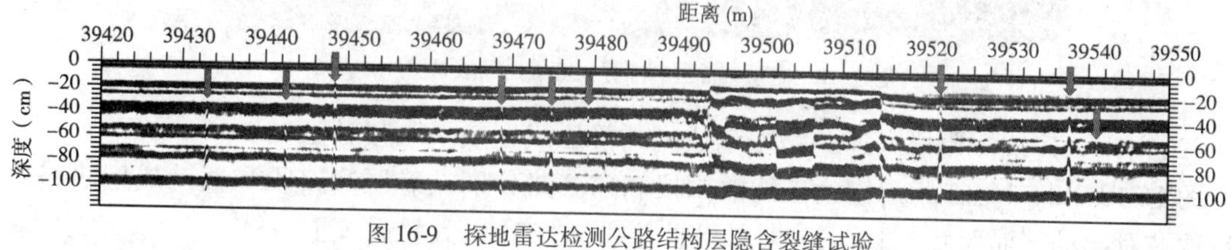

图 16-9 探地雷达检测公路结构层隐含裂缝试验

4)河南大广线濮阳段高速公路使用效果

(1)骨架密实型结构与悬浮结构水泥稳定碎石基层对比

从图 16-10 可以看出，基层表面光滑，不利于与沥青面层的黏结。另外基层表面有一层浮浆，在荷载反复作用下会造成浮浆与基层的剥离，在沥青面层与基层之间形成一层夹层，水从裂缝中进入夹层，造成路面的早期破坏。

从图 16-11 可以看出，河南大广线濮阳段高速公路项目骨架密实结构基层表面粗糙，有利于与沥青面层的联结，这是悬浮结构水泥稳定碎石基层无法达到的效果。

图 16-10 悬浮结构基层照片

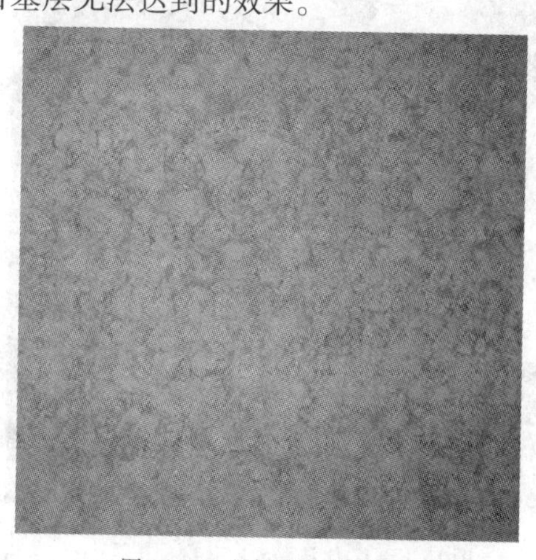

图 16-11 骨架密实基层照片

图 16-12 为大广线濮阳段河南高速公路骨架密实结构水泥稳定碎石基层表面经行车磨去浮浆后的效果照片。该项目大部分标的基层都能达到这个效果。

图 16-12　基层表面经行车浮浆磨去后的效果照片

(2)河南大广线濮阳段高速公路振动成型与静压成型效果取芯对比

图 16-13 和图 16-14 为河南大广线濮阳段高速公路分别在静压法路段和振动成型法路段进行取芯对比的剖面照片,图 16-13 大料呈悬浮状,图 16-14 大料形成了嵌挤。

(3)骨架密实水泥稳定碎石基层使用效果

图 16-15 ~ 图 16-18 是河南大广线濮阳段高速公路振动成型水泥稳定碎石基层的取芯照片,4. 75mm 以上的粗集料基本上形成了骨架。图 16-15 为龄期 3 个月的取芯照片,图 16-16 为龄期 2 个月的切割面照片,图 16-17 为 7d 取芯照片,图 16-18 为 7d 取芯剖面照片。

图 16-13　静压法路段取芯剖面图

图 16-14　振动成型法路段取芯剖面图

图 16-15 骨架密实水泥稳定碎石基层取芯照片

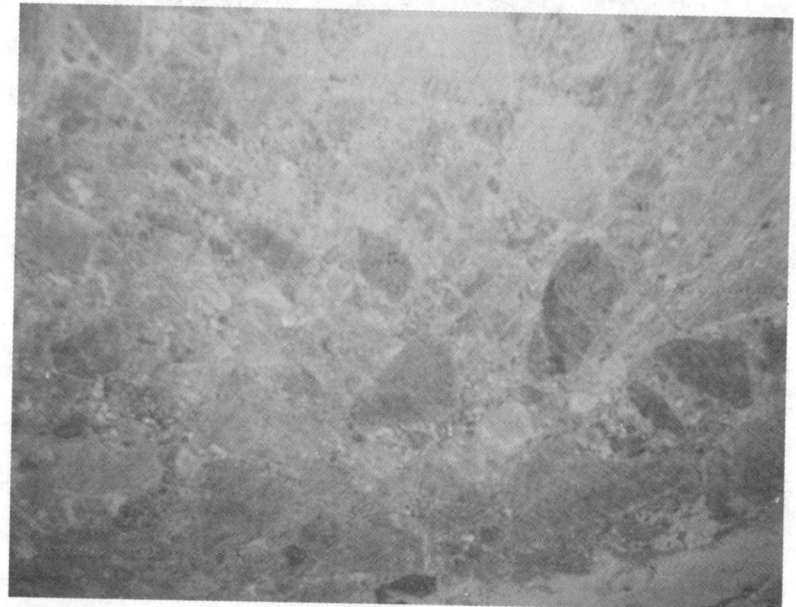

图 16-16 骨架密实水泥稳定碎石基层切割断面照片

图 16-17 骨架密实水泥稳定碎石基层取芯照片

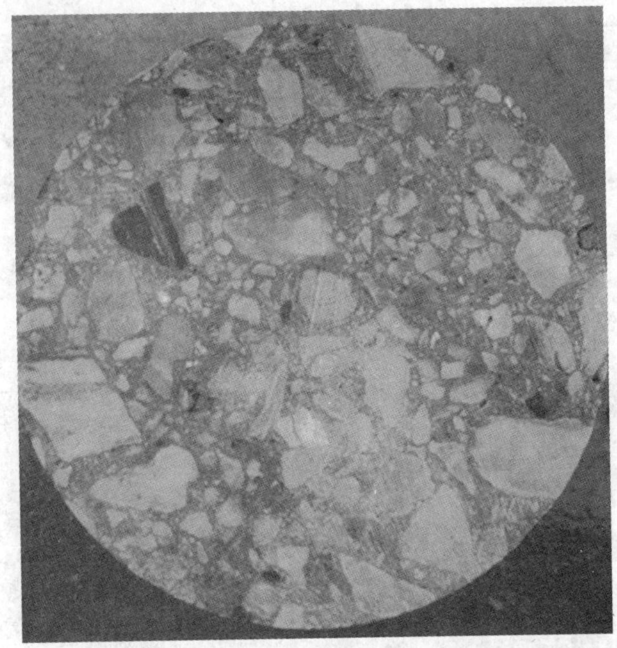

图 16-18　骨架密实水泥稳定碎石基层取芯剖面照片

5）施工简介

为了便于介绍河南大广线濮阳段高速公路振动成型水泥稳定碎石基层的施工情况，现将第七合同段试验段施工作一介绍。

为了提高基层施工质量，加快施工进度，高效益完成基层任务。七标段于 2005 年 9 月 22 日在 K52 + 210 ~ K52 + 310 段（左幅）进行了水泥稳定碎石基层试验段施工，试验段取得了较满意的结果，现总结报告如下：

（1）施工技术要求

①水泥稳定碎石下基层 7d 无侧限抗压强度标准为 3MPa。

②拌和站建设要求。稳定混合料拌和机的储料斗上口加装带有倾斜度的铁筛子，筛除超粒径碎石。储料斗上口之间用隔板隔开，同时储料斗的上口不要紧靠在一起。装载机装料斗的宽度明显小于储料斗的上口宽度，避免不同粒径的集料在储料斗中相混，改变混合料的级配。料场中不同粒径的石料间用砖墙进行隔离。材料堆放有标识牌标示。

（2）材料的选择及配合比试验

①水泥采用孟电牌 32.5 级缓凝水泥，初凝时间 5h30min，终凝时间 6h25min。

②材料配合比：根据总监办批复，水泥为外掺法。按照试验室的配合比，在现场重新筛分，根据各种材料的通过率，确定材料的配合比，使之混合料的筛分曲线处于中线偏下方。经多次混合料筛分，使筛分曲线基本稳定。然后加灰加水拌和，过程中验证筛分曲线一次。混合料生产配合比为：水泥:2 ~ 3cm 料:1 ~ 2cm 料:0.5 ~ 1cm 料:0 ~ 0.5cm 料 = 4.0:40:30:17:13。

（3）施工部署

①总体施工方案。基层拌和楼采用江苏 WCB500 拌和站，每小时可生产 500t 混合料，采用自动计量连续拌和，15t 以上自卸车运输，摊铺机使用 RP751W 型摊铺机两台，单台最大拼

宽9.5m。施工时采用阶梯形施工,前一台采用单基准线中间架支撑杆找平施工,后一台采用单基准线和滑靴进行找平施工。基层试验段施工宽度13.51m,摊铺机拼宽6.5m和7m。重型振动压路机碾压,胶轮压路机配合光面消除细小裂纹。

②人员。行政5人,技术15人,中心试验室3人。

拌和站:负责1人,拌和机司机1人,控制含水量1人,试验2人,放料1人,装载机2人,过磅1人,材料兼维修1人,计10人。

运输:30人(20台车)。

工地:负责1人,撒水泥兼养生4人,水车3人(3台),摊铺机司机6人,收料斗4人,拉钢丝打桩2人,量桩1人,质检1人,整平3人,碾压4人(3机),工地试验1人,测量3人,计33人。包括其他共计101人。

③主要设备

江苏产WCB-500连续式稳定粒料拌和设备1套,另配备散装水泥罐两个,水泥加压泵一台。RP751W摊铺机2台;柳州ZL-50装载机3台;洛阳YZ220B振动压路机2台;徐州YL9-16胶轮压路机1台;解放15t自卸车20辆;6000L洒水车3辆。

(4)基层施工工艺流程

准备下承层→施工放样→拌和→运输→摊铺→碾压→养生。

①准备下承层。在验交过的底基层上做包边土,压实度达到90%,距中心线13.71m挂线,将包边土切成垂直面,线条要直顺,作为底基层的外模使用。内侧采用与底基层厚度相同的槽钢作为模板,内侧距中心线0.20m。

将底基层表面的浮土、松散层及其他杂物清理干净,在摊铺前洒水泥,每5m撒一袋水泥,人工撒布均匀,洒水拌成水泥浆,以利上下层的黏结。

②施工放样。

a.放出线路中线、基层边线、摊铺机行走参照线,选定检测断面及观测点位置。实际测量下承层的高程,并根据测量结果和设计的基层高程计算出了松铺系数和底基层分段摊铺的厚度。

摊铺机行走参照线距中心线1m,用水泥钉将工程线钉在下承层上。

每断面检测距中心线1.5m、5.5m、9.5m、13.5m处的高程。

b.采用两根基准钢丝调平,设置支撑杆,支撑杆打入下承层,并外露60cm,敷设基准钢丝,使用紧线器拉紧,使其张紧力不小于1000N,钢丝挠度不超过规定值,支撑杆的架设间距每10m一个。两台摊铺机相距15~20m,前一台采用单基准线中间架支撑杆找平施工,后一台采用单基准线和滑靴进行找平施工。测设基准钢丝的高程,为保证精度和防止误差,高程要进行复测。

③混合料的拌和。

a.计算出拌和加水的用水量,调整进水量,混合料中含水量应略大于最佳含水量1个百分点左右。

b.经常目测水泥稳定碎石混合料拌和的均匀性,使出厂的混合料色泽均匀,没有团块现象。试验人员重点进行了水泥稳定碎石混合料的水泥剂量及含水量的检测。水泥剂量按照4%(外掺)控制。

④运输。

a. 自卸汽车在成品料仓的下面接料，混合料的下落高度不大于1m，防止水泥稳定碎石离析。

b. 运料由15t以上的自卸车运输，减少停机待料的时间，使布料均匀，提高铺筑质量。并根据运距配备足够的车辆。当距离较长或天气炎热时，应加盖篷布，防止水分散失过快。

c. 自卸车卸料时，严禁碰撞摊铺机，防止混合料卸在摊铺机前层面上。如出现漏料现象，及时清除摊铺机履带前面的料。

⑤摊铺

a. 摊铺机就位后，熨平板按开始桩号处的虚铺厚度调整好，熨平板下垫放和虚铺厚度等厚的木块，并按设计横坡将熨平板调整好，自动调平系统进入工作状态。摊铺初始，随时用三米直尺和水准仪校核摊铺高程和摊铺横坡度，若有偏差及时调整摊铺机的传感器，使之符合要求。摊铺过程中，严禁闲人乱动传感系统及上下摊铺机(图16-19)。

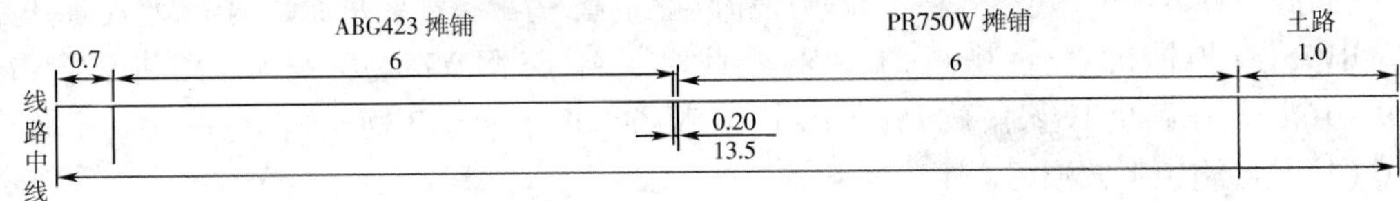

图16-19 双机作业示(尺寸单位:m)

两台摊铺机前后相距10~15m。

b. 摊铺机铺筑时，使送料槽中的水泥稳定碎石混合料高度在螺旋布料器中轴以上，避免发生两边缺料现象。在摊铺机后面设专人消除局部不平整、集料窝，清除太湿或过分干燥的混合料，随时用新拌混合料填补。

c. 根据拌和站生产水泥稳定碎石混合料的能力400t/h和摊铺的断面尺寸，确定了摊铺机的行走速度1.0m/min，基本与拌和能力持平。1.0m/min×13.56m×0.18m×2.36t/m×1.048×60min/h=362t/h。

d. 每天铺完至第二天开始，横缝连接面应进行处理，方法为先将第一天作业段的尾端高程和平整度不合要求的部分挖除，再将接触面用切割机切成垂直面，在摊铺前撒上水泥浆，再接着往前铺筑。挖除的部分作为废料处理，不得使用或重新拌和使用。

e. 虚铺系数的确定：从K52+210~K52+310共设置了44个观测点分别测量底基层高程、基层虚铺高程、基层压实高程，求得基层的虚铺厚度和压实厚度，得出各自的虚铺系数并取其平均值为1.251，以后施工时以1.25控制。

⑥碾压。试验段确定的压路机组合：复压用YZ220B压路机振压1遍，压实度达到91.0%；YZ220B压路机振压3、5、6、7遍，压实度分别到94.6%、97.1%、98.8%、98.5%；终压时胶轮压路机光面2遍至无轮迹，压实度无明显变化。可以总结出，碾压第六遍时能够保证压实度达到98.8%。

摊铺成型后及时进行碾压，以30~50m为一个碾压作业段。碾压时保证主动轮朝向施工前进方向，原路返回再向前碾压时开始错轮，并遵循由边部到中央、由低侧到高侧的顺序进行。振动压路机前进、后退换挡时，应先关振动再停机换挡。压路机不得在未压实的路面上停放、掉头或急制动、急转弯。从加水拌和到碾压成型之间的时间控制在不超过3h。

⑦养生。碾压完成经压实度检查合格后，立即用土工布覆盖，并保湿养生7d。覆盖材料

要求采用一布一膜制成的土工布（100～150g/m² 无纺布和0.2mm塑料薄膜）。铺土工布覆盖时，要求先铺靠中央分隔带位置，再一幅一幅叠压向路肩侧（即由高侧向低侧铺），便于由高侧掀起加水，自流至路肩保湿养生。要求始终保持路表面潮湿，避免忽干忽湿而产生干缩裂缝。养生期间封闭交通，严禁车辆在其上通行。

（5）质量检验

①基本要求及外观。

a. 集料符合图纸及规范要求；

b. 水泥用量控制准确；

c. 混合料拌和均匀，无粗细料分离现象；

d. 碾压达到要求的压实度；

e. 养生符合规范要求；

f. 表面平整密实、边线整齐、无松散、坑洼、软弹现象，施工接茬平顺。

②底基层施工控制检查检测项目见表16-24。

下基层施工控制检查检测项目 表16-24

项次	检查项目		规定值或允许偏差	检查方法和频率
1	压实度（%）	代表值	≥98	每200m，每车道测2点
		极值	≥94	
2	平整度（mm）		≤8	3m直尺，2处×10尺/200m
3	纵段高程（mm）		+5，-10	水准仪，4断面/200m
4	宽度（mm）		不小于设计值	钢尺，4处/200m
5	厚度（mm）	代表值	-8	每200m，每车道测2点
		极值	-15	
6	横坡（%）		±0.3	水准仪，4断面/200m
7	强度（MPa）		3	JTGF80/1—2004要求检查

（6）试验段总结

①经试验段施工，7d无侧限强度满足设计要求，确定今后生产配合比采用（外掺），水泥：2～3cm料：1～2cm料：0.5～1cm料：0～0.5cm料＝4.0：40：30：17：13。

②每天作业段的铺筑长度以400～500m为宜。

③水泥稳定碎石采用摊铺机铺筑的松铺系数1.25。

④拌和设备的性能良好，生产能力以400t/h为佳。

⑤摊铺机铺筑水泥稳定碎石时高程和厚度的控制方法：前一台采用单基准线中间架支撑杆找平施工，后一台采用单基准线和滑靴进行找平施工。一要保证高程不超限，二要每10m检测一个断面，每个断面测4点。

⑥含水量视天气情况进行相应控制，略高于最佳含水量，运输过程中覆盖，防止水分的蒸发。

⑦压实组合：初压 YZ220B 压路机静压 1 遍；复压 YZ220B 压路机振压 6 遍；终压胶轮压路机光面 2 遍至无轮迹。

⑧根据延迟曲线图，从加水拌和到碾压完成要在 3h 内完成。

⑨水泥稳定碎石基层横向接缝的处理方法：在碾压完成后，采用切除平整度、高程、厚度不合格的部分，用切割机切成垂直的竖缝，下次摊铺前在接触面涂刷水泥浆。

⑩养生采用土工膜进行覆盖养生。

(7)试验段存在的问题及解决措施

①施工中运输车辆不足，摊铺机时开时停。解决措施为增加施工车辆，连续施工。

②原材料不规范，在大料中有小料存在。解决办法为调整生产配合比，使筛分曲线符合设计要求，并经常检查。

③内模外松散。解决办法为在摊铺完之后，钢模位置用小型夯具进行夯实后再上压路机碾压。

④中央分隔带的开口设置与通信电缆和中央分隔墙的尺寸不符。应按照下基层 40cm，上基层 80cm 设置预留。

6)数据参数

第一合同段是该项目裂缝控制最好的一个标段，越冬后的基层平均裂缝间距超过 300m，该标段下基层试验段采用标准及试验数据如下：

(1)最大干密度 $\rho = 2.45\text{g/cm}^3$，最佳含水量 $w = 4.3\%$。

(2)水泥掺量：理论 3.5%，实际生产 4%控制。

(3)碎石级配采用(20～30)mm:(10～20)mm:(5～10)mm:(0～5)mm＝23:27:21:29。

(4)7d 测抗压强度平均值 5.2MPa，标准差 S＝0.377，偏差系数 $C_V = 7.3\%$。

(5)取芯结果见表 16-25。

取芯结果 表 16-25

4d(未泡水)			7d(泡水)		
位置	芯样描述	强度(MPa)	位置	芯样描述	强度(MPa)
K4＋545 左 4m	18cm 芯样完整表面局部有孔隙	4.4	K4＋543 左 10m	18cm 芯样完整表面较密实	7.9
K4＋590 左 10m	17.5cm 芯样完整表面局部有孔隙	5.4	K4＋575 左 6m	18.2cm 芯样完整表面较密实	6.8
K4＋615 左 5.5m	17.8cm 芯样完整表面局部有孔隙	4.0	K4＋610 左 7m	17.8cm 芯样完整表面较密实	8.1
			K4＋630 左 11m	18cm 芯样完整表面较密实	
			K4＋505 左 3m	18cm 芯样完整表面较密实	

(6)压实度≥98%。碾压组合:先稳压1遍,强振2遍,弱振2遍,最后胶轮压路机收2次面。

(7)水泥剂量实测数据为3.7%、3.8%、3.9%、4.1%。

16.3 河南岭南高速公路

1)工程概况

河南岭南高速公路是国家规划的二连浩特至广州高速公路河南境内的部分,主线起于南阳与平顶山交界处的分水岭,路线向南经南召县、镇平县、卧龙区、宛城区4个县区15个乡镇,全长98.5km,主线长74.3km,联络线长24.2km,永久性占地645.117ha。全线新建特大桥4座,大桥50座,中桥23座,涵洞104道,互通立交7座,分离式立交10座,通道92处,天桥29座,隧道5道,服务区、停车区各1处。总投资45.66亿元。全线土建工程划分为22个合同段、3个预制合同段、2个监理合同段。

2)施工管理措施

河南岭南高速公路使用振动成型技术时,已先后有大广线濮阳段、大广线周口段、信阳至南阳、泌阳至桐柏等多条高速公路使用过或正在使用该技术,可以说振动成型技术在河南已基本成熟。那么如何在别人的基础上更进一步呢?如何突破别人已取得的成绩呢?河南岭南高速公路项目根据实际采取了如下方法。

(1)石料管理抓大放小

由于濮阳属于贫石料地区,基层石料皆从鹤壁或新乡远距汽运,且附近有数条高速公路与河南大广线濮阳段高速公路同期建设,石料供应十分紧张,属于卖方市场,所以厂家对石料质量都不太重视。在这种情况下,石料管理必须从源头抓起,所以河南大广线濮阳段高速公路要求施工单位派人驻石料厂,一是监督石料质量,二是确保石料供应。因为石料厂产品参差不齐,你不盯着,好料别人就拉走了;你看着能拉到好料,你不看厂里就装次料给你。

而南阳则不同,南阳盛产石料,供应非常充足。由于基层石料相对于面层石料要求低,经业主、监理联合到料场取样,10~20mm、20~30mm、5~10mm等石料的级配、各种指标均满足基层要求,唯有0~5mm的机制砂砂当量指标不稳定。于是河南岭南高速公路采用了主抓0~5mm机制砂的级配及砂当量,兼顾其他档的石料管理的方法(即抓大放小,抓住主要矛盾,兼顾次要矛盾),加大对进场机制砂的检测频率。在没有派人住石料厂的情况下,仍然保证了石料质量(面层仍要派监理驻厂)。

(2)狠抓碾压不放松

基层施工的关键环节是碾压,过去由于上面多次提到的施工单位担心压实度超百的原因,基层施工时许多人都不拿碾压当成重点。采用振动成型技术后,压实标准大幅度提高(比重型击实提高约5%~7%),碾压环节成了头等大事。

从河南大广线濮阳段高速公路的试验段总结可以看出,对碾压工作还是比较重视的,但碾压工艺并不成熟,对设备也没有具体要求,试验段明显存在碾压不足,项目公司在大规模施工中及时进行了纠正。

河南岭南高速公路为了少走弯路,项目公司举办了基层施工专项讲座,制订科学的压实工艺，规定了最低的碾压遍数和最高的碾压速度，碾压时要求监理旁站。

尽管河南岭南高速公路的压实标准提高到了密度2.50kg/cm^{3}以上，抽检时压实均合格。

(3)规定了进场设备的最低标准

过去大家往往认为面层的机械设备重要，而基层无所谓，这是由于过去基层普遍采用悬浮结构和重型击实标准过低造成的。经过河南大广线濮阳段高速公路的实践，对设备的选型要求积累了一定的经验教训。河南岭南高速公路根据骨架密实结构基层的需要，拌和设备主要强调了拌和能力与摊铺机械、压实机械的匹配，并规定不准使用生产时间较长、性能落后的拌和设备。摊铺设备主要是要求抗离析。由于骨架密实结构基层混合料摊铺时易离析，除在级配上优化外还要注意摊铺机的抗离析功能。压实设备规定不少于三台单钢轮振动压路机和一台胶轮压路机，并至少有一台22t以上的进口单钢轮振动压路机。

(4)推荐全幅摊铺

过去基层施工大多数采用双机连铺，并不是因为双机联铺效果好，主要是由于能全幅摊铺的机械抗离析能力差，摊铺后离析严重，所以双机联铺是不得已而为之。“中大”DT系列摊铺机的问世，解决了单机全幅摊铺的离析问题，全幅摊铺平整度高、效率高、不离析的优势便凸现出来。

(5)试用了大厚度摊铺技术

由于水泥稳定碎石基层双机分层摊铺存在上下连接困难、平整度差、效率低、施工周期长等问题，DT系列摊铺机和32t振动压路机的问世，为基层单机全幅摊铺提供了有效保证。河南岭南高速公路路面五标和六标试用了该项目新技术，在全国首次完成了骨架密实级配基层的大厚度全幅施工的试验，达到了预期的效果。图16-20为路面六标大厚度摊铺全景，图16-21为路面五标大厚试验段4d取芯照片。从取芯效果看，芯样比较密实，骨架形成得较好，说明骨架密实结构水泥稳定碎石基层全厚式施工是可行的。

图16-20　六标大厚度摊铺全景

图16-21　路面五标大厚试验段4d取芯照片

(6)科学运用成熟的抗裂技术

通过河南大广线濮阳段高速公路的实践,笔者积累了骨架密实结构水泥稳定碎石基层的施工经验,根据基层强度形成规律和开裂规律,提出了骨架密实结构水泥稳定碎石基层的抗裂机理,已形成完善的理论体系。上述理论是工程实践的总结,用于指导工程实践是非常适用的。

正是将上述经验科学合理应用到基层的施工管理中,才使得河南岭南高速公路基层抗裂效果更上一层楼,越冬基层最大裂缝间距超过了3km。

3)使用效果

图16-22为河南岭南高速公路碾压成型后正在养生的水泥稳定碎石基层表面,可以看出表面比较粗。

图16-23为河南岭南高速公路水泥稳定碎石基层养生后经车辆行驶表面浮浆被磨去后的照片,大粗集完全露出,有利与沥青面层的联结。

图16-22 岭南高速公路水泥稳定碎石基层表面

图16-23 水泥稳定碎石基层养生后经车辆行驶表面浮浆被磨去后的照片

图16-24为河南岭南高速公路水泥稳定碎石基层单层30d取芯照片,从图看混合料级配是比较粗的,骨架形成得也很好,称为骨架密实结构是可以的。芯样表面光滑,几乎没有空隙,说明压实度很高。

图16-24 河南岭南高速公路水泥稳定碎石基层30d取芯照片

图16-25为河南岭南高速公路水泥稳定碎石基层分层施工7d取芯照片,从图看骨架形成的很好,上、下基层黏结得很牢固,两层混合料级配都比较粗且变异很小,说明施工的均匀性好。

图16-25 河南岭南高速公路水泥稳定碎石基层分层施工取芯照片

图16-26为河南岭南高速公路水泥稳定碎石基层7d取芯剖面照片,从图看骨架形成的很好,大料分布均匀,4.75mm以上的粗集料基本上形成了骨架。

图16-26 河南岭南高速公路骨架密实水泥稳定碎石基层7d取芯剖面

4)经验总结

(1)只要控制好机制砂石料的含粉量和砂当量、混合料的级配、摊铺离析和充分碾压,注意施工季节和施工温度,将水泥稳定碎石基层的早期裂缝(路面铺筑前)间距控制在平均1km以上是可行的。

(2)水泥稳定碎石基层施工碾压时可以象面层一样采用组合式碾压技术,可提高碾压效率、节约碾压时间、提高压实质量。

(3)水泥稳定碎石基层最大干密度达到了2.50kg/cm^3以上的骨架密实结构,通过科学的碾压机械选型匹配和合理的碾压工程工艺,可以达到振动成型标准98%的压实度要求。

(4)水泥稳定碎石基层施工时,采用抗离析摊铺机单机全幅施工时,效果优于双机联铺。

(5)骨架密实结构水泥稳定碎石基层施工时,要防止碾压离析。

(6)骨架密实水泥稳定碎石基层施工时,碾压环节是关键之关键,应处理好拌和楼功率与摊铺效率和碾压能力的匹配和设备选型。

(7)32t 振动压路机能满足厚度 36 ~ 40cm(压实后)的大厚度骨架密实结构基层的碾压要求,碾压施工时要遵循"先压薄、再压实"的原则,与分层施工相比压路机的吨位和激振力均要加大,碾压遍数增加。

尽管河南岭南高速公路应用骨架密实结构基层和振动成型技术在抗裂效果上又上了一个台阶,但这两项技术还没有达到完美的程度,如成型试件时各项参数的确定还不是很成熟、科学,抗裂机理尚有待近一步完善,碾压工艺还需要优化,配合比设计仍有潜力可挖等,笔者将在以后的实践中继续完善、总结和归纳。

16.4 骨架密实水泥稳定碎石基层应用总结

根据上面三个项目振动成型技术和骨架密实结构基层的应用情况,应用总结如下:

(1)骨架密实结构的进化

从河南大广线濮阳段高速公路到河南岭南高速公路,骨架密实结构的级配逐渐增粗,从最初的准骨架密实结构级配逐步向新规范推荐的骨架密实结构级配过渡。

从图 16-27、图 16-28 可以看出,河南岭南高速公路的级配比河南大广线濮阳段高速公路的级配略粗,这与目标设计级配是一致的,从图 16-28 看粗集料含量增加的余地不大,如果再增加粗集料含量,除施工碾压困难外,离析会很严重。

图 16-27 河南大广线濮阳段高速公路一标取芯照片

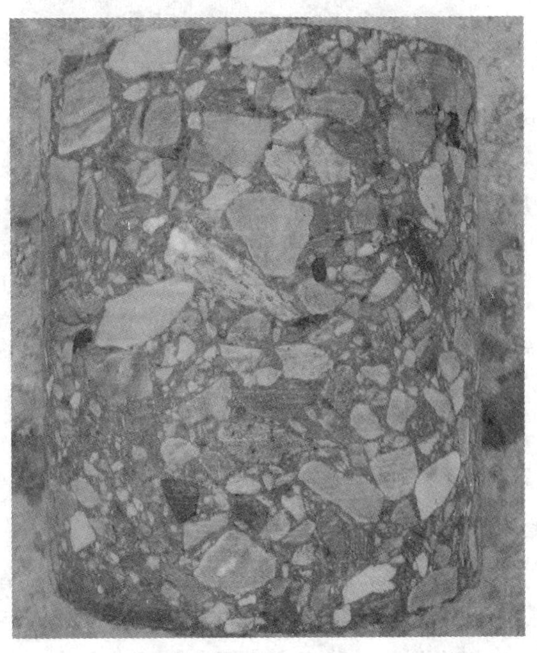

图 16-28 河南岭南高速公路五标取芯照片

从图16-29～图16-31看出，混合料级配逐渐增粗，河南岭南高速公路的水泥稳定碎石混合料级配与新的路面设计规范推荐的骨架密实结构级配已很接近。

图16-29　悬浮结构基层芯样剖面图

图16-30　大广线濮阳段高速公路基层芯样剖面图

从图16-32～图16-34看出，悬浮结构基层表面与骨架密实结构基层表面反差明显，河南岭南高速公路骨架密实结构基层表面较河南大广线濮阳段高速公路骨架密实结构基层表面更粗。

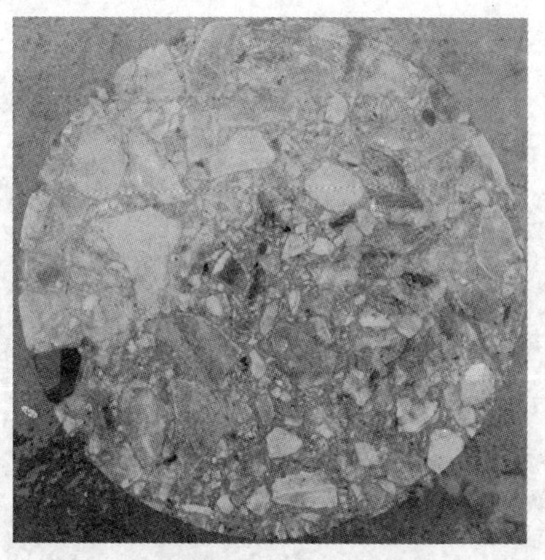

图16-31　河南岭南高速公路骨架密实结构基层芯样剖面

图16-32　悬浮结构基层表面

(2)压实标准逐渐提高

从河南大广线濮阳段高速公路到河南岭南高速公路，随着振动成型技术的完善、压实经验的积累、压实设备档次提高和压实工艺的日趋科学合理，压实标准呈逐渐上升的趋势。过去重型击实得到的水稳定碎石混合料的最大干密度一般在2.35kg/cm^{3}以下，河北青银高速公路用

图 16-33 河南大广线濮阳段高速公路骨架密实结构基层表面

图 16-34 河南岭南高速公路骨架密实结构基层表面

振动成型确定的最大干密度比静压成型增大 2% ~3%；河南大广线濮阳段高速公路水稳定碎石混合料的最大干密度增大到 2.45 ~2.5kg/cm³（表 16-26），压实标准提高了 3% ~5%；河南岭南高速公路水稳定碎石混合料的最大干密度已提高到 2.5kg/cm³（表 16-27）以上，等于压实度提高了 5% ~7%。那么压实标准能不能再提高呢？会继续提高，但增加幅度将很有限，混合料的密度与石料的密度已比较接近了。

河南大广线濮阳段高速公路水泥稳定碎石击实结果 表 16-26

石料及水泥厂家	试验类型	重型击实试验		振动击实试验	
	水泥:级配碎石	3.0:100	3.5:100	3.0:100	3.5:100
井沟碎石 平原牌水泥 $\rho_{振动击实}=1.050\ \rho_{重型击实}$	最佳含水量（%）	3.7	3.8	3.8	3.9
	最大干密度（g/cm³）	2.284	2.291	2.398	2.405
井沟碎石 湖波牌水泥 $\rho_{振动击实}=1.050\ \rho_{重型击实}$	最佳含水量（%）	3.8	3.9	3.9	4.0
	最大干密度（g/cm³）	2.283	2.291	2.397	2.405
井沟碎石 孟电牌水泥 $\rho_{振动击实}=1.050\ \rho_{重型击实}$	最佳含水量（%）	3.7	3.8	3.8	3.9
	最大干密度（g/cm³）	2.285	2.292	2.399	2.406
井沟碎石 海工牌水泥 $\rho_{振动击实}=1.050\ \rho_{重型击实}$	最佳含水量（%）	3.8	3.9	3.9	4.0
	最大干密度（g/cm³）	2.283	2.291	2.397	2.405
新兴碎石 平原牌水泥 $\rho_{振动击实}=1.04\ \rho_{重型击实}$	最佳含水量（%）	4.1	4.2	4.2	4.3
	最大干密度（g/cm³）	2.312	2.318	2.412	2.419
新兴碎石 湖波牌水泥 $\rho_{振动击实}=1.04\ \rho_{重型击实}$	最佳含水量（%）	4.2	4.3	4.3	4.4
	最大干密度（g/cm³）	2.314	2.320	2.411	2.417
通达碎石 湖波牌水泥 $\rho_{振动击实}=1.04\ \rho_{重型击实}$	最佳含水量（%）	3.7	3.8	3.8	3.9
	最大干密度（g/cm³）	2.313	2.320	2.415	2.423

续上表

石料及水泥厂家	试验类型	重型击实试验		振动击实试验	
	水泥:级配碎石	3.0:100	3.5:100	3.0:100	3.5:100
路桥碎石　孟电牌水泥 $\rho_{振动击实}=1.04\ \rho_{重型击实}$	最佳含水量(%)	4.0	4.1	4.1	4.2
	最大干密度(g/cm³)	2.328	2.335	2.431	2.437

河南岭南高速公路水泥稳定碎石击实试验结果　表16-27

标段		试验类型	重型击实试验			振动击实试验		
		水泥:级配碎石	4.0:100	5.0:100	6.0:100	3.0:100	3.5:100	4.0:100
一标	第1次 $\rho_{振动击实}=1.068\ \rho_{重型击实}$	最佳含水量(%)	5.0	5.4	5.6	3.8	3.8	4.0
		最大干密度(g/cm³)	2.34	2.35	2.36	2.50	2.50	2.50
	第2次 $\rho_{振动击实}=1.049\ \rho_{重型击实}$	最佳含水量(%)	5.2	5.4	5.6	4.4	4.6	4.6
		最大干密度(g/cm³)	2.37	2.38	2.39	2.49	2.50	2.50
	第3次 $\rho_{振动击实}=1.061\ \rho_{重型击实}$	最佳含水量(%)	5.6	5.8	6.0	4.4	4.6	4.6
		最大干密度(g/cm³)	2.35	2.35	2.36	2.49	2.50	2.50
	第4次 $\rho_{振动击实}=1.063\ \rho_{重型击实}$	最佳含水量(%)	5.6	5.8	6.0	4.4	4.5	4.6
		最大干密度(g/cm³)	2.35	2.35	2.36	2.49	2.50	2.50
三标	$\rho_{振动击实}=1.054\rho_{重型击实}$	最佳含水量(%)	6.0			4.2	4.2	4.4
		最大干密度(g/cm³)	2.39			2.51	2.51	2.52
四标	第1次 $\rho_{振动击实}=1.102\rho_{重型击实}$	最佳含水量(%)	5.0	5.2	5.8	3.6	3.6	3.8
		最大干密度(g/cm³)	2.35	2.37	2.39	2.56	2.58	2.59
	第2次 $\rho_{振动击实}=1.107\rho_{重型击实}$	最佳含水量(%)	5.0	5.1	5.4	3.6	3.6	3.8
		最大干密度(g/cm³)	2.34	2.38	2.40	2.56	2.58	2.59
	第3次 $\rho_{振动击实}=1.072\rho_{重型击实}$	最佳含水量(%)	4.8	5.0	5.0	3.6	3.6	3.8
		最大干密度(g/cm³)	2.40	2.40	2.42	2.58	2.58	2.58
	第4次 $\rho_{振动击实}=1.103\rho_{重型击实}$	最佳含水量(%)	5.1	5.3	5.6	3.6	3.6	3.8
		最大干密度(g/cm³)	2.34	2.37	2.40	2.58	2.58	2.58
	第5次 $\rho_{振动击实}=1.098\rho_{重型击实}$	最佳含水量(%)	5.1	5.3	5.9	3.6	3.6	3.8
		最大干密度(g/cm³)	2.35	2.36	2.39	2.58	2.58	2.58

续上表

标段		试验类型	重型击实试验			振动击实试验		
		水泥:级配碎石	4.0:100	5.0:100	6.0:100	3.0:100	3.5:100	4.0:100
五标	第1次 $\rho_{振动击实}=1.076\rho_{重型击实}$	最佳含水量(%)	4.6	4.8	5.0	4.0	4.2	4.2
		最大干密度(g/cm³)	2.36	2.38	2.40	2.53	2.53	2.54
	第2次 $\rho_{振动击实}=1.067\rho_{重型击实}$	最佳含水量(%)	4.5	4.7	5.0	3.8	3.8	4.0
		最大干密度(g/cm³)	2.38	2.40	2.42	2.53	2.53	2.54
	第3次 $\rho_{振动击实}=1.072\rho_{重型击实}$	最佳含水量(%)	4.3	4.6	5.0	3.8	3.8	4.0
		最大干密度(g/cm³)	2.37	2.39	2.41	2.53	2.53	2.54
六标	$\rho_{振动击实}=1.069\rho_{重型击实}$	最佳含水量(%)	4.4	4.4	4.6	3.4	3.6	3.6
		最大干密度(g/cm³)	2.40	2.40	2.41	2.57	2.57	2.57
七标	$\rho_{振动击实}=1.064\rho_{重型击实}$	最佳含水量(%)	6.5	6.6	6.6	4.0	4.2	4.2
		最大干密度(g/cm³)	2.33	2.33	2.34	2.47	2.48	2.48

(3)水泥剂量已趋稳定

河南大广线濮阳段高速公路基层设计强度为4MPa,设计水泥剂量为3.5%,河南岭南高速公路上下基层设计强度均为4.5MPa,水泥剂量为3.5%,说明基层设计强度在4~5MPa时,设计水泥剂量约为3.5%~4%。但此时振动成型试件的强度和现场取芯强度仍然很高,低的达到6MPa,高的达到10MPa以上,从理论上讲水泥剂量仍有下降的余地。考虑到施工的因素,水泥剂量再低可能无法拌和均匀,同时对机制砂的砂当量指标要求更高,反而不经济了。从目前看水泥剂量已趋稳定,提高没必要,下降不可行。

(4)经济技术分析

以28m路基标准双向四车道高速公路为例,水泥剂量约为3.5%~4.5%,常规基层水泥剂量一般为4.5%~5.5%,平均节约水泥1%,每吨水泥按300元计,每100km高速公路节约水泥材料费大约1000万元。

从减少基层裂缝对以后养护的影响看,骨架密实结构基层的经济效益远大于上面的计算,其社会效益更是无法用经济标准衡量。

(5)存在问题及不足之处

①双机联铺时接缝处离析较重。

②个别标段贯彻新技术不彻底,造成裂缝全线不均匀。

③含水量全线控制不均匀,个别标段收面后轮迹较重。

④高速公路碾压设备全线没有统一,造成施工时压实度检测不均匀。

(6)受规范限制带来的问题及处理办法

①由于旧的路面设计规范、路面施工技术规范及路面基层施工技术规范中没有振动成型方法(当时新规范未出台),业主单位须征得质监站等有关单位的认可同意。

②由于设计采用强度满足要求、抗裂能力最佳的原则,设计强度以振动成型的强度为标

准，水泥剂量得到了优化，该水泥剂量下的室内重型击实成型试件强度有达不到设计强度的现象，须质监部门对振动成型设计强度标准进行确认。

③由于用于制作试件的振动仪还没有普及，目前一般是一个项目（小项目）或几个标段（大项目）合用一台仪器，振动试验频率无法满足试验规范的要求。在生产中采用振动成型与静压法双轨制的方法，静压法成型按规定频率进行，振动成型每一个星期或一批次水泥、石料进行一次，确定最大干密度，建立振动法最大干密度与静压法最大干密度的对应关系（一般$\rho_{振动击实}=1.02\sim1.07\rho_{标准击实}$），及振动成型强度与静压法成型的强度对应关系。

（7）施工注意事项

①由于水泥稳定碎石基层混合料采用抗裂的骨架密实结构，混合料中0.075mm以下的细料含量要求不大于3%，所以对0～5mm的机制砂要求非常严格。机制砂中0.075mm以下的细集料含量以不大于7%为宜，只有这样才能达到低水泥剂量的要求。

②骨架密实型混合料与传统基层混合料相比级配范围较窄，施工中应尽量避免级配变异，使生产的配合比与目标配合比和实验室配合比相接近，并加大配合比的检查频率。

③由于含水量影响到压实、强度、裂缝等诸多环节，施工中一定要注意含水量的控制，确保碾压结束时含水量大于最佳含水量一个百分点。

④混合料中粗集料含量大，易造成混合料离析。防止离析应从选料、卸料、摊铺三个环节入手，最大限度减少离析。

⑤由于混合料粗集料含量大，压实时相对困难一些，要尽量配置大吨位压路机（22t以上）。施工时可先采用35t胶轮压路柔压一遍，让混合料接近骨架排列，便于进一步压实。因为振动成型的最大干密度较传统成型方式大4%～7%左右，等于压实度提高了4%～7%，压实遍数要增加1～2遍，同时根据石料的不同优化压实机械配置。

⑥基层与底基层之间及上下基层之间摊铺前一定要洒足量的水泥浆，否则会造成钻芯时底部松散，取芯不完整。

⑦由于混合料中水泥剂量较低，如果不加强养生，会造成强度不足和开裂。

（8）影响基层施工均匀性的几个因素

①材料特性的均匀性：如石料（强度、粒径、杂质含量）的均匀性、水泥稳定性。

②配合比的稳定性：称重系统稳定、用水计量稳定、隔离好、混料少。

③机械性能的稳定性：包括拌和、运输、摊铺、碾压环节等。

④洒水泥浆和养生覆盖的均匀。

⑤检测方法、仪器、时间的统一。

⑥测量控制好，厚度均匀等。

河南大广线濮阳段高速公路在河北青银高速公路应用振动成型技术的基础上又有大的改进和提高，如石料均要求用反击破破碎、统一筛网、统一厂家；全部要求用两台摊铺机；全部要求用土工布养生；配合比、压实度控制严格，强度变化范围小；测量、检测控制严格，厚度均匀、裂缝少等。好的方面连续地坚持，一定会带来检测指标均匀性的提高，也就是基层质量的提高，即强度均匀、厚度均匀、离散系数小；裂缝细、少、间距均匀、不会断裂、不会拱起；表面平整、没有松散、色泽一致。

第17章 与骨架密实水泥稳定碎石基层配套的施工技术

根据骨架密实结构水泥稳定碎石基层的特点,参照河南大广线濮阳段高速公路和河南高岭南速公路的施工管理办法和其他使用骨架密实结构水泥稳定碎石基层的高速公路项目公司的经验,将振动成型骨架密实水泥稳定碎石基层配套施工技术总结如下。

(1)在大面积施工前各合同段必须先做200m左右的试验路。

试验路的施工方案应提前编制,并经驻地办审核后报总监办审批。试验路的铺装应达到以下目的:

①确定用于施工的集料配合比。

②确定混合料的松铺系数。

③确定标准的施工方法:

a. 集料的数量控制。

b. 摊铺方法及适用机具。

c. 合适的拌和机械及拌和参数。

d. 集料含水量的增加和控制方法。

e. 压实机械的选择和组合及碾压工艺。

f. 拌和、运输、摊铺和碾压机械的协调与配合。

④确定每一作业段的合适长度。

⑤总结出振动成型骨架密实水泥稳定碎石基层施工的各工艺参数、设备参数、配合比、水泥剂量等,与重型击实悬浮结构水泥稳定碎石基层对比。

⑥总结出与骨架密实水泥稳定碎石基层配套的施工技术。

(2)要加强施工管理,建立健全工程技术保证体系。

基层开工伊始公司要成立由项目公司、监理、施工单位共同参与的“工程技术保证体系”(表17-1)。为了充分发挥体系的作用和将体系落到实处,公司要求将工程技术保证体系细化,将工程技术责任落实到人,不仅每个单位工程、分项工程要有责任人,而且将责任细化到每道工序、每个操作工人。

17.1 原材料质量控制

1)水泥

普通硅酸盐水泥、矿渣硅酸盐水泥和火山灰质硅酸盐水泥均适用。宜采用32.5级或

××××高速公路水泥稳定碎石基层工程技术保证体系框图　　表 17-1

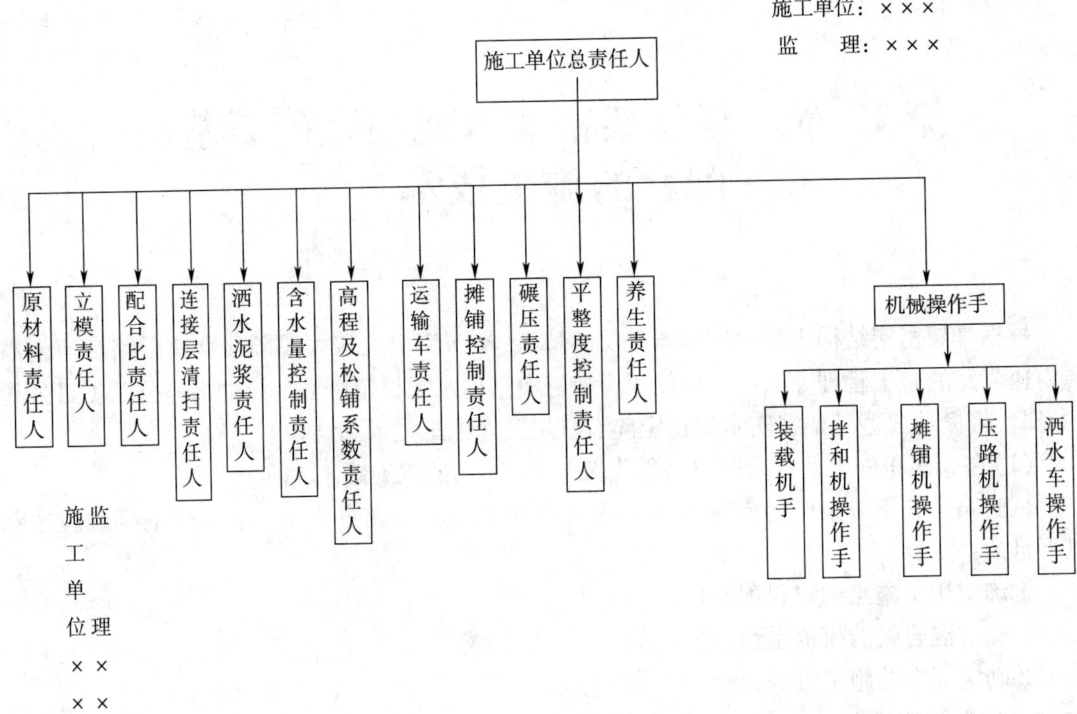

42.5 级的水泥，旋窑生产，初凝时间在 3h 以上，终凝时间在 6h 以上。但不得使用快硬水泥、早强水泥以及已受潮变质的水泥。在质量满足要求的前提下，尽量降低工程造价，不盲目选择价高运距远的极品水泥。

施工单位和监理对每车水泥都要按规定的频率抽检，水泥需做细度、初凝和终凝时间、安定性、胶砂强度试验。

尽量不要在施工过程中间更换水泥，如果确实需要更换，在质量合格的前提下要重新做配合比试验。

2）水

一般饮用水都可以使用，尽量使用井水，不得使用浑浊水和污水。如遇有可疑水源，应委托有关部门化验鉴定。

3）石料

石料的好坏是决定骨架密实水泥稳定碎石基层是否能充分发挥抗裂效果的最关键要素之一。石料质量控制在我国普遍比较落后，悬浮结构基层对石料的级配、细集料的砂当量要求相对低一点，而骨架密实结构基层对石料的级配、细集料的砂当量要求很高。

（1）石料基本要求

碎石的单粒石料最大粒径不应超过 31.5mm；碎石的压碎值应不大于 30%；有机质含量不应超过 2%；硫酸盐不应超过 0.25%。其颗粒组成满足设计要求，即单档石料的级配和合成级配均应满足设计要求。

（2）原材料实验

按规定的频率进行石料筛分、压碎值、含泥量、砂当量等实验。

(3)加强对石料的管理

石料的质量控制是基层施工的关键环节,也是最难控制的一个环节,要下大力气,否则无法发挥骨架密实结构的优势。控制措施如下:

①石料厂家经优选后采用固定的厂家供应固定标段的方法,为防止施工单位从社会上进料,所有的材料款一律由合同单位委托业主向石料厂家直接付款。

②每个石料场,业主派一名石料监理、施工单位派一名专职的石料管理员进驻,每天的产量、规格、质量、出料等实行日报,以加强动态管理。

③加大对进场石料的抽检力度,加强进场石料的管理,不同品种、不同批次的石料不得混放。

④制定了专项的石料卸料、堆料、上料的工艺。

关于对石料的质量控制,本书上篇作了详细的介绍。

(4)控制单档石料的级配

水泥稳定碎石基层一般由 4 档石料组成,分别是 0 ~ 5mm、5 ~ 10mm、10 ~ 20mm、20 ~ 30mm。为了保证合成级配的准确,必须控制单档石料的级配(表 17-2)。

骨架密实结构水泥稳定碎石基层石料参考级配(%) 表 17-2

筛孔(mm) \ 粒径规格(mm)	20 ~ 30	10 ~ 20	5 ~ 10	0 ~ 5
31.5	100			
26.5	90 ~ 100	100		
19	0 ~ 10	90 ~ 100	100	
9.5	0	0 ~ 10	90 ~ 100	100
4.75		0	0 ~ 10	80 ~ 90
2.36			0	55 ~ 65
0.6				25 ~ 35
0.075				5 ~ 10

对于粒径大于 5mm 的石料,重点控制级配。

据调查,在施工现场,许多施工单位不注视单档石料的级配,只重视合成级配。岂不知合成级配是由单档料的级配决定的,单档料的级配不合格,很难配出好的合成级配。

(5)细集料质量控制要点

0 ~ 5mm 的细集料需采用机制砂,不得使用下脚料,重点控制级配和砂当量指标。砂当量不得不小于 60%,通过 0.075mm 筛孔的细粒料质量不超过 6%。

0 ~ 5mm 的细集料为什么需采用机制砂,不得使用下脚料呢? 0 ~ 5mm 的细集料是有级配要求的一档石料,而下脚料基本上是石料生产中的废料,不但无级配可言,而且含泥量大,即使含泥量不大也都是粉料，使用后基层将产生大量的裂缝。机制砂是采用专门的加工设备，利用粗破后的石料加工而成的满足级配要求的细集料。

另外，这要从水泥稳定碎石基层的裂缝产生机理说起。裂缝主要是由于混合料的干缩和热胀冷缩引起，其中干缩占了较大的比重，可以说水泥稳定碎石基层的早期裂缝(通车前的裂缝)主要是由于混合料的干缩引起的。

大家都清楚，混合料的干缩是由0.6mm以下的细集料产生的，0.6mm以下的粉料含量越大，干缩量就越大，基层开裂越严重。图17-1为均匀的骨架密实结构，5~10mm、10~20mm、20~30mm三档粗集料形成了骨架。骨架间的空隙要由0~5mm的细集料和水泥填充，如果0~5mm的细集料采用机制砂，0.6mm以下的粉料含量占了很小的比例，产生的裂缝就很少；如果0~5mm的细集料使用下脚料，等于空隙基本上由粉料填充，裂缝大大增加。这就是为什么同样是骨架密实结构，水泥剂量差不多，有的基层几百米一道缝，而有的几十米一道缝。

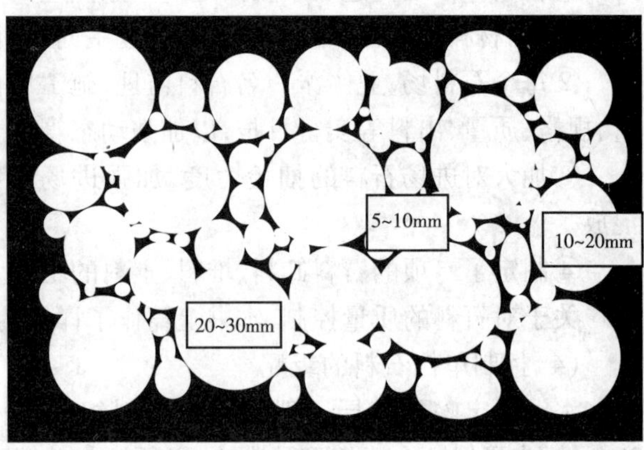

图17-1 均匀的骨架密实结构

17.2 配合比控制

水泥稳定碎石基层施工时，由于石料的变异不可避免，实际施工中级配是不断变化的，要适时调整生产配合比。从理论上讲，生产配合比要与目标配合比愈接近为最佳，但工程实体中往往二者相差很大，在生产管理中，业主和监理都要求一个标段从一个石料生产厂进料，不要中途随意更换，但由于多种因素很难做到这一点。当两个厂家的料相混合时级配变异在所难免了，这也是工程中无法回避的事实。即使是同一厂家的料，也仅是相对几天级配固定，换新筛网后、筛网磨损后、振动筛激振力调整后均会引起石料的级配变异。

在做目标配合比时一般施工单位都没有大规模进料，做目标配合比的样品大多是从生产厂家取样或从施工单位进的少量料中取样，往往大规模进料时与前期的样品差别很大，这是由于我国石料加工水平普遍较低决定的，是一个普遍问题。施工接近尾声时，正是管理最松懈的时候，这时候路面、房建、交通机电工程、标志、标线等交叉施工，业主和监理都无暇管得过细，施工单位或材料代理商会从社会料场多头进料。另外工程后期，底基层、基层、底面层施工未用完的料施工单位往往用于中、上面层。这几年高速公路发展很快，许多地方多条高速公路同时施工、同时通车，后期石料会发生紧张，有的平原区或贫石料地区这种现象更严重，为了通车、为了赶工期，放松对石料的管理是无可奈何的事情。工程后期施工单位到路上见石料车就抢，根本顾上级配和质量是否合格，我想这种事许多路上都出现过。施工环境不好的地方，石料被地方势力控制，施工单位受制于这些人，业主、监理也不敢管，造成石料质量失控。这是社会环境造成的，也不是某一两个人能解决的问题。

所以，水泥稳定碎石基层施工时配合比是动态的，但要在一定的范围内浮动，即在设计的级配范围内变化。关于水泥稳定碎石混合料的级配范围，路面基层施工技术规范给的范围大，建议采用2006年版沥青路面设计规范推荐的级配范围。根据笔者的施工和管理经验，推荐3种级配(表17-3)。

骨架密实水泥稳定碎石基层混合料推荐级配　　表17-3

级配类型	通过下列方筛孔(mm)的质量百分率(%)						
	31.5	19.0	9.5	4.75	2.36	0.6	0.075
新《公路沥青路面设计规范》推荐级配	100	68~86	38~58	22~32	16~28	8~15	0~3
推荐级配1	100	76~89	47~57	29~39	17~27	8~15	0~3.5
推荐级配2	100	75~85	47~59	29~40	17~27	8~16	0~5
推荐级配3	100	72~89	47~67	29~49	17~35	8~22	0~7

1)配合比调整原则

配合比调整时要遵循两个原则，一是根据混合料变异情况调整配合比，二是根据施工能力调整配合比。

(1)根据混合料变异情况调整配合比

根据对混合料的筛分结果，当生产级配与目标级配不一致发生变异时，要及时调整配合比。

(2)根据施工能力调整配合比

根据施工能力调整配合比是作者的一个新思路，是基于骨架密实结构的特殊性而提出的。前面的章节讲过，如图17-2最大粒径的粗集料相抵，形成了很好的骨架，但由于缺少中间档的料，摊铺时离析严重，无法保证工程质量，施工难度较大。但是如采用抗离析的摊铺机，改革施工工艺，能达到图17-2效果将是理想的骨架密实结构；图17-1也为骨架密实结构，相对于图17-2，中间档料多，施工和易性好，但成型后骨架效果没有图17-2好。

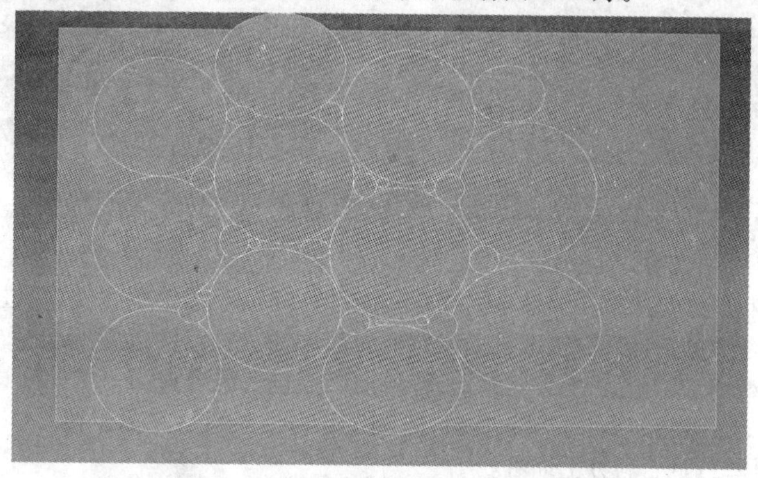

图17-2　最大粒径粗集料相抵的骨架密实结构

由于各施工单位的管理水平不一,机械配置不同,配合比要相应做出调整,这一理论也是基于骨架密实结构而提出的。

不同的骨架密实结构对施工能力(主要是压实能力)的要求是有差别的,要适时调整。

图 17-2 混合料对施工单位的管理水平要求高,对压实机械的配置要求高,并要求增加压实遍数、改革压实工艺,不是每个单位都能做到的。图 17-1 混合料对施工水平和机械配置要求相对低一点。施工单位应根据自己的生产管理水平和机械的配置量力而行,科学调整配合比。具体讲,新的《公路沥青路面设计规范》(JTG D50—2006)给出了骨架密实结构基层水泥稳定碎石混合料配合比的级配范围,该级配较粗,如果施工单位的管理能力强,压实机械配置水平高,可选用该级配;如果施工单位管理水平不高,压实机械配置相对低就选择细一点的级配,适当调大 4. 75mm 以上筛孔的通过率,选择表 17-3 的推荐级配,以降低施工难度。推荐级配从 1 到 3,4. 75mm 以上筛孔的通过率逐渐增大,施工的和易性增大,施工难度降低。

另外,施工季节对骨架密实结构基层的影响也很大,冬季节施工温度最好不低于 5℃,否则强度增长不均匀会取芯不完整,配合比不宜太粗。高温施工时,由于强度增长快,在同等水泥剂量下,如果施工能力跟得上,级配可适当粗一点,可调整为新规范推荐的级配范围或接近新规范推荐的级配范围。

2)配合比检查

每个标段每 4h 做一次原材料筛分和摊铺机后取样筛分及水泥剂量测定,确保生产配合比变异小,设专人监控配合比(图 17-3)。

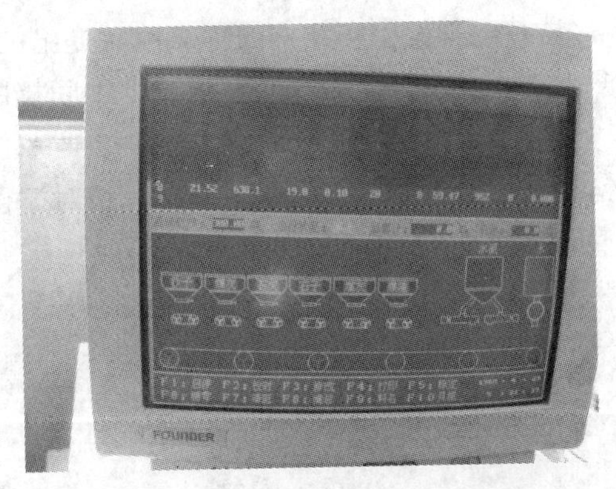

图 17-3 拌和楼控制室

(1)混合料取样方法

过去混合料取样一般都在运输车上或拌和楼出料口取样,没有代表性,经过摊铺环节后混合料级配将发生大的变异。在摊铺机后取样最有代表性,是最后的定型级配。方法是将取样托盘放在摊铺机前,做好托盘的位置标记,待摊铺机通过后混合料均匀摊铺到托盘里,将托盘取出对托盘里的混合料进行筛分和水泥剂量测定。取出托盘后在原位留下一个混合料空白区,用摊铺机斗里的混合料补上即可。

在摊铺机后取样除了可以进行常规的混合料筛分和水泥剂量滴定试验外,重要的是还可以检查摊铺质量和摊铺效果,查看摊铺时是否产生上下离析。

(2)原材料取样方法

对水泥稳定碎石混合料使用的4档0~5mm、5~10mm、10~20mm、20~30mm原材料也要定时进行筛分试验,取样时要在料堆上、中、下三个位置分别取样,然后混合4分,这样取样才有代表性。如果图省事在一个位置取样,筛分结果不准确,影响配合比的调整。

3)施工中级配的调整

实际施工中使用标准级配模板调整配合比。

(1)标准级配模板简介

水泥稳定碎石基层混合料各档石料用量的确定,就是利用线性规划理论,在实际级配中值与设计级配中值之差的平方和为最小值的目标前提下,得出的各档料的用量比例。即为线性规划问题的第二类,目标函数为最小值问题。

图17-4为水泥稳定碎石基层混合料标准级配模板,由两大部分组成,下部为级配图,上部为数据表。级配图与数表是联动的,规划求解后根据数表结果自动组成级配图。调整数据表中的数值,级配图会自动调整;同时调整级配曲线时数据表中的数值也会自动更新。

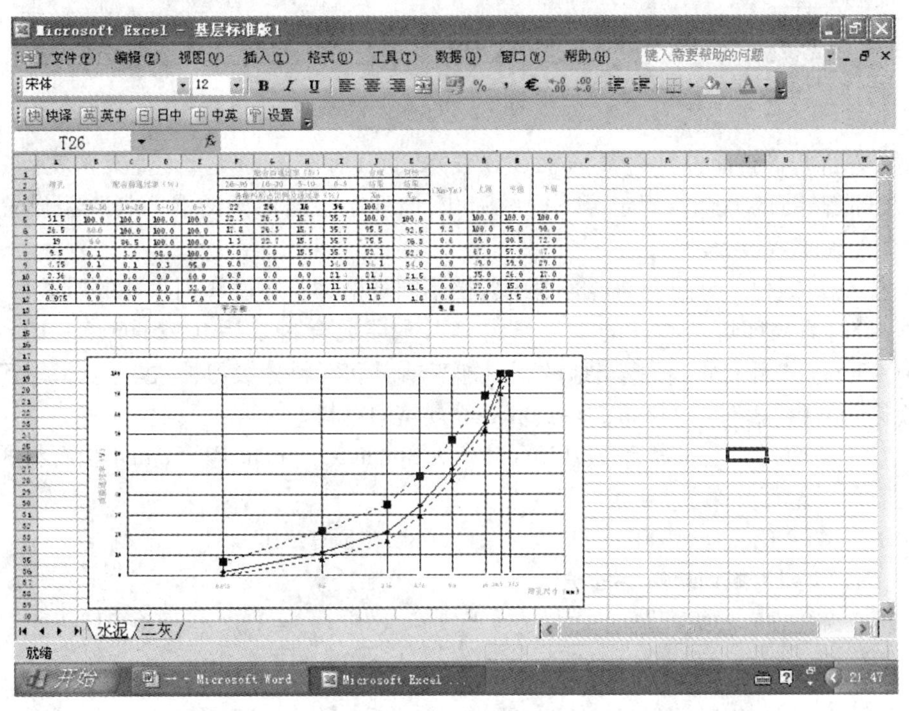

图17-4 水泥稳定碎石基层混合料标准级配模板

级配图中有3根曲线,上面的曲线为级配上限,下面的曲线为级配下限,中间为合成级配曲线,级配上、下限构成目标级配的级配范围。

图17-5为水泥稳定碎石基层混合料标准级配模板数据表。数据表中:

①*A*列 为筛孔尺寸,是规范规定的骨架密实水泥稳定碎石基层混合料标准方孔筛孔

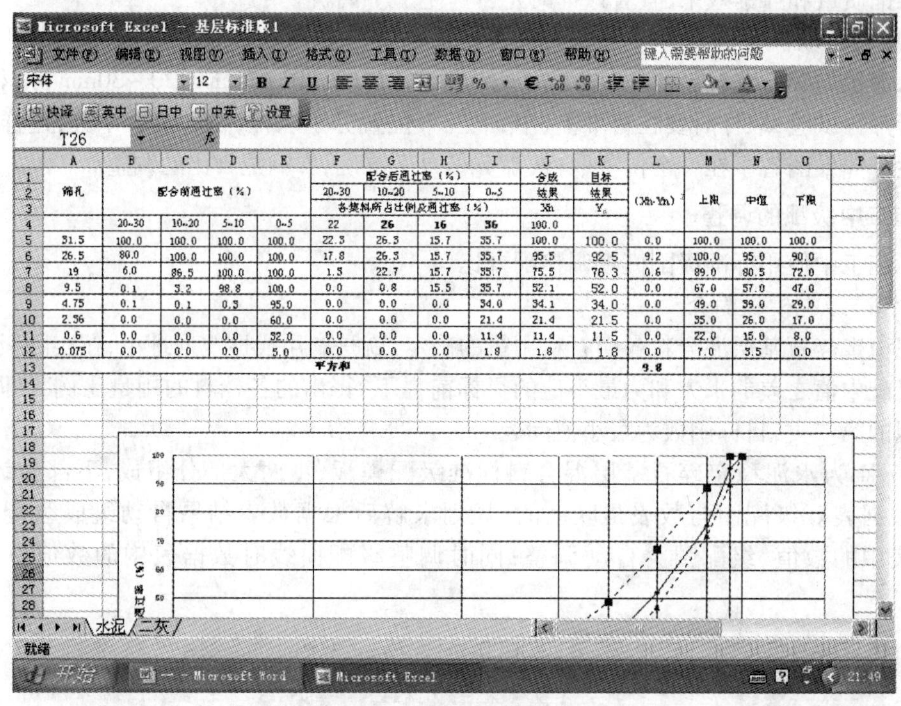

	A	B	C	D	E	F	G	H	I	J	K	L	M	N	O
1	筛孔	配合前通过率(%)				配合后通过率(%)				合成	目标	$(Xn-Yn)^2$	上限	中值	下限
2						20~30	10~20	5~10	0~5	结果	结果				
3						各集料所占比例及通过率(%)				Xn	Yn				
4		20~30	10~20	5~10	0~5	22	**26**	**16**	**36**	100.0					
5	31.5	100.0	100.0	100.0	100.0	22.3	26.3	15.7	35.7	100.0	100.0	0.0	100.0	100.0	100.0
6	26.5	80.0	100.0	100.0	100.0	17.8	26.3	15.7	35.7	95.5	92.5	9.2	100.0	95.0	90.0
7	19	6.0	86.5	100.0	100.0	1.3	22.7	15.7	35.7	75.5	76.3	0.6	89.0	80.5	72.0
8	9.5	0.1	3.2	98.8	100.0	0.0	0.8	15.5	35.7	52.1	52.0	0.0	67.0	57.0	47.0
9	4.75	0.1	0.1	0.3	95.0	0.0	0.0	0.0	34.0	34.1	34.0	0.0	49.0	39.0	29.0
10	2.36	0.0	0.0	0.0	60.0	0.0	0.0	0.0	21.4	21.4	21.5	0.0	35.0	26.0	17.0
11	0.6	0.0	0.0	0.0	32.0	0.0	0.0	0.0	11.4	11.4	11.5	0.0	22.0	15.0	8.0
12	0.075	0.0	0.0	0.0	5.0	0.0	0.0	0.0	1.8	1.8	1.8	0.0	7.0	3.5	0.0
13						**平方和**						**9.8**			

图 17-5　水泥稳定碎石基层混合料标准级配模板数据表

径。新的《公路沥青路面设计规范》(JTG D50—2006)对于不同类型(骨架密实型、悬浮密实型、二灰碎石等)的混合料规定了不同的筛孔,该列应根据不同的混合料类型设置不同的筛孔。

②B、C、D、E 四列　为配合前混合料中各档不同规格碎石通过 A 列筛孔的质量百分率,是已知数据,只需输入即可。本表的水泥稳定碎石基层混合料采用 0~5mm、5~10mm、10~20mm、10~30mm 4 种材料,根据当地的石料加工情况和石料分级习惯,也可以采用 5 档石料或其他规格的石料,如 10~25mm、20~30mm 等规格的石料。

③F、G、H、I 四列　为配合后 20~30mm、10~20mm、5~10mm、0~5mm 4 档石料通过 A 列各筛孔的石料质量百分率。

其中 $F_4 + G_4 + H_4 + I_4 = 100$。

该 F、G、H、I 列为规划求解后的值。

④J 列　为合成后的级配范围中值,$J_n = F_n + G_n + H_n + I_n = X_n$　$n = 5、6\cdots12$。

⑤K 列　为目标级配范围的中值,$K_n = Y_n$　$n = 5、6、7、\cdots12$

⑥L 列　为$(X_n - Y_n)^2$,即$(K_n - J_n)^2$,要求 $\text{sum} = \sum_{n=5}^{n}(X_n - Y_n)2 = \min$

⑦M、N、O 列　为给出的级配范围,分别为上限、中值和下限。

(2)求解混合料中各档集料用量比例

电算步骤

第一步:输入单档集料的筛分结果及目标级配范围中值。

如图 17-5,利用现有模板在 B、C、D、E 四列输入各规格集料的筛分通过率。

在 K 列输入目标级配中值。

在 M、N、O 列输入确定的级配上限、中值、下限。

因为该模板是按照数解法的公式编辑好的计算程序，J 列、K 列的计算公式已输入进去，不用输入者再重新建立。

第二步：设置规划求解参数。

要进行规划求解，必须建立目标控制多件和约束条件。

目标控制条件前面已提到即　$\text{sum} = \sum_{n=5}^{n}(X_n - Y_n)2 = \min$

约束条件为：$M_n > J_n > O_n$

①如图 17-6，在 Excel 工具栏中点击规划求解，出现图 17-7 所示的“规划求解”参数对话框。

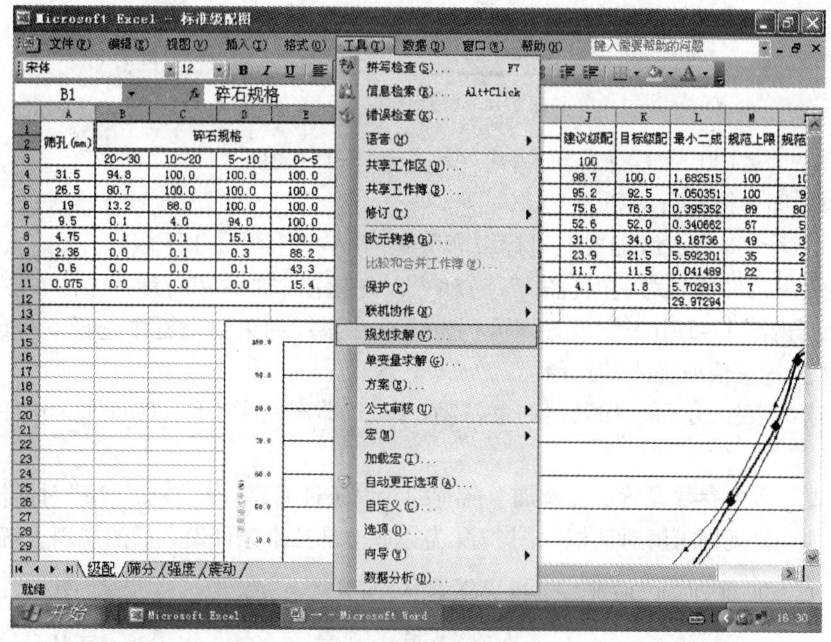

图 17-6　选择规范求解

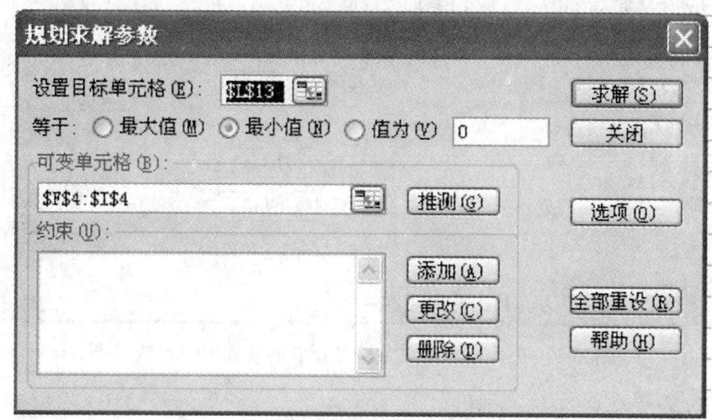

图 17-7　规划求解参数对话框

②设置目标单元格。在规划求解参数对话框中，将目标单元格设置为 L_{13}（在图 17-5 点击 L_{13} 方格框即可），选中最小值选择。即合成级配中值与目标级配中值差的平方和为最小值。

③设置可变单元格。按照图 17-5，可变单元格为 F_4、G_4、H_4、I_4；在图 17-5 中点击上面 4 个方格框即可。

④设置约束条件。单击图 17-7 中规划求解对话框中的“添加”按钮，弹出“添加约束”对话框（图 17-8），在该话框中依次输入各条约束条件。

F_4、G_4、H_4、$I_4 \geqslant 0$　即 4 档料所占比例不能为负；

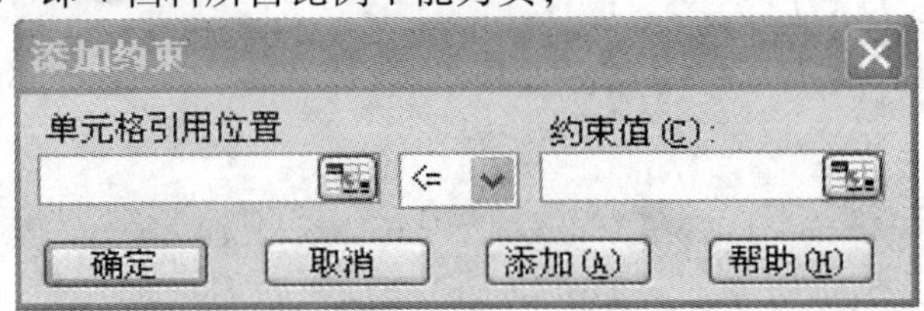

图 17-8　“添加约束”对话框

F_4、G_4、H_4、$I_4 \leqslant 100$　即 4 档料所占比例小于或等于 100%；

$J_4 = 100$　即 4 档料所的和为 100%；

$M_n > J_n > O_n$　即合成级配要在目标级配范围内，小于上限高于下限。

将上述约束条件通过对话框（图 17-8）输入。光标在添加约束对话框中的左侧“单元格引用位”，鼠标点击图 17-5 中相应位置即可（如 F_4），在添加约束对话框中选择 > 号或 < 号或 = 号，在右侧选择约束值或输入约束值。

除了上述约束外，还可增加其他约束，如 $G_4 \geqslant 25$，即规定了 10 ~ 20mm 这档料的用量不能小于 25%。

⑤完成规划求解参数设置。在添加了所有的约束条件后，单击“添加约束”对话框的“添加”键后，将重新弹出“规划求解对话框”，图 17-9 为完成全部约束条件设置后的规划求解对话框。

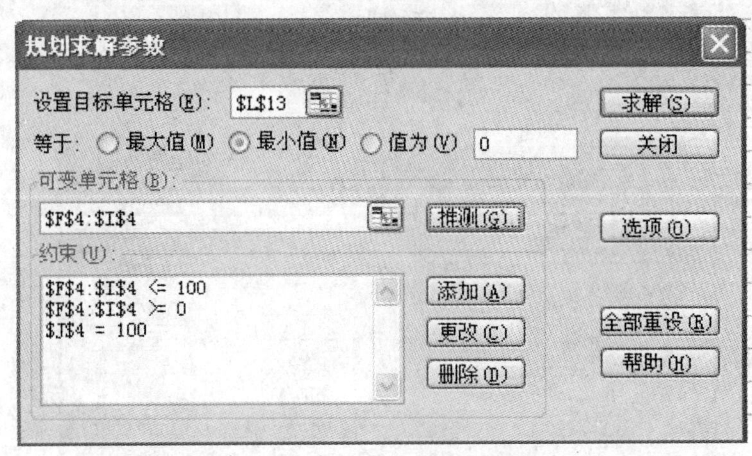

图 17-9　完成全部约束条件设置后的规划求解对话框

第三步：规划求解计算各种集料用量。

单击“规划求解参数”（添加完所有约束条件）对话框的“求解”按钮，开始进行规划求解运算，最后跳出图 17-10 所示的“规划求解结果”对话框。

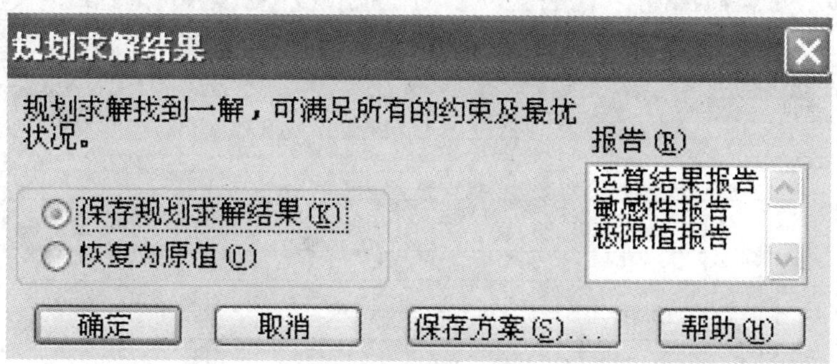

图 17-10 “规划求解结果”对话框

如果求解结果为有解，选中“保存规划求解结果”，单击“确定”按钮，结束整个求解，在选中的可变单元格中将出现要计算的各集料用量(图 17-11)。

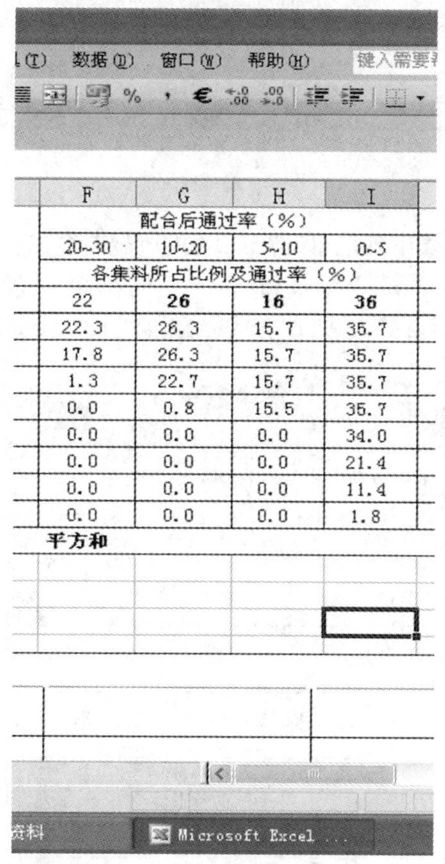

F	G	H	I
配合后通过率（%）			
20~30	10~20	5~10	0~5
各集料所占比例及通过率（%）			
22	**26**	**16**	**36**
22.3	26.3	15.7	35.7
17.8	26.3	15.7	35.7
1.3	22.7	15.7	35.7
0.0	0.8	15.5	35.7
0.0	0.0	0.0	34.0
0.0	0.0	0.0	21.4
0.0	0.0	0.0	11.4
0.0	0.0	0.0	1.8
平方和			

图 17-11 计算的各集料用量

第四步：完成合成级配曲线。

本模板上部的数表和下部的合成级配曲线图是联动的，上面的数表规划求解结果生成后，自动完成合成级配曲线(图 17-12)。

(3)调整合成级配曲线和各档集料用量、检验各档石料级配

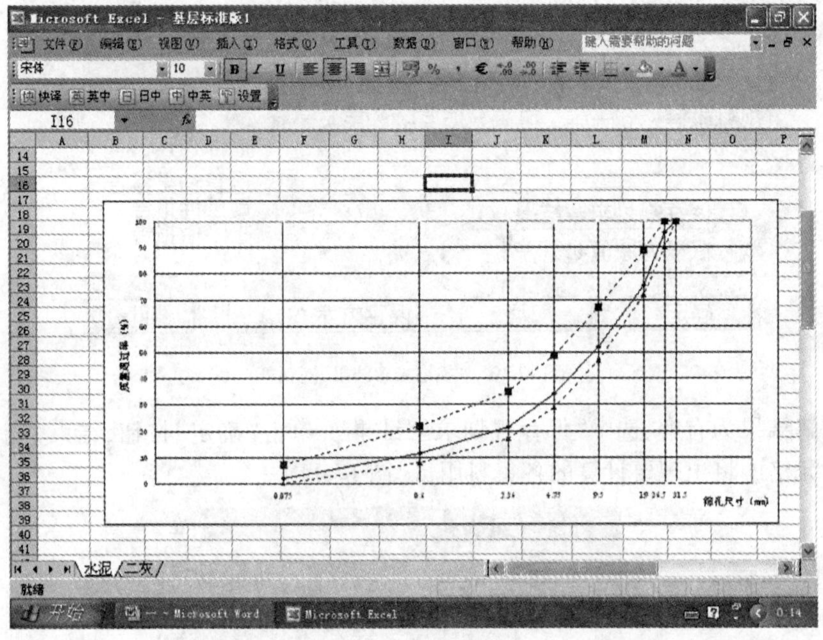

图 17-12　合成级配曲线

如果生成的合成级配曲线不理想，如图 17-13 的级配曲线，2. 36mm 筛孔的通过率太高，说明 0. 6 ~ 2. 36mm 之间的料太多，2. 36 ~ 4. 75mm 之间的料太少，没有逐级填充空隙，级配存在缺陷，可通过调整各档集料用量的方法，使合成级配科学。

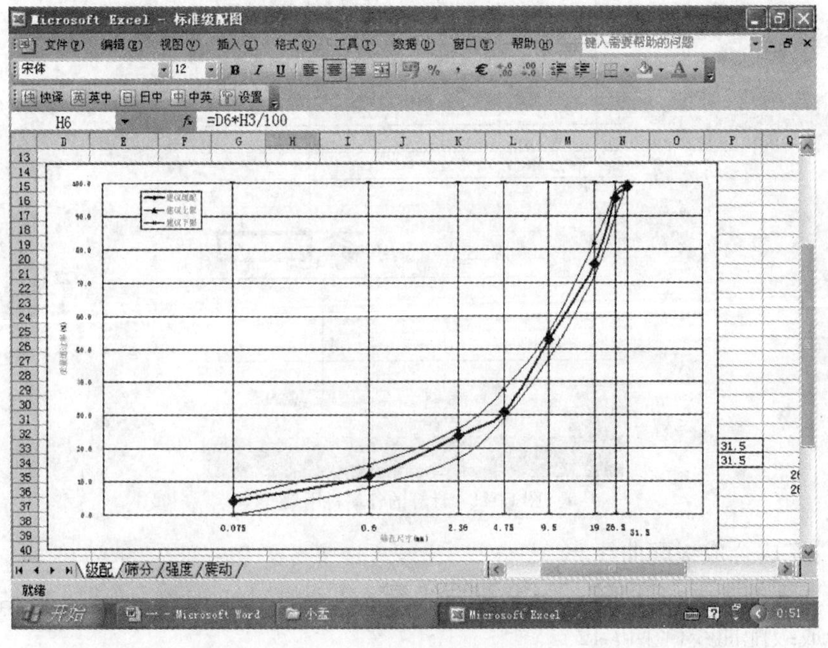

图 17-13　有缺陷的级配

在实际求解中，可能会出现某档料用量过小或过大问题，在生产中造成用料不平衡，可通过添加约束条件的办法，让某档料最低不能小于某一值或最大不超过某一值，来调整各档集料的用量，同时满足合成级配在目标级配范围内。

如果合成级配曲线不理想，用尽各种办法也不能调整到理想水平，说明各档集料级配有问题，可通过设置约束，调整配合前石料的通过率，达到最佳合成级配曲线后，按照新调整的单档石料级配生产石料，既可满足最佳级配要求。

17.3 施工设备

过去水泥稳定碎石基层普遍采用悬浮结构，施工难度不大，加上采用重型击实成型的压实标准很低，碾压时压实度很容易达到，使人们对水泥稳定碎石基层施工时施工设备的重要性认识不够，对设备的配套及选型研究的不够深入。采用振动成型后，压实标准大幅度提高，相应要提高压实机械的配置和压实能力；同时骨架密实结构基层混合料由于粗集料含量大，易发生离析，所以要使用抗离析的摊铺机。

基层施工时要注意机械的匹配，具体讲主要是拌和机与摊铺机的匹配。基层施工机械中拌和楼和摊铺机是主导机械，压路机是附属机械。附属机械不是次要机，附属与主导主要是依设备选型参配的依据，不是重要程度的划分。事实上，对于骨架密实水泥稳定碎石基层施工，压实设备是最主要的机械。压路机根据摊铺机作业能力和压实的难易程度配置。如果施工单位有满足施工要求的拌和楼，那么摊铺机的配置要根据拌和机的作业效率而定；如果施工单位有满足要求的摊铺机，那么拌和楼的配置要根据摊铺机的生产能力选择。过去施工时常常发生拌和楼与摊铺机不配套的事，有的施工单位选择功率很大的全幅摊铺机，而拌和楼选择小时产量300t的，造成摊铺机行驶速度慢不能以最佳摊铺速度作业或摊铺机等料；有的施工单位建两套500型的拌和楼，却选择小功率的双机联铺作业形式，造成一台拌和楼闲置。

对于骨架密实水泥稳定碎石基层，设备的配套与选型与传统的悬浮结构基层施工时差别很大，这是一个新课题，可供参考的资料很少，下面笔者根据施工经验简要介绍供大家参考。

1）拌和设备

由于拌和楼安装周期长，要选择出料能力有富余的拌和楼，以防止工期提前或其他因素赶工时拌和能力跟不上。摊铺机和压路机更换起来相对容易，根据施工的具体情况配备，发生变化时随时进行调整。

由于骨架密实结构水泥稳定碎石混合料中粗骨料含量多，水泥剂量小，对拌和机械的拌和能力要求较高，在选择拌和机时要尽量选用功率大、近几年出厂的新设备，不要选用太陈旧的设备。对于拌和设备，不一定非要选择进口的，国内名牌的水泥稳定土成套拌和设备即可满足生产要求，但要避免选择生产规模小、粗制滥造的拼装设备。

拌和机械必须采用强制式拌和机（图17-14），小时产量不少于600t，具有电子配料系统，并能自动打印出数据（图17-15）。上料仓不得少于4个。上料仓上口之间要用隔板隔开，上口要加装带有倾斜度的铁筛子（图17-16），以筛除超过粒径的碎石。装载机装料斗的宽度要小于储料斗的上口宽度，避免混料而改变级配。

图 17-14　拌和楼全景

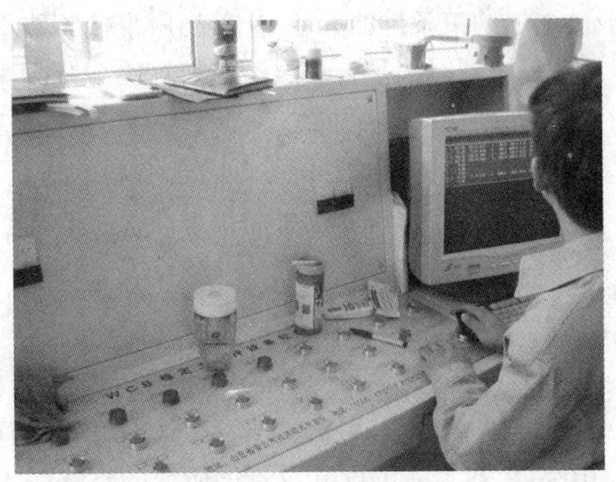

图 17-15　能自动打印数据且带有电子配料系统

图 17-16　料仓之间用隔板隔开，上口加装带有倾斜度的铁筛网

图 17-16 的上料仓符合要求，各料仓之间用隔板隔开，上口加装了带有倾斜度的铁筛子，但是由于上料太过，堆料高度超过了隔板高度，隔板形同虚设。

拌和设备生产能力的选择，要根据总工程量、施工工期、摊铺机的行驶速度、摊铺机厚度等因素综合决定。

一般情况下，水泥稳定碎石基层施工平均每天能完成单幅单层 800 ~ 1000m，以标准双向四车道高速公路为例，基层宽度按 13m、单层厚度 0. 18m 计算，每天约需拌和混合料 6000t，施工时间按每天 12h，需要拌和能力约每小时 500t，考虑到拌和效率，至少需要一台小时产量 600t 的拌和楼。

按摊铺机的摊铺能力计算如下：

仍以摊铺双向四车道高速公路为例，基层宽度按 13m、单层厚度 0. 18m、摊铺速度以每分钟 2 ~ 3m 计算，约需混合料 700 ~ 1000t，摊铺效率按 85% 计算，考虑到拌和效率相抵，需混合料 1000t 左右，需要配备两台 500 型的拌和机。

对于双向六车道、八车道的高速公路水泥稳定碎石基层施工，拌和能力的计算参照上面的方法计算，大约需要两台 600 型的拌和机。

对于全厚式施工的水泥稳定碎石基层，拌和能力的计算方法同上，大约需要两台 600 型的拌和机。

2）摊铺设备

基层施工对摊铺机的要求相对于沥青面层稍低一点，进口设备较好，国产设备只要能满足施工要求也可以使用，双机、单机均可。双机联铺需两台摊铺机同一型号、新旧程度相当（购机在3年之内）、振实度相等（大于或等于85）的摊铺机，要求两台的夯实力量及频率必须保持一致，工作宽度满足幅宽的铺装要求。

对于水泥稳定碎石基层施工是选择双机联铺好，还是单机全幅摊铺好，我的观点是，对于悬浮结构基层，单机、双机都可以，并且效果都不错，建议优先考虑全幅摊铺；对于骨架密实结构水泥稳定碎石基层，我的观点是视具体情况而定。如果有抗离析的全幅摊铺机建议优先考虑（图17-17），如果没有抗离析的摊铺机，建议选用新机双机联铺（图17-18）。

图17-17 单机全幅摊铺

图17-18 双机联铺

由于骨架密实结构基层水泥稳定碎石混合料易离析，单机摊铺时要求摊铺机抗离析能力强。国产品牌陕西"中大"摊铺机在抗离析方面走在了世界前列，其DT系列摊铺机（图17-19）的抗离析能力优于进口同类产品。

图17-19 "中大"DT1400摊铺机

从图17-20可明显看出，单机摊铺平整度很高，表面混合料分布均匀，无离析，不存在双机联铺时接缝处平整度差的情况。双机摊铺，平整度显然差多了，表面离析严重，混合料分布不均匀。

图 17-20　单机摊铺与双机摊铺的效果对比图

为了基层的整体性好,如果具备大厚度全幅摊铺机条件,基层不分层全厚式施工最好,因为水泥稳定碎石基层全厚式施工技术已经非常成熟。目前只有陕西“中大”DT 系列摊铺机(图 17-19)能满足基层全厚式摊铺,且在国内多条高速公路施工中成功应用。但是由于骨架密实结构水泥稳定碎石基层全厚式施工应用的不是很多,虽然从技术上讲已经可以实施,施工中还有管理、设备等因素,要慎重采用。在大面积实施前要认真做试验段,只有在万无一失的情况下才能使用,否则如果因为其他原因失败了往往归结于新技术不行。

3)压实机械

由于过于水泥稳定碎石施工时,采用静压成型试件,压实标准偏低,用一般的 18t 振动压路机两三遍就超百了,造成水泥稳定碎石施工时对压实重视不够,对压实机械的配置要求偏低,所以对于骨架密实结构水泥稳定碎石基层压实机械选型时,要提高压实能力。

压实设备最低配置:18t 单钢轮振动压路机(图 17-21)1 台(国产、进口设备均可),22t 单钢轮振动压路机 2 台(国产 1 台、进口设备 1 台),26t 或 30t 胶轮压路机 1 台,电夯机 1 ~ 2 台。

压实设备建议配置:18t 单钢轮振动压路机 1 台(国产、进口设备均可),22t 进口单钢轮振动压路机(图 17-22)2 台,30t 胶轮压路机(图 17-23)1 台,电夯机 1 ~ 2 台。

图 17-21　国产单钢轮振动压路机

图 17-22　进口单钢轮振动压路机

对于骨架密实型水泥稳定碎石基层施工,压实设备是最关键的机械。骨架密实型水泥稳定碎石混合料较悬浮型水泥稳定碎石基层混合料难压实,对于压实设备的能力要求更高。根据经验，至少要有3台单钢轮振动压路机，其中要求两台22t以上单钢轮进口压路机。笔者在河南大广线濮阳段高速公路进行骨架密实结构水泥稳定碎石基层施工管理时感觉1台22t进口压路机太少，不能满足施工要求；在岭南施工时要求必须配置两台22t以上进口单钢轮振动压路机，且要求戴纳派克、英格索兰或宝马3个品牌，虽然施工成本高一些，但达到了预期的效果，充分发挥了骨架密实结构基层的优势，越冬后的基层有一段长达3km没有裂缝。春季施工的段落，在面层施工前3个月左右基本没有裂缝，能达到这个效果，注重压实是主要原因。

骨架密实水泥稳定碎石基层全厚式施工时，压实机械的配置为：18t单钢轮振动压路机1台（国产、进口设备均可），32t单钢轮振动压路机2台（中大牌，见图17-24），30t胶轮压路机1台，电夯机1～2台。

图17-23　30t胶轮压路机

图17-24　YZ32液压振动压路机

4）运输车辆

自卸车的数量以满足摊铺作业不间断为原则，依据运距的远近进行调配，要求运料车等摊铺机，不能让摊铺机等料，以保证连续摊铺。一般情况下，标准双向四车道高速公路水泥稳定碎石基层施工时，一个作业需配备后8轮运输车10～15台。装料后运输车上要加盖篷布，以减少水分散失。

5）养生设备

配洒水车两台；一布一膜土工布按7d养生期所施工的路段长度准备（标准双向四车道高速公路水泥稳定碎石基层施工时，养生土工布准备要不少于8万平方米）。

如果在冬季施工，宜在基层施工碾压完成后直接洒布透层油养生。透层油洒布要选用6t以上带微电脑的智能型洒布车，沥青加热、洒布均用计算机控制，加热系统采用导热油进口全自动燃烧器，洒布宽度6m左右。

6）其他辅助设备

钢模：1000～1500m（即两个工班的需用量）；

小型千斤顶、铝合金标杆：平面位置及层厚控制的其他辅助设施等；

农用喷雾器、森林灭火器：视需要而定。

17.4 拌和质量控制要点

骨架密实结构基层水泥稳定碎石混合料中细集料含量少、水泥剂量低，所以骨架密实结构基层水泥稳定碎石混合料中的水泥胶浆相对悬浮型水泥稳定碎石基层混合料少，对拌和质量要求更高，如果拌和不均匀，易出现花白料。

基层施工时拌和质量的好坏决定着基层施工的成败，由于骨架密实水泥稳定碎石基层混合料的级配范围较窄，生产中配合比控制较困难，所以要严格控制拌和质量，应注意如下几点：

(1)配料必须准确

保证混合料合成级配满足目标级配要求。

①要严格按照目标级配筛分曲线配制生产级配，要对水泥、水的计量装置进行标定，认真调整好上料皮带轮的转速，确保配料准确，配合比变异小。

②进场的石料必须是指定厂家生产，不允许经常更换。送实验室做目标配比试验的材料必须有代表性，符合料场内大面积使用的材料。

(2)取样要有代表性

过去水泥稳定碎石混合料取样时，一般都是在拌和机出料口或运输车上取样，代表性不强，与摊铺后的基层实体差别很大，不利于级配和水泥剂量的控制。应于摊铺机后取样进行混合料测定和筛分。

(3)严格执行规定的上料流程

图17-25中左图虽然在上料口增加了隔板，但上料时堆料过多，料仓隔板形同虚设。右图中在上料口增加了隔板，上料规范，没有混仓发生。

图17-25　上料操作对比

由于骨架密实结构基层混合料的级配范围较窄，容易引起级配变异，所以级配控制要从上料、堆料抓起，这是过去容易忽视的环节。上料流程参照本书上篇第9章。

为减少装载机向冷料仓输送集料中出现的离析，应注意：

①装载机应在料堆的全部高度和各个方向上进行采掘，以免由于料堆坍落而引起离析。

②装载机取样时应垂直面向料堆材料流动的方向。

③装载机取料时应使用大臂使铲斗向上滚卷，而不要将铲斗插入很深而使铲斗穿入料堆向上翻转，以免对料堆产生很大的扰动。

④装载机手应避免从料堆最底部取样，因此处大都粗料较多，而含水量较大。

⑤当发现粗细料离析时，装载机手应将粗细料就地翻动重新混合后再装料，不应一斗粗料一斗细料地向冷料仓供料。

⑥装载机手在向冷料仓装料时，应仔细对准料仓，防止发生混仓。

⑦装载机手应及时向冷料仓加料，使其经常保持相对的满仓状态，不应等冷料仓内集料下降很多时才加料。

(4)严格控制含水量

加水拌和要均匀，混合料的均匀性、含水量是影响基层结构强度均匀性的关键，决定着水泥稳定碎石基层的裂缝多少和压实度。悬浮结构水泥稳定碎石基层，含水量增大，基层裂缝增加明显。

骨架密实型水泥稳定碎石混合料施工要注意控制好含水量，含水量太小，混合料拌和不均匀，不易压实，易造成顶面离析；含水量太大碾压时水泥浆上浮，由于该结构水泥浆少，上浮后会造成下基层与底基层、上基层与下基层黏结不牢和出现空隙，严重的会造成下部松散，取不出芯。

①最佳含水量对提高压实度、减少干缩裂缝有着重要的作用。因此，要求拌和机应有容易控制的、准确度高的加水计量装置，控制出厂混合料含水量的大小。施工时应根据天气和季节变化，含水量控制在0～+1%之间，炎热干燥大风天气取高限。每个标段设一人，监理设一人，专职控制含水量，试验室每小时做一次含水量检测，拌和厂管理人员和驻地监理工程师应经常检查加水计量装置是否完好和准确。

②各施工单位应对拌和站的细料进行搭棚覆盖，防止雨水的渗入造成细料含水量的不均匀。对于已被淋湿的细料应根据含水量情况实行分离，单独堆放。

③每次拌和机拌料前，应由试验人员对细集料的含水量进行检测，然后确定拌和机的加水量。

④拌和楼开机和停机时要人工控制含水量。

由于细集料对混合料的含水量影响最大，各试验室要做一个细集料不同含水量（如1%，2%～30%）下的混合料加水量的对比表，以方便快速准确地计算出加水量。

(5)控制拌和仓的容许量

强制式拌和机内一次装料量不得超过拌和仓的容许量，要使所有材料都能均匀彻底而充分拌和。拌和机中的“死区”即材料不产生运动和得不到充分拌和的地方，要及时予以铲除。

(6)加强对拌和机的保养

每工班对拌和机进行一次例保。

17.5 混合料运输

“为了减少运料车在施工过程中对路面结构层的破坏，要求运料车的总重（含车重）不超过30t，同时严禁采用后八轮车辆进行基层施工”。河南大广线濮阳段高速公路做了上述要求，作者认为不尽然。国外如南非、前苏联等国家也修筑了相当数量的半刚性基层路面，并不要求限制车重，反而要求施工刚结束时上重车跑一下，人为制造一些微裂缝以减少半刚性基层使用中的开裂。虽然我国不提倡这样做，但也不必将基层看得过于娇贵，上大车应该没问题。

对运输车装料时,运输车距拌和机出料口的高度应尽量小,以最大限度减小装料离析。

为了减少运输过程中水分的散失,运料车必须用彩条布或帆布覆盖。没有配备覆盖篷布的运料车不准运料作业。

17.6　摊铺质量控制要点

对于骨架密实型水泥稳定碎石基层混合料,由于粗集料含量大,摊铺时易离析,要选择抗离析能力强的摊铺机。

骨架密实水泥稳定碎石混合料摊铺时,要控制好高程、厚度、平整度、各项基层参数等指标,为了黏结良好,要在摊铺面上洒水泥浆,同时注意模板的固定。

对于半刚性基层水泥稳定碎石混合料施工,摊铺机是主导机械,摊铺机质量的好坏决定基层施工的整体均匀性,对基层的开裂、寿命起决定性的作用,所以抓好摊铺机环节是半刚性水泥稳定碎石施工的重点。

(1)摊铺前调整好摊铺机的各工作参数

由于摊铺时易在摊铺的螺旋布料器中间位置产生离析,要调整好反向螺旋的角度,以减少该部位的离析。

根据试验路确定的摊铺机各工作参数要调整好,并根据施工实际及时更正。

(2)摊铺前应准备下承层

在准备下承层前,须按设计要求,将横穿路基的监控、通信管道进行埋设。底基层必须经监理验收合格,清扫干净底基层顶面的泥土杂物。如果顶面泥土清理不干净,势必在基层与底基层之间形成夹层,当水通过基层或基层的细微裂缝进入到夹层中,在行车荷载的作用下,夹层泥软化成浆。这种泥浆被逐渐压挤出裂缝,导致基层与底基层间形成脱空,在车辆荷载的反复作用下,路面很快会产生破坏。

摊铺作业的前一天,各施工单位应提前将下承层上的浮土、松散部位等清理至致密结构,只允许清理,不允许用压路机碾压的方法进行掩盖,对于松散层5cm以上的部位,应设专人将其清理成规则的形状,深度在10cm以上的部位,及时用同种材料或上层材料填补并充分碾压,以保证上层的压实度。该项工作完成后应立即报监理工程师验收。

①底基层顶面清理干净后要洒水湿润。为确保基层与底基层结合紧密,使基层和底基层在车辆荷载作用下处于完全连续的界面应力状态,减小半刚性基层、底基层内部的拉应力和拉应变。在基层混合料摊铺前,要设专人洒布水泥浆。水泥浆按水泥:水=1:1.5(重量比)控制;洒布水泥浆在摊铺机前不要过分超前,一般控制在6m以内;水泥浆洒布要均匀,不能出现花白块,洒布量为单幅每5m一袋水泥。

②摊铺混合料要设专人在摊铺机后消除粗集料离析现象,特别是局部形成的粗集料窝或粗集料带应铲除,并用新混合料及时填补。前台摊铺机左侧螺旋送料器送料到端部时,石子容易离析集中,施工时,可将摊铺机左侧雪橇板下落离地面5cm左右,解决石子集中离析问题。

(3)高程控制

半刚性基层水泥稳定碎石混合料施工高程控制非常重要,高程控制不好直接影响基层的厚度。

如图17-26、图17-27双机联摊铺时,两侧走钢丝,中间走导梁控制高程。

图 17-26 双机联铺时，两侧走钢丝、中间走导梁控制高程

图 17-27 固定钢钎

如图 17-28 单机全幅摊铺时采用两侧均走钢丝的方法控制高程。

图 17-28 单机全幅摊铺时采用两侧均走钢丝的方法控制高程

(4)平整度控制

基层的平整度决定着面层的平整度，随着高速公路的发展，人们对行车的舒适性要求高了，对面层的平整度要求更高，所以提高基层的平整度是当务之急。

在进行下一层施工前，要对上一层的平整度进行详细检测，下基层施工前要控制底基层的平整度，上面层施工前要对下基层的平整度进行检测，尤其注意双机联铺接缝位置、横向施工缝位置、桥头搭板等薄弱位置的平整度。对于超标的地方采用小型铣刨机铣刨处理。

各合同段设专人负责摊铺机的传感器，避免掉线现象的发生，当摊铺高程与设计不一致时，严禁其他人员随意调动传感器的手动旋钮。压路机每碾压一遍和碾压完成后，应设专人用 3m 直尺检查平整度（图 17-29、图 17-30），尤其要注意压路机碾压接头的位置。对于检查不合格的位置要设专人进行耙松处理，然后再进行下一遍的碾压。

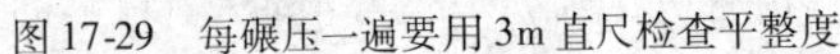

图 17-29　每碾压一遍要用 3m 直尺检查平整度

图 17-30　碾压结束后要用 3m 直尺复查平整度

(5)厚度控制

厚度是基层验收很重要的指标,半刚性基层的厚度控制是比较困难的一个环节,应遵循宁厚勿薄的原则,宁肯保守一点将基层做厚,也不要厚度不够,以免在验收中被动。

控制厚度时应采用控制高程和控制松铺系数的双重控制方案,单采用高程控制时会由于下承层高程不准影响基层厚度,单采用松铺系数控制时会造成高程不准,应采用控制高程和控制松铺系数的双重方案。

各结构层施工以前,尤其是下基层施工以前,应设专人对下承层的高程进行复核。当下承层偏高时,应予以铲除,确保各结构层的厚度,同时要注意顶面高程的准确性。

摊铺时要有专人控制松铺系数,用钎插法检查松铺厚度,以保证压实厚度满足设计要求,并现场做好记录。

(6)摊铺速度

摊铺现场要设专人控制供料进度和摊铺速度,摊铺速度以 2m/min 左右为宜。超过水泥终凝时间未能碾压的混合料应予铲除。

(7)接缝处理

在施工作业段内,用摊铺机摊铺混合料时,不宜中断。因故中断超过了水泥的初凝时间,应责成承包人设置施工缝;在施工作业段内,如因故中断超过了水泥初凝时间,或当天结束摊铺时须用方木(方木高度同混合料的压实高度)加钢钎固定设置横向接缝;继续作业时将末端混合料垂直于路基中心线切割后,再用人工修理整齐,并在断面上涂刷一层水泥浆,以便新旧料结合。

(8)控制基层参数

摊铺时要有专人控制摊铺宽度、横坡等。

(9)离析控制

骨架密实结构基层水泥稳定碎石混合料易离析,是摊铺控制的重点。

(10)模板控制

高速公路施工这么多年,基层模板问题一直是个薄弱环节。模板制造没有形成产业,我认为可能有如下几点原因:第一,由于基层厚度不统一,基层设计厚度 30 ~ 40cm 不等,造成无法使用通用模具;第二,对于模具(板)的重要性认识不够;第三,基层施工往往一条路加工一次模具,用后就处理掉,循环使用的很少。在此我提出一个设想,让专业的模具生产加工单位设计出一种高度可调整、固定容易、强度大、变形小的专用基层模具,能解决目前简易模具强度低、易变形、通用性差的问题。现在基层施工的模具大多采用槽钢,用钢钎固定,由于振动压路机激振力很大,边部碾压时不但会造成模具的变形还会造成模具上、下跳动,所以边部用手持夯压实,结果造成边部碾压不足,拆模后边部坍塌,这均是由于模具问题造成的。所以当前有必要开发研制专用的基层模具,要求高度可调、通用性强、强度高、不变形、寿命长、固定方法简单、性能可靠、能快速拆装。

用于底基层及基层施工的钢模,宜为具有足够刚度且未变形的槽钢,高度必须与设计厚度一致。钢模板的支撑必须牢固,保证碾压后底基层及基层的侧面基本竖直及顺适,使底基层结合部位的整体性不因二次碾压而破坏。

图 17-31 ~ 图 17-33 是目前高速公路基层施工时模板的使用状况,钢模变形严重,固定时有的用木棍支撑,有的用钢钎,没有统一的标准,模板通用性差。

图 17-31 用木棍支撑钢模板,模板变形严重,有的支撑木棍歪到一边,基层宽度无法保证。

图 17-31 用钢模板,木棍支撑

图 17-32 没有模板

图 17-33 用钢钎固定钢模

图 17-32 没有模板也能施工,高速公路基层施工的模板有待规范。

图 17-33,施工比较规范,用钢钎固定钢模,钢钎间距合理,模板基本没有变形。

17.7 骨架密实水泥稳定碎石基层施工离析控制

骨架密实结构基层水泥稳定碎石混合料施工时,离析控制是关键,因为离析造成的危害比其他缺陷更严重,以前大家对此认识不够。基层混合料离析,碾压困难,基层空隙大,水从裂缝中进入基层中,经反复冻涨和疲劳作用及行车的泵吸作用,造成基层唧浆,是高速公路早期破坏的原因之一。

骨架密实型混合料如果控制不好极易产生离析,造成级配变异、达不到压实度要求、顶面易跑毛等。可采用了如下方案控制离析。

(1)控制拌和楼出料口与自卸车车斗之间的高差不超过 50cm(图 17-34)。

(2)自卸车采用前、后、中三次上料(图 17-35)。

图 17-34 控制拌和楼出料口与自卸车车斗之间的高差

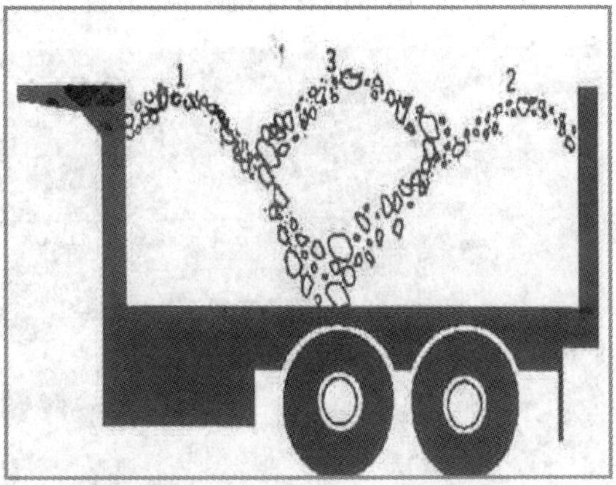

图 17-35 正确地向运输车卸料

(3)自卸车向摊铺机供料时要快速卸料,以防止大料滚落。

(4)减少摊铺机收斗次数,尽量不收斗。

(5)摊铺机螺旋布料器后挡板加橡胶垫,防止大料向后滚落造成上下离析。

(6)适当降低摊铺机熨平板高度。

(7)采用抗离析摊铺机(如陕西"中大"DT 系列的摊铺机,见图 17-19)。

工程实践中发现,摊铺时适当降低摊铺机熨平板的高度对控制离析有一定的效果,但这一方法只是辅助手段,不是解决问题的根本。减少摊铺离析的根本是选择抗离析的摊铺机,并选择使用多种抗离析措施,不要奢求一种方法就能将离析根除,上面介绍的方法要综合使用。

图 17-36,在摊铺机螺旋布器料后挡板增加一厚度约 1cm 的橡皮胶垫,可有效控制摊铺时混合料上下离析。从图可以看出,摊铺时由于胶垫的保护,混合料均匀摊铺在表面。图 17-37 为未增加胶垫的摊铺作业照片,大料明显流落,形成上下离析。上、下离析又叫垂直离析,以前大家对上下离析重视不够,其实上下离析比纵向离析、横向离析或片状离析更可怕。纵、横向离析仅是一条带,片状离析也仅是局部,而上下离析很可能是整条路的离析。上下离析的结果是大料在底部,小料在上部,由于骨架密实结构细料本来就少,造成下部水泥浆少,压实后基层

底部空隙大、胶结不完整，取芯时会发现芯样底部不密实，严重者会底部松散，这均是上、下离析造成的。当路面开裂时，水从裂缝进入基层底部空隙，造成唧浆。

图 17-36 在摊铺机螺旋布器料后挡板增加橡皮胶垫，可有效控制摊铺时混合料上下离析

图 17-37 大料滚落造成上下离析

17.8 碾压控制要点

前面多次讲到，过去的悬浮结构水泥稳定碎石基层混合料采用重型击实标准控制压实度，造成压实度超百，施工单位往往认为基层的压实是轻而易举的事。但是振动成型的骨架密实结构基层就不同了，采用振动成型后，压实标准比重型提高 3% ~7%。从河南大广线濮阳段高速公路和河南岭南高速公路的骨架密实结构水泥稳定碎石基层施工看，压实度达到振动成型标准的 98% 是很困难的，要提高压路机的配置、改革压实工艺、增加压实遍数，对于没有这方面经验的施工单位来讲难度是很大的。

由于骨架密实结构基层粗集料较多，这给压实带到了困难，所以压路机配置要高一些。建议每标段配备 18t 振动压路机 1 台，22t 以上进口单钢轮振动压路机 2 台，30t 胶轮压路机一台，手持电夯机 1 ~2 台。

碾压时重叠 1/2 轮，振动碾压应不少于 6 遍，严格控制碾压速度，使之在 3km/h 以内，确保结构层的密实。边缘部位除了用小型手持振动夯补压以外，振动压路机的碾压应比其他位置多压 1 ~2 遍。

1）碾压质量控制

（1）在混合料摊铺整型达 30m 后，即可上机碾压，避免等候时间过长，混合料表面失水过多而不利压实。碾压从横坡的下侧开始。第一遍采取静压稳压，之后才开始振压。严格控制碾压速度，头两遍采用 1.5 ~1.7km/h，其后采用 2.0 ~2.5km/h。每道碾压应与上道碾压重叠，一般重叠 1/3 ~1/2 轮。碾压经检测压实度达到标准时，再用胶轮压路机提浆收面。混合料的边部宜多压 2 ~3 遍；模板边压路机压不到的地方要用气夯夯实。根据施工经验，稳压一遍，振压 6 遍，胶轮压路机碾压 2 遍，压实度就能达到 98%；从加水拌和到碾压结束能在 3 ~4h 内完成。

（2）在炎热干燥的气候，摊铺后的稳定层表层水分蒸发很快，为保持碾压过程中基层表面潮湿，容易达到压实标准，可用喷雾器补洒少量的水（图 17-38）。

水泥稳定碎石基层混合料的含水量是非常难以控制的,尤其是骨架密实结构水泥稳定碎石基层混合料对含水量更为敏感。如果含水量太小或表面水分散失过快,可采用图17-39的方案,用喷雾器在含水量小的区域喷洒水少许,如果表面有离析可喷洒少量水泥浆。

图17-38　喷雾器

图17-39　喷雾器喷洒水或水泥浆

(3)如果混合料含水量稍大,可用森林灭火器或农用喷雾器吹风(图17-40),让水分散失到合适的含水量,气温高时可晾晒。

在工程实际中,难免会出现混合料含水量过大或过小。当含水量过大时,可采用图17-40的方案,用森林灭火器对含水量过大的局部吹风,使水分散失加快,如果没有森林灭火器,也可用图17-38所用的喷雾器,该喷雾器既可喷水又可喷粉,同时又可吹风。

(4)超过终凝时间未能碾压的混合料,要及时铲除。

图17-40　森林灭火器

(5)碾压后要及时进行压实度检测,使之达到《公路工程质量检验评定标准》(JTG F80/1-2004)的规定。检查中如发现压实度不满足要求,要及时进行补压。

2)碾压工艺

压路机配置:30t胶轮压路机1台,18t单钢轮振动压路机1台,22t进口单钢轮振动压路机2台。

根据河南大广线濮阳段高速公路和河南岭南高速公路的施工经验,笔者推荐振动成型骨架密实结构水泥稳定碎石基层碾压工艺如下:

(1)传统碾压工艺

第1遍:18t单钢轮振动压路机静压1遍,22t进口单钢轮振动压路机静压1遍。

第2遍:18t单钢轮振动压路机高频低幅(弱振)1遍。

第3遍:22t进口单钢轮振动压路机高频低幅(弱振)1遍。

第4遍:18t单钢轮振动压路机高幅低频(强振)1遍。

第5遍:22t进口单钢轮振动压路机高幅低频(强振)1遍。

第6遍:22t进口单钢轮振动压路机高幅低频(强振)1遍。

第7遍:18t单钢轮振动压路机高频低幅(弱振)1遍。

第8遍:胶轮1~2遍。

上述碾压工艺适应于厚度20cm的振动成型骨架密实结构基层,对于较薄的基层或悬浮结构基层,可酌情减去第3遍、第6遍。

第7遍是为了消除碾压产生的裂缝和防止表面松散,建议不要取消。

其中第4遍至第6遍是碾压的核心,对于是先进行高幅低频或先进行高频低幅碾压,或连续两遍高幅低频、高频低幅碾压由试验检测压实度后确定,笔者推荐高幅低频、高频低幅两种方法交替碾压,不一定最科学。一般认为先进行高幅低频碾压,最后进行高频低幅,笔者认为基层碾压时激振力应由弱到强,不应该先强振,如果先强振会造成平整度差和压实离析。

参照沥青面层的碾压工艺,第1遍为初压;第2~7遍为复压阶段,是碾压的核心;第8遍为终压,主要作用是光面。

(2)组合式碾压工艺

参照沥青面层的组合式碾压工艺,将两台进口单钢轮振动压路机组合在一组进行碾压,有利于提高压实的均匀性。1台18t单钢轮振动压路机专门作为初压用;1台30t胶轮压路机专门作为终压用;2台22t进口单钢轮振动压路机组合,同步前进、同步后退,专门作为复压用。

第1遍:18t单钢轮振动压路机静压1遍。

第2遍:2台22t进口单钢轮振动压路机弱振(高频低幅)各1遍。

第3遍:2台22t进口单钢轮振动压路机,一台弱振(高频低幅)、一台强振(高幅低频),各1遍。

第4遍:2台22t进口单钢轮振动压路机强振(高幅低频)各1遍。

第5遍:18t单钢轮振动压路机弱振(高幅低频)1遍。

第6遍:胶轮1~2遍。

该方案是一个新工艺,第1遍为初压;第2~4遍为复压阶段,是碾压的核心;第6遍为终压,主要作用是光面;第5遍是为了消除碾压产生的裂缝和防止表面松散。

上述碾压工艺适应于厚度20cm的骨架密实水泥稳定碎石基层,对于较薄的悬浮结构基层,可酌情减去第3遍。在胶轮收面前最好用小吨位压路机弱振一遍,目的是为了消除碾压产生的裂缝和防止表面松散,建议第5遍不要取消。

在复压时也可以尝试一下第2~4遍全部采用2台22t进口单钢轮振动压路机,一台弱振(高频低幅)、一台强振(高幅低频)的模式。

(3)碾压模式

基层施工组合式碾压时与面层一样,可以进行分段碾压,也可以进行模糊碾压。

①分段碾压。以50~60m为一个碾压作业段,碾压结束后进行下段碾压。2台22t进口单钢轮振动压路机联合作业,两台压路机相距1m左右,统一的速度,同步前进、同步后退。

现场只需一个人控制压实遍数,由于二台压路机速度接近,只要数好一台压路机的碾压遍数便可控制住整个压实遍数。

实践证明该方案压实遍数清晰,现场控制十分方便,大大降低了现场施工管理难度。

②模糊碾压。现场施工中不划分碾压段落,2 台 22t 进口单钢轮振动压路机联合作业,两台 22t 进口单钢轮振动压路机相距 1m 左右,统一的速度,同步前进、同步后退。

初压后,2 台 22t 进口单钢轮振动压路机随摊铺机前进,每一个压实遍数完成后约整体前进 5m,倒退时回到起点位置,沿摊铺机前进方向每 5m 压实遍数递减一遍。即第一段完成 2 遍时,第二段 1 遍,依次前行,相当于每碾压一遍完成 5m 左右的压实段。

模糊碾压其实就是小段落碾压,约 5m 一个压实段。与分段碾压相比,该方案压实时间更短、效率更高,非常适合于快速施工,能在短时间内完成压实作业,可提高拌和效率,节约拌和成本,降低施工费用,提高利润率。

模糊碾压的不利之处是,压路机手要经过训练,待熟练后才能进行操作。

17.9 养生

1) 土工布洒水养生

骨架密实水泥稳定碎石基层施工时,养生是一个关键环节,也是最后一个环节,影响着强度的成型。裂缝的多少,过去容易被忽视,往往认为养生无所谓。加之养生用的土工布成本很高,许多施工单位养生期不够 7d 或洒水不及时,强度形成不均匀,造成应力集中,进而裂缝增多。

基层强度的形成,与养生密切相关。基层碾压检测合格后立即进行洒水覆盖保湿养生,覆盖保湿必须 7d 以上。基层成品的养护覆盖材料建议采用一布一膜制成的土工布(100 ~ 150g/m^2),每天的洒水次数不少于 2 次。洒水时需将覆盖物揭开让水渗进去。各标段必须备有覆盖 7d 以上摊铺量的一布一膜土工布,采用规定的方法进行压盖(图 17-40),避免因刮风引起露白现象。刚刚碾压完成的结构层严禁洒大水,必须采用雾化较好的水车洒水。

在养生期间要加强交通管制,除洒水车外,禁止其他车辆通行。

在下基层养生 7d 后,方可进行上基层的铺装。

图 17-41 和图 17-42 是河南大广线濮阳段高速公路水泥稳定碎石基层施工现场,养生统一采用一布一膜土工布,该土工布保水性好,可减少洒水量。土工布重叠的边部统一采用装碎石的塑料编织袋压边。从图 17-41 可以看出,塑料编织袋间距均匀、横成行、竖成列,现场非常整洁,中央分隔带没有一点杂物,文明施工程度很高。

图 17-41 用装碎石的塑料袋覆压土工布接缝

图 17-42 一布一膜土工布养生

2)透层油养生

上基层施工完后,可以直接洒透层油(乳化沥青),有利于透层油的渗透。基层施工碾压成型后表面稍变干燥,但尚未硬化时(基层施工完 1 ~2h)开始透层油施工,一般应在 24h 内施工完毕;特殊情况下越冬基层必须在冬季来临前透层油施工完毕。

透层油洒布量不宜太大,以每平方米 0.6kg 乳液为宜。有人认为透层油用量大好,盲目增加透层油用量会造成面层碾压时推移(图17-43)。

透层油的洒布量以基层表面跑车后能将大部分透层油带走为宜,如图 17-44 基层顶面跑车后透层油基本被车辆带走,大骨料裸露出来,有利于与沥青面层的黏结。

图 17-43 透层油

图 17-44 透层油被车辆带走,大骨料裸露出来

关于透层油的洒布,《公路沥青路面施工技术规范》(JTG F40—2004)规定:"基层上设置下封层时,透层油不宜省略","用于半刚性基层的透层油宜紧接在基层碾压成型后表面稍变干燥,但尚未硬化的情况下喷洒",并要求透入基层的厚度不小于 5mm。在此笔者谈一下个人观点,不一定合适,仅供参考。

对悬浮结构水泥稳定碎石基层,无论采用乳化沥青、液体沥青或煤沥青,在基层碾压成型时即喷洒,也不可能透入基层 5mm,如果等待 7d 强度形成后洒布,几乎透不下去。大家可以想一下,悬浮结构水泥稳定碎石基层表面光滑如镜,那么致密,怎么可能透下去呢?所以喷洒不喷洒都无所谓。有的省份就规定透层油可以不洒。对于骨架密实结构水泥稳定碎石基层,由于粗集料含量高,在基层表面粗集料间存在空隙或缝隙,喷洒的透层油可渗透到缝隙,并且透入深度不止 5mm。至于喷洒时间,在基层碾压成型后表面稍变干燥时喷洒透层油,渗透效果最佳。如果在 7d 强度成型后揭去养生布就喷洒也可以,总之不能等到基层污染后灰尘填满集料间的裂缝或空隙后喷洒。

从渗透效果看,液体沥青效果较好;煤沥青渗透性最佳,但由于具有毒性建议最好不要采用。由于人们环保意识的增强,使用煤沥青会引起纠纷。液体沥青渗透性虽好,但成本较高;乳化沥青次之,但成本比液体沥青低很多。正常情况下,骨架密实水泥稳定碎石基层透层油选用乳化沥青亦可。

3)液体沥青透层油施工技术规范

(1)范围

为了保证沥青面层与基层的整体联结，根据《公路沥青路面施工技术规范》（JTG F40－2004）规定，高速公路所有沥青路面下的水泥稳定碎石基层上均喷洒透层油，封层油必须在透层油完全渗入基层后方可铺筑。

（2）透层油洒布时间

为保证透层油能充分透入基层，根据项目的实际情况，透层油洒布时间规定如下：

基层施工碾压成型后表面稍变干燥，但尚未硬化时（基层施工完 1～2h）开始洒布透层油施工，一般应在 24h 内施工完毕；特殊情况下越冬基层必须在冬季来临前洒布透层油施工完毕。

（3）材料

①透层油选用 AL（M）－1 或 AL（M）－2 型液体石油沥青，其各项技术指标应符合《公路沥青路面施工技术规范》（JTG F40－2004）"道路用液体石油沥青技术要求"中对应的各项技术指标要求（表 17-4）。

道路用液体石油沥青技术要求　　表 17-4

试验项目		单位	品种及代号		试验方法
			AL（M）－1	AL（M）－2	
黏度	C25.3	—	小于 20	—	T0621
	C60.5	s	—	5～15	
蒸馏体积	225℃前	%	小于 10	小于 7	T0632
	315℃前	%	小于 35	小于 25	
	360℃前	%	小于 50	小于 35	
蒸馏后残留物	针入度（25℃）	0.1mm	10～300	100～300	T0604
	延度（25℃）	cm	大于 60	大于 60	T0605
	浮漂物（5℃）	s	—	—	T0631
闪点（TOC 法）		℃	大于 65	大于 65	T0633
含水量　不大于		%	0.2	0.2	T0612

②制备液体石油沥青用的基质沥青，必须符合《公路沥青路面施工技术规范》（JTG F40—2004）"道路石油沥青技术要求"中 B 级沥青的各项技术指标要求。

③液体石油沥青宜采用针入度大的石油沥青，使用前按先加热沥青后加稀释剂的顺序，掺配煤油或轻柴油，经适当的搅拌、稀释制成。掺配比例根据使用要求由试验确定，洒布量为 1.0～1.5L/m^2。

③液体石油沥青在制作、贮存、使用过程中必须通风良好，并有专人负责，确保安全。基质沥青的加热温度严禁超过 140℃，液体沥青的贮存温度不得高于 50℃。

（4）设备

透层油洒布要选用带微电脑的智能型洒布车，沥青加热、洒布均用计算机控制（最好带有操作备用系统），加热系统采用导热油进口全自动燃烧器，洒布宽度 6m 左右。

为提高洒布精度，要求洒布车喷洒宽度可自由调节，单个喷嘴可由计算机独立控制，最小洒布控制宽度20~30cm。

(5)施工技术要求

①正式施工前应做长度不小于100m的试验段，以确定透层油的黏度、用量、稀释比例和洒布机的洒布速度，喷嘴的洒布角、加热温度、喷洒宽度等工作参数。

②准备透层油施工的工作面应整洁而无尘埃，松散层粒料要全面清扫并经验收合格才能进行透层油施工。

③透层油施工气温不得低于10℃，大风、浓雾、下雨天、下雪天不得施工。

④透层油要保证透入基层5mm，并能与基层联结为一体。

⑤透层油施工要防止污染路缘石及构造物，并采取一定的有效措施。

⑥透层油必须洒布均匀，有花白遗漏应人工补洒；喷洒过量的立即撒布石屑或砂吸油，必要时适当碾压。

⑦透层油施工单位应与基层施工单位相互配合搞好透层油施工，要制订出周密可行的施工计划，确保与底基层、基层、结构物、防护工程等合理、科学地交叉施工。

⑧特殊段落施工时，应注意调整洒布宽度，局部调整有困难时，用手持喷枪人工喷洒。

⑨透层油施工应在常温下洒布，如气温较低或稠度稍大可适当加热。

(6)养生要求

①透层油洒布后的养生时间随透层油的品种及气候条件由试验确定，一般1~2d，确保透层油渗透；养生期间任何车辆不得通行。

②开放交通后应防止车辆污染油面，如有条件，黏层油施工完毕尽量禁止车辆通行，尤其运料、运土等重型车辆及污染油面的车辆。

③透层油施工完基层养生不足7d的，要用一布一膜土工布养生补足7d。

(7)质量管理

①施工前对液体石油沥青按规范要求的检测项目指标进行全面检测，合格后方可使用，不合格者坚决清理出厂；施工中液体石油沥青检测项目指标检测频率按有关规范规定规定执行。

②严格对基层进行质量验收。

③监理应严格检查液体石油沥青的洒布量，对洒布量不足的应督促施工单位补洒；对洒布过量的地方应采取相应的措施处理。

④在封层、粘层油施工前，应全面检查透层油质量及损坏情况，必要时进行补洒或采取其他补救措施。

⑤严格对进场的洒布机进行验收，对不能满足规定技术要求的设备坚决不能使用。

⑥全面检查液体石油沥青的贮存和运输，确保贮存期满足各项性能指标要求。

⑦对洒布设备的有关仪表、操作程序、控制开关等应定期检查或校验，以保证操作准确、计量无误。

⑧定期检验施工气温，不能满足气候、气温要求时不能施工。

⑨检查透层油的渗透深度，对不能满足最小渗透深度要求的要找出原因并纠正，对不符合质量要求的段落予以清除或处理。

⑩边部、桥头、结构物附近、港湾式停车带等特殊部位的施工，要求监理旁站。

(8)检查验收

①液体石油的各项技术指标的检测按有关规范要求执行,达到规定的频率。

②沥青用量(kg/m^2)按《公路路基路面的现场测试规程》(JTJ 059—95)中有关要求和方法检测,每工班检测不少于一次,每次检测不少于3处(或$100m^2$处)。

③宽度(m)不小于设计值,用米尺检查,每100m测4处。

④透入深度的检测采用取芯或现场检测,检测频率为1处/km处。

4)防止污染的措施

由于水泥稳定碎石基层污染后难以清扫,影响上、下基层的结合,因此要求各单位在路基验收完成的路段,必须清除路基范围内含路肩以外的土、废混凝土、废弃混合料、杂草等所有杂物,做到工完场清。下基层完成后培路肩土时,要在稳定碎石层上铺设土工布等材料,避免设备或人员直接将土带到基层上,待路肩土完成后,方可将土工布上的土清整干净并撤掉土工布。

图17-45为文明施工的典范,中央分隔带内杂物清扫的一干二净,并且在中分带的边部将土工布下垂,并用装碎石的塑料编织带均匀压好,基层顶部的压边编织袋横平竖直,工程做到这地步非常不容易。

5)上坡道及桥梁、涵洞位置顺坡的处理

上坡道及桥梁、涵洞位置的顺坡是污染路面及影响形象的重要部位,要求便道至路基顶部分上坡道要用碎石铺筑,碎石顶面撒上石屑以利稳定。桥梁、涵洞的顺坡设置,要求在结构层上铺设土工布,然后用干净的石屑作为填筑材料,以便于结构层铺筑时的清理。

如图17-46,上坡道下部用装用碎石的塑料编织袋码放整齐,上铺级配碎石或碎石砂。

图17-45　基层顶面要经常清扫

图17-46　上坡道处理

17.10 取芯

1)防止污染

为防止取芯时冷却污水横流污染基层,在取芯机的四周要用海绵或抹布围住,水过多时用抹布将圈住的水蘸出,拧到水盆里或水桶里。这样做可保证基层不被污染。取芯后立即用基层混合料填住并夯实。图17-47没有采取措施,造成污水横流,要坚决杜绝。

2)尽量少取

芯样应尽量少取,取芯的目的主要是看级配,看骨架形成的好坏。通过检查混合料的配合比可以达到同样的目的，不一定非要取芯。取芯后留下的芯洞便成了薄弱的环节，将引起基层的破坏。取芯的第二个目的是检测基层厚度，检测厚度可采用无损的雷达检测（图 17-48）。现在雷达测厚技术非常成熟，精确度很高，误差也就 1mm 左右，建议采用雷达测厚代替取芯测厚。过去经常发现基层表面芯洞密密麻麻，这是非常不可取的，会严重影响基层的质量和使用寿命。

图 17-47 没有采取措施，造成污水横流污染基层

图 17-48 雷达测厚

如图 17-49，骨架密实结构水泥稳定碎石基层取芯时芯样表面会有许多凹点或麻点，这是由于骨架密实基层强度形成的慢，混合料黏结力没有充分形成，取芯时小料会被打掉。从表面上看好像空隙率很大，冬季施工时更明显，其实不是，不要担心，等到 3 个月以后，取芯效果将有很大变化。图 17-50 即是施工后 3 个月的取芯芯样，表面非常光滑，没有一点空隙。

图 17-49 7d 取芯照片

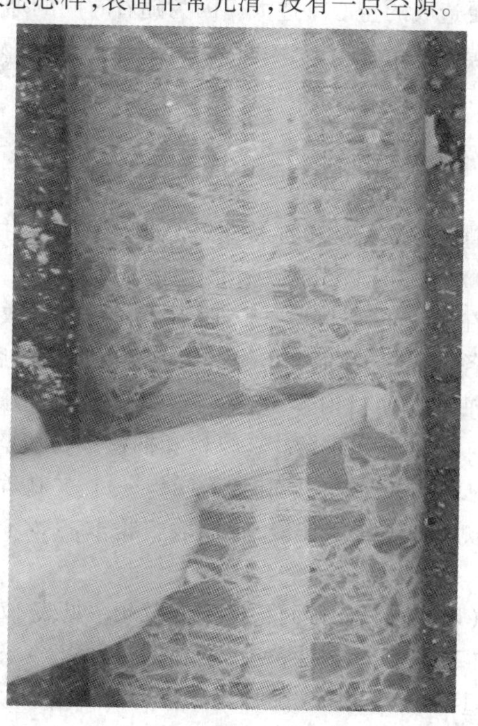

图 17-50 90d 取芯结果

骨架密实结构水泥稳定碎石基层冬季施工时，建议10d取芯。

如果取芯时芯样周围有凹点或麻点，那么如果判断骨架密实结构水泥稳定碎石基层的芯样是压实不足空心率大呢？还是空心率合适，小料取芯时被打掉造成的呢？下面介绍几种方法。

(1)检查压实度测量记录，只要该段的压实度达到振动成型密度标准的98%，如果7d取芯时芯样有凹点，可以说明不是压实度不足、空心率过大。

(2)取芯后用称重法计算芯样的密度，如果达到了振动成型标准密度的98%，说明不是压实度不足、空隙率过大。

(3)取芯后将芯样浸水几分钟，然后用抹布将芯样表面水擦干，如果芯样表面有水渗出或用力抖芯样时有水滴甩出，说明是空隙率偏大；反之说明压实度合格。

(4)用观察法可以分辨出凹点是小料被打掉造成的或是压实度不足的空隙，如果芯样压实度不足，凹点或麻点分布应是很均匀的，四周均有；如果凹点分布不均匀，有的地方凹点很集中，有的地方大片没有，说明凹点是小料被打掉造成的。因为骨架密实结构水泥稳定碎石基层施工时，混合料分布不可能很均匀，有的地方大料多，有的地方细料多。一般情况下，大料多的地方嵌挤好，小料不易被打掉，凹点就少；小料多的地方易被打掉，凹点就多。从图17-48可以验证上述规律是否成立。图17-48芯样，右侧大料多，嵌挤形成的好，几乎没有凹点；芯样左侧，小料多，嵌挤形成的不好，凹点就多，是小料取芯时被打掉造成的。

(5)如果上述几种方法均无法准确判断结果，暂不要下结论，过十几天后在附近继续取芯，如果凹点数量减少了说明是压实度合格，如果凹点数量同前一个芯样差不多，说明是压实度不足造成的空心率过大。因为随着时间的增长，混合料的黏结力逐渐增大，继续取芯时小料被打掉的数量便会减少；如果是压实度不足，两个芯样的空心率应该是接近的，凹点就不会减少。

17.11 检测验收

骨架密实结构水泥稳定碎石基层的检测按《公路工程质量检验评定标准》(JTG 80/1—2004)水泥稳定碎石检测标准及频率进行。

在摊铺前，合同段和监理，需在施工现场取样做抗压强度和水泥剂量试验，合同段自检每个班各做2组，驻地办各做一组。在碾压完成后，合同段和驻地办要立即组织自检和抽检，自检和抽检的项目内容、频率、方法，按交通部颁发的《公路工程质量检验评定标准》(JTG 80/1—2004)的规定进行。在自检和抽检中，发现有不合格的，及时进行处理，不准出现“死后验尸”的现象。要求自检和抽检同步进行，并在养生7d(摊铺的当天不计算)后，即第8d进行取芯检测。每一个工作班，合同段自检取芯2个，由驻地监理指定位置和旁站，并作抗压强度检测。

(1)水泥稳定碎石检测标准及频率见表17-5。

(2)施工单位应提交的资料

①原材料试验和配合比试验资料。

②施工放样的测量资料。

水泥稳定碎石检测标准及频率 表 17-5

项 次	检查项目		规定值或允许偏差	检查方法和频率	权 值
1△	压实度(%)	代表值	98	按附录 B 检查每 200m 每车道 2 处	3
		极值	94		
2	平整度(mm)		8	3m 直尺:每 200m 测 2 处×10 尺	2
3	纵断高程(mm)		+5、-10	水准仪:每 200m 测 4 个断面	1
4	宽度(mm)		符合设计要求	尺量:每 200m 测 4 处	1
5△	厚度(mm)	代表值	-8	按附录 H 检查每 200m 每车道 1 点	3
		合格值	-15		
6	横坡(%)		±0.3	水准仪:每 200m 测 4 个断面	1
7△	强度(MPa)		符合设计要求	按附录 G 检查	3

③压实度、厚度、无侧限抗压强度的汇总表及评定结果(分层汇总、评定),取芯的强度结果单列。

④上基层的宽度、平整度、横坡、中线偏位、纵断高程的检测记录及评定表。

17.12 水泥稳定碎石基层快速施工技术

近几年我国的高速公路飞速发展,高速公路的建设周期越来越短。十几年前一条高速公路从开工到通车一般要 4 年时间,后来逐步压缩到 3 年,近期有的省份将高速公路的工期又压缩到 2 年。随着总工期的压缩,水泥稳定碎石基层的施工时间相对减少,这就提出了一个问题,水泥稳定碎石基层如何快速施工。大家都知道,通车日期都是政府或上级单位确定的,高速公路的业主必须无条件执行,所以研究水泥稳定碎石基层快速施工具有现实意义。水泥稳定碎石基层快速施工有下列几种方法。

1)增加拌和能力和碾压能力

从上面的介绍中知道,目前水泥稳定碎石基层施工时,摊铺机的行走速度只有 1.5 ~ 2m/min左右。实际上摊铺机的行驶速度可以达到 2.5m/min 左右,摊铺机的效率远远没有发挥出来。

为了提高水泥稳定碎石基层施工速度,可以单机摊铺,将摊铺速度提高到 2.5m/min,相应的拌和设备需要 2 套 500t 的拌和机,振动压路机由 3 台增加到 5 台。

(1)压路机配置

30t 胶轮压路机 1 台。

18t 单钢轮振动压路机 1 台,进口国产设备均可。

20t 振动压路机 2 台(国产、进口设备均可)

22t 进口单钢轮振动压路机 2 台。

(2)压路机组合方式

1 台 22t 进口单钢轮振动压路机与 1 台 20t 单钢轮振动压路机组合,另 1 台 22t 进口单钢轮振动压路机与另1台20t单钢轮振动压路机组合，两组振动压路机(4台)同步前进、同步后退。

(3)压实工艺

初压：

第1遍：18t单钢轮振动压路机静压1遍。

第2遍：18t单钢轮振动压路机弱振(高频低幅)1遍。

复压：两组振动压路机各负责半幅的碾压。

第3遍：1台22t进口单钢轮振动压路机弱振(高频低幅)，1台20t单钢轮振动压路机强振(高幅低频)，各1遍。

第4遍：1台22t进口单钢轮振动压路机强振(高幅低频)，1台20t单钢轮振动压路机强振(高幅低频)，各1遍。

第5遍：1台22t进口单钢轮振动压路机强振(高幅低频)，1台20t单钢轮振动压路机弱振(高频低幅)。

第6遍：18t单钢轮振动压路机弱振(高频低幅)1遍。

终压：

第7遍：胶轮1~2遍。

上述碾压工艺适应于基层厚度20cm的骨架密实结构，对于较薄的基层或悬浮结构基层，可酌情减去第2遍、第5遍。在胶轮收面前最好用小吨位压路机弱振一遍，目的是为了消除碾压产生的裂缝和防止表面松散。第6遍建议不要取消。

2)采用两套设备进行水泥稳定碎石施工

为了提高施工速度，可以采用两套拌和设备、两套摊铺设备和两套碾压设备施工，施工速度可以翻倍。

如果有两个作业面，两套设备可以同时施工互不干扰。

如果作业面有限，只有一个作业面同样能够进行两套设备配合施工，工艺如下：一套设备先行施工，待碾压完成100m左右时，直接在下基层上进行上基层施工，两套设备一前一后，相距100m左右时，两层碾压分别进行，在4~6h内完成碾压。笔者曾组织过这样的施工，不用等待养生工期满，施工速度成倍增加。这项技术的关键时碾压要及时，碾压设备能力要加强，压路机配套要合理。

3)采用水泥稳定碎石基层全厚式施工技术

将上、下两层基层大厚度一次摊铺成型，省去了养生期，避免了层间联结不可靠问题，施工速度大幅度提高，代表未来水泥稳定碎石基层施工的方向(图17-51、图17-52)。

摊铺机：陕西中大“DT1400”、“DT1600”(图17-19)。

压路机配置：32t振动单钢轮压路机1台(图17-24)，22t进口振动单钢轮压路机1台，18t振动单钢轮压路机1台，30t胶轮压路机1台。

碾压时，18t单钢轮振动压路机初压；30t胶轮压路机终压；22t进口单钢轮振动压路机与32t单钢轮振动压路机组合，相距1m左右，统一的速度，同步前进、同步后退。

第1遍：18t单钢轮振动压路机静压1遍。

第2遍：18t单钢轮振动压路机弱振(高幅低频)1遍。

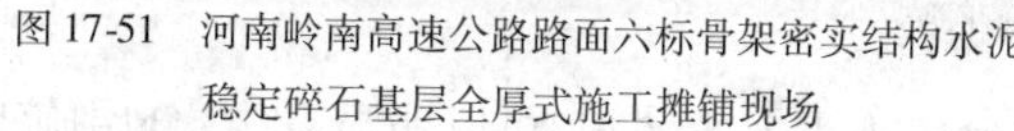

图 17-51　河南岭南高速公路路面六标骨架密实结构水泥稳定碎石基层全厚式施工摊铺现场

图 17-52　河南岭南高速公路路面六标骨架密实结构水泥稳定碎石基层全厚式施工碾压现场

第 3 遍:22t 单钢轮振动压路机在前弱振(高频低幅),32t 单钢轮振动压路机在后弱振(高频低幅)各 1 遍。

第 4 遍:22t 单钢轮振动压路机在前强振(高幅低频),32t 单钢轮振动压路机在后弱振(高频低幅)各 1 遍。

第 5 遍:22t 单钢轮振动压路机在前强振(高幅低频),32t 单钢轮振动压路机在后强振(高幅低频)。

第 6 遍:22t 单钢轮振动压路机在前弱振(高频低幅),32t 单钢轮振动压路机在后强振(高幅低频)。

第 7 遍:18t 单钢轮振动压路机在后弱振(高幅低频)1 遍。

第 8 遍:胶轮 1 ~2 遍。

该方案是一个新工艺,碾压的核心是第 3 遍到第 6 遍,两台压路机高幅低频和高频低幅的选择应根据试验确定。传统观点认为碾压工艺是先低频再高频,笔者认为高频、高幅交叉组合效率最佳,仅是一家之说,并没有理论依据,大家可参考借鉴。

上述碾压工艺适应于基层厚度 36 ~40cm 的骨架密实结构,对于较薄的基层或悬浮结构基层,可酌情减去第 2 遍、第 6 遍。但在胶轮收面前要用小吨位压路机弱振一遍,目的是为了消除碾压产生的裂缝和防止表面松散,所以第 7 遍不要取消。

图 17-53 为分层施工取芯照片、图 17-54 为全厚式施工取芯照片,可以明显看出,分层施工尽管上、下两层级配变异不明显,但黏结处有接缝;而全厚式施工整体性很好,不存在接缝。

图 17-53　分层施工取芯照片

图 17-54　全厚式施工取芯照片

图 17-55 为全厚式施工取芯照片、图 17-56 为分层施工取芯照片，可以明显看出，分层施工上、下两层级配变异大，下层级配正常，而上层级配明显偏细；而全厚式施工整体性很好，上下非常均匀。

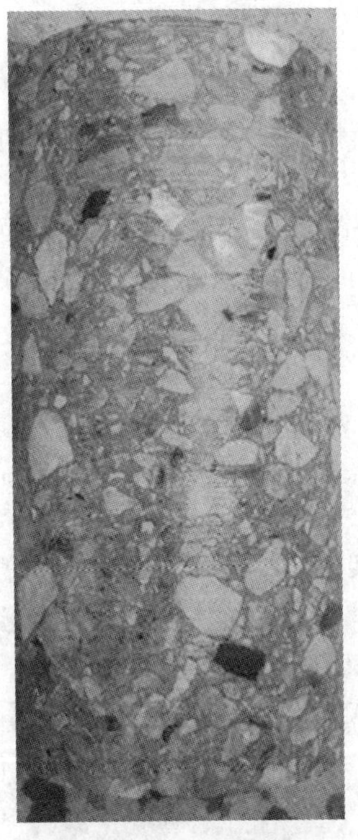

图 17-55　全厚式施工取芯照片

图 17-56　分层施工取芯照片

第18章　骨架密实水泥稳定碎石基层损伤与断裂

骨架密实水泥稳定碎石基层具有优良的抗裂性且经过了试验的验证,已被大家接受,下面从断裂学和损伤学理论分析骨架密实水泥稳定碎石基层的裂纹形成及扩展的规律,验证其抗裂性,并用理论证明之。

水泥稳定碎石基层的开裂分为裂纹的形成和裂纹的扩展两个过程,从力学的范畴出发,这两个过程具有不同的力学理论基础。损伤力学主要分析微裂纹的形成及微裂纹的扩展过程,断裂力学主要分析宏观裂纹的扩展过程,所以说要用损伤力学和断裂力学两种理论基础知识来解释和分析骨架密实水泥稳定碎石基层的裂缝形成及扩展。

18.1　骨架密实水泥稳定碎石基层损伤力学

半刚性基层是由无机结合料(水泥、石灰、粉煤灰等)、粗集料、细集料和水经混合后碾压而成的结构组织,在行车荷载、温度变化、路面其他结构层的作用下,混合料内部会出现微裂纹的形成、扩展等微观变化,这些变化是不可逆的,并将造成半刚性基层宏观性能的改变,这一过程称半刚性基层的损伤。半刚性基层在碾压时混合料内部就有微裂纹、微空隙,在行车荷载、温度应力、路面其他结构层的作用力作用下,原有的微裂纹将扩展,同时新的微裂纹又将继续生成、扩展。微裂纹的扩展常常伴有混合料的弹性变形。上述作用力停止后损伤不能愈合,将导致能量的耗散,耗散累积到一定程度时,混合料的强度、刚度下降。

20世纪50年代,Kachnov创立了损伤力学理论,最初应用于金属材料,在80年代应用于混凝土、岩石等脆性材料。应用于路面材料是90年代以后的事。

损伤力学通过选择损伤变量(表征损伤的合适的状态变量),确定损伤变量的损伤演化方程和本构方程,然后与连接介质力学的其他场方程一起,形成损伤力学初边值问题,求解应力应变场和损伤场。最后根据损伤的临界条件,来判断材料或结构的损伤程度。利用损伤力学可以动态地描述材料的损伤破坏过程,判断材料和结构的破坏。

1)损伤力学基本概念

要建立损伤本构方程,需先了解损伤度、Clausivs-Duhem不等式、材料本构方程等概念。

(1)损伤度

损伤度即骨架密实水泥稳定碎石基层的损伤程度,用损伤面积表示为:

$$D = 1 - \frac{A^*}{A} \tag{18-1}$$

式中:A、A^*——连续介质单元体内外法线为n的某截面在损伤前、后的面积。

当$D=0$时,没有损伤,$D\leqslant 1$。

用损伤前后材料的弹性模量来定义为:

$$D = \frac{1 - \overline{E}}{E} \tag{18-2}$$

式中:E、$\overline{E}$——分别为材料在损伤前后的弹性模量。

在应用损伤学对骨架密实水泥稳定碎石基层的损伤进行分析时,损伤度是一个非常重要的概念。建立损伤度与宏观力学量之间的联系,通过测量宏观力学量就可计算出损伤度。

(2)Clausivs - Duhem 不等式

$$\gamma = \frac{\mathrm{d}s}{\mathrm{d}v} - \frac{r}{\theta} + \frac{1}{\rho\theta}\mathrm{div}q - \frac{q}{\rho\theta^2}\cdot\mathrm{grad}\theta \geqslant 0 \tag{18-3}$$

式中:γ——单位质量熵的生成值;

s——体积;

v——表面积;

r——物体单位质量的生成热;

ρ——密度;

q——沿体积 v 的表面热流向量;

θ——物体绝对温度。

Clausivs - Duhem 不等式是连续介质力学中对本构方程的一种约束。

(3)材料本构方程

$$\sigma = \rho\frac{\partial\psi}{\partial\varepsilon^{e}}, S = -\rho\frac{\partial\psi}{\partial\theta} \tag{18-4}$$

式中:ψ——比自由能。

材料本构方程是弹性律和能量律的纽带。

2)骨架密实水泥稳定碎石基层损伤的本构模型

带有损伤变量的骨架密实水泥稳定碎石基层混合料本构方程,可以用带内变量的不可逆过程热力学第一、第二定律得到。工程实践需要非线性分析,合理的本构模型是准确进行非线性分析的基础,就是在理论上满足连续介质力学理论关于连续性、稳定性和唯一性的理论要求,在实际中很好地与各种试验数据吻合。

(1)骨架密实水泥稳定碎石基层单轴受拉随机损伤本构方程

如图 18-1,单轴受拉试件在加载过程中,因受拉损伤而形成非线性的应力 - 应变关系。

$$\sigma(\varepsilon) = E\varepsilon[1 - D(\varepsilon)] \tag{18-5}$$

式中:$\sigma(\varepsilon)$——拉应力;

ε——拉应变;

E——弹性模量;

$D(\varepsilon)$——损伤度。

式(18-5)即为骨架密实结构水泥稳定碎石基层单轴受拉条件下的 σ-ε 关系,即随机损伤本构方程。

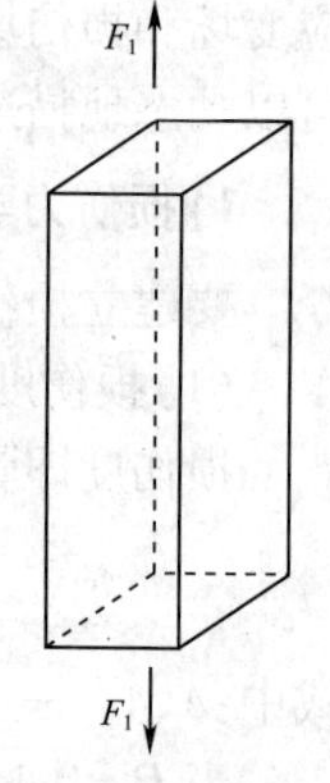

图 18-1 单轴受拉

这时的损伤表达式:

$$D = \frac{5a_1 - 6}{4a_1}x - \frac{a_1 - 2}{4a_1}x^5 \quad (x \leqslant 1) \tag{18-6}$$

$$D = 1 - \frac{\frac{1}{a_1}}{\alpha_t(x-1)^{1.7} + x} = 1 - \frac{\frac{E_{pt}}{E}}{\alpha_t(x-1)^{1.7} + x} \quad (x \geqslant 1) \tag{18-7}$$

式中：$x = \frac{\varepsilon}{\varepsilon_t}, y = \frac{\sigma}{f_t}, \alpha_t = \frac{E_0}{E_{pt}}, E_{pt} = \frac{f_t}{\varepsilon_t}$；

E_0——试件受拉时的初始弹性模量；

f_t——试件受拉时的轴心抗拉强度；

ε_t——试件受拉时的应变峰值；

E_{pt}——试件受拉时的峰值割线的变形模量；

a_1——常数。

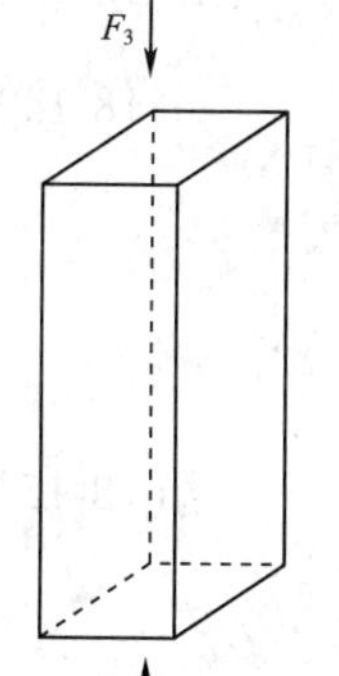

图18-2 单轴受压

（2）骨架密实水泥稳定碎石基层单轴受压随机损伤本构方程

如图18-2，试件单轴受压时，无论是初始裂缝还是极限破坏，基本上与压力方向平行。

$$\sigma(\varepsilon) = E\varepsilon[1 - 2\alpha\beta^2 D(\beta\varepsilon)] \tag{18-8}$$

式中：β——纵向应变与横向应变之比；

$\sigma(\varepsilon)$——压应力；

ε——应压变；

E——弹性模量；

$D(\varepsilon)$——损伤度。

式(18-8)即为骨架密实结构水泥稳定碎石基层单轴受压条件下的$\sigma - \varepsilon$关系，即随机损伤本构方程。

单轴受压时的损伤表达式：

$$D = \frac{2\alpha_a - 3}{\alpha_a}x - \frac{\alpha_a - 2}{\alpha_a}x^2 \quad (x \leqslant 1) \tag{18-9}$$

$$D = \frac{\frac{1}{\alpha_a}}{\alpha_a(x-1)^2 + 1} = 1 - \frac{\frac{E_{pc}}{E}}{\alpha_a(x-1)^2 + x} \quad (x \geqslant 1) \tag{18-10}$$

式中：$x = \frac{\varepsilon}{\varepsilon_c}, y = \frac{\sigma}{f_c}, \alpha_a = \frac{E_0}{E_{pc}}, E_{pc} = \frac{f_c}{\varepsilon_c}$；

E_0——试件受压时的初始弹性模量；

f_c——试件受压时的轴心抗压强度；

ε_c——试件受压时的应变峰值；

E_{pc}——试件受压时的峰值割线的变形模量。

（3）骨架密实水泥稳定碎石基层双轴拉压荷载组合时的随机损伤本构方程

如图18-3，在双轴拉、压荷载作用下

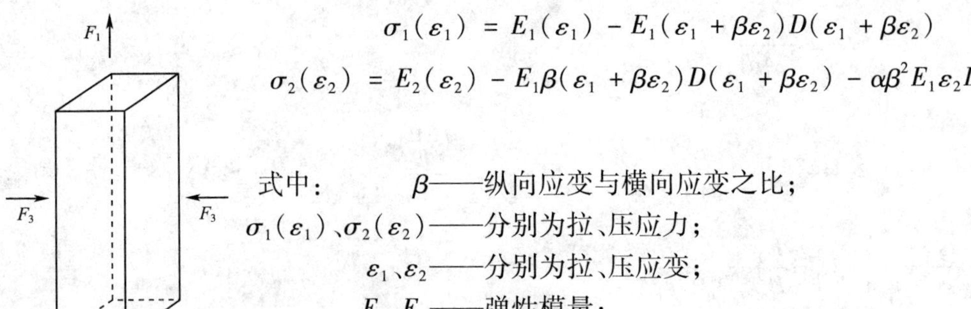

图 18-3 双轴拉压

$$\sigma_1(\varepsilon_1) = E_1(\varepsilon_1) - E_1(\varepsilon_1 + \beta\varepsilon_2)D(\varepsilon_1 + \beta\varepsilon_2) \tag{18-11}$$

$$\sigma_2(\varepsilon_2) = E_2(\varepsilon_2) - E_1\beta(\varepsilon_1 + \beta\varepsilon_2)D(\varepsilon_1 + \beta\varepsilon_2) - \alpha\beta^2 E_1\varepsilon_2 D(\beta\varepsilon_2) \tag{18-12}$$

式中： β——纵向应变与横向应变之比；

$\sigma_1(\varepsilon_1)$、$\sigma_2(\varepsilon_2)$——分别为拉、压应力；

ε_1、ε_2——分别为拉、压应变；

E_1、E_2——弹性模量；

$D(\varepsilon)$——损伤度。

式(18-11)、式(18-12)即为骨架密实结构水泥稳定碎石基层双轴拉压荷载组合时的 $\sigma-\varepsilon$ 关系，即随机损伤本构方程。

根据文献，将损伤方程表达式构造成

$$D = s_1x + s_2x^2 + s_3x^3 \qquad (0.2 \leqslant x \leqslant 1) \tag{18-13}$$

$$D = 1 - \frac{A}{B(x-1)^2 + x} \qquad (x \geqslant 1) \tag{18-14}$$

式中：A、B、s_1、s_2、s_3——材料常数，根据拉、压情况而不同。

(4)骨架密实结构水泥稳定碎石基层正交异性随机损伤本构方程

作为弹性材料，线性应力—应变关系遵守广义的胡克定律：

$$\sigma_{ij} = B_{ij} + C_{ijkl}\varepsilon_{kl} \tag{18-15}$$

式中：B_{ij}——对应于初始的应变自由状态情况下的初始应力张量分量；

$C_{ijkl}\varepsilon_{kl}$——表征固体弹性性质的 4 阶张量。

在上述的本构模型中，与混凝土和碾压混凝土的裂纹扩展类似，骨架密实结构水泥稳定碎石基层混合料中裂纹的扩展极大依赖于所施加的应力和应变的方向，因此其损伤过程本质上是正交各向异性的。

正交异性材料是指对于 3 个互相垂直的坐标轴对称的弹性材料，正应力的作用不产生剪应变，剪应力的作用下也不产生正应变，也不在其他平面产生剪应变，其本构模型可简化为：

$$\begin{Bmatrix} \sigma_{11} \\ \sigma_{22} \\ \sigma_{33} \\ \tau_{12} \\ \tau_{23} \\ \tau_{31} \end{Bmatrix} = \begin{bmatrix} c_{11} & c_{12} & c_{13} & 0 & 0 & 0 \\ c_{21} & c_{22} & c_{23} & 0 & 0 & 0 \\ c_{31} & c_{32} & c_{33} & 0 & 0 & 0 \\ 0 & 0 & 0 & c_{44} & 0 & 0 \\ 0 & 0 & 0 & 0 & c_{55} & 0 \\ 0 & 0 & 0 & 0 & 0 & c_{66} \end{bmatrix} \begin{Bmatrix} \varepsilon_{11} \\ \varepsilon_{22} \\ \varepsilon_{33} \\ \gamma_{12} \\ \gamma_{23} \\ \gamma_{31} \end{Bmatrix} \tag{18-16}$$

为了分析弹性材料的各向异性损伤，Sidoroff 等人提出了能量等价假设，即认为受损材料的弹性余能和无损材料的弹性余能在形式上相同，在其中的 Cauchy 应力 σ 换为等效应力，建立骨架密实结构水泥稳定碎石基层的模型。

本模型用3个应力方向的损伤变量 D_1, D_2, D_3 描述骨架密实结构水泥稳定碎石基层受外力或温度变化时损伤的增加。假设损伤的主轴和应变主轴、应力主轴相互重合，由能量等价原理有：

$$\left.\begin{aligned} \varepsilon &= \tilde{E}^{-1}(D)\sigma \\ \tilde{E}^{-1}(D) &= (I-D)^{-1}E^{-1}(I-D)^{-1} \\ \tilde{E}(D) &= (I-D)E(I-D) \end{aligned}\right\} \tag{18-17}$$

即：

$$[\tilde{E}]^{-1} = \frac{1}{E}\begin{bmatrix} \dfrac{1}{(1-D_1)^2} & -\dfrac{\gamma}{(1-D_1)(1-D_2)} & -\dfrac{\gamma}{(1-D_1)(1-D_3)} \\ -\dfrac{\gamma}{(1-D_1)(1-D_2)} & \dfrac{1}{(1-D_2)^2} & -\dfrac{\gamma}{(1-D_2)(1-D_3)} \\ -\dfrac{\gamma}{(1-D_1)(1-D_3)} & -\dfrac{\gamma}{(1-D_2)(1-D_3)} & \dfrac{1}{(1-D_3)^2} \end{bmatrix} \tag{18-18}$$

$$[\tilde{E}] = \begin{bmatrix} (\lambda+2\mu)(1-D_1)^2 & \lambda(1-D_1)(1-D_2) & \lambda(1-D_1)(1-D_3) \\ \lambda(1-D_1)(1-D_2) & (\lambda+2\mu)(1-D_2)^2 & \lambda(1-D_2)(1-D_3) \\ \lambda(1-D_1)(1-D_3) & \lambda(1-D_2)(1-D_3) & (\lambda+2\mu)(1-D_3)^2 \end{bmatrix} \tag{18-19}$$

式中：λ、μ——lame 系数，$\lambda=\dfrac{E\gamma}{(1+\gamma)(1-2\gamma)}$，$\mu=\dfrac{E}{2(1+\gamma)}$；

E——材料的弹性模量；

γ——材料的泊松比。

将主轴坐标系下的本构方程转换到总体坐标系下，得到应力—应变关系矩阵：

$$[D] = [r]^t[\tilde{E}][r] \tag{18-20}$$

式中：$[r]$——局部坐标与整体坐标之间的转换矩阵，

$$[r] = \begin{bmatrix} l_1^2 & m_1^2 & n_1^2 & l_1m_1 & m_1n_1 & n_1l_1 \\ l_2^2 & m_2^2 & n_2^2 & l_2m_2 & m_2n_2 & n_2l_2 \\ l_3^2 & m_3^2 & n_3^2 & l_3m_3 & m_3n_3 & n_3l_3 \\ 2l_1l_2 & 2m_1m_2 & 2n_1n_2 & l_1m_2+l_2m_1 & m_1n_2+m_2n_1 & n_1l_2+n_2l_1 \\ 2l_2l_3 & 2m_2m_3 & 2n_2n_3 & l_2m_3+l_3m_2 & m_2n_3+m_3n_2 & n_2l_3+n_3l_2 \\ 2l_3l_1 & 2m_3m_1 & 2n_3n_1 & l_3m_1+l_1m_3 & m_3n_1+m_1n_3 & n_3l_1+n_1l_3 \end{bmatrix} \tag{18-21}$$

其中：m、n、l——坐标转换系数。

3）骨架密实水泥稳定碎石基层损伤分析

（1）骨架密实水泥稳定碎石基层损伤分类

与水泥混凝土的损伤类似,骨架密实结构水泥稳定碎石基层的损伤同样是在外部因素作用下的内部细观结构的变化,由于其细观构造的不均匀性,损伤的过程也是内部微裂纹的形成、扩展、汇合,包含初始无损阶段、微裂纹形成及稳定扩展的连续损伤阶段、微裂纹部分汇合的损伤开裂阶段和完全断裂 4 个阶段。

损伤力学分为细观损伤力学和连续损伤力学。细观损伤力学对典型损伤基元(如微裂纹、微孔洞、剪切带等)以及各种基元的组合,根据损伤基元的变形和演化过程,通过合适的力学平均化的方法,求得材料变形和损伤过程与细观损伤参量之间的关系。连续损伤力学将含有众多分散的微裂纹区域看成是局部均匀场,在这个场内,考虑全部裂纹的整体效应,找出损伤变量,用来描述损伤状态。

①按损伤的性质不同,骨架密实水泥稳定碎石基层的损伤分为各向同性损伤和各向异性损伤。各向同性损伤,即材料内的损伤,没有方向性;各向异性损伤,损伤对材料各方向的响应有明显的差异。

②根据材料的性质、荷载的类型和温度,按不同的损伤机理,骨架密实水泥稳定碎石基层的损伤与混凝土的损伤类似,分为脆性损伤、延性损伤、低周疲劳损伤和高周疲劳损伤。

(2)骨架密实水泥稳定碎石基层损伤的稳定条件

如果损伤区在一个微小的扰动下,使得外荷载所做的功超过结构储存能量的增加与损伤的耗散能之和,则结构处于失稳状态。反之,如果对于任意小的微扰动,外力功都小于储存能量的增加与损伤耗散能之和,则结构处于稳定状态。

18.2 骨架密实水泥稳定碎石基层断裂力学

断裂力学是研究裂纹宏观扩展的应用力学,假设有效类裂纹缺陷将导致破坏。传统强度理论是假设材料中没有缺陷或不存在裂纹,这与实际情况不符。断裂力学摒弃了传统的认为材料不存在缺陷的假设,把结构看成是连续和间断的统一体。断裂力学在解释和防止低应力脆断方面,比较符合实际。

按裂纹的变形和所受外力的不同,将裂纹分为 3 种形式(图 18-4),即Ⅰ型(张开型)、Ⅱ型(剪切型)、Ⅲ型(撕开型)。骨架密实水泥稳定碎石基层的开裂主要是Ⅰ型和Ⅱ型裂纹。

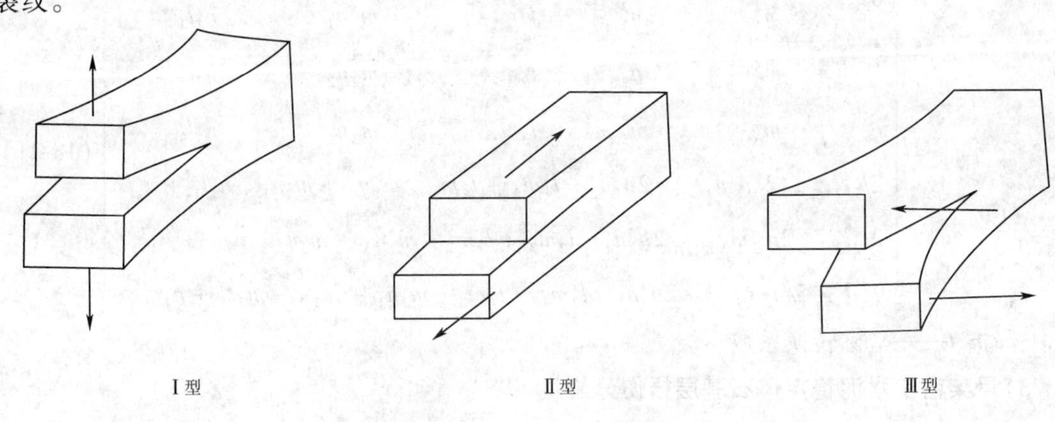

图 18-4　3 种裂纹形式图

1)骨架密实水泥稳定碎石基层断裂分析

(1)骨架密实水泥稳定碎石基层裂纹分析理论

①裂纹尖端奇异场

a.Ⅰ型裂纹

$$\left.\begin{aligned}
\sigma_x &= \frac{K_{\mathrm{I}}}{\sqrt{2\pi r}}\cos\frac{\theta}{2}\left(1-\sin\frac{\theta}{2}\sin\frac{3\theta}{2}\right)\\
\sigma_y &= \frac{K_{\mathrm{I}}}{\sqrt{2\pi r}}\cos\frac{\theta}{2}\left(1+\sin\frac{\theta}{2}\sin\frac{3\theta}{2}\right)\\
\tau_{xy} &= \frac{K_{\mathrm{I}}}{\sqrt{2\pi r}}\sin\frac{\theta}{2}\cos\frac{\theta}{2}\cos\frac{3\theta}{2}\\
\mu &= \frac{K_{\mathrm{I}}}{4G}\sqrt{\frac{r}{2\pi}}\left[(2\chi-1)\cos\frac{\theta}{2}-\cos\frac{3\theta}{2}\right]
\end{aligned}\right\} \tag{18-22}$$

式中:G——含裂纹弹性体的剪切模量;

r、θ——以裂纹尖端为坐标原点的极坐标;

$\chi=(3-\mu)/(1+\mu)$(平面应力),$3-4\mu$(平面应变)(μ 为材料泊松比);

K_{I}——Ⅰ型裂纹尖端应力强度因子,对于含 $2a$ 长的中心裂纹的无限大板,$K_{\mathrm{I}}=\sigma\sqrt{\pi a}$($\sigma$ 为远场拉力强度)。

b.Ⅱ型裂纹

$$\left.\begin{aligned}
\sigma_x &= -\frac{K_{\mathrm{II}}}{\sqrt{2\pi r}}\sin\frac{\theta}{2}\left(2+\cos\frac{\theta}{2}\cos\frac{3\theta}{2}\right)\\
\sigma_y &= \frac{K_{\mathrm{II}}}{\sqrt{2\pi r}}\sin\frac{\theta}{2}\cos\frac{\theta}{2}\cos\frac{3\theta}{2}\\
\tau_{xy} &= \frac{K_{\mathrm{II}}}{\sqrt{2\pi r}}\cos\frac{\theta}{2}\left(1-\sin\frac{\theta}{2}\sin\frac{3\theta}{2}\right)\\
\mu &= \frac{K_{\mathrm{II}}}{4G}\sqrt{\frac{r}{2\pi}}\left[(2\chi+3)\sin\frac{\theta}{2}+\sin\frac{3\theta}{2}\right]
\end{aligned}\right\} \tag{18-23}$$

式中:K_{II}——Ⅱ型裂纹问题应力强度因子,对于含 $2a$ 长的中心裂纹的无限大板,$K_{\mathrm{II}}=\tau\sqrt{\pi a}$($\tau$ 为远场剪力强度);其他参量同Ⅰ型裂纹问题。

在断裂力学中裂纹尖端奇异场是建立断裂判据必不可少的一步,为了研究带裂纹结构的强度必须了解裂纹尖端的应力场、位移场。

②裂纹失稳判据。A. A. Griffith 认为,脆性材料断裂时,能量分布是不均匀的,而是集中于裂纹附近。裂纹扩展的条件是:

$$\sigma_c \geqslant 4\sqrt{\frac{E\gamma}{\pi a(k+1)2(1+\mu)}} \tag{18-24}$$

式中：σ_c——裂纹发生不稳定扩展而断裂所必需的外加荷载大小；

E——材料的弹性模量；

γ——单位面积的表面能；

a——椭圆孔的长轴半径；

k——μ 的函数；

μ——泊松比。

③能量释放率。即裂纹扩展单位面积时整个受力系统所释放的能量。裂尖能量释放率为裂纹产生新的单位表面面积而造成的不可逆的损失。

$$G = -\frac{\partial \pi}{\partial A} \tag{18-25}$$

式中：$\partial\pi$——系统所释放的能量；

∂A——单位面积。

④应力强度因子

$$k = \sigma\sqrt{\pi a}Y \qquad \begin{cases} k_{\mathrm{I}} = \sigma\sqrt{\pi a} \\ k_{\mathrm{II}} = \sigma\sqrt{\pi a} \end{cases} \tag{18-26}$$

式中：k——应力强度因子；

σ——外加荷载大小；

a——半裂纹长度；

Y——裂纹和结构的几何形状函数。

应力强度因子表征裂纹尖端附近应力应变弹性场的强度，控制着裂尖附近的整个弹性场。对于线弹性物体来说，其与荷载呈线性关系，并依赖于结构与裂纹的几何形状与尺寸。

⑤J 积分

$$J = \int_{\Gamma}\left[\phi \mathrm{d}y - \left(T_x\frac{\partial u_x}{\partial x} + T_y\frac{\partial u_y}{\partial x}\right)\mathrm{d}s\right] \tag{18-27}$$

式中：ϕ——应变能密度；

T_x、T_y——作用在围道 T 上的应力分量；

u_x、u_y——相应的位移分量。

J 积分就是裂纹扩展单位长度时，每单位厚度中流入围道的能量。当围道向裂纹尖端收缩时，J 积分就是裂纹扩展单位长度时每单位厚度流向裂纹尖端的能量。在小范围屈服条件下，J 积分等于线弹性能量释放率。

(2)骨架密实水泥稳定碎石基层断裂判据

①单一裂纹

对于Ⅰ型和Ⅱ型裂纹的复合荷载：

$$K_{\mathrm{I}} \leqslant K_{\mathrm{I}C} \tag{18-28}$$

式中：$K_{\mathrm{I}C}$——断裂韧度即临界应力强度因子。

$$G_{\mathrm{I}} \geqslant G_{\mathrm{I}C} \tag{18-29}$$

式中：G_{I}——能量释放率；

$G_{\mathrm{I}C}$——临界能量释放率。

②复合型断裂判据

a. 最大周向拉应力理论。对于Ⅰ型和Ⅱ型裂纹的复合：

$$\sigma_{\theta\max} = \frac{1}{\sqrt{2\pi r}}\cos\frac{\theta_0}{2}\{K_{\mathrm{I}}(1+\cos\theta_0) - 3K_{\Pi}\sin\theta_0\} \tag{18-30}$$

$$\frac{1}{2}\cos\frac{\theta}{2}[K_{\mathrm{I}}(1+\cos\theta) - 3K_{\Pi}\sin\theta] = K_{\mathrm{I}C} \tag{18-31}$$

$$\sigma_c = \frac{2K_{\mathrm{I}C}}{\sqrt{\pi a}\cos\frac{\theta_0}{2}[(1+\cos\theta_0)\sin^2\beta - 3\sin\theta_0\sin\beta\cos\beta]} \tag{18-32}$$

式中：$\sigma_{\theta\max}$——最大周向拉应力；

θ_0——断裂角；

β——裂纹角。

b. 最大能量释放率理论。裂纹沿可以产生最大能量释放率的方向扩展。

对于Ⅰ型和Ⅱ型裂纹的复合荷载：

$$G = \frac{K_{\mathrm{I}}^2 + K_{\mathrm{II}}^2}{E}(1-\mu^2) \tag{18-33}$$

对于Ⅰ型和Ⅲ型复合裂纹：

$$K_{\mathrm{I}}^2 + \frac{1}{(1-\mu)}k_{\mathrm{III}}^2 = k_{\mathrm{I}C}^2 \tag{18-34}$$

式中：μ——泊桑比。

c. 应变能密度理论。Sih 于 1974 年提出了应变能理论，他认为复合型裂纹扩展的临界条件决定于裂纹尖端区的能量状态和材料性能。

S，应变能密度因子，为定义 r^{-1} 奇异项的系数。S 是具有方向性的量，随极角而变化，且与材料的特征系数 E、μ 有关，等同于裂纹尖端附近的一种抗裂阻力。

$$S = a_{11}\frac{K_{\mathrm{I}}^2}{\pi} + 2a_{12}\frac{K_{\mathrm{I}}K_{\mathrm{II}}}{\pi} + a_{22}\frac{K_{\mathrm{II}}^2}{\pi} \tag{18-35}$$

式中：a_{11}、a_{12}、a_{22}——系数。

对于Ⅰ型裂纹：

$$S_{\mathrm{C}} = \frac{(1-2v)(1+\mu)}{2\pi E}K_{\mathrm{IC}}^2 \tag{18-36}$$

对于Ⅱ型裂纹：

$$K_{\mathrm{IIC}}^2 = \sqrt{\frac{3(1-2\mu)}{2(1-\mu)-\mu^2}}K_{\mathrm{IC}}^2 \tag{18-37}$$

对于Ⅲ型裂纹：

$$K_{\mathrm{IIIC}} = \sqrt{(1-2\mu)}K_{\mathrm{IC}} \tag{18-38}$$

对于Ⅰ型和Ⅲ型复合型裂纹：

$$K_{\mathrm{I}}^{2} + \frac{1}{(1-2\mu)}K_{\mathrm{III}}^{2} = K_{\mathrm{IC}}^{2} \tag{18-39}$$

式中:μ——泊桑比。

2)骨架密实水泥稳定碎石基层的断裂模型

为了分析金属材料的断裂和水泥混凝土的断裂,研究者建立了许多力学模型。著名的有 Cosserat 模型、"面积加权平均"的非局部非弹性模型、"梯度依赖"的非局部模型等。通过分析,参考文献[61]提出的节理界面力学模型与骨架密实水泥稳定碎石基层比较符合。

节理界面单元在岩土工程中应用广泛,基于断裂力学的新型节理面单元模型是内聚力裂纹模型的延伸,特点为:局部结构的节理力学行为作为材料问题处理;在节理的破坏分析中,考虑了节理界面上的磨损和相应的扩容现象;节理的混合型开裂被当作沿节理法向的张开和沿切向的摩擦滑动的耦合过程。

(1)分段线塑性节理本构模型

将节理面上的变量定义为三维变量,P 为节理面上的面力,u^{+} 和 u^{-} 为节理两侧的位移,w 为节理面张开位移,则:

$$P = \{P_{\mathrm{n}} \quad P_{\mathrm{t}}\}^{T}, W = u^{+} - u^{-} = \{w_{\mathrm{n}} \quad w_{\mathrm{t}}\} \tag{18-40}$$

式中:P_{n}——面力的法向分量;

P_{t}——面力的切向分量矢量;

w_{n}——节理张开位移的法向分量;

w_{t}——节理张开位移切向分量矢量。

(2)模型的简化

为了计算方便,根据骨架密实水泥稳定碎石基层的特点,由于其塑性变形很小,将模型中的塑性变形忽略不计,简化为"分段线性节理结构本构模型",可大大减少模型中的参数,计算过程大为简化。

模型简化后分段线性屈服条件为:

$$\varphi = N^{T}P - Y \leqslant 0 \tag{18-41}$$

式中:φ——相应于分段线性屈服面各段的屈服面的集合;

N——各段的屈服面方向矢量的集合,$N = \begin{bmatrix} 1 & \mu & \mu \\ 0 & 1 & -1 \end{bmatrix}$;

Y——各段的屈服面对应材料强度参数的集合。

假设骨架密实水泥稳定碎石基层仅有 I 型和 II 型开裂,考虑断裂与摩擦滑动的耦合、线性软化与黏性断裂的耦合,则有:

$$\begin{cases} Y_1 = x_0 + H_{\mathrm{n}} + \dfrac{x_0}{c_0}H_{\mathrm{t}} \\ Y_2 = \dfrac{c_0}{\sqrt{1+\mu^2}} + \dfrac{H_{\mathrm{t}}}{\sqrt{1+\mu^2}} + \dfrac{\mu H_{\mathrm{n}}}{\sqrt{1+\mu^2}} \end{cases} \tag{18-42}$$

位移软化系数矩阵为:

$$H=\begin{bmatrix} H_n & \frac{x_0}{c_0}H_t & \frac{\sqrt{1+\mu^2}}{c_0}H_t \\ \mu H_t & \frac{H_t}{\sqrt{1+\mu^2}} & H_n\frac{\sqrt{1+\mu^2}}{\mu} \end{bmatrix},Y=[x_0 \quad c_0] \tag{18-43}$$

式中:H_n——节理面法线方向的位移软化系数;

H_t——节理面切线方向的位移软化系数;

μ——内摩擦系数;

c_0、x_0——材料参数。

前面两节是损伤力学和断裂力学的理论知识,下面的章节里将陆续用到。

18.3 骨架密实水泥稳定碎石基层损伤力学与断裂力学应用

1)骨架密实水泥稳定碎石基层裂纹扩展后寿命计算

基层裂纹扩展后寿命一般通过断裂力学计算,下面用损伤力学的方法分析裂纹形成和裂纹扩展两个阶段这一连续的疲劳失效过程,计算裂纹扩展寿命。参考文献[62]介绍了求解金属材料裂纹疲劳寿命的方法:将两个阶段结合在一起,首先使用裂纹形成阶段的 $S-N$ 曲线,拟合损伤演化方程中的材料参量;然后利用损伤力学有限元法绘制裂纹扩展阶段的 $a-N$ 曲线。这里参照文献介绍的方法分析骨架密实水泥稳定碎石基层的损伤。

(1)损伤演化方程

参照 Mazars 和 Lemaitre 建立的混凝土的损伤演化方程,骨架密实结构水泥稳定碎石基层损伤演化方程的表达式为:

$$\frac{\mathrm{d}D}{\mathrm{d}N}=a\bar{\sigma}^{p}(1-D)^{-\frac{p}{2}} \tag{18-44}$$

式中:D——材料的损伤度;

N——循环荷载作用次数;

a——初始裂纹长度;

p——材料参数;

$\bar{\sigma}$——应力强度。

(2)以给定损伤场与应力场的损伤来分析裂纹形成与扩展后寿命预估

假设临界单元 e_i 的损伤度及其增量分别用 $D(e_i)$ 与 $\Delta D(e_i)$ 表示,某单元 x 的损伤度及其增长量分别用 $D(x)$ 与 $\Delta D(x)$ 表示,则由损伤演化方程得:

$$\Delta D(x)=\Delta D(e_i)\left[\frac{1-D(e_i)}{1-D(x)}\right]^{-\frac{p}{2}} \tag{18-45}$$

式中: e_i——临界单元;

$D(e_i)$——临界单元的损伤度;

$\Delta D(e_i)$——临界单元损伤增量;

x——损伤单元;

$D(x)$——单元 x 的损伤度；

$\Delta D(x)$——单元 x 损伤度的增长量。

若将 $\left(\frac{\mathrm{d}D}{\mathrm{d}N}\right)_{\mathrm{i}}$ 视为单元 i 的绝对损伤演化率，那么 $\left(\frac{\mathrm{d}D}{\mathrm{d}N}\right)_{\mathrm{i}}/(1-D_{\mathrm{i}})$ 就是单元 i 的相对损伤演化率。

临界单元的判别准则表示为：

$$\max_{i\in[1,n]}\left[a\left(\frac{\mathrm{d}D}{\mathrm{d}N}\right)_{\mathrm{i}}/(1-D_i)\right] \tag{18-46}$$

式中：n——划分的单元个数。

对于临界单元损伤度的每一次增长，所需要的相应荷载循环次数可通过损伤演化方程计算：

$$\Delta N = \Delta D/\left\{a\left(\frac{1}{1-D}\right)^{-\frac{p}{2}}\right\} \tag{18-47}$$

(3)损伤演化方程参量确定

①S-N 曲线(裂纹形成寿命曲线)

已知：$\sigma_{\mathrm{m}}=\frac{\sigma_{\max}+\sigma_{\min}}{2}$，$\sigma_a=\frac{\sigma_{\max}-\sigma_{\min}}{2}$，$R=\frac{\sigma_{\min}}{\sigma_{\max}}$

式中：σ_{m}——平均应力；

σ_{a}——应力幅；

R——应力比。

得用等寿命图 $\sigma_{\mathrm{a}}\sim\sigma_{\mathrm{m}}$(图 18-5)，分析不同应力比之间相互关系。

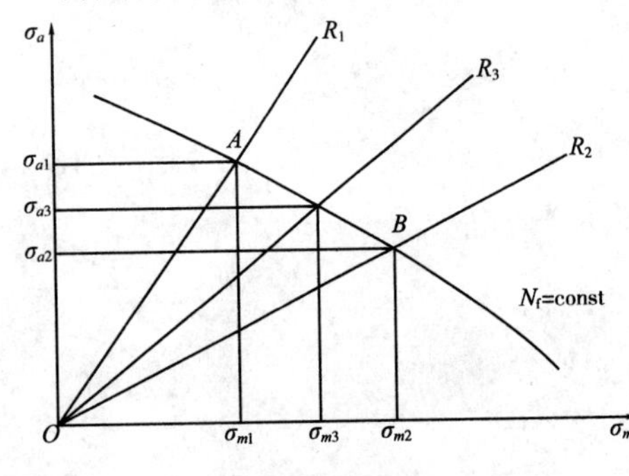

图 18-5　等寿命图

将图中 AB 段近似按线性处理可得：

$$\frac{\sigma_{\mathrm{a}3}-\sigma_{\mathrm{a}2}}{\sigma_{\mathrm{m}2}-\sigma_{\mathrm{m}3}}=\frac{\sigma_{\mathrm{a}1}-\sigma_{\mathrm{a}2}}{\sigma_{\mathrm{m}2}-\sigma_{\mathrm{m}1}} \tag{18-48}$$

将平均应力与应力中幅分别以应力比和最大应力表示，有：

$$\sigma_{\mathrm{m}}=\frac{1+R}{2}\sigma_{\max},\sigma_{\mathrm{a}}=\frac{1-R}{2}\sigma_{\max} \tag{18-49}$$

将式(18-49)代入式(18-48)中得：

$$\frac{(1-R_3)\sigma_{\max3}-(1-R_2)\sigma_{\max2}}{(1+R_2)\sigma_{\max2}-(1+R_3)\sigma_{\max3}}=\frac{(1-R_1)\sigma_{\max1}-(1-R_2)\sigma_{\max2}}{(1+R_2)\sigma_{\max2}-(1+R_1)\sigma_{\max1}} \tag{18-50}$$

式中 R_1、$\sigma_{\max 1}$ 与 R_2、$\sigma_{\max 2}$ 已知，可求得 R_3、$\sigma_{\max 3}$。

所以，由已知对应几种应力比的疲劳数据就可以推得其他应力比的疲劳数据。根据等寿命图可以求得(σ_{m}，σ_{a})数据，进而获得($\sigma_{\max}$，N)数据。

②a-N 曲线(裂纹扩展曲线)

通过裂纹扩展速率公式，依据 $\left(\Delta k,\frac{\mathrm{d}a}{\mathrm{d}N}\right)$ 数据反推出相应的(a，N)数据，根据 Paris 公式，裂

纹扩展速率可表示为：

$$\frac{da}{dN} = C(\Delta k)^n \tag{18-51}$$

式中：C、n——材料常数。

将式(18-51)进行变量分离，并对两边积分可得：

$$\int_{a_0}^{a} \frac{da}{C(\Delta k)^n} = \int_{N_0}^{N_i} dN = N_i - N_0 \tag{18-52}$$

式中：a_0——初始裂纹长度；

N_0——a_0 对应的荷载循环次数；

a_i——裂纹扩展长度；

N_i——a_i 对应的荷载循环次数。

由式(18-52)可知，对应每一个裂纹长度 a_i，都可以由该式通过数值积分计算出相应的基层裂纹扩展寿命，从而可得到一系列的(a，N)数据，进而画出 a-N 曲线。

下一章使用该方法计算了水泥稳定碎石基层的疲劳寿命，并与用 ANSYS 软件计算的结果进行了对比，两种方法的计算结果相差很小，说明用损伤力学的方法计算裂纹的疲劳寿命也是可行的。

2)骨架密实水泥稳定碎石基层裂纹应力强度因子的能量释放率闭合解法

(1)能量释放率法

对于一个含裂纹的构件，裂纹长度为 a，在边界 S_u 上给定位移分量 $\bar{u}_i$，在边界 S_t 上给定位移分量 t_i，在构件内部 v 作用着已知的体力分量 F_i；此时构件的位移分量为 u_i；应变分量 ε_{ij} 为：

$$\varepsilon_{ij} = \frac{1}{2}\left(\frac{\partial u_i}{\partial x_j} + \frac{\partial u_j}{\partial x_i}\right) \tag{18-53}$$

在线弹性情况下，相应的应力分量 σ_{ij} 为：

$$\sigma_{ij} = C_{ijkl}\varepsilon_{kl} \tag{18-54}$$

则构件中应变能密度 w 为：

$$w = \int_0^{\varepsilon_{ij}} \sigma_{ij}^* d\varepsilon_{ij}^* = \frac{1}{2}\sigma_{ij}\varepsilon_{ij} \tag{18-55}$$

$$u = \int_v w dv \tag{18-56}$$

式中：u——构件应变能。

构件的外力势能：

$$U_p = -\left(\int_v F_i u_i dv + \int_{ST} T_i u_i ds\right) \tag{18-57}$$

系统总势能：

$$\Pi = U + U_p \tag{18-58}$$

又：

$$U = \frac{1}{2}\left(\int_v F_i u_i dv + \int_{ST} T_i u_i ds\right) \tag{18-59}$$

故 $\Pi = -U$

当裂纹长度由 a 变为 $a+\Delta a$ 时，$\bar{u}_i$、T_i 及 F_i 不变，相应的位移分量变为 $u_i+\Delta u_i$，内力势能

变为 $u+\Delta u$,外力势能变为 $U_p+\Delta U_p$;总势能变为 $\Pi+\Delta\Pi$,裂纹面积为 $\Delta s=t\Delta a$。

应变能释放率定义为:

$$F=\lim_{\Delta a\to 0}\frac{\Delta v}{\Delta s}=\frac{\mathrm{d}v}{\mathrm{d}s}=\frac{1}{t}\cdot\frac{\mathrm{d}u}{\mathrm{d}a} \tag{18-60}$$

构件总势能释放率定义为:

$$G=-\lim_{\Delta a\to 0}\frac{\Delta\Pi}{\Delta s}=-\frac{\mathrm{d}\Pi}{\mathrm{d}s}=-\frac{1}{t}\cdot\frac{\mathrm{d}\Pi}{\mathrm{d}a} \tag{18-61}$$

故

$$G=\frac{1}{t}\cdot\frac{\mathrm{d}u}{\mathrm{d}a}=F \tag{18-62}$$

(2)能量释放率与 K 的关系

$$G=\frac{K+1}{8u}(K_{\mathrm{I}}^2+K_{\mathrm{II}}^2) \tag{18-63}$$

式中:u——剪切弹性模量,$u=\dfrac{E}{2(1+\mu)}$

对于平面应力状态

$$K=\frac{3-\mu}{1+\mu} \tag{18-64}$$

$$G=\frac{1}{E}(K_{\mathrm{I}}^2+K_{\mathrm{II}}^2) \tag{18-65}$$

对于平面应变状态

$$K=3-4u \tag{18-66}$$

$$G=\frac{1-\mu^2}{E}(K_{\mathrm{I}}^2+K_{\mathrm{II}}^2) \tag{18-67}$$

式中:μ——泊松比

(3)应力强度因子的能量释放率闭合解法

骨架密实水泥稳定碎石基层的开裂主要是张开型裂纹和剪切型裂纹和复合,为了对其应力强度因子求解,将骨架密实水泥稳定碎石基层简化为含三维裂纹的无限大体,采用参考文献[62]介绍的半解析—半工程的能量释放率解法,导出复合应力强度因子与能量释放率的封闭解,既可避免过于粗糙的、迫不得已的简化计算,提高设计与分析质量,又可避免过于复杂的有限元数值计算,节省时间。

①裂纹表面位移

无限大物体内含一椭圆裂纹,椭圆裂纹表面承受均布压力和剪切应力的双重作用。

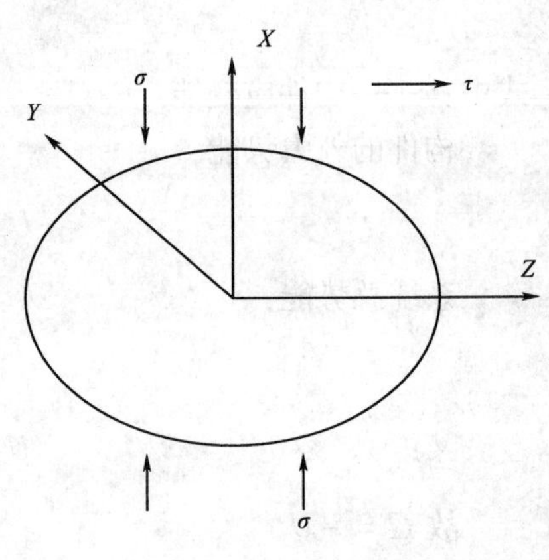

图 18-6 应力分布图

如图 18-6，假定裂纹表面张开位移 S 和剪切位移 w 均有椭圆形分布规律，则：

$$S(x,z) = S_0\sqrt{1-\frac{x^2}{b^2}-\frac{z^2}{a^2}},$$

$$w(x,z) = w_0\sqrt{1-\frac{x^2}{b^2}-\frac{z^2}{a^2}} \tag{18-68}$$

式中：S——张开位移；

S_0——裂纹表面中心处的最大位移；

w——剪切位移；

w_0——裂纹表面中心处的最大位移；

a、b——椭圆裂纹长、短轴半径。

所以，复合位移 U 为：

$$U = \sqrt{(s_0^2+w_0^2)(1-\frac{x^2}{b^2}-\frac{z^2}{a^2})} \tag{18-69}$$

又：

$$\begin{cases}\sin\psi = \dfrac{a\sin\phi}{\sqrt{a^2\sin^2\varphi+b^2\cos^2\varphi}}\\ \cos\psi = \dfrac{a\cos\varphi}{\sqrt{a^2\sin^2\varphi+b^2\cos^2\varphi}}\end{cases} \tag{18-70}$$

式中：ψ——裂纹前沿任意点 $P(x_1,z_1)$ 的法线 n 方向与 z 轴夹角；

φ——椭圆裂纹的参数角。

如图 18-7，在裂纹前沿内法线方向上，距裂纹前沿 $P(x_1,z_1)$ 点为 r 的点的坐标为：

$$\begin{cases}x = x_1 - r\sin\psi\\ z = z_1 - r\cos\psi\end{cases} \tag{18-71}$$

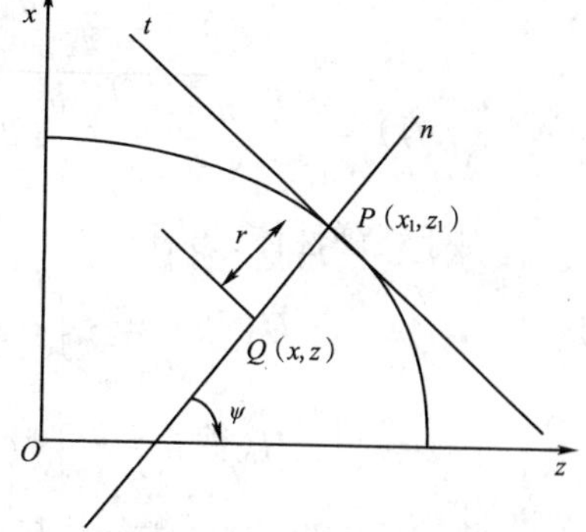

图 18-7 椭圆裂纹前沿法线

将式(18-71)代入式(18-70)得：

$$U = \sqrt{2(s_0^2+w_0^2)\left(\frac{x_1}{b_2}r\sin\psi-\frac{z_1}{a^2}r\cos\psi\right)} \tag{18-72}$$

将式(18-70)代入式(18-72)得：

$$U^2 = \frac{2r}{ab}(s_0^2+w_0^2)\sqrt{b^2\cos^2\varphi+a^2\sin^2\varphi} \tag{18-73}$$

则：

$$K^2 = \frac{\pi}{4}\left(\frac{E}{1-r^2}\right)^2\frac{(s_0^2+w_0^2)}{ab}\sqrt{b^2\cos^2\varphi+a^2\sin^2\varphi}(1+\cos^2\psi) \tag{18-74}$$

式中：K——复合应力强度因子。

$$G = \frac{\pi}{4}\left(\frac{E}{1-r^2}\right)\frac{(s_0^2+w_0^2)}{ab}\sqrt{b^2\cos^2\varphi + a^2\sin^2\varphi}(1+\cos^2\psi) \tag{18-75}$$

因此,只要确定 S_0、w_0,就可得到 K 和 G。

②广义裂纹表面位移幅值的基本微分方程式

为确定 S_0、w_0,假定裂纹在扩展过程中,裂纹前沿的半短轴与并长轴的扩展是按比例的,则:$\mathrm{d}b = b\mathrm{d}g$;$\mathrm{d}a = a\mathrm{d}g$

法向切片的裂纹扩展量为:

$$\mathrm{d}r = (\mathrm{d}b)\sin\varphi\sin\psi + (\mathrm{d}a)\cos\varphi\cos\psi \tag{18-76}$$

裂纹前沿 $P(x_1, z_1)$ 点与 $P(x_1+\mathrm{d}x_1, z_1+\mathrm{d}z_1)$ 点之间的弧长为:

$$\mathrm{d}l = \sqrt{a^2\sin^2\varphi + b^2\cos^2\varphi} \tag{18-77}$$

总位能释放率为:

$$\left.\begin{aligned}
&d_{\Pi}(\text{张}) = -\iint G\mathrm{d}r\mathrm{d}l = -\pi\frac{E}{1-\gamma^2}a\Phi S_0^2\mathrm{d}g \\
&G(\text{剪}) = \frac{\pi}{4}\left(\frac{E}{1-\mu^2}\right)\frac{w_0^2}{ac}\sqrt{b^2\cos^2\varphi + a^2\sin^2\varphi}\cdot\cos^2\psi \\
&\qquad + \frac{\pi}{2}\left(\frac{E}{2+2\mu}\right)\frac{w_0^2}{ab}\sqrt{b^2\cos^2\varphi + a^2\sin^2\varphi}\cdot\sin\psi \\
&d_{\Pi}(\text{剪}) = -\iint G\mathrm{d}r\mathrm{d}l = -\pi\frac{E}{1-\gamma^2}\mathrm{d}\Phi w_0^2\mathrm{d}g
\end{aligned}\right\} \tag{18-78}$$

式中:$\Phi(\text{张}) = \int_0^{\frac{\pi}{2}}\sqrt{\sin^2\varphi + \frac{b^2}{a^2}\cos^2\varphi\mathrm{d}\varphi}$

$$\Phi(\text{剪}) = \int_0^{\frac{\pi}{2}}\sqrt{\sin^2\varphi + \frac{b^2}{a^2}\cos^2\varphi}\cdot(1-\gamma\sin^2\psi)\mathrm{d}\varphi$$

对于线弹性体,另有:

$$\left.\begin{aligned}
&\Pi(\text{张}) = -\int_A \sigma_s\mathrm{d}A = -\sigma_0\int_A t(x,z)s(x,z)\mathrm{d}A = -\frac{2}{3}\pi\sigma_0 abS_0 \\
&\Pi(\text{剪}) = -\int_A \tau w\mathrm{d}A = -\tau_0\int_A t(x,z)w(x,z)\mathrm{d}A = -\frac{2}{3}\pi\tau_0 abS_0
\end{aligned}\right\} \tag{18-79}$$

将式(18-79)对 g 微分并与式(18-78)比较,得到关于 S_0、w_0 的微分方程:

$$\frac{\partial s_0}{\partial g} + \frac{\partial w_0}{\partial g} = \frac{3}{2}\left(\frac{E}{1-\gamma^2}\right)\frac{1}{\sigma b}(\Phi_{(\text{张})}s_0^2 + \Phi_{(\text{剪})}w_0^2) - 2(s_0 - w_0) \tag{18-80}$$

③基本方程的封闭解法

对式(18-80)求解:

$$K = \sqrt{\pi}\cdot\sqrt{\frac{b}{a}}\cdot\sqrt{\frac{\sigma^2}{\Phi^2_{(\text{张})}} + \frac{\tau^2}{\Phi^2_{(\text{剪})}}}\sqrt[4]{b^2\cos^2\varphi + a^2\sin^2\varphi}\cdot\sqrt{1+\cos^2\psi} \tag{18-81}$$

上面介绍的应力强度因子的能量释放率闭合解法可通过计算机求解,一种是通过自制程序嵌入 MARC 软件，另一种是在 ANSYS 软件中创建宏文件。后面章使用第二种方法求解了水泥稳定碎石基层的应力强度因子，并与用 ANSYS 软件中的 J 积分计算结果对比，平均误差为 1.9%，说明能量释放率闭合解法求解应力强度因子也是一种方法简单、精度高的计算方法。

3）断裂韧度试验

材料的断裂韧度可通过光测试验法和电测试验法求得。电测试验法中最常用的是电阻应变测试法。由于电测法具有灵敏度高、传感和转换方便、可多点记录和自动量测、各仪器通过接口能与计算机连接自动分析数据等优点，下面介绍用这种方法进行应力强度因子和断裂韧度试验。

（1）试件

试件采用直3点弯曲梁试件，试件尺寸为 10cm × 10cm × 51.5cm，高宽比为4。按要求的配合比，每批制作6根带切口的试件如图18-8。图中 a 为裂缝长度，B 为试件厚度，h 为试件高度，w 为试件宽度。

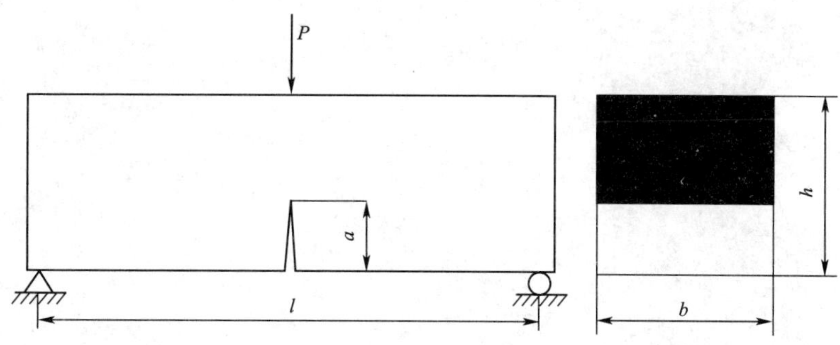

图18-8 三点弯曲梁

（2）试验装置

试验装置如图18-9，由加力和测力装置、位移测量装置和检测记录装置3部分组成，具体的仪器为：压力荷载传感器、夹式引伸计、静态和动态电阻应变仪和电阻应变片。测量裂纹张开位移见图18-10。

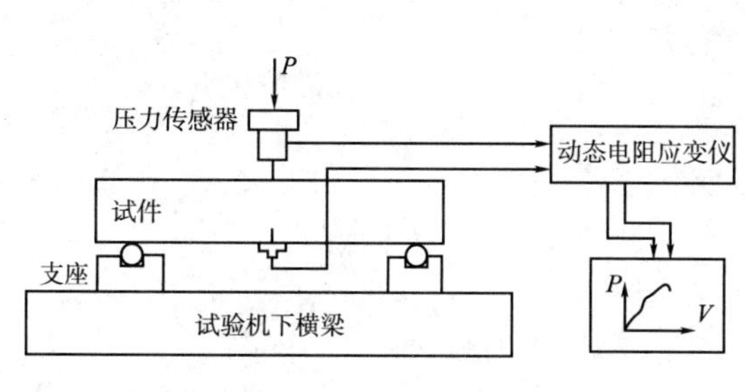

图18-9 试验装置

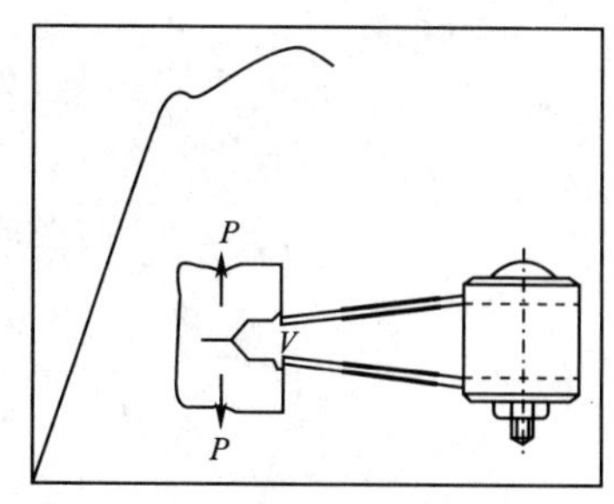

图18-10 测量裂纹张开位移

（3）试验原理

对于直3点弯曲试件：

$$K_{\mathrm{I}} = \frac{P}{B\sqrt{d}} f\left(\frac{a}{h}\right) \tag{18-82}$$

$$f\left(\frac{a}{h}\right) = 2.9\left(\frac{a}{h}\right)^{\frac{1}{2}} - 4.6\left(\frac{a}{h}\right)^{\frac{3}{2}} + 21.8\left(\frac{a}{h}\right)^{\frac{5}{2}} - 37.6\left(\frac{a}{h}\right)^{\frac{7}{2}} + 38.7\left(\frac{a}{h}\right)^{\frac{9}{2}} \tag{18-83}$$

试验时可从压力荷载传感器读出荷载值(P),由电阻应变仪逐点读出相应的裂纹张开位移值(V),从而绘制 P-V 曲线。

当试件断裂时的荷载 P_{max} 即为临界荷载,代入式(18-83)即为断裂韧度 K_{IC}。

第四章使用电阻应变测试法,采用直 3 点弯曲梁进行了骨架密实结构和悬浮结构的断裂韧度对比试验,水泥稳定碎石混合料采用的试件尺寸为 10cm × 10cm × 51.5cm,沥青混合料采用的是小梁试件,试件尺寸为 4cm × 4cm × 16cm。

试验表明,电阻应变测试法直 3 点弯曲梁断裂韧度试验,方法简单,结果可靠。

第19章 骨架密实水泥稳定碎石基层强度规律

水泥稳定碎石混合料中的水泥、集料等组成一个由多种固体结构元、孔结构和水分等组成的非均质体系。混合料中的这些结构元、孔结构和水分随混合料龄期的增长不断发生物理、化学的变化，如混合料整体强度增长、抗收缩能力增强等。本章从组成水泥稳定碎石混合料的水泥、集料等的原材料性质、原材料路用性能指标等角度，通过现场施工数据等，研究水泥稳定碎石混合料的强度组成。

19.1 水泥稳定碎石混合料强度形成机理

水泥结合料与水相结合，发生复杂的化学反应，生成物与集料胶结，经养生，形成具有一定强度的整体材料，在路面基层中起承担各种荷载的作用。

(1)水泥稳定碎石混合料强度的形成

水泥中的各种化合物遇水后，经水化、凝结、硬化等一系列化学反应，与集料形成强度较高的混合体。

(2)水泥各矿物成分的主要反应过程

①硅酸三钙水化生成水化硅酸钙以及氢氧化钙，反应式

$$2(3CaO \cdot SiO_2) + 6H_2O \rightarrow 3CaO \cdot SiO_2 \cdot 3H_2O + 3Ca(OH)_2 \tag{19-1}$$

生成的水化硅酸钙呈凝胶状态，其钙硅比与反应过程液相中 $Ca(OH)_2$ 的浓度、温度等因素有关。在水泥的几种有效成分中，硅酸三钙是水泥强度形成的主要来源。

②硅酸二钙水化生成水化硅酸钙以及氢氧化钙，在常温下，水化硅酸钙经过长期硬化才转变为晶体。

$$2(2CaO \cdot SiO_2) + 4H_2O \rightarrow 3CaO \cdot 2SiO_2 \cdot 3H_2O + 3Ca(OH)_2 \tag{19-2}$$

硅酸二钙较硅酸三钙水化速度慢，在饱和溶液中水化速度显著降低。水化硅酸钙在高温高压下可由胶体状态转变为晶体状态，在常温下，需经长期硬化才可转变为晶体。

③铝酸三钙水化生成水化铝酸钙。

$$3CaO \cdot Al_2O_3 + 6H_2O \rightarrow 3CaO \cdot Al_2O_3 \cdot 6H_2O \tag{19-3}$$

④铁铝酸四钙水化生成水化铝酸钙和铁铝酸钙。

$$4CaO \cdot Al_2O_3 \cdot Fe_2O_3 + 4H_2O \rightarrow 3CaO \cdot Al_2O_3 \cdot H_2O + CaO \cdot Fe_2O_3 \cdot H_2O \tag{19-4}$$

在碱性更高的环境里也可生成：

$$4CaO \cdot Al_2O_3 \cdot Fe_2O_3 + 4Ca(OH)_2 + nH_2O \rightarrow 4CaO \cdot Al_2O_3 \cdot 12H_2O + 4CaO \cdot Fe_2O_3 \cdot mH_2O \tag{19-5}$$

⑤石膏($CaSO_4 \cdot H_2O$)作用。

水泥中的 C_3S 遇水后，迅速溶解生成氢氧化钙，并很快形成饱和溶液。此时石膏也溶于

水,形成石膏溶液。C_3A 先与硫酸钙作用,生成并析出难溶的针状三硫型水化硫铝酸钙,亦称钙矾石。当石膏消耗殆尽或其溶解度低于水化硫酸钙结晶速度时,一部分水化硫酸钙会析出硫酸钙而形成六方板状的单硫型水化硫酸钙。

水泥稳定碎石混合料强度主要由集料间嵌挤作用、水泥水化产物以及水泥与集料间黏结强度所组成。当级配一定时,其强度则主要取决于水泥水化产物。由于硅酸盐水泥熟料中的四种矿物尤其是 C_3A、C_3S 反应速度较快,而且 C_3S 是硅酸盐水泥中最重要的矿物组分,含量一般在 40% 左右,C_3S 水化产物对水泥早期和后期强度起主要作用。C_3A 反应速度快,其含量决定水泥凝结速度和释热量,对水泥早期强度起一定作用。C_2S 在硅酸盐水泥中含量约为 35%,遇水反应速度最慢,水化热也比较低,对水泥早期强度贡献较小,但对水泥后期强度起重要作用。C_4AF 通常含量为 10%,遇水反应较快,水化热较高,但是其强度较低,对水泥抗弯拉强度起重要作用。正是由于水泥中四种矿物含量不同、水化速度不同,水泥类基层材料在初期强度增长较快,往后强度增长较慢。

19.2 室内试验结果

1)取芯结果

表 19-1、表 19-2 分别是河南大广线濮阳段高速公路和河南岭南高速公路水泥稳定碎石基层目标配合比中的试验强度汇总,同为 3.5% 的水泥剂量,河南大广线濮阳段高速公路振动成型强度为最高 7.6MPa,最低 5.9MPa;河南岭南高速公路振动成型结果为最低 7.2MPa,最高为 12.1MPa,提高的幅度很大。从表可以看出河南大广线濮阳段高速公路试件试验振动成型的 7d 无侧限抗压强度是静压成型的 1.8 ~ 2.2 倍,而河南岭南高速公路目标配合比报告中振动成型的 7d 无侧限抗压强度更高,最高为静压成型试件的 2.6 倍,最低约为静压成型试件的 1.9 倍。

河南大广线濮阳段高速公路水泥稳定碎石 7d 抗压强度 表 19-1

材料品种	成型方式	静压成型		振动成型	
	水泥:级配碎石	3.0:100	3.5:100	3.0:100	3.5:100
井沟碎石 平原牌水泥	平均抗压强度(MPa)	2.8	3.2	6.6	7.8
井沟碎石 湖波牌水泥	平均抗压强度(MPa)	3.3	3.9	7.6	8.5
井沟碎石 孟电牌水泥	平均抗压强度(MPa)	3.0	3.5	7.5	8.3
井沟碎石 海工牌水泥	平均抗压强度(MPa)	3.4	3.8	7.6	8.7
新兴碎石 平原牌水泥	平均抗压强度(MPa)	2.7	3.2	5.9	7.1
新兴碎石 湖波牌水泥	平均抗压强度(MPa)	3.2	3.6	6.6	7.5
通达碎石 湖波牌水泥	平均抗压强度(MPa)	3.6	4.2	6.3	7.9
路桥碎石 孟电牌水泥	平均抗压强度(MPa)	3.4	4.0	6.3	7.8

河南岭南高速公路水泥稳定碎石 7d 无侧限抗压强度 表 19-2

标段		成型方式	静压成型			振动成型		
		水泥:级配碎石	4.0:100	4.5:100	5.0:100	3.0:100	3.5:100	4.0:100
No. 1	第 1 次	平均抗压强度(MPa)	4.1	4.6	5.0	9.9	10.3	11.2
	第 2 次	平均抗压强度(MPa)	4.5	5.6	6.5	8.6	10.5	11.9
	第 3 次	平均抗压强度(MPa)	4.0	5.4	6.4	9.0	9.1	10.4
	第 4 次	平均抗压强度(MPa)	4.0	5.4	6.4	9.0	9.1	10.4
No. 3		平均抗压强度(MPa)			4.8	6.1	6.7	7.0
No. 4	第 1 次	平均抗压强度(MPa)	5.1	5.4	6.0	8.8	9.4	9.8
	第 2 次	平均抗压强度(MPa)	5.0	5.7	6.2	8.8	9.4	10.0
	第 3 次	平均抗压强度(MPa)	5.1	5.8	6.6	10.0	10.7	12.8
	第 4 次	平均抗压强度(MPa)	5.2	5.4	6.1	10.0	10.8	11.9
	第 5 次	平均抗压强度(MPa)	5.2	5.5	6.1	11.1	12.1	13.0
No. 5	第 1 次	平均抗压强度(MPa)	5.3	5.7	6.0	9.5	10.4	11.0
	第 2 次	平均抗压强度(MPa)	5.2	5.8	6.4	7.9	8.4	9.6
	第 3 次	平均抗压强度(MPa)	5.2	5.9	6.4	9.1	9.9	10.6
No. 6		平均抗压强度(MPa)	4.5	5.5	6.0	8.5	9.4	10.7
No. 7		平均抗压强度(MPa)	3.8	4.8	5.5	6.4	7.2	7.7

2)结果分析

对于上面的试验结果,许多专家提出了异议,认为强度没这么高。有的地方采用振动成型技术成型试件 7d 无侧限抗压强度约为静压成型的 1.4 ~ 1.6 倍,达不到上面的强度。

河南大广线濮阳段高速公路和河南岭南高速公路的试验结果是可信的,因为试验是现场技术服务人员天津市政工程研究院的周卫峰博士亲自做的,首先可以肯定数据不是编造的,其次也没有造假的必要。那么是什么原因造成不同试验振动成型试件的 7d 无侧限抗压强度结果相差这么大呢?笔者认为是试验机和参数的选择两方面的原因造成的。

振动成型仪最早由长安大学的沙爱民教授等发明,天津市市政工程研究院购买一台后,对原设备进行了改进。河南大广线濮阳段高速公路使用的是改进一代,河南岭南高速公路使用的是改进二代产品。可以肯定,改进后的设备与原设备在性能上有差别。另一方面,在新的路面设计规范没有出台前,振动成型仪还不是"合法"的试验仪器,大多设备没经过标定,仪器存在误差(可能很大)是可以理解的。振动成型试验参数主要有振动频率、振幅、振动时间和激振力等,在新的路面设计规范出台前,这些参数的选择多是凭经验,全国并没有统一。由于振动参数不同,得出的结果不同是正常的。

河南大广线濮阳段高速公路和河南岭南高速公路的振动参数选为:振动频率 30Hz,偏心块夹角 30°,激振力 7612N,静面压力 140kPa,振幅 1.4mm,振动总时间 2min。《公路沥青路面设计规范》(JTG D50—2006)附录 A 中推荐的振动参数为:静压力 1900N,激振力 6800 ~ 6900N,频率为 28 ~ 30Hz,但未对振动时间作出规定。显然,两个高速公路项目选择的激振力大于新路面设计规范推荐的激振力,这是造成试验结果偏差即两条高速公路试验强度高于其他试验强度的主要原因。另外,振动时间是决定试件密度和最大干密度的主要因素,新路面设计规范未对振动时间作出规定,成型试件检测强度时根据试件达到规定的体积时停止振动,而天津院采用固定振动时间的方法成型试件,振动时间的不一致是造成不同的试验强度不同的另一个重要原因。

交通部编制的旧试验规程中还没有振动成型仪,新规程还没有出台,振动试验参数没有统一,对振动成型仪也没有强制标定,这一切决定了试验结果不一致。

上面的分析仅是作者个人观点,不一定科学,请读者验证一下。

从河南大广线濮阳段高速公路、河南岭南高速公路及其他项目振动成型的试验可知,振动参数尤其是激振力的大小对强试度试验结果影响很大,由于上述两个高速项目振动试验参数激振力大,得出了强度和最大干密度也大。那么是否最大干密度越大越好呢?

因为最大干密度是控制现场施工压实度的标准,这一标准应与施工能力相匹配,如果最大干密度太高,施工中无法达到压实度要求也就失去了意义。所以选择合适的振力参数应是动态的,不能一成不变,应根据施工能力调整振动参数(即压实标准)。

从上可知,施工中压实标准是可控的,在目前振动参数没有固定的情况下,压实标准是动态的。项目业主可以用增大压实标准的办法要求施工单位更换先进的压实机械和采用先进的压实工艺。

从施工经验来分析,目前河南岭南高速公路的压实标准比静压成型提高了6% ~7%,已基本达到了极限,在压实设备没有大的改进的情况下,不宜再提高了。岭南高速项目要求施工单位配置3台单钢轮振动压路机,即18t压路机1台,20t压路机1台,22t进口压路机1台(要求宝马、戴纳派克或英格索兰三个品牌),这一要求已很高了。并且压实时要求振动压实6遍(静压1遍、弱振2遍、强振3 ~4遍、胶轮收面),压实工艺与悬浮结构基层差别很大,明显增加了压实遍数。悬浮结构基层施工时强振2遍即可。

19.3 现场取芯结果

1)大广线濮阳段高速公路

表19-3是河南大广线濮阳段高速公路基层施工段抗压强度检测结果,混合料设计水泥剂量3.5%,施工中要求控制水泥剂量4.0%(实为4.5% ~5.5%)。

河南大广线濮阳段高速公路基层强度检测结果　　表19-3

施工季节	标段	取芯位置	室内静压成型强度(MPa)	室内振动成型强度(MPa)	7d取芯强度(MPa)
冬季	一	K0 +990	5.4	7.4	7.1
		K1 +160	5.4	7.4	6.6
		K3 +300	5.4	7.4	6.1
	二	K10 +135	5.2	7.1	6.9
		K15 +160	5.2	7.1	6.5
		K12 +280	5.2	7.1	6.4

续上表

施工季节	标段	取芯位置	室内静压成型强度（MPa）	室内振动成型强度（MPa）	7d 取芯强度（MPa）
春季	五	K38+650	5.1	6.8	8.0
		K38+710	5.1	7.1	6.8
		K39+200	5.1	7.1	5.6
		K40+400	5.1	7.1	6.6
		K43+600	5.1	7.1	5.9
夏季	七	K52+230	5.5	7.8	5.8
		K58+100	5.5	7.8	7.0
		K56+325	5.5	7.8	6.9
		K56+900	5.5	7.8	8.1
		K55+300	5.5	7.8	6.7

综合7个标段的统计资料，强度规律如下：

（1）相同的4%水泥剂量下（实为4.5%～5.5%），各标段的室内静压成型试验7d无侧限抗压强度为4.8～5.6MPa，振动成型7d无侧限抗压强度在6.8～8.0MPa之间，振动成型7d无侧限抗压强度为室内静压成型试验7d无侧限抗压强度的1.5～1.8倍。

（2）相同的4%水泥剂量下（实为4.5%～5.5%），7d取芯无侧限抗压强度在5～8MPa之间，与振动成型7d无侧限抗压强度比较接近。

冬天7d取芯无侧限抗压强度略低，为振动成型7d无侧限抗压强度的0.8倍；春秋天7d取芯无侧限抗压强度与振动成型7d无侧限抗压强度更接近，约10%的7d取芯无侧限抗压强度高于振动成型7d无侧限抗压强度；夏天7d取芯无侧限抗压强度与振动成型7d无侧限抗压强度最为接近，约30%的7d取芯无侧限抗压强度高于振动成型7d无侧限抗压强度。这是由于冬天室外气温低，水泥稳定碎石强度形成慢所致；而夏天由于室外温度高于室内标准温度，基层强度形成较快。

说明：上述结论是有错误的，7d取芯无侧限抗压强度是水泥剂量4.5%～5.5%的结果，而室内振动成型的水泥剂量为3.5%，两者从理论上讲是没有可比性的。但是，实际施工中这是客观现实，施工中的水泥剂量与设计水泥剂量或试验室水泥剂量不可能是一致的。为了便于研究，这里仍将两者做一对比。

（3）相同的4%水泥剂量下（实为4.5%～5.5%），冬季7d取芯无侧限抗压强度一般为5～6MPa，28d取芯无侧限抗压强度为7～9MPa，7d取芯无侧限抗压强度约为28d取芯无侧限抗压强度的50%～60%。

春秋季7d取芯无侧限抗压强度大多为6～7MPa，28d取芯无侧限抗压强度为8～10MPa，7d取芯无侧限抗压强度约为28d取芯无侧限抗压强度的60%～70%。

夏季7d取芯无侧限抗压强度为6～8MPa，28d取芯无侧限抗压强度为8～11MPa，7d取芯无侧限抗压强度约为28d取芯无侧限抗压强度的70%。

结果分析：

上表的取芯强度是真实的，是上级检查现场取样的试件，作者亲自在场。但是这个结果与后面河南岭南高速公路取芯结果相差很大(高出岭南)。通过与其他项目的实测结果比较,可以肯定地说,实际施工中的水泥剂量不是4%。据作者分析,水泥剂量为4.5%~5.5%。因为在当时水泥稳定碎石施工时水泥剂量都在6%以上,尽管对降低水泥剂量做了许多宣传工作,但施工单位无论如何也不敢将水泥剂量降到4%。有的施工单位是一次次逐步降低水泥剂量,有的施工单位仅略降一些,只有个别施工单位降到了约4%。

上述结果除水泥剂量有误差外,其他规律还是成立的。

2)河南岭南高速公路

表19-4为河南岭南高速公路路面五标水泥稳定碎石基层7d取芯强度台账。

路面基层取芯试验记录台账

表19-4

施工单位:××公路工程总公司

合同号:LN-LM-05

施工路段	摊铺日期	取芯日期	取芯桩号	厚度(mm)	龄期(d)	强度(MPa)	芯样外观描述	备注
K73+900~K74+000右幅	2006.11.11	2006.11.18	K73+940距中10.0m	161	7	5.5	完整密实	下基层
K73+600~K73+680右幅	2006.11.29	2006.12.6	K73+630距中5.0m	162	8	5.6	完整密实	下基层
K73+680~K73+900右幅	2006.11.29	2006.12.6	K73+700距中4.0m	161	8	6.1	完整密实	下基层
K73+000~K73+600右幅	2006.11.30	2006.12.7	K73+020距中10.0m	160	7	5	完整密实	下基层
			K73+420距中9.0m	159	7	6.8	完整密实	
K72+300~K72+800右幅	2006.12.1	2006.12.8	K72+320距中9.0m	163	7	5.3	完整密实	下基层
K72+000~K72+300右幅	2006.12.2	2006.12.9	K72+050距中7.0m	164	7	5.3	完整密实	下基层
K71+650~K72+000右幅	2006.12.2	2006.12.9	K71+690距中4.0m	163	7	5.1	完整密实	下基层
K71+000~K71+650右幅	2006.12.3	2006.12.12	K71+070距中5.0m	165	9	5.2	完整密实	下基层
K71+000~K71+650右幅	2006.12.3	2006.12.12	K71+240距中11.0m	157	9	5.1	完整密实	下基层
K70+360~K70+660左幅	2006.12.5	2006.12.12	K70+390距中9.0m	162	7	4.8	完整密实	下基层
K73+720~K74+000左幅	2006.12.12	2006.12.21	K73+750距中5.0m	164	9	4.7	完整密实	下基层
K73+680~K73+720左幅	2006.12.14	2006.12.21	K73+700距中4.0m	161	7	4.6	完整密实	下基层
K73+000~K73+680左幅	2006.12.14	2006.12.21	K73+040距中10.0m	167	7	4.8	完整密实	下基层
K72+000~K72+800左幅	2006.12.16	2006.12.23	K72+060距中8.0m	165	7	4.5	完整密实	下基层
K71+158~K72+000左幅	2006.12.19	2006.12.27	K71+200距中3.0m	170	8	4.8	完整密实	下基层
K71+158~K72+000左幅	2006.12.19	2006.12.27	K71+290距中10.0m	168	8	4.9	完整密实	下基层
			K71+980距中6.0m	164	8	5	完整密实	
K71+000~K71+158左幅	2006.12.20	2006.12.30	K71+010距中10.0m	165	10	4.6	完整密实	下基层
K70+660~K71+000左幅	2006.12.20	2006.12.30	K70+690距中11.0m	159	10	4.7	完整密实	下基层
K70+360~K71+000右幅	2006.12.20	2006.12.30	K70+400距中8.0m	165	10	4.9	完整密实	下基层

续上表

施工路段	摊铺日期	取芯日期	取芯桩号	厚度(mm)	龄期(d)	强度(MPa)	芯样外观描述	备注
			K70+960距中10.0m	159	10	4.6	完整密实	
K68+420~K68+760右幅	2007.2.1	2007.2.10	K68+450距中9.5m	310	9	5.0	完整密实	双层铺
			K68+640距中6.0m	320	9	5.1	完整密实	
			K68+720距中7.5m	315	9	4.9	完整密实	
K70+370~K70+850左幅	2007.3.14	2007.3.21	K70+450距中9.0m	321	7	5.2	完整密实	上基层
			K70+560距中3.5m	319	7	5.1	完整密实	
			K70+670距中11.0m	325	7	5.3	完整密实	
			K70+830距中4.0m	316	7	5	完整密实	
K70+850~K71+000左幅	2007.3.19	2007.3.26	K70+890距中9.5m	329	7	6.3	完整密实	上基层
K70+850~K71+000左幅	2007.3.19	2007.3.26	K70+960距中2.5m	322	7	5.1	完整密实	上基层
K71+000~K71+300左幅	2007.3.19	2007.3.26	K71+040距中9.0m	321	7	5.2	完整密实	上基层
			K71+110距中3.2m	325	7	5.3	完整密实	
			K71+270距中10.5m	324	7	5.4	完整密实	
K71+300~K72+000左幅	2007.3.20	2007.3.26	K71+450距中8.5m	323	6	4.9	完整密实	上基层
			K71+560距中6.5m	321	6	6.0	完整密实	
			K71+800距中4.0m	318	6	4.8	完整密实	
			K71+960距中9.5m	324	6	4.6	完整密实	
K72+000~K72+800左幅	2007.3.21	2007.3.28	K72+050距中11.0m	319	8	5.5	完整密实	上基层
K73+000~K73+680左幅	2007.3.22	2007.3.29	K73+040距中7.5m	323	7	4.9	完整密实	上基层
K73+680~K74+000左幅	2007.3.22	2007.3.29	K73+700距中10.0m	326	7	5.2	完整密实	上基层
K73+680~K74+000左幅	2007.3.22	2007.3.29	K73+840距中6.0m	326	7	5.2	完整密实	上基层
K73+680~K74+000右幅	2007.3.24	2007.4.1	K73+960距中9.0m	327	8	5.5	完整密实	上基层
K73+400~K73+680右幅	2007.3.24	2007.4.1	K73+650距中4.0m	324	8	5.6	完整密实	上基层
K73+000~K73+400右幅	2007.3.25	2007.4.1	K73+370距中7.5m	327	7	5.3	完整密实	上基层
K72+200~K73+000右幅	2007.3.26	2007.4.1	K72+930距中4.5m	321	7	5.2	完整密实	上基层
K72+000~K72+200右幅	2007.3.27	2007.4.3	K72+170距中3.0m	322	7	5.2	完整密实	上基层
K71+200~K72+000右幅	2007.3.27	2007.4.3	K71+960距中8.5m	315	7	5.0	完整密实	上基层
K71+200~K72+000右幅	2007.3.27	2007.4.3	K71+530距中3.0m	322	7	5.1	完整密实	上基层
K71+000~K71+200右幅	2007.3.28	2007.4.3	K71+200距中5.5m	324	6	5.3	完整密实	上基层
K70+400~K71+000右幅	2007.3.28	2007.4.3	K70+970距中9.5m	323	6	5.2	完整密实	上基层

河南岭南高速公路水泥稳定碎石基层设计强度为4.5MPa,设计水泥剂量为3.5%,路面五标实际施工时水泥剂量约为4.0% ~4.2%。

从表8-4中可以看出,五标施工的均匀性非常好,最低强度为4.5MPa,最高强度为6.8MPa。冬初施工时,取芯平均强度为5.1MPa左右;冬季施工时平均强度为4.7MPa,春季施工时取芯平均强度为5.3MPa。这一结果基本与大广线濮阳段的强度走势一致,即随着施工温度的升高,取芯强度也增高。

从抗裂效果上看,路面五标有7km水泥稳定碎石基层在冬季施工,仅有两道裂缝,最大裂缝间距在3km以上,说明施工的均匀性对抗裂同样重要。

3)大广线濮阳段高速公路与河南岭南高速公路对比

同为3.5%的水泥剂量,河南大广线濮阳段高速公路振动成型强度为最高7.6MPa,最低5.9MPa;河南岭南高速公路振动成型强度为最低7.2MPa,最高12.1MPa。从表8-4可以看出,河南大广线濮阳段高速公路振动成型的试验7d无侧限抗压强度是静压成型的1.8~2.2倍,而河南岭南高速公路振动成型的7d无侧限抗压强度为静压成型试件的1.9~2.6倍。这一试验结果与天津市政工程研究院的试验结果一致。

从取芯强度看,河南岭南高速公路路面五标的7d取芯的无侧限抗压强度比河南大广线濮阳段高速公路的低很多,从压实度标准看河南岭南高速公路大于河南大广线濮阳段高速公路,而设计强度和设计水泥剂两条高速公路基本一致。可以推断,河南岭南高速公路路面五标的施工水泥剂量是低于河南大广线濮阳段高速公路的。这是笔者推断河南大广线濮阳段高速公路的施工水泥剂量为4.5% ~5.5%的重要依据。

19.4 水泥剂量对强度的影响

为了寻找水泥剂量对骨架密实结构混合料的影响规律,研究时室内做了水泥剂量分别为:2.0%、2.5%、3.0%、4.0%、5.0%、7.0%、9.0%、11%、13%、15%等10组振动成型试验,水泥剂量为:7%、8%、9%、10%、11%、12%、13%的室内静压成型试验,并做了水泥剂量为:7%、9%、11%、13%的试验段,进行了7d、28d、60d取芯无侧限抗压强度检测。

1)振动成型试验

(1)原材料

①水泥。试验所用的水泥,其主要技术指标见表19-5。

水泥技术指标　　表19-5

厂牌种类	抗压强度(MPa)		抗折强度(MPa)		凝结时间	
	3d	28d	3d	28d	初凝	终凝
伏牛山po32.5	22.9	37.9	4.5	7.8	5h41min	6h48min
标准要求	≥11.0	≥32.5	≥2.5	≥5.5	≥45min	≤10h
结论	合格	合格	合格	合格	合格	合格

②石料。经检测，集料压碎值为22.4%，符合JTJ 034—2000规定的压碎值不大于30%的要求。

(2)级配

混合料级配设计计算见表19-6及图19-1。

水泥稳定碎石级配设计表 表19-6

筛孔(mm)	各粒径材料(mm)所占百分比(%)				设计级配	建议级配范围
	20~30	10~20	5~10	0~5		
	通过率(%)					
31.5	17.5	31.9	20.0	30.6	100.0	100
26.5	13.2	31.9	20.0	30.6	95.7	90~100
19	1.1	28.6	20.0	30.6	80.4	75~85
9.5	0.1	3.1	19.9	30.6	53.7	47~59
4.75	0.0	0.1	1.9	30.5	32.6	29~40
2.36	0.0	0.0	0.0	24.5	24.6	17~27
0.6	0.0	0.0	0.0	14.1	14.1	8~16
0.075	0.0	0.0	0.0	2.9	3.0	0~5

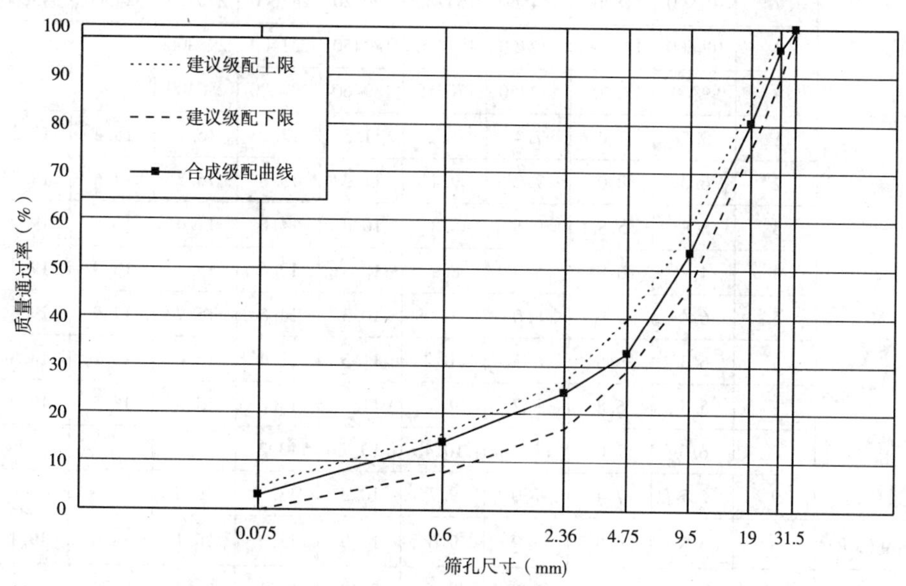

图19-1 水泥稳定碎石级配曲线

(3)试验结果

7d抗压强度试验见表19-7。

水泥稳定碎石 7d 无侧限抗压强度 表 19-7

成型方式	振动成型									
水泥剂量(%)	2.0	2.5	3.0	4.0	5.0	7.0	9.0	11.0	13.0	15.0
平均抗压强度(MPa)	5.8	6.9	7.9	9.6	10.9	13.5	16.1	18.0	19.1	19.9
标准偏差 S(MPa)	0.44	0.60	0.80	0.60	0.49	0.71	0.64	0.72	0.63	0.86
偏差系数 C_V(%)	7.7	8.7	10.1	6.2	4.5	5.2	4.0	4.0	3.3	4.3
$R_{c0.95}$(MPa)	5.1	5.9	6.6	8.7	10.1	12.3	15.0	16.8	18.0	18.5

表 19-7 为不同水泥剂量下,骨架密实水泥稳定碎石基层混合料的强度值。为了详细了解整个试验过程,将详细数据汇总于表 19-8 和图 19-2。

骨架密实结构水泥稳定碎石基层混合料不同水泥剂量下振动成型试件强度 表 19-8

项目	水泥剂量(%)	2.0	2.5	3.0	4.0	5.0	7.0	9.0	11.0	13.0	15.0
压力(N)	1	97000	123460	130400	178900	201450	227400	282500	319400	318900	330900
	2	105130	140800	125450	164560	198480	227700	283400	307900	322400	339300
	3	100910	101920	168780	153560	188620	255600	297600	291600	336700	377300
	4	85100	118740	145650	155460	189780	220900	269600	330200	345200	356780
	5	111600	121400	139480	174660	180460	255100	265600	314200	344600	339870
	6	109800	115680	145600	178960	201450	234500	280100	318500	330100	346500
	7	102500	118700	144560	163780	200120	245600	276500	324500	345200	349800
	8	104600	123400	132450	182450	187450	231400	298800			
	9	99800	130400	122450	170450	180460	234200	286400			
抗压强度(MPa)	1	5.5	7.0	7.4	10.2	11.5	13.0	16.1	18.2	18.2	18.9
	2	6.0	8.0	7.2	9.4	11.3	13.0	16.2	17.6	18.4	19.3
	3	5.8	5.8	9.6	8.8	10.8	14.6	17.0	16.6	19.2	21.5
	4	4.9	6.8	8.3	8.9	10.8	12.6	15.4	18.8	19.7	20.3
	5	6.4	6.9	8.0	10.0	10.3	14.5	15.1	17.9	19.6	19.4
	6	6.3	6.6	8.3	10.2	11.5	13.4	16.0	18.2	18.8	19.8
	7	5.8	6.8	8.2	9.3	11.4	14.0	15.8	18.5	19.7	19.9
	8	6.0	7.0	7.5	10.4	10.7	13.2	17.0			
	9	5.7	7.4	7.0	9.7	10.3	13.3	16.3			
平均抗压强度(MPa)		5.8	6.9	7.9	9.6	10.9	13.5	16.1	18.0	19.1	19.9
标准偏差 S(MPa)		0.44	0.60	0.80	0.60	0.49	0.71	0.64	0.72	0.63	0.86
偏差系数 C_V(%)		7.7	8.7	10.1	6.2	4.5	5.2	4.0	4.0	3.3	4.3
$R_{c0.95}$(MPa)		5.1	5.9	6.6	8.7	10.1	12.3	15.0	16.8	18.0	18.5

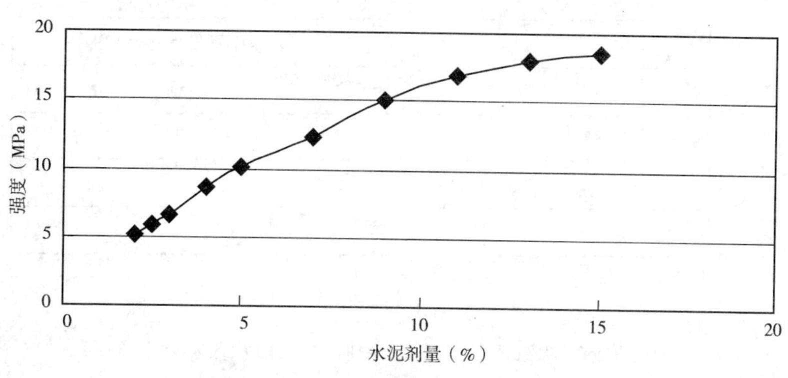

图 19-2 基层混合料不同水泥剂量下振动成型试件强度

(4)结果分析

对于不同水泥剂量下骨架密实水泥稳定碎石基层混合料的强度规律，从表 19-7、表 19-8 和图 19-2，可得出如下结论：

①在 2%、2.5% 和 3% 的低水泥剂量下，骨架密实水泥稳定碎石基层混合料使用振动成型仍有很高的强度，表明水泥剂量仍有降低的空间。但从工程保险及材料变异考虑，暂维持目前的水泥剂量是必要的。

②随着水泥剂量的增加，强度均匀增加，强度曲线呈抛物线趋势，见图 19-2。

③水泥剂量在 10% 以下时，水泥剂量每增加 1%，强度约增加 1.1MPa；水泥剂量在 11% 以上时，随着水泥剂量的增加，强度增加不明显。

④随着水泥剂量的增加，骨架密实水泥稳定碎石基层混合料振动成型试件有一强度极限，约为 20MPa。推断依据为：第一，从振动成型试验看，水泥剂量从 13% 增加到 15%，强度仅增加 0.5MPa，达到了 18.5MPa；第二，从下面的静压成型试验看（表 19-9），水泥剂量为 10% 时，强度为 9.1MPa，水泥剂量达到 13%，强度为 9.4MPa，基本达到了极限。根据振动成型试件强度约为静压成型试件强度 2 倍的实验规律，推断出振动成型的极限强度。

2)静压成型试验

(1)试验结果

河南大广线濮阳段高速公路土建三标，做了室内水泥剂量为：7%、8%、9%、10%、11%、12%、13% 的室内静压成型试验，结果见表 19-9 和图 19-3。

骨架密实结构水泥稳定碎石基层混合料不同水泥剂量下静压成型试件强度 表 19-9

水泥剂量(%)	7	8	9	10	11	12	13
室内静压成型 7d 无侧限抗压强度(MPa)	7.0 max:7.6 min:6.3	7.4 max:8.3 min:6.2	7.5 max:8.5 min:6.5	9.1 max:9.7 min:8.4	9.3 max:10.1 min:7.8	8.9 max:10.2 min:7.8	9.4 max:10.5 min:8.1

(2)试验结果分析

从表 19-9、图 19-2 和图 19-3，可得出如下结论：

①高水泥剂（大于 7%）骨架密实结构水泥稳定碎石基层混合料静压成型试件强度，水泥剂量小于 10% 时，随着水泥剂量的增加，强度增长不明显。这与振动成型结果略有区别。

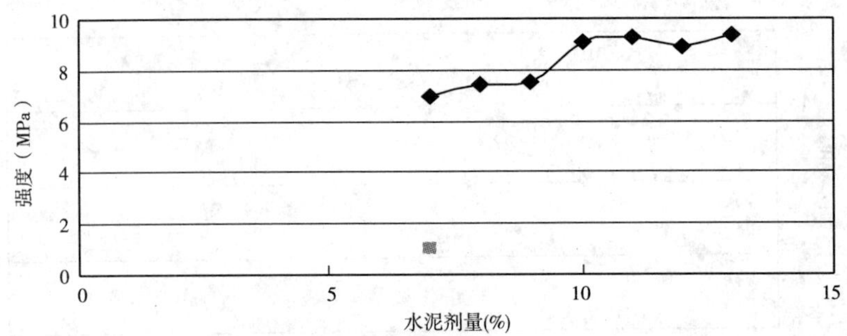

图 19-3　基层混合料不同水泥剂量下静压成型试件强度

②水泥剂量大于 10% 时，强度基本稳定，这一点与振动成型结果一致。

3）静压成型试验与振动成型试验结果对比

为了便于分析比较，将静压成型试验与振动成型试验强度结果汇总于表 19-10 和图 19-4。从表 19-10 和图 19-4 可以看出：

不同水泥剂量下室内静压成型 7d 无侧限抗压强度与室内振动成型 7d 无侧限抗压强度对比表　　表 19-10

水泥剂量（%）	2.0	2.5	3.0	4.0	5.0	7.0	8	9	10	11	12	13	15
室内静压成型 7d 无侧限抗压强度（MPa）						7.0	7.4	7.5	9.1	9.3	8.9	9.4	
室内振动成型 7d 无侧限抗压强度（MPa）	5.1	5.9	6.6	8.7	10.1	12.3		15.0		16.8		18.0	18.5

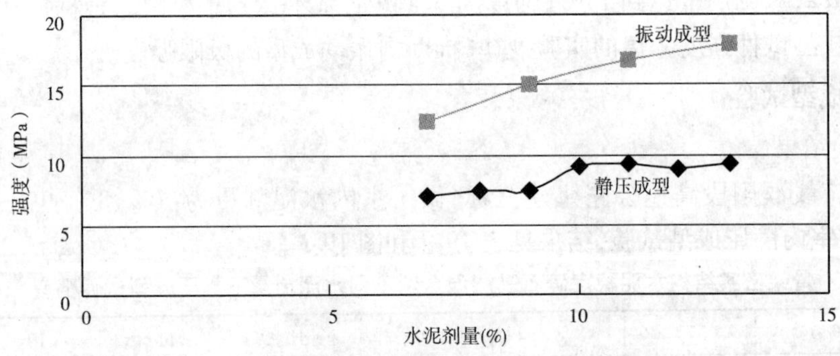

图 19-4　不同水泥剂量下室内静压成型 7d 无侧限抗压强度与室内振动成型 7d 无侧限抗压强度对比

①这两组试验是不同的单位做的，室内静压成型试验是施工单位做的，室内振动成型是天津市政工程研究院做的，但强度结果与河南大广线濮阳段高速公路、河南岭南高速公路的配合比报告结果是一致的，即室内振动成型试验强度是室内静压成型试验强度的 1.6～2.2 倍。

②水泥剂量大于 10% 时，无论振动成型和静压成型，随着水泥剂量的增加，强度增长不明显，水泥剂量达到 13%～15% 时，强度增长缓慢，基本达到高限。

4）骨架密实结构高剂量水泥稳定碎石基层试验段

河南大广线濮阳段高速公路土建三标，在清丰互通立交 D 匝道 K0 + 110 ~ K0 + 310（共计 200m）之间，每间距 50m 做了水泥剂量分别为 7%、9%、11%、13% 的 4 个试验段，并进行了 7d、28d、60d 取芯无侧限抗压强度检测，结果见表 19-11 和图 19-5。

高剂量骨架密实结构水泥稳定碎石基层试验段取芯强度汇总　　表 19-11

水泥剂量（%）	7	8	9	10	11	12	13
室内静压成型 7d 无侧限抗压强度（MPa）	7.0	7.4	7.5	9.1	9.3	8.9	9.4
室内振动成型 7d 无侧限抗压强度（MPa）	12.3		15.0		16.8		18.0
7d 取芯无侧限抗压强度（MPa）	13.1 9.9 10.8		13.2 12.7 12.7		12.2 10.2 8.5		10.3 12.4 6.6
28d 取芯无侧限抗压强度（MPa）	12.5 13.0		15.4 13.8		16.4 16.8		12.4 13.8
60d 取芯无侧限抗压强度（MPa）	12.2 12.4		13.4 14.0		15.3 16.3		18.3 17.1

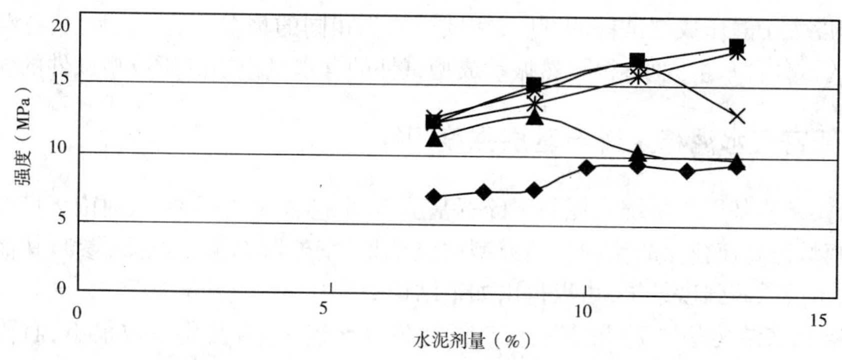

图 19-5　高剂量骨架密实结构水泥稳定碎石基层试验段取芯强度

从表 19-11 和图 19-5 可以看出：

（1）高剂量水泥骨架密实结构水泥稳定碎石基层 7d 取芯无侧限抗压强度与普通剂量骨架密实结构水泥稳定碎石基层 7d 取芯无侧限抗压强度趋势基本一致，约为室内振动成型试件强度的 70% ~80%。

（2）高剂量水泥骨架密实结构水泥稳定碎石基层 28d 与 60d 强度很接近，而低剂量骨架密实结构水泥稳定碎石基层 28d 强度约为 60d 强度的 70%，说明随着水泥剂量增加，强度形成的速度也增大。

（3）高剂量水泥骨架密实结构水泥稳定碎石基层 60d 强度基本达到了室内振动成型试件强度。

图 19-6 为高剂量水泥骨架密实结构水泥稳定碎石基层强度范围，上面一条曲线为室内振

动成型试件强度曲线，下面一条曲线为室内振动成型试件强度70%曲线，由上面结论，7d取芯无侧限抗压强度曲线应接近下面一条曲线，60d取芯无侧限抗压强度曲线应接近上面一条曲线，28d取芯无侧限抗压强度曲线在上、下两条曲线之间。

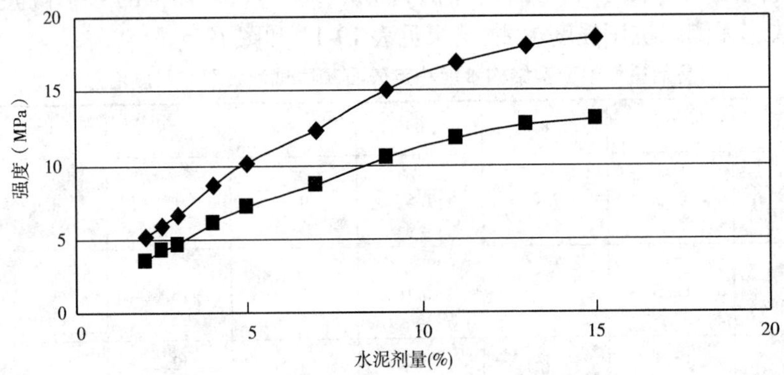

图19-6　高剂量水泥骨架密实结构水泥稳定碎石基层强度范围

5）静压成型与振动成型最佳含水量结论修正

关于静压成型与振动成型的对比研究中得出的结论是，在相同的水泥剂量下，振动成型的最佳含水量比静压成型得出的最佳含水量略大。但在以后的试验中发现，振动成型的最佳含水量小于静压成型的最佳含水量。

笔者的观点是，振动成型的最佳含水量低于静压成型的最佳含水量是科学的，因为振动成型的试件密度大于静压成型试件的密度，在试模体积相同的情况下，由于水泥、石料的重量相同，密度大的试件含水量就小，很显然振动成型试件的含水量小于静压成型试件的含水量。

19.5　骨架密实水泥稳定碎石基层强度规律

骨架密实结构基层与传统水泥稳定碎石基层7d取芯强度的区别，从河南大广线濮阳段高速公路、河南岭南高速公路的室内振动成型试验结果、室外取芯强度结果，参照其他项目应用振动成型技术的取芯强度结果，可以得出如下结论。

(1)骨架密实结构基层7d取芯强度与设计强度比较接近，变化系数很小，而普通的水稳基层则相差很大。

(2)振动成型方法可以用室内强度有效控制室外强度，而普通水稳重型击实方法则达不到该效果。

(3)骨架密实结构基层强度上升略慢，7d强度与28d强度相差大。

(4)传统水泥稳定碎石基层的强度主要由水泥胶浆形成，而骨架密实结构基层强度受水泥胶浆强度和骨料嵌挤双重作用。

(5)施工的均匀性对水泥稳定碎石基层的强度及抗裂效果影响很大。

第20章 骨架密实水泥稳定碎石基层的开裂规律及影响因素

从大广线濮阳段高速公路和河南岭南高速公路应用骨架密实水泥稳定碎石基层的使用效果看,其开裂规律与传统的悬浮基层差别很大。下面用实验方法及损伤力学和断裂力学理论进行分析。

20.1 水泥稳定碎石混合料基层干燥收缩机理分析

水泥与各种粗、细集料拌和、碾压后,由于蒸发和混合料内部水化作用,混合料内部水分不断减少,由此会发生毛细管作用、吸附作用、分子间作用、材料矿物晶体或凝胶体间层间水的作用和碳化作用等,会引起水泥稳定碎石混合料产生体积收缩。水泥稳定碎石材料产生干缩的程度与材料类型及物理化学性质、矿物成分、配比、材料强度、含水量及外加剂和环境条件有密切关系。

1)含水量对干缩的影响

水泥稳定碎石混合料干燥收缩是由于其内部含水量的变化而引起的整体宏观体积收缩的现象,因此含水量是影响水泥稳定碎石混合料干缩最重要的因素,它影响着材料的干缩程度和规律。

随着含水量的减少,水泥稳定碎石混合料依次经受毛细管张力作用、吸附水和分子间力作用及层间水作用。由于水泥稳定碎石混合料为多孔结构材料,水以多种形式存在于其中,主要有结构水(层间水、结晶水)、表面吸附水(结合水)、毛细管水(包括材料内部颗粒之间空隙、胶结物和各种矿物团粒内部的空隙间的空隙毛细水)。这些水的蒸发会引起材料宏观上的干燥收缩。因此影响其内部水蒸发的因素无疑也是影响整体材料干燥收缩的因素。

根据胶体化学理论,在一定的外压下,水平液面下的液体所承受的压力就等于外界压力 P_C,在无机结合料稳定混合料毛细管中的液面并不处于水平状态,而是常处于曲面状。如图 20-1 所示,在凹液面上任取一个小界面 ABC,沿截面周界线以外的表面对周界线有表面张力的作用。表面张力的作用点在周界线上,其方向垂直于周界线,而且与液滴的表面相切。周界线上表面张力的合力在截面垂直的方向上的分量并不等于零,对截面下的液体产生压力的作用,使弯曲液面下的液体所承受的压力 P_1 大于液面外大气的压力 P_G,产生压力差 $\Delta P = P_1 - P_G$。

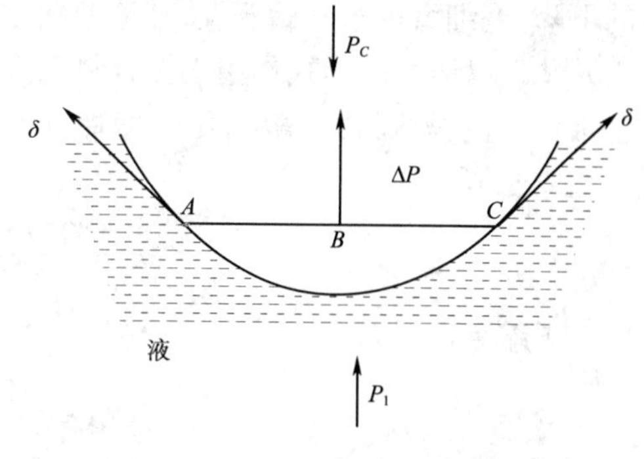

图 20-1 弯曲液面的附加应力

根据拉普拉斯公式:

$$\Delta p = \sigma\left(\frac{1}{r_1} + \frac{1}{r_2}\right) \tag{20-1}$$

式中:Δp——弯曲液面内外压力差(Pa),凸面时为负,凹面时为正,方向指向液面外;

r_1, r_2——分别为弯液面主曲率半径;

σ——液面表面张力,N/m;

当曲面近似为圆曲面时,$r_1 = r_2 = r$(r 为曲面半径),则:

$$\Delta p = \frac{2\sigma}{r} \tag{20-2}$$

又根据开尔文半径与蒸汽压的热力学平衡方程:

$$\ln\frac{p}{p_0} = \frac{2\sigma m}{Rt\rho r} \tag{20-3}$$

式中:p——曲面饱和蒸汽压,Pa;

p_0——平面时水的饱和蒸汽压,Pa;

r——水面曲率半径,指向水面为正,指向水面外为负,m;

σ——液面表面张力,N/m;

t——绝对温度,K;

ρ——水的密度,1.06g/cm^3;

m——水的摩尔质量,18g/mol;

R——气体常数,$R = 8.314$.(J/mol·K)。

根据上式得:

$$\Delta p = \frac{2\sigma}{r} = \frac{Rt\rho}{m}\ln\frac{p}{p_0} \tag{20-4}$$

由上式可以看出,在恒温下 Δp 是 p/p_0 的函数。由于上式计算出来 Δp 值的正负号表示 Δp 的作用方向,且曲面饱和蒸汽压 p 小于等于平面时水的饱和蒸汽压 p_0,所以 Δp 随相对湿度 p/p_0 的减小而增大,也就是说相对湿度越小,毛细管越细,毛细管中张力也就越大。因此随着含水量的散失,毛细管中的液面曲率半径不断变小,干燥收缩率也就不断增大。

2)外部环境对干缩的影响

外部环境的变化引起无机结合料混合料的干燥收缩,首先发生在大孔隙中的毛细管水的蒸发,因大孔隙中的重力水的蒸发,几乎很少引起混合料整体的宏观体积变化,随着相对湿度的下降,毛细管内水开始蒸发,其液面曲率半径变小,在表面张力作用下形成液面内外压力差 Δp,并且以压力的形式作用于混合料毛细管管壁上,从而使混合料产生初期体积收缩。随着含水量 w 的减少,Δp 增大,干缩增加,同时伴随着有混合料的模量和强度的增加。据文献有收缩应变值:

$$\varepsilon = \frac{3(1-2\mu)}{2E}\cdot w\cdot\frac{pt\rho}{m}\ln\frac{p}{p_0} \tag{20-5}$$

干缩系数:

$$\alpha_d = \frac{3(1-2\mu)}{2E}\cdot\frac{pt\rho}{m}\ln\frac{p}{p_0} \tag{20-6}$$

与混合料刚度成反比,由于含水量下降时混合料刚度和强度增加,抵消了部分 Δp 增加的作用效应。因为在 $w > w_{hd}$ 以前，主要是毛细管张力的作用，所以在 $w_f \sim w_{hd}$ 含水量区间 α_d 的值很小，其 $\frac{d\alpha_d}{dw}$ 也很小，出现 $\alpha_d - w$ 曲线中变化较平缓的区间。

随着水分的继续蒸发，混合料内部固相物质表面的吸附水或表面结合水开始解附，水的减少又使扩散层离子浓度相对增加，扩散层变薄，颗粒间距变小，整体体积发生收缩，即产生了吸附水作用。随着颗粒间距变小，分子间力开始起作用，由土质学理论可知：胶粒聚结与分散的两种倾向性是由颗粒间的分子引力与反离子的斥力和溶剂化作用所决定的。胶粒间的吸附与斥力均随其距离的增大而减小，其中吸附力减小的速率较快。因此当两胶粒相距较近时，一旦吸附力大于斥力则胶体就发生聚结。可以看出，分子间力的作用是有规律的，在含水量减小，颗粒间距缩短的过程中，吸附水作用和分子间力的作用是同时进行的。在颗粒间距处在势能点 A ~ B 间分子力为斥力，而吸附水作用使颗粒靠拢效应也在逐渐增加。另外刚度的增加又对收缩有着逐渐增加的效应，使颗粒进一步靠拢。当颗粒间距达到势能 b 点后分子间力的作用为引力，使得吸附水、分子间力的作用和强度作用对收缩起到了共同的加速效果，促使颗粒间距迅速变小，所以对于水泥稳定碎石混合料，当 $w < w_{\mathrm{hd}}$ 后，α_{d} 值开始逐渐增大，其 $\frac{d\alpha_d}{dw}$ 也开始逐渐增加，并且在 w_d 时（即 $r = r_1$ 时），α_d 的值达到了最大。含水量的进一步减少，颗粒间距也进一步缩短，当 $r < r_1$ 后，分子间力的作用开始下降，当 r 小于势能点 C 时，分子间力作用为斥力，阻止颗粒的进一步靠拢。另外随着吸附水的蒸发，吸附作用也开始消失，使混合料的 α_{d} 变小。

毛细水、吸附水大部分蒸发后，对混合料收缩起作用的是层间水，因为混合料中含有大量层状结构的晶体或非晶体，如 C－S－H、C－A－H、$Ca(OH)_2$ 等物质，层状晶体特别是晶体层间范德华键连接的层状晶体，晶胞间夹有大量层间水及水化离子，随着相对湿度下降，层间水蒸发，晶胞间距变小，故层间水作用会引起混合料收缩。但是层间水的作用会随含水量的减少而逐渐削弱或消失，所以在混合料 $\alpha_{\mathrm{d}} - w$ 曲线上，干缩系数 α_{d} 以很大的变化率趋近于某一最小值。

20.2 骨架密实水泥稳定碎石基层开裂影响因素

悬浮结构水泥稳定碎石基层裂缝产生与混合料中水泥剂量、0.075mm 以下的粉料含量、基层设计强度、级配、含水量、施工季节、施工温度等因素有关，其中水泥剂量、含水量、0.075mm 以下粉料含量、施工季节是其裂缝的主要影响因素，而成型方式、级配和施工的均匀性是次要影响因素。

级配、成型方式、0.075mm 以下粉料的含量、施工的均匀性、施工温度、含水量、基层设计强度、水泥剂量等同样是振动成型骨架密实水泥稳定碎石基层开裂的主要影响因素，但从工程实体裂缝统计结果和水泥剂量 7% ~13% 的试验段结果来看，振动成型骨架密实型水泥稳定碎石基层的裂缝规律与常规悬浮结构相比有很大的区别。

1）成型方式对骨架密实水泥稳定碎石基层裂缝的影响

过去半刚性基层抗裂研究主要以研究材料为主，对成型方式和级配认识不够。而材料是工程实体最难控制的因素，实验室的材料与工程用的材料差别很大，造成了研究成果在工程实体应用后效果不明显。

振动成型方式和级配的优化设计是半刚性基层抗裂研究的革命，有望使半刚性基层具有了与柔性基层重新抗衡的资本。

通过干燥收缩试验和断裂韧度试验比较成型方式对水泥稳定碎石基层开裂的影响。

(1)静压成型与振动成型的干缩比较试验

选用A、B两种级配(A、B级配范围见图14-1),水泥剂量均为5%,振动成型15cm×15cm抗压强度试件,用千分表法测试件干缩应变,同时静压成型相同级配及水泥剂量下的试件进行比较,试验结果见图20-2。

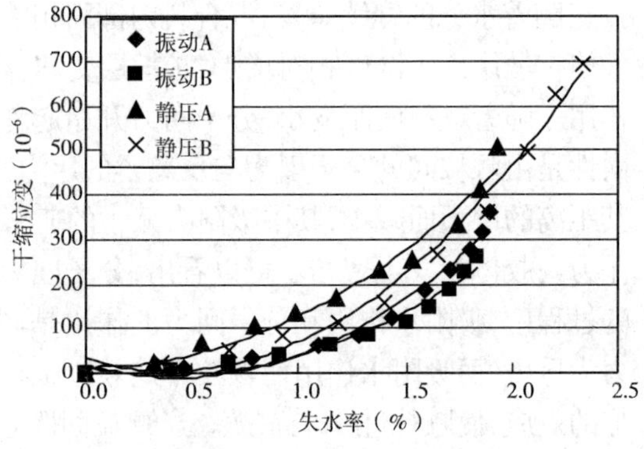

图20-2　干缩应变与失水率关系

试验结果表明,相同失水率下A、B两种级配的振动成型试件干缩应变及干缩系数均小于静压成型试件的干缩应变及干缩系数,这表明振动成型的混合料抗干缩能力优于静压成型混合料的抗干缩能力。

(2)断裂韧度试验

为了研究不同成型方式下混合料的抗裂能力,选用表20-1的6种级配,经体积分析,这6种级配均为骨架密实结构,分别静压成型和振动成型试件,进行断裂韧度试验。

试验研究级配范围　　表20-1

级配	通过下列方筛孔(mm)的质量百分率(%)						
	31.5	19	9.5	4.75	2.36	0.6	0.075
1	100	77	48	27	22	11.5	1.5
2	100	82.5	52	34	22	11.5	2
3	100	80.5	57	39	26	15	3.5
4	100	80	53	34.5	22	12	2.5
5	100	95	70	39	23.5	13	2.5
6	100	90	60	29	15	6	0

压力荷载仪采用长沙金码高科技实业有限公司生产的JMZX－3410型智能数码荷载仪,电阻应变仪采用江苏东华测试技术有限公司生产的DH3817型动静态电阻应变仪。

压力荷载仪通过端口与电阻应变仪相连,可直接形成$P-V$曲线。数据处理系统具有强大的数据处理功能,可编程嵌入系统处理数据。通过数据处理器显示屏可读出最终的P_{IC},同时具有自动打印功能和遥控功能。

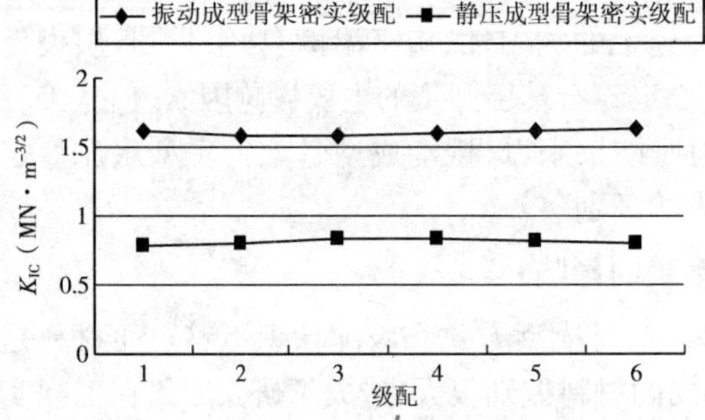

图20-3　骨架密实级配不同成型方式的断裂韧度对比图

试件尺寸为10cm×10cm×51.5cm,预裂纹切口宽度0.8cm,裂缝长度4cm。按照本书下篇第7章介绍的方法进行直3点弯曲梁断裂韧度试验,加荷速度:0.05～0.5MN·$m^{-\frac{3}{2}}$/min。断裂韧度对比试验结果见图20-3。

图20-3说明,不同级配的骨架密实水泥

稳定碎石基层,振动成型方式下其断裂韧度均大于静压成型混合料的断裂韧度,说明振动成型方式下的混合料抗裂能力强。

综合干燥收缩试验和断裂韧度试验结果表明,振动成型的混合料抗裂能力优于静压成型混合料的抗裂能力。

2)级配对骨架密实水泥稳定碎石基层裂缝的影响

(1)干燥收缩试验

选用A、B两种级配(A、B级配范围见图14-1),B级配为骨架密实结构,A级配为悬浮结构,水泥剂量均为5.5%,振动成型15cm×15cm抗压强度试件,用千分表法测试件干缩应变,同时静压法成型相同级配及水泥剂量的试件进行比较。试验结果见图20-4、图20-5。

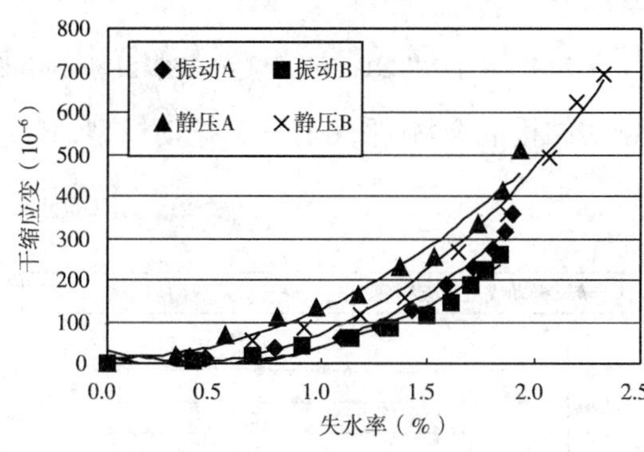

图20-4 干缩应变与失水率关系

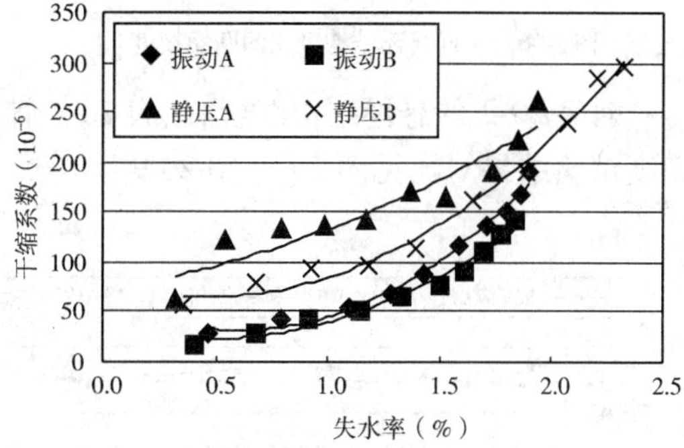

图20-5 干缩系数与失水率关系

试验结果表明,成型方式相同的条件下,级配B的干缩应变及干缩系数均小于级配A的干缩应变及干缩系数。振动成型下,级配A混合料干缩应变及干缩系数最大,分别为级配B混合料的1.2倍及1.25倍。

(2)断裂韧度试验

研究选用6种级配,见表20-2,经体积分析,这6种级配均为悬浮结构。6种级配的混合料均静压成型试件,进行断裂韧度试验,试验方法同上。其应断裂韧度试验结果见图20-6。

试验研究级配范围 表20-2

级配	通过下列方筛孔(mm)的质量百分率(%)							
	31.5	26.5	19	9.5	4.75	2.36	0.6	0.075
1	100	95	80.5	57	39	26	15	3.5
2	100	100	100	80	49	32	22	5
3	100	100	98	77	32	18	9	2
4	100	96	78	56	41	26	13	3.5
5	100	100	89	66	45	35	22	5
6	100	98	86	63	29	20	11	2

图20-6说明,静压成型方式下,不同级配的悬浮结构水泥稳定碎石基层,其断裂韧度无明显差别。

对表20-2给出的6种悬浮结构的混合料进行振动成型试件，其断裂韧度试验结果与静压成型试验结果对比见图20-7。

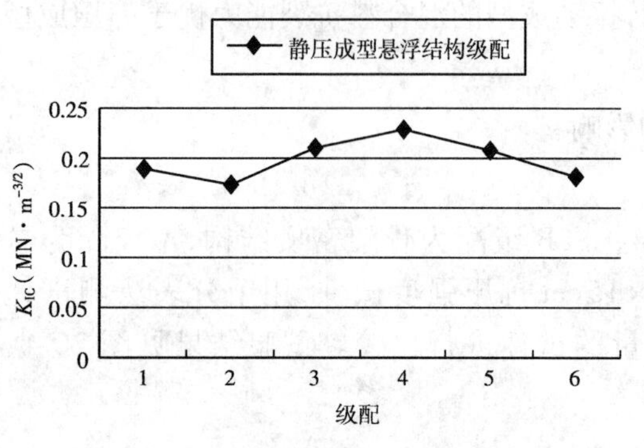

图20-6　不同悬浮结构级配的断裂韧度

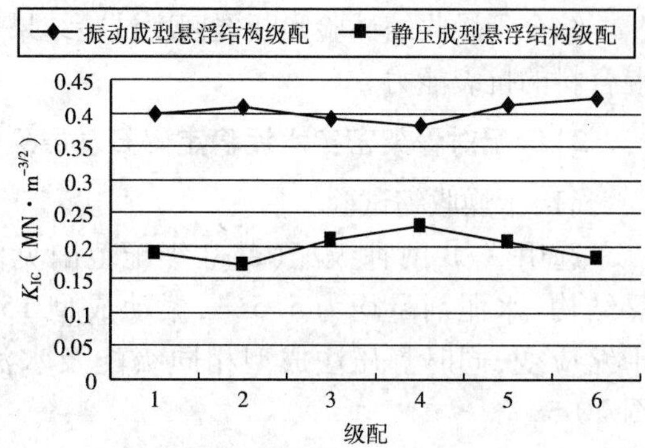

图20-7　悬浮结构级配不同成型方式的断裂韧度对比图

对表20-2的悬浮结构混合料、表20-1骨架密实结构混合料，采用静压和振动成型，其断裂韧度试验结果对比见图20-8、图20-9。

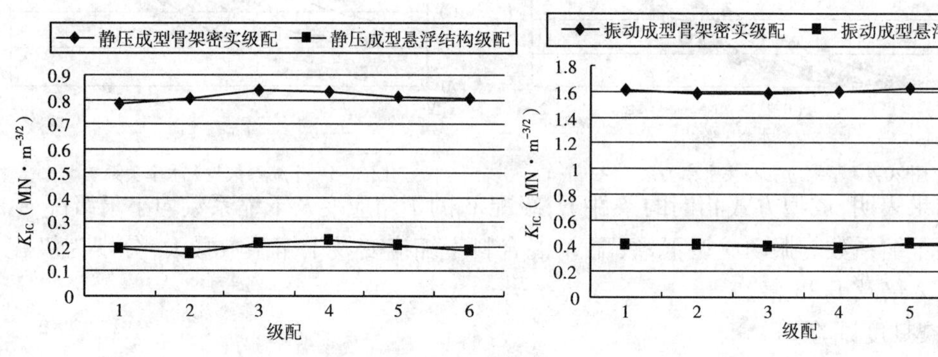

图20-8　静压成型不同结构级配的断裂韧度　　　图20-9　振动成型不同结构级配的断裂韧度

对比图20-6～图20-9，可以看出：

①悬浮结构的混合料采用振动成型后，其抗裂性能显著提高。

②骨架密实级配采用静压成型，其抗裂性能仍优于悬浮结构级配。

③振动成型骨架密实级配的抗裂性能最优。

所以，级配是决定半刚性基层抗裂性能的最主要因素。从绝对值看，级配对抗裂能力的贡献大于成型方式的贡献。

3）0.075mm以下粉料含量对骨架密实水泥稳定碎石基层裂缝的影响

无论是悬浮结构或骨架密室结构，0.075mm以下粉料含量对裂缝影响很大，粉料增加裂缝增加。相对来讲，骨架密室结构对粉料含量更敏感，因为本来粉料含量非常少，稍有增加便影响很大；而悬浮结构基层混合料中本来粉量含量就高，增加一点，影响相对小一点。

河南大广线濮阳段高速公路水泥稳定碎石基层混合料中0.075mm以下粉料含量控制为0～7%，而河南岭南高速公路水泥稳定碎石基层混合料中0.075mm以下粉料含量控制为0～

4%，这是河南岭高速公路裂缝少于河南大广线濮阳段高速公路的最主要原因。

究采用表20-1中的级配1(骨架密实结构)和表9-2中的级配1(悬浮结构)，水泥剂量为5.5%，0.6mm以上的集量比例和数量不变，变化级配中0.075mm以下粉料含量分别为0%、2%、4%、6%、8%、10%、12%、14%、16%，采用振动法成型试件，进行断裂韧度试验，试验方法同上，试验结果见图20-10、图20-11。

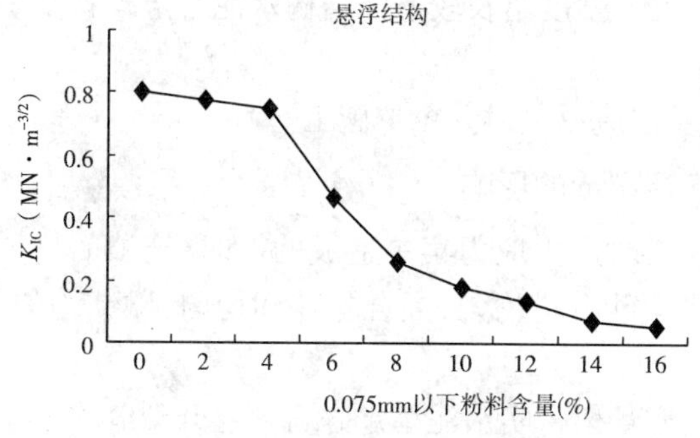

图20-10　不同0.075mm以下粉料含量对应的断裂韧度

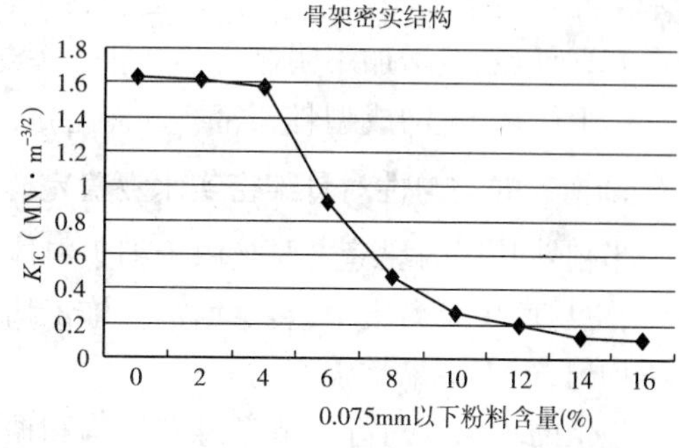

图20-11　不同0.075mm以下粉料含量的断裂韧度对比图

图20-10、图20-11显示，随着0.075mm以下粉料含量的增加，无论悬浮结构和骨架密实结构水泥稳定碎石基层断裂韧度均减小，当0.075mm以下粉料含量超过4%时，断裂韧度急剧减小。骨架密实结构断裂韧度曲线较悬浮结构下降更陡，说明骨架密实结构对0.075mm以下粉料含量更敏感。为了提高水泥稳定碎石基层的抗性能，控制0.075mm以下粉料含量在4%以下是关键环节。

4)施工温度对骨架密实水泥稳定碎石基层裂缝的影响

参考文献[63]应用ABAQUS软件，对不同降温幅度的应力强度因子进行了计算，结果见图20-12。

图20-12表明，降温幅度越大，裂纹尖端的应力强度因子就越大，温度应力就越大，易引起基层的开裂。降温幅度30℃的裂纹尖端的应力强度因子是降温幅度10℃的3倍。

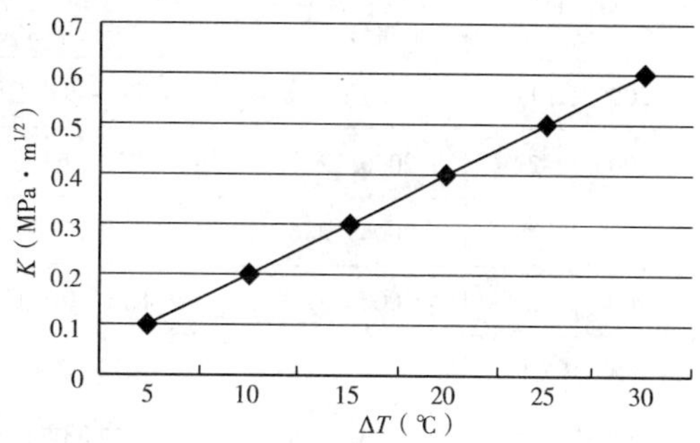

图20-12　不同降温幅度的应力强度因子

河南大广线濮阳段高速公路土建五标多在冬季前施工，裂缝相对较多，而七标多在春季施工，裂缝很少；河南岭南高速公路基层大多在春季施工，几乎没有明显的裂缝，个别标段部分段落在夏季施工，裂缝增加不明显。

悬浮结构水泥稳定碎石基层，夏天和冬天施工时裂缝均很多。这是由于夏季施工时水泥剂量大，混合料含水量大，水泥浆的水化反应快，强度增长迅速，易产生应力集中，所以夏季施工裂缝多；冬天气温低，昼夜温差大，容易产生应力集中，另一方面由于气温低水泥浆的水化反应慢，混合料强度增长慢，集料间的黏结力小，抵抗应力的能力差，易产生开裂，所以冬天施工时裂缝多。

振动成型的骨架密实结构基层,从施工季节来看,一般冬季施工裂缝较多,春秋夏三个季节施工裂缝较少。由于采用振动成型,混合料中的水泥剂量较低,含水量较少,水泥浆的水化反应速度较悬浮结构基层慢,冬季施工混合料强度增长就慢,集料间的黏结力小,抵抗温度应力的能力差,易产生开裂;冬天时气温低,昼夜温差大,容易产生应力集中,所以在双重因素影响下冬天施工时裂缝多。夏季施工时,虽然温度高水泥浆的水化反应快,但是由于骨架密实结构基层混合料中水泥剂量小,同时混合料中含水量少,强度增长较悬浮结构水泥稳定碎石基层慢得多,所以裂缝增加不明显。

综上所述,振动成型骨架密实水泥稳定碎石基层应尽量避开冬季施工。

5)施工的均匀性对骨架密实水泥稳定碎石基层裂缝的影响

半刚性基层的裂缝主要是由于细集料体积收缩时产生应力集中造成的,如果施工的均匀性差,更易产生应力集中,裂缝增加。施工均匀包括砂石料均匀,混合料拌和均匀、摊铺均匀、碾压均匀,最终结果是强度均匀。

施工的均匀性对静压成型悬浮结构和振动成型骨架密实水泥稳定碎石基层开裂缝均有重要影响,这一点由取芯强度可以证明,强度均匀的段落,裂缝明显就少;强度差别很大的段落,裂缝明显就多。

从表20-3可以看出,河南岭南高速公路路面五标施工时,强度控制的很均匀,大多在5MPa左右,说明施工的均匀性很好,施工后经过一个冬天,7km仅有两道裂缝。河南大广线濮阳段高速公路土建一标越冬基层,取芯时强度很高,在7MPa左右,但由于比较平均,裂缝仍然很少,裂缝平均间距为516m,所以水泥稳定碎石基层施工均匀是主要因素之一。

河南岭南高速公路路面五标基层取芯台账 表20-3

摊铺日期	取芯日期	取芯桩号	厚度(mm)	龄期(d)	强度(MPa)
2006.11.11	2006.11.18	K73+940距中10.0m	161	7	5.5
2006.11.29	2006.12.6	K73+630距中5.0m	162	8	5.6
2006.11.29	2006.12.6	K73+700距中4.0m	161	8	6.1
2006.11.30	2006.12.7	K73+020距中10.0m	160	7	5
2006.12.1	2006.12.8	K72+320距中9.0m	163	7	5.3
2006.12.2	2006.12.9	K72+050距中7.0m	164	7	5.3
2006.12.2	2006.12.9	K71+690距中4.0m	163	7	5.1
2006.12.3	2006.12.12	K71+070距中5.0m	165	9	5.2
2006.12.3	2006.12.12	K71+240距中11.0m	157	9	5.1
2006.12.5	2006.12.12	K70+390距中9.0m	162	7	4.8
2006.12.12	2006.12.21	K73+750距中5.0m	164	9	4.7
2006.12.14	2006.12.21	K73+700距中4.0m	161	7	4.6
2006.12.14	2006.12.21	K73+040距中10.0m	167	7	4.8

6)含水量对骨架密实水泥稳定碎石基层裂缝的影响

水泥稳定碎石混合料干燥收缩是由于其内部含水量的变化而引起的整体宏观体积收缩的现象。因此含水量是影响水泥稳定碎石混合料干缩最重要的因素。含水量影响着材料的干缩程度和变化规律。为此进行干燥收缩试验和断裂韧度试验进行验证。

(1)干燥收缩试验

研究采用A、B两种级配(级配形式见图14-1),A级配为悬浮结构,B级配为骨架密实结构,5.5%的水泥剂量,含水量分别为4.5%、5%、5.5%、6%、6.5%、7%,分别用静压法和振动法制作梁式试件,用螺旋测微计测其干缩应变,试验结果见图20-13。

图20-13表明,含水量增加,无论是悬浮结构级配还是骨架密实级配,混合料的干缩应变均增大。相比悬浮结构级配,骨架密实级配的干缩应变增幅比较缓慢。数据显示,含水量在5%以下时,随着含水量的增加,干缩应变增加不明显;含水量大于5%时,随着含水量的增加,干缩应变增加显著。

(2)断裂韧度

研究采用A、B两种级配(级配形式见图14-1),5.5%的水泥剂量,含水量分别为4.5%、5%、5.5%、6%、6.5%、7%,成型试件,A级配为悬浮结构采用静压成型,B级配为骨架密实结构采用振动成型,分别进行断裂韧度试验,试验方法同上。断裂韧度的试验结果见图20-14。

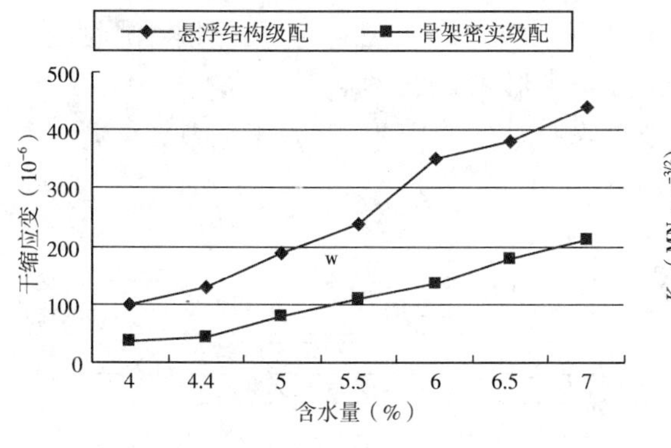

图20-13 不同含水量下的干缩应变

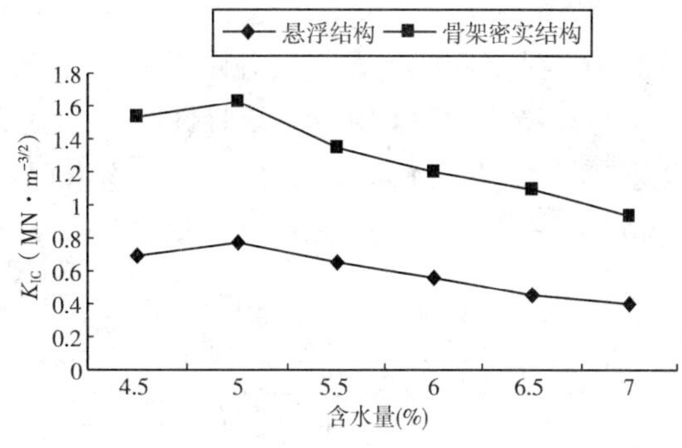

图20-14 不同含水量下的断裂韧度

图20-14表明,在最佳含水量下,无论是悬浮结构级配还是骨架密实级配,混合料的断裂韧度最大;随着含水量的增大或减小,混合料的断裂韧度均减小。

(3)应力强度因子

参考文献[63]应用ABAQUS软件对不同失水率下的应力强度因子进行了计算,结果见图20-15。

图20-15表明,失水率越大,裂纹尖端的应力强度因子就越大,且呈线性增长。

干燥收缩试验、断裂韧度试验和应力强度因子计算结果均表明,随着含水量的增加,混合料的抗裂能力下降。

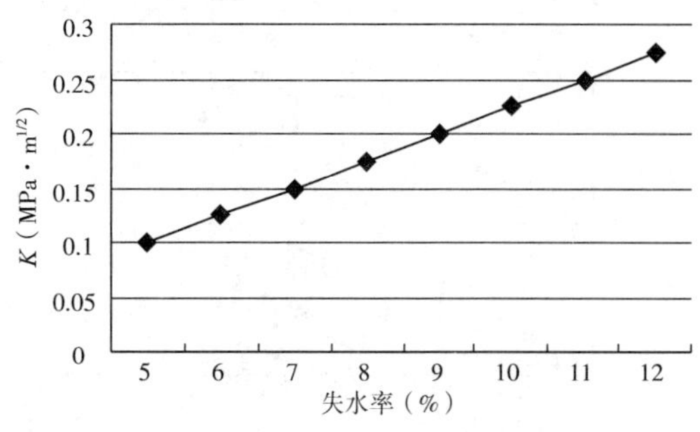

图20-15 不同失水率下的应力强度因子

按照上面的试验结论，水泥稳定碎石基层施工时，随着含水量的增加裂缝应该增加。但是从施工的统计结果看并非如此！振动成型骨架密实结构基层，含水量增大，基层裂缝增加不明显。

河南大广线濮阳段高速公路路面七标有一段基层长度为1km，含水量很大，施工完胶轮收面后留下了很深的轮迹，但这段基层经越冬后，施工结束将近3个月，仅发现一道细小裂缝。

为什么会发生试验结果与施工实际不符的情况呢？经分析，可能是试验与施工的实际情况不符造成的。

干缩试验方法是：试件成型后养生7d取出，于室温下放置12h，使表面水蒸发。后测其重量，测试件长度。置于室温下使其自然风干，在预定的时间用螺旋测微计测量试件长度，计算干缩应变、干缩系数。干缩试验和断裂韧度试验均是在试验室成型试件后立即进行养生，水分没有散失，所以试验室的含水量是真正的含水量。

现场施工时，尽管水泥稳定碎石基层含水量很大，由于采用振动成型后压实标准提高，混合料更密实，空隙小，多余的水分会被挤出，被挤出的多余的水分浮在基层表面在自然环境下蒸发，所以施工现场的含水量是"假含水量"，看上去含水量很高，但施工后混合料内含水量并不高，所以裂缝增加不明显。

7）水泥剂量对骨架密实水泥稳定碎石基层裂缝的影响

（1）干缩特性试验

悬浮结构水泥稳定碎石基层，水泥剂量是决定半刚性基层产生裂缝的主要因素，试验结果见图20-16、图20-17（水泥剂量分别为6%和7%，A级配形式见图14-1）。

由图20-16～图20-19，水泥剂量增加，水泥稳定碎石混合料干缩应变及干缩系数增大。水泥掺量7%的A级配混合料干缩系数平均为6%掺量的1.8。

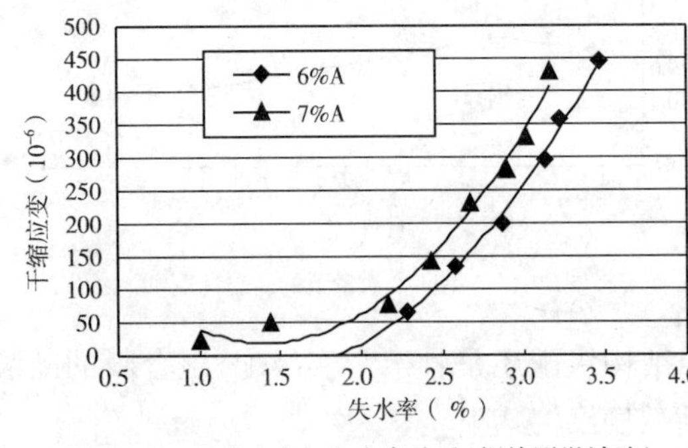

图20-16　干缩应变与失水率关系（螺旋测微计法）

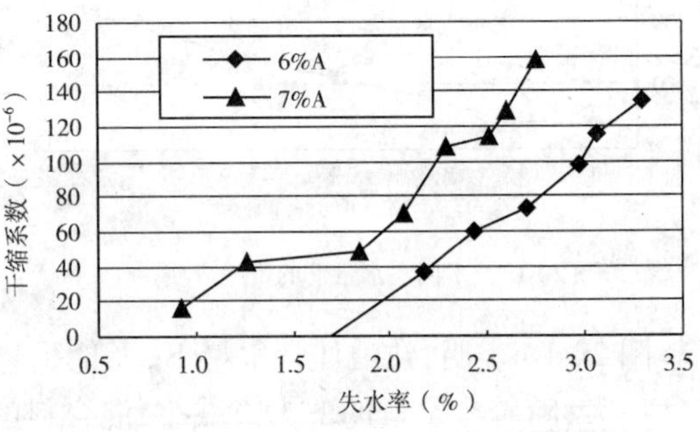

图20-17　干缩系数与失水率关系（螺旋测微计法）

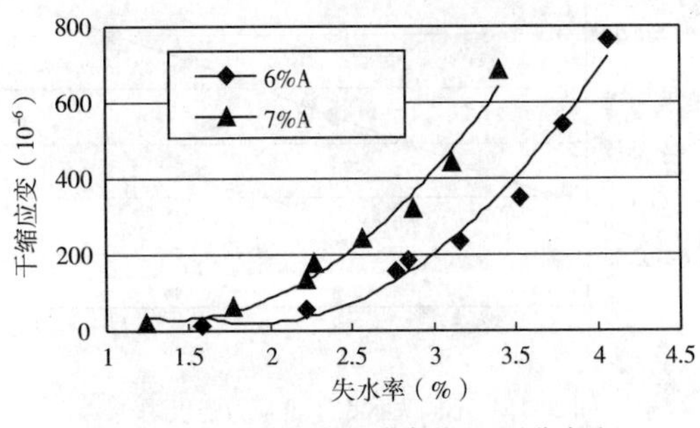

图20-18　干缩应变与失水率关系（千分表法）

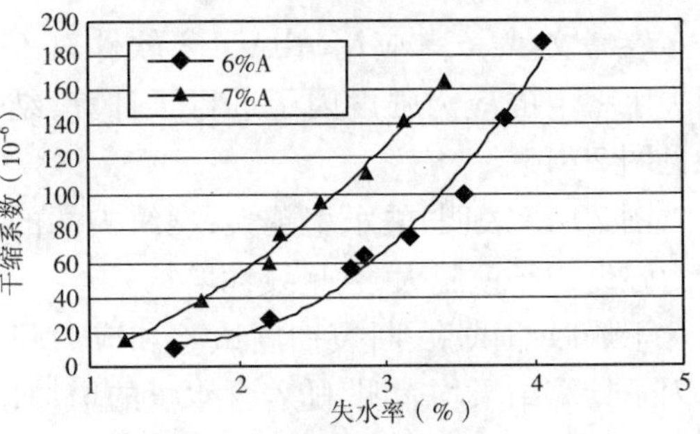

图20-19　干缩系数与失水率关系（千分表法）

(2)应力强度因子计算

参考文献[46]介绍了面层厚度为15cm时,不同的基层模量下的应力强度因子K_1,见表20-4。

不同基层模量下的应力强度因子 K_1 表20-4

E(MPa)	400	1000	2000	3000	5000
K_1(MPa·m$^{1/2}$)	0.066	0.168	0.341	0.523	0.885

参考文献[63]采用ABAQUS软件,对水泥稳定碎石基层干缩过程中不同的模量下的应力强度因子K进行了计算,计算结果见图20-20。

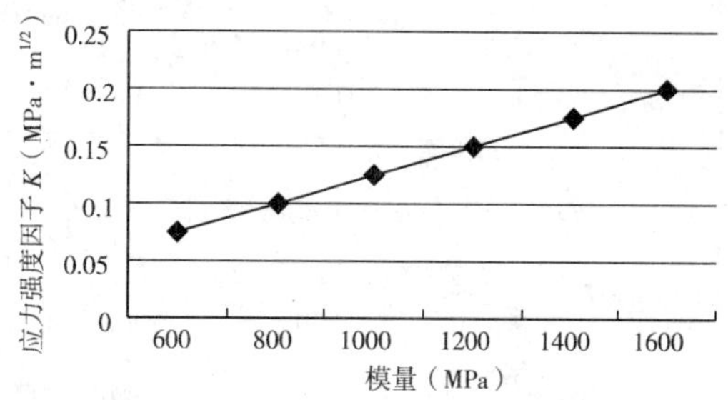

图20-20 不同模量下的应力强度因子

参考文献[41]、[44]均证明了基层模量与应力强度因子呈线性关系。

(3)利用有限元计算应力强度因子

第21章利用有限元法,采用KCALC后处理命令直接计算应力强度因子、通过J积分计算应力强度因子和用能量释放率闭合解法计算应力强度因子,3种方法计算的结果见表21-4、表21-5。

应力强度因子试验和计算结果说明,随着基层模量的增加,水泥稳定碎石基层的开裂增大。由于水泥剂量、基层强度与模量也呈线性增加关系,所以水泥剂量、基层强度增加,水泥稳定碎石基层的开裂增大。

综合强度试验、干缩特性试验、断裂韧度试验及应力强度因子计算结果得出结论:水泥剂量对强度影响显著,要提高强度,增加水泥剂量是最有效的措施。但水泥剂量增加也意味着抗裂性能的下降,特别是对于悬浮结构级配,水泥剂量增加将更严重削减混合料抗裂能力。

但从施工的实际情况看,对于振动成型骨架密室水泥稳定碎石基层,水泥剂量增加,裂纹增加不明显。

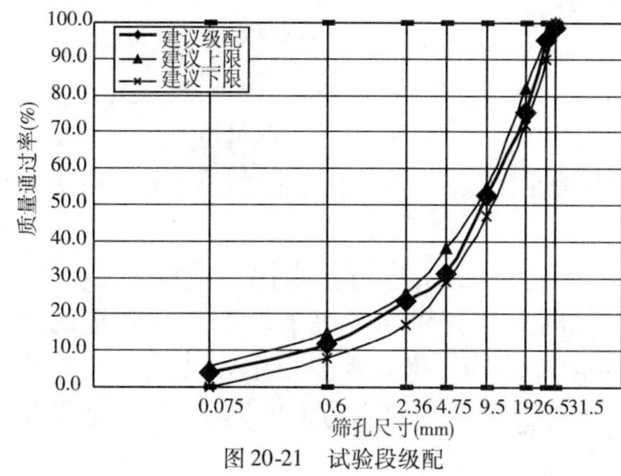

图20-21 试验段级配

为了验证水泥剂量、基层强度对骨架密实结构水泥稳定碎石基层裂缝的影响,我们在河南大广线濮阳段高速公路清丰互通区D匝道K0+110~K0+310(共计200m)之间,每间距50m做了水泥剂量分别为7%、9%、11%、13%的4个试验段。配合比见图20-21。

室内试验结果、试验段位置及取芯结果见表20-5。

试验段结果 表20-5

水泥剂量(%)	室内7d无侧限抗压强度(MPa)	试验段位置	取芯无侧限抗压强度(MPa)					
			7d(2006年4月29日)		28d(2006年5月22日)		60d(2006年6月22日)	
7	7.0 max:7.6 min:6.3	DK0+110 ~ DK0+160	DK0+120左	13.1	DK0+130右	12.5	DK0+120中	12.2
			DK0+135右	9.9				
			DK0+150中	10.8	DK0+110中	13.0	DK0+150左	12.4
9	7.5 max:8.5 min:6.5	DK0+160 ~ DK0+210	DK0+160中	13.2	DK0+180左	15.4	DK0+180中	13.4
			DK0+180左	12.7				
			DK0+200右	12.7	DK0+200右	13.8	DK0+200中	14.0
11	9.3 max:10.1 min:7.8	DK0+210 ~ DK0+260	DK0+220右	12.2	DK0+220中	16.4	DK0+220左	15.3
			DK0+245左	10.2				
			DK0+253中	8.5	DK0+245右	16.8	DK0+240右	16.3
13	9.4 max:10.5 min:8.1	DK0+260 ~ DK0+310	DK0+260左	10.3	DK0+260左	12.4	DK0+280右	18.3
			DK0+270左	12.4				
			DK0+285右	6.6	DK0+280中	13.8	DK0+300右	17.1

从4月22日施工到6月22日,施工完毕已60d,整个200m试验段没有发现裂缝。

高剂量骨架密实水泥稳定碎石基层试验段的静压试件强度、振动成型强度及取芯强度结果见图20-22。

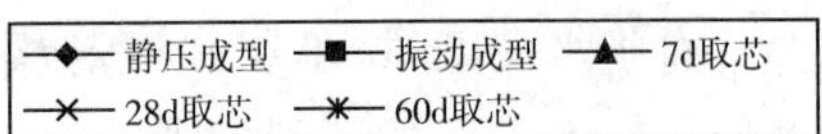

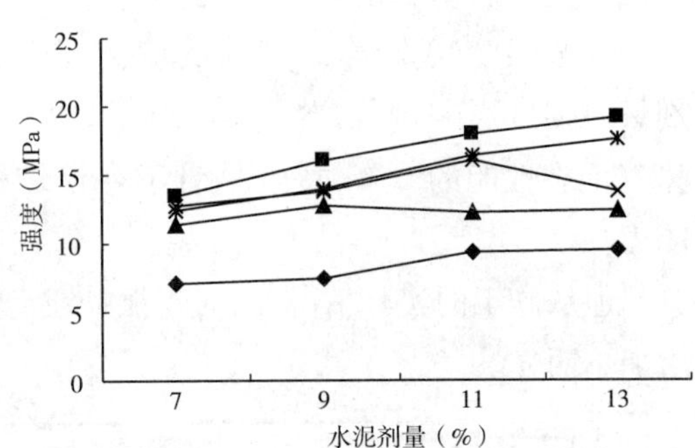

图20-22 高剂量骨架水泥密实水泥稳定碎石基层试验段强度对比图

参考文献[41]、[43]、[44]、[46]、[63]都通过理论计算证明了基层模量增大,基层的裂缝呈线性增加。但是试验段强度达到了20MPa,因为模量与强度成正比,并没有裂缝。施工检查现场取芯时,经常发现有的段落强度在10MPa以上,所取芯样像水泥混凝土一样,但这些段落裂缝十分轻微。河南岭南高速公路许多标段都做了水泥剂量4%~6%的试验段,统计表明,水泥剂量6%的段落裂缝并不比水泥剂量4%的段落增加很多。

为了解释上述现象,选用图20-21的级配,振动成型试件,进行了水泥剂量分别为3%、4%、5%、6%、7%、8%的断裂韧度试验,试验方法同上。并使用本书下篇第7章介绍的水泥稳定碎石基层裂纹应力强度因子的能量释放率闭合解法,建立水泥稳定碎石基层开裂模型,通过自制程序嵌入MARC软件,求得不同水泥剂量下对应的应力强度因子,对比结果见图20-23。

从图 20-23 可以看出，随着水泥剂量的增加，应力强度因子呈线性增大，这与模量和应力强度因子的计算结果关系是一致的。断裂韧度试验结果表明，在水泥剂量很高时，断裂韧度仍大于应力强度因子。所以，对于骨架密实水泥稳定碎石基层，在水泥剂量很高时，尽管强度很高，模量很大，但此时的断裂韧度仍然大于应力强度因子，所以不会发生开裂。

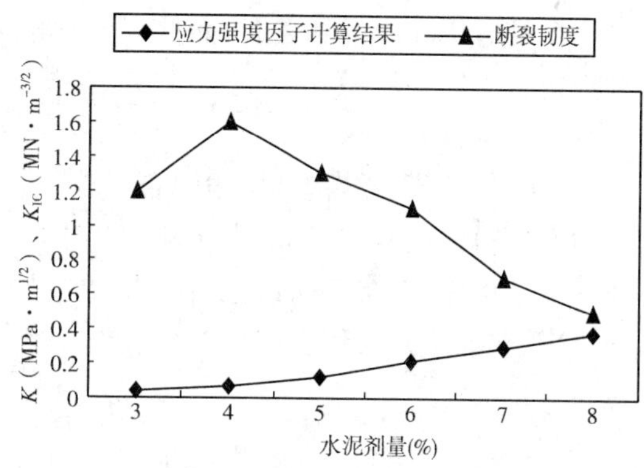

图 20-23　不同水泥剂量下断裂韧度试验与应力强度因子计算结果对比图

现象解释：对于骨架密实结构混合料，由于细集料比例较小，尽管水泥剂量增大，但由于增加的水泥量仅占细集料的很小一部分，细集料总体比例依然很小，引起的收缩不明显。同时由于水泥剂量增加，水泥浆中水泥比例增大，粗集料间的黏结力相应增大，对抑制裂缝也起到一定的作用。

20.3　骨架密实水泥稳定碎石基层的开裂规律

(1)成型方式和级配是振动成型骨架密实水泥稳定碎石基层决定裂缝产生的最关键因素。

过去半刚性基层抗裂研究主要以研究材料为主，对成型方式和级配认识不够，而材料是工程实体最难控制的因素，实验室的材料与工程用的材料差别很大，造成了研究成果在工程实体应用后效果不明显。

振动成型方式和级配的优化设计是半刚性基层抗裂研究的革命。

(2)施工温度、施工季节、0.075mm 以下粉料的含量是振动成型骨架密实水泥稳定碎石基层产生裂缝的重要因素。

传统观点将基层裂缝产生的因素归结为：施工温度、0.075mm 以下粉料的含量、含水量、设计强度、水泥剂量等，但并未对他们从重要程度上排序。作者通过对河南大广线濮阳段高速公路裂缝统计结果分析，发现施工温度、0.075mm 以下粉料的含量对裂缝的产生相关度非常大，低温施工一般裂缝较多，0.075mm 以下粉料的含量大裂缝就多。

从施工季节来看，一般冬季施工裂缝较多，春秋夏 3 个季节施工裂缝较少。

(3)施工的均匀性是影响振动成型骨架密实水泥稳定碎石基层开裂的主要因素。

半刚性基层的裂缝主要是由于细集料体积收缩时产生应力集中造成的，如果施工的均匀性差，易产生应力集中，开裂增加。施工均匀包括砂石料均匀，混合料拌和均匀、摊铺均匀、碾压均匀，最终结果是强度均匀。

(4)含水量、基层强度、水泥剂量是振动成型骨架密实水泥稳定碎石基层产生裂缝的次要原因。

传统观点认为含水量、设计强度、水泥剂量是决定半刚性基层产生裂缝的主要因素，但本研究认为，这 3 项指标与骨架密实结构基层裂缝的关联度最小。

(5)裂缝一般产生于施工后的第 2 ~3 个月，3 个月后裂缝基本不再产生、发展了。

这一点也与传统的悬浮结构不同，传统的悬浮结构水稳基层施工一个星期就产生裂缝，并且3个月后仍在产生和发展,而低剂量骨架密实水泥稳定碎石基层无论冬夏,3个月后裂缝基本稳定。

现象解释:

由于骨架密实结构基层粉料含量少、含水量少、强度增长较慢等因素,前期裂缝少。3个月后混合料强度基本形成,由于应力集中小,细集料含量少,收缩变形小,也就不产生裂缝了。而悬浮结构中,细集料所占比重较大,加之水泥剂量高、强度高,所以强度增长期长,易产生应力集中,故3个月后仍会继续产生裂缝。

第 21 章　骨架密实水泥稳定碎石基层损伤与断裂有限元分析

ANSYS 大型商用软件是美国 ANSYS 公司开发的有限元分析专用软件，目前的最新版本是 11.0 版。ANSYS 11.0 具有强大的分析功能，能直接对结构进行疲劳分析和断裂分析。而 ANSYS 10.0 以前的版本也能进行应力强度因子计算和简单的断裂分析，但没有 ANSYS 11.0 版本方便、直接。

下面通过 ANSYS 11.0 软件，应用前面介绍的应力强度因子能量释放率闭合解法和运用损伤力学计算裂纹寿命的方法，对骨架密实水泥稳定碎石基层进行损伤与断裂分析。

21.1　骨架密实水泥稳定碎石基层损伤分析

在进行材料疲劳分析时，构件的疲劳失效过程分为裂纹形成和裂纹扩展两个阶段。对于裂纹形成阶段，主要通过试验实现疲劳分析；对于裂纹扩展阶段主要应用断裂力学，由试验分析应力强度因子和裂纹扩展速率公式。总之，现行的疲劳分析均是建立在大量的试验基础之上，将裂纹形成与裂纹扩展作为两个独立的过程分别进行。

下面利用损伤力学，将疲劳失效的两个阶段结合起来，先使用裂纹形成阶段的 $S-N$ 曲线，拟合损伤过程中的材料参量；然后利用损伤力学，用有限元法绘制等寿命曲线，进而画出 $a-N$ 曲线；最后将计算结果与应用 ANSYS 11.0 软件求得的疲劳循环次数结果进行对比。

1）利用损伤力学分析骨架密实水泥稳定碎石基层的疲劳寿命

（1）利用 $S-N$ 曲线，拟合损伤过程中的材料参量

假设骨架密实水泥稳定碎石基层的厚度为 36cm。

损伤过程中的材料参量主要有，K_t——应力集中系数；R——应力比；β——损伤参数。

根据参考文献[54]，绘制骨架密实水泥稳定碎石基层的 $S-N$ 曲线（应力—寿命曲线），见图 21-1、图 21-2。

选择 $K_t=1$ 时的数据进行参数拟合，并使用 $K_t=2$ 时的数据进行参数验证。

①$K_t=1$ 时，选择 $R=0.3$，按照本书下篇第 18 章介绍的由已知几种应力比疲劳数据计算其他应力比疲劳数据的方法，计算 $R=0.3$ 下的（σ_{max}，N）数据，见表 21-1。

疲劳数据（$K_t=1$，$R=0.3$）　表 21-1

σ_{max}（MPa）	0.948	0.908	0.863	0.843	0.818	0.782	0.762
N	11	23	110	130	580	1300	5780

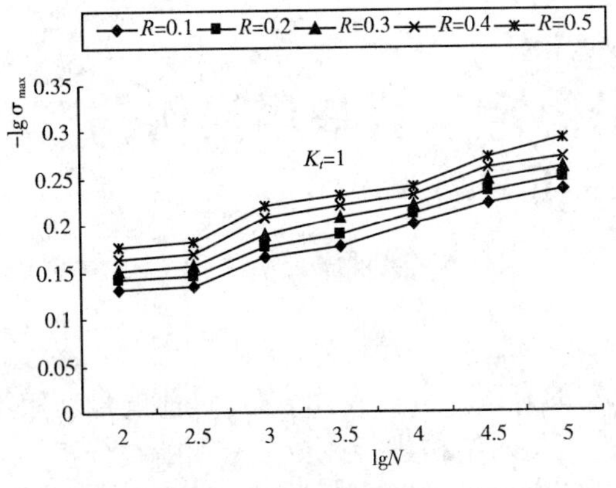

图 21-1 骨架密实水泥稳定碎石基层的 $S-N$ 曲线(1)

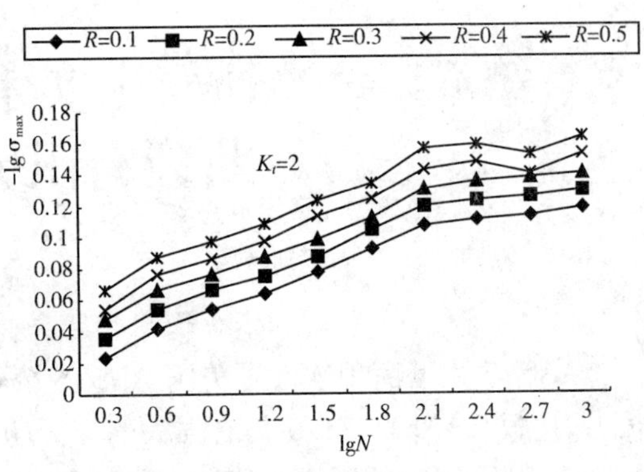

图 21-2 骨架密实水泥稳定碎石基层的 $S-N$ 曲线(2)

选取 $\sigma_{thm}=0.832$MPa 与距中值疲劳曲线的最远点坐标(1.13MPa,5×10^5),拟合损伤演化方程中的参数,见表 21-2、表 21-3。

损伤演化方程参数($\beta=0.3$) 表 21-2

β	$2p+2$	α	D_{om}	σ_{th0}(MPa)
0.3	2.3314	2.537 5$E-6$	0.113	0.861

损伤演化方程参数($\beta=0.3$) 表 21-3

β	$2p+2$	α	D_{om}	σ_{th0}(MPa)
0.6	2.3314	2.544 5$E-6$	0.107	0.882

②使用 $K_t=2$ 时的数据进行上面参数的验证。

利用有限元法,对 $K_t=1$、$K_t=2$ 时的疲劳寿命初步预估,计算得到 $K_t=1$ 时,$N=537611$;$K_t=2$ 时,$N=536800$。两个计算结果的误差仅为 0.152%,说明上面所拟合的参数合适。

(2)根据上面拟合的损伤演化方程的参数,利用有限元法,按照前面介绍的方法,通过裂纹扩展速率公式,依据(ΔK, $\mathrm{d}a/\mathrm{d}N$)数据反推出相应的 a、N 数据,进而绘出 $a-N$ 曲线,见图 21-3。

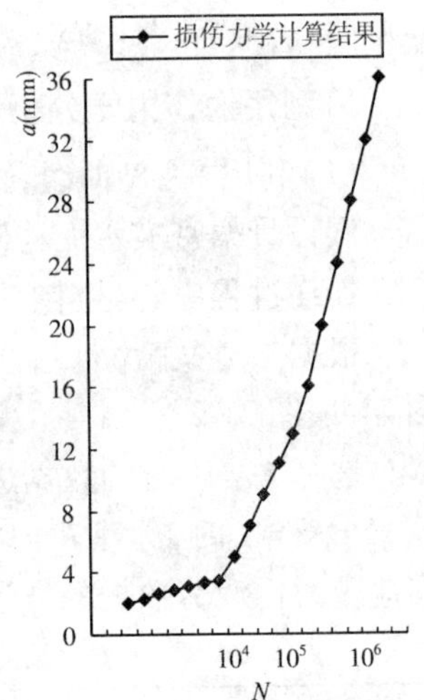

图 21-3 骨架密实水泥稳定碎石基层 $a-N$ 曲线

2)应用 ANSYS 11.0 软件分析骨架密实水泥稳定碎石基层的疲劳寿命

应用大型商用 ANSYS 11.0 软件,分析分析骨架密实水泥稳定碎石基层疲劳寿命的主要步骤如下:

(1)定义单元类型

在单元类型列表对话框中输入:Structural Solid、Quad 4node 42。

(2)定义材料性能参数

在材料性能参数列表对话框中输入:弹性模量和泊松比。

(3)创建几何模型

骨架密实水泥稳定碎石基层厚度36cm,可简化为弹性地基上的无限大板,几何模型如图21-4。

(4)划分网格,见图21-5。

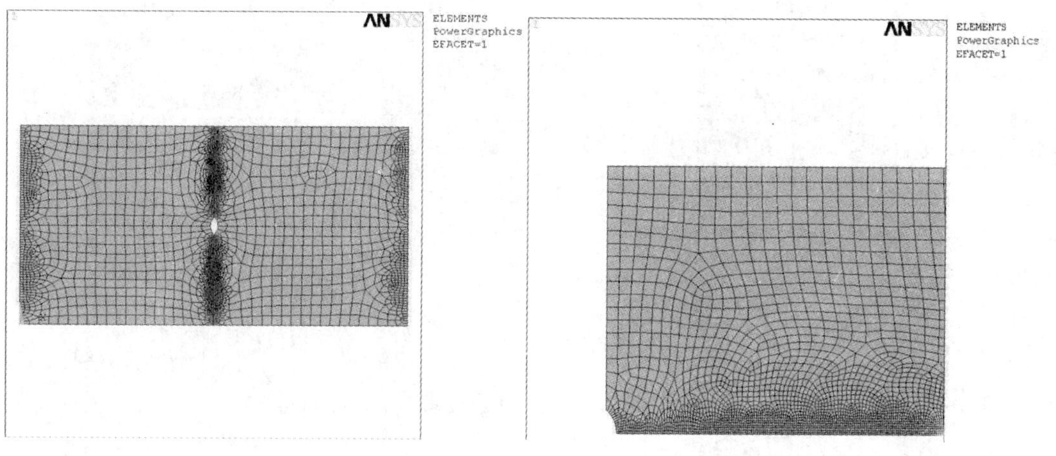

图21-4 骨架密实水泥稳定碎石基层损伤模型　　图21-5 有限元网格划分图

(5)加载求解

根据汽车轮胎的接地压力,假设为0.7MPa的均布荷载。

(6)进入后处理,查看结构分析结果并进行疲劳分析设置。

ANSYS窗口可显示:Y方向位移场等值线图、合位移场等值线图、等效应力等值线图、支承反力和已储存的节点应力。

(7)进入求解器,二次加载求解。

(8)进入后处理,进行疲劳分析并查看求解结果。

在$S-N$对话框中输入σ、N值(同上),窗口列表将显示疲劳特性参数。

输入疲劳应力位置,定义疲劳事件参数。

最后显示疲劳计算结果:

允许的疲劳循环次数$=8.2649\times10^5$

累计疲劳使用系数$=6.80017$

从ANSYS的各个定义命令、输入及显示结果等可以推断,该疲劳寿命分析的方法采用的是断裂力学分析方法。前面用损伤力学计算得到的裂纹贯穿整个基层时的疲劳寿命是8.2433×10^5(由图21-3,当$a=36$cm时得到),两种方法计算结果的误差仅为0.152%,说明两种方法均是可行的。

用ANSYS软件模拟骨架密实水泥稳定碎石基层损伤时,裂纹扩展时其损伤场的变化见图21-6。

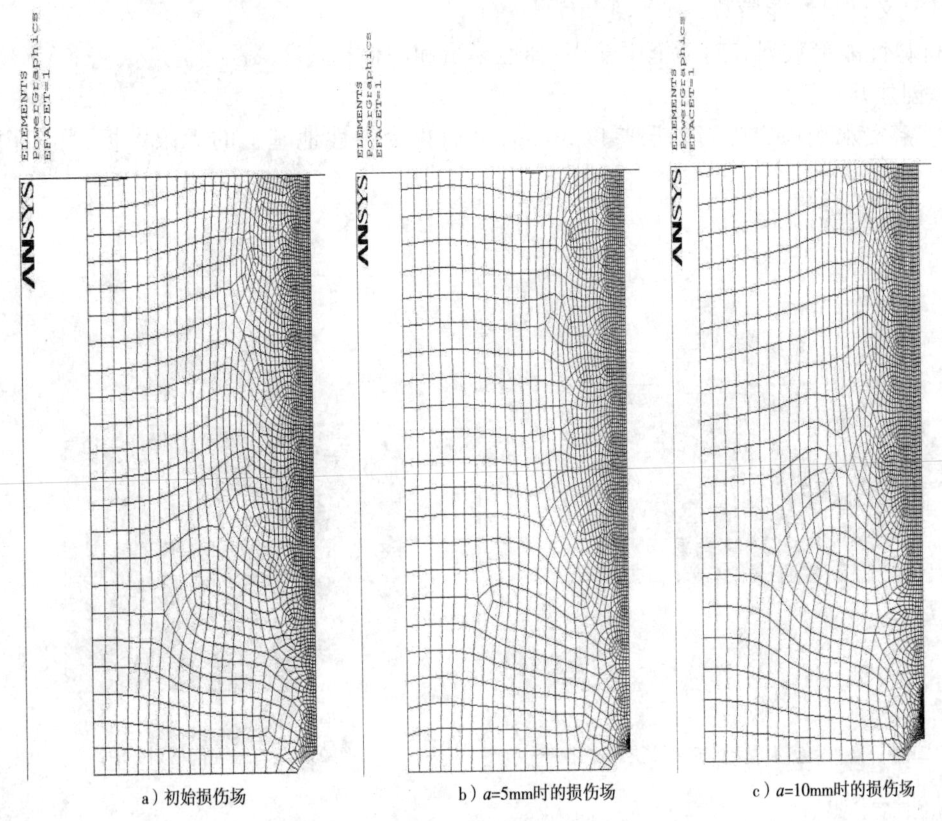

a）初始损伤场　b）a=5mm时的损伤场　c）a=10mm时的损伤场

图21-6　裂纹扩展时损伤场的变化

21.2　骨架密实水泥稳定碎石基层断裂分析

1）ANSYS 有限元分析软件功能

利用 ANSYS 有限元分析软件 11.0 版，可以实现对骨架密实水泥稳定碎石基层断裂分析，有 3 个主要功能：

①直接计算裂纹尖端的应力强度因子。

②分析结构内的各种应力、应变，模拟断裂过程。

③将模拟的断裂过程以三维动画的形式显示播放。

2）计算应力强度因子

下面介绍应用 ANSYS11.0 软件，采用 KCALC 后处理命令直接计算应力强度因子和通过 J 积分计算应力强度因子的方法、步骤，并将计算结果与前面介绍的用能量释放率闭合解法计算应力强度因子的结果进行对比。

（1）定义单元类型

在单元类型列表对话框中输入：Structural Solid、Quad 4node 42。

（2）定义材料性能参数

在材料性能参数列表对话框中输入：弹性模量 1.5×10^5 和泊松比 0.3。

(3)创建宏文件。

(4)创建几何模型

将路面结构简化为具有面层、基层和土基的三层弹性体系,骨架密实水泥稳定碎石基层简化为弹性地基上的无限大板,几何模型如图 21-7。基层中存在一长度为 $2a$ 的裂纹,均布荷载。

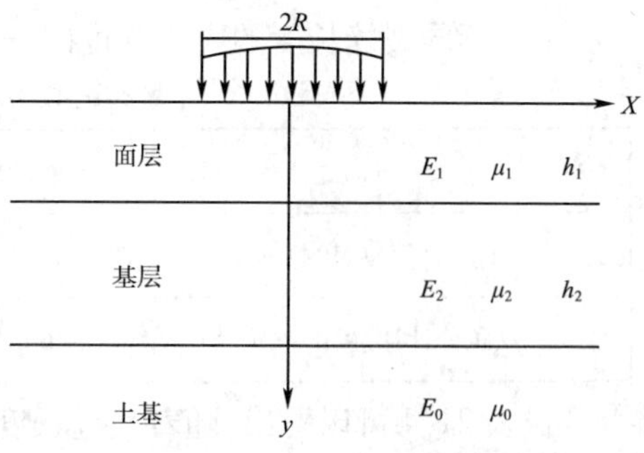

图 21-7 骨架密实水泥稳定碎石基层开裂模型

将整个结构简化为平面应变问题处理,由于结构和荷载的对称性,沿裂缝取 1/2 模型计算。

(5)划分网格

用等参 8 结点四边形单元作为分析的基本有限元单元,裂缝尖端进行奇异化处理,如图 21-8 ~ 图 21-10。

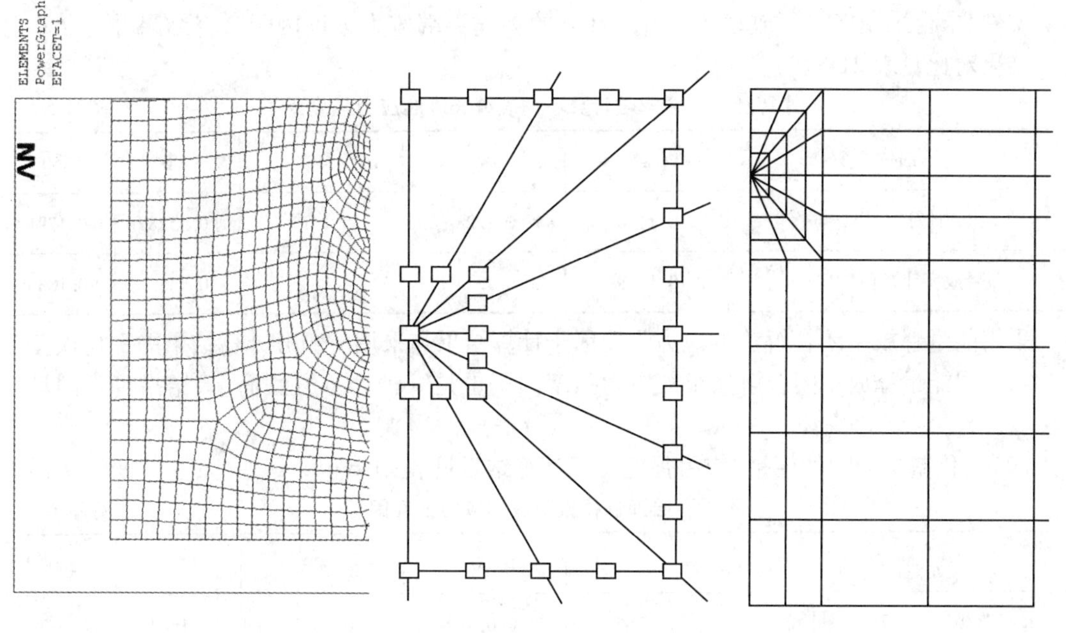

图 21-8 有限元网格划分图　图 21-9 裂缝尖端的网格　图 21-10 裂缝处的网格

在进行有限元分析时假设:各层均为线弹性的各向同性、均匀的材料;层与层之间始终完全连接;土基在水平方向和深度方向均为无限,基层和面层厚度均为有限,但水平方向仍为无限。

(6)加载求解

根据汽车轮胎的接地压力,假设为 0.7MPa 的均布荷载。

(7)进入后处理

ANSYS 窗口可显示:X 方向位移场等值线图、Y 方向位移场等值线图、合位移场等值线图、等效应力等值线图和储存的应变能。

定义路径,计算出采用 KCALC 后处理命令直接计算的应力强度因子。

然后,经过坐标系转换,调用宏文件,求得由 J 积分计算的应力强度因子。

3)计算结果对比

(1)不同裂缝长度的应力强度因子见表 21-4。

均布荷载下不同裂缝长度的应力强度因子 表 21-4

a(mm)	120	180	240	300	360
K_{I}(直接计算)(MPa · $m^{1/2}$)	0.1153	0.1221	0.1377	0.1525	0.1788
K_{I}(J积分计算)(MPa · $m^{1/2}$)	0.1156	0.1228	0.1379	0.1528	0.1791

由表 21-4 可以看出,随着裂缝长度的增加,裂缝尖端的应力强度因子增大,两种计算结果的平均误差仅为 0.26%,说明计算结果可靠,建立的模型正确,选取的参数值合理。

采用能量释放率闭合解法计算裂缝尖端的应力强度因子有两种方法,一种是通过自制程序嵌入 MARC 软件,另一种是在 ANSYS 软件中创建宏文件。本文采用第二种方法,操作步骤同 J 积分,即在求得采用 KCALC 后处理命令直接计算的应力强度因子后,经过坐标系转换,调用宏文件,求得采用能量释放率闭合解法计算的裂缝尖端应力强度因子。将结果并与 J 积分计算结果对比见表 21-5。

能量释放率闭合解法计算不同裂缝长度的应力强度因子 表 21-5

a(mm)	120	180	240	300	360
K_{I}(J积分计算)(MPa · $m^{1/2}$)	0.1156	0.1228	0.1379	0.1528	0.1791
K_{I}(能量释放率计算)(MPa · $m^{1/2}$)	0.1178	0.1244	0.1406	0.1553	0.1835

采用能量释放率闭合解法的应力强度因子计算结果与采用 J 积分计算结果的平均误差为 1.9%,说明能量释放率闭合解法求解应力强度因子也是一种计算方法简单、结果可靠的计算方法。

(2)变化基层的弹性模量,应力强度因子计算结果见表 21-6。

不同基层弹性模量对应的应力强度因子 表 21-6

E_2(MPa)	500	700	1000	1500	2000
K_{I}(直接计算)(MPa · $m^{1/2}$)	0.0714	0.0942	0.1223	0.1584	0.1871
K_{I}(J积分计算)(MPa · $m^{1/2}$)	0.0717	0.0944	0.12237	0.1589	0.1877

从表 21-6 可以看出,随着基层弹性模量的增大,应力强度因子增大。

第22章 骨架密实水泥稳定碎石基层裂纹扩展路径分析

骨架密实水泥稳定碎石基层的抗裂作用与粗集料的含量密切相关。而粗集料对阻止裂纹的扩展起到两个作用,一是集料的桥联作用,另一个是集料的阻挡作用。集料相互嵌锁后,相当于集料间连接在一起,嵌锁作用即为桥联作用。集料桥联使能量分散,应力集中减弱,对裂纹的扩展起延缓作用。另外,由于集料的强度和刚度都要大于水泥浆,当裂纹扩展遇到集料时,要"绕道"沿集料面扩展,相当于增加了扩展路径,裂纹扩展长度增加,扩展阻力增大。

所以,研究骨架密实水泥稳定碎石基层的抗裂机理,从裂纹的扩展路径入手不失为一种直接和有效的方法。

22.1 利用有限元分析路面的断裂与损伤时存在的问题及解决办法

1)利用有限元分析水泥稳定碎石基层的断裂与损伤时存在的问题

利用有限元分析水泥稳定碎石基层的断裂与损伤是一种有效的方法,目前常用的软件有ANSYS、ABAQUS等。进行有限元分析一个前提是必须建立有限元模型,在利用有限元进行悬浮结构和骨架密实结构水泥稳定碎石基层的断裂与损伤对比分析时,一直无法建立合适的模型来反映悬浮结构和骨架密实结构的异同,也没有合适的参数能直接区分出悬浮结构和骨架密实结构。所以在利用有限元分析水泥稳定碎石基层的断裂与损伤时,无法反映级配结构对疲劳寿命和应力强度因子的影响。

2)悬浮结构和骨架密实结构路面裂纹扩展对比

在对水泥稳定碎石基层和沥青面层试件进行3点弯曲梁弯曲和断裂试验时发现,悬浮结构试件在预裂缝处,裂纹向上扩展时一般沿近似直线扩展;而骨架密实结构试件,裂纹在预裂缝处向上扩展时沿曲线扩展。也就是说,从微观观察悬浮结构和骨架密实结构基层中裂纹的扩展路径是完全不同的(图22-1、图22-2),可以从裂纹扩展路径来区分悬浮结构和骨架密实结构。

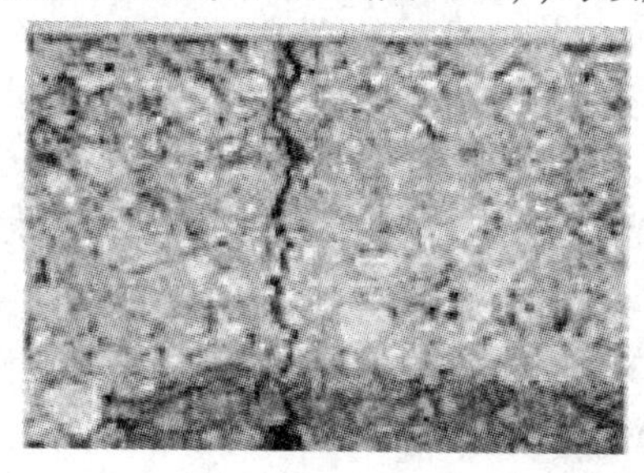

图22-1 悬浮结构裂纹扩展路径局部图

图22-2 骨架密实结构裂纹扩展路径局部图

3) 裂纹扩展权

基于上述发现,笔者提出用裂纹扩展权(R_{min})来表征悬浮结构和骨架密实结构。

裂纹扩展权(R_{min})是专门用来表征混合料级配类型的参量,含义是裂纹从结构层底向上或结构层顶向下扩展时,当裂纹贯穿整个结构层厚度时裂纹扩展的最短路径。R_{min}值是裂纹沿裂纹扩展最短路径扩展时的裂纹扩展长度,即裂纹扩展最小长度。当R_{min}值与结构层厚度的比值等于1时,表示该级配为悬浮结构;当R_{min}值与结构层厚度的比值大于1时,表示该级配为骨架密实结构。

在利用有限元分析水泥稳定碎石基层的断裂与损伤时,通过裂纹扩展权来定义悬浮结构和骨架密实结构,通过引入R_{min}值参数,可直接进行悬浮结构和骨架密实结构断裂与损伤对比分析,分别计算出悬浮结构和骨架密实结构的允许疲劳寿命和应力强度因子。

22.2 R_{min}值编程求解

通过自编程序可以对不同级配混合料的R_{min}值借助计算机进行数值求解。

1) 裂纹的扩展模型假设

建立裂纹的扩展模型如图22-3,为了简化计算,做出如下假设:

(1)不同粒径的粗集料尺寸是均匀的,有固定的几何形状。

(2)不同粒径的粗集料在混合料中是均匀分布的,服从粒子干涉理论。

(3)在水泥稳定碎石基层中,裂缝扩展时经过大于4.75mm的粗集料时,裂缝沿粗集料的界面扩展;当裂缝扩展时经过小于4.75mm的细集料或水泥胶浆时,裂缝沿粗集料间隙的中线直接穿越细集料或水泥胶浆。

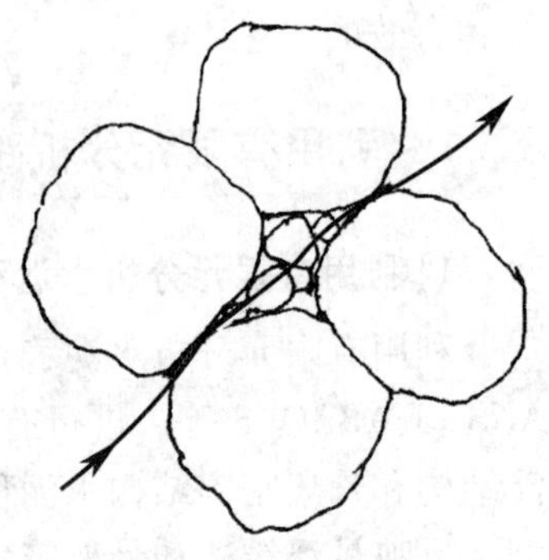
图22-3 裂纹扩展模型

在沥青混合料面层中,裂缝扩展时经过大于2.36mm的粗集料时,裂缝沿粗集料的界面扩展;当裂缝扩展时经过小于2.36mm的细集料或沥青胶浆时,裂缝沿粗集料间隙的中线直接穿越细集料或沥青胶浆。

2) 程序步骤

通过程序计算R_{min}值的步骤如下:

(1)打开程序,在结构层厚度显示框中输入:结构层厚度h值。

(2)在混合料种类对话框列表(图22-4)中就稳定类基层混合料和沥青面层混合料,选择其一。

如果选择稳定类基层混合料,直接进入级配范围输入窗口。如果选择沥青面层混合料,进入下一个混合料类型对话框列表窗口(图22-5),程序提供了AC25、AC20、AC16、AC13、SMA16、SMA13和自定义7个类型供选择其一,选择后进入级配范围输入窗口。

(3)输入级配范围,如果只输入一个数值,默认为级配范围中值。

输入级配范围后或级配中值后,窗口自动形成级配曲线图。点击"下一步"按钮,进入单

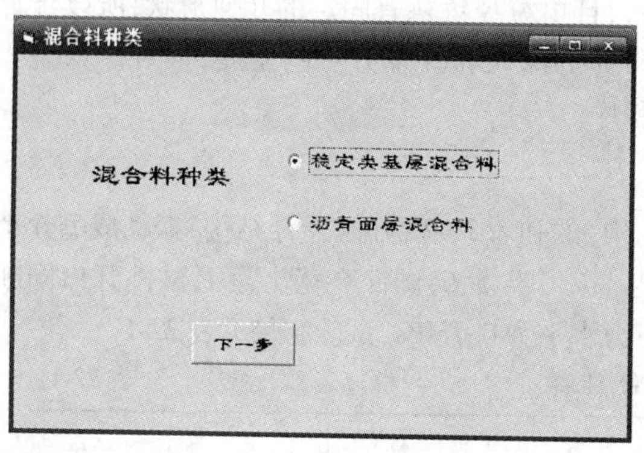

图 22-4 混合料种类对话框

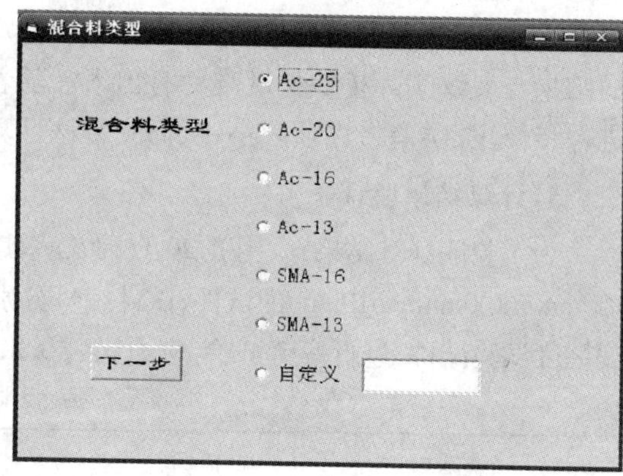

图 22-5 混合料类型对话框

档集料级配范围(筛分结果)输入窗口(图 22-6)。如果没有单档集料筛分结果,直接点击"计算"按钮,输出 R_{min} 值。

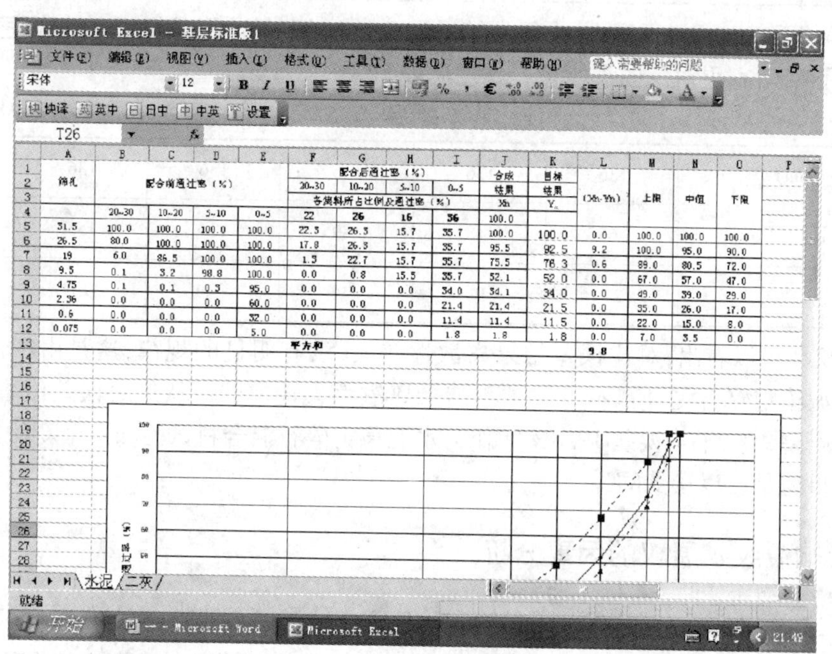

筛孔	配合前通过率（%）				配合后通过率（%） 各档料所占比例及通过率（%）				合成结果 Xn	目标结果 Yn	(Xn-Yn)	上限	中值	下限
					20~30	10~20	5~10	0~5						
	20~30	10~20	5~10	0~5	22	26	16	36	100.0					
31.5	100.0	100.0	100.0	100.0	22.3	26.3	15.7	35.7	100.0	100.0	0.0	100.0	100.0	100.0
26.5	80.0	100.0	100.0	100.0	17.8	26.3	15.7	35.7	95.5	92.5	9.2	100.0	95.0	90.0
19	6.0	86.5	100.0	100.0	1.3	22.7	15.7	35.7	75.5	76.3	0.6	89.0	80.5	72.0
9.5	0.1	3.2	98.8	100.0	0.0	0.8	15.5	35.7	52.1	52.0	0.0	67.0	57.0	47.0
4.75	0.1	0.1	0.3	95.0	0.0	0.0	0.0	34.0	34.1	34.0	0.0	49.0	39.0	29.0
2.36	0.0	0.0	0.0	60.0	0.0	0.0	0.0	21.4	21.4	21.5	0.0	35.0	26.0	17.0
0.6	0.0	0.0	0.0	32.0	0.0	0.0	0.0	11.4	11.4	11.5	0.0	22.0	15.0	8.0
0.075	0.0	0.0	0.0	5.0	0.0	0.0	0.0	1.8	1.8	1.8	0.0	7.0	3.5	0.0
					平方和						9.8			

图 22-6 基层级配标准模板

(4)图 22-6 为单档集料筛分结果输入窗口,其实就是一个 Excel 下的基层标准模板,分别输入 0 ~ 5mm、5 ~ 10mm、10 ~ 20mm、10 ~ 30mm 四档集料的筛分结果,程序能自动计算出四档料的使用比例,同时自动生成合成级配曲线。

(5)最后点击"计算"按钮,输出 R_{min} 值。

使用该程序可计算任意级配下的 R_{min} 值,最小值 $R_{min} = h$,最大值 $R_{min} = 1.57h$。

R_{min} 值的计算是在上面诸多假设下的产物,各档集料粒径的取值均采用最大值计算,如 10

~20mm 这一档集料在计算时假设为粒径 20mm 的单粒径集料，在工程实际中我国均是混粒径集料。另外在计算时假设混合料的分布理想均布，且单粒径集料有固定的几何形状，所以计算的结果与裂纹实际扩展长度难免有出入。随着研究的深入和计算方法的发展，将对计算公式进一步修正，误差将逐渐减小，从而完善该计算程序。

3）计算结果验证

为了验证计算结果，采用表 20-1（骨架密实结构）的和表 20-2 级配（悬浮结构）振动成型 6 个 100mm×100mm×510mm 的试件，试件编号分别为 1、2、3、4、5、6，试件高宽比为 4，试件开口同断裂韧度试验试件，进行疲劳试验，应力比为 0.2，应力水平为 0.7MPa，试验结果见表 22-1。

疲劳试验结果 表 22-1

试件编号	1	2	3	4	5	6
悬浮结构 N（次）	5927	7133	4819	6635	3916	4477
骨架密实结构 N（次）	9321	8277	11062	7136	8455	5290

将试验级配输入 R_{min} 程序中，求得的结果为 $R_{min}=136$mm。将骨架密实结构疲劳寿命试验数据通过图 4-10，查得对应的裂纹扩展长度见表 22-2。

裂纹扩展长度 表 22-2

R_{min}（mm）	136	136	136	136	136	136
a（mm）	165	148	189	124	153	101
相对误差（%）	21	9	39	-11	13	-26

从表 22-2 可以看出，对比误差结果离散性较大，没有明显的规律，这是由于试件数量太少，以及水泥稳定碎石混合料本身的试验结果离散性大造成的。从绝对误差值看，最大误差 39%，最小误差 9%，平均误差 19.8%。作为水泥稳定碎石混合料试验和一个新的概念引入来讲，这一结果还是可以接受的。

22.3 影响裂纹扩展权的因素分析

用裂纹扩展权（R_{min}）来表征悬浮结构和骨架密实结构概念清晰，有具体数据体现，解决了在利用有限元分析水泥稳定碎石基层的断裂与损伤时无法用模型来区分级配类型的问题。计算结果表明，有下列因素影响权值的大小。

1）集料最大粒径

36cm 厚的水泥稳定碎石基层集料不同最大粒径的 R_{min} 值见表 22-3。

不同最大粒径的 R_{min} 表 22-3

D_{max}（mm）	35	30	25	20
R_{min}（mm）	43.32	42.64	42.15	41.79

集料的桥联作用和集料的阻挡裂纹扩展作用均与混合料中集料的最大粒径有关,集料的最大粒径愈大,集料的桥联作用和集料的阻挡裂纹扩展作用愈强。表 22-3 表明,随着集料的最大粒径增大,相应的 R_{min} 值就愈大。

2)粗集料的含量

裂纹扩展权同样适合沥青面层,7cm 厚的 AC25 沥青面层,不同 2.36mm 筛孔通过率下的 R_{min} 结果见表 22-4。

不同 2.36mm 筛孔通过率的 R_{min} 表 22-4

2.36mm 筛孔通过率(%)	45	40	35	30
R_{min}(mm)	8.02	8.17	8.34	8.56

从表 22-4 可以看出,随着 2.36mm 筛孔通过率的下降,也就是随着粗集料含量的增加,R_{min} 值增大。

3)骨架接触度

为了表征骨架密实结构骨架形成的程度,刘中林博士引入了骨架接触度的概念,骨架接触度越高,表明骨架形成的愈好。4cm 厚的 SMA13 沥青面层(级配见表 22-5),不同的骨架接触度下的 R_{min} 值见表 22-6。

SMA13 级配 表 22-5

筛孔尺寸(mm)	16	13.2	9.5	4.75	2.36	1.18	0.6	0.3	0.15	0.075
通过率(%)	100	95	62.5	27	20.5	19	16	13	12	10

不同骨架接触度下的 R_{min} 表 22-6

骨架接触度(%)	99	98	97	96
R_{min}(mm)	5.64	5.32	5.01	4.77

从表 22-6 可以看出,随着骨架接触度提高,R_{min} 值增大。

R_{min} 值随集料最大粒径、集骨料的含量和骨架接触度的变化规律表明,裂纹扩展权(R_{min})不仅能表征混合料的结构类构,而且也能表征骨架密实结构骨架形成的程度。所以在利用有限元分析水泥稳定碎石基层的断裂与损伤时,引入裂纹扩展权(R_{min})参量是科学的,也是可行的。

22.4 裂纹扩展权(R_{min})的应用

(1)利用裂纹扩展权(R_{min})快速判断一种级配是否为骨架密实结构

当 $R_{min}/h=1$ 时,级配为悬浮结构;当 $R_{min}/h>1$ 时,级配为骨架密实结构。

所以将一种级配的级配范围或级配中值输入程序中,即可快速判断一种级配是否为骨架密实结构。

(2)利用裂纹扩展权(R_{min})判断骨架密实结构骨架形成的程度

由于 R_{min} 与骨架密实结构骨架形成的程度有很好的相关性,对于相同的集料形成的不同级配的骨架密实结构混合料,R_{min} 大的级配优于 R_{min} 小的级配。

(3)利用裂纹扩展权(R_{min})快速预估疲劳寿命

一种基层结构或面层结构，计算出 R_{min} 后，利用 $a-N$ 曲线，与 R_{min} 等值的 a 对应的疲劳寿命可作为参考疲劳寿命。

(4)对比不同级配的裂纹扩展速度、裂纹扩展阻力、疲劳寿命和损伤度

一般来讲，对于同类级配类型的不同级配，相同的结构层厚度，R_{min} 高的混合料，裂纹扩展速度低、裂纹扩展阻力大、疲劳寿命长、损伤度小。

(5)利用裂纹扩展权(R_{min})进行断裂模拟

在利用有限元分析水泥稳定碎石基层的断裂时，通过创建宏文件将裂纹扩展路径嵌入 ANSYS11.0 软件，可输出结构断裂的模拟结果。图 22-7 为通过 ANSYS11.0 软件输出的悬浮结构基层断裂过程模拟图，图 22-8 为骨架密实结构基层断裂过程模拟图。

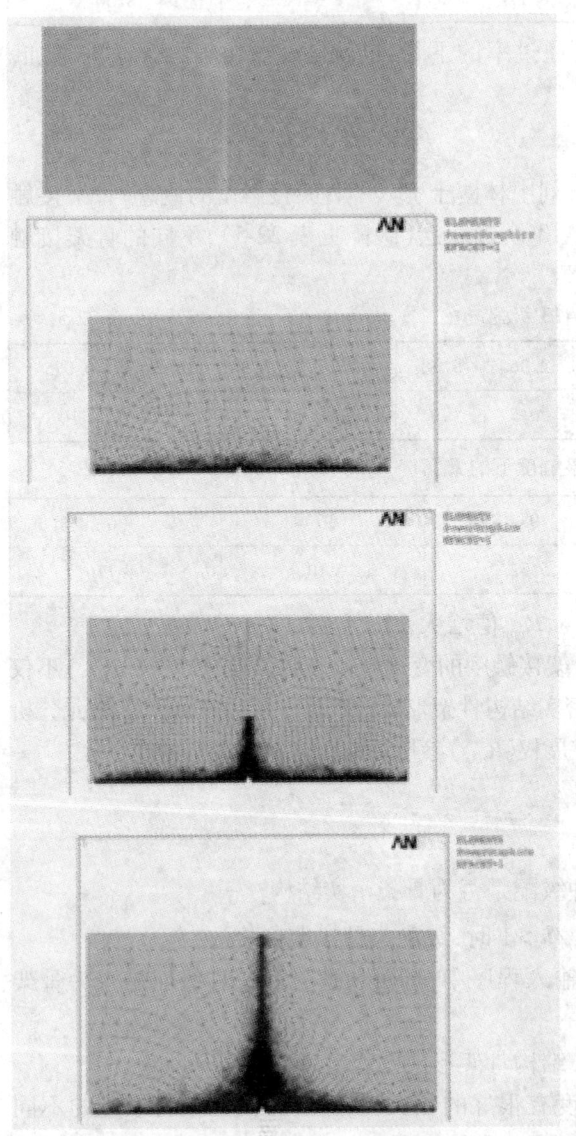

图 22-7　悬浮结构基层断裂过程模拟图

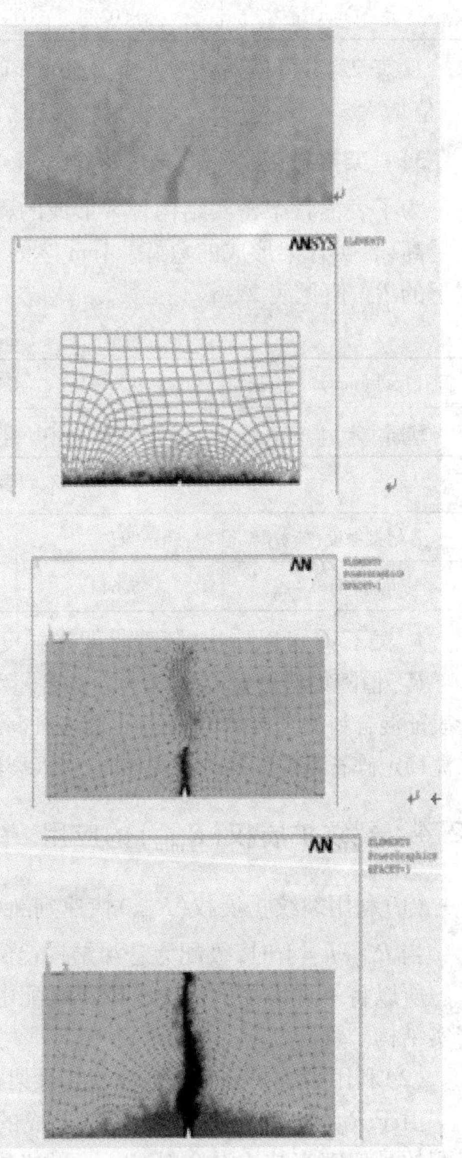

图 22-8　骨架密实结构基层断裂过程模拟图

从图22-7和图22-8可以看出，悬浮结构基层断裂时，裂纹沿直线向上扩展；而骨架密实结构断裂时，裂纹沿曲线向上扩展。

(6)计算出悬浮结构和骨架密实结构的允许疲劳寿命和应力强度因子

在利用有限元分析水泥稳定碎石基层的断裂与损伤时，通过裂纹扩展权来定义悬浮结构和骨架密实结构，通过引入R_{min}值参数，可直接进行悬浮结构和骨架密实结构断裂与损伤对比分析，分别计算出悬浮结构和骨架密实结构的允许疲劳寿命和应力强度因子。

22.5 验证裂纹扩展权R_{min}

为了验证引入的新参量裂纹扩展权R_{min}的适用性，将上篇图3-1提供的7种级配中值输入程序，结构层厚度40mm，求得的结果见表22-7。

不同级配的R_{min}　　表22-7

级配编号	1	2	3	4	5	6	7
R_{min}(mm)	56.48	54.11	52.93	51.67	46.32	40	52.14

从表22-7可以看出，R_{min}值基本上是随着粗集料的增加而增大，应该说基本上反映了裂纹沿最短路径扩展的长度。但与设想的初衷相比，程序还存在如下差距：

①在判断一种级配是否为骨架密实结构时还存在缺陷，如级配5为悬浮结构，R_{min}值应该为40mm，计算结果为46.32mm，说明判断方法还不尽完善。

②利用裂纹扩展权R_{min}判断级配中骨架形成的程度时，希望骨架形成的程度越好，R_{min}值越大。从计算结果讲，对骨架密实结构判断准确，如3号级配和4号级配同为骨架密实结构，从体积分析看，3号级配的骨架形成的程度更好，3号级配的R_{min}值大于4号级配，说明与实际相符。

但在判断骨架空隙结构时，没有达到希望的结果。如1号级配和2号级配同为骨架密实结构，从体积分析看，2号级配的骨架形成的程度更好，尽管1号级配粗集料含量高，但由于空隙大，性能并不优于1号级配。希望的结果是2号级配R_{min}值大于1号级配，没有达到理想。

所以目前的R_{min}计算程序，可能在反映裂纹沿最短路径扩展的长度结果上是基本正确的，还者说是相对正确的，但在反映级配性能上还不完善，还达不到既反映长度又反映级配性能的理想结果，在以后的研究中将加以完善。

第23章 骨架密实水泥稳定碎石基层抗裂机理

本章用损伤力学和断裂力学分析骨架密实水泥稳定碎石基层抗裂机理。

23.1 骨架密实水泥稳定碎石基层的开裂过程

骨架密实水泥稳定碎石基层的开裂有下面5个过程。

(1)微裂纹的形成

半刚性基层是由无机结合料(水泥、石灰、粉煤灰等)、粗集料、细集料和水经混合后碾压而成的无限大体结构,在行车荷载、温度变化、路面其他结构层的作用下,由于混合料内部是不均匀的,必然在薄弱环节产生微裂纹。另外混合料内部是细集料填充粗集料间隙,水泥浆填充空隙,在压实时由于混合料的阻力作用,不可能达到理论的密实状态,混合料内部必然存在微裂纹和微空隙。

(2)微裂纹的扩展

微裂纹在上述外力的作用下,继续产生新的微裂纹,已产生的微裂纹继续扩展,直至形成宏观裂纹。

上述两个过程属于损伤力学的研究领域。

(3)宏观裂纹的扩展

宏观裂纹在应力的作用下继续扩展,宏观裂纹相互贯通直到贯穿整个基层厚度。

(4)断裂形成裂缝

当宏观裂纹贯穿整个基层厚度时便发生断裂,形成宏观的基层裂缝。

(5)裂缝的扩展和反射

基层形成宏观裂缝后在应力的作用下裂缝逐渐增加,同时向沥青面层和底基层反射,造成沥青面层和底基层的开裂。

后面3个过程属于断裂力学的研究范畴。

开裂和抗裂是两个不同的概念,在损伤力学中表征开裂的概念是损伤度和损伤能量释放率(又叫损伤驱动力),对应的表征抗裂的概念是临界损伤度和临界损伤能量释放率(又叫损伤阻力);在断裂力学中表征开裂的概念是应力强度因子和能量释放率(又叫裂缝扩展力),对应的表征抗裂的概念是断裂韧度和临界能量释放率(又叫裂缝扩展阻力)。最后决定半刚满性基层是否开裂的标准是表征开裂的值是否达到其临界值,比如一材料其应力强度因子很高,但如果断裂韧度更高就不会发生开裂;另一材料的能量释放率很低,但如果其临界能量释放率更低也要发生开裂。用这解释高剂量水泥的骨架密实水泥稳定碎石基层开裂不严重就令人信服了。

23.2 表征振动成型骨架密实水泥稳定碎石基层抗裂能力的物理量

表征振动成型骨架密实水泥稳定碎石基层抗裂能力的指标有断裂韧度、裂纹扩展阻力、裂纹扩展速率和裂纹疲劳寿命等，只要能证明振动成型骨架密实水泥稳定碎石基层这4个指标优越，就能说明其抗裂性能优良。

(1)应力强度因子、断裂韧度

应力强度因子的一般表达式为：$k = \sigma\sqrt{\pi a}Y$（式中，k为应力强度因子；a为裂纹长度；σ为应力；Y为与试件形状有关的函数），说明振动成型骨架密实水泥稳定碎石基层的开裂能力与裂纹长度的二分之一次方成正比。

断裂韧度的一般表达式为：$k_C = \sigma\sqrt{a}/f_1(\frac{a}{h})$（式中，$k_C$为断裂韧度；$a$为裂纹长度；$\sigma$为应力；$h$为试件厚度），说明振动成型骨架密实水泥稳定碎石基层的抗裂能力与裂纹长度的二分之一次方成正比。

(2)疲劳寿命

根据J. lemaitre和Chaboche提出混凝土的损伤演化方程，得到在循环荷载作用下的疲劳开裂演化方程为：

$$\frac{\mathrm{d}D}{\mathrm{d}N} = a\bar{\sigma}^{p}(1-D)^{-\frac{p}{2}} \tag{23-1}$$

式中：D——材料的损伤度；

N——循环荷载作用次数；

a——初始裂纹长度；

p——材料参数；

$\bar{\sigma}$——应力强度。

方程显示：疲劳寿命N与裂纹的长度成反比，与材料的损伤度成反比。

振动成型骨架密实水泥稳定碎石基层的裂纹扩展疲劳寿命与混凝土损伤的裂纹扩展疲劳寿命没有本质的区别，所以其疲劳寿命N仍与裂纹的长度成反比，与材料的损伤度成反比。

(3)裂纹扩展速率

根据Paris公式，裂纹扩展速率的表达式为：

$$\frac{\mathrm{d}a}{\mathrm{d}N} = C(\Delta K)^{n} \tag{23-2}$$

积分后为：

$$N = \int_{a_0}^{a_i}\frac{\mathrm{d}a}{C(\Delta K)^{n}} = \int_{N_0}^{N_1}\mathrm{d}N = N_i - N_0 \tag{23-3}$$

式中：a——裂纹长度；

N——载荷循环次数(寿命)；

C、n——材料常数；

ΔK——应力强度因子增量；

a_0——初始裂纹长度；

N_0——a_0 对应的寿命；

a_i——裂纹扩展长度；

N_i——a_i 对应的寿命。

裂纹扩展速率公式(23-3)表明，裂纹的扩展速率与初始裂纹的长度成正比。

Paris 公式是根据金属材料的裂纹扩展情况得到的，有人认为适合于沥青混凝土路面。对于半刚性基层 Elber 引入有效应力强度因子的概念，但其性质并没有变化，裂纹的扩展速率与初始裂纹的长度成正比。

损伤阶段的裂纹扩展速率为：$\frac{da}{dN}=\frac{\int_v -Y\frac{da}{dN}dv}{G_f}$（式中，$a$ 为裂纹长度；N 为载荷循环次数；$-Y$ 为能量释放率；G_f 应变能；ν 为体积），最终仍为 ΔK 的函数，裂纹的扩展速率仍与初始裂纹的长度成正比。

(4)裂纹扩展阻力

裂纹扩展阻力曲线公式：

$$K_R = \sqrt[m]{K_C + \frac{m}{\alpha}(\Delta a)} \tag{23-4}$$

式中：K_R ——阻抗应力强度因子；

K_C ——断裂韧度；

Δa ——裂纹扩展长度；

α 、m ——材料常数。

从式(23-4)可以看出，断裂韧度、裂纹扩展长度增大，裂纹扩展阻抗应力强度因子增大，即 K_R 与 K_C、Δa 成正比。

裂纹扩展阻力的一般表达式为：$R=\mu\frac{K_{IC}^2}{E}$（式中，R 为裂纹扩展阻力；μ 为泊松比；E 为弹性模量；K_C 为断裂韧度），表明裂纹扩展阻力与断裂韧度的平方成正比。

(5)损伤度

由损伤度的定义 $D=1-\frac{A^*}{A}$（式中，D 为损伤度；A、A^* 为连续介质单元体内外法线为 n 的某截面在损伤前、后的面积）可知，裂纹的长度越大损伤面积越大，损伤度与裂纹的长度成正比。

23.3 骨架密实水泥稳定碎石基层的抗裂机理

对于 A 级配（下篇表 14-1），静压成型时，由于细集料、0.075mm 以下含量高，比表面积大，因此一定量水泥浆与之拌和后，水泥浆几乎全部黏附于集料表面起胶结作用。且静压力只能将松散的混合料压实，至于集料结构重排无从谈起。此种状态下，集料嵌挤作用对混合料强度的贡献很小，因此强度小。且此种状态下，大部分水泥浆裹覆于集料表面，因此总体上此种混合料水泥胶结料膜厚度大，当混合料干燥失水时，几乎全部含量的水泥收缩性显示出来，因此

A级配强度小,干缩应变大。

对于B级配(下篇表14-1),静压成型时,由于集料表面积远小于A级配,水泥浆并未全部裹覆于集料表面,而是有部分水泥胶浆能够脱离集料表面而填充于空隙之中。总体来看,对干缩起作用的水泥总量不如A级配的多,因此B级配表现出好的抗干缩性能。但静压法成型的B级配试件,其强度亦主要由胶结力所组成,因此相对于A级配并未显示出较高的强度。

对于A级配(下篇表14-1),振动成型时,首先由于振动力的作用,使集料的排列状态达到最佳,虽然是一种悬浮级配,但已有部分嵌挤力。同时由于振动力作用,试件密度增大,水泥浆已不可能全部裹覆于集料表面而充当胶结作用。此时很大一部分水泥胶浆已在振动力的作用下脱离集料表面填充于集料空隙(振动成型试件表面非常光滑,类似于水泥混凝土试件表面),此时,胶结力(包括集料表面水泥浆的胶结力、填充于集料空隙的胶结力)及嵌挤力使混合料强度急剧增大。同时由于集料之间的水泥膜厚度减小,因此振动作用下,A级配混合料强度增加,干缩性能改善。

对于B级配(下篇表14-1),振动成型时,振动作用一方面使粗集料紧密排列,充分形成骨架结构,另一方面使水泥浆除了很少部分裹覆于集料嵌挤面外,大部分已填充于集料之间的空隙中,已类似于水泥混凝土结构了(由切割的振动成型试件观察,可以看到粗集料互相嵌挤,集料之间充满水泥浆。而静压法试件则相对松散,且空隙率很大,甚至有些小颗粒集料仍处于剥离状态)。因此,此时混合料既有很大的嵌挤作用,同时集料表面和填充空隙的水泥浆发挥了很大的胶结作用,所组成的混合料强度达到最佳。而集料嵌挤面之间的水泥膜进一步减薄,填充于空隙的胶浆虽会产生干缩,但由于集料骨架支撑,很少甚至不会表现出来,因此抗干缩能力最佳。

下面用损伤力学和断裂力学理论,结合有限元计算结果和试验结果,分析振动成型骨架密实水泥稳定碎石基层的抗裂机理。

1)混合料成型方式的改变,是半刚性基层抗裂研究的进步

图23-1是6种骨架密实结构级配(下篇表20-1)和6种悬浮结构级配(下篇表20-2)分别采用静压成型和振动成型试件的断裂韧度对比图。图23-2是研究采用的A、B两种级配(图23-1)分别振动成型和静压成型下的断裂韧度对比图。

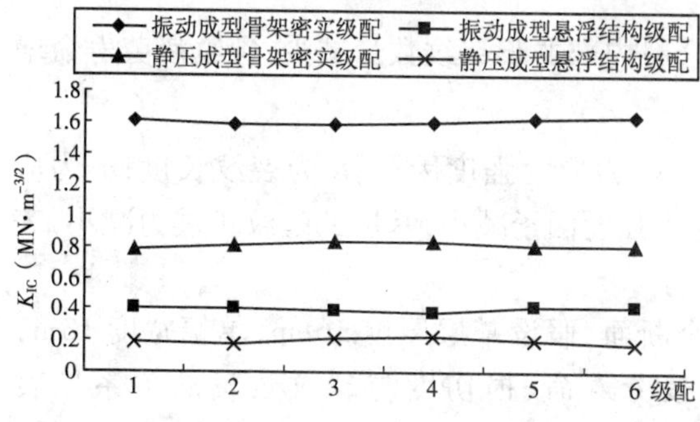

图23-1 不同成型方式下不同级配类型的断裂韧度对比图

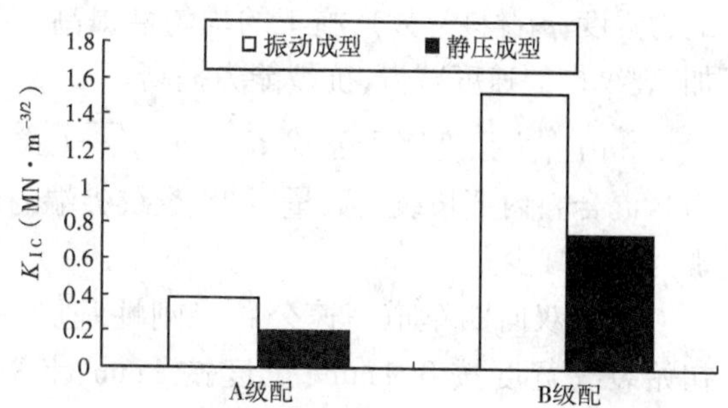

图23-2 不同级配不同成型方式下的断裂韧度对比图

从图 23-1 可以看到,无论是骨架密实结构级配还是悬浮结构级配,在振动成型条件下,其断裂韧度均显著提高。断裂韧度由小到大的排列顺序是①静压成型悬浮结构级配;②振动成型悬浮结构级配;③静压成型骨架密实结构级配;④振动成型骨架密实结构级配。

综合上述试验结果得出结论,振动成型方式降低了水泥稳定碎石基层的开裂能力,振动成型骨架密实结构级配因其断裂韧度最大,最不易发生开裂。

振动成型技术的出现改善了基层混合料的抗裂性能,主要体现在如下几个方面。

(1)室内成型的最大理论干密度控制现场压实度合理,施工的均匀性高

振动成型技术使室内试验与现场振动碾压施工基本一致,用室内振动成型的最大理论干密度控制现场压实度合理;室内振动成型试件的强度与现场取芯的强度一致,用室内强度控制室外强度成为现实,有效控制了工程实体的强度,使施工的均匀性大大提高。

过去用重型击实成型时,室内、室外强度基本是脱节的,造成工程实体的强度无法控制,设计强度 5MPa,7d 实际取芯时无侧限抗压强度低的为设计强度,高的达到 10MPa 以上。由于强度不均匀,混合料的内部容易产生应力集中,发生干缩时首先在基层内部的薄弱处发生开裂。采用振动成型后,从取芯检测结果来看,实际强度在振动成型试验强度 0.7~1.1 倍之间浮动,变异系数非常小。由于强度均匀,混合料内部不易产生应力集中,干缩时应力可均匀扩散,开裂相对减轻。

施工均匀的半刚性基层混合料,施工后其内部的微观裂纹数量较不均匀混合料将显著减少;另一方面,均匀的混合料施工后内部的裂纹比较均匀。而不均匀的混合料其内部的微观裂纹有的长、有的短。根据损伤学理论,初始微裂纹越少材料的损伤就越小;另外微裂纹的扩展速度与原始裂的长度成正比,不均匀的混合料内部的初始裂纹长短不一。文献[81]证明,初始裂纹的长度增加后,其疲劳寿命呈几何级减少。施工的均匀性提高后改善了混合料的抗裂能力,主要体现在如下几个方面。

①由损伤公式 $D=1-\frac{A^*}{A}$(式中,D 为损伤度;A、A^* 为连续介质单元体内外法线为 n 的某截面在损伤前、后的面积),施工的均匀性提高,施工后其内部的微观裂纹数量减少,混合料内部的损伤减小,抗裂能力增强。

②由损伤方程$\frac{dD}{dN}=a\bar{\sigma}^p(1-D)^{-\frac{p}{2}}$(式中,$D$ 为损伤度;N 为疲劳寿命;a 为裂纹长度;$\bar{\sigma}$ 为应力强度;p 材料常数),施工的均匀性提高,混合料内部的长裂纹数量减少,裂纹疲劳寿命增加,裂纹扩展速度减慢,抗裂能力提高。

③由应力强度因子公式 $K_I=\sigma\sqrt{\pi a}$(式中,K_I 为应力强度因子;a 为裂纹长度;σ 为应力),混合料内部长裂纹数量减少,裂纹尖端的应力强度因子减小,基层的裂纹扩展力减小,表现为裂缝减少。

标准双向四车道高速公路半刚性基层一个断面,假设基层厚度 36cm,单幅宽度 13m,初始裂纹宽度按 0.1mm、长度按 1mm 计算,疲劳寿命、损伤度与裂纹数量的关系见表 23-1。

由表 23-1 可以看出,随着裂纹数量的增加,损伤度增加,疲劳寿命减少。当初始裂纹的数量达到一万个时,寿命已减少 15%。据折算,标准双向四车道高速公路半刚性基层一个断面

不同裂纹数量的损伤度　　表 23-1

裂纹数量(个)	1	10000	100000	1000000
D(%)	2.1368×10^{-6}	0.02137	0.21367	2.1368
疲劳寿命(次)	84963	71519	65513	46183

内,当压实度达到98%时,大约存在94万个宽0.1mm、长1mm的初始裂纹。施工均匀性增加后,如果初始裂纹减少10%,寿命能增加30%。

所以,提高施工的均匀度,是半刚性基层提高寿命的重要措施。而振动成型能显著提高施工的均匀度。

(2)压实度提高

振动成型后最大干密度提高,压实度标准相应提高,混合料间的黏结力增大,抵抗拉应力的能力增强;同时压实度提高后混合料的空隙减少,干缩量减小,干缩应力减小;第三,压实度提高后混合料中多余的水分被挤出,水泥水化反映变慢,强度增长均匀,应力集中减小,这三方面决定了压实度提高,开裂减少。

压实度提高后混合料的空隙减少,混合料内部的初始微裂纹数量减少,微裂纹的长度减小,混合料内部的损伤减小,裂纹扩展速度减慢,裂纹疲劳寿命增加,抗裂能力提高。

同时由于混合料内部的初始微裂纹数量减少,微裂纹的长度减小,裂纹尖端的应力强度因子减小,基层的裂纹扩展力减小,表现为裂缝减少。

仍按前面的假设条件,标准双向四车道高速公路半刚性基层一个断面,假设基层厚度36cm,单幅宽度13m,初始裂纹宽度按0.1mm、长度按1mm计算,压实度与损伤度、裂纹数量、疲劳寿命的关系见表23-2。

不同压实度的损伤度、裂纹数量、疲劳寿命　　表 23-2

压实度(%)	99	98	97	96	90
损伤度(%)	1	2	3	4	10
裂纹数量(万个)	46.8	93.6	140	187.2	468
疲劳寿命(次)	54911	47229	39152	26169	9753

从表23-2可以看出,随着压实度的降低,损伤度和裂纹数量呈线性增加,疲劳寿命快速衰减。

采用振动成型后,压实度提高3%~5%,初始裂纹数量减少140~234万个,疲劳寿命增加1~3万次。据折算,压实度每提高一个百分点,疲劳寿命可以提高约40%。

所以采用振动成型后,疲劳寿命大幅度提高,大大增强了基层的抗裂能力。

(3)水泥剂量降低,最佳含水量变小

振动成型方式降低了水泥剂量,最佳含水量变小,水泥浆水化反应变慢,强度增长均匀,收缩产生的应力均匀，应力集中小，基层抵抗开裂的能力增强。

前面的试验证明，水泥剂量和含水量不是决定振动成型骨架密实水泥稳定碎石基层抗裂能力的主要因素，但并不是说减小水泥剂量和含水量对抗裂不起作用，水泥剂量的降低和含水量的减小在一定程度上还是起到抗裂作用的。

①水泥剂量降低基层的断裂韧度增大，由于裂纹的扩展阻力与断裂韧度成正比，断裂韧度增大裂纹的扩展阻力增大，抗裂能力增加。

静压成型方式下水泥稳定碎石基层的水泥剂量一般为6%，由图20-23，此时的断裂韧度为1.15MN · $m^{-3/2}$；振动成型方式下水泥稳定碎石基层的水泥剂量一般为4.5%，此时的断裂韧度为1.25MN · $m^{-3/2}$。由裂纹的扩展阻力公式$R=\mu\frac{K_{IC}^2}{E}$（式中，R为裂纹扩展阻力；μ为泊松比；E为弹性模量；K_C为断裂韧度），振动成型方式裂纹的扩展阻力为4.166N，比静压成型方式下的3.527N增加了0.426N。

②由于裂纹尖端的应力强度因子与基层的模量成正比，水泥剂量降低基层的弹性模量减小，裂纹尖端的应力强度因子减小，基层的裂纹扩展力减小，基层的开裂能力减弱。

采用表20-1、表20-2的各6种级配，分别振动成型和静压成型试件，测得的平均模量分别为1253MPa和1867MPa。利用ANSYS软件，采用图21-7的模型，计算得到振动成型方式下的应力强度因子为0.1436MN · $m^{-3/2}$，静压成型方式下的应力强度因子为0.1824MN · $m^{-3/2}$。相同的级配采用振动成型后，应力强度因子降低了0.04MN · $m^{-3/2}$。

③水泥剂量降低、最佳含水量变小水泥浆水化反应变慢，收缩产生的应力均匀，应力集中小，使混合料的损伤减小，能减少基层的开裂。

静压成型方式下水泥稳定碎石基层的含水量一般为5.5%，由图20-23，此时的断裂韧度为0.65MN · $m^{-3/2}$，振动成型方式下水泥稳定碎石基层的含水量一般为4.5%，此时的断裂韧度为1.35MN · $m^{-3/2}$。振动成型方式裂纹的扩展阻力为4.86N，比静压成型方式下的1.13N增加了4倍。

综上所述，振动成型技术的使用实现了用室内强度控制施工强度，提高了施工的均性，压实标准提高、水泥剂量降低、最佳含水量变小，使振动成型骨架密实水泥稳定碎石基层的抗裂能力大大提高。

2）骨架密实结构级配的实现，是半刚性基层抗裂技术的根本

路面基层施工技术规范对基层混合料的级配范围规定太宽，造成两个不良后果。第一是造成级配很差的石料也能满足级配要求，降低了石料质量的要求，尤其是对0.075mm以下粉料含量限制不严等造成裂缝加剧。第二由于级配太宽，各种级配均能满足要求，使工程实体不均匀（混合料不均匀，水泥浆分布不均匀、强度不均匀），加重了裂缝的产生。

对级配进行优化后，生产配合比与目标配合比在很小的范围内浮动，混合料均匀，水泥浆分布均匀，强度均匀，施工的实体质量均匀，故减小了基层开裂的几率。

骨架密实结构级配最早是SMA路面抗车辙的需要而诞生的新技术，应用到基层后改善了基层的级配性能，尤其在抗裂方面取得了意想不到的效果。

图23-3是6种骨架密实结构级配（表20-1）和6种悬浮结构级配（表20-2）分别采用静压成型和振动成型试件的断裂韧度柱状对比图。

从图23-3可以看到：

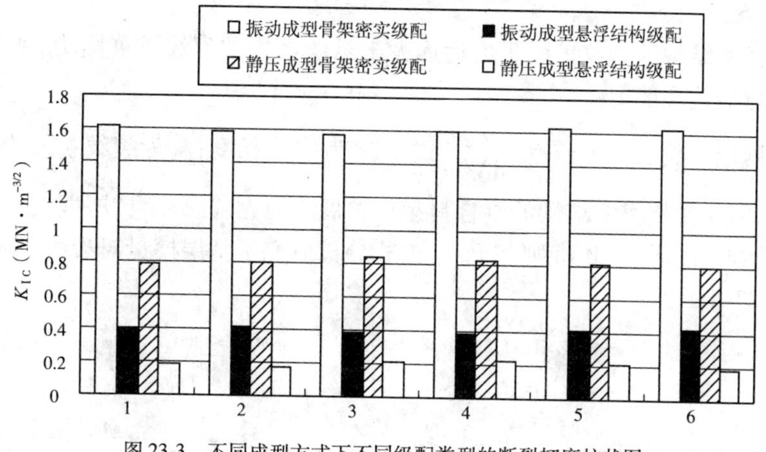

图 23-3 不同成型方式下不同级配类型的断裂韧度柱状图

①骨架密实结构级配，无论使用振动成型或是静压成型，其断裂韧度均大于悬浮结构级配，说明骨架密实结构级配在抗裂方面优于悬浮结构级配。

②从相对值看，同一级配采用振动成型后其断裂韧度增大一倍左右；但是骨架密实结构级配无论采用振动成型还是静压成型，其断裂韧度均为悬浮结构级配采用相同的成型方式下断裂韧度的4倍左右，说明级配对抗裂性能提高的幅度大于级配对对抗裂性能提高的幅度。

③从绝对值看，振动成型骨架密实结构级配的断裂韧度最大，说明其最不易开裂。

无论采用静压成型还是振动成型，骨架密实结构级配的断裂韧度均显著提高。断裂韧度由小到大的排列顺序是静压成型悬浮结构级配、振动成型悬浮结构级配、静压成型骨架密实结构级配、振动成型骨架密实结构级配。

骨架密实结构级配对半刚性基层抗裂性能的提高，主要体现在如下几个方面。

(1)损伤力学与断裂力学分析

①裂纹扩展阻力大。骨架密实结构的混合料相互嵌挤，混合料抵抗应力或变形时，既有粗集料间的嵌挤阻作用，又有水泥浆的黏结作用，而悬浮结构级配仅有水泥浆的黏结作用，所以骨架密实结构裂纹扩展时扩展阻力大，表现为抗裂能力强。

由裂纹扩展阻力公式 $R=\mu\dfrac{K_{IC}^2}{E}$（式中，R 为裂纹扩展阻力；μ 为泊松比；E 为弹性模量；K_C 为断裂韧度），不同成型方式下的悬浮结构和骨架密实结构的扩展阻力见表23-3。骨架密实结构的级配见表20-1，悬结浮构的级配见表20-2，断裂韧度取6个级配的平均值。

不同成型方式下的裂纹扩展阻力 表23-3

级配类型	静压成型悬浮结构	振动成型悬浮结构	静压成型骨架密实结构	振动成型骨架密实结构
裂纹扩展阻力(N)	0.1058	0.4239	1.7017	6.8231

从表23-3可以看出，同样的成型方式下，骨架密实结构的裂纹扩展阻力均大于悬结浮构的裂纹扩展阻力，振动成型骨架密实结构级配的裂纹扩展阻力是静压成型悬浮结构级配裂纹

扩展阻力的 64.5 倍。

由于骨架密实结构的裂纹扩展阻力远远大于悬浮结构的裂纹扩展阻力，所以骨架密实结构级配具有优越的抗裂能力。

②裂纹扩展慢。裂纹扩展速率($\frac{dc}{dN}$)（式中，c 为裂纹长度；N 为裂纹扩展寿命）与裂纹扩展阻力成反比，由于骨架密实结构的混合料裂纹扩展阻力大，其裂纹扩展慢。

参考文献[44]采用 $P-M$ 准则和 Paris 公式分析研究了基层模量对裂纹扩展寿命的影响，研究结果见图 23-4。

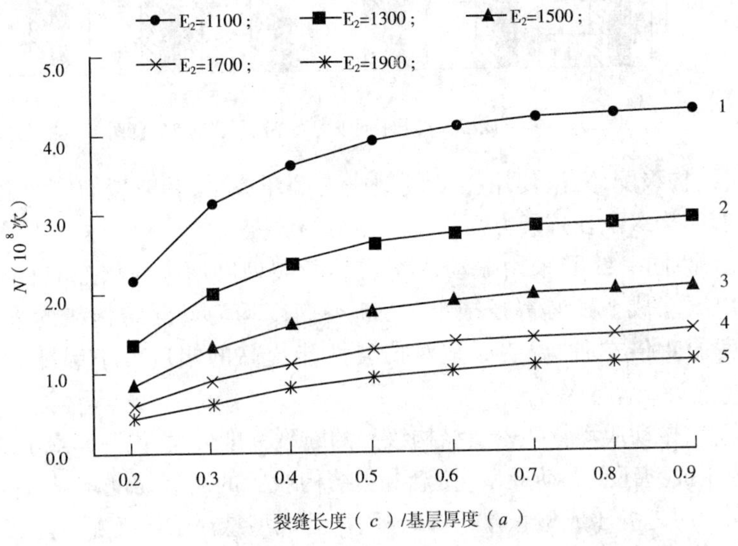

图 23-4　不同基层模量下的裂纹扩展寿命

为了验证成型方式对抗裂的影响，前面采用表 20-1、表 20-2 的级配，分别振动成型和静压成型试件，测得的平均模量分别为 1253MPa（骨架密实结构）和 1867MPa（悬浮结构），骨架密实结构的模量与图 23-4 中第 2 条曲线的模量基本一致，悬浮结构的模量与图 23-4 中第 5 条曲线（最下面的一条）的模量基本一致。

图 23-4 中，c 为裂缝长度，a 为基层厚度，$c/a=0.2$ 表示裂纹长度为扩展到基层的 20%，$c/a=0.3$ 表示裂纹长度为扩展到基层的 30%，也就是 c/a 表示裂纹的扩展。图中裂纹共扩展 7 次，每一个 Δc 对应的 ΔN 见表 23-4。

裂纹扩展与疲劳寿命关系　　表 23-4

Δc_i	1	2	3	4	5	6	7	总
（曲线 2）ΔN_i	0.7	0.3	0.2	0.1	0.08	0.09	0.15	1.62
（曲线 5）ΔN_i	0.2	0.2	0.1	0.05	0.05	0.05	0.1	0.7

从表 23-4，曲线 2 的每一个 ΔN 均大于曲线 5 的 ΔN，由于裂纹扩展速率为$\frac{dc}{dN}$，说明模量大的基层裂纹扩展速率大，间接证明了骨架密实结构的裂纹扩展速率小于悬浮结构的裂纹扩展速率。

③断裂韧度高。由于骨架密实结构的粗集料含量高，相互形成了嵌挤，抵抗应力和形变

高，在平面应力情况下，$K_{IC}=\sigma_C\sqrt{\pi a}$（式中，$K_{IC}$为断裂韧度；$a$为裂纹长度；$\sigma_C$为极限应力），断裂韧度与临界应力成正比，所以骨架密实结构基层的断裂韧度就高，抗裂能力就强。

由图23-1，12组试验结果表明，振动骨架密实结构级配的平均断裂韧度是静压悬浮结构平均的断裂韧度的8.02倍。

④裂纹疲劳寿命长。由于骨架密实结构基层断裂韧度高、裂纹扩展阻力大、裂纹扩展慢相应的裂纹疲劳寿命长，抗裂能力就强。

表22-1是为了验证R_{min}计算结果而做的试验，对比骨架密实结构级配和悬浮结构疲劳寿命的试验结果，骨架密实结构级配的平均寿命是悬浮结构平均疲劳寿命的1.5倍。

⑤损伤度小。由于骨架密实结构基层断裂韧度高抵抗形变能力强，相应的在荷载作用下受的损伤就小，微裂纹扩展就慢，抗裂能力就强。

(2)骨架密实结构级配

从骨架密实结构级配本身讲，在下列方面开裂变形小。

①骨架密实结构级配是级配优化后的产物，粗集料自身组成合理，大小集料分布均匀，生产配合比与目标配合比在很小的范围内浮动，19～4.75mm集料所占比例较大，可避免现场摊铺及碾压时产生离析。混合料均匀，水泥浆分布均匀、强度均匀，施工的实体质量均匀，故减少了基层开裂的几率。

②骨架密实型结构控制0.075mm以下粉料含量在3%以下，因为0.075mm以下粉料含量是造成裂缝最重要因素。前面已介绍，0.075mm以下粉料含量对裂缝影响很大，无论是悬浮结构或骨架密室结构，粉料增加裂缝均增加。相对来讲，骨架密室结构对粉料含量更敏感，因为骨架密室结构混合料中本来粉料含量非常少，稍有增加便影响很大，而悬浮结果基层混合料中本来粉量含量很高，增加一点影响相对小一点。河南大广线濮阳段高速公路水泥稳定碎石基层混合料中0.075mm以下粉料含量控制为0～7%，而河南岭南高速公路水泥稳定碎石基层混合料中0.075mm以下粉料含量控制为0～4%，这是河南岭南高速公路裂缝少于河南大广线濮阳段高速公路的最主要原因。

由于半刚性基层的开裂主要由干缩造成，而干缩主要是由于0.075mm以下粉料引起的。图23-5是0.075mm以下粉料含量不同级配类型混合料断裂韧度的对比图。

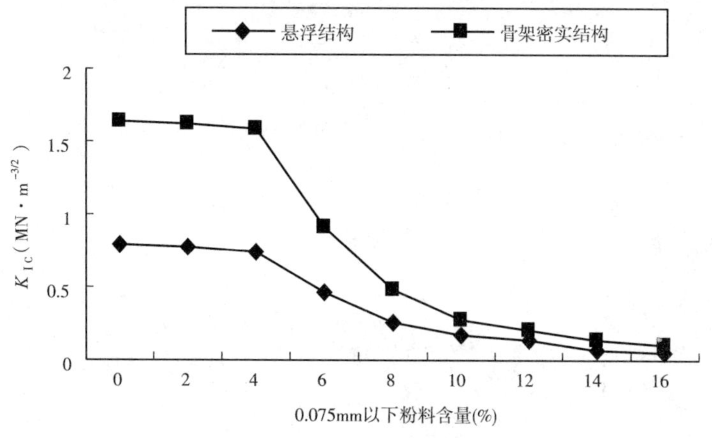

图23-5 不同级配的断裂韧度结比图

从图 23-5 可以看出，无论是骨架密实结构级配还是悬浮结构级配，随着 0.075mm 以下粉料含量的增加，断裂韧度均减小；相同的 0.075mm 以下粉料含量，骨架密实结构级配的断裂韧度大于悬浮结构级配的断裂韧度；骨架密实结构级配的断裂韧度曲线更陡，说明其对 0.075mm 以下粉料含量更敏感，证明了前面的分析是正确的。

参考文献[44]、[46]、[63]均证明了半刚性基层的应力强度因子与混合料的收缩率成正比。由于骨架密实结构级配中 0.075mm 以下粉料含量低，混合料的收缩就小，对应的应力强度因子就低，说明其开裂能力低，抗裂性好。

所以振动成型方式的改变和级配的优化设计，使半刚性基层抗裂技术产生了质的飞跃，有望使半刚性基层具有与柔性基层抗衡的资本。

第 24 章 骨架密实水泥稳定碎石基层开裂预估及裂缝发展研究

24.1 骨架密实水泥稳定碎石基层开裂预估

半刚性基层开裂预估目前还没有完整的理论体系，这里提出一些设想。

1) 理论计算法

采用下篇第 16 章介绍的方法，使用裂纹形成阶段的 $S\text{-}N$ 曲线拟合损伤演化方程中的材料参量，然后利用损伤力学有限元法绘制裂纹扩展阶段的 $a\text{-}N$ 曲线。该方法是根据损伤学理论计算得到的，前面已做了详细说明，这里不再重复。

也可以用断裂力学通过 ANSYS 软件计算裂纹的疲劳寿命。

根据求得的疲劳寿命，初估裂纹的开裂时间，根据开裂时间可预估基层的裂缝量。

2) 试验法

先通过试验测量出水泥稳定碎石基层混合料的收缩率，设定一评价段落，计算该段落水泥稳定碎石混合料的总体积，与收缩率相乘得出收缩体积，收缩体积除以基层宽度和基层厚度即为总的收缩长度，即可大致估出不同宽度的裂缝大约有多少条。

标准双向四车道高速公路的基层宽度一般为 13m，厚度按 36cm，根据天津市市政工程研究院试验得出的骨架密实结构水泥稳定碎石混合料的收缩率为 $10\times10^{-6}\sim120\times10^{-6}$，据此可计算出每公里基层的收缩长度为 1 ~ 12cm。最小的收缩长度为 1cm，意味着可能没有宏观裂缝，或者仅一条 1cm 宽的裂缝；最大的收缩长度为 12cm，也就是宽度为 1cm 的裂缝有 12 条，裂缝平均间距约 80m。

上面的计算结果与工程实际还是比较吻合的，表明水泥稳定碎石基层可以 1km 没有裂缝，这一结果在大广线濮阳段高速公路和河南岭南高速公路得到证实。计算得出的最小间距为 80m，与河北青银高速公路的统计结果比较吻合。

3) 经验公式法

(1) 经验公式

根据多年的水泥稳定碎石基层裂缝研究的经验，提出水泥稳定碎石基层裂缝预估的经验公式：

$$L=\frac{1000}{ABCDE} \tag{24-1}$$

式中:L——裂缝平均间距;

A——级配系数,当级配为骨架密实结构时,$A=1$;当级配为悬浮结构时,$A=8$;

B——成型方式系数,取值见表24-1;

采用线性回归后:

$$B = 54.5082 - 50 \times \rho_{振动击实}/\rho_{重型击实} \tag{24-2}$$

C——0.075mm以下粉料含量系数,取值见表24-2;

采用线性回归后:

$$C = 0.6021 + 0.1982\beta \tag{24-3}$$

D——施工季节系数,春秋季$D=1$;夏季$D=1.5$;冬季$D=2$;

E——水泥剂量系数,取值见表24-3;

采用线性回归后:

$$E_g = 0.25148 + 0.24991\gamma \tag{24-4}$$

$$E_x = 1.24973 + 0.25004\gamma \tag{24-5}$$

成型方式系数取值表 表24-1

$\rho_{振动击实}/\rho_{重型击实}$	>1.06	1.041~1.06	1.02~1.04	<1.02
B	1	2	3	4

0.075mm以下粉料含量系数取值表 表24-2

0.075mm以下粉料含量β(%)	<3	3~5	5.1~7	>7
C	1	1.5	1.8	2

水泥剂量系数E取值表 表24-3

水泥剂量γ(%)	3~4.25	4.26~5	5.1~6	>6
骨架密实结构E_g	1	1.5	1.8	2
悬浮结构E_x	2	2.5	3	4

(2)系数取值的依据

上面的级配系数、成型方式系数、0.075mm以下粉料含量系数、施工季节系数、水泥剂量系数是建立在一系列的基层试验数据上的,是经过数理统计后运用线性回归方法而得。

①级配系数。图24-1是6种骨架密实结构级配(表20-1)和6种悬浮结构级配(表20-2)分别采用静压成型和振动成型试件的断裂韧度的柱状对比图。

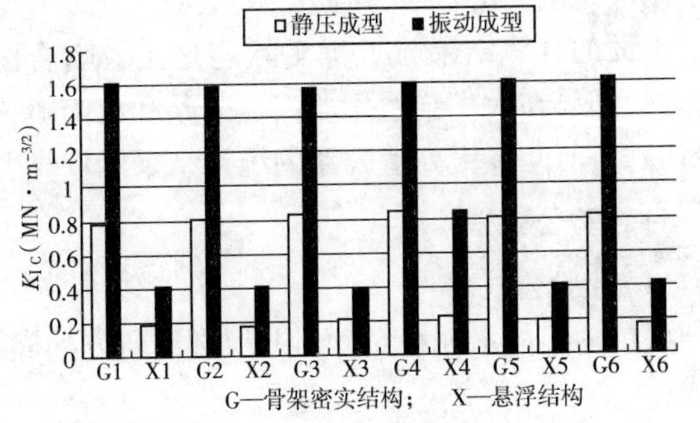

图24-1 不同级配类型不同成型方式下的断裂韧度柱状对比图

从图24-1可以看出:

对于骨架密实结构6种级配和悬浮结构6种级配，采用相同的成型方式，其断裂韧度在数值上差别不大。所以为了计算和分析方便，骨架密实结构级配选取一个数值，悬浮结构级配选取一个数值，不再对相同级配类型的不同级配进行细分。

相同的级配类型，采用不同的成型方式，振动成型混合料的断裂韧度约为静压成型混合料的两倍；不同的级配类型采用相同的成型方式方式，悬浮结构级配的断裂韧度约为骨架密实结构级配的四分之一。

不同的结构类型，采用不同的成型方式，即振动成型骨架密实结构级配的断裂韧度约为静压成型悬浮结构级配的8倍。

所以据此，骨架密实结构级配的系数取值为1，悬浮结构级配的系数取值为8。

②成型方式系数。图24-2是分别静压成型和振动成型6种骨架密实结构级配（表20-1）和6种悬浮结构级配（表20-2）的断裂韧度柱状对比图。从图24-2可以看出，相同类型的级配选用不同的成型方式，悬浮结构级配的断裂韧度约为骨架密实结构级配的二分之一；不同类型的级配选用相同的成型方式，静压成型的断裂韧度是振动成型断裂韧度的二分之一。

据此，成型方式系数最高取值为4，最低取值为1，并根据振动成型密度与静压成型密度比值的不同，划分为四档，取值分别为1、2、3、4。

③0.075mm以下粉料含量系数。一般情况下，骨架密实结构级配0.075mm以下粉料含量约为4%～6%，悬浮结构级配0.075mm以下粉料含量约为8%～10%，从图24-3可以看出，悬浮结构级配的断裂韧度约为骨架密实结构级配的二分之一，所以不再区分成型方式和级配类型的不同，0.075mm以下粉料含量系数最高取值为2，最低取值为1，并根据0.075mm以下粉料含量的高低划为四档，取值分别为1、1.5、1.8、2。

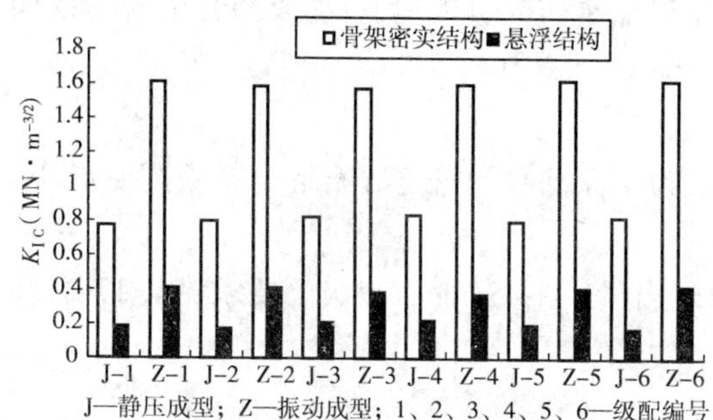

图24-2 不同成型方式不同类型级配的断裂韧度柱状对比图

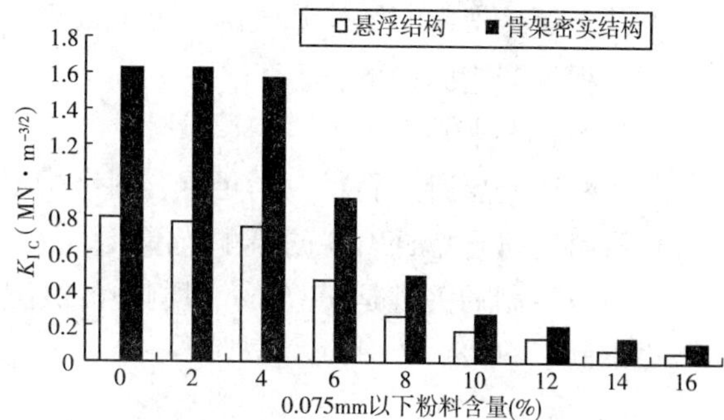

图24-3 不同粉料含量不同级配类型的断裂韧度对比图

④施工季节系数。根据参考文献[43]提供的资料，通过对不同温缩系数的不同降温幅度下的应力强度因子数值进行线性回归，得出应力强度因子K与基层材料的温缩系数α_T和降温幅度ΛT的关系式为：

$$K = c\alpha_{\mathrm{T}}\Lambda T + d\alpha_{\mathrm{T}} + e\Lambda T + f \tag{24-6}$$

式中：c、d、e、f——回归参数。

根据国内大部分地区的温度统计结果，将降温幅度值代入式(24-6)，得到不同降温幅度的应力强度因子最高值约为最低值的两倍左右，并根据季节的不同，将施工季节系数取为：春秋季$D=1$；夏季$D=1.5$；冬季$D=2$。

⑤水泥剂量系数。图24-4为不同水泥剂量下的断裂韧度对比柱状图，根据施工情况，一般施工时骨架密实结构级配水泥剂量为4%～5%，悬浮结构级配的水泥剂量约为6%～7%。从图24-4可以看出，水泥剂量为6%～7%的断裂韧度约为水泥剂量为4%～5%的二分之一左右，考虑到成型方式不同的影响因素，水泥剂量系数最高取值为4，最低取值为1。由于水泥剂量对悬浮结构级配影响较大，又将水泥剂量系数按级配类型的不同进行了细分，详见表24-3。

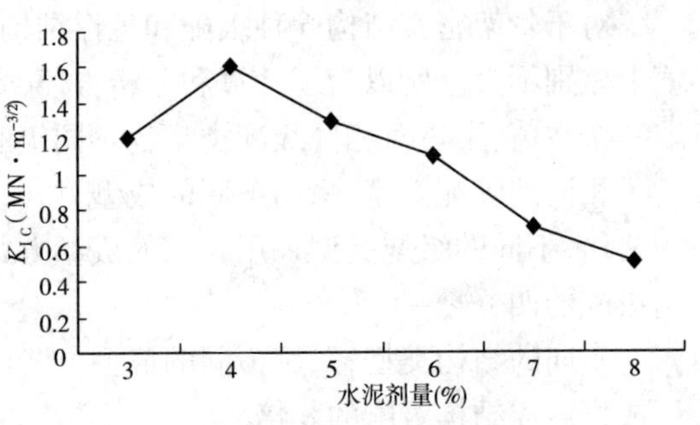

图24-4　不同水泥剂量下的断裂韧度对比图

笔者运用本公式对国内十几条高速公路的裂缝统计进行了验证，计算结果与统计结果基本是吻合的。

24.2　裂缝发展研究

为了进一步研究骨架密实结构基层使用后的开裂规律，河南大广线濮阳段高速公路和河南岭南高速公路采用探地雷达对基层已产生的裂缝定期检测，研究其发展及扩展规律（见图16-9），对于未产生裂缝的段落观察是否产生新的开裂。

24.3　骨架密实水泥稳定碎石基层工程抗裂措施

从上面骨架密实结构基层的强度形成规律、开裂规律和抗裂机理，振动成型骨架密实结构基层工程抗裂措施如下：

（1）原材料

半刚性基层所用石料应满足混合料级配要求，为了保证水泥稳定碎石混合料级配变异小，各档石料应符合单档石料的级配范围。

石料控制的关键是0～5mm机制砂的级配和砂当量。0～5mm石料级配要求见表17-2，砂当量不低于60%。

（2）混合料级配

混合料级配应满足设计要求，宜与新路面设计规范推荐的骨架密实结构级配范围接近，要防止集料离析，控制最大粒径。

（3）防止离析

卸料、堆料、上料、拌和、装料、运输、摊铺、碾压各个环节均会产生离析，控制方法详见本书下篇第17章。

（4）确定合理的压实标准

为了保证基层施工时最大限度发挥碾压机械的潜力，要确定合理的压实标准，标准太低压实度易超百，标准太高施工单位达不到将造假资料应付业主和上级检查，所以在振动成型试验时要确定科学的振动参数。

（5）摊铺

要使用抗离析的新型摊铺机。

(6)碾压

注意压实机械与摊铺机械的匹配、压路机的配置和压实工艺,推荐使用组合式碾压技术。详见本书下篇第17章。

(7)保持施工均匀

施工中控制好水泥剂量、含水量,确保施工的整体均匀。

(8)加强层间黏结

路床顶面、底基层顶面、上下基层间均要洒水泥浆。

(9)合理选择施工季节

尽量在春、秋季施工,避开低温和高温季节。

参考文献

[1] 沙庆林. 高等级公路半刚性基层沥青路面[M]. 北京:人民交通出版社,1998.
[2] 蒋应军. 水泥稳定碎石收缩裂缝防治研究[D]. 西安:长安大学,2001.
[3] 张嘎吱. 考虑抗裂性能的水泥稳定类材料配合比设计方法研究[D]. 西安:长安大学,2001.
[4] 杨红辉. 水泥稳定碎石抗裂机理及评价方法[D]. 西安:长安大学,2002.
[5] 梅传江 牛朋. 水泥稳定碎石基层路用性能研究[J]. 公路交通科技,2002.
[6] 李美江. 道路材料振动压实特性研究[D]. 西安:长安大学,2002.
[7] 严家及. 道路建筑材料[M]. 北京:人民交通出版社,1994.
[8] 方福森. 道路工程[M]. 北京:人民交通出版社,1996.
[9] 张登良. 半刚性材料抗裂性能研究[J]. 中国公路学报,1998.
[10] 沙爱民. 半刚性路面材料结构与性能[M]. 北京:人民交通出版社,1988.
[11] 邓学钧. 路基路面工程[M]. 北京:人民交通出版社,1998.
[12] 同济大学交通与工程研究所. 半刚性基层沥青路面[D]. 北京,人民交通出版社,1991.
[13] 李超龙. 沥青路面水泥稳定碎石探讨[J]. 华东公路,1994.
[14] 潘照平. 水泥稳定碎石路面基层材料水泥剂量范围试验[J]. 南京建筑工程学院学报,1998.
[15] 廖公云. 水泥稳定粒料收缩试验[J]. 东南大学学报,2001.
[16] 贾建民. 水泥稳定碎石的施工质量控制[J]. 基础设施建设,2000.
[17] 王秉纲,戴经梁,胡长顺. 基层具有裂缝的路面力学分析[J]. 中国公路学报,2001.
[18] 张晓冰. 半刚性基层沥青路面裂缝出现原因分析及防治措施[J]. 河南交通科技,1998.
[19] 黄卫,钱国超. 南京机场高速公路半刚性基层特性研究[D]. 省门第一路建设论文集.
[20] 张起森,郑健龙. 半刚性基层路面开裂祭礼[J]. 土木工程学报,1992.
[21] 赵可. 粒化增钙渣作道路基层材料研究[D]. 天津市政工程研究院,1996.
[22] 杨宏辉,唐娴. 半刚性基层材料抗裂性评价方法[J]. 长安大学学报,2002(4).
[23] 公路沥青路面施工技术规范(JTG F40—2004). 北京:人民交通出版社,2004.
[24] 沈金安. SMA 路面设计与铺筑[M]. 北京:人民交通出版社,2003.
[25] 沈金安. 改性沥青与 SMA 路面[M]. 北京:人民交通出版社,2004 .
[26] 沈金安. 沥青及沥青混合料路用性能[M]. 北京:人民交通出版社,2002.
[27] 梁乃兴. 现代路面与材料[M]. 北京:人民交通出版社,2003.
[28] 刘中林. 高等级公路沥青混凝土路面新技术[M]. 北京:人民交通出版社,2003.
[29] 贾渝. 高性能沥青路面 SUPERPAVE 基础参考手册[M]. 北京:人民交通出版社,2004.

[30] 杨君帆,方道元. 数学建模[M]. 杭州:浙江大学出版社,1999.
[31] 马振华. 运筹学与最优化理论[M]. 北京:清华大学出版社,2004.
[32] 马进. 运筹学[M]. 北京:人民交通出版社,2003.
[33] 李立寒. 道路建筑材料[M]. 北京:人民交通出版社,2003.
[34] 张红春,李小重,候建军. 水泥稳定碎石基层施工新技术[M]. 北京:中国科学技术出版社,2007.
[35] 公路沥青路面设计规范(JTG D50—2006). 北京:人民交通出版社,2006.
[36] 沈金安. 国外沥青路面设计方法总汇[M]. 北京:人民交通出版社,2004.
[37] 胡雅琴. 断裂力学理论在路面反射裂缝分析中主应用[J]. 西安公路学院学报,1990.
[38] 张起森,郑健龙,刘益河. 半刚性基层沥青路面开裂机理[J]. 土木工程学报,1992.
[39] 郑健龙,关宏信. 温缩型反射裂缝的热黏弹性有限元分析[J]. 中国公路学报, 2001.
[40] 郑健龙,应荣华,张起森. 沥青混合料热黏弹性断裂参数研究[J]. 中国公路学报, 1996.
[41] 岳福青,杨春风. 半刚性基层沥青路面温缩裂缝的有限元分析[J]. 桂林工学院学报, 2004.
[42] 赵永翔,杨冰,张卫华. 随机疲劳长裂缝扩展率的新概率模型[J]. 交通运输工程学报, 2005.
[43] 李春雷,李春香,陈光营等. 半刚性基层沥青路面温度应力断裂力学分析[J]. 公路交通科技,2006.
[44] 王宏畅,李国芬,侯曙光等. 高等级沥青路面基层底裂缝扩展规[J]. 南京林业大学学报,2007.
[45] 黄志义,王金昌,朱向荣等. 含裂缝沥青混凝土路面的黏弹性断裂分析[J]. 中国公路学报, 2006.
[46] 吴赣昌,凌天清. 半刚性基层温缩型裂缝的扩展机理分析[J]. 中国公路学报,1998.
[47] 罗荣芳. 混凝土损伤本构理论研究及其应用[J]. 长沙铁道学院学报,1998.
[48] 李杰. 混凝土随机损伤本构关系研究新进展[J]. 东南大学学报,2002.
[49] 张庆华. 混凝土本构模型及损伤力学研究[D]. 上海:上海交通大学,2002.
[50] 葛析圣,黄晓明. 运用损伤力学理论预测沥青混合料的疲劳性能[J]. 交通运输工程学报, 2003.
[51] 邱欣,凌建明,蒋鑫. 含基层缺陷沥青路面不同面层材料抗疲劳特性机理分析[J]. 沈阳建筑大学学报,2007.
[52] 王金昌,赵颖,孙雅珍. 沥青混凝土路面裂缝的疲劳变温损伤分析[J]. 中国公路学报,2001.
[53] 陆新征,江见鲸. 考虑不同破坏模式的二维混凝土本构模型[J]. 土木工程学报,2003.
[54] 周卫峰. 半刚性基层抗裂技术研究[M]. 天津:天津市市政工程研究院,2003.
[55] 张红春,李小重,候建军. 平原区高速公路新技术应用与管理实践[M]. 北京:人民交通出版社,2006 .
[56] 郑健龙. 沥青路面温度收缩开裂的热粘弹特性研究[D]. 西安:长安大学,2001.
[57] 杨成林,时福荣,李从信,等. 应用瑞雷波等方法对公路质量进行无损检测[J]. 物探与

化探,1996.

[58] 郑传超,王秉刚．道路结构力学计算[M]．北京:人民交通出版社，2003.

[59] 徐峰,许晨光,崔常伟．混凝土弯曲损伤模型研究[J]．矿业研究与开发,2007.

[60] 郑健龙,周志刚,张起森．沥青路面抗裂设计理论与方法[M]．北京:人民交通出版社，2003.

[61] 沈新普,鲍文博,沈国晓．混凝土断裂与损伤[M]．北京:冶金工业出版社，2004.

[62] 张行．断裂与损伤力学[M]．北京:北京航空航天大学出版社,2006.

[63] 王宏畅,黄晓明,傅智．半刚性基层表面裂缝影响因素[J]．交通运输工程学报，2005.

[64] 杨继运,张行．裂纹扩展阻力曲线与剩余强度关系的理论研究[J]．机械强度学报，2003.

[65] 周卫峰．基于 GTM 的沥青混合料配合比设计方法研究[D]．西安:长安大学,2006.

[66] 张红春,李小重．集料有效密度及混合料合理体积参数计算方法研究[J]．郑州大学学报,2006.

[67] 郝培文．应用贝雷法进行级配组成设计的关键技术[J]．长安大学学报，2004.

[68] 刘江平,陈超,许顺芳,等．垂直裂缝的波场特征及实例[J]．工程地球物理学报,2004.

[69] A. Taflove. Review of FD – FD numrical modeling of electromagnetic waves scattering and radar cross section[J]. IEEE, 1989.

[70] E. T. Seling, T. S. Yoo. Dynamics of viboratory roller compaction[J]. Journal of the Geotechnical Engineering division, 1979.

[71] J. M. Machet, G. Morel. Viboratory compaction of bituminous mixes in france[A]. Pavement and Field Contral[C]. 1977.

[72] 何建和,严世榕．振动压路机的一种新模型及其动力学特性研究[J]．福建电脑,2004.

鸣　谢

常言道:一个篱笆三个桩,一个好汉三个帮。

本书的完成不单是几个作者的成绩,而是众人心血的结晶,在此谨向关心和支持振动成型技术、GTM 技术、骨架密实结构路面及水泥稳定碎石基层全厚式施工的各级领导、省内外同仁表示衷心地感谢,同时也向帮助作者完成本书出版的所有同志致敬。

首先要感谢河南省交通厅、河南省质监站和项目督导组的各级领导,没有你们的支持,振动成型技术、GTM 技术和基层全厚式施工技术就不能推广应用。当初大广线濮阳段高速公路决定使用振动成型技术时,施工规范和设计规范均没有该成型试件方法,能够得到应用并在河南省推广,显示出河南省交通系统各级领导的务实、果断、开明和高瞻远瞩。

振动成型技术之所以能在河南推广应用,感谢赵可博士的推荐!

沙爱民教授、戴经梁教授多次亲临工地指导,提出了许多宝贵的意见和建议。

本书的出版得到了项目的协作单位天津市市政工程研究院和陕西中大集团的鼎力帮助,天津市市政工程研究院提供了振动成型、GTM 技术、骨架密实结构基层相关的试验数据和理论资料。

非常感谢大广线濮阳段高速公路、岭南高速公路和新驿高速公路的施工单位和监理单位,他们为振动成型技术、GTM 技术和全厚式施工技术的应用推广付出了泪水和汗水。

由于篇幅有限,需要感谢的同志很多,这里不再一一列举。

编著者

2010 年 1 月